►►Schnell**übersicht** Visual Basic 2005

▶▶ Schnell**übersicht**

Visual Basic 2005

Die praktische Referenz

MICHAEL KOLBERG

Markt+Technik

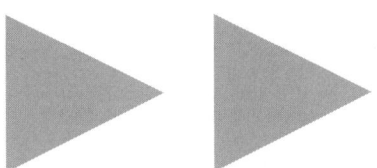

Bibliografische Information Der Deutschen Bibliothek
Die Deutsche Bibliothek verzeichnet diese Publikation in der Deutschen Nationalbibliografie;
detaillierte bibliografische Daten sind im Internet über <http://dnb.ddb.de> abrufbar.

Umwelthinweis:
Dieses Buch wurde auf chlorfrei gebleichtem Papier gedruckt.

10 9 8 7 6 5 4 3 2 1

08   07   06

ISBN-13: 978-3-8272-4003-3
ISBN-10: 3-8272-4003-4

© 2006 by Markt+Technik Verlag,
ein Imprint der Pearson Education Deutschland GmbH,
Martin-Kollar-Straße 10–12, D-81829 München/Germany
Alle Rechte vorbehalten
Coverkonzept: independent Medien-Design, Widenmayerstraße 16, 80538 München
Lektorat: Jürgen Bergmoser, jbergmoser@pearson.de
Korrektorat: Marita Böhm, München
Herstellung: Andreas Fleck, afleck@pearson.de
Layout und Satz: Michael und Silke Maier, Ingolstadt (www.magus-publishing.de)
Druck und Verarbeitung: Kösel, Altusried-Krugzell, www.KoeselBuch.de
Printed in Germany

▶▶ Inhaltsverzeichnis

	Vorwort	8
	Einführung	9
1	**Visual Studio 2005**	**15**
1.1	Die Programmoberfläche	16
1.2	Die Fenster der IDE	26
1.3	Der Text-Editor	45
1.4	Einstellungen zum Programm	64
1.5	Programmhilfen	81
2	**Programmstrukturen**	**92**
2.1	Übersicht	93
2.2	Variablen und Konstanten	100
2.3	Operatoren	130
2.4	Steueranweisungen	140
2.5	Routinen	152
3	**Objektorientierte Programmierung**	**162**
3.1	Klassen	163
3.2	Objekte	171
3.3	Felder, Eigenschaften, Methoden und Ereignisse	187
3.4	Vererbung	204
3.5	Schnittstellen, Module und Strukturen	221
4	**Debuggen und Erstellen**	**229**
4.1	Fehler im Entwurf	230
4.2	Debugging	234
4.3	Ausnahmebehandlung	250
4.4	Erstellen	256
4.5	Weitergabe	267

5   **Windows-Anwendungen**   **282**
5.1   Formulare   283
5.2   Formulareigenschaften   289
5.3   Steuerelemente   305
5.4   Eigenschaften von Steuerelementen   312
5.5   Ereignisse   319
5.6   Optionen zum Forms-Designer   326

6   **Allgemeine Steuerelemente**   **328**
6.1   Überblick   329
6.2   Schaltflächen mit Button   331
6.3   Felder zur Eingabe und Anzeige   334
6.4   Optionen einstellen   365
6.5   Datums- und Zeitangaben   381
6.6   Container   388

7   **Bindung an Dateien und Datenbanken**   **398**
7.1   Dateien und Verzeichnisse   399
7.2   Lesen und Schreiben in Dateien   419
7.3   Arbeiten im Fenster Server-Explorer   430
7.4   Verknüpfen mit dem Projekt   441

8   **Programmoberflächen**   **458**
8.1   Dialogfelder   460
8.2   Dialog-Steuerelemente   466
8.3   Menüs und Symbolleisten   488
8.4   Hilfefunktionen   501
8.5   Optionen für den Oberflächenstil   504

9	**Web-Anwendungen**	**519**
9.1	Die Arbeitsoberfläche	520
9.2	Statische Eingaben	530
9.3	Steuerelemente	543
9.4	Webdienste	560
10	**Visual Basic .NET-Funktionen**	**571**
10.1	Übersicht	572
10.2	Der Namensraum System	574
10.3	Der Namensraum Microsoft.VisualBasic	602
	Stichwortverzeichnis	**615**

Inhaltsverzeichnis

Vorwort

Mit zunehmender Leistungsfähigkeit von Personalcomputern und ihrer Software wird es für den Anwender immer schwieriger, den Überblick über alle Funktionen der eingesetzten Software zu behalten. In den meisten Fällen wird nur ein Teil der angebotenen Möglichkeiten genutzt, mit denen man sich im Laufe der Zeit zurechtfindet. In einführenden Schulungen können nur die wichtigsten Funktionen gelernt und verstanden werden. So bleibt sowohl für neue Anwender als auch für solche, die schon einmal Erfahrungen mit der eingesetzten Software gemacht haben, ein Informationsdefizit. Beide möchten bisher unbekannte oder wenig genutzte Funktionen schnell und unkompliziert nachschlagen können.

Für diese Anwendergruppen ist die Reihe »Schnellübersicht« entwickelt worden. Sie besteht aus Nachschlagewerken zu Standardprogrammen und Programmiersprachen, die in kompakter und übersichtlicher Form schnelle Antworten auf die Fragen geben, die bei der täglichen Arbeit mit dem jeweiligen Programm auftreten.

- Die Beschreibungen sind problemorientiert aufgebaut und miteinander verwandte Themen sind auch in räumlicher Nähe zueinander zu finden.
- Alle Informationen werden so vermittelt, wie sie bei der praktischen Arbeit benötigt werden.
- Eine Übersicht auf der Titelseite gibt einen schnellen Überblick darüber, welche Themenkreise wo zu finden sind.
- Ein einheitlicher Aufbau der Kapitel erleichtert das schnelle Finden der benötigten Informationen.
- Zahlreiche Querverweise erschließen den Zugriff auf weiterführende Informationen.
- Das handliche Format vermeidet Platzprobleme am Arbeitsplatz.
- Alle Bücher sind nach einheitlichen Prinzipien gegliedert. So finden Sie sich auch in weiteren Schnellübersichten für andere Software sofort zurecht.

Damit schließt sich die Lücke zwischen umfangreichen und unhandlichen Programmhandbüchern und knappen Übersichtskarten. Die Schnellübersicht bietet ein Maximum an übersichtlich gegliederter Information auf kleinem Raum. Die praktischen Erfahrungen des Autorenteams sowie über vier Millionen verkaufte Exemplare garantieren den praxisgerechten Aufbau jedes Buches.

Wir wünschen Ihnen viel Erfolg mit der Schnellübersicht Visual Studio 2005.

Ihr Michael Kolberg

Autor und Verlag sind immer bemüht, Ihnen, unseren Kunden und Lesern, die optimale Information zum Thema zu bieten. Scheuen Sie sich daher nicht, uns über Fehler und andere Ärgernisse zu informieren. Nur so können wir laufend an der Verbesserung unserer Bücher arbeiten. Aber auch Lob, Erfolgserlebnisse und Ihre Ergebnisse interessieren uns. Schreiben Sie uns unter info@mut.de. Ihre Mails werden sofort an den Autor weitergeleitet.

Ihr Markt+Technik-Buchlektorat

Haben Sie bitte Verständnis dafür, dass weder der Verlag noch der Autor Support für die im Buch beschriebene Software leisten können. Zu allen Fragen, die direkt die Software betreffen, wenden Sie sich bitte an den Hersteller. Auf der Website der Microsoft AG finden Sie im Supportbereich viele hilfreiche Informationen.

Einführung

Mit der Wahl von **Visual Basic .NET** haben Sie sich für eine klassische Sprache mit eingebauter Zukunft entschieden:

- Wahrscheinlich wissen Sie es schon – die Sprache **BASIC** wurde bereits in den 60er Jahren des letzten Jahrhunderts entwickelt. Der Name steht für **Beginner's All-purpose Symbolic Instruction Code**, was so viel bedeutet wie **symbolische Allzweck-Programmier-**

sprache für Anfänger. Wesentlich erneuert und erweitert wurde dieser Klassiker, als Microsoft in den 90er Jahren *Visual Basic* auf den Markt brachte.

■ Im Jahr 2002 wurde *Visual Basic* durch *Visual Basic .NET* abgelöst. Auf den ersten Blick schien das damals nur ein Marketingkonzept zu sein. Es war und ist aber mehr als das: Praktisch wurde damit die Ebene der zentralen Konzepte und Verfahren der Programmierung von der Ebene der Oberfläche der Programmiersprache – wie *Visual Basic* – getrennt und als *.NET Framework* in einem separaten Rahmen angesiedelt. Man kann sich das etwa so vorstellen: Mit Hilfe der Programmiersprache – in unserem Fall *Visual Basic* – geben Sie Anweisungen, die erst vom *.NET Framework* praktisch umgesetzt werden.

Sie können also auch andere Sprachen – etwa *Visual C++* oder *Visual C#* – dazu benutzen, das *.NET Framework* anzusprechen und dahinter versteckt sich für die Sprache *Visual Basic* eine gute Neuigkeit: *Visual Basic* ist nun nicht mehr eine Programmiersprache zweiter Klasse und Sie können damit jetzt auch komplexere Funktionen des Betriebssystems ansprechen, für die der Programmierer früher beispielsweise *C++* verwenden musste.

Trotzdem ist *Visual Basic* auch in der gegenwärtigen Form etwas leichter zu erlernen als andere Sprachen. Gerade dann, wenn Sie noch wenig Erfahrung mit der Programmierung haben, sollten Sie diesen Vorteil nutzen. Nachdem Sie erst einmal die wichtigsten Bestandteile des *.NET Frameworks* kennen gelernt haben, können Sie später selbst entscheiden, in welcher Sprache Sie programmieren möchten. Sie müssen sich im Fall eines Wechsels dann zwar noch mit der anderen Syntax einer neuen Sprache herumplagen, können aber immer auf Ihr Wissen über *.NET Framework* zurückgreifen. Und da Microsoft große Pläne mit dem *.NET*-Konzept zu haben scheint, ist auch zu erwarten, dass Sie sich damit einen langfristig nutzbaren Erfahrungsschatz aneignen.

Zum Buch

Mit diesem Buch wollen wir Ihnen dabei helfen, Ihr Interesse an der Sprache in konkrete Anwendungen umzusetzen. Ziel ist es, Sie mit allen wichtigen Elementen vertraut zu machen, die Sie für eine erfolgreiche Programmierung kennen sollten.

Zum Inhalt

Wir haben das Buch in zehn Teile gegliedert. Die Registermarken mit Kapitelnummern ermöglichen Ihnen eine schnelle Orientierung. Jedes Kapitel beginnt mit einer kurzen Zusammenfassung der darin enthaltenen Abschnitte:

- Wir wollen Sie zunächst mit den Grundlagen der Arbeit mit *Visual Studio 2005* vertraut machen (→ Kapitel 1). Mit diesen Grundlagen meinen wir im Wesentlichen die Umgebung und deren Oberflächen, innerhalb derer Sie sich bei der Arbeit mit Visual Basic .NET bewegen werden.

- Anschließend werden Ihnen die Grundlagen der elementaren *Programmierung* in Visual Basic .NET vorgestellt – wie Programmstrukturen, Variablen und Konstanten, Operatoren, Steueranweisungen und Routinen (→ Kapitel 2). Es geht darin im Wesentlichen um das Schreiben von Code.

- Im nachfolgenden Kapitel geht es dann um *Klassen*, *Objekte* und die damit zusammenhängende *objektorientierte Programmierung* (→ Kapitel 3). Wir zeigen, wie man mit Klassen und Objekten arbeitet, für diese dazugehörende Felder, Eigenschaften, Methoden und Ereignisse definiert. Die in diesem Kapitel beschriebenen Prinzipien bilden auch die Grundlage für das *.NET Framework*.

- Dann werden wir auf einen Bereich der Programmierung eingehen, der eher einen unangenehmen Beigeschmack hat – die *Fehlerbehandlung* (→ Kapitel 4). Die Beschäftigung damit ist notwendig, denn Fehler passieren jedem Programmierer. Wichtig ist, dass Sie wissen, wie man Fehler erkennt und beseitigt. Dieser Schritt wird auch mit *Debugging* bezeichnet.

- Anschließend kommen wir zu dem für Sie spannenden Bereichen innerhalb von Visual Basic .NET – den Techniken zum Erstellen von **Windows-Anwendungen** (→ Kapitel 5). Damit erstellt man Anwendungen mit der Benutzeroberfläche, die allen Windows-Betriebssystemen – mit kleinen äußerlichen Abweichungen – gemeinsam ist. Wir werden uns zunächst mit dem notwendigen Hintergrund einer solchen Windows-Anwendung – des **Formulars** – beschäftigen.

- Die wichtigsten Bestandteile von Windows-Anwendungen sind die **Steuerelemente**, die vom Anwender dazu benutzt werden, direkt auf den Formularen Aktionen durchzuführen, Eingaben vorzunehmen oder Optionen einzustellen. Mit diesen Steuerelementen wollen wir uns in diesem Kapitel im Detail beschäftigen (→ Kapitel 6).

- Oft ist es sinnvoll, die Inhalte bestimmter Steuerelemente zu **speichern**. Dafür können Sie einerseits separate Dateien benutzen, andererseits können Sie aber auch eine Datenbank einsetzen. Wir werden Ihnen die Techniken für beide Verfahrensweisen vorstellen (→ Kapitel 7).

- Auch im folgenden Kapitel werden wir uns weiter mit Steuerelementen beschäftigen, diesmal allerdings mit solchen, mit denen Sie die Optik und Verhaltensweisen ganzer **Programmoberflächen** bestimmen können (→ Kapitel 8). Zu diesem Thema gehört der Einsatz von **Dialogfeldern**, die Steuerung über **Menüs**, **Kontextmenüs** und Symbolleisten. Außerdem werden wir auf wesentliche Unterschiede für den **Oberflächenstil** eingehen.

- Mit Visual Studio .NET können Sie Anwendungen erstellen, die auf das Leistungsspektrum des **World Wide Web** zugreifen, und mit diesen wollen wir uns ebenfalls beschäftigen (→ Kapitel 9). Sie werden dafür fast die gleichen Techniken verwenden, die Sie für Windows-Anwendungen schon kennen gelernt haben.

- Zum schwierigsten Teil bei der Benutzung des .NET Frameworks gehört das Auffinden der richtigen Klasse für einen bestimmten Zweck. Das letzte Kapitel dieses Buches liefert Ihnen darum eine Übersicht über die wahrscheinlich wichtigsten Klassen sowie deren Methoden und Eigenschaften (→ Kapitel 10).

Zum Aufbau

Um den umfangreichen und vielfältigen Möglichkeiten von **Visual Basic .NET** zu genügen, wurde innerhalb dieser Kapitel ein Aufbau benutzt, der sich an den wichtigsten Elementen der Arbeit mit diesem Programm orientiert.

▶ ▶ **Aufgabe:** **Wichtige Tätigkeiten sind als Aufgaben gekennzeichnet**

Wichtige oder häufig durchzuführende Tätigkeiten sind im Buch als **Aufgaben** gekennzeichnet. Darunter finden Sie meist Schritt-für-Schritt-Lösungen zu den wichtigsten Arbeitsabläufen. Beachten Sie aber auch die einer solchen **Aufgabe** nachfolgenden Abschnitte. Hier finden Sie oft zusätzliche Informationen über alternative Vorgehensweisen oder Varianten zur Problemlösung.

Beispiel: Sie finden im Buch viele Beispiele mit Listings. Aus Platzgründen zeigen Letztere oft nur die gerade wesentlichen Codezeilen. Das erkennen Sie auch an den Auslassungspunkten am Anfang, am Ende und manchmal auch innerhalb des Listings.

Listing x.1: Auslassungspunkte kennzeichnen ein Codefragment

```
...
Dim Datei As String = "C:\Windows\Logo.gif"
...
Button1.Image = Image.FromFile("Datei")
...
```

Bei jeder Erwähnung eines Punktes, zu dem Sie nähere Erläuterungen in einem anderen Kapitel nachschlagen können, finden Sie einen entsprechenden **Verweis** mit der Kapitel- oder Abschnittsnummer – beispielsweise (→ Kapitel 2) oder (→ Abschnitt 3.2). (→ unten) oder (→ oben) bezieht sich auf Ausführungen im selben Kapitel.

Zu den Schreibweisen

In dieser Schnellübersicht werden die folgenden Schriftformen zur Unterscheidung von Textelementen verwendet:

- *Kursiv* – wichtige Begriffe und Namen
- Kapitälchen – Menüs und Befehle
- Schreibmaschinenschrift – Befehlszeilen
- Unterstrichen – Hyperlinks

Zur Software

Als Softwaregrundlage für dieses Buch wurde **Visual Studio 2005** in der Vollversion mit der Sprache **Visual Basic** unter dem Betriebssystem Windows XP verwendet. Microsoft bietet außerdem eine **Express-Edition** zu Visual Basic an, über die Sie die Mehrzahl der in diesem Buch vorgestellten Elemente ebenfalls realisieren können. Im Internet erhalten Sie den Zugang zur Installation derzeit über die Adresse http://www.microsoft.com/germany/msdn/vstudio/express/vb/default.msp. Wählen Sie dort die gewünschte Programmiersprache aus. Nach Wahl des Links Downloaden & loslegen auf der Folgeseite und wiederum auf der nächsten Seite per Klick auf den Link Visual Basic 2005 Express wird die Installationsdatei **vbsetup** auf Ihren Rechner übertragen. Diese Datei sorgt dann für die Durchführung der Online-Installation.

1 Visual Studio 2005

Dieses erste Kapitel des Buches macht Sie mit der Arbeit in **Visual Studio 2005** vertraut – also der Umgebung und der Oberfläche, in und auf der Sie sich bei der Arbeit mit Visual Basic .NET vordringlich bewegen werden. Der Sinn einer solchen Entwicklungsumgebung – meist abgekürzt mit **IDE** für **Integrated Development Ernvironment** – ist es, die einzelnen Arbeitsschritte bei der Erstellung eines Programms in einer einzelnen Schnittstelle für den Programmierer zusammenzufassen.

■ Der erste Abschnitt dieses Kapitels liefert Ihnen eine Einführung in die **Oberfläche** der **IDE** (→ Abschnitt 1.1). Sie finden hier zunächst Informationen zur **Startseite**, der Seite, die standardmäßig beim Öffnen erscheint. Anschließend werden wir uns mit dem Begriff der **Projekte** beschäftigen, mit deren Hilfe die einzelnen Dateien innerhalb einer Anwendung organisiert werden.

■ Das Hauptziel des Einsatzes einer **IDE** besteht ja darin, Werkzeuge bereitzustellen, die Ihnen bei der Entwicklung helfen. Die verschiedenen **Fenster** der **IDE** organisieren diese Arbeit, indem sie die Oberfläche in Bereiche für unterschiedliche Aufgaben aufteilen. Diese Fenster sind das nächste Thema in diesem Kapitel (→ Abschnitt »Selbständige Dateien anzeigen« auf Seite 26). Auch einige wichtige Fenstertechniken werden hier angesprochen.

■ Anschließend werden wir uns der Arbeit mit dem **Text-Editor** der **IDE** zuwenden (→ Abschnitt 1.3). Sie werden feststellen, dass das Arbeiten hiermit ungleich bequemer ist als innerhalb eines normalen Text-Editors – wie beispielsweise **WordPad**. Im Gegensatz zur dort verwendeten Arbeitsweise helfen Ihnen in der **IDE** diverse Funktionen bei der Eingabe und Korrektur Ihres Codes.

■ Wie bei Microsoft-Programmen üblich, haben Sie über den Befehl EXTRAS/OPTIONEN Zugriff auf eine Vielzahl von **Einstellungen** für das Programm. Auf einige wichtige und übergreifende Elemente werden wir in diesem Kapitel eingehen (→ Abschnitt 1.4). Weitere Informationen dazu finden Sie in den nachfolgenden Kapiteln des Buches.

■ Die *Hilfe* von Visual Studio 2005 ist nahtlos in die *IDE* integriert. Dadurch können Sie genau die Informationen abrufen, die Sie für Ihren Entwicklungskontext benötigen. Wie Sie damit sinnvoll umgehen, ist Thema des letzten Abschnitts in diesem Kapitel (→ Abschnitt 1.4.4).

Auf einen weiteren wichtigen Aufgabenbereich der *IDE* – das *Debugging* und das abschließende *Erstellen* von selbständig ausführbaren Anwendungen – werden wir später noch intensiv eingehen (→ Kapitel 4).

1.1 Die Programmoberfläche

Der Zweck der *Visual Studio. NET-IDE* ist es, die Arbeitsschritte der Quellcodeerstellung, der Fehlerbehebung und des Kompilierens in einer einzigen Schnittstelle zusammenzufassen. Eine solche Umgebung liefert eine Vielzahl von Funktionen, mit denen ein Programmierer zusätzliche Funktionalitäten schaffen kann.

▶ ▶ Aufgabe: Das Programm starten

Sie starten die Visual Studio-*IDE* mit START/ALLE PROGRAMME/MICROSOFT VISUAL STUDIO 2005/MICROSOFT VISUAL 2005. Nach dem Einblenden eines Programmlogos, in dem auch die installierten Visual Studio-Produkte – also Sprachen – aufgelistet werden, wird standardmäßig die so genannte *Startseite* der *IDE* als webseitenartige Benutzeroberfläche angezeigt (→ Abbildung 1.1).

Wenn Sie mehrere Sprachen installiert haben, müssen Sie beim ersten Starten nach der Installation die Sprache auswählen, die Sie bei der Arbeit hauptsächlich verwenden wollen. Das Programm wird dann konfiguriert. Alle Angaben in diesem Buch beziehen sich aber auf die Sprache *Visual Basic*.

1.1.1 Die Startseite

Die **Startseite** ist gegenüber der Vorgängerversion des Programms stark vereinfacht worden (→ Abbildung 1.1). Diese Startseite liefert einerseits den Zugang zu diversen Möglichkeiten, mit der Arbeit zu beginnen. Sie ermöglicht andererseits das Lesen von Produktinformationen, die Kontaktaufnahme zu anderen Entwicklern und den Zugriff auf weitere Informationen.

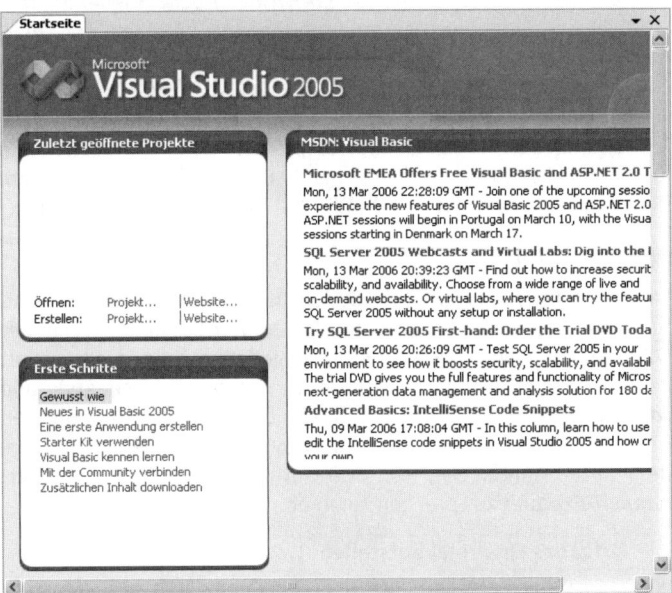

Abbildung 1.1: Die Startseite erlaubt den Zugriff auf mehrere Bereiche

- Später – nachdem Sie bereits Projekte erstellt haben – werden in diesem Bereich **Zuletzt geöffnete Projekte** Links zum erneuten Öffnen dieser Projekte eingeblendet.

- Interessant sind vielleicht auch die Inhalte des Teilfensters **Erste Schritte**: Ein Klick auf eines der hier aufgelisteten Themen blendet zusätzliche Informationen zum Programm ein. Wenn Sie sich für eines davon interessieren, klicken Sie darauf. Die Hinweise zum Thema werden im Hilfesystem zum Programm angezeigt (→ Abschnitt 1.5).

- Im rechten Bereich der Startseite finden Sie einen anfangs mit **Visual Basic: Neuigkeiten für Entwickler** überschriebenen Teil. Bei einer bestehenden Internetverbindung wechselt die Überschrift zu **MSDN: Visual Basic 2005 Express Edition** und zeigt entsprechende Informationen an.

Sie können die **Startseite** durch einen Klick auf die Schaltfläche **Schließen** in der Titelleiste dafür ausblenden lassen. Die Seite kann später von allen Programmbereichen her aufgerufen werden, indem Sie im Menü ANSICHT den Befehl WEITERE FENSTER/STARTSEITE wählen.

1.1.2 Projekte

Projekt ist der Oberbegriff für Dateien und Dateigruppen, die Sie mit der Visual Studio-**IDE** bearbeiten können. Der Code, den Sie in der **IDE** erzeugen werden, kann auf verschiedenen Ebenen organisiert werden: **Projektmappen** (**Solutions**), **Projekte** (**Projekts**) und **Dateien** (**Files**). Projektmappen setzen sich aus einem oder mehreren Projekten zusammen, Projekte bestehen aus mehreren Dateien. Mehr dazu erfahren Sie, wenn wir auf den so genannten **Projektmappen-Explorer** zu sprechen kommen.

▶ ▶ **Aufgabe: Ein Projekt erstellen**

Ein neues Projekt erstellen Sie, indem Sie auf den Link `Erstellen: Projekt` im Bereich **Zuletzt geöffnete Projekte** der Startseite klicken oder DATEI/NEUES PROJEKT wählen. Alternativ können Sie auf die Schaltfläche **Neues Projekt** der **Standard**-Symbolleiste klicken. Das Dialogfeld **Neues Projekt** wird angezeigt (→ Abbildung 1.2).

- Im linken Bereich dieses Dialogfelds müssen Sie dazu zunächst unter **Projekttypen** den gewünschten Typ auswählen. Welche Alternativen hier zur Verfügung gestellt werden, ist auch eine Frage der bei der Installation installierten Sprachen. Wir werden in diesem Buch nur diejenigen ansprechen, die mit **Visual Basic** in Verbindung stehen.

Abbildung 1.2: Den Typ des Projekts müssen Sie definieren

- Nach der Wahl des Projekttyps werden im Feld auf der rechten Seite die für diesen Projekttyp verfügbaren **Vorlagen** angezeigt (→ Tabelle 1.1). Wählen Sie hier die gewünschten und bestätigen Sie. In Gegensatz zu der Vorgängerversion des Programms werden damit noch Dateien oder Ordner auf der Festplatte angelegt.

Vorlage	Beschreibung
Windows-Anwendung	Bildet die Grundlage für eine standardmäßige Windows-Anwendung, die lokal auf Ihrem Rechner läuft und eine Windows-Benutzeroberfläche mit Dialogfeldern und anderen Windows-Benutzeroberflächenelementen verwendet (→ Kapitel 5).
Klassenbibliothek	Erstellt ein Projekt zur Bildung von Klassen, die in anderen Anwendungen benutzt werden können (→ Kapitel 3).
Konsolenanwendung	Fügt die zum Erstellen einer *Konsolenanwendung* erforderlichen Elemente hinzu (→ Kapitel 2). Konsolenanwendungen werden im Allgemeinen ohne grafische Benutzeroberfläche entworfen und in eine eigenständige ausführbare Datei kompiliert. Eine Konsolenanwendung wird von der Befehlszeile ausgeführt, wobei Eingabe- und Ausgabeinformationen zwischen der Befehlszeile und der ausgeführten Anwendung ausgetauscht werden.
Windows-Steuerelementbibliothek	Wird zum Erstellen benutzerdefinierter Steuerelemente für *Windows Forms* verwendet, mit denen Sie in anderen Windows-Anwendungen arbeiten können.
Windows-Dienst	Fügt die erforderlichen Elemente zum Erstellen einer Windows-Dienstanwendung hinzu, einer ausführbaren Anwendung mit langer Laufzeit, die mit einer eigenen Windows-Sitzung ausgeführt wird (→ Kapitel 9).
Leeres Projekt	Dient zum Erstellen eines eigenen Projekttyps. Mit der Vorlage wird die notwendige Dateistruktur zum Speichern erstellt. Alle Verweise, Dateien und Komponenten müssen manuell hinzugefügt werden.

Tabelle 1.1: Für Visual Basic-Projekte existiert eine Reihe von Vorlagen

Nach dieser Wahl wird im Hauptbereich der *IDE*, in der vorher die **Startseite** angezeigt wurde, der Rahmen für das neue Projekt erstellt. Was dort angezeigt wird, ist eine Frage des vorher gewählten **Projekttyps** und der **Vorlage**. Haben Sie beispielsweise den Typ **Windows** und darin die Vorlage **Windows-Anwendung** gewählt, wird ein leeres Formular für eine solche Anwendung erstellt (→ Abbildung 1.3). Sie können dann damit beginnen, die Anwendung zu entwerfen (→ Kapitel 5).

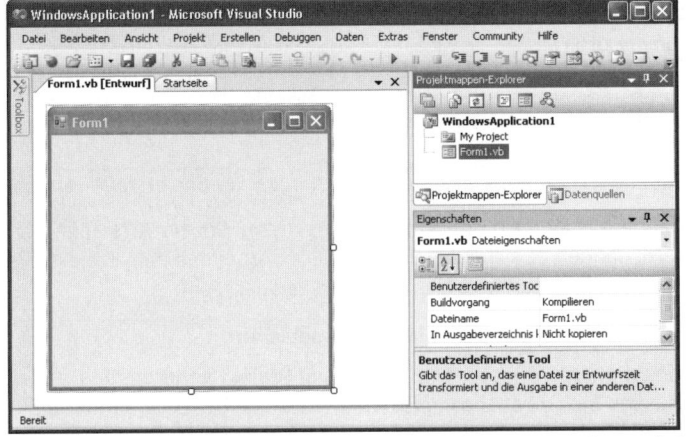

Abbildung 1.3: Der Rahmen für eine neue Windows-Anwendung wird erstellt

Beim Erstellen von **Web-Anwendungen** müssen Sie einige zusätzliche Dinge berücksichtigen (→ Kapitel 9).

Starter Kits

Unter den **Projekttypen** finden Sie auch den Eintrag **Starter Kits**. Darunter müssen Sie sich Vorlagen vorstellen, die Sie als kleine Beispiele für die Leistungsfähigkeit von Visual Basic verwenden können (→ Tabelle 1.2). Das Arbeiten mit solchen Vorlagen bringt zwar nicht allzu viel, wenn man darauf aus ist, das Programmieren zu erlernen. Sie können aber durch die Arbeit damit erfahren, welche Bedeutung die restlichen Fenster der **IDE** besitzen und wie man Programme kompiliert und erstellt.

Vorlage	Beschreibung
Starter Kit für Meine Filmesammlung	Erstellt eine Beispielanwendung, mit deren Hilfe Sie Ihre Filmsammlung organisieren und zusätzliche Informationen dazu online anfragen können.
Starter Kit für Bildschirmschoner	Erstellt eine Beispielanwendung für einen Bildschirmschoner.

Tabelle 1.2: Mehrere Beispielanwendungen können erstellt werden

Bei dem, was nach dem Öffnen eines dieser **Starter Kits** angezeigt wird, handelt es sich nur um Hinweise zur Arbeit mit dem Projekt. Sie können diese durcharbeiten, müssen es aber nicht.

▶ ▶ Aufgabe: Das aktuelle Projekt speichern

Eingaben und Änderungen in den zum Projekt gehörenden Dateien müssen Sie selbst speichern, wenn Sie diese bei einer späteren Sitzung mit der **IDE** wieder verfügbar haben wollen. Dazu gibt es zwei Befehle im Menü DATEI. Davon ist der zweite besonders wichtig, wenn Sie in Projekten – wie üblich – mit mehr als einer Datei arbeiten: Mit dem Befehl DATEI/SPEICHERN speichern Sie nur die Datei, die im *Projektmappen-Explorer* ausgewählt ist. Mit dem Befehl DATEI/ALLE SPEICHERN speichern Sie alle offenen Dateien, die verändert wurden.

- Wählen Sie im Menü **Datei** den Befehl **Alle speichern** oder klicken Sie auf die gleichnamige Schaltfläche in der Symbolleiste. Das Dialogfeld **Projekt speichern** wird angezeigt (→ Abbildung 1.4).

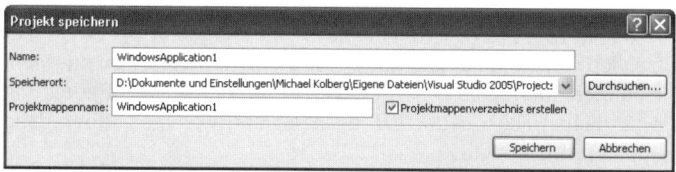

Abbildung 1.4: Beim Speichern werden Projektordner erstellt

- Im Textfeld **Name** finden Sie den anfangs beim Erstellen des Projekts vergebenen Namen. Sie können diesen zum Speichern weiterverwenden oder hier ändern. Das Programm arbeitet hier mit Voreinstellungen, die eine Beschreibung des gewählten Projekttyps mit einer fortlaufenden Nummer kombinieren. Wenn Sie bereits Projekte gespeichert haben, wird die Nummer automatisch gesetzt, um kein bereits vorhandenes Projekt zu überschreiben.
- Klicken Sie dann auf **Speichern**, um die Speicherung durchzuführen.

Speicherorte

Standardmäßig werden Ihre Projekte innerhalb des Ordners **Eigene Dateien** abgelegt. Hier geschieht das im Unterordner **Visual Studio 2005** und darin unter **Projects** (→ Abbildung 1.5). Wenn Sie andere Ordner verwenden wollen, benutzen Sie am besten die Schaltfläche **Durchsuchen** und stellen den gewünschten Ort ein.

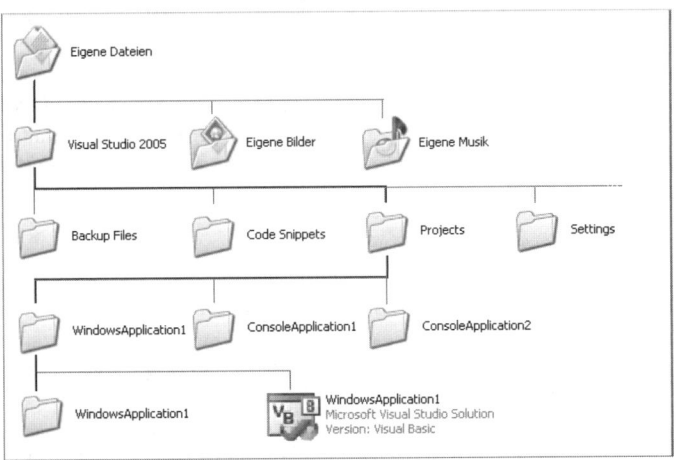

Abbildung 1.5: Das Programm benutzt zum Speichern einen eigenen Ordner

Beachten Sie aber hier auch einige Besonderheiten der Automatik in der Ordnerorganisation:

- Wenn im Dialog **Projekt speichern** die Option **Projektmappenverzeichnis erstellen** aktiviert ist, wird beim Speichern im gewählten Ordner automatisch ein als **Projektmappe** bezeichneter Unterordner angelegt. Den Namen dieser Projektmappe legen Sie über das Feld **Projektmappenname** fest. In der Standardeinstellung wird in diesem Feld derselbe Name angezeigt, der im Feld **Name** benutzt wurde.

- In diesem Unterordner finden Sie einerseits die Microsoft **Visual Studio Solution**-Datei mit dem Namen des Projekts. Wenn Sie später am Projekt weiterarbeiten wollen, müssen Sie diese Datei öffnen. Zusätzlich wird in der **Projektmappe** ein Ordner gleichen Namens erstellt, in den alle zum Projekt gehörenden Daten gespeichert werden. Innerhalb dieses Ordners finden Sie weitere Unterordner: Beispielsweise werden innerhalb von **bin** die ausführbaren Binärdateien abgelegt. Darauf kommen wir gleich noch zu sprechen.

Wenn Sie den Speicherort für alle zukünftigen Projekte generell ändern wollen, können Sie das über das Feld **Speicherort der Visual Studio-Projekte** auf der Seite **Umgebung/Projekte und Projektmappen** des Dialogfelds zum Befehl Extras/Optionen bewirken (→ Abschnitt 1.4).

▶ ▶ Aufgabe: Ein Projekt öffnen

Wenn Sie an einem Projekt weiterarbeiten wollen, müssen Sie es wieder öffnen. Es bieten sich drei Möglichkeiten an, das zu tun:

- Für die letzten von Ihnen bearbeiteten Projekte werden im Bereich **Zuletzt geöffnete Projekte** der **Startseite** Links angezeigt. Klicken Sie auf einen dieser Links, um das Projekt wieder zu öffnen.

- Die Projekte werden auch im Untermenü zum Befehl Datei/Zuletzt geöffnete Projekte aufgelistet. Wählen Sie dort das Projekt aus, das Sie öffnen wollen.

■ Wenn das gewünschte Projekt in den beiden eben beschriebenen Listen nicht angezeigt wird, arbeiten Sie über den Befehl DATEI/ PROJEKTMAPPE ÖFFNEN. Das Dialogfeld *Projekte öffnen* wird angezeigt (→ Abbildung 1.6).

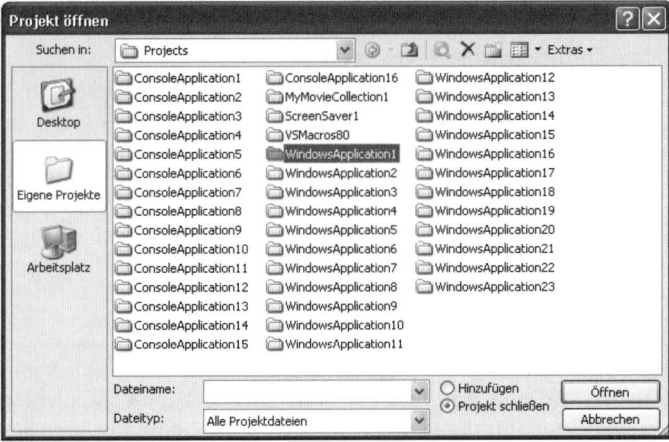

Abbildung 1.6: Die Struktur im Projektordner wird angezeigt

■ Öffnen Sie dann den Ordner für das gewünschte Projekt und öffnen Sie die darin angezeigte Projektmappendatei mit der Erweiterung *.sln* oder *.suo* (→ Tabelle 1.3).

Erweiterung	Name und Beschreibung
.sln	*Visual Studio Solution* – organisiert Projekte, Projektelemente und Projektmappenelemente innerhalb einer Projektmappe mit Hilfe von Verweisen auf ihre entsprechenden Speicherorte auf dem Datenträger.
.suo	*Solution User Options* – zeichnet alle Optionen auf, die Sie für eine Projektmappe festlegen, sodass bei jedem Öffnen der Mappe die von Ihnen vorgenommenen Anpassungen wirksam werden.

Tabelle 1.3: Zwei Typen werden für Projektmappendateien verwendet

Durch das Öffnen eines neuen Projekts werden alle anderen derzeit geöffneten Projekte geschlossen, es sei denn, Sie rufen die Menüoptionen DATEI/PROJEKT HINZUFÜGEN auf, wodurch nach entsprechender Auswahl im zugehörigen Untermenü ein neues oder bestehendes Projekt in die derzeit geöffnete Projektmappe eingefügt wird.

Selbständige Dateien anzeigen

Eine Datei können Sie nicht nur innerhalb Ihrer Projektumgebung, sondern auch selbständig erstellen oder zur Bearbeitung öffnen. Zum Öffnen einer bereits vorhandenen Datei benutzen Sie DATEI/ DATEI ÖFFNEN. Im Dialogfeld **Datei öffnen** können Sie eine auf einem Datenträger gespeicherte Datei öffnen. Außerdem können Sie in diesem Dialogfeld eine bereits geöffnete Datei mit anderen Optionen für die Sprachcodierung öffnen.

1.2   Die Fenster der IDE

Nach dem Erstellen eines Projekts sehen Sie einen Hauptarbeitsbereich, der von mehreren **Tool-Fenstern** umgeben ist (→ Abbildung 1.3). Der Grund für die Existenz dieser Fenster – einschließlich des später beschriebenen Konzepts der vielen kleinen Fenster – liegt darin, dass man den auf dem Bildschirm vorhandenen Platz möglichst effizient nutzen möchte.

Welches Fenster aktuell nach dem Erstellen oder Öffnen eines Projekts wie auf dem Bildschirm genau angezeigt wird, ist eine Frage mehrerer Faktoren: Einerseits liefern verschiedene Projekttypen gewisse Unterschiede im Erscheinungsbild. Außerdem ist das Bild von den bei vorherigen Arbeiten in der **IDE** durchgeführten Änderungen im Layout abhängig. Wenn Sie – wie nachfolgend beschrieben – am Layout etwas ändern, geht das durch die Grundeinstellung gewählte Erscheinungsbild verloren. Das so geänderte Layout wird auch für andere Projekte – neu erstellte und wieder geöffnete – übernommen.

- Die Inhalte aller geöffneten Dateien können im **Hauptfenster** der **IDE** angezeigt werden – dem Bereich, in dem vorher der Inhalt der Startseite abgebildet wurde. Nachdem Sie beispielsweise eine neue Windows-Anwendung erstellt haben, wird hier automatisch die Datei **Form1.vb** in der **Entwurf**-Ansicht angezeigt. Zurück zur Startseite können Sie durch einen Klick auf die im oberen Fensterrand sichtbare Registerlasche wechseln.
- Im rechten Bereich des Bildschirms werden standardmäßig übereinander zwei Fenster eingeblendet: oben das Fenster **Projektmappen-Explorer** und darunter das Fenster **Eigenschaften**.
- Am linken Rand der **IDE** finden Sie ebenfalls ein Fenster mit den Namen **Toolbox**. Dieses ist in der Grundeinstellung ausgeblendet und Sie sehen davon nur eine Lasche mit seiner Bezeichnung. Sie können es anzeigen lassen, indem Sie den Mauszeiger auf die Lasche bewegen. Sobald sich aber der Mauszeiger außerhalb des Fensters befindet, wird das Fenster automatisch wieder ausgeblendet.

Auf die Bedeutung dieser und anderer Fenster der **IDE** wird in den nachfolgenden Abschnitten und Kapiteln noch ausführlich eingegangen. Machen Sie sich zunächst rein informativ mit deren Aufgaben vertraut (→ Tabelle 1.4).

Fenster	Aufgabe
Projektmappen-Explorer	Zeigt die Bestandteile des aktuellen Projekts an und ermöglicht das Hinzufügen neuer oder das Löschen bestehender Komponenten.
Eigenschaften	Zeigt die Eigenschaften eines im Hauptbereich markierten Elements an. Diese Eigenschaften können hierin auch geändert werden.
Toolbox	Liefert Werkzeuge, mit deren Hilfe Sie Steuerelemente in Windows- und anderen Anwendungen einfügen können

*Tabelle 1.4: Die wichtigsten Fenster der **IDE***

Sie können alle Tool-Fenster ausblenden und sich nur Dokumentfenster anzeigen lassen, indem Sie den Modus **Ganzer Bildschirm** aktivieren. Drücken Sie [Alt]+[⇧]+[↵], um diesen Modus aufzurufen oder zu verlassen.

1.2.1 Wichtige Fenstertechniken

Sie können die Fenster der *IDE* individuell schließen und öffnen sowie verschieben oder skalieren. Zusätzlich können Sie die Tool-Fenster der *IDE* an- und abdocken, ein- und ausblenden sowie zu Fensterbereichen mit Registerlaschen anordnen.

▶▶ Aufgabe: Fenster schließen und öffnen

Zum Schließen eines Fensters klicken Sie auf die *Schließen*-Schaltfläche in der rechten oberen Fensterecke. Wenn Sie das Fenster wieder anzeigen lassen wollen, benutzen Sie den entsprechenden Befehl im Menü Ansicht. Zum Anzeigen der Fenster *Projektmappen-Explorer*, *Eigenschaften* und *Toolbox* können Sie auch die dafür verfügbaren Schaltflächen im rechten Bereich der *Standard*-Symbolleiste anklicken (→ Tabelle 1.8).

▶▶ Aufgabe: Fenster an- und abdocken

Das Platzieren eines Tool-Fensters bündig mit dem Rand eines anderen Fensters wird als *Andocken* des Fensters bezeichnet. Die Wirkung dieses Andockens ist, dass das Fenster immer mit diesem Rand der *IDE* verbunden bleibt, selbst wenn Sie das umgebende *IDE*-Fenster zu einer anderen Stelle auf dem Bildschirm verschieben. Nicht angedockte Fenster werden hingegen beim Verschieben des *IDE*-Fensters auf dem Bildschirm nicht mit bewegt.

Die Mehrzahl der Fenster verfügt rechts in der Titelleiste über drei kleine Schaltflächen, über die Sie das Fenster und sein Verhalten steuern können. Klicken Sie auf die Schaltfläche mit der nach unten weisenden Pfeilspitze. Das öffnet ein Menü, über dessen Befehle Sie die Position des Fensters steuern können. Dieselben Befehle finden Sie übrigens auch im Menü Fenster. Sie sollten die Wirkung dieser Techniken gleich selbst einmal austesten, um später nicht von bestimmten Reaktionen der Oberfläche überrascht zu werden.

- Standardmäßig ist für das Fenster *Projektmappen-Explorer* die Option *Andockbar* eingestellt. Das bedeutet, dass es entweder an einem Bildschirmrand angedockt oder frei bewegbar sein kann.

Um das standardmäßig angedockte Fenster aus seiner Verankerung zu lösen, ziehen Sie es mit gedrückt gehaltener Maustaste über die Titelleiste an eine beliebige Position. Während Sie ziehen, tauchen auf dem Bildschirm mehrere kleine Schaltflächen auf (→ Abbildung 1.7). Bewegen Sie die Maus auf eine dieser Schaltflächen, um das Fenster an dem gewünschten Bildschirmrand anzudocken. Wenn Sie die Maustaste an einer freien Stelle des Bildschirms loslassen, wird das Fenster als frei bewegbares Element an dieser Stelle abgelegt.

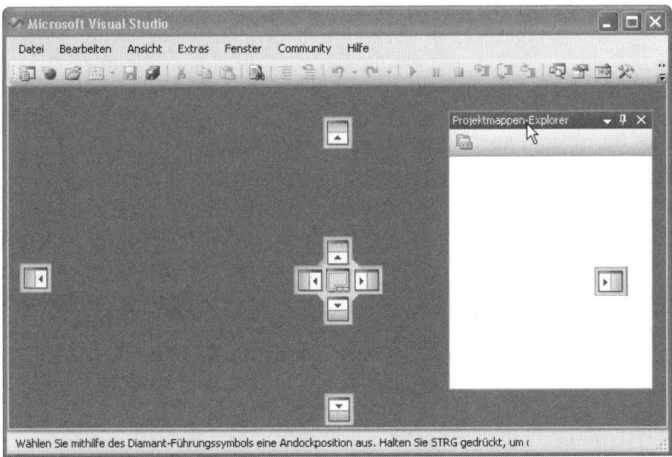

Abbildung 1.7: Sie können ein Fenster an allen Rändern andocken

- Ein Doppelklick auf die Titelleiste des jetzt unverankerten Fensters dockt es wieder am vorher verwendeten Bildschirmrand an.
- Der Befehl **Unverankert** bewirkt, dass das Fenster generell aus seiner Position am rechten Bildschirmrand gelöst wird und anschließend frei auf dem Bildschirm verschoben werden kann. Ein Doppelklick auf die Titelleiste zeigt in dieser Einstellung keine Wirkung. Um das Fenster wieder anzudocken, müssen Sie erst wieder die Option **Andockbar** einstellen.

■ Auch **Automatisch im Hintergrund** ist interessant, wenn Sie die für das Hauptfenster zur Verfügung stehende Fläche möglichst groß halten wollen. Diese Option bewirkt, dass ein Fenster wie der **Projektmappen-Explorer** bis auf eine kleine Registerlasche ausgeblendet wird. Sie können dann das Fenster in dieser Einstellung kurzzeitig anzeigen lassen, indem Sie den Mauszeiger auf die Lasche bewegen. Sobald sich aber der Mauszeiger außerhalb des Fensters befindet, wird das Fenster automatisch ausgeblendet.

Auch über die kleine Schaltfläche mit dem **Pin**-Symbol in der Titelleiste des Fensters können Sie diesen Modus ein- und ausschalten: Bei einem waagerecht angezeigten Pin ist **Automatisch im Hintergrund** eingeschaltet, bei einem senkrechten ausgeschaltet. Klicken Sie auf den **Pin**, um den Modus umzuschalten.

▶ ▶ **Aufgabe: Fenster verschieben und skalieren**

Wenn Sie Lage und/oder Größe eines abgedockten Fensters ändern wollen, benutzen Sie dazu die unter Windows üblichen Methoden. Ein Verschieben funktioniert aber nur, wenn der Befehl FENSTER/AUTOMATISCH IM HINTERGRUND nicht aktiviert ist.

Um alle geöffneten Tool-Fenster in einem Arbeitsgang auszublenden, wählen Sie FENSTER/ALLE AUTOMATISCH AUSBLENDEN. Damit haben Sie den größtmöglichen Platz für das Hauptfenster, in dem der Code erscheint, wenn Sie arbeiten.

Fenster zusammenfassen

Mehrere Tool-Fenster können automatisch zu einzelnen Registerkarten eines gemeinsamen Fensters zusammengefasst werden.

■ Um ein Fenster zu einer Gruppe von Registerkarten hinzuzufügen oder ein solches zu erzeugen, ziehen Sie einfach ein Tool-Fenster über dessen Titelleiste auf ein anderes.

■ Das Entfernen eines Fensters aus einer solchen Fensterkombination erfolgt ähnlich. Ziehen Sie einfach eine der Registerkarten von der Gruppe weg, bis der Umriss der Registerkarte nicht mehr angezeigt wird, und verschieben Sie dann das Fenster an den gewünschten neuen Platz.

Für die Anzeige der Fenster in der **IDE** gibt es eine Voreinstellung, deren Konfiguration zur Demonstration der einzelnen Dinge recht sinnvoll ist. Dieses Layout wird verwendet, nachdem Sie das Programm zum ersten Mal gestartet haben. Zu dieser Voreinstellung können Sie zurückkehren, indem Sie den Befehl FENSTERLAYOUT ZURÜCKSETZEN im Menü FENSTER wählen und den nachfolgenden Hinweis bestätigen.

1.2.2 Das Fenster Projektmappen-Explorer

Im **Projektmappen-Explorer** werden alle zum Projekt gehörenden Objekte in entsprechenden Gruppen zusammengefasst dargestellt (→ Abbildung 1.8). Im Allgemeinen erfolgt die Anzeige auf drei Ebenen.

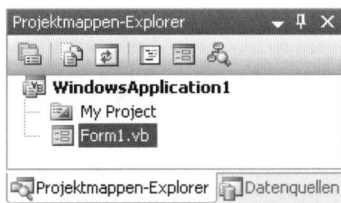

Abbildung 1.8: Der Projektmappen-Explorer dient zur Organisation

- Die oberste Ebene ist die der **Projektmappe**. Angezeigt werden hier der Name der Mappe und die Anzahl der in der Mappe enthaltenen Projekte. Nachdem Sie ein neues Projekt erstellt haben, beinhaltet die Mappe nur dieses und trägt auch seinen Namen.
- Eine solche Projektmappe kann ein oder auch mehrere **Projekte** beinhalten. Diese Projekte tragen den Namen, den Sie ihnen bei der Erstellung gegeben haben.
- Innerhalb eines jeden Projekts befinden sich alle dazugehörenden **Dateien** – Klassen, Formulare und andere Elemente. Die Inhalte solcher Dateien können Sie im Hauptfenster der **IDE** – teilweise in unterschiedlicher Form – anzeigen.

Die Dateien im Fenster Projektmappen-Explorer

Die Mehrzahl der oben erwähnten Vorlagen fügt dem Fenster *Projektmappen-Explorer* automatisch die wichtigsten Dateien hinzu, die als Ausgangspunkt für die Anwendung verwendet werden können. Welche Dateien das sind, hängt von aktuellen Projekttyp ab. Beispielsweise finden Sie in einer neuen Windows-Anwendung standardmäßig die Datei *Form1.vb*, die das *Windows Form*-Element enthält. Eine neue Konsolenanwendung enthält *Module1.vb* mit einem leeren Modul.

In allen Projekttypen finden Sie aber die Datei *My Project*. Diese liefert zusätzliche wichtige Informationen zum Projekt. Durch einen Doppelklick auf diesen Eintrag öffnen Sie im Hauptbereich ein aus mehreren Registerkarten bestehendes Dialogfeld (→ Abbildung 1.9). Die Elemente darin unterscheiden sich teilweise je nach dem gerade aktuellen Projekttyp. Auf mehrere davon werden wir in den nachfolgenden Abschnitten und Kapiteln noch eingehen.

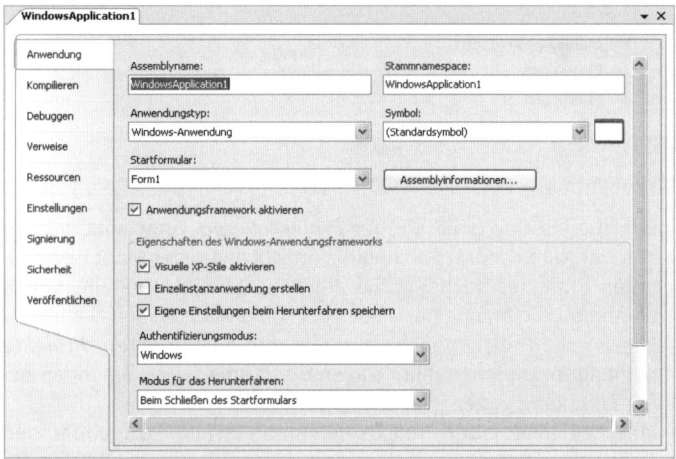

Abbildung 1.9: **My Projekt** *definiert diverse Einstellungen zum Projekt*

Beispiel: Wenn eine Windows-Anwendung beispielsweise mehrere Formulare enthält, müssen Sie angeben, welches davon als Erstes angesprochen werden soll. Das erreichen Sie über die Einstellung im Feld **Startformular**.

▶ ▶ **Aufgabe: Zusätzliche Elemente zum Projekt hinzufügen**

Wenn Sie ein neues Projekt erstellen, wird damit zunächst eine Projektmappe mit einen einzigen Projekt des gewählten Typs eingerichtet. Sie können dieser Mappe und auch dem Projekt weitere Elemente hinzufügen (→ Abbildung 1.10). Dazu muss das Ausgangsprojekt bereits gespeichert worden sein.

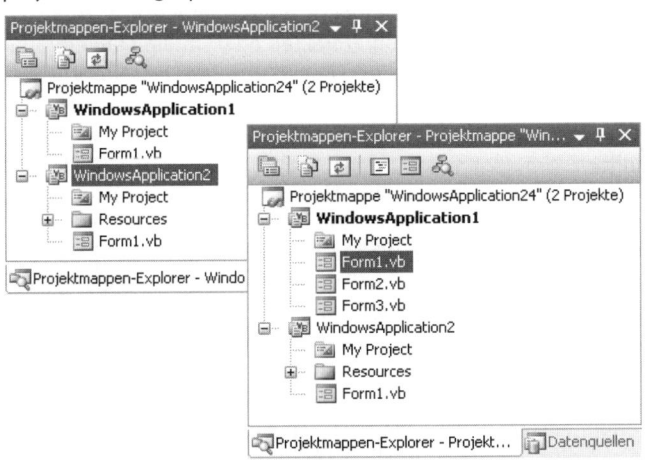

Abbildung 1.10: Weitere Elemente können hinzugefügt werden

▪ Wenn Sie der Projektmappe ein weiteres Projekt hinzufügen möchten, wählen Sie HINZUFÜGEN im Menü DATEI. Wählen Sie im Untermenü aus, ob Sie ein NEUES PROJEKT oder ein VORHANDENES PROJEKT hinzufügen möchten. Die dann angezeigten Dialogfelder entsprechen denen, die Sie schon vom Erstellen oder Öffnen von Projekten her kennen (→ Abbildungen 1.2 und 1.6).

■ Sie können auch einem Projekt weitere Elemente hinzufügen. Dazu markieren Sie gegebenenfalls das entsprechende Projekt im Fenster **Projektmappen-Explorer** und einen Befehl im oberen Bereich des Menüs PROJEKT. Wählen Sie dann im Dialogfeld **Neues Element hinzufügen** den Typ des Elements. Beispielsweise fügt der Befehl WINDOWS FORM HINZUFÜGEN eine weitere Datei hinzu, die ein **Windows Form**-Element enthält

Praktisch zu allen Ebenen des **Projektmappen-Explorers** existieren auch Kontextmenüs, die die wichtigsten Verwaltungsbefehle zur aktuell gewählten Ebene enthalten. Sie können darüber beispielsweise neue Projekte zu einer Projektmappe oder neue Dateien zu einem Projekt hinzufügen, Projekte oder Dateien entfernen, die Namen der Projektmappe, von Projekten oder Dateien ändern oder die Eigenschaften des markierten Objekts anzeigen lassen.

1.2.3 Das Hauptfenster

Die Inhalte aller geöffneten Dateien können im Hauptfenster der **IDE** angezeigt werden. Meist wird hierin nach dem Erstellen oder Öffnen eines Projekts eine bestimmte Datei in einer bestimmten Ansicht angezeigt. Bei einer neuen Windows-Anwendung ist das beispielsweise die Datei **Form1.vb** in der **Entwurf**-Ansicht (→ Abbildung 1.11). Erfolgt diese Anzeige nicht oder wollen Sie eine andere Datei anzeigen, markieren Sie diese im **Projektmappen-Explorer** und wählen ÖFFNEN aus dem Kontextmenü zu diesem Element oder doppelklicken Sie auf dem Dateinamen. Über die Registerlaschen am oberen Rand des Hauptfensters können Sie zwischen den geöffneten Dateien und der **Startseite** wechseln. Durch Anklicken der Schaltflächen mit den Pfeilspitzen im rechten Bereich der Titelleiste des Hauptfensters können Sie zum nächsten oder vorherigen Element wechseln. Wenn Sie das gerade aktuelle Element nicht mehr im Hauptfenster benötigen, können Sie es durch einen Klick auf die **Schließen**-Schaltfläche in dieser Titelleiste ausblenden.

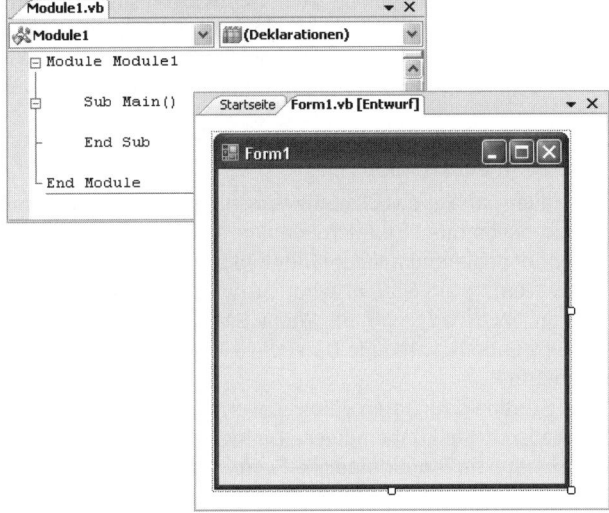

Abbildung 1.11: Im Hauptfenster werden Code oder grafische Elemente angezeigt

Ein Sternchen hinter dem Namen einer Datei in der Registerlasche zeigt an, dass Sie in der Datei Änderungen durchgeführt, diese aber noch nicht gespeichert haben.

▶ ▶ Aufgabe: Die Ansichten im Hauptfenster wechseln

Die meisten Dateitypen verfügen über unterschiedliche Ansichten, mit denen ihre Inhalte in Hauptfenster angezeigt werden können.

■ Beispielsweise verfügen Windows-Formulare neben der oben erwähnten *Entwurf*-Ansicht über die Möglichkeit, den darin enthaltenen Code anzuzeigen (→ Kapitel 5). Dazu wählen Sie CODE ANZEIGEN aus dem Kontextmenü zum Formular oder dem Kontextmenü zum markierten Element im *Projektmappen-Explorer*. Dem Hauptfenster wird daraufhin ein neues Register hinzugefügt, in dem der Code angezeigt wird.

- Webseiten hingegen verfügen neben der **Entwurf**-Ansicht über die Ansicht **Quelle**, in der der entsprechende Code angezeigt wird (→ Kapitel 9). Zwischen diesen beiden Ansichten können Sie über die beiden Registerlaschen am unteren Rand des Hauptfensters wechseln.

Andere Editoren verwenden

In manchen Fällen kann es zweckmäßig sein, für die Bearbeitung von Dateien einen bestimmten Editor zu wählen. Editoren und Dateien werden einander basierend auf dem Dateityp zugeordnet, der durch die Dateierweiterung angegeben wird. So werden beispielsweise **.txt**-Dateien in **WordPad** geöffnet. Wenn Sie den Standardeditor eines Dateityps ändern, wird jede Datei dieses Typs im neuen Standardeditor geöffnet.

Die in Visual Studio verfügbaren Editoren werden im Dialogfeld **Öffnen mit** aufgelistet. Sie können dieses Dialogfeld anzeigen lassen, indem Sie die Datei im **Projektmappen-Explorer** markieren und ÖFFNEN MIT aus dem Kontextmenü dazu wählen (→ Abbildung 1.12).

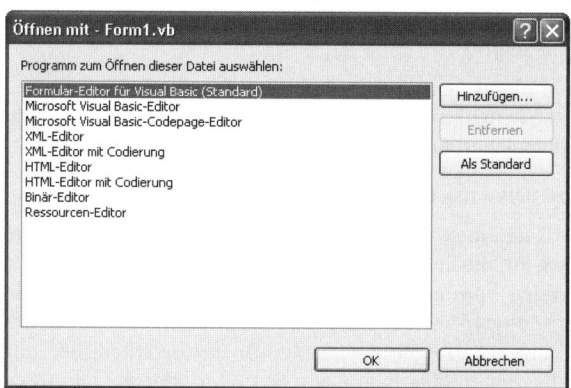

Abbildung 1.12: Sie können andere Editoren benutzen

Im Dialogfeld wird der aktuelle Standardeditor für die Zieldatei durch den Zusatz **(Standard)** markiert. Wenn Sie einen anderen Editor nur ausnahmsweise verwenden wollen, markieren Sie ihn in der Liste und bestätigen über **Öffnen**. Wenn für den ausgewählten Dateityp ein anderer Standardeditor festgelegt werden soll, markieren Sie ihn in der Liste und wählen **Als Standard festlegen** aus. Beim nächsten Öffnen eines Dokuments dieses Typs in Visual Studio wird es im neuen Standardeditor geöffnet. Verwenden Sie die Schaltfläche **Hinzufügen**, um der Liste einen neuen Editor hinzuzufügen.

1.2.4 Das Fenster Toolbox

Die **Toolbox** oder **Werkzeugsammlung** ist eines der häufig verwendeten Fenster. Sie enthält eine Reihe von verschiedenen Codestücken, Benutzeroberflächenelementen und anderen Elementen, die Sie in Ihre Projekte einfügen können. Sie zeigen die Toolbox über den Befehl ANSICHT/TOOLBOX oder die gleichbedeutende Schaltfläche in der **Standard**-Symbolleiste an (→ Tabelle 1.8).

▶ ▶ Aufgabe: Die Elemente der Toolbox verstehen

Welche Elemente in der **Toolbox** angezeigt werden, hängt davon ab, was aktuell im Hauptfenster der **IDE** bearbeitet wird (→ Abbildung 1.13). Immer vorhanden ist die Registerkarte **Allgemein**. Beim Öffnen eines Editors oder Designers für grafische Benutzeroberflächen werden weitere Registerkarten und Tools hinzugefügt. Außerdem können Sie der Toolbox benutzerdefinierte Registerkarten und Tools hinzufügen.

■ Wenn beispielsweise nichts im Hauptfenster ausgewählt ist, ist das einzige verfügbare Element in der Werkzeugsammlung der **Zeiger**. Mit diesem Element, das immer vorhanden ist, können Sie die Auswahl eines jeden anderen Elements im Werkzeugsammlungsfenster aufheben.

■ Bei Konsolenanwendungen finden Sie eine Registerkarte mit dem Namen **Allgemein**.

■ Wenn Sie ein Windows-Formular oder eine Web-Anwendung bearbeiten, haben Sie hierin die Auswahl zwischen einer Vielzahl von Werkzeugen, die in mehreren Gruppen organisiert sind. Diese Werkzeuglisten unterscheiden sich bei Windows- und Web-Anwendungen (→ Kapitel 5, Kapitel 6 und Kapitel 9).

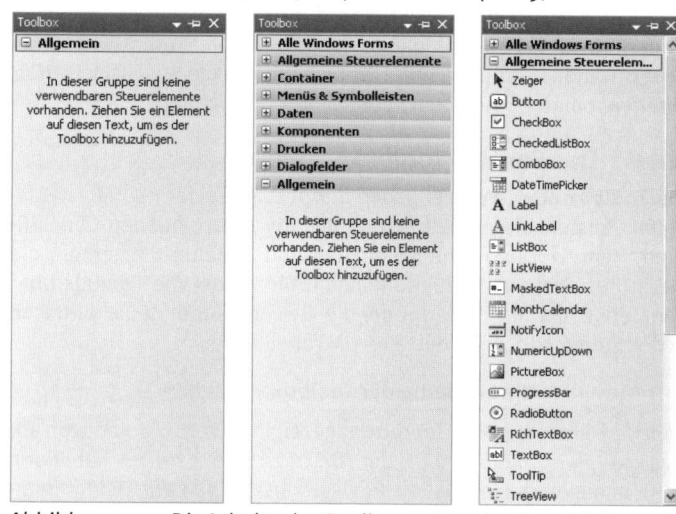

Abbildung 1.13: Die Inhalte der Toolbox unterscheiden sich je nach Typ der Vorlage

▶ ▶ Aufgabe: Ein Element aus der Toolbox einfügen

Jedes Element – mit Ausnahme von ***Zeiger*** – kann zum Einfügen auf zwei Arten angewendet werden. Die Größe des eingefügten Elements wird dabei automatisch geregelt.

■ Klicken Sie das Element an und ziehen Sie es in das Bearbeitungsfenster. Lassen Sie die Maustaste los, wenn sich die Maus an der gewünschten Position befindet.

■ Klicken Sie das Element doppelt an. Handelt es sich bei dem bearbeiteten Dokument um ein Textdokument, wird das Element an der Stelle eingefügt, die vorher durch den Cursor markiert wurde. Bei einer grafischen Benutzeroberfläche wird das Element an einer beliebigen Stelle eingefügt.

Wenn das aktuelle Dokument eine grafische Benutzeroberfläche ist – also beispielsweise ein Windows-Formular oder eine Webseite –, steht eine dritte Option zur Verfügung: Sie können das Element über die Maus an die gewünschte Stelle in der Anwendung ziehen. Die Größe und der Ort, an dem das Element zum Dokument hinzugefügt werden soll, werden dabei umrissen. Nach dem Loslassen der Maustaste wird das neue Element entsprechend in das Formular eingefügt.

Zusätzliche Aufgaben in der Toolbox

Auch die **Toolbox** verfügt über viele zusätzliche Optionen, beispielsweise die Fähigkeit, weitere Registerkarten hinzuzufügen, Registerkarten umzubenennen und die Ansicht zu verändern (→ Tabelle 1.5). Auf die Mehrzahl dieser Funktionen können Sie über die Kontextmenüs der Toolbox zugreifen.

Aufgabe	Vorgehensweise
Eine benutzerdefinierte Registerkarte hinzufügen	Wählen Sie den Befehl REGISTERKARTE HINZUFÜGEN aus dem Kontextmenü zu einer Registerkarte. Geben Sie im Textfeld unten in der **Toolbox** einen Namen für die neue Registerkarte ein und drücken Sie dann die Taste ⏎ . Die neue Registerkarte wird unten im Fenster **Toolbox** angezeigt. Automatisch wird das Zeigertool hinzugefügt. Anschließend können Sie die Registerkarte auswählen und weitere Elemente hinzufügen. Auf benutzerdefinierten Registerkarten können Sie beliebige Steuerelemente, Textbausteine und andere häufig verwendete Elemente speichern.

Tabelle 1.5: Die Toolbox verfügt über viele zusätzliche Funktionen

Aufgabe	Vorgehensweise
Eine benutzerdefinierte Registerkarte aus der Toolbox entfernen	Wählen Sie im Kontextmenü zur Registerkarte den Befehl TAB ENTFERNEN. In einem Meldungsfeld werden Sie darüber informiert, dass sämtliche Elemente auf der Registerkarte gelöscht werden. Falls Sie eines oder mehrere der Elemente auf dieser Registerkarte später noch benötigen, klicken Sie auf **Nein** und ziehen das bzw. die betreffenden Elemente auf eine andere **Toolbox**-Registerkarte. Wenn Sie alle noch benötigten Elemente aus der Registerkarte entfernt haben, wählen Sie erneut TAB ENTFERNEN aus und klicken auf **Ja**, um die ausgewählte Registerkarte aus der **Toolbox** zu entfernen.
Elemente auf einer Registerkarte hinzufügen oder daraus entfernen	Wählen Sie im Menü EXTRAS den Eintrag TOOLBOX ANPASSEN. Klicken Sie im Dialogfeld **Toolbox anpassen** nacheinander auf die verschiedenen Registerkarten, um die verfügbaren Kategorien von **Toolbox**-Elementen zu durchsuchen. Aktivieren Sie dann die Elemente, die Sie hinzufügen möchten, und deaktivieren Sie die Elemente, die Sie entfernen möchten, oder klicken Sie auf **Durchsuchen**, wenn Sie Elemente hinzufügen möchten, die in der aktiven Liste nicht aufgeführt sind. Klicken Sie abschließend auf **OK**, um das Dialogfeld **Toolbox anpassen** zu schließen. Die neuen Tools werden der Registerkarte hinzugefügt, die momentan in der Toolbox ausgewählt ist. Von dort können Sie diese Tools auf andere Registerkarten ziehen. Wenn Elemente in **Toolbox anpassen** deaktiviert wurden, werden sie auf den Registerkarten nicht mehr angezeigt.
Eine Registerkarte umbenennen	Wählen Sie im Kontextmenü zur Registerkarte den Befehl REGISTERKARTE UMBENENNEN. Geben Sie im Textfeld einen neuen Namen für die Registerkarte ein und drücken Sie die Taste ⏎ .
Elemente auf Registerkarten umbenennen	Klicken Sie mit der rechten Maustaste auf die gewünschte Registerkarte und wählen Sie im Kontextmenü ELEMENT UMBENENNEN. Geben Sie im Textfeld einen neuen Namen für das Element ein und drücken Sie die Taste ⏎ .
Alle Registerkarten anzeigen	Wählen Sie im Kontextmenü zu einer Registerkarte den Befehl ALLE REGISTERKARTEN ANZEIGEN. Einige der angezeigten Elemente können u.U. nicht verwendet werden. Diese Option kann aktiviert und deaktiviert werden.
Elemente als komprimierte Symbole	Klicken Sie mit der rechten Maustaste auf die gewünschte Registerkarte und wählen Sie im Kontextmenü LISTENANSICHT aus. Diese Option kann aktiviert und deaktiviert werden.

Tabelle 1.5: Die Toolbox verfügt über viele zusätzliche Funktionen

Aufgabe	Vorgehensweise
Elemente auf einer Registerkarte alphabetisch anordnen	Klicken Sie mit der rechten Maustaste auf die gewünschte Registerkarte und wählen Sie im Kontextmenü ELEMENTE ALPHABETISCH SORTIEREN aus. Diese Option kann aktiviert und deaktiviert werden.
Elemente auf einer Registerkarte neu anordnen	Klicken Sie mit der rechten Maustaste auf das Element, das Sie neu positionieren möchten, und wählen Sie dann im Kontextmenü NACH OBEN oder NACH UNTEN. Wenn Sie *Listenansicht* deaktivieren, um die Toolbox-Elemente als komprimierte Symbole anzuzeigen, kann das ausgewählte Element mit NACH OBEN nach links und mit NACH UNTEN nach rechts verschoben werden.

Tabelle 1.5: Die Toolbox verfügt über viele zusätzliche Funktionen

1.2.5 Das Fenster Eigenschaften

Viele Elemente, mit denen Sie in der Visual Studio-*IDE* arbeiten, haben Attribute oder Eigenschaften. Die Eigenschaften sind Informationen, die das Element beschreiben, wie beispielsweise der Name eines Projekts oder die Farbe eines Formulars. Nach dem Erstellen eines Objekts werden dessen Eigenschaften auf Standardwerte gesetzt. Sie haben aber über die Daten im Fenster *Eigenschaften* die Möglichkeit, sie zu modifizieren (→ Abbildung 1.14).

▶▶ Aufgabe: Eigenschaften ändern

Angezeigt werden im Fenster immer die Eigenschaften des aktuell markierten Objekts. Wenn Sie mehrere Objekte auswählen, werden nur die Eigenschaften aufgeführt, über die alle ausgewählten Objekte verfügen. Auch über das Listenfeld in der obersten Zeile des Fensters können Sie das Objekt wählen, dessen Eigenschaften angezeigt werden sollen. Zum Bearbeiten einer nicht abgeblendeten Eigenschaft klicken Sie auf die Zelle rechts neben der Eigenschaft und nehmen die Änderungen vor.

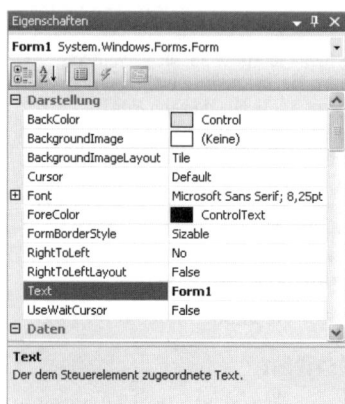

Abbildung 1.14: Über das Fenster **Eigenschaften** *regeln Sie die Einstellungen*

- Mit Hilfe des Befehls BESCHREIBUNG im Kontextmenü können Sie eine kurze Beschreibung der markierten Eigenschaft am unteren Fensterrand ein- und ausblenden. Den dafür zur Verfügung gestellten Platz können Sie über die Maus regeln.
- Mit den Schaltflächen im oberen Bereich des Fensters **Eigenschaften** können Sie unter anderem festlegen, in welcher Reihenfolge die Eigenschaften im Fenster angezeigt werden sollen (→ Tabelle 1.6).

Symbol	Name und Wirkung
	Nach Kategorien – listet die einzelnen Eigenschaften im Fenster nach Kategorien – wie Darstellung, Daten, Eingabehilfen usw. – auf. Die Kategorien werden in alphabetischer Reihenfolge aufgeführt. Kategorien können reduziert werden, um die Anzahl der sichtbaren Eigenschaften zu verringern. Wenn Sie eine Kategorie erweitern oder reduzieren, wird links neben dem Kategorienamen ein Plus- oder ein Minuszeichen angezeigt.
	Alphabetisch – listet die einzelnen Eigenschaften im Fenster alphabetisch auf. So finden Sie eine Eigenschaft eher, wenn Sie ihren Namen kennen, aber nicht wissen, zu welcher Kategorie sie gehört.

Tabelle 1.6: Die Eigenschaften können unterschiedlich sortiert werden

Symbol	Name und Wirkung
	Eigenschaften – zeigt die Eigenschaften für das markierte Element an.
	Ereignisse – zeigt die für das markierte Element vorhandenen Ereignisse an.
	Eigenschaftenseiten – zeigt das Dialogfeld **Eigenschaftenseiten** für das ausgewählte Element an. Nur einige Objekte verfügen über solche Eigenschaftenseiten. Diese zeigen entweder eine Teilmenge, dieselbe Menge oder eine Obermenge der im Eigenschaftenfenster verfügbaren Eigenschaften an.

Tabelle 1.6: Die Eigenschaften können unterschiedlich sortiert werden (Forts.)

1.2.6 Weitere Fenster

Sie **IDE** verfügt noch über eine Vielzahl von weiteren Fenstern für spezielle Aufgaben. Sie können diese über das Menü ANSICHT und darin über das Untermenü WEITERE FENSTER anzeigen und ausblenden lassen (→ Abbildung 1.15).

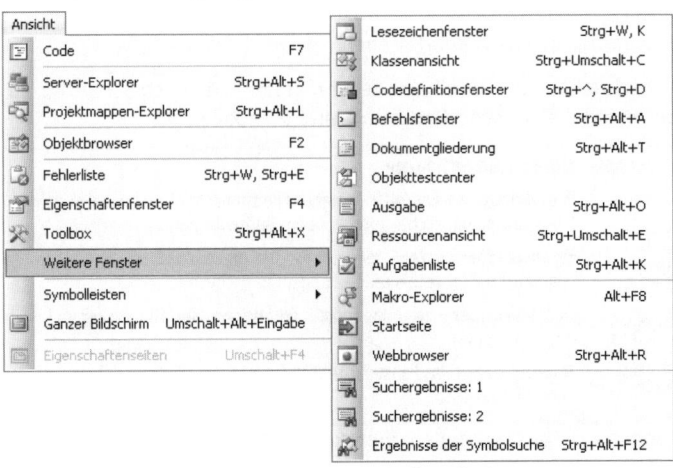

Abbildung 1.15: Viele weitere Fenster sind verfügbar

Auf die Bedeutung vieler dieser Fenster werden wir in den folgenden Kapiteln noch intensiver eingehen. Machen Sie sich aber jetzt schon mit der Funktion der wichtigsten davon oberflächlich vertraut (→ Tabelle 1.7).

Fenster	Aufgabe
Server-Explorer	Im *Server-Explorer* werden die beiden Hauptgruppen von externen Ressourcen angezeigt – *Datenverbindungen* und *Server*. Hier werden die verschiedenen Server in Ihrem Netzwerk und Dienste aufgelistet, die auf diesen Servern laufen (→ Kapitel 7).
Objektbrowser	Der *Objektbrowser* kann Ihnen bei der Arbeit mit den Objekten des *.NET Frameworks* dadurch helfen, dass Sie einen Katalog verfügbarer Objekte durchblättern oder durchsuchen können (→ Kapitel 9).
Fehlerliste	Zeigt eine Liste der Programmfehler an, die während der Laufzeit aufgetreten sind (→ Kapitel 4).
Klassenansicht	Die *Klassenansicht* bietet Ihnen eine alternative codebezogene Darstellung von Projekten, in der Sie auf einfache Weise zu den einzelnen Codesymbolen navigieren können (→ Kapitel 3).
Befehlsfenster	Ermöglicht unter anderem das Testen von einzelnen Codezeilen oder die Anfrage des Werts einer Variablen (→ Kapitel 4).

Tabelle 1.7: Einige wichtige Fenster

Zur schnellen Anzeige einiger Fenster können Sie auch Schaltflächen der Symbolleiste *Standard* benutzen (→ Tabelle 1.8).

Symbol	Name und Wirkung
	Projektmappen-Explorer – zeigt das Fenster *Projektmappen-Explorer* (standardmäßig) rechts oben auf dem Bildschirm an.
	Eigenschaftenfenster – zeigt das Fenster *Eigenschaften* (standardmäßig) rechts unten auf dem Bildschirm an.
	Objektbrowser – zeigt das Fenster *Objektbrowser* als Register im Hauptfenster an.
	Toolbox – zeigt das Fenster *Toolbox* (standardmäßig) am linken Bildschirmrand an.

Tabelle 1.8: Fenster können über die Symbolleiste angezeigt werden

Symbol	Name und Wirkung
	Fehlerliste – zeigt das Fenster *Fehlerliste* unten im Hauptbereich des Bildschirms an.
	Befehlsfenster – zeigt das *Befehlsfenster* im unteren Bereich der *IDE* an.

Tabelle 1.8: Fenster können über die Symbolleiste angezeigt werden

1.3 Der Text-Editor

Der Text-Editor dient zur Eingabe und Bearbeitung von Programmcode. Nach dem Anlegen eines Projekts werden automatisch einige Eingaben vorgenommen, die als Grundgerüst für das Programm mit verwendet werden können (→ Abbildung 1.16). Welche Eingaben das sind, hängt vom Typ des Projekts und damit auch vom Typ der Datei ab.

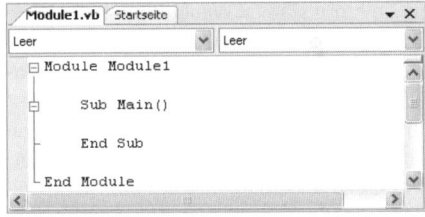

Abbildung 1.16: Eine neue Konsolenanwendung enthält ein Modul

Den weiteren Code müssen Sie selbst eingeben. Sie werden feststellen, dass das Arbeiten hier ungleich bequemer ist als innerhalb eines normalen Text-Editors wie beispielsweise *WordPad*, denn im Gegensatz zur dort benutzten Arbeitsweise helfen Ihnen in der *IDE* diverse Funktionen bereits bei Eingabe des Codes. Neu ist bei der aktuellen Version, dass Codezeilen, in denen Sie Änderungen durchgeführt haben, durch eine kleine gelbe Marke am linken Rand des Codefensters markiert werden. Außerdem verfügt der Text-Editor neben den anschließend beschriebenen Optionen noch über eine Vielzahl von Möglichkeiten, sich Ihren persönlichen Präferenzen anzupassen. Auf die wichtigsten werden wir weiter unten eingehen (→ Abschnitt 1.4).

1.3.1 Code eingeben

Bei der Eingabe von Code unterstützt Sie der Text-Editor auf unterschiedliche Weise: Die Schaltflächen einer zusätzlichen Symbolleiste sind Ihnen bei der Eingabe und Gestaltung von Code behilflich. Nachdem Sie erst einmal mit der Eingabe einer Zeile begonnen haben, zeigen automatisch eingeblendete Listenfelder mögliche Alternativen für die Fortsetzung der Zeile an. Fehler werden gemeldet, noch bevor Sie an das Kompilieren denken.

▶ ▶ **Aufgabe: Die Schreibmarke bewegen**

Zur Eingabe von eigenem Code arbeiten Sie in der *IDE* wie in einem der wahrscheinlich schon bekannten Editoren. Das eingegebene Zeichen wird auf dem Bildschirm an der durch die Schreibmarke gekennzeichneten Stelle angezeigt. Zum Bewegen der Schreibmarke klicken Sie die gewünschte Stelle mit der Maus an oder arbeiten mit den üblichen Tastenkürzeln. Letztere sind im Wesentlichen die Pfeiltasten und Kombinationen davon mit der Taste `Strg`.

Wenn Sie *Bewegungen der Einfügemarke als Teil der Rückgängig-Liste* auf der Seite *Text-Editor/Allgemein* im Dialogfeld zu EXTRAS/OPTIONEN eingeschaltet haben, werden Befehle, durch die lediglich die Einfügemarke verschoben wird, in der *Rückgängig*-Liste platziert. So können Sie unmittelbar zu diesen Positionen oder Bearbeitungsstellen springen, indem Sie die Einträge in der Rückgängig-Liste aufrufen und auswählen.

Außerdem können Sie auf der Seite *Umgebung/Tastatur* des Dialogfelds zum Befehl EXTRAS/OPTIONEN das Tastaturschema für die *IDE* anpassen (→ Abschnitt 1.4).

Wichtige Schaltflächen in den Symbolleisten

Einige Schaltflächen der Symbolleiste **Standard** sind für das Arbeiten im Code besonders wichtig (→ Tabelle 1.9).

Symbol	Name und Wirkung
	Ausschneiden – verschiebt das vorher markierte Element in die Zwischenablage.
	Kopieren – kopiert das markierte Element in die Zwischenablage.
	Einfügen – fügt den Inhalt der Zwischenablage an die vorher markierte Stelle ein.
	Suchen – zeigt das Dialogfeld **Suchen und Ersetzen** an.
	Kommentiert die ausgewählten Textzeilen aus – setzt vor die aktuelle Zeile ein Kommentarzeichen – also ein einfaches Anführungszeichen. Die Zeile wird dann nicht mehr als Bestandteil des Codes berücksichtigt.
	Hebt die Auskommentierung der ausgewählten Textzeilen auf – entfernt ein Kommentarzeichen am Anfang der Zeile. Damit wird die Zeile wieder Bestandteil des Codes.
	Rückgängig – macht den letzten Befehl oder die letzte Eingabe rückgängig. Wenn Sie mehrere Befehle rückgängig machen wollen, öffnen Sie das Listenfeld und wählen die Befehle aus.
	Wiederholen – wiederholt einen Befehl, den Sie rückgängig gemacht haben. Wenn Sie mehrere Befehle wiederherstellen wollen, öffnen Sie das Listenfeld und wählen die Befehle aus.

*Tabelle 1.9: Wichtige Schaltflächen der Symbolleiste **Standard***

Außerdem können Sie für die Arbeit in einer Codeansicht über das Untermenü zu ANSICHT/SYMBOLLEISTEN die Symbolleiste **Text-Editor** einblenden, deren Schaltflächen Ihnen bei der Eingabe und Gestaltung von Code hilfreich sein können (→ Tabelle 1.10).

Symbol	Name und Wirkung
	Memberliste für Objekt anzeigen – blendet ein Popup-Fenster mit Alternativen zu bestimmten Schlüsselwörtern ein, wenn sich die Schreibmarke in einem solchen befindet (→ unten).
	Parameterinfo anzeigen – zeigt die Parameterinformationen an, wenn sich die Schreibmarke auf einem entsprechenden Codeelement befindet (→ unten).
	QuickInfo anzeigen – Zeigt eine kleine **QuickInfo** an, wenn sich die Schreibmarke auf einem entsprechenden Ausdruck befindet (→ unten). Beispielsweise wird beim Markieren einer Variablen deren Deklaration eingeblendet.
	Wortvervollständigung anzeigen – zeigt nach der Eingabe der ersten Buchstaben eines Schlüsselworts Alternativen zur Fortsetzung an.
	Einzug verkleinern – Verkleinert den Einzug der Zeile. Kann nur angesprochen werden, wenn **Einzug** auf der Seite **Text-Editor/…/Tabstopps** im Dialogfeld zu Extras/Optionen nicht auf **Intelligent** gesetzt ist (→ Abschnitt 1.4).
	Einzug vergrößern – vergrößert den Einzug der Zeile. Kann nur angesprochen werden, wenn **Einzug** auf der Seite **Text-Editor/…/Tabstopps** im Dialogfeld zu Extras/Optionen nicht auf **Intelligent** gesetzt ist (→ Abschnitt 1.4).
	Lesezeichen für die aktuelle Zeile umschalten – setzt entweder ein Lesezeichen vor die Zeile oder entfernt ein bereits vorhandenes. Damit können Sie Zeilen markieren.
	Einfügemarke zum vorherigen Lesezeichen verschieben – Wenn Sie mehrere Lesezeichen im Code gesetzt haben, können Sie damit die Einfügemarke zum vorherigen Lesezeichen verschieben.
	Einfügemarke zum nächsten Lesezeichen verschieben – Entsprechend können Sie hiermit die Einfügemarke zum nächsten Lesezeichen verschieben.
	Alle Lesezeichen in allen Dateien löschen – löscht alle unbenannten Lesezeichen aus dem aktuellen Dokument.

*Tabelle 1.10: Die Symbolleiste **Text-Editor** hilft bei der Eingabe von Code*

▶▶ Aufgabe: **Einzüge benutzen**

Mit dem Text-Editor von Visual Studio haben Sie die Möglichkeit, Code durch Einzüge zu formatieren, was später die Übersicht über die Codestruktur erleichtert (→ Abbildung 1.17).

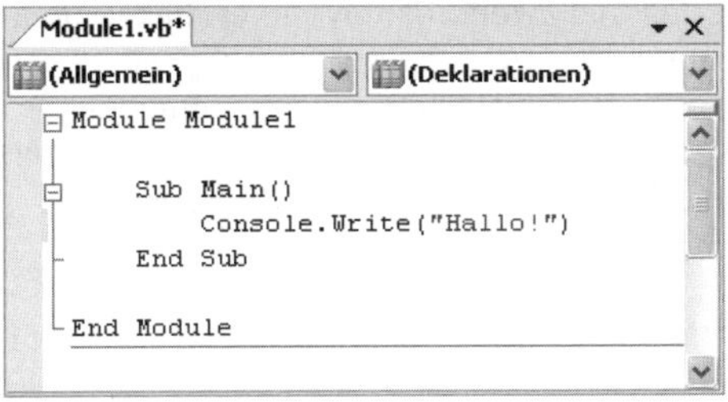

```
Module1.vb*                              ▾ × 
📖 (Allgemein)          ▾  📖 (Deklarationen)    ▾ 
⊟ Module Module1

⊟    Sub Main()
         Console.Write("Hallo!")
     End Sub

└ End Module
```

Abbildung 1.17: Einzüge werden automatisch gesetzt

Sie können unter drei verschiedenen Formaten für den Texteinzug wählen. Außerdem können Sie festlegen, aus wie vielen Leerzeichen ein einzelner Einzug oder Tabstopp besteht und ob der Editor beim Einzug Tabulatorstopps oder Leerzeichen verwendet. Die individuellen Einstellungen dazu werden weiter unten behandelt (→Abschnitt 1.4).

- Standardmäßig wird die Option *Intelligent* verwendet. Hier bestimmt der Sprachdienst das passende Format für den Einzug. Beispielsweise werden die Zeilen innerhalb des Blocks, der mit *Sub Main()* beginnt und mit *End Sub* endet, entsprechend eingezogen.
- Ist die Option *Intelligent* abgeschaltet, können Sie einen Einzug manuell einstellen. Markieren Sie zunächst den oder die gewünschte(n) Zeile(n). Um den Einzug zu vergrößern, drücken Sie die Taste `⭾` oder klicken in der Symbolleiste *Text-Editor* auf die Schaltfläche *Einzug vergrößern*. Um ihn zu verkleinern, drücken Sie `⇧`+`⭾` oder klicken auf *Einzug verkleinern*.

▶▶ Aufgabe: Die IntelliSense-Funktionen benutzen

Standardmäßig werden in der Codeansicht des Editors Popup-Fenster angezeigt, in denen Erweiterungen der Codezeile, an der Sie gerade arbeiten, vorgeschlagen werden. Während Sie Objekte entwerfen und deren Funktionen codieren, stellen diese *Anweisungsabschlussfunktionen* die Syntaxinformationen bereit, die Sie für die

Schlüsselwörter, Methoden und Eigenschaften der jeweiligen Sprache benötigen (→ Abbildung 1.18). Zu den Vorschlägen gehören beispielsweise die für das aktuelle Objekt verfügbaren Member – also Eigenschaften, Methoden, Ereignisse usw. – sowie die Parameter, die für eine Funktion oder eine Anweisung benötigt werden.

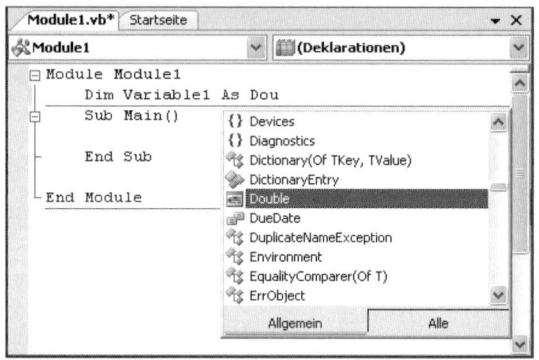

Abbildung 1.18: Der Editor macht Vorschläge für die Fortsetzung

Auch nach der vollständigen Eingabe einer Codezeile können Sie diese Listen wieder anzeigen, indem Sie die Schreibmarke auf den Namen des Objekts in der Zeile setzen und anschließend auf die mit der QuickInfo **Memberliste für Objekt anzeigen** versehene Schaltfläche in der Symbolleiste **Text-Editor** klicken.

Wenn Sie Elemente eingeben, die Argumente beinhalten, wird bei der Eingabe automatisch eine Liste dieser Elemente eingeblendet, an der Sie sich orientieren können (→ Abbildung 1.19). Das gerade aktuelle Argument wird darin fett angezeigt. Nach Abschluss der Eingabe desselben setzen Sie ein Komma, um zum nächsten Argument zu wechseln.

Auch nach Abschluss der gesamten Eingabe können Sie diese Liste wieder anzeigen lassen. Setzen Sie die Schreibmarke in die Argumentliste und klicken Sie auf die Schaltfläche **Parameterinfo anzeigen** in der Symbolleiste **Standard**.

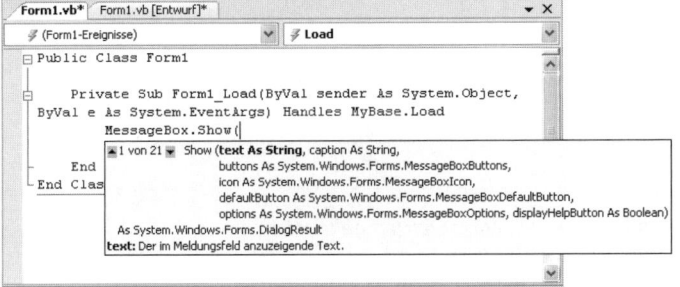

Abbildung 1.19: Argumente werden angezeigt

In bestimmten Fällen verhalten sich die IntelliSense-Optionen anders als vielleicht erwartet.

- Wenn sich die Einfügemarke an einer Stelle befindet, die eine unvollständige Funktion oder einen anderen Codefehler enthält, können die Codeelemente nicht analysiert werden. Den betreffenden Code können Sie auskommentieren, um IntelliSense erneut zu aktivieren.
- Wenn sich die Einfügemarke innerhalb eines Kommentars in der Quelldatei befindet, stehen die IntelliSense-Optionen nicht zur Verfügung.
- Auch wenn sich die Einfügemarke zwischen den beiden Anführungszeichen einer Zeichenfolge befindet, sind die IntelliSense-Optionen nicht verfügbar.

▶ ▶ Aufgabe: Die Fehleranzeige benutzen

Sollte Ihnen bei der Eingabe ein Fehler unterlaufen sein, wird dieser in vielen Fällen automatisch korrigiert. Bei böswilligen Fehlern streikt diese Automatik. In diesen Fällen wird der nicht erkannte Ausdruck mit einer blauen Wellenlinie unterstrichen (→ Abbildung 1.20). Wenn Sie die Schreibmarke in den unterstrichenen Bereich bewegen, wird zusätzlich ein Kommentar zur Fehlerursache angezeigt. Zusätzlich steht zu dem bereits eingegebenen Code eine QuickInfo zur Verfügung.

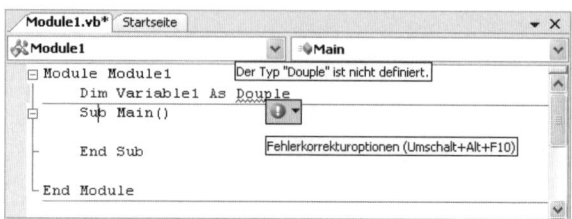

Abbildung 1.20: Fehler werden gekennzeichnet

▶▶ Aufgabe: Zeilennummern anzeigen

Standardmäßig werden im Code keine Zeilennummern angezeigt. Sie können diese aber über die Option **Zeilennummern** auf der Seite **Text-Editor/Editor** im Dialogfeld zu EXTRAS/OPTIONEN hinzufügen lassen (→ Abbildung 1.21). Wenn Sie später Änderungen im Code durchführen – also nach dem Hinzufügen oder Löschen von Zeilen – passen sich diese Nummern automatisch an.

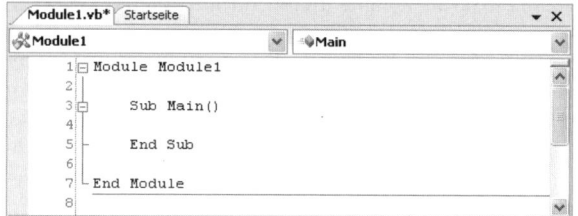

Abbildung 1.21: Zeilennummern können angezeigt werden

Auch bei eingeschalteter Zeilennummerierung werden die Zeilennummern des Dokuments nicht mit gedruckt. Um Zeilennummern mit ausdrucken zu lassen, müssen Sie im Menü DATEI unter dem Befehl SEITE EINRICHTEN das Kontrollkästchen **Zeilennummern** aktivieren.

Beim Schreiben des Codes kommt es hin und wieder vor, dass Sie lange Anweisungen erstellen, die im Code-Editor einen horizontalen Bildlauf erfordern. Dies beeinträchtigt zwar nicht die Ausführung von Code, erschwert jedoch das Lesen auf dem Bildschirm. In diesem Fall empfiehlt es sich, die lange Anweisung auf mehrere Zeilen zu umbrechen.

▪ Um längere Codezeilen immer vollständig auf dem Bildschirm zu haben, können Sie die Option **Zeilenumbruch** auf der Seite **Text-Editor/Alle Sprachen/Allgemein** oder der Seite **Text-Editor/Basic/Allgemein** im Dialogfeld zum Befehl EXTRAS/OPTIONEN aktivieren (→ Abschnitt 1.4). Damit sorgen Sie dafür, dass die Zeilen in Abhängigkeit von der gewählten Fenstergröße umbrochen werden. Die über die Fensterbreite des Code-Editors hinausgehenden Codezeilen werden automatisch in der nächsten angezeigten Zeile weitergeführt. Außerdem wird die horizontale Bildlaufleiste entfernt. Wahlweise lässt sich diese Option durch zweimaliges Drücken von `Strg`+`R` ein- und ausschalten.

▪ Sie können aber auch einen Zeilenumbruch manuell durchführen. Verwenden Sie dazu das **Zeilenfortsetzungszeichen**, das aus einem Leerzeichen und einem Unterstrich besteht (_). Code ist durch die Verwendung dieses Zeichens besser lesbar, sowohl online als auch in gedruckter Fassung. Das Zeilenfortsetzungszeichen darf nicht mitten in einem Argumentnamen stehen. Sie können eine Argumentliste durch ein Zeilenfortsetzungszeichen umbrechen, dabei müssen aber die einzelnen Argumentnamen intakt bleiben. Außerdem darf auf ein Zeilenfortsetzungszeichen nicht in der gleichen Zeile ein Kommentar folgen.

Beispiel: In folgendem Codefragment wird der Code durch Eingabe eines Leerzeichens mit einem nachfolgenden Unterstrich umbrochen (→ Listing 1.1).

Listing 1.1: Der Umbruch wird hier manuell gesteuert

```
...
Sub Oeffnen
  If OpenFileDialog1.ShowDialog = _
    Windows.Forms.DialogResult.OK Then
      PictureBox1.Image = _
        Image.FromFile(OpenFileDialog1.FileName)
  End If
End Sub
...
```

Mehrere Anweisungen in einer Zeile benutzen

Es empfiehlt sich, jede Anweisung in einer eigenen Zeile zu platzieren. Allerdings können Sie in Visual Basic auch mehrere Anweisungen in der gleichen Zeile unterbringen. Dazu müssen Sie die Anweisungen in einer Zeile durch einen Doppelpunkt trennen – beispielsweise könnten Sie **Dim Vorname As String : System.Console.WriteLine(»Hallo!«)** schreiben. Dies ist jedoch nur selten sinnvoll, da durch diese Syntaxform der Code schwer leserlich und schwer zu pflegen ist. Daher empfiehlt es sich, nur eine Anweisung pro Zeile zu verwenden.

▶▶ **Aufgabe: Codebereiche auskommentieren**

Für Kommentarzeilen fügen Sie an der gewünschten Stelle im Code eine Leerzeile ein, beginnen den Text mit einem einfachen Anführungszeichen (') und geben anschließend den Kommentar ein. Kommentartext wird standardmäßig in grüner Farbe dargestellt (→ Abbildung 1.22).

Stattdessen können Sie die Zeile auch mit **Rem** beginnen oder nach der Eingabe des Textes auch einfach die Schaltfläche mit der Bezeichnung **Kommentiert die ausgewählten Textzeilen aus** in der **Standard**-Symbolleiste anklicken (→ Tabelle 1.9). Das Anführungszeichen wird damit automatisch hinzugefügt. Über die Schaltfläche **Hebt die Auskommentierung der ausgewählten Textzeilen auf** können Sie das Anführungszeichen wieder entfernen.

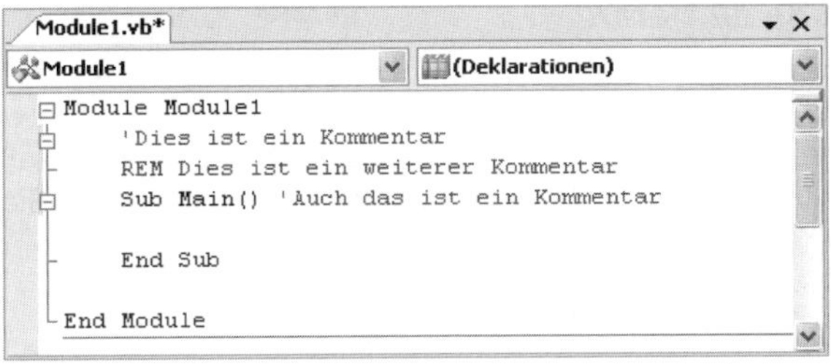

```
Module1.vb*                                            ▾ ✕
Module1                      ▾   (Deklarationen)              ▾
□ Module Module1                                            ▴
  ⊟    'Dies ist ein Kommentar
  ⌐    REM Dies ist ein weiterer Kommentar
  ⊟    Sub Main() 'Auch das ist ein Kommentar

  ⌐    End Sub

 ⌐ End Module                                               ▾
```

Abbildung 1.22: Kommentarzeilen beginnen mit einem Anführungszeichen

Sie können einen Kommentar auch als Teil einer regulären Codezeile eingeben. Setzen Sie an die Stelle, an der der Kommentar beginnen soll, ein einfaches Anführungszeichen. Durch Voransetzen eines Anführungszeichens können Sie auch reguläre Zeilen aus dem Code ausschließen. Markieren Sie eine Stelle in der Zeile und wählen Sie **Kommentiert die ausgewählten Textzeilen aus** in der **Standard**-Symbolleiste oder setzen Sie das Anführungszeichen manuell davor.

Formate einstellen

Die Formatierung verdeutlicht die logische Gliederung des Codes. Wenn Sie den Quellcode auf einheitliche und logische Weise formatieren, erleichtert dies Ihnen und anderen Entwicklern die Arbeit beim Aufschlüsseln des Quellcodes. Auch wenn Ihnen andere Schemas lieber sind, sollten Sie Einstellungen verwenden, die der Großteil der anderen Entwickler bevorzugt. In der Visual Studio-**IDE** finden Sie solchen beispielsweise auf der Seite **Umgebung/Schriftarten und Farben** im Dialogfeld zum Befehl Extras/Optionen, nachdem Sie auf die Schaltfläche **Standard verwenden** geklickt haben (→ Abschnitt 1.4).

1.3.2 Code editieren

Meist werden Sie den eingegebenen Code später auf die eine oder andere Weise ändern wollen oder müssen. Sei es, dass Ihnen Fehler unterlaufen sind oder dass Sie den Code einfach anders gestalten wollen. Die Mehrzahl der Befehle zum Editieren von Code finden Sie im Menü BEARBEITEN.

▶▶ Aufgabe: Code hinzufügen

Zum Hinzufügen von Code gehen Sie wie bei der Eingabe vor. Bewegen Sie die Schreibmarke an die gewünschte Stelle und geben Sie den Text ein. Beachten Sie, dass das Programm über einen abschaltbaren Überschreibmodus verfügt. Durch Drücken der Taste `Einfg` können Sie zwischen den beiden Modi wechseln. Die aktuelle Einstellung wird in der rechten Ecke der Statusleiste angezeigt. Die Anzeige *EINFG* bedeutet, dass die neuen Zeichen an der durch die Schreibmarke markierten Stelle zwischen den bereits vorhandenen eingefügt werden. *ÜB* bedeutet, dass die neu eingegebenen Zeichen die nach der Schreibmarke bereits vorhandenen ersetzen.

▶▶ Aufgabe: Codebereiche markieren

Viele Befehle zum Editieren setzen ein vorheriges Markieren des Bereichs, den Sie bearbeiten wollen, voraus. Eine Markierung erkennen Sie an der inversen Darstellung auf dem Bildschirm. Markieren können Sie mit der Tastatur oder über die Maus:

- Zum Markieren über die Tastatur können Sie die `⇧`-Taste gedrückt halten und die Markierung mit den Tasten zur Bewegung der Schreibmarke erweitern. Zum Aufheben der Markierung drücken Sie eine beliebige Taste zur Bewegung der Schreibmarke, ohne die `⇧`-Taste gedrückt zu halten.
- Um einen Bereich mit der Maus zu markieren, überstreichen Sie ihn mit gedrückt gehaltener linker Maustaste. Einzelne Wörter können Sie mit Hilfe eines Doppelklicks markieren. Wollen Sie mehrere zusammenhängende Worte markieren, halten Sie die Maustaste nach dem Klick gedrückt und erweitern die Markierung.

Um den gesamten Text zu markieren, wählen Sie den Befehl ALLE AUSWÄHLEN im Menü BEARBEITEN oder drücken die Tastenkombination $\boxed{\text{Strg}}$+$\boxed{\text{A}}$.

Damit Zeilen als Ganzes über die Maus markiert werden können, muss die Option **Auswahlrahmen** auf der Seite **Text-Editor/Allgemein** im Dialogfeld zu EXTRAS/OPTIONEN aktiviert sein (→ Abschnitt 1.4).

Bereiche löschen

Markieren Sie zuerst den Teil des Codes, den Sie löschen wollen, und wählen Sie dann im Menü BEARBEITEN den Befehl LÖSCHEN oder drücken Sie die Taste $\boxed{\text{Entf}}$. Auch bei einer Eingabe eines neuen Zeichens wird ein zuvor markierter Bereich automatisch gelöscht. Dies gilt unabhängig vom Status des Erweiterungsmodus. Einzelne Zeichen löschen Sie mit Hilfe der Tasten $\boxed{\text{Entf}}$ oder $\boxed{\text{Rück}}$.

▶ ▶ Aufgabe: Code verschieben und kopieren

Zum Verschieben oder Kopieren von Code zu anderen Stellen können Sie direkt mit der Maus oder über die Zwischenablage arbeiten:

- Wenn Sie – ganz klassisch – über die Zwischenablage arbeiten wollen, markieren Sie zuerst die Bereiche, die Sie verlagern oder kopieren wollen, und benutzen die üblichen Befehle im Menü BEARBEITEN, die Schaltflächen in der **Standard**-Symbolleiste oder die üblichen Tastenkombinationen. Wenn Sie an der Zielstelle vor dem Einfügen einen Bereich markieren, wird der im Bereich markierte Code durch den bewegten Code ersetzt.

- Zum Arbeiten mit der Maus markieren Sie zunächst den gewünschten Codebereich. Bewegen Sie dann den Mauszeiger in die Markierung. Drücken Sie die Maustaste und halten Sie sie gedrückt. Verschieben Sie dann den Mauszeiger zur gewünschten Stelle. Lassen Sie die Maustaste los. Beim Ziehen wird der Text verschoben, also an der alten Stelle gelöscht und an die neue Stelle eingesetzt. Wenn Sie den Bereich kopieren wollen, halten Sie zusätzlich die $\boxed{\text{Strg}}$-Taste gedrückt. Ein zusätzliches Pluszeichen wird angezeigt.

■ Code kann damit an verschiedenen Orten abgelegt werden: an anderen Stellen im derzeitigen Code-Editor, in einem anderen Code-Editor, im Befehlsfenster und im Überwachungsfenster, im Papierkorb von Windows oder in der Toolbox von Visual Studio, um die gespeicherten Codeausschnitte später in andere Dokumente zu kopieren. Ein Element im Code, das Sie voraussichtlich häufiger verwenden werden, können Sie in der Toolbox ablegen und später darauf zurückgreifen. Dazu markieren Sie das Element im Bearbeitungsfenster und ziehen es mit der Maus in die Toolbox (→ Abbildung 1.23). Die jeweilige Registerkarte entscheidet darüber, wo Ihr neues Element erscheinen wird. In einer Konsolenanwendung steht dafür nur die Registerkarte **Allgemein** zur Verfügung, in anderen Anwendungen können Sie Text auf jede beliebige Registerkarte der Toolbox ziehen (mit Ausnahme des Zwischenablagerings). Als Bezeichnung erhält das Element einen Standardnamen – wie etwa **Text**. Sie können diesen mit der rechten Maustaste anklicken und ELEMENT UMBENENNEN auswählen, um eine passende Beschreibung anzugeben. Um ein solches Element aus der Toolbox in einen Code zu übernehmen, gehen Sie wie auch sonst beim Einfügen von anderen Elementen vor: Ziehen Sie es an die gewünschte Stelle im Code.

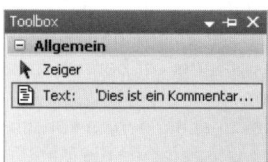

Abbildung 1.23: Elemente können in der Toolbox abgelegt werden

Damit das Verschieben oder Kopieren über die Maus funktionieren kann, muss die Option **Textbearbeitung mit Drag & Drop** auf der Seite **Text-Editor/Allgemein** im Dialogfeld zu EXTRAS/OPTIONEN aktiviert sein (→ Abschnitt 1.4).

▶ ▶ Aufgabe: Navigieren im Code

Mehrere Werkzeuge helfen Ihnen dabei, im Code schnell zu bestimmten Stellen zu navigieren:

- Wenn Sie schnell zu einer bestimmten Zeile im Code springen wollen, wählen Sie GEHE ZU im Menü BEARBEITEN. Im Dialogfeld werden die im aktuellen Code benutzten Zeilennummern angegeben (→ Abbildung 1.24). Geben Sie im Feld darunter die Zeile ein, zu der gesprungen werden soll, und bestätigen Sie. Es empfiehlt sich, die Zeilennummern im Code anzeigen zu lassen.

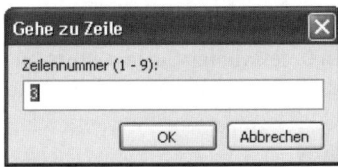

Abbildung 1.24: Gehe zu erlaubt einen Sprung zu bestimmten Zeilennummern

- Mit Hilfe von Lesezeichen können Sie bestimmte Zeilen im Code markieren. Setzen Sie dazu die Schreibmarke an eine beliebige Stelle in der Zeile und wählen Sie LESEZEICHEN UMSCHALTEN im Untermenü zu BEARBEITEN/TEXTMARKEN oder klicken Sie auf die entsprechende Schaltfläche in der Symbolleiste *Text-Editor*. In der Standardeinstellung wird links eine Marke gesetzt, die die Codezeile markiert (→ Abbildung 1.25). Ein nochmaliges Anwählen des Befehls oder der Schaltfläche entfernt das Lesezeichen wieder. Wenn Sie mehrere Lesezeichen im Code gesetzt haben, können Sie über die Befehle NÄCHSTES LESEZEICHEN und VORHERIGES LESEZEICHEN im angesprochenen Untermenü oder die entsprechenden Schaltflächen in der *Text-Editor*-Symbolleiste zwischen diesen navigieren.

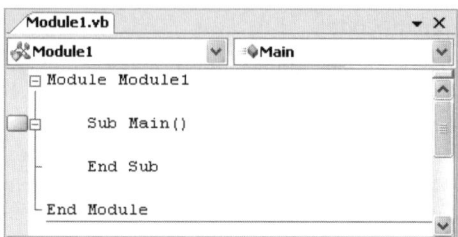

Abbildung 1.25: Lesezeichen markieren Codezeilen

▶▶ Aufgabe: Suchen nach Codeelementen

Zum Suchen innerhalb der aktuellen Datei wählen Sie im Untermenü zum Befehl BEARBEITEN/SUCHEN UND ERSETZEN den Eintrag SCHNELLSUCHE (→ Abbildung 1.26).

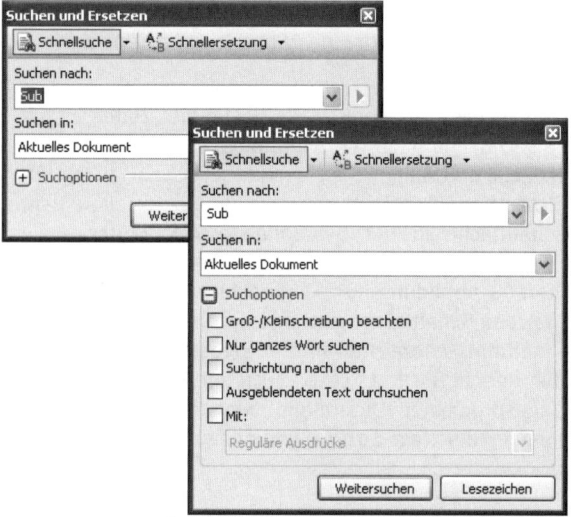

Abbildung 1.26: Über die SCHNELLSUCHE finden Sie bestimmte Zeichenketten

- Geben Sie in das Feld **Suchen nach** die Zeichenkette ein, nach der gesucht werden soll. Über den waagerecht stehenden Dropdown-Pfeil rechts neben dem Feld **Suchen nach** können Sie eine Kurz-referenz bestimmter Platzhalter- oder Syntaxregeln anzeigen las-sen. Nach der Auswahl eines dieser Elemente wird dieses im Feld **Suchen nach** zur Suche angewandt.

- Über die Optionen im Bereich **Suchen** können Sie angeben, wo gesucht werden soll. Das Suchen beginnt übrigens immer an der aktuellen Position der Schreibmarke. Wenn Sie nur in einem Teil eines Textes nach einem Begriff suchen oder diesen ersetzen las-sen wollen, müssen Sie diesen Teil zuerst markieren. Wenn Sie nach anderen Elementen als Text im Code suchen wollen, aktivie-ren Sie das Optionskästchen mit der Bezeichnung **Mit**. Sie können dann im darunter stehenden Listenfeld wählen, ob die im Textfeld **Suchen nach** eingegebenen Zeichen als Texte, Platzhalter oder als reguläre Ausdrücke zu verstehen sind.

- Nach einem Klick auf **Suchoptionen** stehen Ihnen weitere Möglich-keiten zur Eingrenzung zur Verfügung: Sie können festlegen, ob bei der Suche ein Unterschied zwischen Groß- und Kleinschrei-bung gemacht werden soll oder nicht, ob der eingegebene Begriff nur als ganzes Wort oder auch dann gemeldet werden soll, wenn er als Teil eines Wortes auftaucht, und ob ausgeblendeter Text mit durchsucht werden soll.

- Wenn Sie über die Schaltfläche **Weitersuchen** bestätigen, wird das erste Auffinden des gesuchten Elements markiert. Ein nochmali-ges Anklicken von **Weitersuchen** führt Sie zur nächsten Fundstelle. **Lesezeichen** fügt ein Lesezeichen am Rand neben jeder Codezeile ein, die eine Übereinstimmung für den im Textfeld **Suchen nach** eingegebenen Text enthält.

▶ ▶ **Aufgabe: Ersetzen von Codebestandteilen**

Zum Ersetzen einer Textkette durch eine andere arbeiten Sie über
ähnliche Techniken wie beim Suchen. Wählen Sie SCHNELLERSETZUNG
im Menü BEARBEITEN. Geben Sie im Feld *Suchen nach* den Begriff ein,
der ersetzt werden soll, und im Feld *Ersetzen durch* den Begriff,
durch welchen ersetzt werden soll (→ Abbildung 1.27).

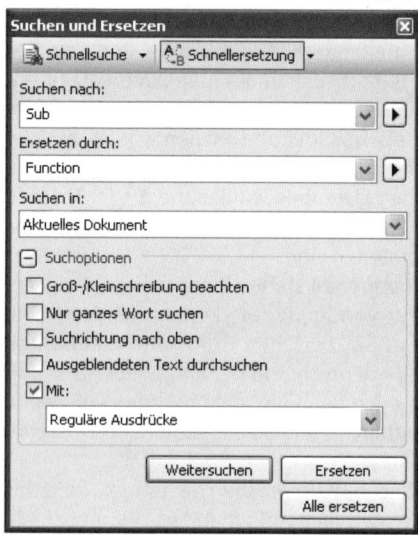

Abbildung 1.27: Code kann automatisch ersetzt werden

Auf welche Weise ersetzt wird, hängt von der Form Ihrer Bestätigung
ab. Hierfür stehen die üblichen Optionen zur Verfügung. Das Ersetzen
beginnt dann an der aktuellen Position der Schreibmarke. Wenn Sie
nur in einem Teil eines Textes nach einem Begriff suchen oder diesen
ersetzen lassen wollen, müssen Sie diesen Teil zuerst markieren.

▶ ▶ Aufgabe: Gliedern von Code

Wenn Sie eine Datei im Code-Editor öffnen, können Sie das Dokument im Gliederungsmodus anzeigen (→ Abbildung 1.28). Sie können das automatisch angezeigte Kästchen mit dem Minuszeichen anklicken, um den dahinter stehenden Code auszublenden.

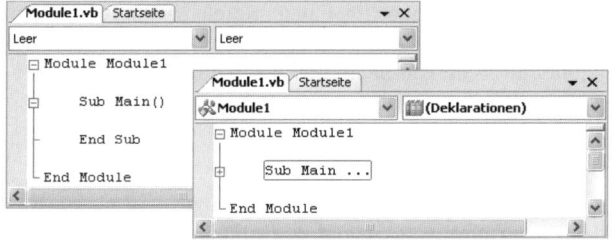

Abbildung 1.28: Codeblöcke können ausgeblendet werden

Verschachtelte Bereiche der Gliederung können Sie selbst erstellen. Markieren Sie dazu den Text im Code, den Sie wahlweise ausblenden wollen. In vielen Fällen empfiehlt es sich, diesem Bereich einen Kommentar voranzustellen, der auch beim Ausblenden sichtbar bleibt. Anschließend wählen Sie GLIEDERUNGSERWEITERUNG UMSCHALTEN im Untermenü zu BEARBEITEN/GLIEDERN. Der markierte Bereich wird dadurch ausgeblendet. Nach der Gliederung von Code müssen nur die Bereiche erweitert werden, die Sie bearbeiten möchten. Anschließend können Sie diese wieder reduzieren und mit einem anderen Bereich fortfahren.

Im Menü BEARBEITEN/GLIEDERN finden Sie noch weitere Befehle zum Gliedern.

- ALLE GLIEDERUNGEN UMSCHALTEN legt für alle Prozeduren den gleichen Zustand fest, d.h. ausgeblendet oder erweitert. Wenn einige Bereiche erweitert und andere ausgeblendet sind, werden alle Bereiche ausgeblendet.

- GLIEDERUNG ENTFERNEN – entfernt die Gliederungsinformationen für den derzeit ausgewählten benutzerdefinierten Bereich.
- NUR DEFINITIONEN ANZEIGEN – entspricht dem Befehl BLOCK REDUZIEREN, nur dass die Umgebung automatisch den gesamten Code im Dokument durchläuft, in den einzelnen Prozeduren Bereiche erstellt und diese dann ausblendet.

Die Gliederungsinformationen in einem Bereich können verloren gehen, wenn Sie beispielsweise durch Löschen von horizontalem Leerraum oder mit Hilfe von Such- und Ersetzungsvorgängen Änderungen an dem Bereich vornehmen.

1.4 Einstellungen zum Programm

Über den Befehl EXTRAS/OPTIONEN haben Sie Zugriff auf die Einstellungen des Programms. Das Dialogfeld **Optionen** verfügt über eine Vielzahl von Seiten, unter denen Sie über das Listenfeld in linken Teil wählen können. Die Knoten **Umgebung**, **Projekte und Projektmappen**, **Text-Editor** usw. fassen diese Bereiche zusammen. Klicken Sie auf die kleine Schaltfläche mit dem Pluszeichen vor einem dieser Einträge, um die Unterpunkte anzuzeigen. Wählen Sie dann die gewünschte Seite aus. Auf die wichtigsten Elemente dieses Dialogfelds wird an den betreffenden Stellen im Buch eingegangen. Einige dieser Seiten wurden bereits erwähnt. Weitere Seiten sind an dieser Stelle vielleicht noch interessant.

Beachten Sie, dass im Dialogfeld standardmäßig nur die wichtigsten Optionsgruppen angezeigt werden. Eine vollständige Anzeige erreichen Sie, indem Sie das Kontrollkästchen **Alle Einstellungen anzeigen** unten links im Dialogfeld aktivieren.

1.4.1 Umgebungsoptionen

Im Bereich **Umgebung** finden Sie die wichtigsten Einstellungen zur **IDE** insgesamt.

▶▶ Aufgabe: Allgemeine Umgebungsoptionen einstellen

Auf der Seite **Umgebung**/**Allgemein** können Sie Vorgaben zum allgemeinen Verhalten einstellen (→ Abbildung 1.29).

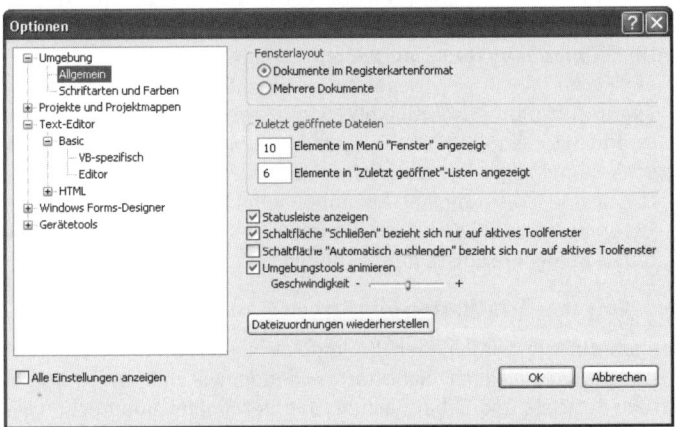

Abbildung 1.29: Sie können viele Einstellungen der **IDE** *ändern*

- Wenn Sie im Bereich **Fensterlayout** die Option **Dokumente im Registerkartenformat** aktivieren, werden geöffnete Bestandteile eines Projekts im Hauptfenster in Form von Registerkarten angezeigt. Wenn Sie stattdessen **Mehrere Dokumente** wählen, werden diese in separaten Fenstern angezeigt. Diese Option hat gegenüber Dokumenten im Registerformat eigentlich nur den Vorteil, dass auf dem Bildschirm kein Platz für die Registerlaschen erforderlich ist. Sie können mit Strg+⇆ zwischen Fenstern wechseln oder die Unterteilungsoptionen im Menü FENSTER aktivieren.

- Über die Optionen im Bereich **Zuletzt geöffnete Dateien** passen Sie die Anzahl der zuletzt geöffneten Projekte und Dateien an, die im Menü DATEI, im Menü FENSTER und auch auf der Startseite angezeigt werden.
- Die Auflistung der Kontrollkästchen im unteren Bereich der Seite fasst weitere Einstellungen zusammen: Sie können hierüber die **Statusleiste anzeigen** oder ausblenden sowie festlegen, ob die Schaltflächen zum **Schließen** und für **Automatisch ausblenden** nur für das gerade aktive Fenster oder für alle Fenster gelten sollen. Über **Umgebungstools animieren** können Sie Übergangseffekte aktivieren. Wenn Sie diese Option deaktivieren, geschieht der Zugriff auf automatisch ausgeblendete Fenster nicht mit fließenden Übergängen, sondern das Fenster wird unmittelbar auf dem Bildschirm angezeigt. Der Schieberegler **Geschwindigkeit** steuert die Geschwindigkeit, mit der die Animationseffekte ausgeführt werden. Experimentieren Sie mit den Animationsgeschwindigkeiten, um die für Sie geeignete Einstellung zu finden.

▶ ▶ **Aufgabe:** Schriftarten und Farben einstellen

Standardmäßig wird in den Dialogfeldern und Tool-Fenstern von Visual Studio die gleiche Schriftart verwendet wie im Betriebssystem für die Symbole und Schaltflächen. Darüber hinaus entsprechen die in den Dialogfeldern und Tool-Fenstern verwendeten Farben den Standardfarbeinstellungen im Betriebssystem. Als Schriftart ist im Text-Editor standardmäßig **Courier New** eingestellt. Über die Seite **Umgebung/Schriftarten und Farben** können Sie für viele Elemente der Benutzeroberfläche der **IDE** benutzerdefinierte Schriftarten und Farbschemas festlegen (→ Abbildung 1.30). Änderungen am Farbschema werden erst im Anschluss an die Sitzung wirksam, in der sie vorgenommen werden. Sie können Farbänderungen überprüfen, indem Sie eine zweite Instanz von Visual Studio starten und die Bedingungen herstellen, unter denen die Änderungen wirksam werden sollen.

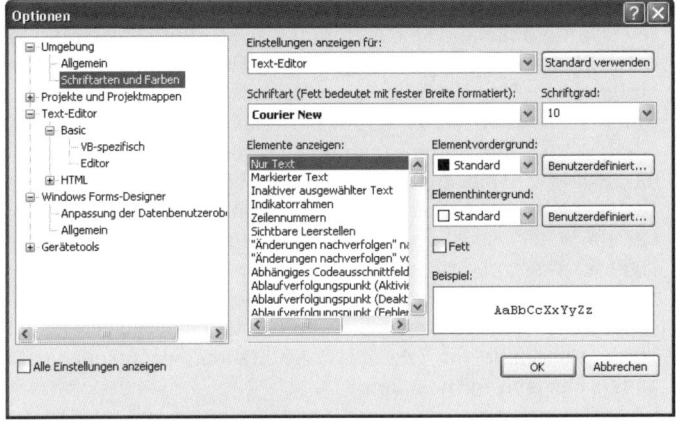

Abbildung 1.30: Schriftarten und Farben können eingestellt werden

- Im Listenfeld **Einstellungen anzeigen für** werden alle Elemente der Benutzeroberfläche aufgelistet, für die Sie die Schriftart und das Farbschema ändern können. Nach Auswahl eines Elements aus dieser Liste können Sie neue Farbeinstellungen dafür treffen. Änderungen von Schriftart und -grad und Farben unter **Text-Editor** betreffen die Darstellung von Text in Ihrem Standard-Text-Editor. Dokumente, die in einem Text-Editor außerhalb der **IDE** geöffnet werden, sind von diesen Einstellungen nicht betroffen.

- Mit der Schaltfläche **Standard verwenden** werden die Schrift- und Farbeinstellungen für das unter **Einstellungen anzeigen für** ausgewählte Listenelement auf die Standardwerte zurückgesetzt. Die Schaltfläche **Verwenden** wird angezeigt, wenn für die ausgewählten Elemente weitere Anzeigeschemas zur Verfügung stehen.

- Unter **Schriftart** werden alle auf Ihrem System installierten Schriftarten aufgelistet. Beim erstmaligen Öffnen des Dropdown-Menüs ist die aktuelle Schriftart für das unter **Einstellungen anzeigen** ausgewählte Element hervorgehoben. Schriftarten mit fester Breite – die im Editor einfacher auszurichten sind – werden fett angezeigt.

- **Schriftgrad** listet die für die hervorgehobene Schriftart verfügbaren Schriftgrößen auf. Eine Änderung des Schriftgrads betrifft alle unter **Elemente anzeigen** aufgeführten Elemente der unter **Einstellung anzeigen für** getroffenen Auswahl.

- Unter **Elemente anzeigen** werden diejenigen Elemente aufgelistet, deren Vorder- und Hintergrundfarbe geändert werden kann. Standardmäßig wird hier das Element **Text** markiert. Damit werden alle Textelemente gekennzeichnet und Änderungen an diesem Element betreffen alle sonstigen Elemente, denen nicht individuelle Eigenschaften zugewiesen wurden. Da aber bestimmte Elemente zueinander in Beziehung stehen und daher ein konsistentes Darstellungsschema besitzen sollten, werden bei einer Änderung der Vordergrundfarbe für Text auch die Standardeinstellungen für andere Elemente mit geändert.

- Über **Elementvordergrund** und **Elementhintergrund** werden die Farben aufgelistet, die für den Vordergrund und den Hintergrund des ausgewählten Elements verfügbar sind. Über die Schaltflächen **Benutzerdefiniert** können Sie eine individuelle Farbe wählen.

- Wenn die Option **Fett** aktiviert ist, wird Text in den unter **Elemente anzeigen** ausgewählten Elementen fett dargestellt. Fett formatierter Text ist im Editor leichter zu erkennen.

- Drucken von Code und Text

Beim Drucken von Code, Text, Formularen usw. werden farbige Elemente automatisch in Farbe gedruckt, sofern der Drucker dies unterstützt und der Farbdruck bei der Druckereinrichtung aktiviert wurde. Schriftart und Farbe für die Anzeige der Elemente im Code-Editor und für den Ausdruck können jedoch verschieden sein. Im Dialogfeld **Schriftarten und Farben**, das sich im Knoten UMGEBUNG befindet, können Sie die Schriftart und Farbe von Elementen für die Anzeige im Code-Editor und für das Drucken auswählen. Da diese Einstellungen verschieden sein können, kann sich die Ausgabe von der Anzeige im Code-Editor unterscheiden.

Wenn im Code-Editor Zeilennummern aktiviert sind, werden diese nur gedruckt, wenn Sie im Menü DATEI im Dialogfeld **Drucken** das Kontrollkästchen **Zeilennummern einschließen** aktivieren.

1.4.2 Optionen für Projekte und Projektmappen

Über **Allgemein** im Bereich **Projekte und Projektmappen** können Sie die Standardeinstellungen für die Speicherorte einstellen (→ Abbildung 1.31).

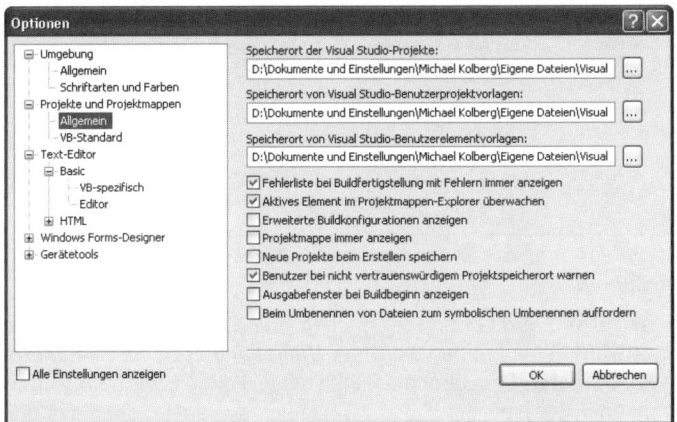

Abbildung 1.31: Hier können Sie die Speicherorte festlegen

Wenn Sie befürchten, ein Teil Ihrer Arbeit könnte verloren gehen, werden Sie zwei der zusätzlich vorhandenen Optionen besonders interessieren:

■ Nachdem Sie das Kontrollkästchen **Alle Einstellungen anzeigen** aktiviert haben, finden Sie unter **Projekte und Projektmappen** auch eine Seite, die mit **Erstellen und Ausführen** betitelt ist (→ Abbildung 1.32). Die Optionen auf dieser Seite steuern, ob die **IDE** jede veränderte Datei speichert, bevor sie mit der Ausführung eines Projekts beginnt. Dies ist eine wichtige Einstellung, da die **IDE**, wenn sie überhaupt jemals abstürzt, es wahrscheinlich dann tun wird, wenn Sie Ihren Code ausführen. Diese Option bietet eine einfache Methode, sicherzustellen, dass alle Veränderungen jedes Mal gespeichert werden, bevor Sie Ihren Code ausführen.

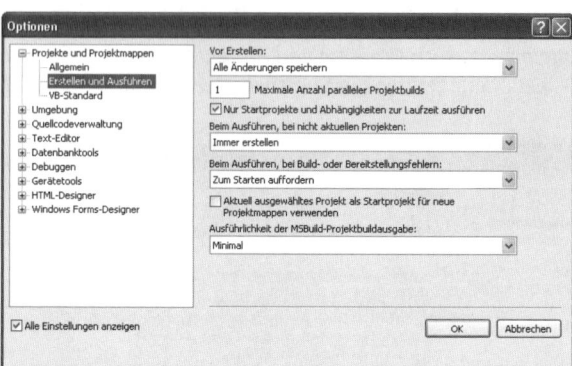

Abbildung 1.32: Sie finden hier auch Optionen zum Erstellen und Ausführen

- Nachdem Sie das Kontrollkästchen **Alle Einstellungen anzeigen** aktiviert haben, finden Sie unter **Umgebung** auch die Seite **Auto-Wiederherstellen**, über die Sie festlegen können, wie häufig Informationen gespeichert und wie lange sie aufgehoben werden sollen (→ Abbildung 1.33).

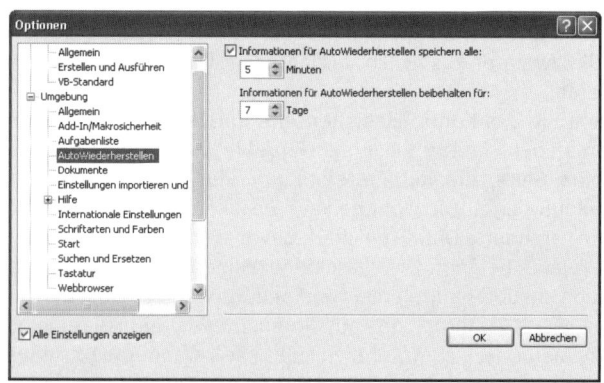

Abbildung 1.33: Regeln Sie die Einstellungen für das
AutoWiederherstellen

1.4.3 Optionen zum Text-Editor

Die oben in diesem Kapitel beschriebenen Techniken zur Arbeit im Text-Editor betreffen die Grundeinstellungen des Programms. Über den Bereich **Text-Editor** im Dialogfeld zum Befehl EXTRAS/OPTIONEN können Sie viele der Einstellungen in diesem Bereich ändern. Wenn Sie das Kontrollkästchen **Alle Einstellungen anzeigen** aktiviert haben, besteht unterhalb des Knotens **Text-Editor** die Möglichkeit, die Einstellungen einerseits für alle Sprachen gemeinsam und andererseits für jede Sprache individuell zu regeln. Die individuellen Einstellungen für eine Sprache überschreiben die gemeinsamen, wenn Sie diese Sprache benutzen.

▶ ▶ **Aufgabe: Spezifische Einstellungen zu Basic regeln**

Auf der Seite **Basic/VB-spezifisch** in diesem Dialogfeld können Sie die Standardeinstellungen für den Text-Editor ändern (→ Abbildung 1.34).

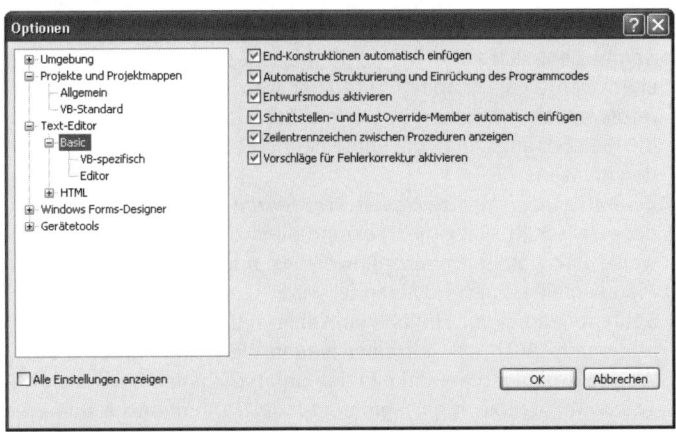

Abbildung 1.34: Die wesentlichen Einstellungen zum Text-Editor

- Die Option **End-Konstruktionen automatisch einfügen** ist dafür verantwortlich, dass nach der Eingabe der Deklaration eines Programmblocks – wie beispielsweise **Module**, **Sub**, **Function** usw. – automatisch auch die dazugehörende Endanweisung – wie **End Module**, **End Sub**, **End Function** mit eingefügt wird.

- Mit dem Text-Editor haben Sie die Möglichkeit, Code durch Einzüge so zu formatieren, dass die Logik klarer wird. Über die Option **Tabulatorgröße** können Sie die Größe des Sprungs nach dem Drücken von ⇥ einstellen. Dabei wird auch eine Automatik benutzt. Die Option **Automatische Strukturierung und Einrückung des Programmcodes** sorgt dafür, dass diese Automatik aktiviert wird. Beispielsweise werden die Zeilen innerhalb des Blocks, der mit **Sub Main()** beginnt und mit **End Sub** endet, entsprechend eingezogen.

- Das aktivierte Kontrollkästchen **Entwurfsmodus aktivieren** sorgt dafür, dass das Gliederungswerkzeug beim Öffnen einer Datei aktiviert wird.

- Das ebenfalls standardmäßig eingeschaltete Kontrollkästchen **Schnittstellen- und MustOverride-Member automatisch einfügen** bezieht sich auf Aspekte, die wir erst später im Buch ansprechen werden (→ Kapitel 3): Dabei werden beim Einsatz einer **Implements**-Anweisung oder einer **Inherits**-Anweisung im Editor die Member angezeigt, die implementiert bzw. überschrieben werden müssen.

- **Zeilentrennzeichen zwischen Prozeduren anzeigen** sorgt dafür, dass zwischen einzelnen Bestandteilen des Codes – beispielsweise nach einer **Imports**-Anweisung oder zwischen einzelnen Modulen eine Linie eingeblendet wird.

- Sollte Ihnen bei der Eingabe ein Fehler unterlaufen sein, wird der fehlerhafte Ausdruck mit einer blauen Wellenlinie unterstrichen. Wenn Sie die Einfügemarke in den unterstrichenen Bereich bewegen, wird zusätzlich ein Kommentar zur Fehlerursache und eine Schaltfläche zum Einblenden von Korrekturoptionen angezeigt. Letztere wird aber nur eingeblendet, wenn die Option **Vorschläge für Fehlerkorrektur aktivieren** eingeschaltet ist.

Die Seite **Basic/Editor** liefert Möglichkeiten zur Einstellung des Verhaltens der Tabulatorstopps und zusätzliche Optionen (→ Abbildung 1.35). Wenn Sie das Kontrollkästchen **Alle Einstellungen anzeigen** aktiviert haben, finden Sie diese Optionen auf der Seite **Text-Editor/Alle Sprachen/Tabstopps** oder **Text-Editor/Basic/Tabstopps**.

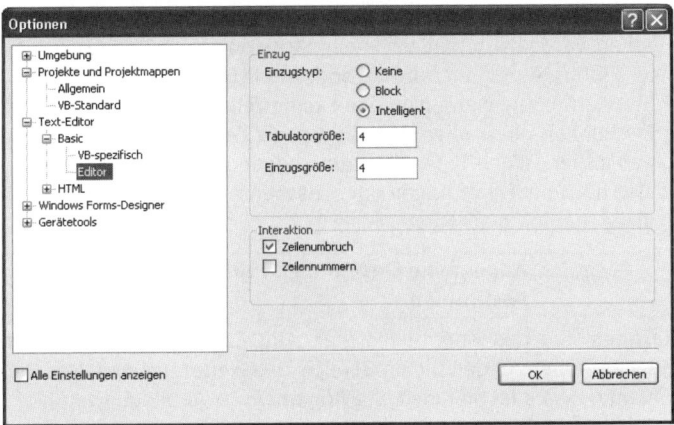

Abbildung 1.35: Weitere Optionen liefert die Seite **Editor**

- Unter **Einzugstyp** können Sie festlegen, was passieren soll, wenn Sie die Taste ⏎ drücken, um zu einer neuen Textzeile zu wechseln. Wenn **Keine** ausgewählt ist, erfolgt kein automatischer Einzug und die Einfügemarke wird in die erste Spalte der nächsten Zeile platziert. **Block** bewirkt, dass die neue Textzeile automatisch bis zu dem unter **Einzugsgröße** eingegebenen Wert eingezogen wird. Wenn die Voreinstellung **Intelligent** ausgewählt ist, werden neue Textzeilen automatisch gemäß den Regeln formatiert, die für Visual Basic festgelegt wurden. Wenn Sie beispielsweise eine – später noch beschriebene – **For**-Schleife eingeben, wird die nächste Zeile automatisch um einen Tabstopp nach rechts eingezogen.

- Beim Schreiben des Codes kommt es hin und wieder vor, dass Sie lange Anweisungen erstellen, die im Code-Editor einen horizontalen Bildlauf erfordern. Dies erschwert das Lesen auf dem Bildschirm. Um längere Codezeilen immer vollständig auf dem Bildschirm zu haben, können Sie die Option **Zeilenumbruch** unter **Interaktion** aktivieren. Damit sorgen Sie dafür, dass die Zeilen in Abhängigkeit von der gewählten Fenstergröße umbrochen werden. Die über die Fensterbreite des Code-Editors hinausgehenden Codezeilen werden automatisch in der nächsten angezeigten Zeile weitergeführt. Außerdem wird die horizontale Bildlaufleiste entfernt.

- Standardmäßig werden im Code keine Zeilennummern angezeigt. Sie können diese aber über die Option **Zeilennummern** hinzufügen lassen. Wenn Sie später Änderungen im Code durchführen – also nach dem Hinzufügen oder Löschen von Zeilen – passen sich diese Nummern automatisch an.

▶▶ **Aufgabe:** **Allgemeine Einstellungen zum Text-Editor bestimmen**

Nachdem Sie das Kontrollkästchen **Alle Einstellungen anzeigen** aktiviert haben, finden Sie im Bereich **Text-Editor** noch weitere Seiten. Interessant ist hier die Seite **Allgemein** (→ Abbildung 1.36).

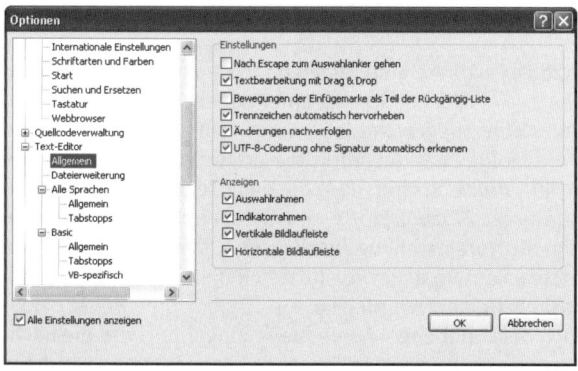

Abbildung 1.36: Weitere Einstellungen zum Text-Editor

- Wenn die Option **Nach Escape zum Auswahlbeginn gehen** aktiviert ist, wird durch Drücken von [Esc] die Einfügemarke an den ursprünglichen Auswahlpunkt im ausgewählten Text im Editor verschoben. Wenn Sie beispielsweise einen Textabsatz vom letzten Wort im Absatz her markieren und [Esc] drücken, wird die Einfügemarke an das Ende des letzten Worts im Absatz verschoben, und der Text ist nicht mehr markiert.

- Mit **Textbearbeitung mit Drag & Drop** können Sie Text verschieben, indem Sie ihn markieren und mit dem Mauszeiger an eine andere Position im Dokument ziehen.

- Wenn Sie **Bewegungen der Einfügemarke als Teil der Rückgängig-Liste** eingeschaltet haben, werden Befehle, durch die lediglich die Einfügemarke verschoben wird, in der Rückgängig-Liste platziert. So können Sie unmittelbar zu diesen Positionen oder Bearbeitungsstellen wechseln, indem Sie die Einträge in der Rückgängig-Liste aufrufen und auswählen.

- Über **Trennzeichen automatisch hervorheben** können Sie Trennzeichen zwischen Anweisungen hervorheben.

- Der **Auswahlrahmen** ist ein vertikaler Rand entlang der linken Seite des Textbereichs des Editors. Wenn Sie in den Rand klicken, markieren Sie eine gesamte daneben stehende Textzeile.

- Wenn die Option **Indikatorrahmen** aktiviert ist, wird ein vertikaler Rand außerhalb der linken Seite des Textbereichs im Editor angezeigt. Wenn Sie auf den Rand klicken, werden ein Symbol und eine QuickInfo mit Bezug zum Text angezeigt. Auf dem Indikatorrand werden beispielsweise Verknüpfungen zu Haltepunkten und zur Aufgabenliste angezeigt. Informationen auf dem Indikatorrand werden nicht gedruckt.

- Über **Vertikale Bildlaufleiste** und **Horizontale Bildlaufleiste** können Sie eine entsprechende Leiste aktivieren, mit der Sie einen Bildlauf nach oben und unten bzw. rechts und links ausführen können, um Elemente anzeigen zu lassen, die außerhalb des Ansichtsbereichs des Editors liegen. Wenn keine Bildlaufleisten verfügbar sind, können Sie mit den Pfeiltasten einen Bildlauf durchführen.

▶▶ **Aufgabe: Allgemeine Einstellungen zur Sprache regeln**

Auch die Seite **Allgemein** im Ordner **Basic** der Kategorie **Text-Editor** im Dialogfeld **Optionen** enthält diverse Eigenschaften (→ Abbildung 1.37).

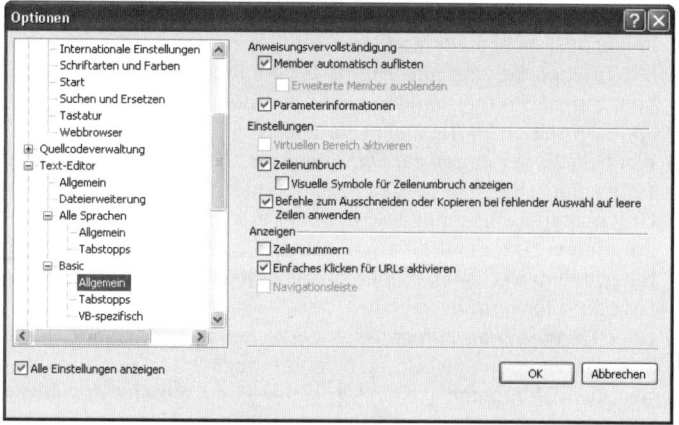

Abbildung 1.37: Weitere Einstellungen zum Text-Editor

- Wenn **Member automatisch auflisten** aktiviert ist, wird bei Eingabe einer Codezeile an den entsprechenden Positionen eine Liste der verfügbaren Member eines Objekts oder einer Klasse angezeigt. Ist zusätzlich **Erweiterte Member ausblenden** markiert, werden bestimmte, intern als »erweitert« markierte Member in der Anweisungsabschlussliste ausgeblendet.

- Wenn **Parameterinformationen** ausgewählt ist, werden verfügbare Parameterinformationen für die Funktion oder Prozedur angezeigt.

- Über **Virtuellen Bereich aktivieren** können Sie den Cursor über das physische Ende einer Textzeile hinaus in eigentlich nicht vorhandene Zeichenräume bewegen. Wenn Sie den Cursor in diesen Bereich bewegen und mit der Eingabe beginnen, wird der Leerraum zwischen der aktuellen Position und dem Ende des letzten Worts automatisch mit Leerzeichen aufgefüllt. Wenn diese Einstellung nicht ausgewählt ist, können Sie den Cursor nicht über das letzte Zeichen einer Zeile hinausbewegen.

■ Ist **Zeilenumbruch** aktiviert, werden Zeilen, die in horizontaler Richtung über den sichtbaren Bereich des Editors hinausgehen, automatisch in die nächste Zeile umbrochen.

■ Wenn die Option **Zeilennummern** ausgewählt ist, wird links neben jeder Textzeile eine Zeilennummer angezeigt.

■ Ist die Option **Einfaches Klicken für URLs aktivieren** markiert, gelangt man durch einmaliges Klicken auf einen in Text eingebetteten URL auf die entsprechende Webseite.

▶▶Aufgabe: **Die Tastaturbelegung einstellen**

Auf der Seite **Umgebung/Tastatur** des Dialogfelds zum Befehl EXTRAS/OPTIONEN können Sie das Tastaturschema für die **IDE** anpassen (→ Abbildung 1.38). Mit dieser Option können Sie Tastenkombinationen für häufig benutzte Befehle oder Ihre bevorzugte Bindung für einen bestimmten Befehl festlegen. Sie können auch vorhandene Tastaturschemas aus früheren Versionen von Visual Studio übernehmen. Erst wenn Sie das Dialogfeld **Optionen** mit **OK** verlassen, wird das ausgewählte Schema in die **IDE** geladen.

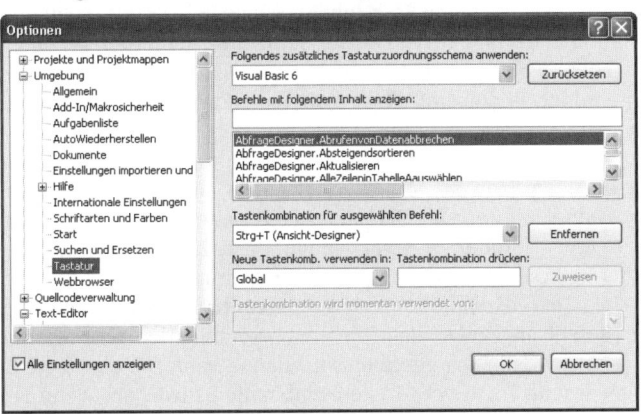

Abbildung 1.38: Die Tastaturbelegung ist flexibel

Unter **Tastaturzuordnungsschema** werden alle verfügbaren Tastaturzuordnungsschemas aufgelistet. Wählen Sie das gewünschte Schema in der Liste aus.

Um einem Befehl eine neue Tastenkombination zuzuweisen, müssen Sie in der folgenden Reihenfolge vorgehen:

■ Wählen Sie zunächst den gewünschten Befehl aus. Das tun Sie über die Liste unter **Befehle mit folgendem Inhalt anzeigen**. Hier werden alle in der **IDE** verfügbaren Befehle aufgelistet. Wenn Sie im Feld darüber eine bestimmte Zeichenkette – beispielsweise den Namen eines Menüs – eingeben, werden nur noch die Befehle angezeigt, in denen diese Zeichenkette enthalten ist.

■ Über **Tastenkombination(en) für ausgewählten Befehl** können Sie die Tastenkombinationen auflisten lassen, die dem im Feld darüber ausgewählten Befehl bereits zugeordnet sind. Einigen Befehlen ist mehr als eine Tastenkombination zugeordnet.

■ Legen Sie dann über **Neue Tastenkomb. verwenden in** fest, ob die neue Tastenkombination global in der **IDE** oder nur in einem bestimmten Kontext oder Fenster verfügbar sein soll. Die Standardeinstellung ist **Global**. Wenn Sie einen bestimmten Kontext auswählen, ist die Tastenkombination nur so lange gültig, wie der Kontext aktiv ist. Wenn Sie **Global** auswählen, ist die Tastenkombination in jedem aktiven Fenster der **IDE** verfügbar, es sei denn, dieselbe Tastenkombination ist in einem anderen Editor bereits zugeordnet. In diesem Fall wird die neue Zuordnung der Tastenkombination vom Editor übergangen.

■ Im Feld **Tastenkomb. drücken** können Sie dann die Tastenkombination eingeben, die für den momentan ausgewählten Befehl angewandt werden soll. Sie müssen mindestens eine Zusatztaste – Strg, Alt oder ⇧ – verwenden. Diese Zusatztasten werden in der Reihenfolge angezeigt, in der sie gedrückt werden.

■ Im Feld **Tastenkombination wird momentan verwendet von** wird der Befehl angezeigt, dem die Tastenkombination gegenwärtig zugewiesen ist. Dies geschieht nur dann, wenn Sie eine bereits zugewiesene Taste oder Tastenkombination zuweisen. Wenn Sie die Tastenkombination durch eine benutzerdefinierte Tastenkombination ersetzen möchten, müssen Sie ein neues Tastaturzuordnungsschema definieren.

■ Durch einen Klick auf die Schaltfläche **Zuweisen** legen Sie für den im angezeigten Tastaturzuordnungsschema ausgewählten Befehl die neue Tastenkombination fest. Die neue Zuweisung wird der Liste **Tastenkombination(en) für ausgewählten Befehl** hinzugefügt. Dadurch können einem Befehl mehrere Tastenkombinationen zugeordnet sein. Wenn Sie versuchen, im Schema **[Standardeinstellungen]** eine Taste neu zuzuordnen, werden Sie aufgefordert, eine Kopie des Schemas unter einem anderen Namen zu speichern. Änderungen, die über die Schaltfläche **Zuweisen** durchgeführt wurden, werden nicht verworfen, wenn Sie auf die Schaltfläche **Abbrechen** klicken. Um eine Tastenkombination wieder zu entfernen, markieren Sie sie und klicken auf die Schaltfläche **Entfernen**.

Über die Schaltfläche **Speichern unter** lassen Sie das gleichnamige Dialogfeld **Schema speichern** anzeigen. Hier können Sie den Namen eingeben, unter dem das neue Tastaturzuordnungsschema gespeichert werden soll. Wenn Sie im Dialogfeld **Schema speichern** auf **OK** klicken, wird der oben beschriebenen Liste **Tastaturzuordnungsschema** ein neuer Eintrag hinzugefügt. Über **Löschen** entfernen Sie das ausgewählte Tastaturschema. Die Standardtastaturschemas können nicht gelöscht werden.

Visual Studio unterstützt Dvorak-Tastaturlayouts, die den Zugriff auf die am häufigsten eingetippten Zeichen vereinfachen. Sie können auch die standardmäßigen Tastenkombinationen ändern, die in Visual Studio verfügbar sind.

1.4.4 Weboptionen

Über die Seite **Umgebung/Webbrowser** im Dialogfeld zum Befehl EXTRAS/OPTIONEN können Sie Optionen sowohl für den internen Webbrowser als auch für den Internet Explorer festlegen (→ Abbildung 1.39).

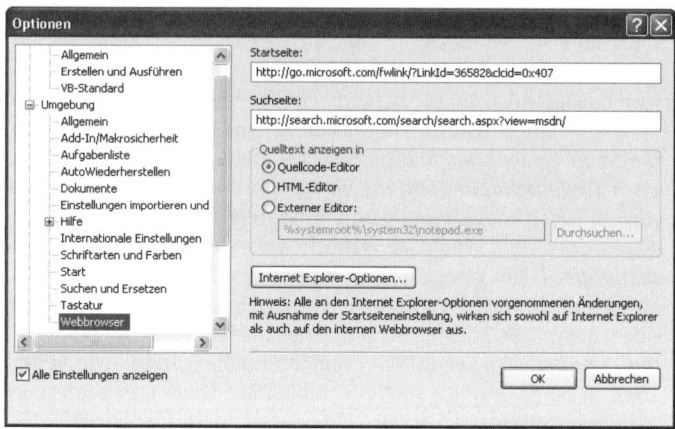

Abbildung 1.39: Auch für die Verbindung zum Internet existieren Optionen

- Unter **Startseite** legen Sie die Standardstartseite für den internen Webbrowser von Visual Studio .NET auf dem Computer fest. Die ausgewählte Startseite wird die Standardstartseite des Programms, es sei denn, Sie haben auf der Seite **Allgemeine Optionen** etwas anderes festgelegt.
- **Suchseite** ermöglicht das Festlegen einer Suchseite für den internen Browser. Diese Adresse kann von der Internet Explorer-Suchseite abweichen.
- Mit **Quelltext anzeigen in** legen Sie den Editor fest, der zum Öffnen einer Webseite aufgerufen wird, wenn Sie den Befehl QUELLCODE ANZEIGEN auf der im internen Webbrowser angezeigten Seite wählen.
- Nach einem Klick auf die Schaltfläche **Internet Explorer-Optionen** können Sie die Optionen für den Internet Explorer ändern. Änderungen, die in diesem Dialogfeld durchgeführt werden, wirken sich sowohl auf interne als auch auf externe Webbrowser-Einstellungen aus. Umgekehrt wirken sich alle externen Änderungen an Interneteigenschaften auf die internen Browsereinstellungen von Visual Studio aus.

1.5 Programmhilfen

Die Hilfe von Visual Studio .NET ist nahtlos in die *IDE* integriert. Dadurch können Sie genau die Informationen abrufen, die Sie für Ihren Entwicklungskontext benötigen. Beachten Sie auch, dass zur Hilfe Einstellungen existieren, über die Sie das Verhalten und das Erscheinungsbild dieses Werkzeugs individuell anpassen können (→ unten).

1.5.1 Quellen

Um effizienter mit der *IDE* arbeiten zu können, sollten Sie sich bewusst machen, in welchen allgemeinen Situationen Sie Hilfe benötigen und wo Sie die richtigen Informationen für die jeweilige Situation finden. Den Zugang dazu liefern beispielsweise die Befehle des Menüs HILFE. Darin finden Sie auch die entsprechenden Tastenkürzel zum Aufrufen der einzelnen Modi.

Abbildung 1.40: Das Menü **Hilfe** *liefert den Zugang*

Im Hilfebildschirm finden Sie mehrere Befehle des Menüs HILFE auch als Schaltflächen in der Symbolleiste. Sie können damit zu anderen Formen der Hilfenanzeige wechseln.

▶ ▶ Aufgabe: Den Befehl *Gewusst wie* benutzen

Klicken Sie auf den Befehl **Gewusst wie,** um eine Liste von Kategorien zu mehreren Bereichen anzuzeigen – wie beispielsweise **Ken-
nenlernen der Programmiersprache Visual Basic** (→). Ein Klick auf
einen dieser Links liefert weitere Links mit Unterpunkten dazu.
Benutzen Sie diesen Einstieg, um einen Überblick über das jeweilige
Thema zu gewinnen.

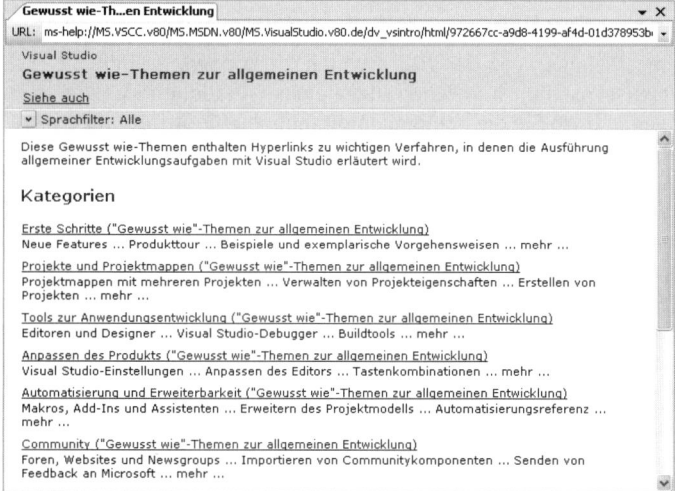

Abbildung 1.41: **Gewusst wie** *liefert einen guten Einstieg*

▶ ▶ Aufgabe: Die *Suche* benutzen

Suchen erlaubt Ihnen, nach bestimmten Begriffen zu suchen. Geben Sie den Suchbegriff im Textfeld oben in der Mitte des Hauptfensters der Hilfe ein. Die Optionen darunter erlauben ein Eingrenzen der Suche hinsichtlich **Sprache**, **Technologie** und **Inhaltstyp**. Nach einem Klick auf **Suchen** werden die Suchergebnisse eingeblendet (→ Abbildung 1.42). Beachten Sie auch die Optionen unten rechts im Hauptfenster: Beispielsweise haben Sie über **MDSN Online** Zugang zur Hilfe über das Internet.

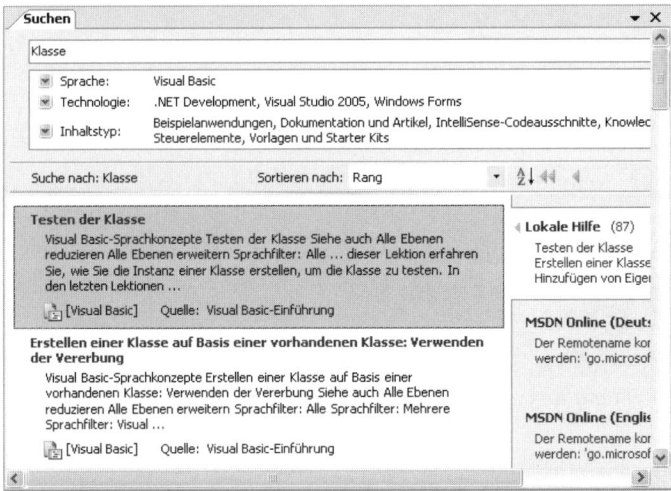

Abbildung 1.42: **Suche** *zeigt Ergebnisse aus mehreren Bereichen*

Wenn Sie den Fachbegriff für ein Element kennen, zu dem Sie Hilfe wünschen, führt die Suche in dem alphabetisch geordneten Hilfesystem über den **Index** oft schneller zum Ziel (→ Abbildung 1.43). Geben Sie in das Feld **Suchen nach** im linken Bildschirmbereich einen oder mehrere Begriff(e) ein. Wenn Sie mehrere Wörter eingeben, trennen Sie diese durch ein Semikolon.

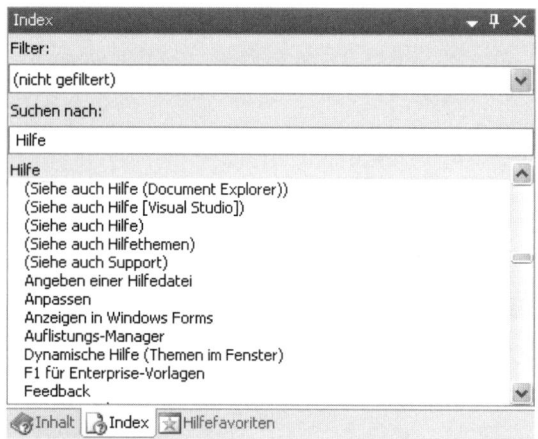

Abbildung 1.43: Auch der Index erlaubt eine Suche

▶▶ Aufgabe: Das Inhaltsverzeichnis benutzen

Inhalt zeigt im Fenster links zunächst die oberste Ebene des Inhaltsverzeichnisses an (→ Abbildung 1.44). Durch Öffnen der entsprechenden Knoten gelangen Sie jeweils zur nächsttieferen Ebene in dieser Struktur. Ein Klick auf einen Eintrag auf der untersten Ebene zeigt das entsprechende Hilfethema im Hauptfenster an. Über das Listenfeld **Filter** können Sie die Anzeige auf bestimmte Themenkreise beschränken.

Abbildung 1.44: Das Inhaltsverzeichnis zeigt eine hierarchische Struktur an

▶▶ Aufgabe: Die dynamische Hilfe anzeigen

Über den Befehl DYNAMISCHE HILFE im Menü HILFE blenden Sie in der **IDE** ein zusätzliches Fenster ein, in dem eine Auswahl an Links zu Themen angezeigt wird, die sich auf die aktuelle Situation beziehen (→ Abbildung 1.45). Diese Themen können Verfahrensweisen für bestimmte Aufgaben, exemplarische Vorgehensweisen für neue Technologien oder Programmiertechniken für die Entwicklung enthalten. Die dynamische Hilfe umfasst außerdem Beispiele und verwandte Schulungsthemen. Diese Form der Hilfe ist vorausschauend: Je nach Ihrer aktuellen Auswahl oder Aufgabe bietet sie eine Liste von verwandten Themen an.

Abbildung 1.45: Die dynamische Hilfe zeigt sich als Fenster

Auch die dynamische Hilfe verfügt über mehrere Möglichkeiten zur Einstellung (→ unten).

1.5.2   Einstellungen zur Hilfe

Für die Programmhilfe gibt es einige Optionen, die Sie beachten sollten. Sie finden diese im Dialogfeld zum Befehl OPTIONEN im Menü EXTRAS des Programms. Einige davon können Sie auch über den Befehl OPTIONEN im Menü EXTRAS des Hilfefensters einstellen.

Auf der Seite **Allgemein** des Dialogfelds können Sie die Dokumentationsgruppen auswählen und festlegen, ob Themen intern in der **IDE** oder extern in einem separaten Fenster angezeigt werden sollen (→ Abbildung 1.46). Änderungen an den Optionen auf dieser Seite sind erst nach dem erneuten Starten der Umgebung wirksam.

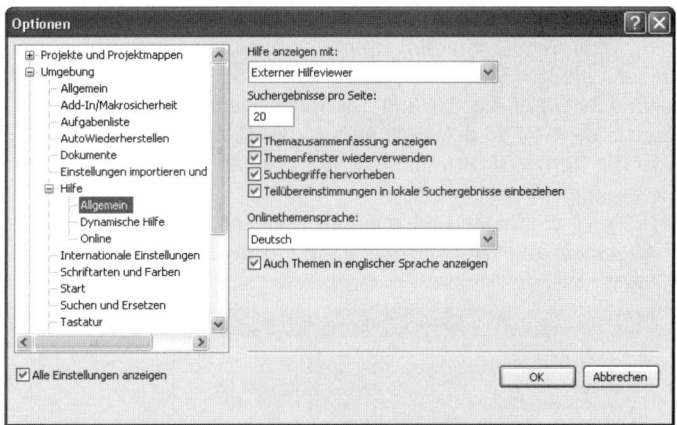

Abbildung 1.46: Sie können den Ort der Anzeige wählen

■ Die beiden Optionen **Integrierter Hilfeviewer** und **Externer Hilfeviewer** geben an, ob die Hilfe innerhalb der **IDE** in einem Webbrowserfenster oder in einem eigenständigen, von der **IDE** unabhängigen Fenster angezeigt werden soll. Wenn Sie die Option **Integrierter Hilfeviewer** gewählt haben, werden die Hilfeinformationen zu **Inhalt**, **Index** und **Suchen** als neue Registerlaschen im Fenster **Projektmappen-Explorer** angezeigt. Sie können dort wie jedes andere Tool-Fenster behandelt werden. Die Techniken der Arbeit mit diesen Bereichen entsprechen denen, wie sie für Microsoft-Produkte unter Windows üblich sind.

- Außerdem können Sie die Anzahl der **Suchergebnisse pro Seite** und weitere Optionen einstellen.

▶ ▶ **Aufgabe: Die Onlinehilfe richtig einstellen**

Bei der Suche in der Hilfe werden Sie unter Umständen feststellen, dass viele Informationen in der Standardeinstellung nicht gefunden wurden. Das kann verschiedene Ursachen haben. Stellen Sie auf jeden Fall sicher, dass Sie über eine aktive Internetverbindung verfügen. Wenn Sie die Internetverbindung über einen Proxyserver herstellen, stellen Sie sicher, dass dieser Server ordnungsgemäß funktioniert. Außerdem kann das Hilfesystem so eingestellt sein, dass in der Standardeinstellung nur die lokale Hilfe für die Suche über die Option Suchen und über F1 verwendet wird. Das sollten Sie gegebenenfalls ändern:

- Um auch die Online-Hilfe mit einzubeziehen, wählen Sie die Seite **Allgemein** unter **Hilfe** im Dialogfeld zum Befehl Optionen (→ Abbildung 1.47).

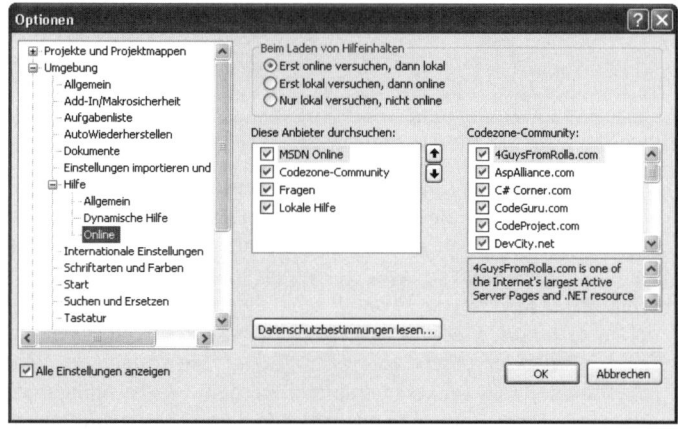

Abbildung 1.47: Prüfen Sie die Onlineoptionen

- Wählen Sie unter **Beim Laden von Hilfeinhalten** die Option **Erst lokal versuchen, dann online** aus. Das könnte Verbindungskosten sparen.
- Überprüfen Sie, ob unter **Diese Anbieter durchsuchen** die Option **MSDN Online** oder **Codezone-Community** ausgewählt ist.

▶▶ Aufgabe: Die dynamische Hilfe einstellen

Zusätzlich finden Sie im Dialogfeld zum Befehl EXTRAS/OPTIONEN unter **Umgebung/Dynamische Hilfe** eine Seite, auf der Sie festlegen können, welche Elemente im Fenster **Dynamische Hilfe** auf welche Weise angezeigt werden sollen (→ Abbildung 1.48). Sie haben hier die Möglichkeit, Anzahl, Art und Reihenfolge der im Fenster angezeigten Verknüpfungen zu ändern:

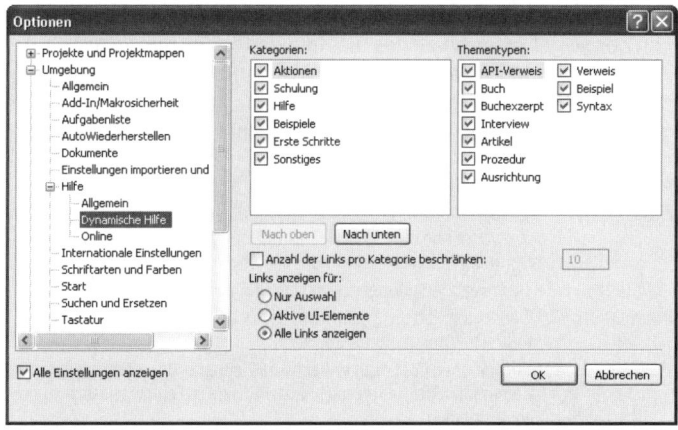

Abbildung 1.48: Die dynamische Hilfe kann eingestellt werden

- Unter **Kategorien** können Sie festlegen, was im Fenster aufgelistet werden soll (→ Tabelle 1.11). Um eine Kategorie in der Hierarchieliste zu verschieben, markieren Sie diese Kategorie und verwenden dann die Schaltfläche **Nach oben** oder **Nach unten**. Damit wird die Reihenfolge geändert, in der die Kategorien im Fenster **Dynamische Hilfe** angezeigt werden.

Kategorie	Listet auf
Aktionen	Listet Links zu Assistenten, Makros, Befehlen und anderen Tools auf, die beim Auswählen des Links gestartet werden.
Schulung	Listet Links zu Themen aus der Microsoft Developer Network (MSDN)-Trainingsdokumentation auf.
Hilfe	Listet Links zu Hilfethemen aus der MSDN-Dokumentation auf.
Sonstiges	Listet Links zu Themen auf, die in keine der oben genannten Kategorien passen.
Erste Schritte	Listet Links zu Hilfethemen auf, die einen schnellen Einstieg in die Verwendung von Visual Studio .NET ermöglichen.
Beispiele	Enthält Links zu Themen, die die Verwendung von .NET-Technologien demonstrieren.

Tabelle 1.11: Die Kategorien der dynamischen Hilfe können ausgewählt werden

- Im Bereich **Thementypen** des Dialogfelds können Sie die Anzahl der angezeigten allgemeinen Themen beschränken (→ Tabelle 1.12). Wenn Sie keine der hier gezeigten Optionen deaktivieren, werden im Fenster **Dynamische Hilfe** alle allgemeinen Themen angezeigt.

Thementyp	Kommentar
Artikel	Stellt detaillierte Informationen zu grundlegenden Themen bereit, beispielsweise Konzeptübersichten, Informationen zum technischen Hintergrund, Whitepapers und Tipps zur empfohlenen Vorgehensweise.
Prozedur	Schrittweise Anleitungen zum Durchführen bestimmter Aufgaben.
Ausrichtung	Übersichten, die die Suche nach der benötigten Hilfe in der Visual Studio-Dokumentation erleichtern.
Verweis	Informationen über nicht syntaktische Elemente, darunter Anleitungen zu Elementen der Benutzerschnittstelle, Hilfe zu Fehlermeldungen und Glossarthemen.
Beispiel	Beschreibungen von Beispielen, von denen viele Dateien mit vollständigem Quellcode enthalten, der kompiliert, erstellt und/oder ausgeführt werden kann.
Syntax	Beschreibungen syntaktischer Elemente, darunter Objekte, Methoden, Ereignisse, Eigenschaften, Funktionen, Anweisungen und Ausdrücke.

Tabelle 1.12: Auch bestimmte Thementypen können ausgewählt werden

- Wenn Sie die *Anzahl der Links pro Kategorie beschränken* wollen, aktivieren Sie die entsprechende Option und geben Sie im Feld darunter einen Wert ein. Die Links werden nach Relevanz bewertet und entsprechend angezeigt. Die Themen, die wahrscheinlich für Sie hilfreiche Informationen enthalten, werden als Erstes angezeigt. Zusätzliche Links können angezeigt werden, um eine größere Zahl von Themen zu erhalten, die sich auf Ihre Arbeit beziehen.

Hilfethemen bieten Informationen auf vielfältige Weise an, doch ist jedes Thema so konzipiert, dass die darin enthaltenen Hinweise einen ganz bestimmten Zweck erfüllen. Verwenden Sie unterschiedliche Quellen, je nachdem, ob Sie Hilfe zu Syntax, Sprachreferenz und Komponenten benötigen, eine bestimmte Aufgabe ausführen oder Zusammenhänge recherchieren und verstehen wollen.

2 Programmstrukturen

Nachdem Sie die wichtigsten Arbeitstechniken in der Visual Studio-*IDE* kennen gelernt haben, können wir uns von jetzt an auf Fragen der eigentlichen Programmierung in Visual Basic .NET konzentrieren. Dieses zweite Kapitel beschäftigt sich zunächst mit den elementaren Elementen der Programmierung in dieser Sprache – wie Programmstrukturen und Codierungstechniken, Variablen und Konstanten, Operatoren, Steueranweisungen und Routinen. Dabei werden wir uns zunächst einer Konsolenanwendung als Grundlage bedienen. Sie benötigen diese Techniken aber auch für alle anderen Formen von Anwendungen.

- Zunächst werden wir einen *Überblick* über die typischen Ebenen und Elemente eines Visual Basic-Programms liefern (→ Abschnitt 2.1).

- *Variablen* und *Konstanten* bilden den Kern einer jeden Programmiersprache. Sie können damit Daten für die spätere Verwendung im Programm während der Laufzeit speichern (→ Abschnitt 2.2). Visual Basic .NET benutzt mehrere wichtige Gruppen von elementaren Datentypen. Die einzelnen Elemente darin unterscheiden sich einerseits in der Form des Inhalts, andererseits auch im erforderlichen Speicherbedarf:

- Auf der Basis von Variablen und Konstanten können Sie Berechnungen und Vergleiche durchführen. Dafür verwenden Sie *Operatoren* (→ Abschnitt 2.3).

- Wir kommen dann zu Anweisungen, in denen das Programm zuerst prüfen muss, ob bestimmte Zeilen ausgeführt werden sollen oder nicht (→ Abschnitt 2.4). Diese werden als *Steueranweisungen* bezeichnet. Sie beinhalten einerseits *Abfragen*, bei denen das Programm eine Entscheidung treffen muss, ob es bestimmte Dinge tun soll. Andererseits gehört dazu das Arbeiten mit Schleifen, in denen das Programm einen Codeabschnitt mehrfach durchläuft.

■ Wenn solche Berechnungsvorschriften innerhalb eines Programms mehr als einmal ausgeführt werden, ist es immer sinnvoll, sie in einer eigenen *Unterroutine* zu schreiben (→ Abschnitt 2.5). Der Code in einer solchen Routine ist vom Rest des Programms isoliert und kann von verschiedenen Orten im Programm aus angesprochen werden. In Visual Basic .NET werden zwei Arten von Routinen verwendet. Die eine Art ist eine Routine, die etwas tut, aber keinen Wert zurückgibt. Diese werden **Subroutinen** genannt oder kurz **Sub**. Der andere Typ tut etwas, gibt aber einen Wert zurück. Dieser wird als **Function** bezeichnet.

Im nachfolgenden dritten Kapitel geht es dann um **Klassen**, **Objekte** und die damit zusammenhängende **objektorientierte Programmierung**.

2.1 Übersicht

Visual Basic .NET-Projekte werden aus Dateien zusammengefügt, die dann zu Anwendungen kompiliert werden. Der Code innerhalb einer solchen Datei weist bestimmte Typen von Standardbausteinen auf. Bevor Sie mit der Eingabe von Code beginnen, sollten Sie sich einige Grundlagen bezüglich dieser Bausteine vergegenwärtigen.

2.1.1 Automatische Eingaben

Wenn Sie ein Projekt erstellen und den Code-Editor öffnen, wird bereits ein Teil des Codes an der richtigen Stelle und in der richtigen Reihenfolge angezeigt. Dieser dient als Rahmen für Ihren weiteren Code.

Beispiel: Wenn Sie eine Konsolenanwendung neu erstellen, wird dabei ein leeres Modul zusammen mit einer darin enthaltenen Routine **Sub Main** erstellt (→ Abbildung 2.1).

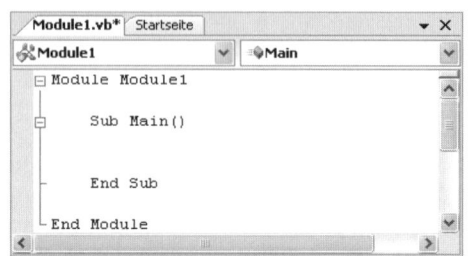

Abbildung 2.1: Mit einer Konsolenanwendung wird ein Modul erstellt

Jedes Visual Basic-Programm muss eine Prozedur mit der Bezeichnung **Main** enthalten. Diese Prozedur fungiert als Ausgangspunkt und Gesamtsteuerung für die Anwendung. Sie wird beim Laden des Moduls aufgerufen, aber standardmäßig nicht immer im Codefenster angezeigt. Bei einer Windows-Anwendung können Sie in **Main** beispielsweise festlegen, welches Formular beim Programmstart zuerst geladen wird.

2.1.2 Funktion und Reihenfolge der Elemente

Die von der **IDE** erzeugten Grundstrukturen liefern Ihnen die Möglichkeit, schnell zu einfachen Ergebnissen zu gelangen. Beim Schreiben von weiterem Code innerhalb und außerhalb dieses automatisch erzeugten Rahmens sollten Sie prinzipiell eine bestimmte Reihenfolge beachten. Wenn Sie Anweisungen in einer anderen Reihenfolge angeben, können Kompilierungsfehler auftreten.

Die oberste Ebene

Der Code beginnt generell mit einigen Direktiven der höchsten Ebene. Die **Option**-Anweisungen geben die grundlegenden Regeln für nachfolgenden Code vor, die **Imports**-Anweisungen geben an, welche externen Elemente Sie in Ihrer Quelldatei verwenden wollen (→ Listing 2.1). Erst anschließend folgen die eigentlichen Codeelemente, die für die Anwendung spezifisch sind.

Listing 2.1: Direktiven der höchsten Ebene stehen am Anfang

```
Option ...
Imports ...
'Rest des Codes
...
```

- **Option**-Anweisungen stehen am Anfang einer Datei und gelten nur für die Quelldatei, in der sie auftreten. Die damit bestimmten Kompilierungsoptionen bestimmen die Semantik der Programmiersprache und geben die grundlegenden Regeln für nachfolgenden Code vor. In einer Quelldatei darf jeder **Option**-Anweisungstyp nur einmal vorkommen. Wenn diese Direktiven bei der Arbeit in Visual Studio weggelassen werden, gelten die Einstellungen der *IDE*. Diese finden Sie auf der Seite ***Projekte und Projektmappen/VB-Standard*** des jeweiligen Projekts im Dialogfeld zu Extras/Optionen (→ Abbildung 2.2).

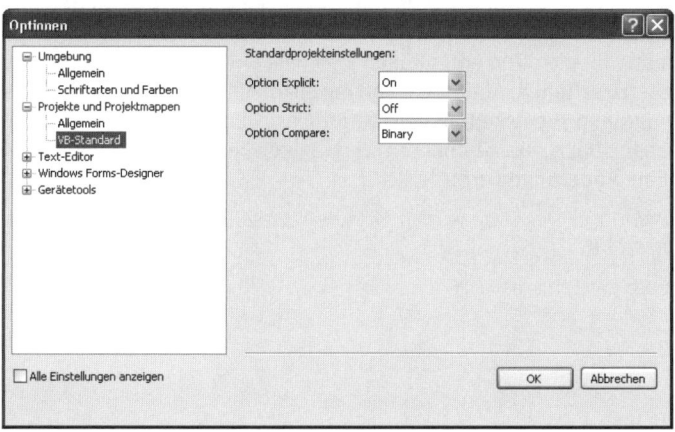

Abbildung 2.2: **Option**-*Anweisungen können als Standard festgelegt werden*

- Mit der **Imports**-Anweisung können Sie Klassen und andere Typen in Ihre Quelldatei importieren. Zukünftige Verweise fallen dann wesentlich kürzer aus, denn innerhalb von Memberdeklarationen in einer Quelldatei, die eine **Imports**-Anweisung enthält, kann direkt auf die im vorhandenen Namensraum enthaltenen Namen Bezug genommen werden.

Klassen, Module, Strukturen und Namensräume

Der Hauptteil des Codes in einer Quelldatei wird mit Hilfe von Klassen, Modulen, Strukturen und anderen Elementen in einzelne logische Einheiten unterteilt. Diese Einheiten sind Zusammenfassungen von Visual Basic-Anweisungen, die von einer Deklarationsanweisung und einer dazugehörenden **End**-Anweisung umschlossen sind (→ Listing 2.2). Der Grund für eine solche Kapselung in separate Einheiten besteht darin, dass diese wesentlich einfacher zu debuggen sind als ein einzelnes Programm ohne eine derartige Aufteilung. Zusätzlich haben Sie darüber die Möglichkeit, isolierte Aktionsräume für die darin enthaltenen Elemente – wie Variablen und anderes – zu schaffen. Außerdem können Sie damit die für ein bestimmtes Programm entwickelten Bausteine auch in anderen Programmen einsetzen. Dazu sind häufig nur geringfügige oder manchmal überhaupt keine Änderungen erforderlich.

Listing 2.2: Der Code wird in Module, Klassen und weitere Elemente unterteilt

```
Namespace Namensraum1
  Module Module1
  ...
  End Module
...
  Class Klasse1
  ...
  End Class
...
  Structure Struktur1
  ...
```

```
End Structure
...
End Namespace
```

- Eine **Klasse** ist eine Datenstruktur, die **Datenmember** (Konstanten, Variablen und Ereignisse), **Funktionsmember** (Methoden, Eigenschaften, Indexer, Operatoren und Konstruktoren) sowie geschachtelte Typen enthalten kann. Klassentypen unterstützen die Vererbung, ein Mechanismus, bei dem eine abgeleitete Klasse eine Basisklasse erweitern und spezialisieren kann. Aufgrund dieser Vielseitigkeit sind Klassen anderen Formen von Behältern vorzuziehen.

- **Module** sind ein mit Klassen vergleichbarer Verweistyp, es gibt jedoch einige wichtige Unterschiede. Die Member eines Moduls sind implizit generell für alle Bereiche des Namensraums gültig, der dieses Modul umgibt: Eine Isolierung der enthaltenen Elemente findet standardmäßig nicht statt. Außerdem werden Vererbungen von Modulen nicht unterstützt. Ein Modul kann nur innerhalb eines Namensraums deklariert und nicht in einem anderen Typ geschachtelt werden.

- **Strukturen** sind reine Wertetypen: Eine Variable eines Strukturtyps enthält die Daten der Struktur und keinen Verweis auf diese, wie dies bei einem Klassentyp der Fall ist. Strukturen können aber auch Eigenschaften und Methoden besitzen, Ereignisse auslösen und behandeln sowie Schnittstellen implementieren.

- Ein **Namensraum** – englisch mit **Namespace** bezeichnet – ist ein abstraktes Konzept, das verwendet wird, um eine Reihe von Klassen oder Modulen zusammenzufassen. Eine solche Form einer übergeordneten Kapselung ist aus organisatorischen Gründen sinnvoll, wenn man mehrere Elemente zusammenfassen will, die irgendwie miteinander verwandt sind oder es zumindest sein sollten. Wenn in einem Projekt keine expliziten Namensräume deklariert sind, befindet sich das gesamte Projekt in demselben Namensraum. In diesem Fall kann der Bereich des Namensraums als Projektbereich angesehen werden.

Unterprozeduren

Innerhalb der eben beschriebenen Einheiten können weitere Ebenen mit **Unterprozeduren** – wie **Sub**, **Function** oder **Event** – eingesetzt werden (→ Listing 2.3). Unterprozeduren – oft einfach auch als **Prozeduren** oder **Routine** bezeichnet – eignen sich zur Ausführung von sich wiederholenden oder freigegebenen Aufgaben, wie häufig verwendeten Berechnungen, Änderungen im Text sowie Datenbankoperationen. Auch sie können als Bausteine der Anwendung verwendet werden. Prozeduren können von vielen unterschiedlichen Stellen im Code aus aufgerufen werden. Wenn die Ausführung des Aufrufs abgeschlossen ist, wird die Steuerung an den Code zurückgegeben, der den Aufruf gestartet hat; dieser Code wird auch als Aufrufcode bezeichnet.

Listing 2.3: Subprozeduren bilden kleinere Einheiten

```
Module Module1
    Sub Main()
    ...
    End Sub

    Sub Routine1
    ...
    End Sub
...
End Module
```

Anweisungen

Auf der untersten Ebene finden Sie die Codezeilen mit den einzelnen Anweisungen (→ Listing 2.4). Eine **Anweisung** in Visual Basic ist eine vollständige Instruktion. Sie kann **Schlüsselwörter**, **Operatoren**, **Variablen**, **Konstanten** und **Ausdrücke** enthalten. Jede Anweisung gehört zu einer der folgenden Kategorien: **Deklarationsanweisungen** benennen eine Variable, Konstante oder Prozedur. **Ausführbare Anweisungen** starten Aktionen. Letztere enthalten Zuweisungen, die einer Variablen oder Konstanten einen Wert oder einen Ausdruck zuweisen, oder führen eine Methode oder eine Funktion aus.

Listing 2.4: Anweisungen erledigen die eigentliche Arbeit

```
...
Sub Main()
    Dim I As Integer
    Dim J As Integer
    I = 2
    J = 1 +1
    ...
End Sub
...
```

Blöcke

Anweisungen können innerhalb des sie umgebenden Strukturelements zusätzlich noch innerhalb eines so genannten **Blocks** gekapselt sein (→ Listing 2.5). Solche Blöcke werden beispielsweise verwendet, um eine Reihe von Anweisungen innerhalb einer Schleife mehrfach auszuführen oder um eine Verzweigung zwischen mehreren alternativen Anweisungen zu ermöglichen. Blöcke werden beispielsweise durch eine *If-*, *For-* oder *While*-Anweisung eingeleitet und durch eine *End-*, *Else-* oder *Next*-Anweisung abgeschlossen.

Listing 2.5: Auch Blöcke sind in sich geschlossene Einheiten

```
...
For I = 1 To 10
   I = I + 1
Next
...
```

Bedingte Kompilierungsanweisungen

Außerdem können bedingte Kompilierungsanweisungen an beliebiger Stelle innerhalb des Moduls stehen. Sie werden ausgeführt, wenn bestimmte Bedingungen zur Laufzeit erfüllt sind. Viele Programmierer ziehen es vor, diese Anweisungen an das Ende zu stellen.

2.2 Variablen und Konstanten

Wenn Sie in Visual Basic Berechnungen durchführen, müssen Sie Werte häufig behalten, um später mit ihnen weiterarbeiten zu können. Dazu müssen Sie sie vorübergehend speichern. Wie die meisten Programmiersprachen speichert Visual Basic .NET Werte in **Variablen**. Diese Variablen kann man in zwei Gruppen unterteilen: Die erste Gruppe umfasst solche, die einfache Werte – wie Zahlen oder Zeichenketten – enthalten. Sie finden in dieser Gruppe mehrere Untertypen, deren Mitglieder Werte unterschiedlicher Art und von verschiedener Größe speichern können. Die zweite Kategorie der Variablen sind die so genannten **Objekt-** und **Strukturvariablen**. Dazu gehören innerhalb von Visual Basic .NET auch die **Arrays** – also Vektoren und Matrizen. In diesem Kapitel werden wir uns zunächst mit der ersten Gruppe und den Arrays beschäftigen. Die zweite wird in den folgenden Kapiteln dieses Buches abgehandelt.

- Anschließend können Sie der Variablen mit einer **Zuweisungsanweisung** einen Wert geben. Eine Variable kann im Prinzip immer nur Werte eines einzigen Datentyps aufnehmen.
- Unter bestimmten Bedingungen können Sie aber diesen Typ auch nach der Deklaration mittels einer **Typkonvertierung** in einen anderen Datentyp umwandeln.

Ähnlich ist es mit **Konstanten**. Im Gegensatz zu Variablen beinhalten diese Werte, die sich nicht verändern, weder während der Lebensdauer Ihres Programms noch sonst irgendwann. Die Anzahl der Monate in einem Jahr oder der Wert der Zahl (Pi) sind Beispiele dafür.

2.2.1 Deklaration

Um mit einer Variablen arbeiten zu können, müssen Sie ihr in einer **Deklaration** einen Namen und einen Datentyp zuweisen. Sobald eine Variable so deklariert wurde, kann sie – beispielsweise in einer Anweisung – verwendet werden. Setzen Sie alle Deklarationsanweisungen möglichst an den Anfang des jeweiligen Codebereichs, beispielsweise des Moduls oder der Prozedur. Wenn eine Deklarationsanweisung den Wert einer Variablen initialisiert, sollte sie ausgeführt werden, bevor eine andere Anweisung auf die Variable verweist.

▶ ▶ Aufgabe: Eine einzelne Variable deklarieren

Zur Deklaration führen Sie im einfachsten Fall den Namen der Variablen mit dem Schlüsselwort *Dim* ein und legen ihren Datentyp mit Hilfe der *As*-Klausel fest. Für den Namen der Variablen dürfen Sie nicht den Namen einer Funktion, eines Operators oder eines anderen Schlüsselworts erhalten.

Beispiel: Das folgende Codefragment definiert die Variable *Variable1* als Datentyp *Datentyp1* (→ Listing 2.6).

Listing 2.6: Sie deklarieren eine Variable mit einem Schlüsselwort

```
...
Dim Variable1 As Datentyp1
...
```

Die Verwendung einer nicht deklarierten Variablen wird mit den Standardeinstellungen der *IDE* als Fehler gemeldet. Sie können das zwar vermeiden, indem Sie die unten beschriebene Anweisung *Option Explicit Off* an den Anfang Ihres Programms setzen. Eine solche Vorgehensweise ist aber nicht empfehlenswert, da damit auch Fehler nicht gemeldet werden, die Sie aus Versehen in Ihren Code einbauen, indem Sie den Namen einer Variablen falsch schreiben.

▶ ▶ Aufgabe: Mehrere Variablen gemeinsam deklarieren

Sofern für die Variablen dieselben Merkmale gelten, können in einer Deklarationsanweisung mehrere Variablen deklariert werden, ohne dass der Datentyp dazu wiederholt werden muss (→ Listing 2.7).

Beispiel: Die folgenden Zeilen deklarieren *Variable1*, *Variable2* und *Variable3* als *Datentyp1* sowie *Variable4* und *Variable5* als *Datentyp2*.

Listing 2.7: Mehrere Variablen können zusammen deklariert werden

```
...
Dim Variable1, Variable2, Variable3 As Datentyp1
Dim Variable4, Variable5 As Datentyp2
...
```

Die Anweisung *Option Explicit*

Wichtig im Zusammenhang mit der Deklaration von Variablen ist die Anweisung **Option Explicit** zu Beginn einer Datei. Sie legt fest, ob lokale Variablen implizit deklariert werden dürfen oder ob eine explizite Deklarationssemantik gefordert wird. Hinter der Direktive kann das Schlüsselwort **On** oder **Off** angegeben werden.

- **Option Explicit On** verlangt, dass alle Variablen explizit mit der Anweisung **Dim** – oder gleichwertigen Anweisungen – deklariert werden müssen. Wenn Sie eine nicht deklarierte Variable verwenden, tritt ein Fehler beim Kompilieren auf.
- **Option Explicit Off** deaktiviert die Prüfung. Alle nicht deklarierten Variablen erhalten dann den Typ **Object**.

Wenn nach der **Option Explicit**-Anweisung weder **On** noch **Off** angegeben ist, wird standardmäßig **Off** verwendet. Wenn eine Datei keine **Option Explicit**-Direktive enthält, wird diese von der Kompilierungsumgebung festgelegt. Bei der Arbeit in der **IDE** können Sie **Option Explicit** auf der Seite **Allgemeine Eigenschaften/Erstellen** im Dialogfeld **Eigenschaftenseiten** des Projekts einstellen.

2.2.2 Datentypen

Eine Variable kann immer nur Werte eines einzigen **Datentyps** aufnehmen. Neben dem Datentyp **Objekt**, den wir im nachfolgenden Teil besprechen werden, benutzt Visual Basic .NET vier wichtige Gruppen von elementaren Datentypen. Die einzelnen Elemente darin unterscheiden sich einerseits in der Form des Inhalts, andererseits auch im erforderlichen Speicherbedarf.

Ganzzahlen-Variablen

Die erste und größte Untergruppe dient zum Speichern von ganzen Zahlen – also Zahlen, die keine Dezimalstellen besitzen. Visual Basic .NET benutzt vier unterschiedliche Typen von solchen **Ganzzahlen**-Variablen, die unterschiedlich große Zahlen speichern können und damit unterschiedlich viel Speicher belegen (→ Tabelle 2.1).

Datentyp (Bytes)	Wertebereich	Kommentar
Byte (1)	0 bis 255	Unterstützt im Gegensatz zu den anderen Ganzzahlen-Datentypen keine negativen Zahlen.
Short (2)	−32.768 bis 32.767	Eine kleine Ganzzahlen-Variable für Zwecke, bei denen Sie nicht den vollen Wertebereich benötigen.
Integer (4)	−2.147.483.648 bis 2.147.483.647	Die Standard-Ganzzahlen-Variable, sie ist meist der schnellste Typ, da er dem Computer am wenigsten Arbeit macht.
Long (8)	−9.223.372.036.854.775.808 bis 9.223.372.036.854.775.807	Der ideale Typ, wenn Sie mit großen Zahlen arbeiten – beispielsweise beim Zählen in bestimmten Problembereichen der Naturwissenschaft.

Tabelle 2.1: Ganzzahlen-Variablen speichern Zahlen ohne Dezimalstellen

Gleitkommazahlen-Variablen

Die zweite Gruppe wird für Zahlen mit Dezimalstellen – also **Gleit-kommazahlen** – verwendet (→ Tabelle 2.2). Die von Visual Basic .NET zur Verfügung gestellten Werte unterscheiden sich zwar nicht sehr hinsichtlich der Größe der Werte, wohl aber im Grad der Genauigkeit, mit der die Daten gespeichert werden.

Datentyp (Größe)	Wertebereich	Kommentar
Single (4)	−3,402823 x 1038 bis −1,401298 x 10−45 bei negativen Zahlen; 1,401298 x 10−45 bis 3,402823 x 1038 bei positiven Zahlen	Dient zum Speichern von Gleitkommazahlen mit einfacher Genauigkeit. Das kann zu Rundungsfehlern führen.

Tabelle 2.2: Drei Typen dienen zum Speichern von Daten mit Dezimalstellen

Datentyp (Größe)	Wertebereich	Kommentar
Double (8)	−1,79769313486231 x 10308 bis −4,94065645841247 x 10−324 bei negativen Zahlen; 4,94065645841247 x 10−324 bis 1,79769313486232 x 10308 bei positiven Zahlen	Verfügt im Vergleich mit Single über die doppelte Genauigkeit, kann also 15 Dezimalstellen enthalten.
Decimal (16)	Bei einer Skalierung von 0 (keine Dezimalstellen) ist der größte mögliche Wert +/−79.228.162.514.264.337.593.543.950.335. Bei 28 Dezimalstellen ist der größte Wert +/−7,9228162514264337593543950335. Der kleinste Wert ungleich 0 ist +/−0,0000000000000000000000000001 (+/−1E−28).	Der **Decimal**-Werttyp ist für finanzmathematische Berechnungen geeignet, bei denen zahlreiche signifikante Vor- und Nachkommastellen erforderlich sind und keine Rundungsfehler auftreten dürfen.

Tabelle 2.2: Drei Typen dienen zum Speichern von Daten mit Dezimalstellen (Forts.)

Variablen für alphanumerische Zeichen

Variablen zur Aufnahme von alphanumerischen Zeichen und Zeichenketten – also **Text** – bilden die dritte Untergruppe (→ Tabelle 2.3). Für diese alphanumerischen Größen existieren zwei Datentypen: einer dient eher zum Speichern eines einzelnen Zeichens, der andere kann längere Zeichenketten speichern.

Datentyp (Größe)	Wertebereich	Kommentar
Char (2)	Ein Zeichen	Geeignet zum Speichern eines einzelnen Zeichens.
String (10 + 2 pro Zeichen)	Bis zu 2 Milliarden Zeichen	Kann sehr große Mengen von Zeichen speichern. Bei durchschnittlich fünf Zeichen pro Wort und 250 Wörtern pro Seite kann eine String-Variable 1,7 Millionen Textseiten speichern).

Tabelle 2.3: Zwei Typen von Variablen dienen zum Speichern von Text

Sonstige Variablen

Außerdem gibt es noch zwei Typen unter den einfachen Variablen, die nicht in die eben genannten Kategorien passen: Der Typ **Boolean** dient zum Speichern von Wahrheitswerten – also Daten, die nur die beiden Werte **True** (wahr) oder **False** (falsch) annehmen können (→ Tabelle 2.4).

Datentyp (Größe)	Wertebereich	Kommentar
Boolean (2)	**True** oder **False**	Speichert Wahrheitswerte. Die Variable Boolean erfordert zwei Byte, da in Visual Basic traditionell die Zahlen 0 für False und −1 für True verwendet werden.
Date (8)	1. Januar 0001 bis 31. Dezember 9999	Kann die meisten Datumsangaben speichern, mit denen Sie zu tun haben werden

*Tabelle 2.4: **Boolean** und **Date** sind Sondertypen von Variablen*

Bezeichnerzeichen

Statt eine Deklarationsanweisung zu verwenden, kann ein Datentyp einiger einfacher Variablen auch mit einem Typzeichen erzwungen werden (→ Tabelle 2.5). Das Typzeichen muss unmittelbar auf den Elementnamen folgen, es darf kein Zeichen dazwischen stehen. Das Typzeichen gehört nicht zum Namen des Elements, der spätere Verweis auf die Variable erfolgt also ohne das Typzeichen. Bezeichnerzeichen können aber auch in Ausdrücken verwendet werden.

Bezeichnerzeichen	Datentyp	Beispiel
%	Integer	Dim Variable1%
&	Long	Public Variable2&
@	Decimal	Const Variable3@ = 37.5
!	Single	Dim Variable4!
#	Double	Static Variable5#
$	String	Private Variable6$ = »Hallo!«

Tabelle 2.5: Benutzerzeichen vereinfachen die Deklaration

Hinweise zur Verwendung von alternativen Schlüsselwörtern wie **Static** oder **Private** finden Sie weiter unten in diesem Kapitel.

2.2.3 Wertzuweisung

Wie eben beschrieben, beginnt die Lebensdauer einer lokalen Variablen, wenn die Ausführung der Prozedur begonnen wird, in der sie deklariert ist. Sie können der Variablen dann einen Wert zuweisen.

▶ ▶ **Aufgabe: Explizite Initialisierung durchführen**

Das Zuweisen eines individuellen Werts erreichen Sie durch eine Anweisung der Form **Variable1 = Wert1**. Das Gleichheitszeichen entspricht dabei einem Zuweisungsoperator, nicht einem Gleichheitsoperator, der an anderer Stelle in diesem Kapitel beschrieben wird. Zur Laufzeit wird der Wert auf der rechten Seite einer solchen Zuweisung von der Variablen ausgewertet. Innerhalb der oben genannten Einschränkungen behält die Variable den ihr zugewiesenen Wert bei, solange das Programm (oder der entsprechende Bereich) läuft, es sei denn, Sie ändern den Wert durch eine neue Zuweisung.

Beispiel: Der Code deklariert zwei Variablen, weist ihnen Werte zu und ändert diese Werte später (→ Listing 2.8).

Listing 2.8: Über Zuweisungen erhalten Variablen einen Wert

```
...
Dim Variable1 As String
Dim Variable2 As Double
...
Variable1 = "Hallo!"
Variable2 = 1.23456789
...
Variable1 = "Wie geht es?"
Variable2 = 9.87654321
...
```

In vielen Fällen können Sie einem Datentyp einen konkreten Wert zuweisen, der nicht dem in der Deklaration festgelegten Typ entspricht. Eine solche automatische Umwandlung kann natürlich zu unerwarteten Ergebnissen in Ihrem Code führen. Wenn Sie vermeiden wollen, dass **Visual Basic .NET** automatisch Datentypen für Sie umwandelt, können Sie die strenge Typenüberprüfung einschalten, indem Sie unten beschriebene **Option Strict On** im oberen Bereich Ihrer Dateien einfügen. In einem solchen Fall wird der Versuch der Zuweisung eines Werts, der nicht der Deklaration entspricht, bereits in der **IDE** als Fehler gemeldet.

▶▶ Aufgabe: Deklaration und Initialisierung kombinieren

Mit Visual Basic .NET können Sie die Deklaration einer Variablen und die Zuweisung eines Werts in einem einzigen Ausdruck kombinieren. Dies ist sehr nützlich, denn es ist effizienter und hilft, den häufigen Fehler der falschen Initialisierung von Variablen zu vermeiden. Auch der Einsatz einer Formel ist an dieser Stelle möglich.
Beispiel: Der Code deklariert Variablen und weist ihnen in denselben Anweisungen Werte zu (→ Listing 2.9).

Listing 2.9: Die Zuweisung kann auch direkt bei der Deklaration erfolgen

```
...
Dim Variable1 As Integer = 1
Dim Variable2 As Double = 2.31456789
Dim Variable3 As Double = Variable2 * 2
...
```

Automatische Initialisierung

Wenn Sie keine explizite Initialisierung vornehmen, wird jede lokale Variable mit dem Standardwert für ihren Datentyp initialisiert, sobald die Ausführung der Prozedur beginnt. Numerische Variablen (einschließlich **Byte** und **Char**) werden für *o* initialisiert, **Date**-Variablen für *0:00* Uhr am *1. Januar* des Jahres *1*, **Boolean**-Variablen für **False** und Verweistypvariablen (einschließlich Zeichenfolgen, **Arrays** und **Object**) für **Nothing**. Variablen, die in einem Block innerhalb einer Prozedur deklariert werden, werden bei Eintritt in die Prozedur mit den Standardwerten initialisiert. Diese Initialisierungen finden unabhängig davon statt, ob der Block jemals ausgeführt wird.

2.2.4 Eingabe und Ausgabe über die Klasse Console

Die **Console**-Klasse stellt grundlegende Funktionen zur Unterstützung von Anwendungen bereit, die in einer Konsolenanwendung Zeichen von der Konsole lesen und auf die Konsole schreiben (→ Tabelle 2.6). Wenn, wie in Windows-Programmen, keine Konsole vorhanden ist, werden diese Ausgaben nicht angezeigt, aber es wird auch keine Ausnahme ausgelöst. Sie enthält außerdem mehrere Schreibmethoden, die einzelne Instanzen von Werttypen, Zeichenarrays oder Objektgruppen automatisch in eine formatierte oder unformatierte Zeichenfolge konvertieren und diese Zeichenfolge dann auf die Konsole schreiben, wobei optional eine Zeichenfolge für den Zeilenabschluss folgen kann.

Methode	Beschreibung
Read	Liest Informationen aus der Befehlszeile (oder eine andere Eingabe). Es ist nicht erforderlich, dass die Zeile mit (¢) endet.
ReadLine	Liest Informationen aus der Befehlszeile (oder eine andere Eingabe). Liest alle Zeichen bis ausschließlich (¢).
SetError	Ändert das Ziel der Anzeige von Fehlermeldungen, während Ihr Programm läuft. Damit können Sie einen einfachen Fehlerprotokollierungsmechanismus für Ihre Anwendung erstellen.
SetIn	Ändert die Eingabequelle für Read und ReadLine. Sie können damit eine Befehlszeilenanwendung so ändern, dass sie von einer Datei oder einem Ort im Netzwerk liest.
SetOut	Ändert das Ziel für die Methoden Write und WriteLine. Damit können Sie das Ziel der Ausgabe für die Protokollierung oder andere Zwecke ändern.
Write	Schreibt Informationen (oder eine andere Ausgabe) in die Befehlszeile. Endet nicht mit einer neuen Zeile.
WriteLine	Schreibt Informationen (oder eine andere Ausgabe) in die Befehlszeile. Beendet die Ausgabe mit einer neuen Zeile.

Tabelle 2.6: Wichtige Methoden und Eigenschaften der Klasse **Console**

▶▶ Aufgabe: Eingabe über *Read* und *ReadLine* vornehmen

Zur Eingabe verwenden Sie die Methoden **Console.Read()** oder **Console.ReadLine()**. Die Methode **Console.Read()** wartet ab, bis Sie eine Taste drücken, übernimmt dann das eingegebene Zeichen und fährt mit dem Programm fort. **Console.ReadLine()** wartet, bis Sie eine Zeichenkette eingegeben haben. Erst nachdem Sie abschließend die Taste ⏎ drücken, werden die eingegebenen Daten übernommen und das Programm fährt mit der Ausführung fort. Die von der Konsole her eingegebenen Daten können Sie direkt einer Variablen zuweisen. Eine implizite Umwandlung wird ausgeführt. Bedenken Sie die dabei möglichen Gefahren.

Beispiel: Der folgende Code weist nach einer Bestätigung der Eingaben diese den Variablen zu (→ Listing 2.10).

Listing 2.10: Eingaben können Variablen direkt zugewiesen werden

```
...
Dim Variable1 As Byte
Dim Variable2 As String
...
Variable1 = Console.ReadLine()
Variable2 = Console.ReadLine()
...
```

▶▶ Aufgabe: Ausgabe über *Write* und *WriteLine* durchführen

Zur Ausgabe benutzen Sie entsprechend die Methoden **Console.Write()** oder **Console.WriteLine()**. Die Methode **Console.Write()** gibt eine Information ohne abschließenden Zeilenwechsel aus, **Console.WriteLine()** gibt eine Information als ganze Zeile aus und wechselt zur nächsten Zeile. Was ausgegeben werden soll, geben Sie jeweils innerhalb der Klammer ein.

Beispiel: Der Code gibt die Inhalte der Variablen über die Konsole aus (→ Listing 2.11).

Listing 2.11: **Write() und WriteLine()** *dienen zur Ausgabe*

```
...
Dim Variable1 As Byte = 1
Dim Variable2 As String = "Text"
...
Console.WriteLine(Variable1)
Console.WriteLine(Variable2)
...
```

Verkettungen bei der Ausgabe benutzen

Sie können bei der Ausgabe die Inhalte verschiedener Variablen zu einer gemeinsamen Ausgabe verketten. Dazu benutzen Sie den Operator **&**. Wenn Sie in eine solche Verkettung normalen Text einfügen wollen, setzen Sie diesen in Anführungszeichen.

Beispiel: Der Code liefert die Ausgabe ***Der Text lautet: Hallo!*** (→ Listing 2.12).

Listing 2.12: Ausgaben können verkettet werden

```
...
Dim Variable1 As String = "Text"
Dim Variable2 As String = "Hallo"
...
Write("Der " & Variable1 & " lautet: ")
Console.WriteLine(Variable2)
...
```

2.2.5   Konstanten

Im Gegensatz zu Variablen beinhalten **Konstanten** Werte, die sich nicht verändern, weder während der Lebensdauer Ihres Programms noch sonst irgendwann. Die Anzahl der Monate in einem Jahr oder der Wert der Zahl (Pi) sind Beispiele dafür.

Auch für Konstanten legen Sie den Typ in der Deklaration fest. Dazu arbeiten Sie über dieselben Typen, die Sie auch bei der Deklaration von Variablen verwenden. Statt das Ausdrucks **Dim** benutzen Sie hier aber den Ausdruck **Const**.

Beispiel: Der Code deklariert zwei Konstante (→ Listing 2.13).

Listing 2.13: Die Werte von Konstanten werden nicht geändert

```
...
Const Monate = 12
...
Const PI = 3.1415
...
```

Durch diese Form der Deklaration erreichen Sie, dass jeder Versuch, den Wert einer Konstanten zu ändern, als Fehler gemeldet wird. Diese Meldung erhalten Sie schon zur Entwurfszeit.

2.2.6 Weitere Merkmale von Variablen

Weitere Merkmale einer Variablen – wie Gültigkeit, Lebensdauer oder Zugriff – können Sie durch den Einsatz alternativer und zusätzlicher Schlüsselwörter für die Deklaration verwenden. Diese Merkmale bestimmen, wie der restliche Teil des Codes mit dem Element interagieren kann bzw. soll und gilt auch für die anderen Elemente in Visual Basic.

Die Gültigkeit festlegen

Der *Gültigkeitsbereich* eines deklarierten Elements beschreibt den Codesatz, der auf das Element verweisen kann, ohne den Namen des Elements explizit zu qualifizieren oder es mit Hilfe einer *Imports*-Anweisung verfügbar zu machen. Der Gültigkeitsbereich einer Variablen hängt davon ab, wo und mit welchem Schlüsselwort sie deklariert wurde. Wenn Sie zur Deklaration einer Variablen mit dem allgemeinen Schlüsselwort *Dim* arbeiten, ist der Gültigkeitsbereich einer Variablen durch die Position der Deklarationsanweisung in der

Anwendung bestimmt. Sie steht dann innerhalb der Region zur Verfügung, in der es deklariert wurde. Der gesamte Code in derselben Region kann auf das Element verweisen, ohne den Namen explizit angeben zu müssen. Diese Ebenen des Gültigkeitsbereichs steigern sich vom engsten – dem **Block** – zum breitesten Bereich – dem **Namensraum**.

- Ein Element, das in einem **Block** deklariert wurde, kann auch nur innerhalb dieses Blocks verwendet werden. Aber auch wenn der Gültigkeitsbereich eines Elements auf den Block beschränkt ist, entspricht seine Lebensdauer der der gesamten Prozedur. Wenn ein Block mehrmals innerhalb der Prozedur ausgeführt wird, behält eine Blockvariable den vorhergehenden Wert bei. Daher ist es empfehlenswert, innerhalb eines Blocks deklarierte Variablen gegebenenfalls jedes Mal erneut zu initialisieren, um unerwartete Ergebnisse in einem solchen Fall zu vermeiden.

- Ein in einer **Prozedur** deklariertes Element ist außerhalb dieser Prozedur nicht verfügbar. Es kann nur von der Prozedur verwendet werden, die die Deklaration enthält. Elemente auf dieser Ebene werden auch als **lokale Elemente** – beispielsweise **lokale Variablen** – bezeichnet. Der Prozedurbereich und der Blockbereich stehen in engem Zusammenhang.

- Wenn die Variable in einem Modul, einer Klasse oder einer Struktur, jedoch außerhalb einer darin enthaltenen Unterprozedur oder eines Blocks deklariert wird, kann von überall im Modul, in der Klasse bzw. in der Struktur darauf zugegriffen werden. In diesem Fall spricht man von einer **Modulvariablen**. Standardmäßig stehen Elemente, die Sie auf Modulebene deklarieren, allen Prozeduren des gesamten **Namensraums** zur Verfügung, in dem das Element deklariert wird. Wenn der Namensraum geschachtelt ist, ist ein innerhalb eines Namensraums verfügbares Element ebenso in jedem anderen Namensraum verfügbar, der sich in dieser Schachtelung Namensraum befindet.

Außerdem können Sie den Gültigkeitsbereich – (teilweise) unabhängig vom Ort der Deklaration – regeln, indem Sie zur Deklaration statt des Schlüsselworts **Dim** – oder davor – Schlüsselwörter wie **Public**, **Protected**, **Friend**, **Protected Friend**, **Private** oder **Static** verwenden (→ Tabelle 2.7). Mit diesen alternativen Schlüsselwörtern können Sie Modul-, Struktur-, Klassen- oder Instanzvariablen deklarieren. Innerhalb einer Prozedur ist aber nur das **Dim**-Schlüsselwort zulässig, und der Zugriff ist stets **Private**.

Schlüsselwort	Beschreibung
Public	Die Variablen stehen in der ganzen Anwendung zur Verfügung – gleichgültig wo Sie sie deklarieren. Sie sind also **globale Variablen**. Mit **Public**-Variablen sollten Sie sparsam arbeiten, sie sind aber nützlich und notwendig, wenn Sie einen Wert benötigen, der an vielen Stellen in Ihrem Programm benötigt wird. Es gibt keine Zugriffsbeschränkungen für Variablen mit **Public**-Zugriff. **Public** ist nur auf Modul-, Namensraum- oder Dateiebene verfügbar. Infolgedessen können Sie Variablen mit **Public**-Zugriff in Quelldateien oder innerhalb von Modulen, Klassen oder Strukturen deklarieren, jedoch nicht in Prozeduren.
Protected	Der Zugriff ist nur in der eigenen oder in einer abgeleiteten Klasse möglich. Dieser Zugriffstyp ist dem **Friend**-Zugriff nicht übergeordnet. Sie können **Protected** nur auf Klassenebene verwenden. Infolgedessen können Sie **Protected**-Variablen innerhalb einer Klasse, jedoch nicht in Prozeduren, Modulen, Namespaces oder auf Dateiebene deklarieren.
Friend	Der Zugriff darauf ist im Programm, das ihre Deklaration enthält, sowie überall in derselben Assembly möglich. **Friend** ist nur auf Modul-, Namespace- oder Dateiebene verfügbar. Infolgedessen können Sie Variablen mit **Friend**-Zugriff in Quelldateien oder innerhalb von Modulen, Klassen oder Strukturen deklarieren, jedoch nicht in Prozeduren.

Tabelle 2.7: Unterschiedliche Bereiche der Gültigkeit können definiert werden

Schlüsselwort	Beschreibung
Protected Friend	Die Variablen haben eine Kombination aus **Protected**-Zugriff und **Friend**-Zugriff. Sie können von Code in derselben Assembly, Code in ihrer eigenen Klasse und Code in abgeleiteten Klassen verwendet werden. Sie können **Protected Friend** nur auf Klassenebene verwenden. Infolgedessen können Sie **Protected Friend**-Variablen innerhalb einer Klasse, jedoch nicht in Prozeduren, Modulen, Namespaces oder auf Dateiebene deklarieren. **Mit Protected Friend** können nur Member der Klasse deklariert werden.
Private	Die Variablen stehen innerhalb des Moduls oder der Klasse zur Verfügung, in der sie deklariert sind. **Private**-Variablen werden häufig in Anwendungen angewandt, in denen eine einzelne Variable in mehreren Unterprozeduren benötigt wird. Indem Sie die Variable mit dem Schlüsselwort **Private** erzeugen, ermöglichen Sie allen Prozeduren innerhalb eines Moduls oder einer Klasse, darauf zuzugreifen. Private Variablen sind sinnvoll, um häufig verwendete Informationen gemeinsam zu nutzen, die für eine Aufgabe erforderlich sind. So können beispielsweise verschiedene Funktionen auf einen Zwischenwert zugreifen, um eine Berechnung durchzuführen. Der Zugriff ist nur im jeweiligen Deklarationskontext möglich, auch über beliebige geschachtelte Member, beispielsweise Prozeduren. Sie können **Private** nur auf Modulebene verwenden. Infolgedessen können Sie **Private**-Variablen innerhalb eines Moduls, einer Klasse oder Struktur deklarieren, jedoch nicht auf der Ebene des Namensraums oder der Datei bzw. in einer Prozedur.
Static	Die Variablen bleiben nach Beendigung der Prozedur, in der sie deklariert wurden, erhalten und behalten die letzten Werte bei. **Static** kann nur auf Prozedurebene verwendet werden. Infolgedessen können Sie statische Variablen in einer Prozedur oder einem Block in einer Prozedur, jedoch nicht auf Klassen- oder Modulebene deklarieren. **Static** darf nicht zusammen mit **Shared** oder **Shadows** in einer Variablendeklaration angegeben werden.

Tabelle 2.7: Unterschiedliche Bereiche der Gültigkeit können definiert werden (Forts.)

Beispiel: Das folgende Codefragment nutzt unterschiedliche Schlüsselwörter zur Deklaration von Variablen (→ Listing 2.14).

```
...
Dim Variable1 As Integer
Private Variable2 As Double
Static Variable3 As String
Public Variable4 As Decimal
...
```

Auf Modulebene hat die ***Dim***-Anweisung ohne Schlüsselwörter für den Zugriff dieselbe Bedeutung wie eine ***Private***-Deklaration. Die Verwendung des ***Private***-Schlüsselworts wird jedoch empfohlen, um den Code leichter lesbar und verständlicher zu gestalten.

Die Lebensdauer verstehen

Als ***Lebensdauer*** einer Variablen wird die Zeitspanne bezeichnet, innerhalb derer die Variable einen ihr zugewiesenen Wert behält. Der Wert kann sich innerhalb der Lebensdauer ändern, aber ein Wert ist immer vorhanden. Diese Lebensdauer unterscheidet sich je nach Typ und dem verwendeten Schlüsselwort:

- ***Lokale Variablen***, die mit ***Dim*** deklariert wurden, sind nur so lange vorhanden, wie die Prozedur ausgeführt wird, in der sie deklariert wurden. Die Lebensdauer einer lokalen Variablen beginnt, wenn die Ausführung der Prozedur begonnen wird, in der sie deklariert ist. Wenn eine Prozedur beendet wird, bleiben die Werte der lokalen Variablen nicht erhalten und der von den lokalen Elementen verwendete Speicher wird wieder besetzt. Bei der nächsten Ausführung der Prozedur werden alle lokalen Elemente der Prozedur erneut erstellt und die lokalen Variablen initialisiert. Wenn diese Prozedur jedoch andere Prozeduren aufruft, behalten die lokalen Variablen ihre Werte, solange die aufgerufenen Prozeduren ausgeführt werden.
- Wenn Sie eine ***lokale Variable*** jedoch mit dem zusätzlichen ***Static***-Schlüsselwort deklarieren, so bleibt diese generell bestehen und behält den Wert auch dann, wenn die Prozedur endet.

- Eine **Modulvariable** ist in der Regel während der gesamten Zeit vorhanden, in der die Anwendung ausgeführt wird.
- Eine in einer Klasse oder Struktur deklarierte, nicht freigegebene Variable ist als separate Kopie für jede Instanz der Klasse oder Struktur vorhanden, in der sie deklariert ist. Jede dieser Variablen hat dieselbe Lebensdauer wie ihre Instanz. Eine **Shared**-Variable hat jedoch nur eine Lebensdauer, die über die gesamte Zeit reicht, in der die Anwendung ausgeführt wird. Wenn eine Instanz einer Klasse oder Struktur beendet wird, verlieren die nicht freigegebenen Variablen ihre Werte. Jede neue Instanz der Klasse oder Struktur erstellt ihre eigenen nicht freigegebenen Elemente und initialisiert die nicht freigegebenen Variablen. **Shared**-Elemente bleiben erhalten, bis die Anwendung nicht mehr ausgeführt wird.
- Wenn eine lokale Variable mit dem **Static**-Schlüsselwort deklariert wird, ist ihre Lebensdauer länger als die Ausführungszeit der Prozedur, in der sie deklariert wurde. Befindet sich die Prozedur in einem Modul, bleibt die statische Variable so lange erhalten, wie die Anwendung ausgeführt wird. Wird eine statische Variable in einer Prozedur innerhalb einer Klasse deklariert, hängt die Lebensdauer der Variablen davon ab, ob die Prozedur freigegeben ist oder nicht. Ist die Prozedur mit dem **Shared**-Schlüsselwort deklariert, hält die Lebensdauer der Variablen bis zum Ende der Anwendung. Ist die Prozedur nicht freigegeben, dann sind die statischen Variablen Instanzmember der Klasse, und ihre Lebensdauer entspricht jeweils der Lebensdauer der Klasseninstanz.
- Variablen, die in einem **Block** innerhalb einer Prozedur deklariert werden, werden bei Eintritt in die Prozedur mit den Standardwerten initialisiert. Diese Initialisierungen finden unabhängig davon statt, ob der Block jemals ausgeführt wird.

Den Zugriff regeln

Der **Zugriff** auf ein deklariertes Element stellt die Möglichkeit dar, es zu verwenden, also die Erlaubnis für Code, es zu lesen oder Daten in das Element zu schreiben. Zunächst bestimmen die zur Regelung der

Gültigkeit verwendeten Schüsselwörter auch die Möglichkeit zum Zugriff auf die Variablen:

- Das **Public**-Schlüsselwort und die **Dim**-Anweisung deklarieren Elemente so, dass auf sie von einer beliebigen Stelle innerhalb desselben Projekts, von anderen Projekten, die auf dieses Projekt verweisen, und von einer anhand dieses Projekts erstellten Assembly aus zugegriffen werden kann. **Public** ist nur auf Modul-, Namespace- oder Dateiebene verfügbar. Daher können Sie ein öffentliches Element in Quelldateien oder innerhalb von Modulen, Klassen oder Strukturen deklarieren, jedoch nicht in Prozeduren.

- Das **Protected**-Schlüsselwort deklariert Elemente so, dass auf sie nur von derselben Klasse oder von einer von dieser Klasse abgeleiteten Klasse aus zugegriffen werden kann. **Protected** kann nur auf Klassenebene und nur bei der Deklaration eines Members einer Klasse verwendet werden.

- Das **Friend**-Schlüsselwort deklariert Elemente so, dass auf sie nur von demselben Projekt, aber nicht von außerhalb dieses Projekts aus zugegriffen werden kann. **Friend** ist nur auf Modul-, Namespace- oder Dateiebene verfügbar. Daher können Sie **Friend**-Elemente in Quelldateien oder innerhalb von Modulen, Klassen oder Strukturen deklarieren, jedoch nicht in Prozeduren.

- Das **Protected**-Schlüsselwort und das **Friend**-Schlüsselwort deklarieren Elemente so, dass auf sie entweder nur von einer abgeleiteten Klasse oder von demselben Projekt aus oder von beiden aus zugegriffen werden kann. **Protected Friend** kann nur auf Klassenebene und nur bei der Deklaration eines Members einer Klasse verwendet werden.

- Das **Private**-Schlüsselwort deklariert Elemente so, dass auf sie nur von demselben Modul, derselben Klasse oder derselben Struktur aus zugegriffen werden kann. **Private** ist nur auf Modul-, Namespace- oder Dateiebene verfügbar. Daher können Sie private Elemente in Quelldateien oder innerhalb von Modulen, Klassen oder Strukturen deklarieren, jedoch nicht in Prozeduren.

Variablen und Konstanten

Zusätzlich können Sie mit **Shared** und **ReadOnly** weitere Modifizierungen durch den Einsatz weiterer Schlüsselwörter vornehmen, die Sie nach dem für die Deklaration verwendeten Wort einfügen (→ Tabelle 2.8).

Schlüsselwort	Beschreibung
Shared	Gibt an, dass diese Variable freigegeben ist. Das bedeutet, sie ist keiner bestimmten Instanz einer Klasse oder Struktur zugewiesen. Sie können auf eine freigegebene Variable zugreifen, indem Sie den Klassen- oder den Strukturnamen angeben. Der Variablenname einer bestimmten Instanz der Klasse bzw. Struktur kann ebenfalls angegeben werden. *Shared* ist nur auf Modul-, Namensraum- oder Dateiebene verfügbar. Infolgedessen können Sie freigegebene Variablen in Quelldateien oder innerhalb von Modulen, Klassen oder Strukturen deklarieren, jedoch nicht in Prozeduren. *Static* und *Shared* dürfen nicht zusammen in einer Variablendeklaration angegeben werden.
ReadOnly	Die Variablen können nur gelesen, jedoch nicht beschrieben werden. Dies ist bei der Erstellung von Konstanten hilfreich. *ReadOnly* ist nur auf Modul-, Namensraum- oder Dateiebene verfügbar. Infolgedessen können Sie *ReadOnly*-Variablen in Quelldateien oder innerhalb von Modulen, Klassen oder Strukturen deklarieren, jedoch nicht in Prozeduren.

Tabelle 2.8: Zusätzliche Modifizierer können verwendet werden

Überschatten

Es ist möglich, dass Programmierelemente in demselben Modul, derselben Klasse oder derselben Struktur denselben Namen, aber unterschiedliche Gültigkeitsbereiche haben. In diesem Fall **überschattet** oder **spiegelt** das Element mit dem engeren Gültigkeitsbereich das andere Element.

In einem Modul kann beispielsweise eine **Public**-Variable mit dem Namen **Variable1** definiert werden, während in einer Prozedur innerhalb des Moduls eine lokale Variable deklariert wird, die ebenfalls den Namen **Variable1** trägt. Verweise auf **Variable1** innerhalb der Prozedur greifen auf die lokale Variable zu, während Verweise außerhalb der Prozedur auf die **Public**-Variable zugreifen (→ Listing

2.15). In diesem Fall spiegelt die Prozedurvariable **Variable1** die Modulvariable **Variable1**. Wenn eine Modulvariable von einer lokalen Variablen gespiegelt wird, kann aber auf die Modulvariable immer noch von innerhalb der entsprechenden Prozedur aus zugegriffen werden, indem die Variable durch den Namen des Moduls, der Klasse oder der Struktur qualifiziert wird, in der sie deklariert wurde – beispielsweise mit **Module1.Variable1**.

Listing 2.15: Variablen werden innerhalb der Prozedur gespiegelt

```
Module Module1
    Public Variable1 As Integer
    Sub Main()
        Variable1 = 1
    End Sub
    Sub Routine1()
        Dim Variable1, Variable2 As Integer
        Variable1 = 2
        Variable2 = Module1.Variable1
    End Sub
End Module
```

2.2.7 Arrays

Mit **Arrays** erzeugen Sie einen Datentyp, innerhalb dessen Sie eine Gruppe von Einzeldaten innerhalb einer Variablen speichern können. Sie können dann mit demselben Namen auf eine Reihe von Elementen verweisen. Dadurch können Sie in vielen Situationen kürzeren und einfacheren Code erstellen, da Sie Schleifen einrichten können, die mit Hilfe der Indexzahlen eine beliebige Anzahl von Elementen effektiv behandeln können. Die **Länge** eines Arrays ist die Gesamtzahl von Elementen, die es enthalten kann. Der **Rang** eines Arrays ist die Anzahl von Dimensionen im Array. Die **untere Grenze** einer Dimension eines Arrays ist der Startindex dieser Dimension des Arrays. Ein mehrdimensionales Array kann für jede Dimension verschiedene Grenzen haben.

Dimension und Länge

Arrays können über eine oder mehrere **Dimensionen** verfügen. Sie können bis zu 32 Dimensionen angeben, normalerweise sind mehr als drei Dimensionen aber sehr selten. Da Visual Basic einem Arrayelement entsprechend der Indexzahl Speicherplatz zuweist, sollten Sie es vermeiden, Arraydimensionen zu deklarieren, die größer als unbedingt erforderlich sind.

- In einer eindimensionalen Arrayvariablen könnten Sie beispielsweise alle Namens- und Adressdaten – **Name**, **Vorname**, **Strasse**, **Hausnummer**, **Postleitzahl** und **Ort** – einer Person zusammen speichern.
- Eine mehrdimensionale Arrayvariable erweitert den Speicherraum. Beispielsweise würden zwei Dimensionen genügen, um alle Namens- und Adressdaten mehrerer Personen in einer einzigen Variablen namens **Kunden** anzulegen.
- Darüber hinaus können Sie ein Array deklarieren, das als Elemente andere Arrays enthält. Beispielsweise könnten Sie in einer Arrayvariablen **Aufträge** zwei weitere Arrayvariable – eine für Namens- und Adressdaten der Kunden und eine für die Daten der von diesen bestellten Produkte – zusammenfassen. In diesem Fall müssen alle zugehörigen Arrays demselben in der Deklaration angegebenen Elementdatentyp angehören. Ein Array von Arrays wird auch als verzweigtes Array bezeichnet, da die zugehörigen Arrays nicht gleich groß sein müssen.

Die Anzahl der in einer Dimension gespeicherten Elemente wird auch als deren **Länge** bezeichnet. Die eben erwähnte eindimensionale Arrayvariable mit den Namens- und Adressdaten **Name**, **Vorname**, **Strasse**, **Hausnummer**, **Postleitzahl** und **Ort** hat eine Länge von **6**. Die Länge der einzelnen Dimensionen eines Arrays ist auf einen Maximalwert eines **Long**-Datentyps begrenzt, der $(2 \wedge 64) - 1$ beträgt. Die Gesamtgrößenbegrenzung für ein Array variiert in Abhängigkeit vom Betriebssystem und dem verfügbaren Speicherplatz. Wenn Sie ein Array verwenden, das den Umfang des verfügbaren RAM des Systems überschreitet, verlangsamt sich der Prozess, da die Daten vom Datenträger gelesen und auf den Datenträger geschrieben werden müssen.

Arrayvariablen werden genau wie andere Variablen mit der **Dim**-Anweisung deklariert. Dem Namen der Variablen folgen ein oder mehrere Klammernpaare, die angeben, dass es sich nicht um eine normale Variable handelt, die nur einen Wert enthält, sondern um ein Array.

- Um eine eindimensionale Arrayvariable zu deklarieren, fügen Sie in der Deklaration ein einzelnes Klammernpaar nach dem Namen der Variablen ein.
- Zur Deklaration einer mehrdimensionalen Arrayvariablen setzen Sie in die Klammern Kommas, um die Dimensionen voneinander zu trennen.
- Für eine verzweigte Arrayvariable fügen Sie so viele Klammernpaare nach dem Variablennamen ein, wie Ebenen geschachtelter Arrays vorhanden sind.

Außerdem müssen Sie – wie von einfachen Variablen her gewohnt – den Wertetyp festlegen. Ein Array kann aus beliebigen grundlegenden Datentypen deklariert werden. Alle Elemente eines Arrays müssen aber demselben Datentyp angehören.

Beispiel: Die folgenden Codezeilen deklarieren eine eindimensionale Arrayvariable **Array1**, eine mehrdimensionale Arrayvariable **Array2** und eine verzweigte Arrayvariable **Array3** (→ Listing 2.16).

Listing 2.16: Die Dimensionierung erfolgt durch Klammern

```
...
Dim Array1() As String
Dim Array2(,,,) As Integer
Dim Array3()()() As String
...
```

Die Dimension können Sie an verschiedenen Stellen festlegen:

- Einerseits können Sie die Dimensionen einer Arrayvariablen festlegen, ohne deren Länge(n) zu konkretisieren (→ Listing 2.16).

■ Andererseits können Sie die Länge der Arrayvariablen als Teil ihrer Deklaration einbeziehen. Diese Länge können Sie später ändern. Dazu geben Sie für eine oder mehrere der Dimensionen in den Klammern nach dem Namen der Variablen die Länge an. Mehrdimensionale Arrayvariablen können auf ähnliche Weise initialisiert werden. Wenn Sie eine verzweigte Arrayvariable initialisieren, können Sie die Dimensionslängen nur für das Array der obersten Ebene angeben.

Beispiel: Die folgenden Zeilen deklarieren die Arrayvariablen mit Angabe der Dimension (→ Listing 2.17).

Listing 2.17: Längen können direkt eingegeben werden

```
...
Dim Array1(6) As String
Dim Array2(6, 120) As Integer
Dim Array3(1)() As String
...
```

▶▶ Aufgabe: Einem Array Werte zuweisen

Auch um die einzelnen Bestandteile eines solchen Arrays mit Daten zu füllen, gehen Sie ähnlich wie bei einfachen Variablen vor: Zunächst wird jedes Element eines Arrays wie eine separate Variable initialisiert. Später weisen Sie den einzelnen Elementen einfach einen Wert zu. Beachten Sie dabei, dass beim Zählen mit Null begonnen wird. Wenn Sie beispielsweise dem ersten Element eines Arrays **Adresse()** einen Wert zuweisen wollen, müssen Sie das über die Anweisung **Adresse(0) =** tun.

Beispiel: Die folgenden Zeilen weisen den Elementen einer deklarierten Arrayvariable **Array1** Werte zu (→ Listing 2.18).

Listing 2.18: Das Zählen der Elemente eines Arrays beginnt mit 0

```
...
Array1(0) = "Maier"
Array1(1) = "Hans"
Array1(2) = "80358"
Array1(3) = "München"
...
```

Ebenso wie Sie eine einfache Variable bei der Deklaration initialisieren können, können Sie das auch mit Arrays tun. Im Fall von Arrays setzen Sie aber jedes der Arrayelemente in eine durch Kommas getrennte Liste, eingehüllt in geschweifte Klammern. Bei mehrdimensionalen Arrays wird jede einzelne Dimension in geschweifte Klammern gestellt. Die Elemente werden in zeilengerichteter Reihenfolge angegeben. Wenn Sie eine solche Initialisierung bei der Deklaration verwenden, dürfen Sie die Größe des Arrays nicht zusätzlich als Zahl in den runden Klammern angeben, da dieser Wert sich automatisch aus der Zahl der angegebenen Elemente ergibt.

Beispiel: Die folgenden Zeilen weisen einem eindimensionalen Array *Array1* und einem zweidimensionalen Array *Array2* Werte zu (→ Listing 2.19).

Listing 2.19: Werte können direkt bei der Deklaration eingegeben werden

```
...
Dim Array1()As String = _
  {"Maier", "Hans", "80358", "München"}
Dim Array2( , ) As String = _
  {{"Maier", "Hans", "80358", "München"}, _
  {"Schulz", "Willy","90762", "Fürth"}}
...
```

▶ ▶ Aufgabe: Die dynamische Größe benutzen

Arrays verfügen in Visual Basic nicht unbedingt über eine feste Größe. Die Größe eines Arrays kann nach seiner Erstellung verändert werden. Die *ReDim*-Anweisung weist der angegebenen Arrayvariablen ein vollkommen neues Arrayobjekt zu. Aus diesem Grund kann durch *ReDim* die Länge jeder Dimension geändert werden. Eine variable Größe ist beispielsweise dann sinnvoll, wenn die Größe des Arrays vom Wert einer anderen Variablen abhängt, sodass sie zur Entwurfszeit nicht bekannt ist.

Beispiel: Nachdem eine Arrayvariable mit einer Länge von *4* Elementen deklariert und ihr Werte zugewiesen wurden, wird sie auf *5* Elemente redimensioniert. Dem neuen Element wird anschließend ein Wert zugewiesen (→ Listing 2.20).

Listing 2.20: Ein Array wird erweitert

```
...
Dim Array1(4) As String
Dim Array1() As String = _
  {"Maier", "Hans", "80530", "München"}
...
ReDim Array1(7)
Array1(5) = "Deutschland"
...
```

Wenn Sie ein Array mit **ReDim** bearbeiten, gehen seine vorhandenen Werte in der Regel verloren. Dies können Sie jedoch verhindern, indem Sie das **Preserve**-Schlüsselwort in die **ReDim**-Anweisung einbeziehen. Mit der Anweisung **ReDim Preserve Array2(6, 121)** wird beispielsweise ein neues Array zugewiesen, die Elemente werden anhand der entsprechenden Elemente des vorhandenen **Array2** initialisiert, und anschließend wird das neue Array dem **Array2** zugewiesen. In mehrdimensionalen Arrays kann mit **Preserve** nur die letzte Dimension verändert werden. Wenn versucht wird, eine der anderen Dimensionen zu ändern, tritt ein Laufzeitfehler auf.

2.2.8 Typkonvertierung

Der Prozess, bei dem ein Wert aus einem Datentyp – beispielsweise eine Variable – in einen anderen umgewandelt wird, heißt **Konvertierung**.

Beispiel: Der folgende Code wandelt einen als **Double** deklarierten Wert in einen vom Typ **Integer** um (→ Listing 2.21).

Listing 2.21: Ein Datentyp wird in einen anderen ungewandelt

```
Dim Wert1 As Integer
Dim Wert2 As Double =123.45
...
Wert1 = Wert2
...
```

Beachten Sie dabei immer die möglichen Änderungen der Werte: Bei der Konvertierung von einem Werttyp wird eine Kopie des Ausgangswerts im Ziel der Konvertierung gespeichert. Diese Kopie ist jedoch kein genaues Abbild des Ausgangswerts. Im Zieldatentyp werden die Werte anders gespeichert, und je nach Art der ausgeführten Konvertierung kann sich auch der dargestellte Wert ändern.

Erweiterungs- oder Eingrenzungskonvertierungen

Ein wichtiges Merkmal von Typkonvertierungen ist, ob das Ergebnis der Konvertierung innerhalb des Bereichs des Zieldatentyps liegt. Dabei handelt es sich – je nach Datenkapazität der betreffenden Typen – entweder um *Erweiterungs*- oder um *Eingrenzungskonvertierungen*.

- Bei einer *Erweiterungskonvertierung* wird ein Wert in einen Datentyp geändert, der alle möglichen Werte der ursprünglichen Daten enthalten kann. Dies geschieht beispielsweise, wenn Sie einen Ganzzahltyp in *Decimal* oder von *Char* in *String* konvertieren. In der folgenden Tabelle sind die standardmäßigen Erweiterungskonvertierungen zusammengefasst (→ Tabelle 2.9). Erweiterungskonvertierungen sind immer erfolgreich und können immer implizit ausgeführt werden.

Datentyp	Erweiterung möglich in Datentypen
Byte	*Byte, Short, Integer, Long, Decimal, Single, Double*
Short	*Short, Integer, Long, Decimal, Single, Double*
Integer	*Integer, Long, Decimal, Single, Double*
Long	*Long, Decimal, Single, Double*
Decimal	*Decimal, Single, Double*

Tabelle 2.9: Diverse Formen von Erweiterungen sind möglich

Datentyp	Erweiterung möglich in Datentypen
Single	*Single*, *Double*
Double	*Double*
Char	*Char*, *String*

Tabelle 2.9: Diverse Formen von Erweiterungen sind möglich (Forts.)

■ **Eingrenzungskonvertierungen** ändern die Zielkopie des Ausgangswerts und bewirken einen potenziellen Informationsverlust. So wird ein Dezimalstellenwert bei der Konvertierung in einen Ganzzahltyp beispielsweise gerundet, und ein in **Boolean** konvertierter Wert wird auf **True** oder **False** reduziert. Auch bei den Konvertierungen von Zahlen in Zeichenfolgen oder umgekehrt handelt es sich um Eingrenzungskonvertierungen. Solche Eingrenzungskonvertierungen sind nicht immer erfolgreich und können zur Laufzeit fehlschlagen. Ein Fehler tritt auf, wenn der Zieldatentyp nicht den konvertierten Wert empfangen kann. So kann bei einer numerischen Konvertierung beispielsweise ein Überlauf auftreten. Der Compiler lässt die implizite Ausführung von Eingrenzungskonvertierungen in der Regel nicht zu. Darum sollten Sie Eingrenzungskonvertierungen nur verwenden, wenn Sie genau wissen, dass der Ausgangswert in den Zieldatentyp konvertiert werden kann, ohne dass dabei ein Fehler auftritt.

Bei Konvertierungen von **Integer** in **Single**, von **Long** in **Single** oder **Double** bzw. von **Decimal** in **Single** oder **Double** können zwar Ungenauigkeiten, niemals jedoch Größenverluste auftreten. In diesem Sinne tritt kein Informationsverlust auf.

▶ ▶ **Aufgabe: Implizite Konvertierungen verwenden**

Für **implizite Konvertierungen** ist keine spezielle Syntax im Quellcode erforderlich. Sie weisen einer Variablen den Wert einer anderen Variablen mit einem anderen Datentyp zu. In diesem Fall wird die Variable vor der Zuweisung implizit in den anderen Datentyp umgewandelt. Das funktioniert nur, wenn Sie die **Option Strict Off** verwenden.

Bei einer *expliziten Konvertierung* wird ein Typkonvertierungs-schlüsselwort verwendet. Sie können damit einen Datentyp in einen anderen umwandeln, auch wenn Sie die *Option Strict On* verwenden. Bedenken Sie aber auch immer die Auswirkungen. Visual Basic .NET enthält mehrere solcher Schlüsselwörter, die einen Ausdruck in Klammern für den gewünschten Datentyp erzwingen. Sie beginnen alle mit dem Buchstaben *C* (wie im englischen Wort *conversion* – für Umwandlung) und enden mit einer abgekürzten Form des neuen Typs (→ Tabelle 2.10).

Funktion	Zieldatentyp	Ausgangsdatentyp
Cbool	Boolean	Beliebiger numerischer Typ (einschließlich von *Byte* und aufgelisteter Typen), *String*, *Object*
Cbyte	Byte	Beliebiger numerischer Typ, beliebiger aufgelisteter Typ, *Boolean*, *String*, *Object*
Cchar	Char	*String*, *Object*
Cdate	Date	*String*, *Object*
CDbl	Double	Beliebiger numerischer Typ (einschließlich von Byte und aufgelisteter Typen), *Boolean*, *String*, *Object*
Cdec	Decimal	Beliebiger numerischer Typ (einschließlich von Byte und aufgelisteter Typen), *Boolean*, *String*, *Object*
Cint	Integer	Beliebiger numerischer Typ (einschließlich von Byte und aufgelisteter Typen), *Boolean*, *String*, *Object*
CLng	Long	Beliebiger numerischer Typ (einschließlich von Byte und aufgelisteter Typen), *Boolean*, *String*, *Object*
Cobj	Object	Beliebiger Typ
Cshort	Short	Beliebiger numerischer Typ (einschließlich von Byte und aufgelisteter Typen), *Boolean*, *String*, *Object*
CSng	Single	Beliebiger numerischer Typ (einschließlich von Byte und aufgelisteter Typen), *Boolean*, *String*, *Object*
CStr	String	Beliebiger numerischer Typ (einschließlich von Byte), *Boolean*, *Char*, *Char()-Array*, *Date*, *Object*

Tabelle 2.10: Eine explizite Umwandlung erfolgt über Schlüsselwörter

2.2

Variablen und Konstanten

Beispiel: Der folgende Code konvertiert einen **Double**-Wert in einen **Integer**-Wert (→ Listing 2.22). Haben Sie dieser Variablen bereits vorher einen Wert mit Dezimalstellen zugewiesen, gehen diese bei der Umwandlung verloren.

Listing 2.22: Explizite Konvertierungen verwenden ein Schlüsselwort

```
...
Dim Wert1 As Integer
Dim Wert2 As Double = 123.456
...
Wert1 = CInt(Wert2)
...
```

▶▶ Aufgabe: Generische Umwandlung durchführen

Zusätzlich gibt es eine generische Umwandlungsfunktion namens **CType**, die in fast jeden Typ umwandeln kann. Für **CType** werden zwei Argumente angewendet. Das erste Argument ist der zu konvertierende Ausdruck, das zweite der Zieldatentyp. Die mit einem Konvertierungsschlüsselwort verwendeten Werte müssen aber für den Zieldatentyp gültig sein. Anderenfalls tritt ein Fehler auf. Wenn Sie beispielsweise versuchen, **Long** in **Integer** zu konvertieren, muss der Wert von **Long** innerhalb des gültigen Bereichs für den **Integer**-Datentyp liegen.

Beispiel: Der Code konvertiert einen **Integer**-Wert in einen vom Typ **Double** (→ Listing 2.23).

*Listing 2.23: Mit **CType** können Sie Datentypen konvertieren*

```
...
Dim Wert1 As Integer = 456
Dim Wert2 As Double
Wert21 = Ctype(Wert1 , Double)
...
```

Mit Hilfe von **CType** können Sie Werte sowohl in zusammengesetzte Datentypen als auch in elementare Typen konvertieren. Darüber hinaus können Sie damit eine Objektklasse in den Typ einer der dazugehörigen Schnittstellen konvertieren. Außerdem können mit **CType** Arraytypen konvertiert werden.

Die Anweisung *Option Strict*

Visual Basic. NET lässt grundsätzlich implizite Konvertierungen von einem beliebigen Datentyp in einen anderen beliebigen Datentyp zu. Datenverluste können auftreten, wenn ein Datentyp in einen Datentyp konvertiert wird, der weniger Nachkommastellen oder eine kleinere Kapazität besitzt. In diesem Fall tritt jedoch ein Laufzeitfehler auf, und Sie erhalten eine entsprechende Meldung. Die **Option Strict**-Anweisung stellt sicher, dass Sie beim Kompilieren benachrichtigt werden, damit diese Art von Konvertierungen vermieden werden kann. Sie legt also fest, ob Konvertierungen und Operationen durch strikte oder flexible Semantik gesteuert werden und ob Typen standardmäßig implizit als **Object** definiert sind. Hinter der Anweisung kann das Schlüsselwort **On** oder **Off** angegeben werden: **On** aktiviert die Prüfung mit der **Option Strict**-Anweisung. **Off** deaktiviert sie. Beide sind optional. Wenn nach der **Option Strict**-Anweisung weder **On** noch **Off** angegeben ist, wird standardmäßig **Off** verwendet. Wenn eine Datei keine Anweisung enthält, wird diese von der Kompilierungsumgebung festgelegt.

Ist **Option Strict** aktiviert, bewirken Sie folgende Verhaltensweisen:

- Implizite Datentypkonvertierungen sind auf Erweiterungskonvertierungen eingeschränkt. Dadurch sind alle Datentypkonvertierungen unzulässig, die einen Datenverlust zur Folge hätten, sowie Konvertierungen von numerischen Werten in Zeichenfolgen.
- Variablen müssen explizit deklariert werden – damit ist **Option Strict** gleichzusetzen mit **Option Explicit**.
- **As**-Klauseln in einer Deklaration dürfen nicht ausgelassen werden.

2.3 Operatoren

Ein **Operator** ist eine Codeeinheit, die eine Operation für eine oder mehrere Codeelemente ausführt, die Werte zurückgeben. Es kann sich dabei um eine arithmetische Operation wie Addition oder Multiplikation handeln, um eine Verkettungsoperation, die zwei Zeichenfolgen in einer neuen Zeichenfolge kombiniert, eine Vergleichsoperation, die feststellt, welcher der beiden Werte größer ist, oder um eine logische Operation, die auswertet, ob zwei Ausdrücke das Ergebnis **True** sind.

Die durch Operatoren verknüpften Elemente sollten normalerweise vom selben Typ sein. Wenn Sie beispielsweise eine **Integer**-Variable addieren, muss sie zu einer anderen Integer-Variablen addiert werden, und die Variable, der der Wert zugewiesen wird, muss ebenfalls vom Typ **Integer** sein. Eine Möglichkeit, eine gute, typsichere Codierung zu garantieren, ist die Verwendung von **Option Strict**. Wenn diese aktiviert ist, führt Visual Basic .NET automatisch typsichere Konvertierungen aus.

2.3.1 Arithmetische Operatoren

Bei einer einfachen Berechnung werden Werte oder deklarierte Variablen oder Konstanten mit Hilfe von **arithmetischen Operatoren** miteinander verknüpft (→ Tabelle 2.11). Der Typ des Ergebnisses einer solchen Berechnung wird durch den Typ der Variablen auf der linken Seite eines solchen Ausdrucks bestimmt.

Operator	Verwendung
=	Weist einen Wert einem anderen zu.
+	Addiert zwei Werte.
-	Subtrahiert einen Wert von einem anderen.
*	Multipliziert zwei Werte.
/	Dividiert einen Wert durch einen anderen.
\	Dividiert, gibt aber nur eine ganze Zahl zurück.

Tabelle 2.11: Operatoren verknüpfen Variablen, Konstanten und Werte

Operator	Verwendung
^	Erhebt einen Wert zum Exponenten eines anderen Werts.
Mod	Gibt den Rest einer Division zurück.
&	Kombiniert zwei Zeichenketten miteinander.
&=	Kombiniert mit einer Zeichenkette und weist das Ergebnis zu.

Tabelle 2.11: Operatoren verknüpfen Variablen, Konstanten und Werte (Forts.)

▶ ▶ Aufgabe: Einen Wert zuweisen

Für einfache Wertzuweisungen verwenden Sie den Zuweisungsoperator **=**. Eine solche Zuweisung nimmt den Wert auf der rechten Seite des Operators und weist ihn der Variablen auf der linken Seite zu. Mehrere Operatoren können Aktionen in einem einzigen Ausdruck oder einer einzigen Anweisung ausführen.

Beispiel: Der Code berechnet der Wert der Variablen **Wert3** aus denen für **Wert1** und **Wert2** (→ Listing 2.24).

Listing 2.24: Auch komplexere Berechnungen sind möglich

```
Dim Wert1 As Double = 2
Dim Wert2 As Double = 3
Dim Wert3 As Double
...
Wert3 = 12 * Wert1 + Wert2 ^ 2
...
```

▶ ▶ Aufgabe: Operatoren für Grundrechenarten einsetzen

Für die einzelnen Grundrechenarten stehen mehrere Operatoren zur Verfügung. Sie können diese auf entsprechende Variablen anwenden, normale Zahlen damit verknüpfen oder diese beiden Einsatzgebiete miteinander mischen.

- Die Operatoren **+**, **-**, ***** und **/** bedürfen wohl keiner gesonderten Erklärung.

- Mit Hilfe des Operators \ können Sie den ganzzahligen Wert einer Division ermitteln. Mit diesem Operator können nur ganzzahlige Typen (**Byte**, **Short**, **Integer** und **Long**) verwendet werden. Der Ausdruck **5\2** liefert beispielsweise das Ergebnis **2**.

- **Mod** steht für **Modulo** und gibt den Rest an, der bei einer Division eines **Divi**de**nden** – der Zahl über dem Bruchstrich – durch einen **Divisor** – der Zahl unter dem Bruchstrich – übrig bleibt. Diesen Rest können Sie mit dem Ausdruck **Rest = Divi**dend **Mod Divisor** ermitteln. Der Ausdruck **5 Mod 2** ergibt beispielsweise **1**.

- Der Operator **^** ermöglicht Berechnungen mit Exponenten. Beispielsweise quadriert **X^2** den Wert der Variablen **X**. Wenn Sie für den Exponenten eine Zahl kleiner als **1** verwenden, können Sie damit Wurzeln ziehen. **X^(1/2)** berechnet beispielsweise die Quadratwurzel aus **X**, der Ausdruck **X^(1/3)** die dritte Wurzel. Die Basis kann nur einen negativen Wert haben, wenn der Exponent eine ganze Zahl ist.

▶▶ **Aufgabe: Die Werte einer Variablen ändern**

Sie können den Wert einer Variablen durch Kombination des Zuweisungsoperators **=** mit einem anderen Operator ändern. Beispielsweise bewirkt **I =+ 1** dasselbe wie **I = I + 1**, die Erhöhung von **I** um **1**. *Beispiel:* Der Code erhöht der Wert der Variablen um **1**, dividiert ihn dann durch **2** und multipliziert ihn mit **3** (→ Listing 2.25).

Listing 2.25: Werte können implizit geändert werden

```
...
Dim Wert As Double = 1
Wert =+ 1
Wert =/ 2
Wert =* 3
...
```

2.3.2 Vergleichsoperatoren

Vergleichsoperatoren – auch relationale Operatoren genannt – vergleichen zwei Ausdrücke und geben einen *Boolean*-Wert zurück, der das Ergebnis des Vergleichs darstellt.

▶ ▶ Aufgabe: Einen Vergleich durchführen

Angewendet werden die Operatoren entweder auf Variablen oder auf Kombinationen von Variablen und festen Werten. Das Ergebnis des Vergleichs kann die Werte *True* oder *False* annehmen.

Beispiel: Der folgende Code vergleicht die Inhalte zweier Variablen und schreibt das Ergebnis in eine Variable vom Typ *Boolean* (→ Listing 2.26). Das Ergebnis wäre *False*.

Listing 2.26: Das Ergebnis eines Vergleichs wird einer Variablen zugewiesen

```
...
Dim Variable1 As Integer = 1
Dim Variable2 As Integer = 2
Dim Vergleich As Boolean
Vergleich = Variable1 = Variable2
...
```

Sechs Typen von Vergleichsoperatoren stehen zur Verfügung (→ Tabelle 2.12).

Operator	Bedeutung
>	*Größer als*: Ist der vom ersten Ausdruck dargestellte Wert größer als der vom zweiten Ausdruck dargestellte Wert?
<	*Kleiner als*: Ist der vom ersten Ausdruck dargestellte Wert kleiner als der vom zweiten Ausdruck dargestellte Wert?
=	*Gleich*: Ist der vom ersten Ausdruck dargestellte Wert gleich dem vom zweiten Ausdruck dargestellten Wert?

Tabelle 2.12: Mit booleschen Ausdrücken können Wahrheitswerte berechnet werden

Operator	Bedeutung
<>	**Ungleich**: Ist der vom ersten Ausdruck dargestellte Wert ungleich dem vom zweiten Ausdruck dargestellten Wert?
>=	**Größer oder gleich**: Ist der vom ersten Ausdruck dargestellte Wert größer als oder gleich dem vom zweiten Ausdruck dargestellten Wert?
<=	**Kleiner oder gleich**: Ist der vom ersten Ausdruck dargestellte Wert kleiner als oder gleich dem vom zweiten Ausdruck dargestellten Wert?

Tabelle 2.12: Mit booleschen Ausdrücken können Wahrheitswerte berechnet werden (Forts.)

Für numerische Datentypen

Alle sechs relationalen Operatoren können für numerische Datentypen verwendet werden. Wenn Sie zwei numerische Werte miteinander vergleichen, sollten Sie dafür sorgen, dass sie den gleichen Datentyp besitzen, da beim Vergleich eine implizite Konvertierung vorgenommen wird. Wenn beispielsweise ein Ausdruck des Typs **Single** mit einem Ausdruck des Typs **Double** verglichen wird, wird der **Single**-Ausdruck in **Double** konvertiert. Der bei der Konvertierung mögliche Verlust von Dezimalstellenwerten kann dazu führen, dass zwei Werte als gleich verglichen werden, obwohl sie nicht gleich sind. Aus diesem Grund sollten Vergleichsoperatoren auf den Vergleichen von zwei Gleitkommavariablen unterschiedlicher Genauigkeit mit größter Sorgfalt verwendet werden. Es ist ratsam, zu testen, ob der absolute Wert der Differenz zwischen den zwei Zahlen kleiner als eine kleine akzeptable Toleranz ist.

Für andere Datentypen

Nur der Gleichheitsoperator **=** und der Ungleichheitsoperator <> können zum Vergleich der Datentypen **Boolean**, **Date**, **Char** und **String** angewendet werden (→ Tabelle 2.13).

Datentyp	Kommentar
Boolean	Der Operator = gibt *True* zurück, wenn beide Operanden *True* sind oder wenn beide Operanden *False* sind. Der Operator <> gibt *False* zurück, wenn beide Operanden *True* sind oder wenn beide Operanden *False* sind.
Date	Die Operatoren geben das Ergebnis aus dem Vergleich der beiden Datums-/Zeitwerte zurück.
Char	Die Operatoren geben das Ergebnis aus dem Vergleich der beiden Unicode-Werte zurück. Es besteht zwar eine logische Mehrdeutigkeit bei der Auflösung der relationalen Operatoren mit einem *Char*-Operanden und einem *Short*-Operanden (weil die Typen als äquivalent betrachtet werden), in der Praxis kann jedoch jeder der Operatoren gewählt werden, da sie semantisch äquivalent sind.
String	Die Operatoren geben das Ergebnis aus dem Vergleich der beiden Werte zurück. Dabei wird entweder ein binärer Vergleich oder ein Textvergleich verwendet. Der verwendete Vergleich wird von der Kompilierungsumgebung und von der *Option Compare*-Anweisung festgelegt.

Tabelle 2.13: Nur = und <> können zum Vergleich nichtnumerischer Daten verwendet werden

Die Anweisung *Option Compare*

Die *Option Compare*-Anweisung wird auf Dateiebene verwendet, um die Standardvergleichsmethode für Zeichenfolgen zu deklarieren. Sie steuert, ob Zeichenfolgenvergleiche mit Hilfe von binären Vergleichen oder Textvergleichen ausgeführt werden. Wenn eine Datei keine solche Anweisung enthält, wird die Art des verwendeten Vergleichs von der Kompilierungsumgebung gesteuert.

- Bei *Option Compare Binary* werden Zeichenfolgen basierend auf einer Sortierreihenfolge verglichen, die von den internen binären Darstellungen der Zeichen abgeleitet wird. Die Sortierreihenfolge wird durch die Codeseite des Betriebssystems festgelegt.
- Bei *Option Compare Text* werden Zeichenfolgen basierend auf einer vom Gebietsschema des Systems vorgegebenen Textsortierreihenfolge verglichen. Die Groß-/Kleinschreibung wird dabei nicht berücksichtigt.

Wenn keine **Option Compare**-Anweisung angegeben ist, wird standardmäßig **Binary** verwenden. Wenn die **Option Compare**-Anweisung verwendet wird, muss sie in der jeweiligen Datei vor allen anderen Quellanweisungen stehen. Bei der Arbeit in der Visual Studio-**IDE** können Sie **Option Compare** auch auf der Seite **Projekte und Projektmappen/VB-Standard** im Dialogfeld zum Befehl EXTRAS/OPTIONEN einstellen.

▶ ▶ Aufgabe: Vergleichen mit *Like*

Ein zusätzlicher Vergleichsoperator namens **Like** steht ebenfalls für die Mustererkennung in Zeichenketten zur Verfügung.
Beispiel: Im folgenden Code liefert die Variable **Enthalten** den Wert **True**, da **Eva** in **Hallo Eva, wie geht es?** enthalten ist (→ Listing 2.27).

Listing 2.27: **Like** *prüft auf einen vorhandenen Inhalt*

```
...
Dim Text As String = "Hallo Eva, wie geht es?"
Dim Enthalten As Boolean
Enthalten = Text Like "Eva"
...
```

Mit **Like** können Sie eine Zeichenkettenvariable mit einem Muster aus regulärem Text oder besonderen Jokerzeichen vergleichen (→ Tabelle 2.14).

Zeichen	Repräsentiert
*	jede beliebige Anzahl von Zeichen
?	ein einzelnes Zeichen
#	eine einzelne Ziffer (0 bis 9)

*Tabelle 2.14: Mit **Like** können Sie Sonderzeichen verwenden*

2.3.3 Verkettungsoperatoren

Verkettungsoperatoren verknüpfen mehrere Zeichenfolgen zu einer einzigen Zeichenfolge. Es gibt folgende zwei Verkettungsoperatoren: **+** und **&**. Beide führen grundlegende Verkettungsoperationen aus. Wenn Sie in solchen Ketten neben den Variablen auch mit festen Daten – dazu gehören auch Leerzeichen – arbeiten wollen, müssen Sie diese in Anführungszeichen setzen.

Beispiel: Wollen Sie beispielsweise die Inhalte der Variablen **Vorname** und **Nachname** in der Variablen **Name** zusammenfassen, benutzen Sie dazu den Ausdruck **Name = Vorname & " " & Nachname** (→ Listing 2.28).

Listing 2.28: **Vorname** *und* **Nachname** *werden zu* **Name** *verknüpft*

```
Dim Vorname As String = "Richard"
Dim Nachname As String = "Gloster"
Dim Name As String
Name = Vorname & " " & Nachname...
```

Beispiel: Sie können auch Zahlenwerte mit verknüpfen. Beachten Sie, dass dabei die Zahl implizit in eine Zeichenfolge konvertiert wird, also nicht mehr für numerische Berechnungen verwendet werden kann (→ Listing 2.29).

Listing 2.29: Eine Verkettung führt eine implizite Konvertierung durch

```
Dim Ergebnis As String
Dim Wert As Double
Wert = 1.1415
Ergebnis = "Das Ergebnis ist " & Wert
```

Wenn **Option Strict** aktiviert ist, sind für beide Operatoren Zeichenfolgen für Verkettungsoperationen explizit erforderlich. Daher ist ihr Verhalten identisch. Der Operator **+** führt auch arithmetische Operationen mit numerischen Operanden aus, wenn **Option Strict** aktiviert wird. Wenn jedoch **Option Strict** deaktiviert ist, unterstützt der Operator **+** eine Vielzahl von impliziten Konvertierungen für Verkettungsoperationen, die der Operator **&** nicht unterstützt.

2.3.4 Logische Operatoren

Logische Operatoren vergleichen Ausdrücke vom Typ **Boolean** und geben ein Ergebnis vom Typ **Boolean** zurück. Diese logischen Operatoren erlauben es Ihnen, andere Ausdrücke und Werte zu kombinieren, um komplizierte boolesche Ausdrücke zu erzeugen (→ Tabelle 2.15).

Operator	Wirkung
Not	Führt eine logische Negation an einem Boolean-Ausdruck aus. Wenn der Ausdruck True ergibt, liefert Not den Wert False. Wenn der Ausdruck False ist, liefert Not den Wert True.
And	Führt eine logische Konjunktion für zwei **Boolean**-Ausdrücke aus. Wenn beide Ausdrücke also **True** sind, gibt der **And**-Operator **True** zurück. Wenn einer oder beide Ausdrücke **False** sind, gibt **And** den Wert **False** zurück.
Or	Führt eine logische Disjunktion für zwei Boolean-Ausdrücke aus. Wenn einer der beiden Ausdrücke **True** ist, gibt **Or** den Wert **True** zurück. Wenn keiner der beiden Ausdrücke **True** ist, gibt **Or** den Wert **False** zurück.
XOr	Führt einen logischen Ausschluss für zwei Ausdrücke aus. Wenn einer der beiden Ausdrücke, aber nicht beide, **True** ist, gibt **Xor** den Wert True zurück. Wenn beide Ausdrücke **True** oder **False** sind, gibt **Xor** den Wert **False** zurück.
AndAlso	Führt ebenfalls eine logische Konjunktion für zwei Boolean-Ausdrücke aus. Der Hauptunterschied zwischen **AndAlso** und **And** besteht darin, dass **AndAlso** ein Kurzschlussverhalten aufweist. Wenn der erste Ausdruck in einem **AndAlso**-Ausdruck **False** ist, wird der zweite Ausdruck nicht ausgewertet und der Wert **False** wird für den **AndAlso**-Ausdruck zurückgegeben.
OrElse	Führt eine logische Kurzschlussdisjunktion für zwei Boolean-Ausdrücke aus. Wenn der erste Ausdruck in einem **OrElse**-Ausdruck **True** ergibt, wird der zweite Ausdruck nicht ausgewertet und der Wert **True** für den **OrElse**-Ausdruck zurückgegeben.

Tabelle 2.15: Logische Operatoren wandeln Wahrheitswerte um

2.3.5   Kombination von Operatoren

Sie können mehrere Operatoren in einer Anweisung verwenden und so zu etwas komplizierten Berechnungen kommen. Es gibt keine Begrenzung für die Anzahl der Operatoren, die in einen Ausdruck eingefügt werden können. Sie müssen die Regeln des Operatorvorrangs in Visual Basic verstehen, um sicherzustellen, dass Sie die erwarteten Ergebnisse erzielen.

Bei rein numerischen Ausdrücken folgen die Operatoren einem exakten Vorrangsmuster. Zuerst werden alle Variablen oder Eigenschaften gelesen und alle Funktionsaufrufe, die Werte zurückgeben, ausgeführt. Nachdem diese Werte abgerufen wurden, wird der Ausdruck entsprechend den Regeln des Operatorvorrangs ausgewertet:

- Generell gilt zunächst die alte Regel *Punktrechnung vor Strichrechnung* – was bedeutet, dass in einer Berechnungskette zuerst die Verknüpfungen mit den Operatoren * (für Multiplikation) und / (für Division) durchgeführt werden müssen und dann die Verknüpfungen über + (für Addition) und – (für Subtraktion). Eine Berechnungskette wie *5+4*3–2/1* ergibt also *15*, denn *4*3=12*, *2/1=2* und *5+12-2=15*, beispielsweise weil der Operator * eine höhere Priorität hat als der Operator +.

- Der Vorrang und die Orientierung kann mit *Klammerausdrücken* gesteuert werden. Wenn aber beispielsweise zwei Werte miteinander addiert und das Ergebnis mit einem dritten Wert multipliziert werden soll, müssen Sie die zuerst zu addierenden Werte in Klammern setzen, bevor Sie die Multiplikation durchführen. Wenn Sie einen Ausdruck in Klammern setzen, erzwingen Sie damit, dass dieser Ausdruck ungeachtet des Operatorvorrangs zuerst ausgewertet wird. Beispielsweise ergibt die Anweisung *(5+4)*3* den Wert *27*, denn *5+4=9* und *9*3=27*. Entsprechendes gilt beispielsweise für eine Subtraktion vor einer Division.

- Sie können Ausdrücke in mehrere Klammernebenen schachteln, um den Operatorvorrang weiter zu umgehen. Die Ausdrücke, die am tiefsten in Klammern geschachtelt sind, haben den primären Vorrang, gefolgt von Ausdrücken, die weniger geschachtelt sind, usw.

Boolean-Ausdrücke können komplexer sein als numerische Ausdrücke, da sie arithmetische Operatoren, Vergleichsoperatoren und logische Operatoren kombinieren können. Beispielsweise liefert *(1 + 2) > (3 + 4)* den Wert *True*, da *3* kleiner ist als *7*.

2.4 Steueranweisungen

Mit Hilfe von Steueranweisungen bringen Sie ein Programm dazu, bestimmte Zeilen oder Abschnitte im Code auszuführen und andere nicht. Grundlage einer solchen Entscheidung über den Programmablauf ist im Allgemeinen eine Bedingung, in der zunächst einmal geprüft wird, ob eine bestimmte Situation zutrifft oder nicht. Diese Bedingung ist der Ausgangspunkt für die nachfolgenden Entscheidungen.

- Eine typische Situation dafür finden Sie in einer *Abfrage*, die Sie einsetzen, wenn in einigen Fällen ein bestimmter Codeabschnitt ausgeführt werden soll, in anderen Fällen aber nicht.
- Andererseits gibt es den Fall, in dem ein Programm einen bestimmten Abschnitt des Codes mehrfach durchlaufen soll – beispielsweise um einen Näherungswert schrittweise zu berechnen. In diesem Fall redet man von *Schleifen*. Auch hier kommt meist wieder eine Bedingung ins Spiel, anhand derer das Programm entscheidet, wie oft der Durchlauf durch die Schleife erfolgen soll.

Steueranweisungen werden meist in Blöcken angelegt. Wenn Sie die erste Zeile eines solchen Blocks – beispielsweise *If ...* – in der Visual Studio .NET-*IDE* eingeben, sollten Sie beachten, dass in der Grundeinstellung nach Abschluss der Eingabe automatisch das Ende des Blocks – mit *End If* – erstellt wird. Dafür ist die Option *Endkonstruktionen automatisch einfügen* auf der Seite *Text-Editor/Basic/VB-Spezifisch* im Dialogfeld zum Befehl Extras/Optionen verantwortlich.

2.4.1 Abfragen

Wenn das Programm eine **Bedingung** prüfen muss, um zu entscheiden, ob ein Codeabschnitt abgearbeitet werden soll oder nicht, spricht man von einer **Abfrage**. Wenn das Programm dann feststellt, dass die Bedingung zutrifft, tut es das eine, und wenn sie nicht zutrifft, das andere. Im Allgemeinen kann jeder Ausdruck, der als Bedingung verwendet wird, nur zwei mögliche Werte annehmen. Er muss ein eindeutiges **Ja** oder **Nein** (**True** oder **False**) als Ergebnis haben. Zur Formulierung einer solchen Bedingung werden **boolesche Variablen** verwendet. In der Praxis wird man den Wert einer solchen Variablen durch einen Vergleich mehrerer Variablen – meist sind es zwei – oder Werte über einen **Vergleichsoperator** bestimmen.

Die *If*-Anweisung

Die simpelste Abfrage – und eine, über die fast jede Programmiersprache verfügt – ist die **If**-Anweisung.

▶ ▶ **Aufgabe: Eine einfache *If*-Abfrage durchführen**

In ihrer einfachsten Form besagt die **If**-Anweisung nur, dass ein Stück Code dann – und nur dann – ausgeführt wird, wenn eine bestimmte **Bedingung** wahr ist. Zwei Formen der Syntax sind möglich:

■ Eine einzeilige Variante bietet sich bei einfachen, kurzen Tests an (→ Listing 2.30). Wird die **Bedingung** zur Laufzeit als **True** ausgewertet, dann wird die Zeile ausgeführt. Zwar ermöglicht diese Form auch die Ausführung mehrerer Anweisungen. Dazu müssen sich jedoch alle Anweisungen in einer Zeile befinden und durch Doppelpunkte voneinander getrennt sein.

Listing 2.30: Die einzeilige Variante von **If** *ist für kurze Tests geeignet*

```
...
If Bedingung1 Then 'Code, falls Bedingung1 wahr ist
...
```

■ Die mehrzeilige Variante ist dagegen strukturierter und flexibler und kann in der Regel leichter gelesen, getestet und gepflegt werden. Hier wird der Code zwischen der ersten Zeile der Anweisung – *If Bedingung Then* – und der letzten – *End If* – platziert (→ Listing 2.31). Wird die *Bedingung* zur Laufzeit als *True* ausgewertet, dann wird der Codeblock ausgeführt. Wenn sie *False* ist, dann wird der Codeblock übersprungen und die Ausführung wird mit der Zeile nach *End If* fortgesetzt. Bei der mehrzeiligen Variante darf es außer der *If*-Anweisung keine weitere Anweisung in der ersten Zeile geben.

Listing 2.31: Die mehrzeilige Variante eignet sich für komplexere Anweisungsfolgen

```
...
If Bedingung1 Then
  'Code, falls Bedingung1 wahr ist
End If
...
```

▶▶ Aufgabe: Die erweiterte *If*-Anweisung benutzen

Wenn Sie – je nach dem Wahrheitswert der Bedingung – zwei verschiedene Codeblöcke ausführen lassen wollen, können Sie die so genannte **erweiterte If-Anweisung** benutzen (→ Listing 2.32). Beginnen Sie dazu wie bei der einfachen *If*-Anweisung. Nach Eingabe des Codes, der ausgeführt wird, wenn die *Bedingung* wahr ist, fügen Sie das Schlüsselwort *Else* ein. Danach folgt der Code, der ausgeführt werden soll, wenn die *Bedingung* nicht wahr ist. Den Abschluss bildet wieder *End If*.

*Listing 2.32: Über **Else** können Sie eine Alternative bilden*

```
...
If Bedingung1 Then
  'Codestück, falls Bedingung1 wahr ist
Else
  'Codestück, falls Bedingung1 nicht wahr ist
End If
...
```

▶ ▶ Aufgabe: *If*-Anweisungen verschachteln

Eine *If*-Abfrage lässt aufgrund der booleschen Natur der Bedingung immer nur zwei Möglichkeiten der Reaktion zu. Wenn ein Programm auf mehr als zwei Situationen unterschiedlich reagieren können muss, können Sie aber mehrere *If*-Abfragen mit unterschiedlichen Bedingungen einsetzen und diese ineinander verschachteln (→ Listing 2.33).

Listing 2.33: **If**-*Abfragen können ineinander verschachtelt werden*

```
...
If Bedingung1 Then
  'Codestück, falls Bedingung1 wahr ist
Else
  If Bedingung2 Then
    'Codestück, falls Bedingung2 wahr ist
  Else
    'Codestück, falls Bedingung2 nicht wahr ist
  End If
End If
...
```

▶ ▶ Aufgabe: Die *Select Case*-Anweisung einsetzen

Wenn mehrere Werte überprüft werden müssen und für jeden eine andere Aktion vorgenommen werden soll, können *If*-Anweisungen sehr schwerfällig und unübersichtlich werden. Um auf mehrere Werte zu testen, verfügt Visual Basic .NET über die **Select Case**-Anweisung. Dabei beginnen Sie mit dem Schlüsselwort **Select Case** und geben anschließend die Variable eines elementaren Datentyps ein, deren unterschiedliche Inhalte verschiedene Aktionen bewirken sollen (→ Listing 2.34). Statt einer Variablen können Sie hier auch mit einem Ausdruck arbeiten. Anschließend listen Sie nacheinander die Codeblöcke auf.

2.4

Steueranweisungen

```
...
Select Case Variable
  Case Ausdruck1
    'Code, falls Variable den Wert Ausdruck1 hat
  Case Ausdruck2
    'Code, falls Variable den Wert Ausdruck2 hat
  ...
  Case Else
    'Code, falls Variable einen anderen Wert hat
End Select
...
```

In einer Liste von Ausdrucksklauseln legen Sie fest, mit welchen Werten die Variable gefüllt wird. Die Ausdrücke können einen beliebigen Datentyp aufweisen, vorausgesetzt, sie können implizit in den Datentyp der Variablen konvertiert werden und der entsprechende Vergleichsoperator ist für die beiden verwendeten Datentypen gültig. Mehrere Ausdrucksklauseln werden durch Komma voneinander getrennt. Eine solche Klausel kann auf unterschiedliche Weisen strukturiert sein:

- Verwenden Sie das *Is*-Schlüsselwort mit einem ***Vergleichsoperator***, um eine Einschränkung für die Werte anzugeben, mit denen der nachfolgende Code gefüllt wird (→ Listing 2.35). Wenn das *Is*-Schlüsselwort nicht angegeben wird, wird es automatisch vor den Vergleichsoperator eingefügt. Das *Is*-Schlüsselwort in dieser Anweisung ist nicht mit dem *Is*-Vergleichsoperator zu verwechseln.

Listing 2.35: **Case** *kann mit einem Vergleichsoperator formuliert werden*

```
...
Case Is Vergleichsoperator Wert
  'Code, falls die Bedingung zutrifft
...
```

■ Wird – wie oben gezeigt – nur ein **Wert** angegeben, ist dies eine besondere **Is**-Variante, bei der der Vergleichsoperator dem Gleichheitszeichen entspricht (→ Listing 2.36). Diese Variante wird wie **Case Is = Wert** ausgewertet.

Listing 2.36: Bei Identität kann der Vergleichsoperator weggelassen werden

```
...
Case Wert
    'Code, falls Variable den Wert hat
...
```

■ Stattdessen können Sie auch mit dem **To**-Schlüsselwort gültige Wertebereiche festlegen. **Wert1** muss kleiner als **Wert2** bzw. mit ihm identisch sein (→ Listing 2.37).

*Listing 2.37: Mit **To** können Sie Wertebereiche benutzen*

```
...
Case Wert1 To Wert2
    Code, wenn Variable zwischen Wert1 und Wert2 liegt
...
```

■ Sie können in jeder **Case**-Klausel mehrere Ausdrücke oder Bereiche verwenden, beispielsweise in der Form **Case 1 To 4, 7 To 9, 11, 13, Is > MaxWert**. Es können auch Bereiche und mehrere Ausdrücke für Zeichenfolgen angegeben werden. Die Einstellung von **Option Compare** kann Auswirkungen auf den Zeichenfolgenvergleich haben.

Visual Basic vergleicht den Wert des Ausdrucks mit den Werten in den **Case**-Anweisungen in der Reihenfolge, in der sie im **Select Case**-Block auftreten. Wenn eine Übereinstimmung oder eine **Case Else**-Anweisung gefunden wird, wird der entsprechende Anweisungsblock ausgeführt. Auf jeden Fall wird anschließend der Code ausgeführt, der auf die **End Select**-Anweisung folgt. Sie können eine beliebige Anzahl von **Case**-Anweisungen verwenden, aber Sie sollten immer jede mögliche andere Bedingung mit einer **Case Else**-Klausel abdecken.

■ Im Allgemeinen wird man Überschneidungen zwischen den verschiedenen *Case*-Bedingungen verhindern. Wenn Sie sie trotzdem einsetzen, wird nur die erste zutreffende Bedingung ausgeführt, da das Programm die *Select Case*-Anweisung beendet, sobald eine Übereinstimmung gefunden und der entsprechende Codeblock ausgeführt wurde.

■ *Select Case*-Anweisungen können auch geschachtelt werden. Jede geschachtelte *Select Case*-Anweisung muss eine zugehörige *End Select*-Anweisung besitzen.

■ Wenn in einem *Case*- oder *Case Else*-Anweisungsblock keine weiteren Aufgaben ausgeführt werden müssen, können Sie ihn mit der *Exit Select*-Anweisung beenden. Dadurch setzt das Programm die Ausführung sofort mit der Anweisung fort, die auf *End Select* folgt.

2.4.2 Schleifen

Wenn Sie ein Stück eines Codes mehrfach ausführen wollen, arbeiten Sie mit *Schleifen*. In Visual Basic. NET stehen verschiedene Schleifentypen zur Verfügung, von denen jede fast alle zu diesem Bereich gehörenden Aufgaben bewältigen kann. Jede wurde aber im Hinblick auf einen bestimmten Zweck entworfen.

▶ ▶ **Aufgabe:** Die *For ... Next*-Schleife benutzen

In der Praxis ist das Ziel einer Schleife meistens, einen Codeblock eine bestimmte Anzahl von Durchläufen zu wiederholen und dann mit einem anderen Teil des Codes fortzufahren. Dazu dient die *For ... Next*-Schleife, die eine *Zählervariable* zum Zählen der Wiederholungen beinhaltet (→ Listing 2.38). Diese Zählervariable beginnt mit einem *Anfangswert*. Jedes Mal, wenn Visual Basic auf die *Next*-Anweisung trifft, wird der Zähler hochgezählt. Dann kehrt Visual Basic zur *For*-Anweisung zurück. Der Zähler wird mit *Endwert* verglichen und wieder wird, abhängig vom Ergebnis, entweder der Block ausgeführt oder die Schleife beendet. Dieser Prozess ist so lange aktiv, bis der Zähler den *Endwert* überschreitet oder eine *Exit For*-Anweisung ausgeführt wird. Die Schleife wird erst beendet, wenn

Zählervariable den *Endwert* überschritten hat. Nach dem Beenden der Schleife fährt das Programm in der Zeile fort, die direkt auf die abschließende *Next*-Anweisung folgt.

*Listing 2.38: Die **For**-Schleife führt einen Codeblock mehrfach aus*

```
...
Dim Zähler As Datentyp1
For Zähler = Anfangswert to Endwert
  'Auszuführender Code
Next Zähler
...
```

- Die *Zählervariable* ist eine echte Variable und muss deklariert werden, ehe sie als Teil der Schleife angewendet werden kann. Sie muss einen numerischen Datentyp aufweisen, der die Operatoren >, < und die Addition unterstützt. Normalerweise handelt es sich um eine Variable vom Typ *Integer*. Wenn Sie sicher sind, dass die Zählervariable nur Werte unterhalb von 255 verwendet, können Sie auch *Byte* angeben.
- Die Iterationswerte *Anfangswert* und *Endwert* werden nur einmal vor dem Beginn der Schleife bewertet. Wenn der Anweisungsblock *Anfangswert* und *Endwert* ändert, wirken sich diese Änderungen nicht auf die Iteration der Schleife aus.
- Eine nochmalige Angabe der Zählervariable nach der beendenden *Next*-Anweisung ist eigentlich nicht notwendig. Bei in sich verschachtelten Anweisungen können Sie so aber eher erkennen, zu welcher *For ... Next*-Schleife eine *Next*-Anweisung gehört.
- Theoretisch könnten Sie die Zählervariable innerhalb der Schleife selbst verändern – beispielsweise durch Eingabe einer Zeile wie *I = I + 1*. Visual Basic .NET wird Sie nicht davon abhalten. Widerstehen Sie aber dieser Versuchung, sie führt nur zu seltsamen Fehlern und unverständlichem Code.

2.4

Steueranweisungen

In einer ***For … Next***-Schleife wird die Zählervariable bei jedem Durchlauf der Schleife um einen bestimmten Wert – das so genannte ***Inkrement*** – erhöht. Die Standardversion der ***For***-Schleife verwendet ein Inkrement von *1*. Es ist auch möglich, durch eine zusätzliche Angabe mit anderen Inkrementen als *1* zu arbeiten. Dazu müssen Sie nach dem ***Endwert*** das Schlüsselwort ***Step*** setzen und das gewünschte ***Inkrement*** angeben (→ Listing 2.39).

Listing 2.39: Sie können auch mit anderen Inkrementen als 1 arbeiten

```
...
For Zähler = Anfangswert to Endwert Step Inkrement
   'Auszuführender Code
Next Zählervariable
...
```

Eine interessante Erweiterung der Funktionalität einer ***For … Next***-Schleife ist, dass Sie mit der Option ***Step*** einen Wertebereich in umgekehrter Reihenfolge durchlaufen können. Wenn Sie den ***Anfangswert*** kleiner als den ***Endwert*** gesetzt haben, wird bei Eingabe eines positiven Werts für ***Inkrement*** nichts ausgegeben. Wenn Sie aber in einem solchen Fall einen negativen Wert für ***Inkrement*** benutzen – beispielsweise *-1* –, wird rückwärts gezählt.

▶ ▶ **Aufgabe: Die *While*-Schleife einsetzen**

Die ***For … Next***-Schleife ist eigentlich für Situationen gedacht, in denen Sie wissen, wie häufig die Schleife durchlaufen werden soll. Wenn das nicht der Fall ist – beispielsweise wenn innerhalb der Schleife erst eine Bedingung zur Beendigung ermittelt wird –, verwenden Sie besser eine von zwei weiteren Schleifentypen, die hinsichtlich dieser Frage flexibler sind. Die erste der beiden, die ***While***-Schleife, wird so lange durchlaufen, bis ein besonderer ***boolescher Ausdruck*** wahr ist (→ Listing 2.40).

Listing 2.40: Die Schleife wird so lange durchlaufen, bis **Ausdruck** *falsch wird*

```
...
While Boolescher Ausdruck
   'Auszuführender Code
End While
...
```

▶▶ **Aufgabe: Die** *Do ... Loop*-**Schleife anwenden**

Neben der *While*-Schleife gibt es immer noch einen weiteren Schleifentyp, die *Do*-Schleife (→ Listing 2.41). Diese Schleife ist sowohl die einfachste als auch die flexibelste Schleifenstruktur, die in Visual Basic .NET zur Verfügung steht.

Listing 2.41: Die **Do**-*Schleife verfügt über eine einfache Struktur*

```
...
Do
   'Auszuführender Code
Loop
...
```

Die Syntax verwendet in der elementaren Form keine bestimmte Beendigungsbedingung. Der Code innerhalb der Schleife wird also bis in alle Ewigkeit ausgeführt, was aber meist nicht der Sinn einer Schleife ist. Sie können das vermeiden, indem Sie eine von zwei Beendigungsbedingungen verwenden. Damit können die Anweisungen entweder wiederholt werden, solange eine Bedingung *True* ist oder bis eine Bedingung *True* wird.

▪ Die erste ist die *While*–Bedingung. Sie führt dazu, dass die Schleife so lange ausgeführt wird, wie eine *Bedingung* wahr ist (→ Listing 2.42).

2.4

Steueranweisungen

```
. . .
Do While Bedingung
   'Auszuführender Code
Loop
. . .
```

■ Die zweite ist die ***Until***-Bedingung. Sie führt dazu, dass die Schleife so lange ausgeführt wird, wie eine Bedingung falsch ist (→ Listing 2.43).

Listing 2.43: ... oder über **Until** *beendet werden*

```
. . .
Do Until Bedingung
   'Auszuführender Code
Loop
. . .
```

Theoretisch gesehen ist es gleichgültig, welche der beiden Bedingungen Sie benutzen. Die Positionierung der Bedingungsanweisung ist sehr wichtig. Sie können die Beendigungsbedingung an den Anfang – also beim ***Do*** – oder an das Ende – beim ***Loop*** – der Schleife setzen. Wenn Sie sie an den Beginn der Schleife setzen, wird der Code innerhalb der Schleife erst gar nicht ausgeführt, wenn die Bedingung nicht zutrifft. Wenn Sie sie am Ende platzieren, dann wird die Schleife beim ersten Mal immer ausgeführt, gleichgültig, ob die Bedingung von vornherein wahr ist oder nicht.

▶ ▶ **Aufgabe: Eine** *For Each ... Next*-**Schleife ausführen**

Die ***For Each ... Next***-Schleife ist der ***For ... Next***-Schleife ähnlich, allerdings führt sie den Anweisungsblock für jedes Element in einer Auflistung aus und nicht eine bestimmte Anzahl von Malen (→ Listing 2.44).

*Listing 2.44: Die **For Each**-Schleife führt den Code für alle Elemente durch*

```
...
For Each Elementvariable In Liste
  'Auszuführender Code
Next Elementvariable
...
```

- Die Elemente von ***Liste*** können einen beliebigen Datentyp aufweisen. Der Datentyp von ***Elementvariable*** muss so gewählt werden, dass jedes Element der Auflistung in diesen Datentyp umgewandelt werden kann.
- Für jede Iteration der Schleife legt Visual Basic für die ***Elementvariable*** ein Element in der ***Liste*** fest und führt den Anweisungsblock aus. Nachdem alle Elemente in der ***Liste*** der ***Elementvariable*** zugeordnet wurden, wird die ***For Each***-Schleife beendet und die Steuerung an die Anweisung übergeben, die auf die ***Next***-Anweisung folgt.
- Sie können die Elementvariable in der ***Next***-Anweisung optional angeben. Dadurch wird die Lesbarkeit des Programms verbessert. Sie müssen dieselbe Variable angeben, die in der ***For Each***-Anweisung erscheint.

▶▶ **Aufgabe:** *Exit* **zur Beendigung einsetzen**

In jeder der vorher beschriebenen Schleifenmethoden gibt es noch die zusätzliche Möglichkeit, das Ende der Schleife mit der ***Exit***-Anweisung anzugeben. Es gibt für jede Schleife eine entsprechende ***Exit***-Anweisung (***Exit For***, ***Exit Do*** und ***Exit While***).

Beispiel: Im Allgemeinen verbinden Sie die Anweisung mit einer Abfrage (→ Listing 2.45). Wenn die entsprechende Anweisung ausgeführt wird, wird die Schleife sofort verlassen und das Programm fährt mit der Zeile fort, die auf das Ende der Schleife folgt.

```
...
For Zähler = Anfangswert to Endwert
  'Auszuführender Code
  If Bedingung1 Then Exit For
Next Zählervariable
...
Do
  'Auszuführender Code
  If Bedingung2 Then Exit Do
Loop
...
While Bedingung3
  If Bedingung4 Then Exit While
  'Auszuführender Code
End While
...
```

Theoretisch muss eine Schleife niemals anhalten. Diese Situation nennt man ***Endlosschleife***. Wenn Sie die Visual Studio-***IDE*** benutzen, erzwingen Sie das Beenden der Ausführung mit der Tastenkombination ⌈Strg⌉+⌈Pause⌉.

2.5 Routinen

Visual Basic-Code wird immer in Prozeduren geschrieben. Eine Prozedur ist ein Block von Visual Basic-Anweisungen, die von einer Deklarationsanweisung und einer ***End***-Anweisung umschlossen sind. Den Code mit Prozeduren zu strukturieren bietet mehrere Vorteile. In Visual Basic werden unterschiedliche Prozedurtypen verwendet:

- ***Sub-Prozeduren*** führen Aktionen aus, geben jedoch keinen Wert an den Aufrufcode zurück.
- ***Function-Prozeduren*** geben Werte an den Aufrufcode zurück.
- ***Property-Prozeduren*** geben Eigenschaftenwerte an Objekte oder Module zurück oder weisen sie diesen zu (→Kapitel 4).

- **Ereignisbehandlungsprozeduren** sind **Sub**-Prozeduren, die als Reaktion auf ein durch eine Benutzeraktion ausgelöstes oder in einem Programm vorkommendes Ereignis ausgeführt werden (→Kapitel 4).

Prozeduren können in Modulen, Klassen und Strukturen definiert werden. Ebenso wie Variablen einen Gültigkeitsbereich haben können, haben auch Prozeduren – also Subroutinen und Funktionen – einen Gültigkeitsbereich. Dieser bedeutet hier auch das Gleiche wie bei Variablen: Er beschreibt, an welcher anderen Stelle in Ihrem Programm Sie die Prozedur verwenden können – oder auch außerhalb Ihres Programms, wie Sie sehen werden, wenn Sie mit dem Erstellen von Objekten beginnen.

Der Gültigkeitsbereich und die Möglichkeit zum Zugriff für Prozeduren werden mit den gleichen Schlüsselwörtern definiert wie der Gültigkeitsbereich für Variablen, er kann also als **Public**, **Protected**, **Friend**, **Protected Friend** oder **Private** eingerichtet sein.

- Standardmäßig gilt **Public**, nicht weiter spezifizierte Prozeduren können also überall in der Anwendung aufgerufen werden. Mit **Public** – also beispielsweise **Public Sub()** oder **Public Function()** – kann die Prozedur von jeder anderen Stelle der Anwendung aus aufgerufen werden. Dies ist die Standardeinstellung, wenn Sie kein anderes Schlüsselwort angeben.
- Über **Private** – beispielsweise **Private Sub()** oder **Private Function()** – kann die Prozedur nur von einer anderen Prozedur innerhalb des gleichen Moduls oder der gleichen Klasse aufgerufen werden, in der sie definiert ist.

2.5.1 Sub-Prozeduren

Eine **Sub**-Prozedur, auch oft mit **Subroutine** bezeichnet, ist ein Block von Code, der eine oder mehrere Aufgabe(n) ausführt, die zwischen den Anweisungen **Sub** und **End Sub** eingeschlossen sind. Sie führt Aktionen aus, gibt jedoch keinen Wert zurück. Eine Subroutine kann Argumente wie Konstanten, Variablen oder Ausdrücke aufnehmen, die durch den Aufrufcode an sie übergeben werden.

▶ ▶ Aufgabe: Eine *Sub*-Prozedur deklarieren

Eine Subroutine beginnt mit dem Schlüsselwort **Sub**. Anschließend folgt der Name der Subroutine gefolgt von zwei runden Klammern. In den Folgezeilen geben Sie den Code ein, der von der Subroutine ausgeführt werden soll. Das Schlüsselwort **End Sub** beendet die Prozedur in der letzten Zeile (→ Listing 2.46).

Listing 2.46: Eine Subroutine ist ein isoliertes Stück Code

```
...
Sub Subroutine1
  'Code der Subroutine
End Sub
...
```

▶ ▶ Aufgabe: Eine *Sub*-Prozedur aufrufen

Eine **Sub**-Prozedur rufen Sie von der Anwendung bei Bedarf mit einer eigenständigen Aufrufanweisung auf. Wenn Sie keine Argumente verwenden, besteht diese nur aus dem Namen der Routinen, gefolgt von zwei Klammern ohne Inhalt. Sie können die Klammern aber auch weglassen. Auch das **Call**-Schlüsselwort kann optional verwendet werden (→ Listing 2.47). Sie können eine **Subroutine** nicht durch Eintragen ihres Namens in einen Ausdruck aufrufen.

Listing 2.47: Eine Subroutine wird über ihren Namen aufgerufen

```
...
Subroutine1()
...
Call Subroutine1()
...
Sub Subroutine1
  'Code der Subroutine
End Sub
...
```

Wenn Sie vom aufrufenden Bereich her eine oder mehrere Variable an die Subroutine übergeben wollen, bewirken Sie das über eine zusätzliche Argumentliste, in der die zu übergebenden Elemente – durch Kommas getrennt –aufgelistet werden. Innerhalb der einzelnen Elemente dieser Argumentliste werden die Argumente für Prozeduren in derselben Weise deklariert wie Variablen: Sie müssen Namen und Datentyp des Arguments angeben. Darüber hinaus können Sie den Übergabemechanismus angeben (→ Listing 2.48).

Listing 2.48: Die Form der Argumentliste steuert die Übergabe

```
...
Subroutine3(Wert1, Wert2)
...
Sub Subroutine3(ByVal Wert1 As Datentyp, _
  ByVal Wert2 As Datentyp)
  'Code der Subroutine
End Sub
...
```

- Der **Name** der übergebenen Variablen muss dabei innerhalb der Subroutine nicht derselbe sein wie in der aufrufenden Routine.
- Für den **Übergabemechanismus** wird standardmäßig das Schlüsselwort **ByVal** verwendet. Das gibt an, dass die Prozedur das zugrunde liegende Element im aufgerufenen Code weder ersetzen noch neu zuweisen kann. Bei der Eingabe über die Visual Studio-**IDE** können Sie den Ausdruck **ByVal** auch weglassen. Er wird von der **IDE** automatisch ergänzt, sobald Sie die Eingabe in der Zeile abschließen. Alternativ können Sie mit dem Schlüsselwort **ByRef** angeben, dass die Prozedur die zugrunde liegende Variable genauso ändern kann wie der aufrufende Code selbst.
- Die Angabe des **Datentyp** des Arguments, das an die Prozedur übergeben wird, ist optional, sofern **Option Strict** nicht aktiviert ist. Der **Datentyp** wird mit Hilfe der **As**-Klausel in seiner Deklaration deklariert.

- Wenn Sie eine **Sub**-Prozedur mit mehreren Argumenten aufrufen, können Sie die Argumente in der Reihenfolge übergeben, in der sie in der Prozedurdefinition aufgeführt werden (→ Listing 2.49 oben).
- Alternativ können Sie eine Übergabe durch Angabe des Namens vornehmen. Dabei können Argumente in beliebiger Reihenfolge angegeben werden. Dazu geben Sie den deklarierten Namen des Arguments an, gefolgt von einem Doppelpunkt, einem Gleichheitszeichen und dem Argumentwert. Auch hier müssen erforderliche Argumente eingegeben werden. Weggelassen werden dürfen nur optionale Argumente (→Listing 2.49 Mitte).

Listing 2.49: Argumente können unterschiedlich angegeben werden

```
...
Subroutine2(Wert1, Wert2)
...
Subroutine2(Wert2:=Variable2, Wert1:=Variable1)
...
Sub Name(ByVal Wert1 As Datentyp, _
  ByVal Wert2 As Datentyp)
  Code der Subroutine
End Sub
...
```

- Sie können auch die beiden Verfahren mischen. Dabei müssen die durch ihre Position festgelegten Argumente zuerst aufgeführt werden. Sobald Sie ein Argument durch Namen angeben, müssen auch alle darauf folgenden Argumente durch Namen übergeben werden.

Argumente durch Namen zu übergeben ist vor allem dann sinnvoll, wenn eine Prozedur mit mehr als einem optionalen Argument aufgerufen wird. Bei der Angabe von Argumenten durch Namen müssen fehlende positionelle Argumente nicht durch aufeinander folgende Kommas gekennzeichnet werden. Außerdem erleichtert die Argumentübergabe durch Namen den Überblick über die übergebenen und die weggelassenen Argumente.

Optionale Argumente für *Sub*-Prozeduren

Optionale Argumente sind Argumente, die für die Kompilierung und Ausführung einer Prozedur nicht erforderlich sind. Wenn Sie nicht immer erforderliche Argumente als optional deklarieren, können Sie das Verwenden von Ressourcen reduzieren, indem Sie jeweils nur die für einen bestimmten Prozeduraufruf erforderlichen Argumente übergeben.

Über das Schlüsselwort *Optional* können Sie angeben, dass dieses Argument beim Aufruf der Prozedur nicht erforderlich ist. Falls dieses Schlüsselwort verwendet wird, müssen alle folgenden Argumente in der Liste auch optional sein und mit dem *Optional*-Schlüsselwort deklariert werden. Bei optionalen Argumenten müssen Sie einen Standardwert in der Deklaration angeben. Dieser kann jede beliebige Konstante sein, die als Datentyp des Arguments ausgewertet wird. Der von Ihnen angegebene Standardwert ist nur dann gültig, wenn die aufrufende Prozedur keinen Wert für das optionale Argument übergibt. Sie können diese Standardinitialisierung außer Kraft setzen, indem Sie in der Prozedurdefinition für das optionale Argument einen anderen Standardwert angeben.

Sind in der *Sub*-Prozedur Argumente festgelegt, müssen in der Aufrufanweisung die Werte für alle nicht optionalen Argumente in den Klammern platziert werden (→ Listing 2.50). Wenn ein optionales Argument nicht übergeben werden soll, können Sie es auslassen.

Listing 2.50: Optionale Argumente können ausgelassen werden

```
...
Subroutine3(Wert1, , Wert3)
...
Sub Subroutine3(Wert1 ByVal As Datentyp, _
  Optional Wert2 As Datentyp = Konstante3, _
  Optional Wert3 As Datentyp = Konstante3)
  'Code der Subroutine
End Sub
```

Parameterarrays

Normalerweise kann eine Prozedur nur mit der in der Prozedurdeklaration angegebenen Anzahl von Argumenten aufgerufen werden. Wenn jedoch eine unbestimmte Anzahl von Argumenten erforderlich ist, kann in der Argumentliste mit dem **ParamArray**-Schlüsselwort ein Parameterarray deklariert werden. Dadurch akzeptiert die Prozedur ein Array von Werten für ein Argument.

Dabei gelten folgende Regeln:

- Eine Prozedur darf nur ein Parameterarray aufweisen, das in der Prozedurdefinition als letztes Argument aufgeführt werden muss.
- Das Parameterarray muss durch einen Wert übergeben werden. Eine gute Lösung beim Programmieren ist es, das **ByVal**-Schlüsselwort explizit in die Prozedurdefinition einzufügen.
- Der Code innerhalb der Prozedur muss das Parameterarray als eindimensionales Array behandeln, dessen Elemente jeweils demselben Datentyp angehören wie **ParamArray**.
- Das Parameterarray ist automatisch optional. Sein Standardwert ist ein leeres, eindimensionales Array mit dem Elementtyp des Parameterarrays.
- Dem Parameterarray dürfen nur erforderliche Argumente vorangehen. Als optionales Argument ist nur das Parameterarray zulässig.

Beim Definieren der Prozedur müssen Sie die Anzahl der Elemente im Parameterarray nicht kennen. Die Arraygröße wird durch die einzelnen Aufrufe der Prozedur jeweils individuell festgelegt. Wenn eine Prozedur mit einem Parameterarrayargument aufgerufen wird, kann eine Liste mit einer unbestimmten Anzahl von Argumenten eingegeben werden, die durch Kommas voneinander getrennt sind. Stattdessen können Sie auch ein Array mit demselben Elementtyp wie das Parameterarray verwenden. Das **ParamArray**-Argument kann weggelassen werden. In diesem Fall wird der Prozedur ein leeres Array übergeben. Dasselbe kann auch durch Übergabe des **Nothing**-Schlüsselworts erreicht werden.

2.5.2 Function-Prozeduren

Eine **Function**-Prozedur ist eine Folge von Visual Basic-Anweisungen, die zwischen den Anweisungen **Function** und **End Function** eingeschlossen sind. Bei jedem Aufruf der Prozedur werden ihre Anweisungen ausgeführt. **Function**-Prozeduren ähneln **Sub**-Prozeduren, geben jedoch auch Werte an das aufrufende Programm zurück. Auch **Function**-Prozeduren können Argumente wie Konstanten, Variablen oder Ausdrücke aufnehmen, die durch den Aufrufcode an sie übergeben wurden.

▶ ▶ Aufgabe: Eine *Function*-Prozedur erstellen

Das Erstellen einer neuen Funktion gleicht der Definition einer neuen Subroutine, allerdings definieren Sie hier auch den Typ des Rückgabewerts. Sie beginnen mit dem Schlüsselwort **Function**, geben den gewünschten Namen ein und fügen diesem eine Liste hinzu, in der jeder Parameter angegeben wird, der später an die Routine übergeben werden soll. Im Anschluss an diese Parameterliste geben Sie den Typ an, den die Funktion zurückgibt. Geben Sie dann den Code für die Berechnung, die durchgeführt werden soll, ein. **End Function** schließt die Funktion ab (→ Listing 2.51).

Listing 2.51: Eine Funktion liefert einen Wert

```
...
Function Name(Argumentliste) As Datentyp
  'Code der Funktion
End Function
...
```

Rückgabewerte

Der von einer **Function**-Prozedur an das aufrufende Programm zurückgesendete Wert wird als Rückgabewert bezeichnet. Die Funktion gibt den Wert auf zwei Arten zurück:

- Sie weist ihrem eigenen Funktionsnamen in mindestens einer Anweisung der Prozedur einen Wert zu (→ Listing 2.52 oben).
- Mit der **Return**-Anweisung wird der Rückgabewert angegeben und die Steuerung unmittelbar an das aufrufende Programm zurückgegeben (→ Listing 2.52 unten).

Listing 2.52: Die Function liefert ein Ergebnis

```
...
Function Function1(Argumentliste) As Datentyp
  Dim Rückgabe As Datentyp
  'sonstiger Code der Funktion
  Function1 = Rückgabe
End Function
...
Function Function2(Argumentliste) As Datentyp
  Dim Rückgabe As Datentyp
  'sonstiger Code der Funktion
  Return Rückgabewert
End Function
...
```

Der Vorteil beim Zuweisen des Rückgabewerts zum Funktionsnamen liegt darin, dass die Funktion die Steuerung erst zurückgibt, wenn das Programm die Anweisung **Exit Function** oder **End Function** erreicht. Dadurch können Sie einen vorläufigen Wert zuweisen und diesen gegebenenfalls später korrigieren.

Zum Aufrufen einer **Function**-Prozedur tragen Sie ihren Namen und die Argumente entweder auf der rechten Seite der Zuweisungsanweisung oder in einen Ausdruck ein (→ Listing 2.53).

Listing 2.53: Eine Funktion liefert einen Rückgabewert

```
...
Function3(ByVal Wert1, Wert2, ...)
...
Wert = Function3(ByVal Wert1, Wert2, ...)
```

Wenn Sie eine **Function**-Prozedur aufrufen, müssen Sie deren Rückgabewert nicht verwenden. In diesem Fall werden sämtliche Aktionen der Funktion durchgeführt, der Rückgabewert wird jedoch ignoriert.

Beispiel: Mit der folgenden Prozedur wird die längste Seite, die Hypotenuse, eines rechtwinkligen Dreiecks anhand der Werte der beiden anderen Seiten berechnet (→ Listing 2.54).

Listing 2.54: Die Länge der Seite eines Dreiecks wird berechnet

```
...
Function Hypotenuse (ByVal Seite1 As Double, _
    ByVal Seite2 As Double) As Double
        Return Sqrt((Seite1 ^ 2) + (Seite2 ^ 2))
End Function
...
```

3 Objektorientierte Programmierung

Für fast jede Aktion, die Sie in Visual Basic .NET ausführen, werden **Klassen** und **Objekte** verwendet. Bei dieser **objektorientierten Programmierung** – abgekürzt auch als **OOP** bezeichnet – handelt es sich nicht um eine eigenständige Technologie, sondern um eine bestimmte Vorgehensweise zum Entwerfen von Anwendungen. In einem solchen Gedankenmodell stellt man sich Szenarien nicht als das lineare Schritt-für-Schritt-Verfahren vor, sondern in Form von **Objekten**. Solche Objekte beschreiben normalerweise Einheiten, die real – wie ein Fahrzeug – oder abstrakt – wie eine bei einer Fluggesellschaft gebuchte Flugreise – sein können. Diese Einheiten haben **Eigenschaften** wie beispielsweise die Farbe des Fahrzeugs oder das Abflugdatum der Flugreise. Solche Eigenschaften, die das Objekt beschreiben, können Sie setzen und später abrufen. Außerdem verfügen die Einheiten über bestimmte **Methoden**, die mit ihnen durchgeführt werden können, beispielsweise der Verkauf eines Fahrzeugs oder das Stornieren der Flugreise.

- Zunächst wollen wir uns mit dem Begriff der **Klassen** beschäftigen (→ Abschnitt 3.1). Dabei handelt es sich um eine abstrakte Darstellung einer bestimmten Logik, ähnlich wie beispielsweise Baupläne, die Elemente eines Gebäudes beschreiben. Außerdem werden wir auf die Verwendung von **Namensräumen** eingehen – ein weiteres abstraktes Konzept, das verwendet wird, um eine Reihe von Klassen zusammenzufassen.

- So, wie ein Bauplan zum Errichten mehrerer Gebäude verwendet werden kann, ist es möglich, eine Klasse zur Erstellung einer beliebigen Anzahl von **Objekten** zu verwenden. Ein **Objekt** ist ein Element einer Anwendung, das eine Instanz einer Klasse darstellt (→ Abschnitt 3.1.2).

- Anschließend beschäftigten wir uns mit den internen Bestandteilen von Klassen und Objekten – den so genannten **Membern** (→ Abschnitt 3.3). Diese Member – beispielsweise die **Eigenschaften**, **Methoden** und **Ereignisse** – sind die grundlegenden Einheiten der objektorientierten Programmierung. Wir zeigen, wie man diese in den Klassen deklariert und in den Instanzen darauf zugreift.
- Die mächtigsten Merkmale der objektorientierten Programmierung zeigen sich aber erst in der Fähigkeit, ein Objekt so zu behandeln, als sei es eine Instanz einer anderen Klasse. Dieses Merkmal findet besonders bei der **Vererbung** von Klassen seine Bedeutung (→ Abschnitt 3.4).
- Der letzte Abschnitt liefert Informationen über weitere wichtige Datenbehälter – **Schnittstellen**, **Module** und **Strukturen** (→ Abschnitt 3.5). Diese ermöglichen keine Vererbung und werden für spezielle Aufgaben eingesetzt.

Die Begriffe **Klasse** und **Objekt** werden so oft in der objektorientierten Programmierung verwendet, dass sie leicht verwechselt werden können: Im Allgemeinen ist eine **Klasse** eine abstrakte Darstellung eines Elements, und ein Objekt ist ein verwendbares Beispiel des Elements, das von der Klasse dargestellt wird. Ein **Objekt** ist ein Element einer Anwendung, das eine Instanz einer Klasse darstellt.

3.1 Klassen

Eine **Klasse** ist der am häufigsten verwendete Typ von Datenbehälter. **Klassen** sind symbolische Darstellungen von Objekten. Sie beschreiben die Eigenschaften, Felder, Methoden und Ereignisse, die Objekte bilden, auf dieselbe Weise, wie Baupläne die Elemente eines Gebäudes beschreiben. So, wie ein Bauplan zum Errichten mehrerer Gebäude verwendet werden kann, ist es auch möglich, eine einzelne Klasse zur Erstellung einer beliebigen Anzahl von Objekten zu verwenden.

3.1.1   Klassen selbst erstellen

Meist werden Sie keine eigenen Klassen selbst erstellen müssen, sondern benutzen einfach die Funktionalität der im *.NET Framework* bereits vorhandenen. Wenn wir anschließend etwas intensiver auf das Arbeiten mit selbst erstellten Klassen eingehen, so liegt dies in der Tatsache begründet, dass sich damit der Umgang mit den Membern der Klasse einfacher offenbart.

▶ ▶ **Aufgabe: Eine selbständige Klasse anlegen**

Wenn Sie die Klasse später allgemein von vielen oder mehreren Projekten aus ansprechen möchten, legen Sie sie als Klassenbibliothek an und gehen auf folgende Weise vor:

- Wählen Sie den Befehl NEUES PROJEKT im Menü DATEI oder klicken Sie auf die gleichnamige Schaltfläche in der Symbolleiste.
- Im Dialog **Neues Projekt** wählen Sie diesmal die Option **Klassenbibliothek**. Welchen Namen Sie für das Projekt angeben, spielt wieder einmal keine Rolle. Bleiben Sie zum Testen am besten bei der Voreinstellung **ClassLibray1.vb**.
- Nach der Bestätigung durch einen Klick auf **OK** wird der Rahmen für die neue Anwendung in einem mit **ClassLibray1.vb** bezeichneten Fenster erstellt und im Hauptbereich der **IDE** angezeigt (→ Abbildung 3.1).

Automatisch werden beim Erstellen einer neuen Klasse die Anweisungen **Public Class** und **End Class** erzeugt. Wenn Sie eine Klasse mit dem Gültigkeitsbereich **Public** definieren, bedeutet das, dass jeder Code, der über eine Referenz auf dieses Projekt verfügt, eine Instanz dieser Klasse erzeugen kann. Da dies normalerweise Ihren Wünschen entspricht, erstellen Sie Klassen im Allgemeinen mit diesem Gültigkeitsbereich. Zwischen **Public Class** und **End Class** setzen Sie die Definitionen der Variablen, Eigenschaften, Ereignisse und Methoden der Klasse. Darüber reden wir später.

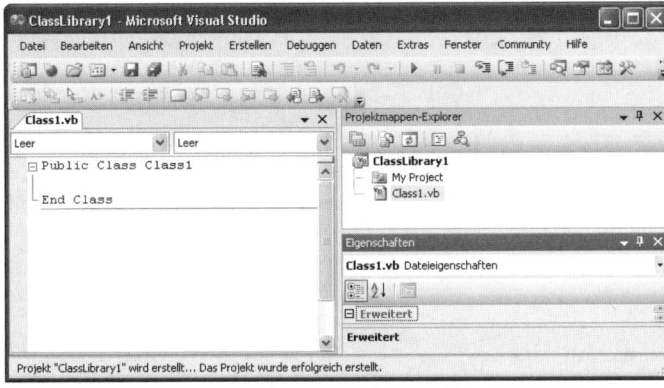

Abbildung 3.1: Eine neue Klasse wurde erstellt

▶ ▶ Aufgabe: Eine Klasse als Teil einer Anwendung erstellen

Wenn Sie eine Klasse aber nur innerhalb eines Projekts nutzen wollen, spricht nichts dagegen, sie auch gleich innerhalb dieses Projekts anzusiedeln.

- Erstellen Sie zunächst die gewünschte Anwendung – beispielsweise eine Konsolen- oder eine Windows-Anwendung –, die auch die Klasse beinhalten soll.
- Wählen Sie dann im Menü PROJEKT den Befehl KLASSE HINZUFÜGEN. Sie finden diesen Befehl auch im Kontextmenü zum Projekt im *Projektmappen-Explorer*. Im Dialogfeld *Neues Element hinzufügen* entscheiden Sie sich für die Option *Klasse*.
- Mit der Bestätigung über *Hinzufügen* erzeugen Sie im aktuellen Projekt parallel zum bereits vorhandenen Modul ein Klassenmodul. Es wird im *Projektmappen-Explorer* angezeigt (→ Abbildung 3.2). Durch einen Doppelklick auf die dortigen Einträge oder über die Registerlaschen in der Titelleiste des Hauptfensters können Sie zwischen den Anzeigen dieser beiden Elemente wechseln.

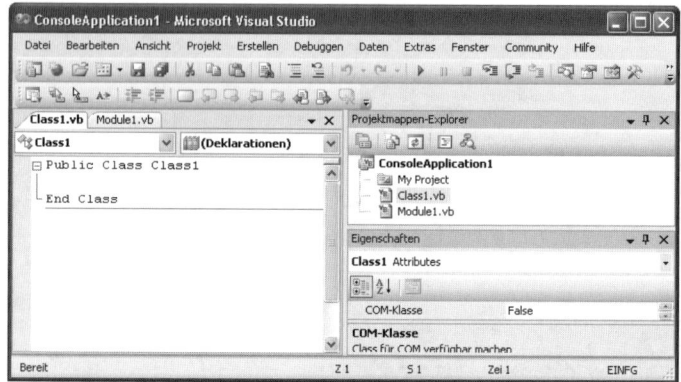

Abbildung 3.2: Eine Klasse wurde hinzugefügt

Deklarieren

Sie definieren eine Klasse in einem Bereich zwischen einer **Class**-Anweisung und der Anweisung **End Class**. Dazwischen setzen Sie die Definitionen der Variablen, Eigenschaften, Ereignisse und Methoden der Klasse (→ Listing 3.1).

Listing 3.1: Eine Klasse wird deklariert

```
Class Klassenname
    'Code der Klasse
End Class
```

Beim Erstellen einer neuen Klasse in der **Visual Studio .NET IDE** geben Sie nur die Zeile **Class Klassenname** ein und drücken die Eingabetaste. Vorausgesetzt, Sie haben dies nicht in einer bereits vorhandenen Prozedur getan, wird automatisch die Zeile **End Class** eingefügt.

Der Gültigkeitsbereich

Über die optionalen Modifizierer können Sie den Zugriff auf die Klasse steuern. Diese Modifizierer setzen Sie vor die **Class**-Anweisung. Beispielsweise können Sie dafür **Public** benutzen (→ Listing 3.2).

Listing 3.2: Der Gültigkeitsbereich kann modifiziert werden

```
Public Class Klassenname
    'Code der Klasse
End Class
```

- Wenn Sie eine Klasse mit dem Gültigkeitsbereich **Public** definieren, bedeutet das, dass jeder, der über eine Referenz auf dieses Projekt verfügt, eine Instanz dieser Klasse erzeugen kann. Da dies normalerweise Ihren Wünschen entspricht, erstellen Sie Klassen im Allgemeinen mit diesem Gültigkeitsbereich.

- Sie können auch **Private**-Klassen erstellen. Damit erstellen Sie eine Klasse, die Sie nur aus Code heraus verwenden können, der sich auf derselben Gültigkeitsbereichsebene wie die Deklaration befindet. In der Regel bedeutet dies, dass er sich in derselben Datei befindet. Wenn Sie eine Klasse innerhalb der Deklaration einer anderen Klasse deklariert haben (wenn Sie die Klassen also geschachtelt haben), dann kann jeder Code innerhalb der enthaltenden Klasse auf das neue Objekt zugreifen.

- Auf Klassen, Variablen und Prozeduren, die mit dem Gültigkeitsbereich **Friend** deklariert wurden, kann jeder Code innerhalb desselben Programms zugreifen, während Code außerhalb dieses Programms nicht zugriffsberechtigt ist. Klassen, für die kein Modifizierer angegeben ist, werden standardmäßig als **Friend** deklariert.

Zusätzliche Modifikationen bei der Klassendefinition sind möglich. Diese beziehen sich im Wesentlichen auf Fragen der Vererbung und der Implementation von Schnittstellen. Darüber reden wir später.

Der wichtigste Grund für das Erstellen eigener Namensräume besteht darin, einen privaten Bereich zu erzeugen, um sicherzustellen, dass Ihre Klassennamen eindeutig sind. Zwei Klassen mit demselben Namen können in einem Programm verwendet werden, solange sie sich in verschiedenen Namensräumen befinden und Sie die Namen der Namensräume angeben. Indem Sie beispielsweise einen Namensraum **Namensraum1** definieren und eine Klasse **Klasse1** darin ansiedeln, wird aus **Klasse1** die Klasse **Namensraum1.Klasse1** und diese steht daher nicht länger im Widerspruch zu anderen Klassen, die mit dem gleichen Namen angelegt werden. Eine Klasse muss also nur innerhalb ihres besonderen Namensraums einzigartig sein. Wenn Sie zufällig eine Klasse erstellen, die sich den Namen mit einer Klasse teilt, die in einem anderen Namensraum existiert, dann müssen Sie sicherstellen, dass Sie den vollständigen Namen der Klasse angeben, wenn Sie außerhalb ihres eigenen Namensraums darauf verweisen.

Wenn Sie einen Namensraum **Namensraum1** definieren wollen, benutzen Sie die Ausdrücke **Namespace Namensraum1** am Anfang und **End Namespace** am Ende. Durch diese Angaben richten Sie eine Gruppierung namens **Namensraum1** ein, die untergeordnete Klassen enthält (→ Listing 3.3).

*Listing 3.3: Namensräume werden durch **Namespace** deklariert*

```
Namespace Namensraum1
...
  Class Klasse1
  ...
  End Class
...
End Namespace
```

Namensräume sind stets **Public**. Die Deklaration eines Namensraums darf daher keinen Modifizierer enthalten. Die Komponenten im Namensraum können jedoch **Public**- oder **Friend**-Zugriff aufweisen. Sofern nichts anderes angegeben ist, wird standardmäßig der **Friend**-Zugriff verwendet.

Namensräume sind hierarchisch, wodurch Sie ein Schema mit mehreren Ebenen für die Gruppierung Ihrer Klassen und Objekte erstellen können, genau wie im .NET Framework selbst. Es gibt zwei Möglichkeiten, einen Namensraum der unteren Ebene zu erzeugen:

■ Entweder Sie definieren den untergeordneten Namensraum direkt mit dem voll qualifizierten Namen (→ Listing 3.4).

Listing 3.4: Mit geschachtelten Namensräumen werden Objekthierarchien erzeugt

```
...
Namespace Namensraum1.Namensraum11
...
End Namespace
...
```

■ Oder Sie verschachteln Namensraumdefinitionen durch mehrere Zeilen ineinander (→ Listing 3.5).

Listing 3.5: Mit geschachtelten Namensräumen werden Objekthierarchien erzeugt

```
...
Namespace Namensraum1
  Namespace Namensraum11
...
  End Namespace
End Namespace
...
```

Innerhalb Ihrer Anwendung können Sie Namensräume verwenden, um konzeptionell verwandten Code zusammenzufassen, aber abgesehen von der Auswirkung auf den Gültigkeitsbereich von Klassen sind Namensräume für das Erstellen von Anwendungen nicht unbedingt erforderlich.

3.1.2 Die Klassen des .NET Framework

Das Konzept der Klassen bildet auch die Grundlage für das *.NET Framework*. Eine dessen Hauptaufgaben besteht darin, Ihnen vordefinierte Klassen zur Verfügung zu stellen, mit denen Sie arbeiten können. Dieses Framework beinhaltet mehr als 6 000 Klassen und Sie brauchen in den meisten Fällen keine eigenen Klassen zu erzeugen, sondern benutzen einfach die Funktionalität der bereits vorhandenen. Wenn Sie zusätzliche Funktionen benötigen, können Sie daraus Kindklassen durch Vererbung erstellen, weitere Eigenschaften und Methoden hinzufügen, aber auch die ursprünglich definierten nutzen. Wie einfach das sein kann, werden Sie auch in den folgenden Kapiteln feststellen, wenn es darum geht, mit Hilfe von Formularen und Steuerelementen Windows-Oberflächen zu erstellen. Fast in allen der dann angesprochenen Fälle benutzen Sie Basisklassen, von denen Sie neue Instanzen erzeugen, deren vordefinierte Methoden Sie nutzen können.

Das .NET Framework ist hierarchisch in geschachtelten **Namensräumen** organisiert. Ein **Namensraum** ist ein abstraktes Konzept, das verwendet wird, um eine Reihe von Klassen und anderen Elementen zusammenzufassen. Jeder dieser Namensräume enthält mehrere Klassen, die irgendwie miteinander verwandt sind oder es zumindest sein sollten. Zur Benennung der Namensräume und der Klasse darin wird ein Benennungsschema mit Punktsyntax verwendet, das der hierarchischen Struktur entspricht.

Weitere Hinweise zu wichtigen Klassen im *.NET Framework* liefert das letzte Kapitel dieses Buches (→ Kapitel 10). Sie finden dort auch Methoden zum Auffinden der einzelnen Member einer Klasse für unterschiedliche Aufgaben.

3.2 Objekte

Wenn Sie auf einen Zugriff auf Klassen verfügen, können Sie daraus **Objekte** erzeugen. **Objekte** werden als identische Kopien ihrer Klassen – als so genannte **Instanzen** – erstellt. Die einzelnen Instanzen verfügen über eine gemeinsame Gruppe von Merkmalen und Fähigkeiten, die durch die Klasse definiert wurde. Sobald sie als eigenständige Objekte bestehen, können Sie diese nutzen.

3.2.1 Zugriff auf die Klasse

Damit Sie über den Code Objekte aus einer Klasse erstellen können, muss der Code auf die Klasse zugreifen können. Die Objekte, die Sie in **Visual Basic .NET** verwenden, können aus internen und externen Quellen stammen. Zu internen Klassen gehören beispielsweise Klassen im Projekt. Systeminterne – oder integrierte – Klassen sind Klassen, die über das **.NET Framework** bereits vorgegeben sind. Den Zugriff erreichen Sie durch Einrichten von **Verweisen**, die Sie über die **Imports**-Anweisung oder andere Methoden erstellen.

▶ ▶ **Aufgabe: Die** *Imports*-**Anweisung benutzen**

Mit der **Imports**-Anweisung können Sie Klassen und andere Typen in Ihre Quelldatei importieren. Zukünftige Verweise fallen dann wesentlich kürzer aus, denn innerhalb von Memberdeklarationen in einer Quelldatei, die eine **Imports**-Anweisung enthält, kann direkt auf die im vorhandenen Namensraum enthaltenen Namen Bezug genommen werden. Wenn Sie beispielsweise die Anweisung **Imports System.Console** an den Anfang stellen, können Sie die Qualifikation **System.Console** vor **Write** oder **WriteLine** einsparen. Der Umfang der Elemente, die mit einer **Imports**-Anweisung zur Verfügung gestellt werden, richtet sich nach den Angaben, die Sie im Zusammenhang mit der **Imports**-Anweisung machen. **Imports**-Anweisungen kommen nach Optionsanweisungen, aber vor Deklarationen, einschließlich **Module**- oder **Class**-Anweisungen, und vor Verweisen auf Identifizierer. In der Kompilierungsumgebung können auch implizite Imports-

Anweisungen definiert werden. Jede Datei kann beliebig viele Imports-Anweisungen enthalten.

■ Die Angabe des Namensraums ist erforderlich. Der Namensraum kann beliebig viele geschachtelte Ebenen aufweisen. Wenn nur ein Namensraum angegeben wird, sind alle eindeutig benannten Member und Member von Modulen innerhalb dieses Namensraums ohne Qualifizierung verfügbar (→ Listing 3.6).

Listing 3.6: **Imports** *importiert die Elemente eines Namensraums*

```
Imports Namensraum1
...
```

■ Die Angabe der Klasse ist optional. Damit geben Sie den Namen eines im Namensraum deklarierten Elements an. Bei dem Element kann es sich um eine Enumeration, Struktur, Klasse oder ein Modul handeln. Werden sowohl ein Namespace als auch der Name eines Elements angegeben, so sind nur die Member dieses Elements ohne Qualifizierung verfügbar (→ Listing 3.7).

Listing 3.7: **Imports** *importiert eine Klasse in Ihre Quelldatei*

```
Imports Namensraum1.Klasse1
...
```

■ Optional können Sie mit *Aliasname* einen Namen definieren, der auch statt des Namens des *Namespace* verwendet werden kann (→ Listing 3.8). Das ist hilfreich, wenn Sie Elemente mit identischen Namen verwenden, die in einem oder mehreren Namensräumen deklariert sind.

Listing 3.8: **Imports** *importiert Klassen in Ihre Quelldatei*

```
Imports Aliasname = Namensraum1.Klasse1
...
```

■ Wenn *Aliasname* angegeben ist, müssen Namen innerhalb des betreffenden Namensraums mit ihm qualifiziert werden (→ Listing 3.9). Es ist nicht zulässig, ein Member auf Modulebene mit demselben Namen zu definieren wie einen Aliasnamen.

Listing 3.9: Aliasnamen müssen qualifiziert werden

```
Imports Ausgabe = System.Console
...
Ausgabe.Write(Hallo")
...
```

▶▶ Aufgabe: Verweise im Projekt festlegen

Standardmäßig werden aber von der **IDE** immer schon einige dieser Namensräume automatisch importiert, müssen also nicht über eine **Imports**-Anweisung manuell eingerichtet werden (→ Tabelle 3.1).

Namensraum	Beschreibung
System	Enthält grundlegende Klassen und Basisklassen zum Definieren von häufig verwendeten Werten und Verweisdatentypen, Ereignissen und Ereignisbehandlern, Schnittstellen, Attributen und Verarbeitungsausnahmen.
System.Data	Enthält die Klassen, aus denen sich die **ADO.NET**-Architektur zusammensetzt, die die primäre Datenzugriffsmethode für verwaltete Anwendungen darstellt.
System.Drawing	Enthält Klassen, die den Zugriff auf die grundlegenden GDI+-Grafikfunktionen ermöglichen.
System. Windows.Forms	Enthält Klassen zur Erstellung von Windows-Anwendungen, die die Vorteile der umfangreichen Features für die Benutzeroberfläche im Microsoft Windows-Betriebssystem vollständig ausschöpfen.
System.Xml	Enthält Klassen, die auf Standards basierende Unterstützung der XML-Verarbeitung ermöglichen.
System.Web	Enthält Klassen und Schnittstellen, die die Kommunikation zwischen Browser und Server ermöglichen.
System.Web. Services	Enthält Klassen, die das Erstellen und Verwenden von XML-Webdiensten ermöglichen. Dies sind programmierbare Entitäten auf einem Webserver, die über Standardinternetprotokolle offen gelegt werden.
System.Service-Process	Enthält Klassen, die das Installieren und Ausführen von Diensten ermöglichen, bei denen es sich um ausführbare Dateien mit langer Laufzeit ohne Benutzeroberfläche handelt.

*Tabelle 3.1: Verweise liefern Zugang zu den Namensräumen des **.NET Framework***

Um zu kontrollieren, welche Verweise bereits benutzt werden, dop-
pelklicken Sie im **Projektmappen-Explorer** auf den schon früher
angesprochenen Eintrag **My Project** im Fenster **Project-Explorer**. Im
Hauptfenster wird daraufhin eine Liste der Einstellungen zum aktuel-
len Projekt angezeigt. Wählen Sie darin das Register **Verweise**
(→ Abbildung 3.3). Im unteren Bereich des Dialogs werden in der
Liste unter **Importierte Namespaces** die aktuell importierten
Namensräume angezeigt.

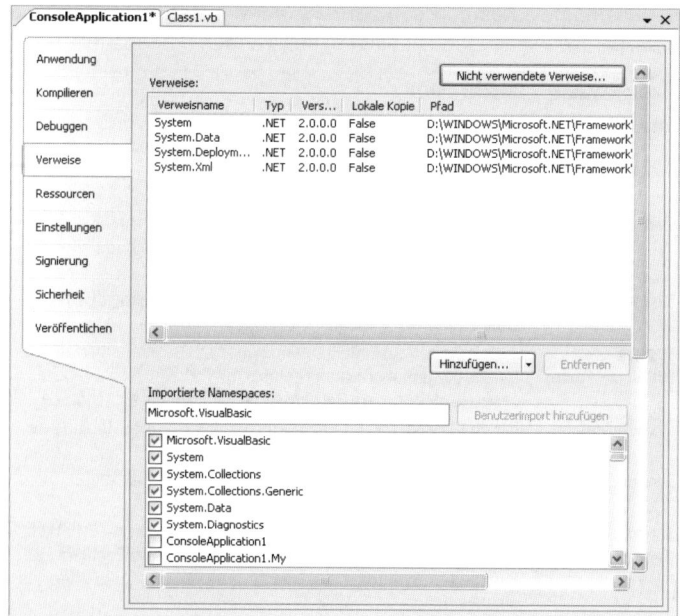

Abbildung 3.3: Standardverweise finden Sie unter **My Project**

Wenn Sie einen weiteren Namensraum für das aktuelle Projekt
benutzen wollen – beispielsweise **System.Console** –, geben Sie in
das Textfeld **Importierte Namespaces** den Namen dieses Elements

ein und bestätigen durch einen Klick auf **Benutzerimport hinzufügen**. Der Namensraum wird dann automatisch importiert.

Zum manuellen Aufsuchen von Namensräumen und Klassen können Sie auch auf **Hinzufügen** klicken. Das öffnet das Dialogfeld **Verweis hinzufügen** (→ Abbildung 3.4). Denselben Effekt erreichen Sie, indem Sie den Befehl VERWEIS HINZUFÜGEN im Menü PROJEKT der Visual Studio-**IDE** wählen. Über dieses Dialogfeld lassen sich externe Objekte in das Projekt einbinden.

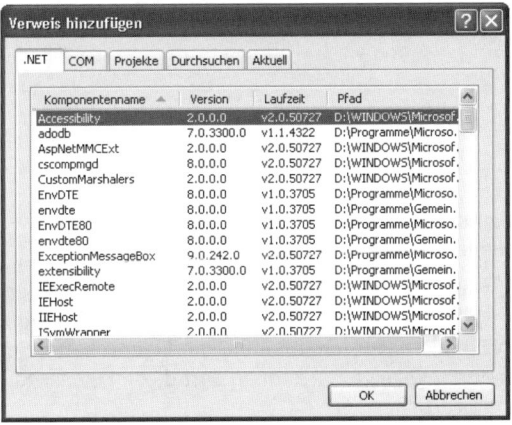

Abbildung 3.4: Sie können Verweise hinzufügen

Das Fenster *Klassenansicht*

Die **Klassenansicht** bietet Ihnen eine alternative codebezogene Darstellung von Projekten, in der Sie auf einfache Weise zu den einzelnen Codesymbolen navigieren können (→ Abbildung 3.5). Sie können sie durch einen Befehl im Untermenü ANSICHT/WEITERE FENSTER anzeigen lassen. Diese Symbole, die projektweise gruppiert sind, werden in einer hierarchischen Struktur angezeigt, die die Beziehungen zwischen den Symbolen veranschaulicht. Während Sie die Codeinhalte bearbeiten, wird die Klassenansicht automatisch mit den Änderungen aktualisiert.

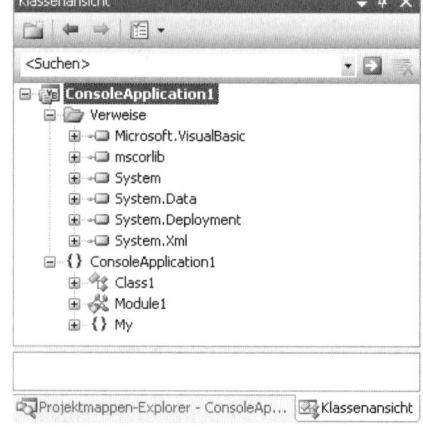

Abbildung 3.5: Die **Klassenansicht** *zeigt die verwendeten Elemente an*

Für jedes Symbol wird der Typ angegeben, und es kann erweitert werden, wenn es weitere Symbole enthält. Für bestimmte Symbole werden, nachdem Sie sie ausgewählt haben, die Eigenschaften im **Eigenschaftenfenster** angezeigt. Sie können dort diese Eigenschaften überprüfen und bearbeiten.

Die Klassenansicht bietet mehrere Befehle zum Navigieren zu bestimmten Symboldefinitionen und deren Verwendung:

■ Um den Code zu einer selbst erzeugten Definition oder Deklaration anzuzeigen, doppelklicken Sie auf das Symbol oder wählen entweder GEHE ZU DEFINITION oder GEHE ZU DEKLARATION aus dem Kontextmenü. Die Quelldatei, die die Definition bzw. Deklaration enthält, wird im Code-Editor geöffnet, und die Einfügemarke wird an der entsprechenden Stelle platziert.

■ Um eine Definition zu durchsuchen, wählen Sie im Kontextmenü den Befehl DEFINITION DURCHSUCHEN. Der **Objektbrowser** wird geöffnet, und das Symbol ist bereits ausgewählt (→ Kapitel 10). Die zugehörige Deklaration wird im Bereich **Beschreibung** angezeigt.

In der Klassenansicht können Sie virtuelle Ordner erstellen, um häufig verwendete Symbole sinnvoll zusammenzufassen und möglichst rasch auf diese zugreifen zu können. Diese Ordner werden projektmappenweise gespeichert. Um einen neuen Ordner zu erstellen, klicken Sie auf der Symbolleiste der Klassenansicht auf die Schaltfläche **Klassenansicht: Neuer Ordner**. Ist ein Ordnerknoten markiert, wird ein untergeordneter Ordner darunter erstellt. Andernfalls wird ein Ordner auf der obersten Ebene angelegt. Anschließend lassen sich Symbole und andere Ordner durch Drag&Drop in diesen Ordner übertragen.

Da diese Ordner nur eine Ansicht der Daten darstellen, hat das Kopieren oder Löschen von Symbolen keinerlei Auswirkungen auf die tatsächlichen Symbole in den Projekten. Ordner dienen lediglich als Navigations- und Ordnungshilfe. Wenn Sie jedoch die Symbole im Code umbenennen oder löschen, kann das zur Folge haben, dass diese Symbole in dem Ordner als fehlerhafte Knoten angezeigt werden. Diese müssen manuell korrigiert werden, indem das jeweilige Symbol wieder in den Ordner gezogen wird.

3.2.2 Deklaration und Zuweisung von Objekten

Jedes Objekt verfügt über einen eigenen Namen und kann separat aktiviert und deaktiviert werden. Im Allgemeinen verwendet man bei der Arbeit mit Objekten so genannte Objektvariablen – also Variablen vom Werttyp **Object**. Das sind Variablen, die Instanzen einer Klasse speichern können. Damit wird das Arbeiten in der Regel einfacher: Der Name einer Variablen ist meist kürzer und leichter zu merken als der vollständige Pfad mit den Methoden oder Eigenschaften, die zum Zugriff auf das Objekt selbst erforderlich sind.

Die Objektvariable selbst enthält eigentlich nur einen Zeiger auf die Daten des Objekts, nie die Daten an sich. Das hat den Vorteil, dass Sie den Inhalt einer solchen Variablen auch während der Ausführung ändern lassen können, damit sie auf andere – geeignete – Objekte verweist. Der in einer Objektvariablen gespeicherte Wert wird also an anderer Stelle im Speicher abgelegt als das Objekt selbst. Sie können einer solchen Variablen entweder einen Verweistyp oder einen Werttyp als Datentyp zuweisen:

- Ein **Verweistyp** enthält nur den Zeiger auf den Speicherort, der die eigentlichen Daten enthält. Zu den Verweistypen gehören vor allem die anschließend intensiver behandelten **Klassentypen**. Dazu gehören aber auch der Datentyp **String** und alle Arrays – auch wenn ihre Elemente selbst Werttypen sind.
- Ein **Werttyp** liegt vor, wenn die Daten in der eigenen Speicherreservierung enthalten sind. Die Variable verhält sich dann so, als enthielte sie eigene Daten. Zu den Werttypen gehören alle numerischen Datentypen, **Boolean**, **Char** und **Date**, alle Strukturen, auch wenn ihre Member Verweistypen sind, und Enumerationen, da deren zugrunde liegender Typ immer **Byte**, **Short**, **Integer** oder **Long** ist.

Objektvariablen müssen – wie andere Variablen – vor ihrer Verwendung deklariert werden. Wie bei einer der vorher beschriebenen einfachen Variablen müssen Sie zwischen einer Deklaration und einer Zuweisung unterscheiden.

- Bei der Deklaration auf der Ebene einer Klasse oder Struktur handelt es sich um eine so genannte **Instanzvariable**, von der für jede Instanz der Klasse oder Struktur eine separate Kopie erstellt wird. Eine solche Kopie einer Instanzvariablen ist immer nur für die Instanz verfügbar, für die sie erstellt wurde.
- In Klassen oder Strukturen ist die Kategorie einer nicht lokalen Variablen davon abhängig, ob sie gemeinsam genutzt wird oder nicht. Mit dem **Shared**-Schlüsselwort deklarierte Variablen sind **freigegebene Variablen**, die als einzelnes, von allen Instanzen der Klasse oder Struktur gemeinsam genutztes Exemplar vorliegen.

▶ ▶ **Aufgabe:** Eine Objektvariable deklarieren

Bei der Deklaration legen Sie den Namen der Variablen fest und bestimmen den Datentyp, der hier besagt, welche Art von Klasse die Variable aufnehmen können soll. Auch eine Objektvariable wird mit einer normalen Deklarationsanweisung **Dim** deklariert. Sie können auch **Protected**, **Friend**, **Protected Friend**, **Private**, **Shared** oder

Static in der Deklaration festlegen; die Bedeutung dieser Modifizierer entspricht der bei anderen Einsatzzwecken. Als Datentyp verwenden Sie entweder eine spezielle Objektklasse oder – wenn die Objektklasse erst bei Ausführung der Prozedur bekannt wird – den Datentyp **Object**.

- Als **Objektklasse** ist die spezielle Klasse gemeint, aus der das Objekt als Instanz gebildet werden soll. Wenn die spezielle Objektklasse bekannt ist, sollten Sie die Objektvariable immer in dieser Klasse deklarieren (→ Listing 3.10). Beispielsweise kann es sich bei der Objektklasse um eine der Klassen aus dem .NET Framework handeln. Sie können aber auch selbst definierte Klassen als Objektklassen verwenden.

Listing 3.10: Eine Objektvariable wird als eine spezielle Klasse deklariert

```
...
Dim Objekt1 As Klasse1
...
```

- Manchmal wird die Objektklasse erst bei Ausführung der Prozedur bekannt. In diesem Fall muss die Objektvariable mit dem Datentyp **Object** deklariert werden. Dadurch wird ein generischer Verweis auf alle Objekttypen erstellt (→ Listing 3.11). Eine Variable vom Typ **Object** kann Daten beliebigen Typs enthalten.

*Listing 3.11: Eine Objektvariable wird als Datentyp **Objekt** deklariert*

```
...
Dim Objekt2 As Object
...
```

▶ ▶ Aufgabe: Einer Objektvariablen ein Objekt zuweisen

Nachdem Sie eine Objektvariable deklariert haben, können Sie ihr ein Objekt – als Instanz einer Klasse – oder das Schlüsselwort **Nothing** zuweisen (→ Listing 3.12). Sobald Sie einer Variablen ein Objekt zuweisen, kann sie genauso verwendet werden wie das Objekt, auf das sie verweist. Sie können die Eigenschaften des Objekts festlegen oder zurückgeben bzw. seine Methoden verwenden.

```
...
Dim Objekt1 As Klasse1
Dim Objekt2 As Klasse2
...
Objekt1 = New Klasse1
...
Objekt2 = Nothing
...
```

3.2

Objekte

Denken Sie aber daran: Der in einer Objektvariablen gespeicherte Wert wird aber an anderer Stelle im Speicher abgelegt, die Variable selbst enthält einen Zeiger auf die Daten. Dieser Vorgang wird Ihnen vielleicht in einem weiteren Schritt noch etwas deutlicher (→ Listing 3.13). Nach dem Deklarieren von zwei Variablen *Objekt1* und *Objekt2* des Typs *Klasse1* wird mit dem Schlüsselwort *New* eine neue Instanz dieser Klasse erzeugt und eine Referenz auf das neue Objekt in *Objekt1* gespeichert. Dann wird *Objekt2* der Variablen *Objekt1* zugewiesen, was bewirkt, dass *Objekt2* jetzt eine Referenz auf dieselbe Instanz von *Klasse1* speichert wie *Objekt1*. Es gibt nur ein einziges Objekt und damit nur einen einzigen Speicherbereich, aber zwei Variablen, die darauf verweisen.

Listing 3.13: Variablen und Instanzen sind nicht dasselbe

```
...
Dim Objekt1 As Klasse1
Dim Objekt2 As Klasse1
Objekt1 = New Klasse1()
Objekt2 = Objekt1
...
```

3.2.3 Die aktuelle Instanz eines Objekts

Wie Sie eben gesehen haben, können mehrere Instanzen eines Objekts definiert werden. Aber nur eine Instanz davon ist jeweils aktuell. Das ist diejenige, in der der Code gegenwärtig ausgeführt wird. Da Code immer innerhalb einer Prozedur ausgeführt wird, handelt es sich bei der aktuellen Instanz um diejenige, in der die Prozedur aufgerufen wurde.

Um auf diese aktuelle Instanz zu verweisen, benutzen Sie das *Me*-Schlüsselwort. Dieses Schlüsselwort verhält sich wie eine Objektvariable, die auf die aktuelle Instanz einer Klasse verweist. Damit können Sie in einer nicht freigegebenen Prozedur einen Zeiger auf die aktuelle Instanz abrufen und haben damit die Möglichkeit, wenn für eine Klasse mehr als eine Instanz zulässig ist, auf die spezifische Instanz der Klasse zu verweisen, in der der Code ausgeführt wird.

Me ist vor allem bei der Übergabe der aktuellen Instanz an eine Prozedur in einem anderen Modul hilfreich: Angenommen, Sie verwenden eine Subroutine oder Funktion, die eine Objektvariable als Argument benutzt. Sie können diese Prozedur aufrufen und die aktuelle Instanz der Klasse übergeben, indem Sie *Me* als Argument benutzen (→ Listing 3.14).

Listing 3.14: **Me** *übergibt die aktuelle Instanz*

```
...
Routine1(Me)
...
Sub Routine1(Objektvariable)
 'Code der Subroutine
End Sub
...
```

3.2.4 Informationen über Objekte

Wenn Sie Informationen zum aktuellen Inhalt einer Objektvariablen wünschen, können Sie sich mehrerer Methoden bedienen.

▶▶ Aufgabe: Den Typ eines Objekts bestimmen

Mit dem *TypeOf*-Operator kann bestimmt werden, ob eine Objektvariable gegenwärtig auf einen speziellen Datentyp verweist. Die Auswertung des *TypeOf ... Is*-Ausdrucks ergibt *True*, wenn der Laufzeittyp des Operanden vom angegebenen Typ abgeleitet wird oder ihn implementiert (→ Listing 3.15).

*Listing 3.15: Mit **TypeOf** können Sie den Inhalt einer Variablen bestimmen*

```
...
Dim Objekt1 As Object = 10
Dim Objekt2 As Object = New Klasse1()
...
If TypeOf Objekt1 Is Long Then
   ...
End If
...
If TypeOf Objekt2 Is Object Then
   ...
End If
...
```

Außerdem enthält Visual Basic Funktionen, die Informationen über das Objekt zurückgeben, auf das eine Objektvariable verweist. Durch Einsatz dieser Funktionen können Sie vermeiden, dass ungültige Werte an Operationen oder Prozeduren gesendet werden.

▶ ▶ **Aufgabe: Objekte miteinander vergleichen**

Mit dem **Is**-Operator können Sie feststellen, ob zwei Objektvariablen auf dieselbe Instanz eines Objekts verweisen. Wenn die Variablen auf dieselbe Instanz verweisen, wird ***True*** zurückgegeben (→ Listing 3.16). Verweisen zwei Objektvariablen auf verschiedene Instanzen einer Klasse oder – noch allgemeiner – auf Instanzen verschiedener Klassen, wird ***False*** gemeldet.

Listing 3.16: Zwei Variablen verweisen auf dieselbe Instanz einer Klasse

```
...
Dim Objekt1 As Klasse1
Dim Objekt2 As New Klasse1()
Objekt1 = Objekt2
If Objekt1 Is Objekt2 Then
   'Code, falls beide auf dieselbe Instanz verweisen
End If
...
```

Außerdem können Sie damit beispielsweise testen, ob die Objektvariable auf ein gültiges Objekt zeigt oder **Nothing** enthält (→ Listing 3.17).

Listing 3.17: Mit **Is** *können Sie auf die Existenz eines Objekts prüfen*

```
...
If Not Objekt1 Is Nothing Then
   'Code falls Objekt1 auf ein gültiges Objekt zeigt
End If
...
```

3.2.5 Konstruktoren und Destruktoren

Alle Objekte belegen Systemressourcen. Microsoft Visual Basic .NET steuert die Nutzung von Systemressourcen mit Hilfe von Prozeduren, die als **Konstruktoren** und **Destruktoren** bezeichnet werden. Die Lebensdauer eines Objekts beginnt, wenn mit Hilfe des **New**-Schlüsselworts die Instanz einer Klasse erstellt wird. Sie endet, wenn die Ressource von der Common Language Runtime freigegeben wird. Da Ressourcen automatisch verwaltet werden, müssen Sie sich also normalerweise nicht um die Freigabe von nicht benötigten Objekten kümmern. Andererseits können Sie die Anwendungen effizienter gestalten, wenn Sie zumindest prinzipiell wissen, wie diese Ressourcenverwaltung funktioniert.

Konstruktoren

Konstruktoren bieten eine Möglichkeit, der Klasse zur Erstellungszeit Informationen zu liefern. Ein **Konstruktor** ist eine Routine, die aufgerufen wird, wenn eine Instanz einer Klasse erzeugt wird. Dieses Konzept bietet die Möglichkeit, ein Objekt zu dem Zeitpunkt, an dem es erzeugt wird, mit den gewünschten Werten zu initialisieren oder an diesem Punkt andere Konfigurationsaufgaben durchzuführen. Wenn eine Klasse einen Konstruktor hat, was bei vielen **.NET Framework**-Klassen der Fall ist, dann können Sie normalerweise zur Erstellungszeit Parameter beim Aufruf von **New** angeben oder beliebig viele überladene Versionen dieser Prozedur verwenden. Ein Konstruktor bietet also vielerlei Möglichkeiten, das Objekt zu erstellen.

▶▶ Aufgabe: Einen Konstruktor für eine Klasse einsetzen

Einen Konstruktor in **einer** Klasse zu schreiben ist recht einfach. Sie müssen nur mit der Anweisung **Sub New()** in der Klasse eine Routine namens **New** kreieren und diese mit **End Sub** abschließen. Zwischen diesen beiden Anweisungen geben Sie die gewünschten Anweisungen zur Initialisierung ein (→ Listing 3.18). Sie können hier beliebig zusätzlichen Initialisierungscode zur **Sub New**-Prozedur hinzufügen und so festlegen, mit welchen Einstellungen die Klasse arbeiten soll. Dieser **Sub New**-Konstruktor kann nur einmal – während der Erstellung einer Klasse – ausgeführt werden, und zwar immer vor anderem Code in der Klasse. Visual Basic .NET erstellt zur Laufzeit implizit einen – praktisch leeren – **Sub New**-Konstruktor, wenn Sie nicht explizit eine **Sub New**-Prozedur für eine Klasse definieren.

Listing 3.18: Ein einfacher Konstruktor kann eine Initialisierung durchführen

```
Class Klasse1
  Public Sub New()
    Variable0 = Wert0
    ...
  End Sub
  'Restlicher Code der Klasse
  ...
End Class
```

▶▶ Aufgabe: Einen Konstruktor mit Argumenten einsetzen

Wie bei einer normalen Subroutine können Sie den **Sub New**-Konstruktor auch mit Argumenten versehen, die zur Initialisierung der Klasse benutzt werden sollen. Zum Erstellen eines solchen parametrisierten Konstruktors legen Sie die Namen und Datentypen der Argumente von **Sub New** genauso fest, als wenn Sie die Argumente für eine beliebige andere Prozedur angeben würden. Die Parameter werden von der den Konstruktor aufrufenden Prozedur übergeben – beispielsweise bei der Zuweisung der Klasse (→ Listing 3.19).

```
...
Variable = New Klasse1(Variable1)
...
Public Class Klasse1
  Public Sub New(ByVal Variable1 As Datentyp1)
    Variable2 = Variable1
    ...
  End Sub
  'Restlicher Code zur Klassendefinition
End Class
```

Genau wie jede andere Methode eines Objekts – auf die wir anschließend zu sprechen kommen – können Sie auch die Methode **Sub New** überladen und so mehr als eine Möglichkeit bieten, sie aufzurufen.

Destruktoren

Das **.NET Framework** verwendet für die Verwaltung zugeordneter Ressourcen ein so genanntes **Garbage Collection-System**, das nicht verwendete Ressourcen periodisch freigibt, wenn diese nicht mehr von ausgeführtem Code in der Anwendung erreicht werden können. Die Freigabe erfolgt hierbei automatisch und ist abhängig von der Auslastung. Wenn es in einem System zu einem Ressourcenengpass kommt, werden Objekte schneller freigegeben, wenn reichlich Ressourcen vorhanden sind, werden Objekte dagegen weniger schnell freigegeben. Die Verzögerung zwischen dem Verlust des Gültigkeitsbereichs eines Objekts und der endgültigen Freigabe bedeutet, dass Sie nicht exakt bestimmen können, wann ein Objekt zerstört wird. In solchen Situationen wird davon gesprochen, dass Objekte eine **nicht deterministische Lebensdauer** besitzen.

■ Mit dem schon oben erwähnten Schlüsselwort **Nothing** wird eine Objektvariable gekennzeichnet, die keinen Verweis auf ein Objekt enthält. In vorherigen Versionen von Microsoft Visual Basic war es Aufgabe der Benutzer, nicht verwendeten Objekten **Nothing** zuzuordnen, um die Objektvariable vom Objekt zu lösen und Ressourcen freizugeben. Sie können **Nothing** auch weiterhin nicht verwendeten Objekten zuordnen, aber aufgrund der Art und Weise, wie Ressourcen in Visual Basic .NET verwaltet werden, garantiert dieser Prozess nicht, dass Objekte sofort freigegeben werden. Sie sind aber natürlich nicht mehr an die Variable gebunden.

- Wenn Sie vor der Freigabe eventuell erforderliche Aufräumarbeiten vornehmen wollen, deklarieren Sie dazu in der Klasse eine **Sub Finalize**-Prozedur, die den entsprechenden Code enthält – beispielsweise das Schließen einer Datei oder das Speichern von Statusinformationen (→ Listing 3.20). Bevor die **Garbage Collection** den von einem Objekt belegten Arbeitsspeicher freigibt, wird diese Prozedur automatisch aufgerufen. Wegen der unbestimmten Natur der **Garbage Collection** wissen Sie allerdings nicht, wann genau das passiert. Durch Ausführung von **Sub Finalize** kommt es aber zu leichten Leistungseinbußen. Sie sollten deshalb nur dann eine **Sub Finalize**-Methode definieren, wenn Objekte explizit freigegeben werden müssen.

Listing 3.20: Die **Finalize***-Prozedur dient zum Aufräumen*

```
...
Protected Sub Finalize()
  'Code zum Aufräumen
  MyBase.Finalize()
End Sub
...
```

Wenn Sie in der Lage sein möchten, die Beendigung Ihrer Komponente zu steuern, müssen Sie eine **Dispose**-Methode dafür implementieren. Klassen, die die **Dispose**-Methode unterstützen, müssen die **IDisposable**-Schnittstelle implementieren. **IDisposable** besitzt die Methode **Dispose**, die aufgerufen werden kann, wenn Sie ein Objekt nicht länger verwenden wollen. Sie können die Implementierung von **Dispose** verwenden, um Ressourcen freizugeben und bestimmte Aufgaben – beispielsweise das Schließen von Dateien und das Beenden von Datenbankverbindungen – auszuführen. Im Unterschied zum **Finalize**-Destruktor muss die **Dispose**-Methode explizit aufgerufen werden, wenn Sie Objektressourcen freigeben möchten – beispielsweise mit **Objekt1.Dispose**.

3.3 Felder, Eigenschaften, Methoden und Ereignisse

Felder, Eigenschaften, Methoden und Ereignisse stellen die in einem Objekt enthaltenen Informationen dar. Sie werden in der dazugehörenden Klasse definiert:

- **Felder** sind wie Variablen; sie können direkt gelesen oder festgelegt werden. Wenn Sie beispielsweise ein Objekt **Auto** haben, kann dessen Farbe in einem Feld **Farbe** gespeichert werden.

- **Eigenschaften** werden wie Felder abgerufen und festgelegt; sie werden jedoch mit den Prozeduren **Property Get** und **Property Set** implementiert. Damit kann besser gesteuert werden, wie Werte festgelegt oder zurückgegeben werden.

- **Methoden** stellen Aktionen dar, die ein Objekt ausführen kann. Sie definieren Methoden, indem Sie der Klasse Prozeduren – also entweder eine **Sub**-Routine oder eine **Function** – hinzufügen.

- **Ereignisse** sind Benachrichtigungen, die ein Objekt von anderen Objekten oder Anwendungen erhält oder an diese überträgt. Ereignisse ermöglichen es Objekten, Aktionen auszuführen, sobald ein bestimmter Vorgang stattfindet.

Nachdem Sie eine Eigenschaft, eine Methode oder ein Ereignis in einer Klasse definiert haben, können Sie auf diese in einer Instanz zugreifen. Genauer gesagt, Sie benötigen für den Zugriff im Allgemeinen eine Instanz. Es gibt jedoch eine Ausnahme: Das sind freigegebene Member der Klasse, die sowohl in Instanzen einer Klasse als auch in Objektvariablen, welche alle als Typ der Klasse deklariert sind, verwendet werden können.

Innerhalb eines **Class**-Blocks werden die Member mit Hilfe der entsprechenden Deklarationsanweisungen als **Public**, **Private**, **Protected**, **Friend** oder **Protected Friend** deklariert. Die als **Private** deklarierten Member sind nur im **Class**-Block selbst sichtbar. Die als **Public** deklarierten Member können im **Class**-Block als auch in Code außerhalb des **Class**-Blocks angezeigt werden. Member, die nicht explizit deklariert werden, sind standardmäßig **Public**, mit Ausnahme von Feldern und Konstanten, denen standardmäßig **Private**-Zugriff zugewiesen wird.

3.3.1 Felder

Felder sind wie Variablen; sie können direkt gelesen oder festgelegt werden. Der Einsatz von *Feldern* ist aus Sicht der Clientanwendung kaum von der nachfolgend beschriebenen Verwendung von *Eigenschaften* zu unterscheiden; beide Techniken speichern Informationen in einem Objekt oder rufen sie von dort ab. Aufgrund dieser Ähnlichkeit kann es häufig schwierig sein, zu entscheiden, welche Variante im jeweiligen Fall die bessere Wahl bei der Programmierung ist. Sie werden innerhalb einer Klasse lediglich unterschiedlich – und auch mit unterschiedlichem Aufwand – deklariert. Der Schlüssel zu dieser Entscheidung liegt in der Frage nach der Möglichkeit zur Kontrolle der verwendeten Variablen. So sollten Sie Felder nur bei selbst überprüfenden Datentypen verwenden – beispielsweise beim *String*-Datentyp – oder wenn jeder Wert in dem vom Datentyp unterstützten Bereich gültig ist. Dies gilt für zahlreiche Eigenschaften des Typs *Single* und *Double*. Beispielsweise tritt ein Fehler oder eine Datenkonvertierung auf, wenn einer *Boolean*-Variablen ein anderer Wert als *True* oder *False* zugeordnet wird.

▶ ▶ Aufgabe: Ein Feld deklarieren

Damit in einem Objekt ein Wert in einem Feld gespeichert werden kann, deklarieren Sie in der Klasse eine lokale Variable. Sie können den Deklarationen die Modifizierer *Public* oder *Shared* voranstellen. Nur wenn Sie die Werte vor Änderungen in der Instanz schützen und nur Änderungen innerhalb der Klasse zulassen wollen, sollten Variablen für die Felder als *Private* deklariert werden.

Listing 3.21: Öffentliche Variablen werden zu Feldern

```
Public Class Klasse1
  Public Variable1 As Datentyp
  'Restlicher Code der Klasse
End Class
```

Alle Objektvariablen, die sich auf Klassen beziehen, in denen Felder definiert sind, können auf diese Felder zugreifen. Dazu werden die Werte analog zum Zugriff auf elementare Variablen mit entsprechenden Anweisungen abgerufen und festgelegt (→ Listing 3.22).

Listing 3.22: Die Werte der Felder können zugewiesen und abgerufen werden

```
...
Dim Variable1 As Integer = 1
Dim Variable2 As Integer
Dim Objekt1 As New Klasse1
...
Objekt1.Feld1 = Variable1
...
Variable2 = Objekt1.Feld1
...
Public Class Klasse1
  Public Variable1 As Integer = 0
  'Restlicher Code der Klasse
End Class
```

Wenn Sie in der Visual Studio .NET **IDE** arbeiten, können Sie die für ein Objekt definierten Member anzeigen lassen. Geben Sie den Namen der Klasse oder Struktur und dann einen Punkt ein. Intelli-Sense zeigt dann alle gültigen Member in einer bildlauffähigen Liste an, aus der Sie das gewünschte Element auswählen können. Wenn Sie ein Element aus der Memberliste auswählen, erhalten Sie vor dem Einfügen eine QuickInfo und alle Codekommentare zu dem Element. Dazu muss im Dialogfeld zum Befehl EXTRAS/OPTIONEN im Bereich **Text-Editor/Alle Sprachen** oder **Text-Editor/Basic** auf der Registerkarte **Allgemein** das Kontrollkästchen **Member automatisch auflisten** aktiviert sein.

3.3.2 Eigenschaften

Auch eine *Eigenschaft* ist ein Wert, der Teil einer Instanz einer Klasse ist und den Sie für das Objekt abrufen oder setzen können. Eigenschaften werden über vollständige Eigenschaftsroutinen – auch als *Property*-Prozeduren oder *Eigenschaften-Accessoren* bezeichnet – angelegt. Diese Prozeduren werden erst und immer beim Festlegen oder Abrufen des Eigenschaftswerts ausgeführt. Dabei wird die Eigenschaft nicht mit einer einzelnen Deklarationsanweisung, sondern mit ausführbarem Code implementiert. Dadurch können Klassen benutzerdefinierte Aktionen ausführen und ermöglichen eine bessere Kontrolle über die Eigenschaft.

▶ ▶ **Aufgabe:** **Eine Eigenschaft deklarieren**

Eine Eigenschaft wird in der Klasse durch einen zwischen den Anweisungen *Property* und *End Property* stehenden Codeblock definiert. Innerhalb dieses Blocks erscheinen zwei Prozeduren als separate Blöcke, die durch die Deklarationsanweisung *Get* und *Set* und der *End*-Anweisung umschlossen werden (→ Listing 3.23).

Wenn Sie in der Entwicklungsumgebung von Visual Studio .NET arbeiten, können Sie diese anweisen, eine leere *Get*-Eigenschaftsprozedur und die leere *Set*-Eigenschaftsprozedur automatisch zu generieren. Geben Sie nur die erste Zeile ein. Wenn Sie am Ende der Zeile die Eingabetaste drücken, erstellt Visual Basic .NET das Grundgerüst einer vollständigen Eigenschaftsprozedur:

Listing 3.23: Das Grundgerüst einer Eigenschaftsprozedur wird automatisch erstellt

```
...
Public Property Name() As Datentyp
  Get
    ...
  End Get
  Set(ByVal Value As Datentyp)
    ...
```

```
End Set
End Property
```
. . .

- **Set**-Prozeduren legen eine Eigenschaft auf einen Wert fest, ein-schließlich eines Objektverweises. Sie werden aufgerufen, wenn der Eigenschaft ein Wert zugewiesen wird.

- **Get**-Prozeduren geben den Wert einer Eigenschaft zurück; sie wer-den aufgerufen, wenn in einem Ausdruck auf die Eigenschaft zuge-griffen wird.

Eine solche Eigenschaftsroutine wird man im Allgemeinen als **Public** deklarieren. Das ist auch der Standardzugriff. Standardmäßig wird damit der **Lese-/Schreibzugriff** festgelegt. Sie könnten sie jedoch auch als **Private** kennzeichnen und sie damit auf die Verwendung innerhalb der Klasse beschränken, was aber wahrscheinlich nur sel-ten Ihren Absichten entspricht.

Innerhalb der beiden Eigenschaftsprozeduren **Get** und **Set** nehmen Sie dann die Definition der Eigenschaften vor:

- **Set**-Eigenschaftsprozeduren werden zum Festlegen des Werts einer Eigenschaft verwendet. Sie besitzen einen impliziten Para-meter (in der Regel mit der Bezeichnung **Value**) mit demselben Datentyp wie die Eigenschaft selbst. Sobald der Wert der Eigen-schaft geändert wird, wird **Value** an die **Set**-Eigenschaftsprozedur weitergegeben, die es überprüfen und in einer lokalen – also inner-halb der Klasse definierten – Variablen speichern kann.

- **Get**-Eigenschaftsprozeduren werden für die Rückgabe des Werts einer Eigenschaft verwendet und entsprechen ungefähr den Funk-tionen in der Syntax. Sie akzeptieren keine Argumente und können zur Rückgabe der Werte privater lokaler Variablen verwendet wer-den, die ihrerseits zur Speicherung von Eigenschaftswerten ver-wendet wurden.

Info: Beachten Sie, dass Datentyp und Zugriff einer Eigenschaft in der **Property**-Anweisung definiert werden, nicht in den einzelnen **Property**-Prozeduren. Eine Eigenschaft kann also nur einen Datentyp und einen Zugriff aufweisen. Ebenso können **Private Set** und **Public**

Felder, Eigenschaften, Methoden und Ereignisse

Get nicht in derselben Eigenschaft definiert werden. Um diese Funktionalität zu erhalten, können Sie aber getrennt von der Eigenschaft eine **Public ReadOnly**-Eigenschaft und eine **Private**-Einrichtungsmethode definieren.

In der einfachsten Form wird der Code innerhalb der Eigenschaftsroutine dafür verwendet, Werte in die und aus der internen Variablen auszutauschen: Wenn Sie eine Instanz von **Klasse1** erstellen und den Wert der Eigenschaft festlegen, wird die **Set**-Eigenschaftsprozedur aufgerufen und der Wert an den impliziten **Value**-Parameter übergeben, der in einer lokalen Variablen gespeichert wird. Bei Abruf des Werts dieser Eigenschaft wird die **Get**-Eigenschaftsprozedur wie eine Funktion aufgerufen und gibt den in der lokalen Variablen gespeicherten Wert zurück (→ Listing 3.24).

Listing 3.24: Eine Variable dient zum Speichern der Werte

```
Public Class Klasse1
  Private Variable1 As Datentyp

  Public Property Name() As Datentyp
    Get
      Return Variable
    End Get
    Set(ByVal Value As Datentyp)
      Variable = Value
    End Set
  End Property
End Class
```

▶▶ Aufgabe: Auf eine Eigenschaft zugreifen

Die Techniken zum Zugriff auf eine Eigenschaft unterscheiden sich nicht von denen zum Zugriff auf Felder (→ Listing 3.25).

■ Um den Wert für eine Eigenschaft in einer Instanz festzulegen, weisen Sie ihr über den normalen Zuweisungsoperator einen Ausdruck oder einen Wert zu. Die Änderung der Werte können Sie auch über Operatoren wie **+=** erreichen. Sie können eine Eigenschaft auch festlegen, indem Sie sie an **ByRef**-Parameter übergeben. In diesem Fall wird die Eigenschaft durch das Ergebnis geändert, das vom **ByRef**-Parameter zurückgegeben wird.

■ Sie fragen den Wert einer Eigenschaft ab, wenn Sie den Status eines Objekts vor dem Ausführen weiterer Aktionen ermitteln möchten – wie beispielsweise vor dem Zuweisen zu einem anderen Objekt,. Beispielsweise rufen Sie Eigenschaftswerte mit **Variable1 = Objekt1.Eigenschaft1** ab. Sie können einen Eigenschaftswert auch als Teil eines komplexeren Ausdrucks abrufen, ohne die Eigenschaft einer Variablen zuzuweisen.

Listing 3.25: Eigenschaften können gesetzt und abgerufen werden

```
...
Dim Variable1 As Integer = 1
Dim Objekt1 As New Klasse1
...
Objekt1.Eigenschaft1 = Variable1
...
Objekt1.Eigenschaft1 += Inkrement
...
Variable1 = Objekt1.Eigenschaft1
...
Public Class Klasse1
  Private Variable2 As Integer
  Public Property Eigenschaft1() As Integer
    Get
      Return Variable2
    End Get
    Set(ByVal Value As Integer)
      Variable2 = Value
    End Set
  End Property
End Class
```

Wenn eine Eigenschaft Argumente enthält, müssen beim Aufruf Werte für alle nicht optionalen Argumente angegeben und die Argumentliste in Klammern platziert werden. Wenn keine Argumente angegeben werden, können Sie die Klammern auch weglassen.

Argumente benötigen Sie dann, wenn Sie in einem Schritt mehrere Werte als Eigenschaft festlegen wollen. Die Deklaration der Argumente entspricht derjenigen für **Function**-Prozeduren oder **Sub**-Prozeduren, jedoch muss die Übergabe durch Wert erfolgen (→ Listing 3.26).

■ In **Set**-Prozeduren wird der neue Eigenschaftswert – statt des impliziten Arguments **Value** – durch das Argument der **Set**-Anweisung übergeben. Ein explizites Argument muss mit dem gleichen Datentyp deklariert werden wie die zugehörige Eigenschaft.

■ In **Get**-Prozeduren wird dem Aufrufausdruck der Rückgabewert als Wert der Eigenschaft bereitgestellt.

Listing 3.26: Eigenschaften können Argumente verwenden

```
...
Public Property Name(Argument) As Datentyp
Get
  ...
  Return Ausdruck
End Get
Set (ByVal Argument As Datentyp)
  ...
  value = Argument
End Set
End Property
...
```

▶ ▶ **Aufgabe: Nur-Lese- und Nur-Schreibeigenschaften erstellen**

Wenn die Eigenschaft ohne zusätzliche Schlüsselwörter deklariert wird, dann ist sie eine Eigenschaft mit **Lese-/Schreibzugriff** und Sie müssen sowohl den **Get**- als auch den **Set**-Teil der Routine bereitstellen. Wenn Sie eine Eigenschaftsroutine mit **Nur-Lese**- oder **Nur-Schreibzugriff** versehen möchten, lassen Sie den entsprechenden Teil aus.

- Mit der Deklaration **Public ReadOnly Property** erstellen Sie eine Eigenschaft, die nur Werte zurückgeben kann. Schreibgeschützte Eigenschaften dürfen keine **Set**-Eigenschaftsprozeduren besitzen. Solche Nur-Leseeigenschaften sind zwar weniger gebräuchlich als Lese-/Schreibeigenschaften, sind aber für Elemente sinnvoll, die Sie zwar offen legen möchten, deren Änderung Sie jedoch nicht zulassen möchten. Sie können sie beispielsweise verwenden, um die Prozessorgeschwindigkeit eines Computers auszugeben.
- Mit **Public WriteOnly Property** erstellen Sie eine Eigenschaft, die nicht gelesen werden kann. Lesegeschützte Eigenschaften dürfen keine **Get**-Eigenschaftsprozeduren besitzen. Sie sind daher dann sinnvoll, wenn Sie Daten zwar speichern, diese jedoch nicht für andere Objekte offen legen möchten. Eine lesegeschützte Eigenschaft kann beispielsweise zum Speichern eines Kennworts verwendet werden. In einem solchen Fall möchte man meist nach dem Setzen der Eigenschaftswerte eine Instanz dieses Objekts an eine andere Routine übergeben, ohne dabei diese Informationen sichtbar zu machen.

Daten validieren

Eigenschaftsroutinen haben einen weiteren Vorteil gegenüber der Verwendung von öffentlichen Variablen: Bei einer Eigenschaftsroutine führen Sie jedes Mal Code aus, wenn der Anwender den Wert dieser Eigenschaft abrufen oder setzen möchte. Dies eröffnet Ihnen mehrere Handlungsmöglichkeiten. Unter anderem können Sie die Daten auf ihrem Weg zu den Objekten überprüfen. Beispielsweise könnten Sie mit einfachen Mitteln die Struktur einer Kreditkartennummer testen und sie vor der weiteren Verwendung im Objekt zurückweisen, falls sie nicht gültig ist.

Felder, Eigenschaften, Methoden und Ereignisse

3.3.3 Methoden

Klassen können nicht nur Eigenschaften haben, sondern auch mit Verhaltensweisen oder Aktionen verbunden sein. Diese Dinge werden als **Methoden** bezeichnet und ermöglichen es einer Klasse, eine bestimmte Logik zu speichern. Sie enthalten die ausführbaren Anweisungen eines Programms, sind also Prozeduren – Subroutinen oder Funktionen – und unterscheiden sich im Prinzip nicht von den oben beschriebenen Prozeduren im üblichen Code: Sie können Parameter entgegennehmen, wenn Sie sie aufrufen, und auch Ergebniswerte – wenn es sich um Funktionen handelt – zurückgeben. Methoden können auch die Werte von Eigenschaften beeinflussen.

Sowohl Eigenschaften als auch Methoden werden als Prozeduren implementiert, die Argumente akzeptieren. In der Regel speichern Eigenschaften die Daten eines Objekts, während es sich bei Methoden um bestimmte Aktionen handelt, die das Objekt ausführen soll. In manchen Fällen ist es nicht leicht zu entscheiden, was eine Eigenschaft und was eine Methode sein soll. Als einfache Regel kann aber gelten, dass Eigenschaften im Allgemeinen nicht dazu führen sollten, dass etwas geschieht. Wenn etwas geschieht, benutzen Sie Methoden. Diese Richtlinie vermeidet auch Situationen, in denen die Reihenfolge, in der Sie die Eigenschaften eines Objekts setzen, das Ergebnis beeinflussen kann.

▶▶ Aufgabe: Eine Methode deklarieren

Um einer Klasse eine Methode hinzuzufügen, erstellen Sie darin eine **Sub**- oder eine **Function**-Prozedur, wobei der genaue Typ von der jeweiligen Situation abhängt. Beispielsweise können Sie einer Klasse die Methoden hinzufügen, indem Sie eine Prozedur mit **Public Sub** oder eine Funktion mit **Public Function** in die Klassendefinition einfügen (→ Listing 3.27). Wenn Argumente übergeben werden müssen, setzen Sie diese in die Klammern und trennen sie durch Kommas.

Listing 3.27: **Klasse1** *wurde eine Methode hinzugefügt*

```
Public Class Klasse1
...
  Public Sub Methode1()
    'Code für die Methode1
  End Sub
...
End Class
```

Auf Methoden, die mit dem Gültigkeitsbereich **Public** deklariert wurden, kann jeder mit einem Objekt dieses Typs zugreifen. Durch das Einschränken der Zugriffsrechte für diese Methoden kann verhindert werden, dass die Methoden von anderen Entwicklern verwendet werden: **Private**-Methoden stehen nur innerhalb der Klasse selbst zur Verfügung und auf **Friend**-Methoden kann nur Code innerhalb derselben Assembly oder ausführbaren Datei zugreifen. Prozeduren, die nur intern von einer Klasse verwendet werden, müssen also als **Private**, **Protected** oder **Friend** deklariert werden.

▶ ▶ **Aufgabe: Auf eine Methode zugreifen**

Eine so erstellte Methode kann dann aus jeder Instanz der Klasse aufgerufen werden. Wenn Sie eine Methode im Code verwenden, richtet sich die Schreibweise der Anweisung danach, wie viele Argumente für die Methode erforderlich sind, und danach, ob ein Wert zurückgegeben wird. Im Allgemeinen werden Methoden wie Unterroutinen oder Funktionsaufrufe verwendet, nur dass Sie für Methoden einen Ausdruck angeben können, der die Objektinstanz benennt, deren Methode aufgerufen werden soll – beispielsweise mit **Objekt1.Methode1()**. Wenn kein Ausdruck angegeben wurde, wird implizit die **Me**-Variable verwendet (→ Listing 3.28).

■ As **Subroutine** deklarierte Methoden rufen Sie direkt durch Angabe von Objektinstanz und Namen auf. Wenn für eine Methode Argumente erforderlich sind, legen Sie die Argumente in Klammern fest und trennen sie durch Kommas voneinander.

- Wenn eine Methode einen Wert zurückgibt – wenn es sich also um eine **_Function_** handelt –, weisen Sie den Rückgabewert einer Variablen zu oder Sie verwenden direkt den Methodenaufruf als einen Parameter für einen anderen Aufruf. Auch hier können Sie die gegebenenfalls erforderlichen Argumente in Klammern festlegen und Kommas voneinander trennen.

Listing 3.28: Methoden werden wie Subroutinen oder Funktionen aufgerufen

```
...
Dim Objekt1 As New Klasse1()
Dim Variable1 As Datentyp
...
Objekt1.Methode1
...
Variable1 = Objekt1.Methode2

Public Class Klasse1
   ...
   Public Sub Methode1()
      ...
   End Sub
   ...
   Public Funktion Methode2
      ...
      Return
   End Function
End Class
```

Shared-**Methoden**

Weiter oben, als wir die Beziehung zwischen Klassen und Objekten beschrieben haben, haben wir gesagt, dass Sie eine Instanz der Klasse erzeugen müssen, wenn Sie eine Methode oder Eigenschaft aus dieser Klasse verwenden möchten. Es gibt aber eine Möglichkeit, bestimmte Funktionsmerkmale durch die Klasse selbst zu enthüllen.

Das erreichen Sie über das Schlüsselwort **Shared**. Solche **Shared**-Methoden können direkt über eine Klassenvariable aufgerufen werden, ohne dass zunächst eine Instanz der Klasse erstellt werden muss (→ Listing 3.29). Sie können also damit erreichen, dass eine bestimmte Eigenschaft oder Methode die ganze Zeit zugänglich ist, ohne dass Objekte erzeugt werden müssen.

Listing 3.29: **Shared**-*Methoden benötigen keine Instanz der Klasse*

```
...
Dim Variable1 As Klasse1
Variable.Methode1
...
Class Klasse1
  Shared Sub Methode1

    ...
  End Sub
End Class
```

Beispiel: Das .NET Framework nutzt dies in seinen Klassen, wie Sie an der enthüllten Eigenschaft **Today** der Klasse **System.DateTime** sehen (→ Listing 3.30).

Listing 3.30: Gemeinsam genutzte Methoden benötigen keine Instanz

```
Dim Heute As Date
Heute = DateTime.Today()
```

Ein Zuviel an **Shared**-Methoden in einer Klasse sollten Sie vermeiden. Stattdessen können Sie in einem solchen Fall ein Modul mit Prozeduren erzeugen. Beachten Sie, dass es sich bei Modulen um einen besonderen Typ von Klassen handelt: Alle Elemente eines Moduls werden standardmäßig als **shared** angesehen: Methoden, die in Modulen deklariert werden, sind also implizit freigegeben und können nicht explizit im **Shared**-Modifizierer verwendet werden.

Felder, Eigenschaften, Methoden und Ereignisse

Überladen

Methoden können **überladen** werden, d.h., mehrere Methoden können denselben Namen haben, sofern sie eindeutige Signaturen besitzen. Dabei gehen Sie genauso wie beim Überladen von anderen Prozeduren vor. Allerdings ist es nicht möglich, eine Methode und eine Eigenschaft gleichen Namens in derselben Klasse zu definieren. Dies bedeutet, dass eine Methode nicht mit einer Eigenschaft überladen werden kann und umgekehrt. Diese Technik wird im gesamten **.NET Framework** verwendet, damit Sie Funktionen mit einer Vielzahl unterschiedlicher Parametergruppen aufrufen können. Beispielsweise kann die Methode **System.Console.WriteLine** mit einer von 18 verschiedenen Parameterlisten aufgerufen werden. Wie das Framework zeigt, ist das eine nützliche Methode, um Objekte zu vereinfachen und den Programmen, die sie verwenden, viele Optionen zu bieten.

3.3.4 Ereignisse

Ereignisse sind in .NET ein wichtiger Bestandteil eines Objekts. Ereignisse ermöglichen es einem Objekt, anderen Elementen mitzuteilen, dass etwas geschehen ist. Ein Ereignis ist eine Aktion – beispielsweise ein Mausklick –, das Eintreten einer bestimmten Situation im Datenablauf – wie das Überschreiten eines bestimmten Schwellwerts – oder ein anderes Vorkommnis, das von einem Objekt erkannt wird. Ereignisse können also als Ergebnis von Benutzeraktionen oder Programmberechnungen auftreten oder vom System ausgelöst werden. Sie können auch eigene, benutzerdefinierte Ereignisse entwickeln, die von den Objekten ausgelöst und von anderen Objekten verarbeitet werden.

Für den Fall, dass ein solches Ereignis eintritt, können Sie Code schreiben, der auf das Ereignis reagiert. Dieser Code wird als **Ereignishandler**, **Ereignisbehandlungsprozedur** oder **Ereignisbehandler** bezeichnet. **Ereignisbehandler** sind also Prozeduren, die aufgerufen werden, wenn ein entsprechendes Ereignis auftritt. Als Ereignisbehandler kann jede gültige Unterroutine verwendet werden. Funktionen können nicht als Ereignisbehandler verwendet werden, da sie einen Wert an die Ereignisquelle zurückgeben würden. Obwohl diese Ereignisbehandler also eigentlich **Sub**-Prozeduren sind, werden sie normalerweise nicht wie andere **Sub**-Prozeduren aufgerufen. Stattdessen erfolgt der Aufruf automatisch: Wenn ein Objekt das Auftreten eines Ereignisses erkennt, ruft es den Ereignisbehandler mit einem dem Ereignis entsprechenden Namen auf. Dieser Vorgang wird als das **Auslösen** des Ereignisses bezeichnet. Jedes Objekt, das in der Lage ist, ein Ereignis auszulösen, ist ein **Ereignissender** – auch **Ereignisquelle** genannt. Formulare, Steuerelemente und benutzerdefinierte Objekte sind Beispiele für Ereignissender im **.NET Framework**. Bei der Deklaration eines Ereignisses in einer Klasse handelt es sich um einen zweistufigen Prozess. Sie geben einerseits an, dass eine Klasse ein Ereignis auslösen kann. Andererseits müssen Sie es separat auslösen.

Die *Event*-Anweisung

Um ein Ereignis anzulegen, müssen Sie es in der Klasse mit der **Event**-Anweisung deklarieren (→ Listing 3.31). Damit geben Sie zunächst nur an, dass ein Objekt dieser Klasse ein bestimmtes Ereignis auslösen kann. Die Deklaration umfasst einen Namen für das Ereignis und die von ihm verwendeten Argumente. Ereignisargumente werden auf dieselbe Weise wie Argumente von Prozeduren deklariert und können über das **ByVal**-Argument und das **ByRef**-Argument verfügen. Sie können für alle diese Parameter Werte angeben: Wenn das Ereignis dann ausgelöst wird, werden diese Werte an alle Routinen geschickt, die dieses Ereignis behandeln möchten.

Listing 3.31: Ereignisse werden in der Klasse deklariert

```
Class Klasse1
 Public Event Ereignis1(Argumente)

...
End Class
```

Die Anweisung *RaiseEvent*

Sobald das Ereignis einmal deklariert wurde, können Sie es mit der
RaiseEvent-Anweisung auslösen. Eine solche **RaiseEvent**-Anwei-
sung informiert einen Ereignisbehandler, dass ein bestimmtes Ereignis eingetreten ist (→ Listing 3.32). Sie können damit auch solche
Ereignisse auslösen, die explizit im Modul deklariert wurden. Wenn
das Ereignis Argumente verwendet, müssen auch hier welche angegeben werden. Wenn keine Argumente vorhanden sind, können die
Klammern weggelassen werden.

Listing 3.32: Ein Ereignis wird ausgelöst

```
Class Klasse1
  Public Event Ereignis1()
  Sub Eingetreten1()
    RaiseEvent Ereignis1()
  End Sub
End Class
```

Löst die Klasse das Ereignis aus, so wird dieses Ereignis für jede
Klasse ausgelöst, die Ereignisse für diese Instanz des Objekts verarbeitet.

Ereignisbehandler mit *Handles*-Klausel

Wie Sie einen Ereignisbehandler erstellen, hängt davon ab, auf welche Weise Sie ihn mit Ereignissen verknüpfen möchten. Bei der
üblichen Methode für die Erstellung eines Ereignisbehandlers verwenden Sie das **WithEvents**-Schlüsselwort zusammen mit dem
Handles-Schlüsselwort. Diese bieten die Möglichkeit, Ereignisbehandler per Deklaration festzulegen. Ereignisse, die durch ein mit
WithEvents deklariertes Objekt ausgelöst werden, können von jeder
Unterroutine mit einer **Handles**-Klausel behandelt werden, die dieses Ereignis benennt (→ Listing 3.33).

Das **WithEvents**-Schlüsselwort kennzeichnet eine deklarierte
Objektvariable, die auf eine Klasseninstanz verweist, von der Ereignisse ausgelöst werden können. Dazu deklarieren Sie im Deklara-
tionsbereich des Moduls, in dem das Ereignis behandelt wird, mit

dem **WithEvents**-Schlüsselwort eine Objektvariable für die Ereignisquelle. Eine Deklaration in einer Unterprozedur ist nicht zulässig. Legen Sie den Objekttyp fest, indem Sie den Namen der Klasse angeben, aus der das Objekt erstellt wird. Wenn das **WithEvents**-Schlüsselwort verwendet wird, kann die Variable als **Object** deklariert werden. Es muss als die spezielle Klasse deklariert werden, die die Ereignisse auslöst. Mit Hilfe von **WithEvents** können Sie eine beliebige Anzahl einzelner Variablen deklarieren. Arrays können mit **WithEvents** jedoch nicht deklariert werden.

Listing 3.33: Ein Ereignis wird ausgelöst

```
Dim WithEvents Variable1 As Klasse1

Sub EventHandler() Handles Klasse1.Ereignis1
  'Code der Ereignisbehandlungsprozedur
End Sub

Class Klasse1
  Public Event Ereignis1()

  Sub Ereignisnummer1()
    RaiseEvent Ereignis1()
  End Sub
End Class

Sub Test()
  Variable1 = New Klasse1()
  Variable1.Ereignisnummer1()
End Sub
```

Ereignisbehandlung mit *AddHandler*-Anweisung

Die Anweisungen **AddHandler** und **RemoveHandler** sind flexibler als die **Handles**-Klausel. Sie können damit die Ereignisse dynamisch mit einem oder mehreren Ereignisbehandlern zur Laufzeit verknüpfen bzw. die Verknüpfung aufheben, und Sie müssen dabei keine Objektvariablen mit **WithEvents** deklarieren (→ Listing 3.34).

3.3

Felder, Eigenschaften, Methoden und Ereignisse

```
Dim Variable1 As New Klasse1()
...
AddHandler Variable1.Ereignis1, AddressOf Ereignisbehandler1
...
Public Sub Ereignisbehandler1(ByVal EventNumber As Integer)
    Code
End Sub
```

- Deklarieren Sie eine Objektvariable der Klasse, die die Quelle für die zu behandelnden Ereignisse ist. Anders als bei einer *WithEvents*-Variablen kann dies auch eine lokale Variable in einer Prozedur sein.
- Geben Sie mit Hilfe der *AddHandler*-Anweisung den Namen des Ereignissenders an und mit der *AddressOf*-Anweisung den Namen des Ereignisbehandlers. Jede Prozedur kann als Ereignisbehandler verwendet werden, sofern sie die richtigen Argumente für das zu behandelnde Ereignis unterstützt.
- Fügen Sie dem Ereignisbehandler Code hinzu, der angibt, was getan werden soll.

3.4 Vererbung

Eines der mächtigsten Merkmale der objektorientierten Programmierung ist die Fähigkeit, ein Objekt so zu behandeln, als sei es eine Instanz einer anderen Klasse. Dieses Merkmal findet besonders bei der Arbeitstechnik der *Vererbung* seinen Einsatz. *Vererbung* bedeutet, dass Sie eine abgeleitete Klasse so behandeln können, als sei sie eine ihrer Vorfahren.

3.4.1 Grundprinzip

Normalerweise dient das Prinzip der *Vererbung* dazu, dass Ihnen Eigenschaften und Methoden einer Klasse in einer neuen Klasse zur Verfügung gestellt werden. Sie brauchen diese also nicht erst separat zu definieren. Eine *Basisklasse* dient hierbei als Grundlage der Definition. Sie stellt einen Standardsatz an Funktionen – beispielsweise

Eigenschaften, Methoden und Ereignisse – bereit. **Abgeleitete Klassen** erben die Funktionen der Basisklasse. Sie können diese Eigenschaften und Methoden aber anschließend – gegebenenfalls – ändern oder neue Eigenschaften und Methoden der neuen – abgeleiteten – Klasse hinzufügen. Alle Klassen können standardmäßig vererbt werden, es sei denn, sie sind besonders gekennzeichnet. Klassen können von anderen Klassen in Ihrem Projekt oder von Klassen in anderen Assemblies erben, auf die das Projekt verweist. Anders als bei Sprachen, für die eine Mehrfachvererbung zulässig ist, sind in Visual Basic .NET aber nur einfache Vererbungen in Klassen möglich: Abgeleitete Klassen können also nur eine Basisklasse haben.

▶ ▶ Aufgabe: Eine erbende Klasse deklarieren

Um eine Klasse durch Vererbung aus einer anderen Klasse zu erzeugen, geben Sie als Teil der Klassendeklaration zusammen mit der **Inherits**-Anweisung eine einzelne Basisklasse an, aus der die neue Klasse erben soll (→ Listing 3.35). Damit basiert beispielsweise eine neue Klasse – **Klasse11** – auf einer vorhandenen Klasse – der Basisklasse **Klasse1**. Eine Klasse kann nur von **einer** anderen Klasse erben.

Listing 3.35: Durch Vererbung können Sie Objekthierarchien erstellen

```
Public Class Klasse1
   'Code der Klasse1
End Class

Public Class Klasse11
   Inherits Klasse1
   'Weiterer Code der Klasse11
End Class
```

Wenn Sie vermeiden möchten, dass eingeschränkte Elemente in einer Basisklasse verfügbar werden, muss der Zugriffstyp einer abgeleiteten Klasse ebenso eingeschränkt oder eingeschränkter als die Basisklasse sein. Beispielsweise kann eine **Public**-Klasse keine **Friend**- oder **Private**-Klasse erben, und eine **Friend**-Klasse kann keine **Private**-Klasse erben.

Eine wesentliche Eigenschaft der Vererbung besteht darin, dass Klassen, die aus einer speziellen Basisklasse abgeleitet sind, so angewandt werden können, als seien sie diese Basisklasse. Instanzen der neuen Klasse – beispielsweise **Klasse11** – können in Variablen gesetzt werden, die den Datentyp der alten Klasse – **Klasse1** – verwenden, und sie können als Parameter an Prozeduren übergeben werden, die den alten Datentyp erwarten (→ Listing 3.36).

Listing 3.36: Eine geerbte Klasse können Sie statt der Basisklasse verwenden

```
...
Dim Variable1 As Klasse1
Variable1 = New Klasse11
Variable1.Methode1
...
Public Class Klasse1
  Public Sub Methode1
    ...
  End Sub
End Class

Public Class Klasse11
  Inherits Klasse1
  ...
End Class
```

Das gilt im Prinzip auch umgekehrt. Allerdings stehen die Eigenschaften und Methoden, die die geerbte Klasse hinzugefügt hat, natürlich nicht zur Verfügung. Überschriebene Methoden stehen hingegen zur Verfügung, da sie in der Definition der Basisklasse vorhanden sind. Allerdings wird statt der Basisimplementierung die Implementierung in der abgeleiteten Klasse aufgerufen, wenn nicht eine besondere Form des Zugriffs gewählt wird.

3.4.2 Modifizierer zur Vererbung

Alle nicht besonders gekennzeichneten Klassen können standardmäßig vererbt werden. Klassen können von anderen Klassen in Ihrem Projekt oder von Klassen in anderen Assemblies erben, auf die das Projekt verweist. Visual Basic .NET benutzt zwei zusätzliche Modifizierer auf Klassenebene zum Vermeiden oder zum Zwang zur Vererbung.

Versiegelte Klassen

Sie können angeben, dass Programmierer eine gekennzeichnete Klasse nicht als Basisklasse verwenden dürfen. Aus einer so gekennzeichneten Klasse kann also nicht geerbt werden. Hierfür fügen Sie hinter dem Gültigkeitsbereich-Abschnitt der Klassendeklaration das Schlüsselwort ***NotInheritable*** ein (→ Listing 3.37). Wenn Sie dieses Schlüsselwort angeben, kann niemand eine neue Klasse erstellen, die aus Ihrer Klasse abgeleitet ist. Das Versiegeln bietet sich natürlich vordringlich an, wenn nur statische Methoden und Eigenschaften in der Klasse vorhanden sind. Andere Methoden der Klasse wären nicht nutzbar.

Listing 3.37: Eine versiegelte Klasse kann nur statische Methoden offen legen

```
NotInheritable Public Class Klasse1
  Public Shared Sub Methode1() As String
    ...
  End Sub
End Class
```

Abstrakte Klassen

Dem Erstellen versiegelter Klassen genau entgegengesetzt ist das Erstellen abstrakter Klassen, die als Basisklassen verwendet werden müssen und nicht direkt erstellt werden können. Der ***MustInherit***-Modifizierer gibt an, dass die Klasse nur als Basisklasse verwendet werden soll. Instanzen der ***MustInherit***-Klassen können nicht direkt, sondern nur als Basisklasseninstanzen einer abgeleiteten Klasse erstellt werden. Dieses Schlüsselwort wird häufig dann verwendet, wenn die Basisklasse allein nicht funktionsfähig ist und Sie erst eine oder mehrere Schlüsselmethoden in abgeleiteten Klassen implementieren müssen, bevor Sie irgendetwas Sinnvolles machen können.

Alle Methoden, die unverändert bleiben sollen, können in der Basisklasse selbst codiert werden. Die Methoden jedoch, die implementiert werden müssen, werden in Visual Basic mit dem **MustOverride**-Modifizierer gekennzeichnet.

Wenn eine abstrakte Klasse implementiert wird, muss jede abstrakte (**MustOverride**-)Methode in dieser Klasse implementiert werden. Außerdem muss jede implementierte Methode dieselbe Anzahl und denselben Typ von Argumenten erhalten sowie denselben Rückgabewert aufweisen wie die Methode, die in der abstrakten Klasse angegeben wird.

Erweitern

Wenn Sie eine **Klasse11** aus **Klasse1** durch Vererbung ableiten, stehen die Eigenschaften von Klasse 1 – beispielsweise **Eigenschaft1** und **Eigenschaft2** – beiden Klassen zur Verfügung. Zusätzlich können Sie aber für **Klasse11** noch weitere Eigenschaften – beispielsweise **Eigenschaft3** und **Eigenschaft4** – definieren (→ Listing 3.38).

Listing 3.38: Durch Vererbung können Sie Objekthierarchien erstellen

```
Module Module1

  Public Sub Main()
    Dim Variable As Klasse11
    Variable1 = New Klasse11()
    With Variable1
      .Eigenschaft1 = "Wert1"
      .Eigenschaft2 = "Wert2"
    End With
  End Sub

End Module
```

```
End Module
...
Public Class Klasse1
  Public Eigenschaft1 As String
End Class

Public Class Klasse11
  Inherits Klasse1
  Public Eigenschaft2 As String
End Class
```

Beim Arbeiten mit Objekten in einer Vererbungshierarchie können Sie dann die Klasse wählen, in der die Objektvariablen deklariert werden. Wägen Sie dabei die Flexibilität der Objektzuweisung gegen den Zugriff auf die Member einer Klasse ab.

3.4.3 Überschreiben

Zusätzlich zu der Erweiterung ist es auch möglich, dass eine Kindklasse einen Teil oder die gesamte Funktionalität der Basisklasse *überschreibt*. Das geschieht, wenn ein Kind eine spezialisierte Version einer Methode oder Eigenschaft implementiert, die auch in der Eltern- oder Basisklasse definiert ist. In solch einem Fall wird der Code der Kindklasse anstelle des Codes der Elternklasse ausgeführt. Sie können also eine neue Implementierung der Methode in der abgeleiteten Klasse definieren.

Grundprinzip

Wenn abgeleitete Klassen in der Lage sein sollen, eine in ihrer Basisklasse definierte Methode zu überschreiben, dann muss die Basisklasse durch das Schlüsselwort *Overridable* gekennzeichnet sein und die Methode der abgeleiteten Klasse muss das Schlüsselwort *Overrides* enthalten (→ Listing 3.39).

```
Public Class Klasse1
   Public Eigenschaft1 As String
   Public Eigenschaft2 As String
   Public Overridable Function Funktion1 As Decimal

     ...
     Return ...
   End Function
End Class

Public Class Klasse11
   Public Eigenschaft3 As String
   Public Eigenschaft4 As String
   Public Overrides Function Funktion1 As Decimal

     ...
     Return ...
   End Function
End Class
```

3.4

Vererbung

Überschreiben erzwingen oder verbieten

In vielen Fällen werden Sie Basisklassen erstellen, in denen alle Member deklariert sind, die Sie in daraus abgeleiteten Klassen benötigen. Nicht aber solche, die in den einzelnen abgeleiteten Klassen unterschiedliche Ausprägungen haben. Dann empfiehlt es sich, die Basisklasse als **MustInherit** und die später individuell zu gestaltenden Member als **MustOverride** zu deklarieren (→ Listing 3.40). Solche Basisklassen überlassen den abgeleiteten Klassen die Implementierung von bestimmten Methoden, sodass jede Form verwendet werden kann. Andere Entwickler können Methoden in abgeleitete Klassen implementieren, indem sie die Dokumentation für die Basisklasse verwenden.

- **NotOverridable** verhindert, dass eine Eigenschaft oder Methode in einer erbenden Klasse überschrieben wird. **Public**-Methoden sind standardmäßig **NotOverridable**.

- **MustOverride** erzwingt, dass eine abgeleitete Klasse die Eigenschaft oder Methode überschreiben – also seine eigene Version dieser Eigenschaft oder Methode mitbringen – muss. Damit erzwingen Sie, dass diese Methoden in jede geerbte Version dieser Klasse aufgenommen werden. Wenn Sie **MustOverride** verwenden, brauchen Sie für die betreffende Methode oder Eigenschaft keine Implementierung bereitzustellen. Wenn das **MustOverride**-Schlüsselwort verwendet wird, besteht die Methodendefinition nur aus den Anweisungen **Sub**, **Function** oder **Property**. Es sind keine anderen Anweisungen zulässig, besonders nicht die Anweisungen **End Sub** oder **End Function**. Wenn eine Klasse eine Methode enthält, die als **MustOverride** gekennzeichnet ist, muss sie selbst als **MustInherit** gekennzeichnet sein.

Listing 3.40: **MustInherit** *und* **MustOverride** *dienen als Modifizierer*

```
Public MustInherit Class Klasse1
  MustOverride Property Eigenschaft1() As Integer
  Public MustOverride Sub Methode1()
End Class

Public Class Klasse11
  Inherits Klasse1
  Public Overrides Sub Methode1()

    ...
  End Sub
  Overrides Property Eigenschaft1() As Integer
    Get

      ...
      Return ...
    End Get
  End Property
End Class
```

Für sich allein genommen ist die oben gezeigte Klasse **Klasse1** nutzlos: Sie richtet lediglich die allgemeine Schablone für alle Objekte ein, die diese Klasse als Basisklasse verwenden. Diese Basisklasse ist insofern nützlich, als sie es Ihnen ermöglicht, rund um die einzelne Basisklasse verschiedene Routinen zu schreiben und alle abgeleiteten Klassen automatisch zu unterstützen. Indem Sie diese Klasse als **MustInherit** kennzeichnen, stellen Sie sicher, dass kein Programmierer gegen Ihre Absichten verstoßen und direkt eine Instanz von **Klasse1** erzeugen kann. Es ist ohnehin unwahrscheinlich, dass jemand eine Instanz von **Klasse1** erzeugen möchte (und wenn jemand dies doch macht, stellt das auch kein Problem dar), aber machen Sie Ihre Wünsche auf jeden Fall deutlich, indem Sie die Verwendung des falschen Typs verhindern. Indem Sie die Methode **Methode1** als **MustOverride** kennzeichnen, geben Sie an, dass diese Methode in jeder neuen, aus dieser Klasse abgeleiteten Klasse bereitgestellt werden muss. Auch dies ist wieder eine Möglichkeit, wie Sie mit Hilfe der Eigenschaften von Visual Basic .NET Ihre Absichten deutlich machen können, statt sich darauf zu verlassen, dass andere Programmierer immer das Richtige machen. Dieser Ansatz ist auch sinnvoll, da andere Entwickler, die keinen Zugriff auf Ihren Quellcode haben, Ihre Basisklasse mit neuen abgeleiteten Klassen erweitern können, sofern dies erforderlich ist.

Das *MyBase*-Schlüsselwort

Mit dem **MyBase**-Schlüsselwort können Sie beim Prozess des Überschreibens von Methoden die zu überschreibende Methode in einer Basisklasse aufrufen und diese für das Überschreiben nutzen.

Beispiel: Angenommen, Sie entwerfen eine abgeleitete Klasse **Klasse11**, die eine aus einer Basisklasse **Klasse1** geerbten Methode **Methode1** überschreibt. Die überschriebene Methode kann die Methode in der Basisklasse aufrufen und den Rückgabewert wie im folgenden Codefragment ändern – beispielsweise ein Ergebnis mit einem bestimmten Faktor multiplizieren (→ Listing 3.41).

Listing 3.41: Eine überschriebene Methode kann die Methode in der Basisklasse aufrufen

```
Public Class Klasse1
  Public Overrides Function _
    Methode1(ByVal X As Double)
    ...
  End Function
End Class

Public Class Klasse11
  Inherits Klasse1
  Public Overrides Function _
    Methode1(ByVal X As Double)
    Return MyBase.Methode1(X) * 2
  End Function
End Class
```

Beachten Sie dabei aber die bestehenden Einschränkungen:

- **MyBase** bezieht sich auf die unmittelbare Basisklasse und deren vererbte Member. Damit kann nicht auf **Private**-Member in der Klasse zugegriffen werden.
- **MyBase** ist ein Schlüsselwort und kein echtes Objekt. **MyBase** kann nicht einer Variablen zugeordnet, an Prozeduren weitergeleitet oder in einem **Is**-Vergleich verwendet werden.
- Die Methode, die **MyBase** qualifiziert, muss nicht in der unmittelbaren Basisklasse definiert sein, sondern kann auch in einer indirekt vererbten Basisklasse definiert werden. Damit ein von **MyBase** gekennzeichneter Verweis ordnungsgemäß kompiliert wird, muss die Basisklasse eine Methode enthalten, die dem Namen und den Typen der Parameter entspricht, die im Aufruf erscheinen.
- Mit **MyBase** können Sie die **MustOverride**-Basisklassenmethoden nicht aufrufen.
- **MyBase** kann nicht verwendet werden, um sich selbst zu qualifizieren, und kann nicht in Modulen verwendet werden.

- Mit **MyBase** können Sie nicht auf die Basisklassenmember zugreifen, die als **Friend** gekennzeichnet sind, wenn sich die Basisklasse in einer anderen Assembly befindet.

Das *MyClass*-Schlüsselwort

Das **MyClass**-Schlüsselwort verhält sich wie eine Objektvariable, die auf die aktuelle Klasseninstanz gemäß ihrer ursprünglichen Implementierung verweist (→ Listing 3.42). **MyClass** ist mit **Me** vergleichbar, alle zugehörigen Methodenaufrufe werden jedoch so behandelt, als wäre die Methode **NotOverridable**. Daher wird die aufgerufene Methode nicht durch das Überschreiben in einer abgeleiteten Klasse beeinflusst. Das **MyClass**-Schlüsselwort kann nicht innerhalb einer **Shared**-Methode verwendet werden, es kann aber innerhalb einer Instanzmethode einen freigegebenen Member einer Klasse aufrufen.

*Listing 3.42: Mit **MyClass** nehmen Sie Bezug auf das Original*

```
Module Module1
  Sub Main()
    Dim Variable1 As Klasse11 = New Klasse11()
    Variable1.UseMe()
    Variable1.UseMyClass
  End Sub
End Module

Class Klasse1
  Public Overridable Sub Methode1()

    ...
  End Sub
  Public Sub UseMe()
    Me.Methode1()
  End Sub
  Public Sub UseMyClass()
    MyClass.Methode1()
  End Sub
End Class
```

```
Class Klasse11
Inherits Klasse1
  Public Overrides Sub Methode1()
    ...
  End Sub
End Class
```

Mit **Me.Methode1()** wird die Methode der Basisklasse **Klasse1** verwendet. Obwohl Methode1 durch **Klasse11** außer Kraft gesetzt wird, wird diese Wirkung durch das **MyClass**-Schlüsselwort in **UseMyClass** aufgehoben. Der Compiler löst daraufhin den Aufruf an die Basisklassenversion von **Methode1** auf.

3.4.4 Überschatten

Wenn in einer abgeleiteten Klasse ein von einer Basisklasse geerbtes Programmierelement neu definiert wird, **überschattet** – oder **spiegelt** – das neu definierte Element das Originalelement. Das **Überschatten** ist nicht zu verwechseln mit dem **Überschreiben**.

Zum Überschatten eines vorhandenen Members in der Basisklasse verwenden Sie bei der Deklaration des neuen Members in der abgeleiteten Klasse das zusätzliche Schlüsselwort **Shadows** (→ Listing 3.43). Jeder deklarierte Elementtyp bzw. jede Gruppe überladener Elemente kann mit einem anderen Typ überschattet werden. Es ist aber nicht möglich, eine Prozedur mit einer Eigenschaft zu überschreiben oder umgekehrt. Es ist auch nicht möglich, eine **Function**-Prozedur mit einer **Sub**-Prozedur zu überschreiben oder umgekehrt. Wenn Sie eine Prozedur mit einer anderen Prozedur spiegeln, können Sie auch nur eine andere Argumentliste und einen anderen Rückgabetyp verwenden. Es ist übrigens nicht falsch, den **Shadows**-Modifizierer anzugeben, wenn kein zu überschattender Name eines Members vorhanden ist.

```
Public Class Klasse1
  Public Variable1 As Integer = 1
End Class
```

```
Public Class Klasse11
  Inherits Klasse1
  Public Shadows Variable1 As String = "A"
End Class
```

Dabei werden die aus der Basisklasse vererbten Member mit diesem Namen nicht entfernt, sie sind lediglich in der abgeleiteten Klasse für Verweise in direkter Form nicht mehr verfügbar. Die Art des Zugriffs kann darüber entscheiden, ob der Code das spiegelnde Element oder das von ihm gespiegelte Element verwendet.

Beispiel: Im nachfolgenden Code erzeugt die Zuweisung eines **Klasse11**-Objekts eine Erweiterungskonvertierung und ist daher gültig (→ Listing 3.44). Die Basisklasse kann jedoch nicht auf die spiegelnde Version der Variablen in der abgeleiteten Klasse zugreifen, daher löst der Compiler **Variable2** in den Wert der ursprünglichen Basisklasse auf.

Listing 3.44: Sie können noch immer auf die Basisklasse zugreifen

```
Module Module1
  Sub Main()
    Dim Variable1 As Klasse1 = New Klasse11()
    Dim Variable2 As Klasse11 = New Klasse11()

    ...
  End Sub
End Module
```

```
Public Class Klasse1
  Public Wert As Integer = 1
End Class
```

```
Public Class Klasse11
  Inherits Klasse1
  Public Shadows Wert As String = "A"
End Class
```

Überladene Member

Sind die betreffenden Member überladen, werden mit dem **Shadows**-Schlüsselwort alle vorhandenen Überladungen in der Basisklasse verborgen. Wenn Sie mehrere Überladungen wünschen, müssen Sie diese in der Kindklasse neu erstellen. Alternativ können Sie aber auch nur spezielle Überladungen verbergen. Dazu benutzen Sie das **Overloads**-Schlüsselwort (→ Listing 3.45). In diesem Fall wird nur alles mit diesem Namen und derselben Signatur verborgen. Wenn in einem Member einer Gruppe von überladenen Membern das **Shadows**-Schlüsselwort oder das **Overloads**-Schlüsselwort angegeben wurde, muss es in allen Entitäten angegeben werden. **Shadows** und **Overloads** können nicht gleichzeitig angegeben werden. Es ist auch hier wiederum nicht falsch, den **Shadows**-Modifizierer oder den **Overloads**-Modifizierer anzugeben, wenn kein zu überschattender Name eines Members vorhanden ist.

Listing 3.45: Bei überladenen Membern sind zwei Methoden des Überschattens möglich

```
Class Klasse1
  Sub Methode1()
  End Sub

  Sub Methode1(ByVal I As Integer)
  End Sub

  Sub Methode2()
  End Sub

  Sub Methode2(ByVal I As Integer)
  End Sub
End Class

Class Klasse11
  Inherits Klasse1
  Overloads Sub Methode1(ByVal I As Integer)
  End Sub

  Shadows Sub Methode2(ByVal I As Integer)
  End Sub

End Class
```

Möglichkeiten und Beschränkungen

Im Gegensatz zum Überschreiben vom Membern finden Sie beim Einsatz der Technik des Überschattens einige Beschränkungen oder Grenzfälle, die Sie kennen sollten:

- Die Deklaration eines neuen Members überschattet einen vererbten Member nur innerhalb des Gültigkeitsbereichs des neuen Members. Beispielsweise überschattet die Deklaration von **Methode1** in der **Klasse11** die **Methode1**, die von **Klasse1** vererbt wurde; da die neue Methode **Methode1** in **Klasse11** jedoch den **Private**-Zugriff besitzt, erstreckt sich ihr Gültigkeitsbereich nicht bis zu **Klasse111**. Folglich ist der Aufruf **Methode1()** in **Klasse111.Methode2** zulässig und führt zum Aufruf **Klasse1.Methode1**.

Listing 3.46: Neue Member überschatten vererbte Member

```
Class Klasse1
   Public Shared Sub Methode1()
      ...
   End Sub
End Class

Class Klasse11
   Inherits Klasse1
   Private Shared Shadows Sub Methode1()
      ...
   End Sub
End Class

Class Klasse111
   Inherits Klasse11
   Shared Sub Methode2()
      Methode1()
   End Sub
End Class
```

- Da Methoden vererbte Methoden überschatten können, kann eine Klasse mehrere **Overridable**-Methoden mit derselben Signatur enthalten. Dies stellt kein Problem in Bezug auf die Mehrdeutigkeit dar, da nur die am stärksten abgeleitete Methode sichtbar ist.

Im folgenden Beispiel enthalten die Klassen **Klasse3** und **Klasse4** zwei **Overridable**-Methoden mit derselben Signatur: Hier gibt es zwei **Overridable**-Methoden: eine, die von **Klasse1** eingeführt wird, und eine, die von **Klasse3** eingeführt wird. Die von **Klasse3** eingeführte Methode verbirgt die von **Klasse1** vererbte Methode. Somit überschreibt die **Overrides**-Deklaration in **Klasse4** die von **Klasse3** eingeführte Methode. **Klasse4** kann die von **Klasse1** eingeführte Methode nicht überschreiben. Beachten Sie, dass die verborgene **Overridable**-Methode durch den Zugriff auf eine Instanz der **Klasse4** über einen weniger abgeleiteten Typ aufgerufen werden kann, in dem die Methode nicht verborgen ist.

Listing 3.47: Nur die am stärksten abgeleitete Methode ist sichtbar

```
Class Klasse1
   Public Overridable Sub Methode1()
      ...
   End Sub
End Class

Class Klasse2
   Inherits Klasse1
   Public Overrides Sub Methode1()
      ...
   End Sub
End Class

Class Klasse3
   Inherits Klasse2
   Public Shadows Overridable Sub Methode1()
      ...
   End Sub
End Class

Class Klasse4
   Inherits Klasse3
   Public Overrides Sub Methode1()
      ...
   End Sub
End Class
```

- Das Überschatten einer **MustOverride**-Methode ist nicht zulässig, weil die Klasse dadurch in den meisten Fällen unbrauchbar würde. Im folgenden Beispiel muss **Klasse111** die **MustOverride**-Methode **Klasse1.Methode1** überschreiben; da **Klasse11** die Methode **Klasse1.Methode1** überschattet, ist dies jedoch nicht möglich (→ Listing 3.48). Es gibt keine Möglichkeit, eine gültige Ableitung von **Klasse11** zu deklarieren.

*Listing 3.48: Beim Überschatten von **MustOverride**-Methoden können Probleme auftauchen*

```
MustInherit Class Klasse1
    Public MustOverride Sub Methode1()
End Class

MustInherit Class Klasse11
    Inherits Klasse1
    Public Shadows Sub Methode1()
    End Sub
End Class

Class Klasse111
    Inherits Klasse11
End Class
```

- Bei überladenen Membern wird die gesamte Gruppe so behandelt, als ob alle den am wenigsten eingeschränkten Zugriff für das Überschatten hätten. Im folgenden Beispiel wird die überladene **Methode1(Integer)** mit **Public**-Zugriff deklariert, obwohl die Deklaration von **Methode1()** in **Klasse11** mit **Private**-Zugriff deklariert ist. Für das Überschatten wird der Name **Methode1** in **Klasse11** damit so behandelt, als ob er **Public** wäre. Folglich überschatten beide Methoden **Methode1** in **Klasse1** (→ Listing 3.49).

```
Class Klasse1
  Public Sub Methode1()
  End Sub
End Class

Class Klasse11
  Inherits Klasse1

  Private Shadows Sub Methode1()
  End Sub

  Public Shadows Sub Methode1(ByVal I As Integer)
  End Sub
End Class

Class Klasse111
  Inherits Klasse11

  Public Sub Methode2()
    Methode1()
  End Sub
End Class
```

3.5 Schnittstellen, Module und Strukturen

Nachdem wir uns in diesem Kapitel praktisch nur mit Klassen und den damit zusammenhängenden Aspekten beschäftigt haben, wollen wir den Bereich der objektorientierten Programmierung abschließen, indem wir uns mit drei verbliebenen Datenbehältern beschäftigen – **Schnittstellen**, **Modulen** und **Strukturen**. Diese Typen werden häufig für Hilfsfunktionen und kleine Hilfsobjekte für Ihre Komponenten verwendet. Sie können dafür aber auch Klassen verwenden.

3.5.1 Schnittstellen

Mit **Schnittstellen** – englisch **Interfaces** genannt – können Sie ein ähnliches Ergebnis erzielen, nämlich Klassen, die so behandelt werden können, als seien sie andere Klassen. Eine Schnittstelle ist ein besonderer Klassentyp, der keinen Code enthält, sondern nur als eine Möglichkeit verwendet wird, das Erscheinungsbild eines Objekts zu beschreiben. Andere Klassen können dann eines oder mehrere dieser Interfaces implementieren, wodurch man sie so behandeln kann, als seien sie ein Objekt eines dieser Typen.

Sowohl Schnittstellen als auch Vererbung ermöglichen es, dass viele verschiedene Objekte Attribute gemeinsam nutzen. Allerdings bestehen zwischen beiden zwei wesentliche Unterschiede, durch die sie sich für unterschiedliche Aufgaben eignen: Schnittstellen umfassen nur diese Attribute an sich, aber keine Implementierungen. Klassen, die diese Schnittstelle implementieren, müssen alle Funktionsmerkmale selbst bereitstellen. Demgegenüber hat die Vererbung den Vorteil, dass die implementierte Funktionalität von der Basisklasse und den abgeleiteten Klassen gemeinsam genutzt wird. Schnittstellen machen dies jedoch durch eine erheblich größere Flexibilität wett, da Klassen beliebig viele Interfaces implementieren können.

Letztlich haben beide Verfahren zwar einige Ähnlichkeiten, sind aber für ganz verschiedene Zwecke gedacht. Verwenden Sie **Interfaces**, wenn Sie anzeigen möchten, dass eine Klasse bestimmte – häufig mehrere – Fähigkeiten hat, die sich etwa als **Klasse1 unterstützt das Interface Schnittstelle1** beschreiben lassen. Die Vererbung gibt hingegen eine »ist ein«-Beziehung an. Sätze wie beispielsweise **Kunde ist eine Person** und **Hauptkunde ist eine Person** könnten die Beziehung zwischen zwei abgeleiteten Klassen und ihrer Basisklasse beschreiben.

3.5.2 Module

Module kennen Sie schon aus dem vorherigen Kapitel: Sie stellen eine einfachere Möglichkeit zur Organisation von Hilfsfunktionen und globalen Daten bereit, die von den Komponenten Ihrer Anwendung verwendet werden. Sie sind ein mit Klassen vergleichbarer Verweistyp, es gibt jedoch einige wichtige Unterschiede. Die Member eines Moduls sind implizit **Shared** und für den Deklarationsabschnitt des Namensraums im Standardmodul gültig, der dieses Modul enthält, nicht nur für das Modul selbst. Im Gegensatz zu Klassen können Module niemals instanziiert werden und keine Schnittstellen implementieren. Außerdem werden Vererbungen von Modulen nicht unterstützt. Ein Modul kann nur in einem Namensraum deklariert und nicht in einem anderen Typ geschachtelt werden.

Ein Modul muss ein Member eines Namensraums sein. Es darf kein Member eines anderen Typs, beispielsweise einer Klasse, sein. Innerhalb eines Namensraums deklarieren Sie einen Modulblock über die **Module**-Anweisung. **End Module** beendet einen **Module**-Block (→ Listing 3.50).

*Listing 3.50: Module werden mit dem Schlüsselwort **Module** definiert*

```
Module Module1
  'Code des Moduls
End Module
```

Optional können Sie die Schlüsselwörter **Public** oder **Friend** verwenden: Bei **Public**-Zugriff gibt es keine Zugriffsbeschränkungen. Wenn ein Modul als **Public** deklariert ist, sind dessen **Public**-Member außerhalb Ihrer Assembly sichtbar. Um auf diese Member zugreifen zu können, muss ein Benutzer Ihrer Assembly sie mit dem Namen des Moduls qualifizieren. Bei **Friend** ist der Zugriff darauf im Programm, das ihre Deklaration enthält, sowie überall in derselben Assembly möglich. Module, für die kein Zugriffsmodifizierer angegeben ist, werden standardmäßig als **Friend** deklariert.

Sie können mehrere Module in einem Projekt verwenden. Member mit identischen Namen, die in zwei oder mehr Modulen definiert sind, müssen jedoch mit ihrem Modulnamen gekennzeichnet werden, wenn außerhalb des Moduls darauf zugegriffen wird.

3.5.3 Strukturen

Strukturen stellen ähnlich wie Klassen Datenstrukturen dar. Eine Struktur ist eine Verallgemeinerung des benutzerdefinierten Typs, der in älteren Versionen von Visual Basic unterstützt wird. Zusätzlich zu Feldern können Strukturen aber Eigenschaften, Methoden und Ereignisse offen legen. Eine Struktur kann eine oder mehrere Schnittstellen implementieren, und Sie können einen individuellen Zugriff für die einzelnen Felder deklarieren.

Strukturen sind aber im Gegensatz zu Klassen Werttypen: Eine Variable eines Strukturtyps enthält die Daten der Struktur und nicht einen Verweis auf die Daten, wie dies bei einem Klassentyp der Fall ist. Die Verwendung von Strukturen empfiehlt sich, wenn eine einzelne Variable verschiedene verwandte Informationen enthalten soll. Angenommen, Sie möchten den Namen eines Mitarbeiters, seine Telefonnummer und Informationen zu seinem Gehalt zusammen speichern. Sie könnten für diese Informationen verschiedene Variablen verwenden, oder Sie könnten eine Struktur definieren und diese für die Variable für einen einzelnen Mitarbeiter verwenden. Der Vorteil, der sich durch die Verwendung einer Struktur ergibt, wird deutlich, wenn viele Mitarbeiter und somit auch viele Instanzen der Variablen vorhanden sind.

Der wesentliche Unterschied zu Klassen besteht auch darin, dass mit Strukturen keine Vererbung möglich ist. Darum dürfen Strukturen nur für Objekte verwendet werden, die nicht erweitert werden müssen. Verwenden Sie Strukturen, wenn die Instanz des zu erstellenden Objekts klein ist. Ziehen Sie außerdem die Leistungsmerkmale von Klassen im Vergleich zu Strukturen in Betracht. Im Allgemeinen sollten Objekte, für die eine größere Instanz erforderlich ist, als Klasse erstellt werden. Strukturen mit großen Instanzen reduzieren die Leistung, wenn die Daten nacheinander an die einzelnen Methoden übergeben werden. Je nach Reservierung und Verwendung der Struktur ist eine Struktur möglicherweise selbst mit einer größeren Instanz effizienter. So kann beispielsweise eine Struktur, die innerhalb eines Arrays reserviert und übergeben wird, effizient sein.

Deklaration

In früheren Versionen von Visual Basic wurde eine **Type**-Anweisung zur Definition von Strukturen bereitgestellt. In Visual Basic .NET wird die Syntax für Strukturen und Klassen vereint, mit dem Ergebnis, dass beide Einheiten den größten Teil der übereinstimmenden Features unterstützen. Durch die **Structure**-Anweisung steht eine Vielzahl neuer Funktionen zur Verfügung. Sie beginnen eine Strukturdeklaration mit der **Structure**-Anweisung und beenden sie mit der **End Structure**-Anweisung (→ Listing 3.51).

Listing 3.51: Eine Struktur wird in einem Block beschrieben

```
Structure Name
   ...
End Structure
```

Zwischen diesen beiden Anweisungen müssen Sie mindestens einen Member deklarieren. Der Datentyp der Member kann beliebig sein. Sie können Datenelemente verschiedener Typen kombinieren, um eine Struktur zu erstellen. In einer Struktur werden ein oder mehrere Member einander und der Struktur an sich zugeordnet. Wenn Sie eine Struktur deklarieren, entsteht ein zusammengesetzter Datentyp, und Sie können Variablen dieses Typs deklarieren. Datenmember in Strukturen müssen mit der **Dim**-Anweisung oder mit **Public**, **Private** oder **Friend** deklariert werden. Sie müssen jeden Member deklarieren und den Zugriff dafür festlegen. Wenn Sie die **Dim**-Anweisung ohne Schlüsselwörter verwenden, wird als Zugriff standardmäßig **Public** festgelegt (→ Listing 3.52). Sie können auch mit den Schlüsselwörtern **Friend** oder **Private** arbeiten. Da nicht von einer Struktur geerbt werden kann, ist der **Protected**-Zugriff für Strukturmember nicht sinnvoll, aber erlaubt. Sie können **Public Shared**-Member verwenden, um Hilfsfunktionen für einen bestimmten Typ bereitzustellen. **Shared**-Member können mit dem Typennamen aufgerufen werden; es ist keine Instanz des Typs erforderlich.

```
Structure Name
  Public Member1 As Datentyp
  Public Member2 As Datentyp
  ...
End Structure
```

Beispiel: Wenn Sie beispielsweise Vor- und Nachnamen eines Mitarbeiters, seine Telefonnummer und Informationen zu seinem Gehalt gemeinsam in einer einzigen Variablen speichern möchten, können Sie dafür eine Struktur definieren (→ Listing 3.53).

Listing 3.53: Eine Struktur kann unterschiedliche Datentypen vereinigen

```
Structure Mitarbeiter
    Public Vorname As String
    Public Nachname As String
    Public Telefon As Long
    Private Gehalt As Single
End Structure
```

Die Deklarationen können keine Initialisierungen angeben. Erst wenn Sie eine Variable als einen Strukturtyp deklarieren, weisen Sie den Membern Werte zu, indem Sie darauf über die Variable zugreifen. Strukturen können Methoden, Eigenschaften, Felder, Konstanten oder Enumerationen besitzen. Strukturprozeduren können aber keine Ereignisse behandeln. Außerdem können sie Schnittstellen implementieren.

Sie können Strukturen gemeinsam mit Arrays, Objekten und Prozeduren sowie miteinander verwenden. Die Interaktionen verwenden dieselbe Syntax, die diese Elemente einzeln verwenden.

■ Strukturen können andere Strukturen enthalten. Beispielsweise können Sie eine in einem Modul definierte Struktur in einer Struktur einkapseln, die in einem anderen Modul definiert ist. Strukturen können beliebig viele andere Strukturen enthalten.

- Eine Struktur kann als eines seiner Elemente ein Array enthalten (→ Listing 3.54). Die Arraygrößen dürfen dabei nicht vorgegeben werden.

Listing 3.54: Eine Struktur kann Arrays beinhalten

```
Structure Struktur1
    Public Vorname As String
    Public Nachname As String
    Private Adresse() As String
End Structure
```

- Eine Struktur kann als eines seiner Elemente ein Objekt enthalten (→ Listing 3.55). Anstelle von *Object* sollten Sie aber in einer solchen Deklaration ein bestimmtes Objekt verwenden.

Listing 3.55: Ein Strukturvariable wird deklariert

```
Private Structure Struktur1
    Private Variable as Klasse1
End Structure
```

Zugriff auf Strukturwerte

Zum Zuweisen und Abrufen der Werte von den Elementen einer Strukturvariablen verwenden Sie dieselbe Syntax wie zum Festlegen und Abrufen von Eigenschaften für ein Objekt. Wenn Sie beispielsweise die zuvor deklarierten Variablen verwenden, können Sie wie folgt auf deren Elemente zugreifen:

Listing 3.56: Auf eine Strukturvariable kann wie üblich zugegriffen werden

```
...
Dim StrukturVariable1 As Struktur1
Dim Variable1 As String
...
StrukturVariable1.Name = "Müller"
...
Variable1 = StrukturVariable1.Name
...
```

Da es sich bei Strukturen um Werttypen handelt, sind Strukturvariablen immer permanent an eine einzelne Strukturinstanz gebunden. Klassen hingegen sind Verweistypen, und eine Objektvariable kann zu unterschiedlichen Zeitpunkten auf verschiedene Klasseninstanzen verweisen. Damit ist es möglich, dass Operationen in Bezug auf eine Variable sich auf das Objekt auswirken können, auf das von der anderen Variablen verwiesen wird. Mit Strukturen hat jede Variable ihre eigene Kopie der Daten. Strukturmember sind in ihrer eigenen Instanz isoliert. Änderungen an den Werten werden nicht in anderen Strukturvariablen oder gar in anderen Instanzen derselben *Structure*-Deklaration wiedergegeben.

4 Debuggen und Erstellen

In diesem Kapitel werden wir auf einen Bereich der Programmierung eingehen, der eher einen unangenehmen Beigeschmack hat – die Fehlerbehandlung. Die Beschäftigung damit ist notwendig, denn Fehler passieren jedem Programmierer. Wichtig ist, dass Sie wissen, wie man Fehler erkennt und beseitigt.

■ Bereits bevor Sie den Code eines Projekts ausführen, können Sie sich davon überzeugen, ob im Code nicht noch Fehler vorhanden sind, die von der *IDE* schon während der Eingabe bemerkt worden sind (→ Abschnitt 4.1).

■ Nachdem Sie die Eingabe Ihres Codes so weit abgeschlossen haben, dass ein ausführbares Ergebnis zu erwarten ist, können Sie den Code testen. Dazu erzeugen Sie innerhalb der *IDE* eine ausführbare Datei für Ihr Projekt, was mit *Erstellen* – oder *Build* – bezeichnet wird. Der erste Schritt dieses Prozesses wird mit *Debugging* bezeichnet. Dieses Debugging ist ein zweistufiger Prozess: Zum einen können Fehler behoben werden, die sich während der Kompilierung zeigen. Hierzu zählen Fehler in der Syntax, falsch geschriebene Schlüsselwörter und unrichtige Typenübereinstimmungen. Zum anderen wird der Debugger verwendet, um während der Laufzeit auftretende Probleme – beispielsweise Logik- und Semantikfehler – zu ermitteln und zu beheben (→ Abschnitt 4.1).

■ Es wird trotz aller Tests immer Situationen geben, in denen Fehler auftreten müssen – beispielsweise dann, wenn eine zu öffnende Datei beim Anwender nicht vorhanden ist. Damit solche Situationen nicht zu einem Absturz der Anwendung führen, können Sie die in *Visual Basic* vorhandene *Ausnahmebehandlung* benutzen, die die Auswirkungen solcher Fehler minimiert (→ Abschnitt 4.3).

■ Wenn die Entwicklung eines Projekts oder einer Projektmappe vollständig abgeschlossen wurde und auch das Debuggen in ausreichendem Maße erfolgt ist, werden die Komponenten zu einem *Releasebuild* kompiliert. Damit erstellen Sie eine ausführbare Anwendung, die auch von Benutzern betrieben werden kann, auf deren Systemen Visual Basic .NET nicht installiert ist. Die Arbeit, die Sie dafür durchführen müssen, wird als ***Erstellung*** oder ***Bereitstellung*** bezeichnet, und auch hierfür stellt die ***IDE*** die notwendige Unterstützung bereit (→ Abschnitt 4.4).

- Wenn Sie die Arbeit so weit fertig gestellt haben, dass Sie die Komponenten der Projektmappe kompilieren und die fertige Anwendung an die Benutzer weitergeben können, ist es oftmals erforderlich und immer sinnvoll, ein ***Setup*** oder ***Weitergabeprojekt*** hinzuzufügen. Mit diesem Projekttyp wird die gesamte Projektmappe in einer Microsoft-Installationsdatei gebündelt, wodurch die Installation der Anwendung für Benutzer vereinfacht wird (→ Abschnitt 4.5).

4.1 Fehler im Entwurf

Wie Sie vielleicht schon bemerkt haben werden, zeigt die ***IDE*** im Entwurfsmodus viele offensichtliche Fehler bereits während oder kurz nach Abschluss der Eingabe an.

4.1.1 Die Hilfestellung in der IDE

Achten Sie dabei auf die unterschiedlichen Formen der verschiedenen Hilfeleistungen:

- Immer dann, wenn die ***IDE*** etwas bemerkt, was ein Fehler sein könnte, wird diese Stelle wellenförmig unterstrichen (→ Abbildung 4.1). Wenn Sie eine Unterstreichung auf dem Bildschirm sehen, sollten Sie zumindest die Ursache dafür herausfinden, bevor Sie zum Debugging schreiten.

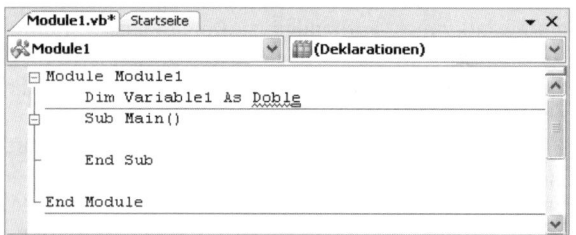

Abbildung 4.1: Eine wellenförmige Unterstreichung zeigt einen Fehler an

▶▶Schnell**übersicht** Visual Basic 2005

- Indem Sie den Mauszeiger auf der Wellenlinie ruhen lassen, können Sie in den meisten Fällen auch den Hintergrund für diese Meldung anzeigen lassen. Zusätzlich wird dabei eine kleine Schaltfläche mit einem Ausrufezeichen eingeblendet. Wenn Sie darauf klicken, werden weitere Hinweise und oft auch Korrekturvorschläge angezeigt (→ Abbildung 4.2).

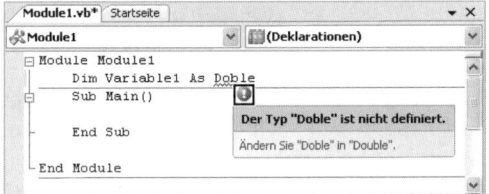

Abbildung 4.2: Nutzen Sie die automatische Korrektur

Die Anzeige der Vorschläge zur Beseitigung der Fehler geschieht nur dann, wenn auf der Seite **VB-spezifisch** im Bereich **Text-Editor/Basic** die Option **Vorschläge für Fehlerkorrektur aktivieren** eingeschaltet ist.

Wenn Sie – was hoffentlich nicht passieren wird – viele Eingabefehler machen, können Sie eine zusammenfassende Liste dieser Fehler anzeigen lassen, indem Sie den Befehl **Fehlerliste** im Menü **Ansicht** wählen oder auf die gleichnamige Schaltfläche klicken. In diesem Fenster, das standardmäßig unten am Bildschirm angezeigt wird, werden alle in der Anwendung gefundenen Fehler aufgelistet (→ Abbildung 4.3). Durch einen Doppelklick auf eine Zeile in diesem Fenster wird die Stelle mit dem Fehler im Code markiert.

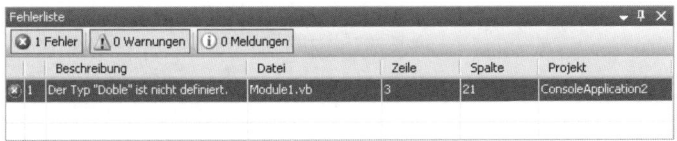

Abbildung 4.3: Fehler können aufgelistet werden

Wenn Sie die Liste nicht mehr benötigen, können Sie das Fenster durch einen Klick auf die **Schließen**-Schaltfläche wieder ausblenden.

4.1.2 Die Option-Anweisungen

Welche Fehler zur Entwurfszeit angezeigt werden, hängt auch davon ab, welche *Option*-Anweisungen für den aktuellen Code gelten. Diese legen bestimmte Kompilierungsoptionen fest und geben die grundlegenden Regeln für nachfolgenden Code vor. Zwei davon sind besonders wichtig: *Option Explicit* und *Option Strict*. Diese beiden Anweisungen können auf *On* oder *Off* gesetzt werden. Sie müssen am Anfang des Codes – noch vor einer eventuell vorhandenen *Imports*-Anweisung – eingegeben werden.

■ *Option Explicit On* stellt sicher, dass Sie alle Variablen korrekt deklarieren und anschließend in der richtigen Schreibweise angeben. Beispielsweise wird die Verwendung einer nicht deklarierten Variablen bereits im Entwurf als Fehler angezeigt (→ Abbildung 4.4). Sie können das zwar vermeiden, indem Sie die unten beschriebene Anweisung *Option Explicit Off* an den Anfang Ihres Programms setzen. Eine solche Vorgehensweise ist aber nicht empfehlenswert: Wenn Sie eine nicht deklarierte Variable verwenden, tritt ein Fehler beim Kompilieren auf.

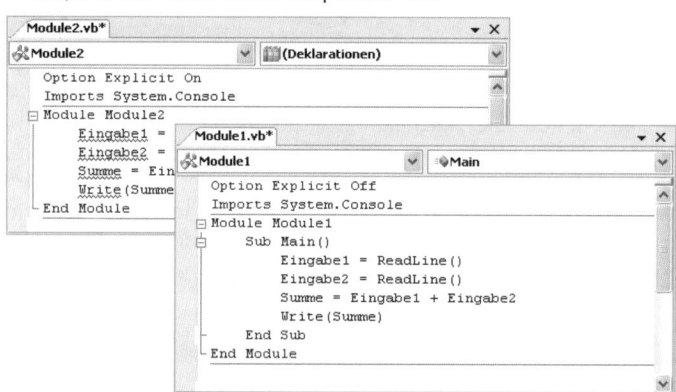

Abbildung 4.4: **Explicit Off** *verhindert die Anzeige von Fehlern*

- **Option Strict** hilft bei der Vermeidung von logischen Fehlern und Datenverlusten, die auftreten können, wenn Sie mit Variablen unterschiedlichen Typs arbeiten. In vielen Fällen können Sie einem Datentyp einen konkreten Wert zuweisen, der nicht dem in der Deklaration festgelegten Typ entspricht. Eine solche automatische Umwandlung kann natürlich zu unerwarteten Ergebnissen in Ihrem Code führen. Wenn Sie vermeiden wollen, dass Visual Basic .NET automatisch Datentypen für Sie umwandelt, können Sie die strenge Typenüberprüfung einschalten, indem Sie **Option Strict On** in den oberen Bereich Ihrer Dateien einfügen (→ Abbildung 4.5). In einem solchen Fall wird der Versuch der Zuweisung eines Werts, der nicht der Deklaration entspricht, bereits im Entwurf als Fehler gemeldet.

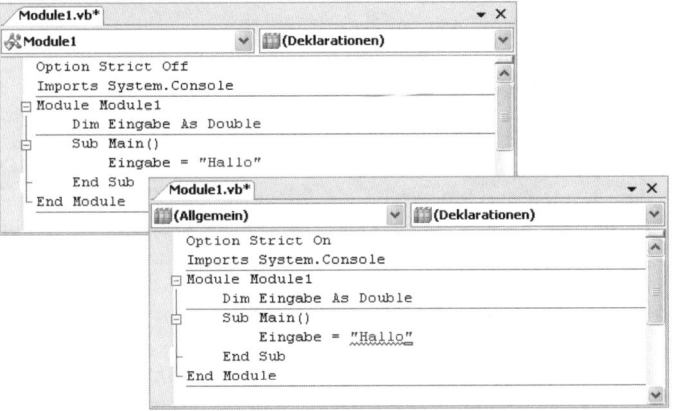

Abbildung 4.5: **Strict Off** *lässt Konvertierungen zu*

Beide **Option**-Anweisungen sind optional. Wenn Sie im Bereich von **Option** keine Direktiven angeben, gelten die Standardeinstellungen der **IDE**. Diese finden Sie im Dialogfeld zum Befehl **Optionen** im Menü **Extras** auf der Seite **VB Standard** unter **Projekte und Projekt-mappen** (→ Kapitel 1). Wie Sie dort sehen können, ist standardmäßig die Einstellung **Option Explicit** eingeschaltet, **Option Strict** ist ausgeschaltet. Es empfiehlt sich, diese Standardeinstellung beizubehalten, solange man sich über die möglichen Auswirkungen einer Änderung noch nicht vollständig im Klaren ist.

4.2 Debugging

Aber auch wenn im Entwurfsmodus keine Fehler mehr angezeigt werden, heißt das nicht, dass auch tatsächlich keine mehr vorhanden sind. Fehler können beispielsweise auch durch eine falsche Logik oder nicht der benutzten Semantik entsprechende Eingaben verursacht werden. Und solche Fehler zeigen sich erst während der Laufzeit und diese wird über das **Debugging** simuliert. Das Debugging können Sie direkt über die **IDE** vornehmen. Dabei wird das Programm drei verschiedene Modi durchlaufen:

- Vor dem Starten des Debuggings befindet sich das Programm im Entwurfsmodus. Das erkennen Sie einfach daran, dass am Anfang der Titelleiste nur der Name des Programms – beispielsweise **ConsoleApplication1** – angezeigt wird.
- Wenn Sie ein Programm in der **IDE** ausführen, sehen Sie hinter dem Namen des Projekts in der Titelleiste den Zusatz **(Ausführung)**, was kennzeichnet, dass Sie sich im **Ausführungsmodus** befinden. Wenn keine Fehler auftauchen, wird das Programm in diesem Modus bis zum Ende durchgeführt und die **IDE** wechselt wieder in den Entwurfsmodus.
- Der **Debug**- oder **Unterbrechen**-Modus tritt ein, wenn das Programm auf irgendeine Art unterbrochen wird. Das kann sowohl durch eine Ausnahme – also einen Fehler – in Ihrem Programm verursacht werden als auch dadurch, dass Sie die **IDE** absichtlich in den **Unterbrechen**-Modus setzen. In diesem Fall wird in der Titelleiste die zusätzliche Bezeichnung **(Debuggen)** angezeigt. Das Programm wird dann weiterhin ausgeführt, ist aber angehalten.

4.2.1 Das Debuggen durchführen

Zum Ausführen stehen Ihnen mehrere Werkzeuge zur Verfügung. Die Befehle für diese Aufgabe finden Sie einerseits im Menü DEBUGGEN. Die Äquivalente dieser Befehle finden Sie auch in den Schaltflächen der Symbolleiste (→ Tabelle 4.1).

Symbol	Name und Wirkung
▶	*Debuggen starten* – startet die Ausführung bzw. setzt sie nach einer Unterbrechung fort.
▌▌	*Alle unterbrechen* – stoppt alle laufenden Elemente.
■	*Debuggen beenden* – beendet das Debuggen und kehrt zurück zum Entwurfsmodus.
⊑	*Einzelschritt* – führt die nächste verfügbare Aktion aus.
⊑	*Prozedurschritt* – führt den gesamten Code der Prozedur aus und die Markierung wechselt zur nächsten Zeile nach dieser Prozedur.
⊑	*Ausführen bis Rücksprung* – führt den Code bis zur vorher markierten Zeile aus.

*Tabelle 4.1: Die Symbolleiste **Debuggen** beinhaltet wichtige Werkzeuge*

▶ ▶ Aufgabe: Ausführung starten

Beim Arbeiten in der *IDE* wird sowohl der Code kompiliert als auch – wenn die Kompilierung erfolgreich war – das Programm ausgeführt. Dazu wählen Sie DEBUGGEN/STARTEN, drücken die Funktionstaste ⎡F5⎤ oder klicken auf die Schaltfläche *Debuggen starten*. Wenn das Kompilieren ohne Fehler abläuft, wird das Endergebnis der Anwendung angezeigt. In jedem Fall wird nach einer Rückkehr zur *IDE* am unteren Bildschirmrand auf der Seite *Debuggen* im Fenster *Ausgabe* der Verlauf des Prozesses dokumentiert. Durch Wechsel zur Seite *Erstellen* über das Listenfeld im oberen Bereich des Fensters können Sie auch anzeigen lassen, welche Aktionen beim Erstellen des Programms durchgeführt wurden.

Laufzeitfehler treten während der Ausführung der Anwendung auf. Diese Fehler äußern sich dadurch, dass ein ordnungsgemäß geschriebener Code aufgrund ungültiger Daten oder Systembedingungen nicht ausgeführt werden kann – beispielsweise bei einer falschen Dateneingabe oder nicht genügend vorhandenem Arbeits- oder Festplattenspeicher. Sollte beim Kompilieren ein solcher Fehler festgestellt worden sein, wird das gemeldet und der Vorgang wird abgebrochen. Diese Art von Programmfehler wird auch als *Ausnahme* bezeichnet.

Nach dem Eintreten einer solchen Ausnahme wird das Programm weiterhin ausgeführt, ist aber angehalten. In der *IDE* wird das Programm im *Unterbrechen*-Modus angezeigt, was durch *(Debuggen)* in der Titelleiste angezeigt wird. Die Stelle, an der die Ausnahme aufgetreten ist, wird markiert (→ Abbildung 4.6). Wenn Sie den Fehler korrigieren wollen, müssen Sie zuerst die Ausführung beenden, da das Programm beim Eintritt in diesen Modus immer noch ausgeführt wird und der in der *IDE* angezeigte Code schreibgeschützt ist. Sie können dann entscheiden, ob Sie mit der Ausführung fortfahren oder den Vorgang abbrechen möchten. Rufen Sie dazu den Menübefehl DEBUGGEN/DEBUGGEN BEENDEN auf oder klicken Sie auf die gleichbedeutende Schaltfläche in der *Debuggen*-Symbolleiste.

Ausnahmetypen

Das eingeblendete Dialogfeld liefert Hinweise zum Typ der Ausnahme. Außerdem wird die Ausnahme im *Direktfenster* unten im Hauptbereich der *IDE* wiedergegeben. Diese Angabe dieses Ausnahmetyps ist normalerweise ein guter Hinweis auf die Natur des Fehlers und vermittelt Ihnen wahrscheinlich sogar schon eine Idee, wie die Ausnahme zu beheben ist. Einige Ausnahmen sind recht typisch (→ Tabelle 4.2).

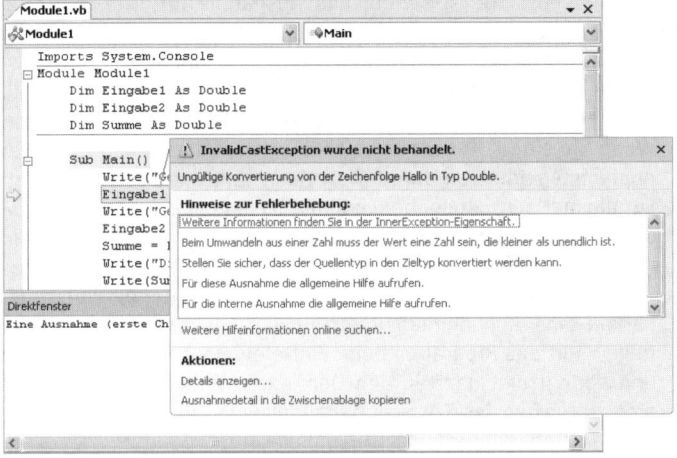

Abbildung 4.6: Fehler bei der Ausführung werden gemeldet

Ausnahmetyp	Beschreibung
ArgumentException	Allgemeine Kategorie für Fehler, die auftreten, wenn einer Methode der falsche Typ (oder Wert) übergeben wird.
ArgumentNullException	Tritt ein, wenn Sie einer Methode eine Null übergeben, obwohl diese sie nicht akzeptiert.
ArgumentOutOfRange Exception	Tritt ein, wenn Sie eine Variable übergeben, die entweder zu groß oder zu klein für die Methode ist.
DivideByZeroException	Tritt ein, wenn Sie versuchen, durch eine nicht initialisierte Variable oder durch eine Variable zu teilen, die Null enthält.
IndexOutOfRange Exception	Tritt ein, wenn Sie versuchen, auf ein Arrayelement zuzugreifen, das nicht existiert.
OutOfMemoryException	Tritt ein, wenn Ihrem Programm der Speicher ausgeht.
OverflowException	Tritt ein, wenn Sie versuchen, einen zu großen Wert in eine Variable zu setzen, beispielsweise durch Dim Wert As Short = *50000*.
FileNotFoundException	Tritt ein, wenn Sie versuchen, auf eine nicht existierende Datei zuzugreifen.

Tabelle 4.2: Einige Ausnahmen sind recht typisch

Was genau passieren soll, wenn eine Ausnahme auftritt, können Sie über das Dialogfeld zum Befehl DEBUGGER/AUSNAHMEN regeln:

■ Wählen Sie im Listenfeld **Ausnahmen** die Ausnahme bzw. die Ausnahmekategorie aus, deren Behandlung geändert werden soll. Dieses Feld enthält eine Reihe von Struktursteuerelementen. Wenn Sie eine Kategorie erweitern, werden die Namen einzelner Ausnahmen oder von Unterkategorien von Ausnahmen angezeigt. Für die markierte Ausnahme können Sie dann festlegen, was passieren soll, **wenn die Ausnahme ausgelöst wird** und **wenn die Ausnahme nicht behandelt wird**.

■ Standardmäßig schreibt der Debugger beim Eintreten einer Ausnahme eine Ausnahmemeldung in das Ausgabefenster. In der Regel läuft das Programm beim Eintreten einer Ausnahme weiter und springt erst dann in den Debugger, wenn diese Ausnahme nicht durch den Code explizit behandelt wird. Was man unter einer solchen Behandlung einer Ausnahme durch Code zu verstehen hat, wird weiter unten beschrieben (→ Abschnitt 4.3). Sie können aber auch festlegen, dass der Debugger bei einem bestimmten Ausnahmetyp oder einer Ausnahmekategorie die Ausführung sofort unterbrechen soll – unabhängig davon, ob behandelt wird oder nicht.

▶▶ Aufgabe: Einen Haltepunkt erstellen

Wenn Sie sich bewusst in den **Unterbrechen**-Modus begeben möchten, können Sie das Schlüsselwort **Stop** als Codezeile angeben. Alternativ zum Einsatz dieses Schlüsselworts können Sie in der Zeile, in der das Programm anhalten soll, einen **Haltepunkt** platzieren. Sie können auf drei verschiedene Arten einen Haltepunkt setzen:

■ Entweder Sie klicken im linken Rand des Codefensters neben die Zeile, die Sie als Haltepunkt definieren wollen. Es sollte ein roter Punkt am Rand erscheinen (→ Abbildung 4.7). Das funktioniert aber nur, wenn Sie die Option **Indikatorrahmen** auf der Seite **Text-Editor/Allgemein** im Dialogfeld zum Befehl EXTRAS/OPTIONEN aktiviert haben.

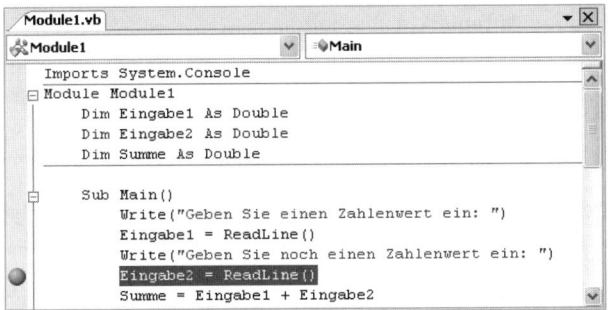

Abbildung 4.7: Ein Haltepunkt wurde gesetzt

- Oder Sie klicken mit der rechten Maustaste auf die Codezeile und wählen HALTEPUNKT EINFÜGEN aus dem Kontextmenü aus.
- Alternativ können Sie den Befehl DEBUGGEN/NEUER HALTEPUNKT/HALTEN BEI FUNKTION wählen. Damit öffnet sich das Dialogfenster **Neuer Haltepunkt** (→ Abbildung 4.8). Das ist das flexibelste Mittel, einen Haltepunkt zu erzeugen.

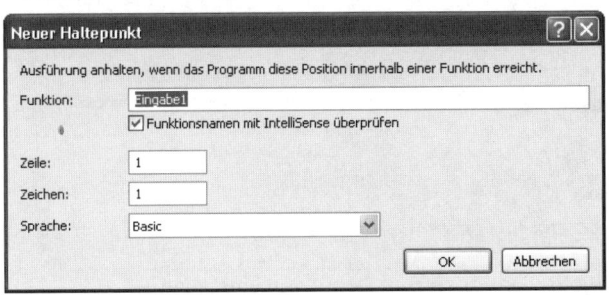

Abbildung 4.8: Mehrere Typen von Haltepunkten sind verfügbar

Einen einzelnen Haltepunkt können Sie über das Codefenster wieder ausschalten, indem Sie auf den roten Punkt in der Umrandung klicken. Der Haltepunkt wird dann vollständig entfernt.

▶▶ Aufgabe: **Das Haltepunktfenster benutzen**

Im Fenster *Haltepunkte* werden alle derzeit im Programm festgelegten Haltepunkte aufgelistet und ihre Eigenschaften angezeigt. Sie können das Fenster über den Befehl DEBUGGEN/FENSTER/HALTEPUNKTE anzeigen lassen (→Abbildung 4.9). Mit Hilfe der Kontrollkästchen vor den Punkten in diesem Fenster können Sie jeden Haltepunkt individuell an- und abschalten. Durch einen Doppelklick auf eine Zeile im Fenster markieren Sie die dazugehörende Zeile im Code. Einen einzelnen Haltepunkt können Sie auch über das Codefenster wieder ausschalten, indem Sie auf den roten Punkt in der Umrandung klicken. Der Haltepunkt wird dann vollständig entfernt und auch im Fenster *Haltepunkte* nicht mehr ausgeführt.

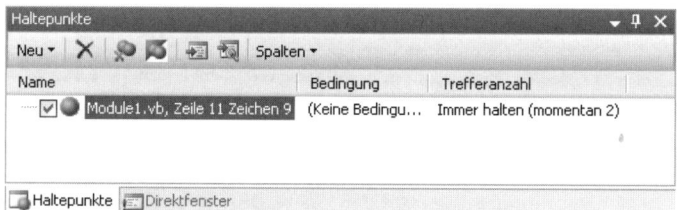

Abbildung 4.9: Im Fenster werden die Haltepunkte angezeigt

▶▶ Aufgabe: **Optionen zum Debuggen einstellen**

Zu dieser eben beschriebenen Standardeinstellung gibt es einige Optionen, die Sie auf der Seite *Bearbeiten und Fortfahren* im Bereich *Debuggen* im Dialogfeld zum Befehl EXTRAS/OPTIONEN einstellen können (→ Abbildung 4.10).

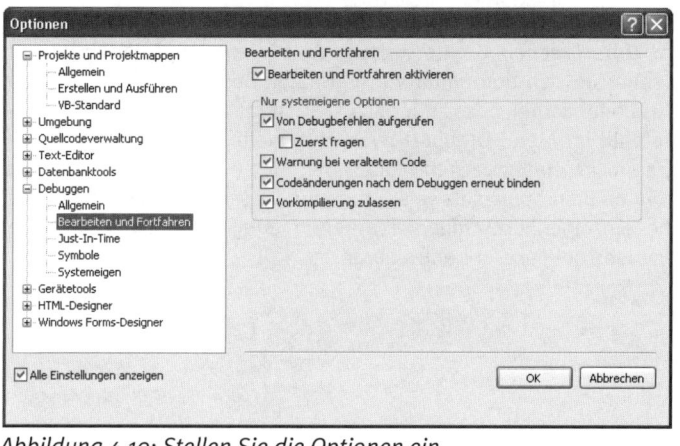

Abbildung 4.10: Stellen Sie die Optionen ein

- Wenn Sie die Option **Bearbeiten und Fortfahren** wählen, können Sie Dateien während des **Debuggings** bearbeiten. Visual Studio .NET kann die Änderungen im Code jedoch erst übernehmen, nachdem Sie das Debuggen beendet, eine neue Codeversion erstellt und die Anwendung neu gestartet haben.

- Wenn Sie die Option **Warnung bei veraltetem Code** aktiviert halten, wird ein entsprechender Hinweis angezeigt, wenn Sie versuchen, die Ausführung nach dem Bearbeiten von Code während des **Debuggings** fortzusetzen. Sie haben dann die Möglichkeit, den Vorgang fortzusetzen oder neu zu starten.

- Bei Wahl von **Codeänderungen nach dem Debuggen erneut binden** erstellt der Debugger eine neue Codeversion, die die Änderungen beinhaltet, und startet das Programm neu.

4.2.2 Arbeiten im Unterbrechen-Modus

Im **Unterbrechen**-Modus werden viele Werkzeuge verfügbar, mit denen Sie sich den Inhalt von Variablen ansehen, den Programmfluss beobachten oder ändern sowie Codeblöcke testen können. Die Befehle im Menü DEBUGGEN werden erweitert, wenn sich das Programm im **Unterbrechen**-Modus befindet (→ Abbildung 4.11). Sie können damit beispielsweise Haltepunkte setzen, Schritt für Schritt die einzelnen Codezeilen abarbeiten oder die Entwicklung über diverse Tool-Fenster kontrollieren.

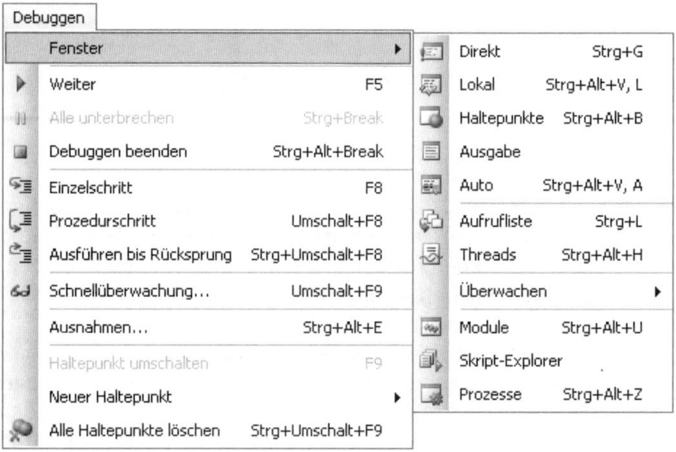

4.2

Debugging

Debuggen					
	Fenster	▶		Direkt	Strg+G
▶	Weiter	F5		Lokal	Strg+Alt+V, L
‖	Alle unterbrechen	Strg+Break		Haltepunkte	Strg+Alt+B
▪	Debuggen beenden	Strg+Alt+Break		Ausgabe	
	Einzelschritt	F8		Auto	Strg+Alt+V, A
	Prozedurschritt	Umschalt+F8		Aufrufliste	Strg+L
	Ausführen bis Rücksprung	Strg+Umschalt+F8		Threads	Strg+Alt+H
	Schnellüberwachung...	Umschalt+F9		Überwachen	▶
	Ausnahmen...	Strg+Alt+E		Module	Strg+Alt+U
	Haltepunkt umschalten	F9		Skript-Explorer	
	Neuer Haltepunkt	▶		Prozesse	Strg+Alt+Z
	Alle Haltepunkte löschen	Strg+Umschalt+F9			

*Abbildung 4.11: Des Menü **Debuggen** im Modus **Unterbrechen***

▶ ▶ Aufgabe: Den Programmfluss durchlaufen

Eine sehr nützliche Funktion, die Ihnen im **Unterbrechen**-Modus zur Verfügung steht, ist die Möglichkeit, den Code Schritt für Schritt durchzugehen. Es gibt mehrere Hauptfunktionen dafür, die im Menü DEBUGGEN oder in der **Debuggen**-Symbolleiste verfügbar sind:

- EINZELSCHRITT ist der am häufigsten verwendete Schritt-Befehl. Jedes Mal, wenn Sie ihn auswählen, wird die nächste verfügbare Aktion – in unserem Fall die durch den gelben Pfeil markierte Zeile – ausgeführt. Anschließend wird der gelbe Pfeil zur folgenden Zeile bewegt. In einer Konsolenanwendung können Sie die Auswirkung eines Schritts kontrollieren, indem Sie von der **IDE** zur Eingabeaufforderung wechseln.
- Der Befehl PROZEDURSCHRITT ist nützlich, wenn Sie um Prozeduren herum debuggen, von denen Sie wissen, dass diese keine Fehler beinhalten. Damit behandeln Sie die aktuelle Prozedur, als ob es sich nur um eine einzelne Codezeile handeln würde. Wenn sich der gelbe Pfeil in einer Zeile einer Prozedur befindet und Sie PROZEDURSCHRITT auswählen, wird der gesamte Code der Prozedur ausgeführt und die Markierung wechselt zur nächsten Zeile nach dieser Prozedur.
- AUSFÜHREN BIS RÜCKSPRUNG ist ein weiterer sinnvoller Befehl, wenn Sie wissen, dass ein Codeabschnitt keine Bugs hat. Mit AUSFÜHREN BIS RÜCKSPRUNG können Sie den gesamten Code bis zur vorher bestimmten Zeile ausführen. Um diesen Befehl zu verwenden, markieren Sie die Zeile, bis zu der der Code ausgeführt werden soll, und wählen AUSFÜHREN BIS RÜCKSPRUNG aus dem Menü DEBUGGEN, dem Kontextmenü oder der Symbolleiste **Debuggen** aus.

▶ ▶ Aufgabe: Die Werte von Variablen beobachten

Sie können nicht nur den Programmfluss in Ihrer Anwendung beobachten, sondern auch den Inhalt einer Variablen kontrollieren. Wie beim Durchlaufen des Programmflusses gibt es auch zum Beobachten von Variablen verschiedene Werkzeuge:

- Wenn Sie im **Unterbrechen**-Modus den Mauszeiger auf den Namen einer Variablen in der aktuellen Prozedur bewegen, erscheint eine **QuickInfo**, die Ihnen den aktuellen Wert der Variablen anzeigt (→ Abbildung 4.12).

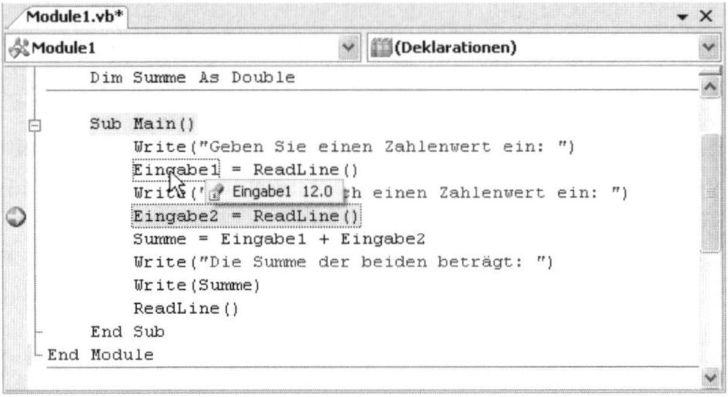

```
Module1.vb*                                          ▾ ✕
Module1                          ▾  (Deklarationen)    ▾

        Dim Summe As Double

    Sub Main()
        Write("Geben Sie einen Zahlenwert ein: ")
        Eingabe1 = ReadLine()
        Write( ⟐ Eingabe1 12.0 ch einen Zahlenwert ein: ")
        Eingabe2 = ReadLine()
        Summe = Eingabe1 + Eingabe2
        Write("Die Summe der beiden beträgt: ")
        Write(Summe)
        ReadLine()
    End Sub
End Module
```

Abbildung 4.12: Der Wert der Variablen wird angezeigt

- Außerdem stehen Ihnen mehrere Fenster zur Kontrolle der Werte in den Variablen zur Verfügung (→ Tabelle 4.3). Wählen Sie das Fenster im Untermenü FENSTER des Menüs DEBUGGEN aus.

Fenster	Beschreibung
Lokal-	Dieses Fenster zeigt alle Variablen der aktuellen Prozedur sowie ihren Typ und aktuellen Wert. Die Werte werden rot, wenn sie sich ändern. Das **Lokal**-Fenster empfiehlt sich besonders dann, wenn Sie eine Prozedur debuggen, die die Werte von Variablen verändert.
Überwachen-	Dieses Fenster zeigt Variablen, an denen Sie interessiert sind. Klicken Sie mit der rechten Maustaste auf den Namen einer Variablen im Code und wählen Sie ÜBERWACHUNG HINZUFÜGEN aus dem Kontextmenü aus, um sie zum Fenster hinzuzufügen. Wenn sie sich im Gültigkeitsbereich der Variablen befinden, wird der aktuelle Wert angezeigt. Andernfalls erhalten Sie die Nachricht **Der Name ist nicht deklariert**. Dieses Fenster eignet sich besonders gut, wenn Sie die Werte einer ganzen Gruppe von Variablen beobachten wollen. Statt sie nur dann zu sehen, wenn sie sich im **Lokal**-Fenster befinden, können Sie sie durch die ganze Debugging-Sitzung verfolgen.
Auto-	Besonders wichtig ist auch das **Auto**-Fenster, Hier werden die Namen und die Typen aller Variablen zusammen mit dem aktuellen Wert angezeigt.

Tabelle 4.3: Mehrere Fenster erlauben die Überwachung von Variablen

4.2.3   Andere Debugging-Werkzeuge

Es stehen noch viele andere Werkzeuge zur Verfügung, die Ihnen beim Debugging helfen können. Die meisten davon sind fortgeschrittene Werkzeuge, die über den Umfang dieses Buches hinausgehen, aber Sie sollten wenigstens wissen, dass es sie gibt. Zu diesen Werkzeugen gehören:

Das Befehlsfenster

Das **Befehlsfenster** – auch **Direktfenster** genannt – ist jederzeit über den Befehl DIREKT im Untermenü zu DEBUGGEN/FENSTER verfügbar. In diesem Fenster können Sie eine Codezeile eingeben, die sofort ausgeführt wird. Damit können Sie kleine Codefragmente testen. Da es unabhängig davon verfügbar ist, ob Sie debuggen, können Sie das **Befehlsfenster** nutzen, um kleine Berechnungen zu testen, während Sie Ihre Programme schreiben. Das **Befehlsfenster** wird auch gern dafür verwendet, den Inhalt von Variablen anzuzeigen. Dazu geben Sie den Namen der Variablen mit einem davor gestellten Fragezeichen ein (→ Abbildung 4.13).

Abbildung 4.13: Im Direktfenster können Sie Werte abfragen

Das Dialogfeld *Schnellüberwachung*

Das Dialogfeld **Schnellüberwachung** rufen Sie im **Unterbrechen**-Modus über das Menü DEBUGGEN oder über das Kontextmenü zu einer Variablen auf. Auch damit können Sie den Wert von Variablen anzeigen. Geben Sie den Namen der Variablen in das Feld **Ausdruck** ein und klicken Sie auf **Neu auswerten** (→ Abbildung 4.14). Diese Funktion wurde gewissermaßen von der oben beschriebenen **QuickInfo** abgelöst, die den Wert von Variablen zeigt. Trotzdem ist dieses Fenster ebenfalls nützlich, um Ausdrücke ebenso wie Variablen zu testen.

Abbildung 4.14: Die Schnellüberwachung bei der Arbeit

Aufrufliste

Die **Aufrufliste** steht im **Unterbrechen**-Modus über das Menü DEBUG-GEN/FENSTER/AUFRUFLISTE zur Verfügung. Der Befehl öffnet ein Fenster, das die Liste der Prozeduren zeigt, die derzeit aktiv sind (→ Abbildung 4.15). Wenn mehrere Prozeduren aktiv sind, zeigt die Aufrufliste diese in umgekehrter Reihenfolge an. Sie können damit zwischen den beiden navigieren. Damit haben Sie die Möglichkeit, die Zeile in der ersten Prozedur zu sehen, die die zweite Prozedur aufgerufen hat.

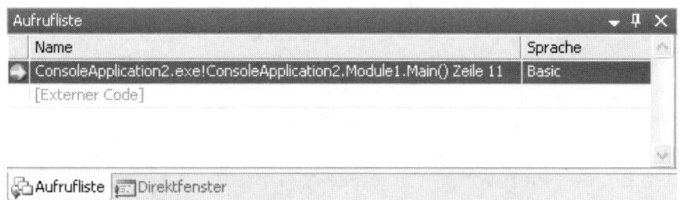

Abbildung 4.15: Die Aufrufliste zeigt aktive Prozeduren an

4.2.4 Das Arbeiten mit der Aufgabenliste

In jedem Entwicklungsprojekt, sogar in fertigen, gibt es höchstwahrscheinlich viele Aufgaben, die noch ausstehen. Bugs müssen eventuell noch repariert und bei bestimmten Teilen des Programms muss vielleicht noch die Leistung verbessert werden.

▶ ▶ Aufgabe: Kommentarbasierende Aufgaben benutzen

Wenn zu erledigende Aufgaben einer bestimmten Stelle im bereits vorhandenen Codebereich zugeordnet werden können, können Sie an der entsprechenden Stelle Schlüsselwörter – wie *ToDo*, *Fehler* oder *Bug* – als Kommentar – in den Code einfügen. Diese Schlüsselwörter werden auch *Token* genannt. Anschließend ist es einfacher, den Code nach solchen Schlüsselwörtern zu durchsuchen, um die entsprechenden Codestücke zu finden, an denen noch etwas getan werden muss.

In *Visual Studio .NET* steht eine *Aufgabenliste* zur Verfügung, die automatisch nach Stellen sucht, in denen eines oder mehrere dieser Schlüsselwörter verwendet werden. Die Liste bringen Sie in einem separaten Fenster mit dem Befehl Ansicht/Weitere Fenster/Aufgabenliste auf den Bildschirm (→ Abbildung 4.16). Wählen Sie im Listenfeld die Option *Kommentare*. Jeder im Code gefundene Kommentar, der eines der erwähnten Schlüsselwörter enthält, wird dann in einer Liste aufgeführt. In der Liste wird nicht nur der Kommentar selbst genannt, sondern auch die Datei und die Zeile, in der er gefunden wurde. Wenn Sie eine Aufgabe in der Liste doppelt anklicken, werden Sie sofort zum Code geführt, wo Sie an der noch ausstehenden Aufgabe arbeiten können.

▶ ▶ Aufgabe: Schlüsselwörter festlegen

Sie können über die Seite *Umgebung/Aufgabenliste* im Dialogfeld zum Befehl Extras/Optionen Ihre eigenen Schlüsselwörter zu der Liste der erkannten Tokens hinzufügen. Unter den *Kommentartoken* werden die Schlüsselwörter in Kommentaren verstanden, die die Aufgabenliste auffordern, ein neues Aufgabenelement zu erstellen.

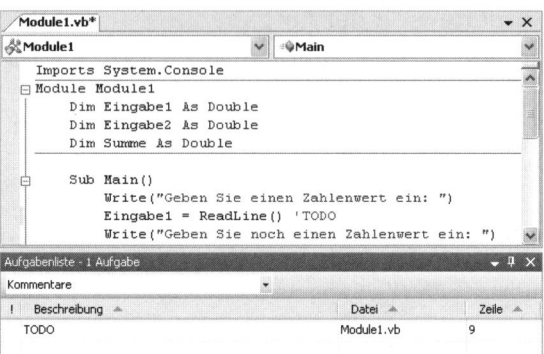

```
Module1.vb*                                              ▾ × 
⚙Module1                    ✓  ⟐Main                       ✓
    Imports System.Console
☐ Module Module1
        Dim Eingabe1 As Double
        Dim Eingabe2 As Double
        Dim Summe As Double


☐       Sub Main()
            Write("Geben Sie einen Zahlenwert ein: ")
            Eingabe1 = ReadLine()  'TODO
            Write("Geben Sie noch einen Zahlenwert ein: ")
```

```
Aufgabenliste - 1 Aufgabe                                ▾ ╄ ×
Kommentare                        ▾
 !  Beschreibung  ▲                     Datei  ▲      Zeile ▲
    TODO                                Module1.vb    9
```

Abbildung 4.16: Entsprechende Kommentare werden in der Liste vermerkt

Im Dialogfeld können Sie neue Token hinzufügen und Einstellungen für die Aufgabe angeben, die durch dieses Schlüsselwort angestoßen wird.

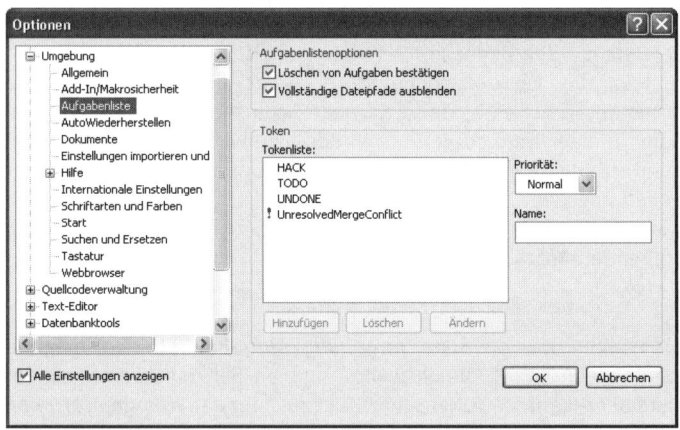

Abbildung 4.17: Die zu verwenden Schlüsselwörter können Sie selbst wählen

- Das Listenfeld *Tokenliste* zeigt eine Liste aller verfügbaren Kommentartoken an und ermöglicht das Hinzufügen und Entfernen von Kommentartoken zur/aus der Aufgabenliste.

- Unter *Priorität* können Sie den Grad der Bedeutung eines in der Tokenliste markierten Token festlegen. Die Aufgabe, der die Priorität zugewiesen wurde, wird automatisch zur Aufgabenliste für das Token hinzugefügt.

- Über das Feld *Name* können Sie den Namen des in der Tokenliste markierten Token ändern. Wollen Sie ein neues Token erstellen, geben Sie hier seinen Namen ein und bestätigen über die Schaltfläche *Hinzufügen*.

- Klicken Sie auf *Löschen*, wenn Sie das ausgewählte Element aus der Tokenliste entfernen möchten. Das Standardtoken *ToDo* kann nicht gelöscht werden.

- Wenn Sie die Option *Löschen von Aufgaben bestätigen* auswählen, wird beim Löschen einer Aufgabe ein Meldungsfeld angezeigt, in dem Sie den Löschvorgang bestätigen können. Eine Aufgabe kann nur dann gelöscht werden, wenn sie bearbeitet werden kann, es können jedoch nicht alle bearbeitbaren Aufgaben gelöscht werden. Diese Option ist die Standardeinstellung.

Zusätzliche Aufgabentypen

Zusätzlich zu dieser Funktionalität kann die Aufgabenliste noch andere Aufgabentypen enthalten. Eine *Benutzeraufgabe* ist eine Aufgabe, die ähnlich wie eine Standardaufgabe in Outlook nicht einem bestimmten Codestück zugeordnet ist. Eine Benutzeraufgabe wird hinzugefügt, indem Sie *Benutzeraufgaben* wählen und einen Text in die Aufgabenliste eingeben (→ Abbildung 4.18).

Abbildung 4.18: Eine Benutzeraufgabe wurde eingegeben

4.3 Ausnahmebehandlung

Wenn Sie vermuten, dass eine bestimmte Stelle im Code zum Auftreten eines Laufzeitfehlers führen kann, können Sie die Wirkung eines solchen Fehlers durch eine **Ausnahmebehandlung** abfangen. Generell ist eine Ausnahme etwas Ungewöhnliches oder etwas Unerwartetes, das in Ihren Anwendungen geschehen kann. Damit eine solche Ausnahme nicht zu einem vorzeitigen Programmabbruch führt, unterstützt Visual Basic .NET mehrere Formen der **Ausnahmebehandlung** – was auch als **Fehlerbehandlung** bezeichnet wird. Damit haben Sie die Möglichkeit, potenzielle Fehler einzuplanen und zu behandeln und so die weitere Ausführung der Anwendung zu gewährleisten.

4.3.1 Strukturierte Ausnahmebehandlung

Die **strukturierte Ausnahmebehandlung** bietet einen strukturierten, klaren Weg, um Ihre Programme vor Fehlern durch Hardwareprobleme, ungültigen Anwendereingaben oder vor Ihren eigenen Fehlern zu schützen. Dabei werden Codeblöcke, bei denen Probleme auftauchen könnten, eingekapselt und jedem Block werden ein oder mehrere Behandler zugewiesen, die eine bestimmte Filterbedingung für den Ausnahmetyp angeben, der behandelt werden soll. Wenn vom Code in einem geschützten Block eine Ausnahme ausgelöst wird, werden die zugehörigen Behandler der Reihe nach durchsucht, und der erste mit einer passenden Filterbedingung wird ausgeführt.

▶▶ **Aufgabe: Den** *Try ... End Try***-Block einsetzen**

Zum Schützen eines Codeabschnitts benutzen Sie einen **Try ... End Try**-Block. Beginnen Sie den Code, den Sie schützen möchten, mit **Try** und beenden Sie den Abschnitt mit **End Try**. Zwischen diesen Schlüsselwörtern geben Sie den zu schützenden Code ein (→ Listing 4.1).

```
...
Try
  'Zu schützender Code
  Catch Ausnahme As Ausnahmetyp
  'Code, falls die Ausnahme eintritt
End Try
...
```

- Das Programm führt den so geschützten Code – sozusagen probeweise – aus und testet, ob darin eine Ausnahme auftritt. Das erreichen Sie mit dem Schlüsselwort **Catch**. Diesem Schlüsselwort fügen Sie eine Variable **Ausnahme** hinzu, in der – sollte hier eine Ausnahme auftreten – Informationen zur Natur der Ausnahme gespeichert werden. Diese Variable muss nicht explizit deklariert werden. Sie gilt auch nur innerhalb des Blocks. Anschließend müssen Sie angeben, welche Art von Ausnahme behandelt werden soll. Dafür benutzen Sie **As Ausnahmetyp**. Wollen Sie beispielsweise einen Codeblock gegen das Auftreten des Typs **OverflowException** schützen, verwenden Sie dafür **As OverflowException**. Mit **As Exception** steht Ihnen außerdem eine generische Variante zur Verfügung, die mit allen Typen von Ausnahmen umgehen kann.
- Anschließend an diese Zeile – und vor **End Try** – können Sie einen Code eingeben, der ausgeführt wird, wenn die Ausnahme auftritt. Im Prinzip muss aber auf eine solche Zeile innerhalb des Blocks keine weitere Anweisung folgen. Die Ausnahme wird generell abgefangen.

Der Code innerhalb des **Try ... End Try**-Blocks ist geschützt und praktisch vom Programmablauf abgekapselt. Wenn hier eine Ausnahme eintritt, stoppt das Programm und sucht nach etwas, womit es die Ausnahme behandeln kann. Praktisch wird man in einem solchen Fall einen Code zur Behandlung der Ausnahmen benutzen. Beispielsweise könnten Sie eine Meldung an den Benutzer ausgeben und/oder die Schleife verlassen.

4.3

Ausnahmebehandlung

▶▶ Aufgabe: Den *Catch*-Abschnitt benutzen

Jeder **Try ... End Try**-Block kann einen oder mehrere **Catch**-Abschnitte enthalten. Jeder **Catch**-Abschnitt wird normalerweise einmal oder mehrmals von Ausnahmen getroffen. Wenn Sie sich dazu entschließen, in Ihre **Try**-Blöcke mehrere **Catch**-Abschnitte einzubinden, sollten alle **Catch**-Abschnitte verschiedene Arten von Ausnahmen abfangen. Beispielsweise können Sie separate Abschnitte zur Behandlung von **FileNotFoundException, IOException** und anderen Ausnahmen verwenden (→ Listing 4.2). Dadurch kann jeder Ausnahmetyp unterschiedlich behandelt werden. Wenn es nur einen einzelnen **Catch**-Abschnitt gäbe, würden Sie Code benötigen, der die tatsächliche Ausnahme ermittelt. Auf diese Art ist es eindeutiger, welcher Code für welche Ausnahmeart benutzt wird.

*Listing 4.2: Ein **Try**-Block kann mehrere **Catch**-Anweisungen beinhalten*

```
...
Try
  Catch Ausnahme1 As FileNotFoundException
  'Behandle hier die "file not found"-Ausnahme
  ...
  Catch Ausnahme2 As IOException
  'Behandle hier die "input/output"-Ausnahme
  ...
  Catch Ausnahme3 As Exception
  'Behandle hier die generischen Ausnahmen
  ...
End Try
...
```

Wenn Sie sich zu mehreren **Catch**-Abschnitten entschließen, sollten Sie immer auch einen generischen **Catch**-Abschnitt haben, der all die Ausnahmen abfängt, die durch die anderen nicht behandelt werden. Wie oben erwähnt, wird die im **Catch**-Abschnitt erzeugte Variable **Ausnahme** verwendet, um die entstandene Ausnahme zu speichern. Sie können mit den Eigenschaften dieser Variablen mehr Informationen über die Ausnahme erhalten, indem Sie sie innerhalb der Ausnahmebehandlung anzeigen lassen.

▶▶ **Aufgabe:** *Try ... End Try*-**Blöcke schachteln**

Sie sind vielleicht in einer Situation, in der Sie zwei Codeabschnitte mit *Try ... End Try*-Blöcken schützen möchten, aber unterschiedlich mit den Ausnahmen umgehen möchten. Wenn es sich um zwei separate Codeblöcke handelt, ist das kein Problem. Wenn aber einer der Codeblöcke in einem anderen enthalten ist, geht das nicht. In diesem Fall müssen Sie die *Try ... End Try*-Blöcke schachteln.

Wenn beispielsweise Daten in eine Datei geschrieben werden sollen, können Sie mit zwei *Try ... End Try*-Blöcken arbeiten, wobei einer der *Try*-Blöcke vollständig in dem anderen *Try*-Block enthalten ist. Wenn beim Schreibvorgang eine Ausnahme eintritt, fängt die *Catch*-Anweisung die Ausnahme ab und der Anwender erhält die Nachricht *In Datei konnte nicht geschrieben werden*. Wenn die Datei aber nicht geöffnet werden kann, fängt der andere *Catch*-Block die Ausnahme ab und gibt eine andere Nachricht aus (→ Listing 4.3).

Listing 4.3: **Try ... End Try**-*Blöcke können geschachtelt werden*

```
...
Try
  'Code zum Öffnen
  Try
    'Code zu Schreiben
    Catch Schreibfehler As Exception
    WriteLine("Schreiben nicht möglich")
  End Try
Catch Öffnungsfehler As Exception
  WriteLine("Öffnen nicht möglich")
End Try
...
```

Ebenso wie bei *If ... End If* und anderen Blöcken gibt es keine Beschränkung dafür, wie tief Sie diese Blöcke verschachteln können. Manchmal können Sie durch das Schachteln von Blöcken Ihren Code besser organisieren als ohne Verschachtelung.

Wenn Sie *Try*-Blöcke schreiben, kommen Sie manchmal in Situationen, in denen etwas getan werden muss, auch wenn eine Ausnahme nicht auftritt. Wenn Sie beispielsweise Code schreiben, der Informationen in eine Datei schreibt, sollten Sie die Datei schließen, ob nun während des Schreibvorgangs ein Fehler auftritt oder nicht. Sie fügen diese Funktionalität mit dem ***Finally*-Abschnitt** hinzu. Dieser Abschnitt erscheint nach allen ***Catch*-Abschnitten** (→ Listing 4.4). Beispielsweise könnten Sie eine Datei schließen, auch wenn kein Fehler auftritt. Das ist zwar nicht unbedingt notwendig, aber es ist gut, Fehler zu bereinigen, wenn Sie mit einer Variablen fertig sind.

*Listing 4.4: Der Code unter **Finally** wird immer ausgeführt*

```
...
Try
   'Code zum Öffnen
   Try
      'Code zu Schreiben
      Catch Schreibfehler As Exception
      WriteLine("Schreiben nicht möglich")
   Finally
      'Code zum Schließen
   End Try
Catch Öffnungsfehler As Exception
   WriteLine("Öffnen nicht möglich")
End Try
...
```

Ausnahmetyp selbst erstellen

Es gibt Fälle, in denen Sie eine Situation als Ausnahme selbst deklarieren möchten, obwohl sie von Visual Basic .NET nicht automatisch als solche angesehen werden würde. Dabei kann es sich um etwas handeln, das typisch für Ihre Anwendung ist, oder es kann eine normale Ausnahme sein. Wenn Sie beispielsweise vermeiden möchten, dass bestimmte Daten weiterverarbeitet werden, können Sie mit der ***Throw*-Anweisung** eine neue Ausnahme erzeugen (→ Listing 4.5).

*Listing 4.5: Über die **Throw**-Anweisung können Sie neue Ausnahmen definieren*

```
Sub Main()
  Dim I As Integer
  Dim Name() As String = {"Rot", "Blau", "Gelb"}
  For I = 0 To 2
    If Name(I) = "Gelb" Then
      Throw New InvalidCastException _
      ("Diese Farbe ist nicht erwünscht")
    End If
  Next
...
End Sub
```

Über die mit **Throw** eingeleitete Zeile erzeugen Sie eine neue Instanz eines **InvalidCastException**-Objekts. Dadurch wird eine neue Ausnahme erzeugt, die von einer **Catch**-Anweisung abgefangen werden muss, oder der Standard-Ausnahmebehandler kümmert sich darum, was dazu führt, dass der Debugger auf den Plan tritt und eine Fehlermeldung erscheint.

4.3.2 Unstrukturierte Ausnahmebehandlung

Die meisten Fehler in Visual Basic wurden in früheren Versionen mit der **On Error**-Anweisung behandelt. **On Error** ist unstrukturiert und kann zu verwirrendem Code führen, der in einer Prozedur umherspringt. Theoretisch ist es zwar möglich, damit Code zu schreiben, bei dem alle Fehler korrekt behandelt werden. In der Praxis begegnet man solchen Beispielen jedoch selten.

Die **On Error**-Anweisung wird speziell bei der unstrukturierten Ausnahmebehandlung eingesetzt. **On Error** wird dabei an dem Anfang eines Codeblocks platziert. Dadurch erstreckt sich ihr Gültigkeitsbereich auf diesen Block, und sie behandelt alle darin auftretenden Fehler. Wenn während der Programmausführung eine weitere **On Error**-Anweisung auftritt, erlangt diese Gültigkeit und die erste Anweisung wird ungültig.

Ausnahmebehandlung

4.4 Erstellen

Wenn die Arbeit der Fehlersuche und -bereinigung abgeschlossen ist, können Sie die Befehle des Menüs ERSTELLEN verwenden, um die Anwendung nur noch zu kompilieren. Mit den Standardeinstellungen von ERSTELLEN wird die Datei für Sie erzeugt und im Unterverzeichnis **bin** Ihres Projektordners abgelegt (→ Abbildung 4.19). Die Ausführung der Anwendung wird dabei nicht mehr vorgenommen.

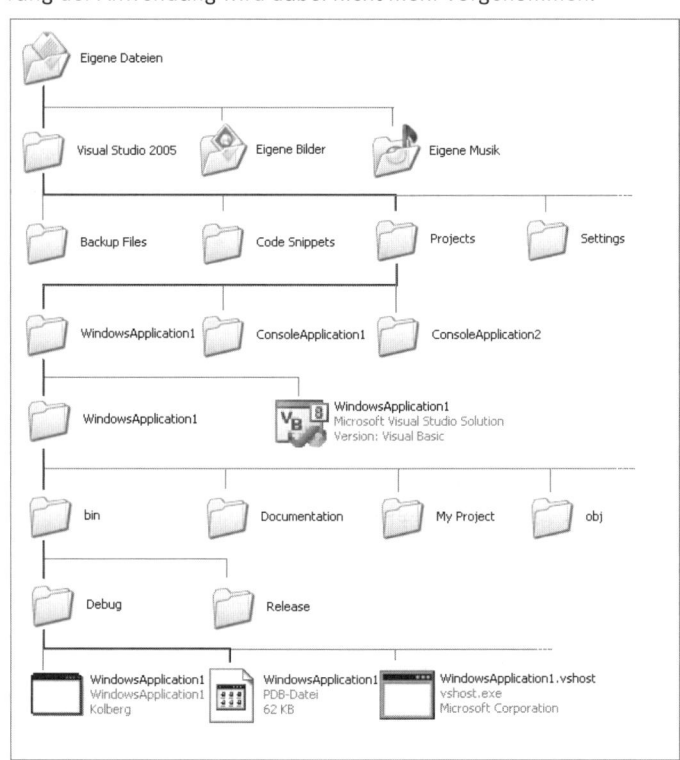

Abbildung 4.19: Unterschiedliche Speicherorte werden benutzt

Im Dialogfeld zum Befehl EXTRAS/OPTIONEN finden Sie auf der Seite **Projekte und Projektmappen/Erstellen und Ausführen** eine Gruppe von drei Optionsschaltflächen unter der Überschrift **Build- und Ausführungsoptionen** (→ Abbildung 4.20). Diese Optionen steuern beispielsweise, ob die **IDE** jede veränderte Datei speichert, bevor sie mit der Ausführung eines Projekts beginnt.

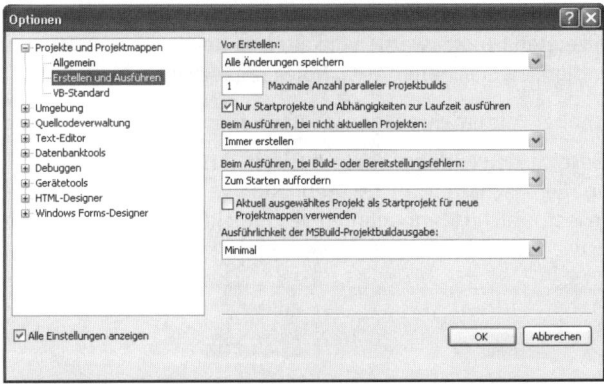

Abbildung 4.20: Optionen zum Erstellen und Ausführen

Mit den **Buildkonfigurationen** können Sie die zu erstellenden und weiterzugebenden Komponenten auswählen und diejenigen ausschließen, die nicht erstellt oder weitergegeben werden sollen. Darüber hinaus können Sie festlegen, wie und auf welcher Plattform die ausgewählten Projekte erstellt werden sollen. In Visual Studio können zwei Arten von Buildkonfigurationen definiert werden: Die **Projektkonfigurationen** verwenden Sie, wenn Ihre Projektmappe nur ein einziges Projekt enthält. Wenn Sie in einer Projektmappe mehrere Projekte definiert haben, können deren Projekteigenschaften von Projektkonfiguration zu Projektkonfiguration unterschiedlich sein oder unabhängig von Projektkonfigurationen bestehen. Hierbei kommen **Projektmappen-Buildkonfigurationen** ins Spiel. Damit wird festgelegt, wie bestimmte Projekte in einer Projektmappe erstellt und weitergegeben werden sollen.

4.4.1 Buildkonfiguration für Projekte

Wenn Sie ein Projekt erstellen, legt Visual Studio die Buildkonfiguration mit den Standardwerten an. Um diese Standardeinstellungen zu kontrollieren und gegebenenfalls zu ändern, doppelklicken Sie im Fenster **Projektmappen-Explorer** auf den Eintrag **My Project**. Sie können auch den Befehl EIGENSCHAFTEN aus dem Kontextmenü zum Projekt oder im Menü PROJEKT wählen. Im dann im Hauptbereich der **IDE** angezeigten Fenster werden die allgemeinen Eigenschaften und Konfigurationseigenschaften zum Projekt angezeigt.

▶ ▶ **Aufgabe: Allgemeine Eigenschaften zum Erstellen einstellen**

Die im Bereich **Anwendung** dargestellten Parameter geben allgemeine Eigenschaften an (→ Abbildung 4.21). Sie legen unter anderem fest, welche Komponenten des Projekts erstellt und weitergegeben werden und wie das Projekt optimiert wird.

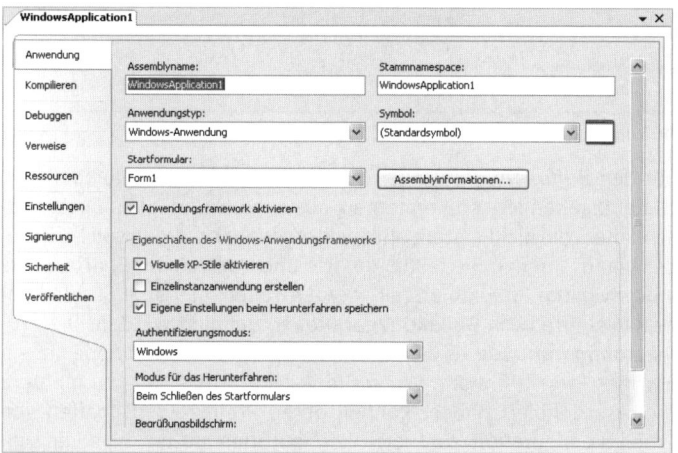

*Abbildung 4.21: Unter **Anwendung** finden Sie allgemeine Angaben*

- Die Eingabe unter **Assemblyname** liefert den ersten Teil des Datei-namens für Ihre Ausgabedatei. Wenn Sie hier beispielsweise **Programm1** angeben, wird **Programm1.exe** erzeugt.
- Der **Anwendungstyp** sagt der **IDE**, welcher Dateityp bei der Erstellung dieses Projekts erzeugt werden soll: eine **.exe**-Datei, wenn **Windows-Anwendung** oder **Konsolenanwendung** ausgewählt wurde, oder eine **.dll**-Datei, wenn **Klassenbibliothek** ausgewählt wurde. Beachten Sie, dass sich diese Eigenschaft ändert und am Ende falsch definiert sein kann, wenn Sie den Anwendungstyp der Anwendung – und sei es nur vorübergehend – in etwas anderes ändern. Brechen Sie das gesamte Projekteigenschafts-Dialogfenster ab, wenn Sie das Gefühl haben, etwas geändert zu haben, von dem Sie nicht wissen, wie Sie es wieder reparieren.
- **Startobjekt** zeigt den Teil des Projekts an, der standardmäßig ablaufen soll, wenn die Anwendung ausgeführt wird.
- Der Wert im Feld **Symbol** bestimmt die Darstellung der endgültigen **.exe**-Datei in Windows und ermöglicht es Ihnen, jede gewünschte Symboldatei (**.ico**) auszuwählen. Viele geeignete Symbole finden Sie im Ordner **C:\Programme\Microsoft Visual Studio .NET\Common7\Graphics\icons**. Auf die weiteren Elemente dieser Seite werden wir noch später eingehen.

▶ ▶ **Aufgabe: Verweise definieren**

Die Seite **Verweise** gibt die für das Projekt zu importierenden Namensräume an. Die in diesem Dialogfeld angegebenen Importe werden direkt an den Compiler übergeben und betreffen alle Dateien im Projekt. Verwenden Sie die schon beschriebene **Imports**-Anweisung, um einen Namensraum in einer einzigen Quellcodedatei zu verwenden.

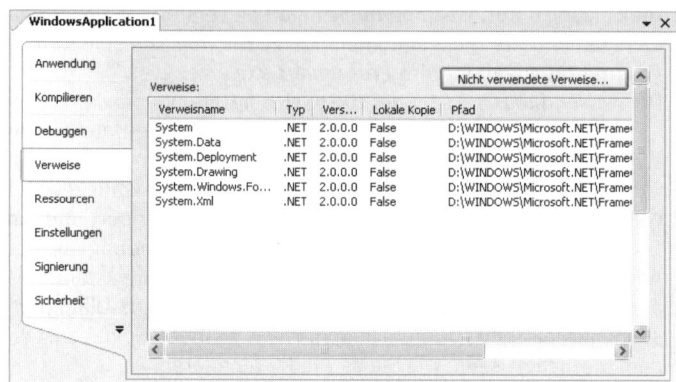

Abbildung 4.22: Verweise sorgen für den Import von Klassen

Nach einem Klick auf die Schaltfläche **Verweispfade** öffnen Sie das gleichnamige Dialogfeld. Die Daten hierin werden zur Angabe des Verzeichnisses verwendet, das beim Laden des Projekts nach den Verweisen durchsucht wird, die in dem Projekt vorhanden sein sollten. Bei der lokalen Arbeit müssen Sie diese Eigenschaft nicht bearbeiten, da sie automatisch aktualisiert wird, wenn dem Projekt im Projektmappen-Explorer Verweise hinzugefügt werden. Wenn Sie das Projekt jedoch mit mehreren Benutzern gemeinsam bearbeiten, können Aufgabenlistenfehler auftreten, falls die Verweise auf den verschiedenen Computern an unterschiedlichen Orten gespeichert sind. Zum Beheben dieser Fehler können Sie diese Eigenschaft bearbeiten.

▶▶ **Aufgabe: Optionen zum Kompilieren definieren**

Die im Bereich **Kompilieren** aufgelisteten Eigenschaften legen unter anderem fest, welche Komponenten des Projekts erstellt und weitergegeben werden und wie das Projekt optimiert wird (→ Abbildung 4.23).

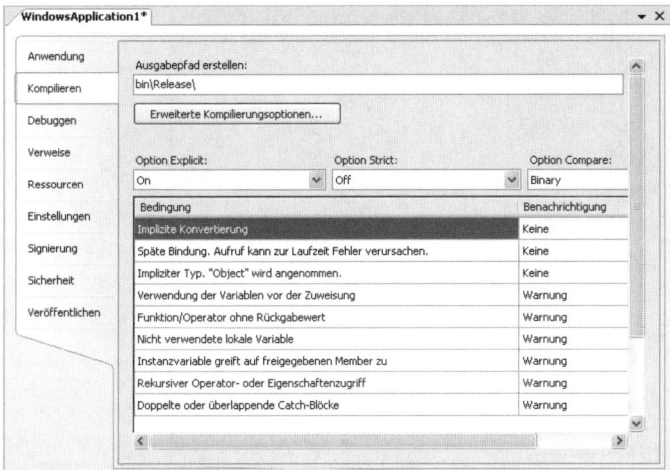

Abbildung 4.23: Die Optionen im Bereich **Kompilieren**

- Oben im Bereich des Fensters für das Projekt befindet sich ein Feld *Ausgabepfad erstellen*. Sie können hier wählen, wo die kompilierte Datei erstellt werden soll. Darunter können Sie nochmals *Option Explicit*, *Option Strict* und *Option Compare* einstellen.

- Nach einem Klick auf *Erweiterte Kompilierungsoptionen* können Sie die Option *Überprüfungen auf Ganzzahlüberlauf entfernen* aktivieren bzw. deaktivieren und die Ausgabedatei optimieren (→ Abbildung 4.24). Unter *Benutzerdefinierte Konstanten* können Sie konstante Werte festlegen, statt diese im Code selbst einzufügen. Im Feld *Ziel-CPU* können Sie die Plattform auswählen, die für das jeweils zu erstellende oder später weiterzugebende Projekt gewünscht wird.

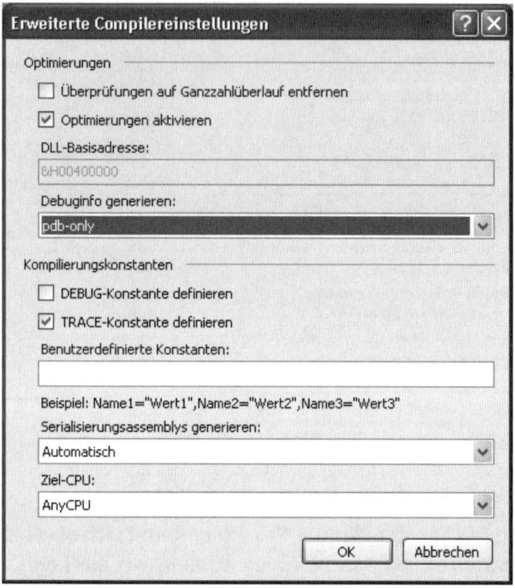

Abbildung 4.24: Die erweiterten Kompilierungsoptionen

4.4.2 Buildkonfigurationen für Projektmappen

Wenn Sie mehrere Projekte in einer Mappe verwalten, kommen ***Projektmappen-Buildkonfigurationen*** ins Spiel. Damit wird festgelegt, wie bestimmte Projekte in einer Projektmappe erstellt und weitergegeben werden sollen. Sie können beispielsweise verwendet werden, um festzulegen, welche Projektelemente in einem bestimmten Build eingeschlossen werden, welche Ausgabedateien erstellt werden, wo die Ausgabedateien gespeichert und wie sie optimiert werden. Dabei können die Konfigurationen der einzelnen verwendeten Projekte erhebliche Unterschiede aufweisen. So können beispielsweise die Eigenschaften der einen Projektkonfiguration eine Optimierung der Ausgabedatei festlegen, die bewirkt, dass die sich ergebende Binärdatei nur ein Minimum an Speicherplatz belegt, während ein anderes

Projekt so optimiert wird, dass die zugehörige ausführbare Datei mit der maximalen Geschwindigkeit läuft. Bei einem dritten Projekt werden vielleicht gar keine Optimierungen vorgenommen.

Um diese Einstellungen anzuzeigen, klicken Sie die Ebene der Projektmappe im Fenster **Projektmappen-Explorer** mit der rechten Maustaste an und wählen aus dem angezeigten Kontextmenü den Befehl EIGENSCHAFTEN aus. Alternativ können Sie die Projektmappe markieren und den Befehl PROJEKT/EIGENSCHAFTEN zur Anzeige der Eigenschaften benutzen.

▶ ▶ Aufgabe: Das Startobjekt bestimmen

Mit den Optionen auf der Seite **Startprojekt** können Sie festlegen, welche Projekte beim Start des Visual Studio-Debuggers gestartet werden (→ Abbildung 4.25). Wenn Sie nur ein einzelnes Startprojekt verwenden, wählen Sie dieses aus der Liste aus. Bei mehreren Startprojekten können Sie in der Spalte **Aktion** festlegen, welche Aktion durch den Befehl DEBUGGEN/STARTEN im Menü für einzelne Projekte ausgeführt werden soll. Über die Schaltflächen **Nach oben** und **Nach unten** können Sie die Reihenfolge der Projekte ändern.

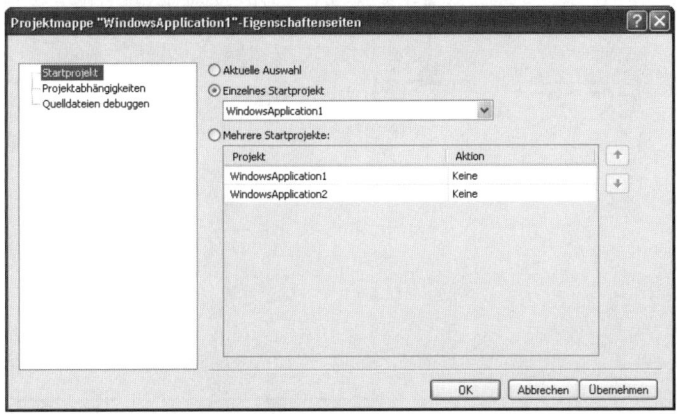

Abbildung 4.25: Das Startobjekt zur Projektmappe festlegen

Beim Erstellen einer Projektmappe kann es erforderlich sein, zunächst bestimmte Projekte zu erstellen, um ausführbaren Code zu generieren, der dann von anderen Projekten verwendet werden kann. Mit Projektabhängigkeiten wird die Reihenfolge festgelegt, in der Projekte erstellt werden. Wenn für **Projekt2** beispielsweise Ressourcen von **Projekt1** benötigt werden, muss **Projekt1** vor **Projekt2** erstellt werden. Verwenden Sie zum Festlegen dieser Reihenfolge die Seite **Projektabhängigkeiten** des Dialogfelds (→ Abbildung 4.26). Wählen Sie hier die Projekte in umgekehrter Reihenfolge aus: Sie beginnen also mit dem Projekt, das als Letztes erstellt werden soll. Wählen Sie dieses aus der Liste **Projekt** aus und aktivieren Sie in der Liste der **Abhängigkeiten** die Kontrollkästchen neben den anderen Projekten, die vor dem ausgewählten Projekt erstellt werden sollen. Wählen Sie dann aus der Liste **Projekt** das Projekt aus, das als Vorletztes erstellt werden soll, und geben Sie die Abhängigkeiten für dieses Projekt an. Fahren Sie auf diese Weise fort, bis nur noch die Projekte übrig sind, die keine Projektabhängigkeiten aufweisen.

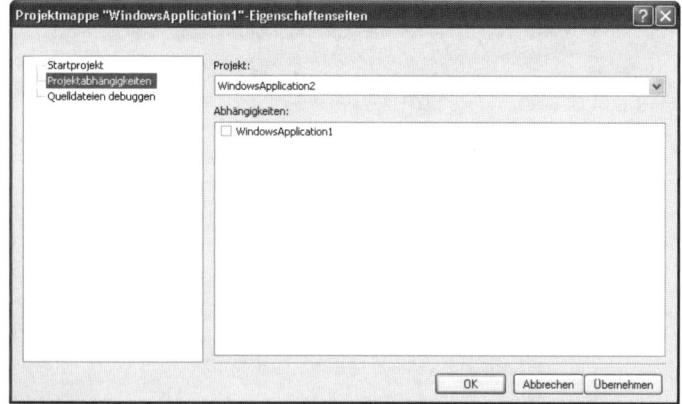

Abbildung 4.26: Sie können Abhängigkeiten zwischen Projekten festlegen

Sie können zur Einstellung der Abhängigkeiten auch das Dialogfeld zum Befehl PROJEKTABHÄNGIGKEITEN im Menü PROJEKT benutzen (→ Abbildung 4.27). Über die Registerkarte **Buildreihenfolge** können Sie die sich daraus ergebende Reihenfolge der Erstellung anzeigen lassen.

Abbildung 4.27: Legen Sie die Abhängigkeiten fest

4.4.3 Erstellen

Nachdem Sie die Buildkonfiguration festgelegt oder zumindest kontrolliert haben, können Sie die Eigenschaftenseiten der Projekte und Projektmappen wieder verlassen und zur Standardoberfläche der **IDE** zurückkehren. Von dort können Sie sowohl einzelne Projekte als auch Projektmappen erstellen. Verwenden Sie die Dropdown-Liste PROJEKTMAPPENKONFIGURATIONEN auf der **Standard**-Symbolleiste, um die Buildkonfiguration der aktuellen Projektmappe auszuwählen oder – wenn Sie weitere Konfigurationen erstellen wollen – das Dialogfeld KONFIGURATIONS-MANAGER aufzurufen.

So können Sie ein Projekt **erstellen** oder **neu erstellen**. Dafür dienen die gleichnamigen Befehle im Menü ERSTELLEN. Markieren Sie im Projektmappen-Explorer das gewünschte Projekt. Wählen Sie ERSTELLEN, um nur die Projektkomponenten neu zu erstellen, die seit dem letzten Build geändert wurden. Wählen Sie ALLES NEU ERSTELLEN, um ein aktuelles Build aller Projektkomponenten zu erstellen.

Sie können mehrere einzelne Projekte erstellen, indem Sie diese im Projektmappen-Explorer gemeinsam markieren und den Befehl ERSTELLEN/AUSWAHL ERSTELLEN oder ERSTELLEN/AUSWAHL NEU ERSTELLEN benutzen.

4.4

Erstellen

▶ ▶ Aufgabe: **Projektmappen erstellen**

Sie können auch eine komplette Projektmappe **erstellen** oder **neu erstellen**. Wählen Sie ERSTELLEN oder PROJEKTMAPPE ERSTELLEN, um nur die Projekte neu zu erstellen, die seit dem letzten Build geändert wurden. Der Befehl ERSTELLEN wird zu PROJEKTMAPPE ERSTELLEN, wenn eine Projektmappe mehrere Projekte umfasst.

Als Ergebnis eines erfolgreichen Erstellens werden im Ordner der Projektmappe zusätzliche Unterordner mit Dateien erzeugt. Im Ordner der Projektmappe finden Sie neben den schon nach dem Kompilieren oder Erstellen vorhandenen Dateien beispielsweise auch eine Datei mit dem vorher eingestellten Anwendungssymbol. Im Unterordner **bin** finden Sie die Ergebnisse des Erstellens während des Debuggings. Sie finden darin im Allgemeinen zwei weitere Unterordner **Debug** und **Release,** Darin finden Sie unter anderem eine ausführbare **.exe**-Datei. Durch einen Doppelklick auf das Dateisymbol im Windows-Explorer können Sie sie aufrufen und ablaufen lassen.

4.5 Weitergabe

Wenn Sie die Arbeit so weit fertig gestellt haben, dass Sie die Komponenten der Projektmappe kompilieren und die fertige Anwendung an die Benutzer weitergeben können, ist es oftmals erforderlich und immer sinnvoll, ein *Setup*- oder *Weitergabeprojekt* hinzufügen. Mit diesem Projekttyp wird die gesamte Projektmappe in einer Microsoft-Installationsdatei gebündelt, wodurch die Installation der Anwendung für Benutzer vereinfacht wird.

- Um eine Anwendung weiterzugeben, müssen Sie zuerst ein *Setup*-Projekt erstellen. Jedes Weitergabeprojekt kann so ausgewählt sein, wie es Ihren Vorstellungen entspricht, und bestimmte Komponenten für die Weitergabe kennzeichnen, während andere auf dem Quellcomputer verbleiben.
- Danach stellen Sie die Eigenschaften des Weitergabeprojekts ein. Dadurch wird bestimmt, wo und wie das Installationsprogramm erstellt wird. Für eine Weitergabe durch herkömmliche Medien müssen Sie die *.msi*-Datei von ihrem Erstellungsort auf eine Diskette oder auf ein anderes Medium kopieren.

Unter Visual Studio wird die *Microsoft Windows Installer*-Technologie zum Erstellen von Installationsprogrammen verwendet, die Ihnen eine größtmögliche Kontrolle über den Installationsprozess ermöglicht. Visual Studio stellt Vorlagen für vier Arten von Weitergabeprojekten bereit: *Mergemodulprojekte*, *Setup-Projekte*, *Websetup-Projekte* und *Cab-Projekte*. Sie finden diese Vorlagen und den Assistenten im Dialogfeld *Neues Projekt hinzufügen* unter dem Knoten *Setup- und Weitergabeprojekte* (→ Abbildung 4.28).

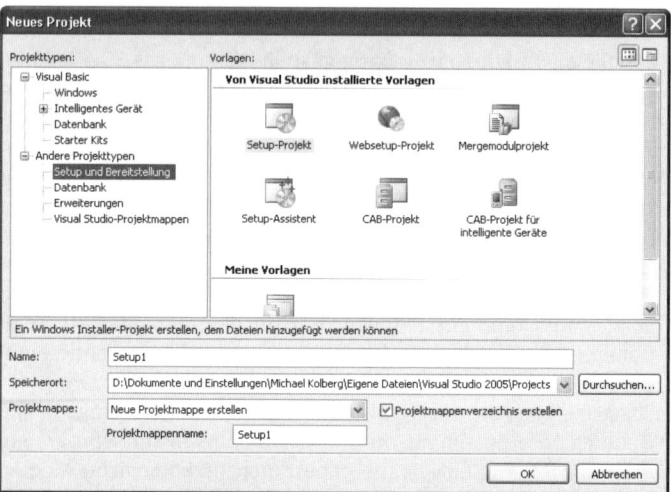

Abbildung 4.28: Die Projekte für Setup und Bereitstellung

- Ein **Mergemodulprojekt** fasst Komponenten zusammen, die von mehreren Anwendungen gemeinsam verwendet werden können. Damit können Dateien oder Komponenten in einem einzelnen Modul zusammengefasst und damit wiederverwendbare Setupkomponenten erstellt werden. Die so erzeugten **MSM**-Dateien können in jedes Weitergabeprojekt eingefügt werden. In Mergemodulen können sämtliche Abhängigkeiten für eine bestimmte Komponente festgehalten werden, sodass eine Installation der richtigen Versionen sichergestellt ist. Ein Mergemodul sollte nach der Verteilung nicht mehr geändert werden. Erstellen Sie stattdessen für jede Folgeversion einer Komponente ein neues Mergemodul. Wenn eine Komponente oder Datei von mehreren Anwendungen verwendet wird, sollten Sie zur Vermeidung von Versionskonflikten ein separates Mergemodul für jedes dieser Elemente erstellen. Mergemodule können nicht eigenständig installiert werden, sondern müssen in den Kontext einer Windows Installer-Datei eingebunden sein.

- Ein **Setup-Projekt** erstellt ein Installationsprogramm für eine Windows-basierte Anwendung. Die daraus resultierende Windows Installer-Datei enthält die Anwendung, alle davon abhängigen Dateien sowie Informationen über die Anwendung, z.B. Registrierungseinträge und Installationsanweisungen. Wenn die Datei verteilt und auf einem anderen Computer ausgeführt wird, ist gewährleistet, dass alles für die Installation Erforderliche enthalten ist. Sollte die Installation dennoch aus irgendwelchen Gründen fehlschlagen – wenn beispielsweise der Zielcomputer nicht über die erforderliche Betriebssystemversion verfügt –, wird die Installation rückgängig gemacht und der Computer auf die Konfiguration vor der Installation zurückgesetzt.

- Ein **Websetup-Projekt** erstellt ein Installationsprogramm für eine Web-Anwendung. Bei einem Websetup-Projekt werden die Dateien vom Installationsprogramm in einem virtuellen Stammverzeichnis auf einem Webserver installiert.

- Mit **CAB-Projekten** können Sie eine **CAB**-Datei zum Packen von ActiveX-Steuerelementen erstellen, die von einem Webserver zu einem Webbrowser gedownloadet werden können.

Weiters steht ein **Setup-Assistent** zur Verfügung, der Sie Schritt für Schritt beim Erstellen von Weitergabeprojekten unterstützt.

4.5.1 Windows-Anwendungen

Bei Windows- und Konsolenanwendungen besteht das Ziel bei der Bereitstellung meist darin, eine von einem Projekt erzeugte **.exe**-Datei auf einem anderen Rechner installieren zu können. Dafür arbeiten Sie in Visual Basic .NET mit einem so genannten **Mergemodul**. Dieses Mergemodul ist eigentlich ein Installationsprogramm, das alle für eine Bibliothek oder Anwendung erforderlichen Einstellungen, Abhängigkeiten und Dateien zusammenpackt. Sie legen damit für die Bereitstellung einer Anwendung **Windows Installer**-Dateien an, die alle Abhängigkeiten – wie beispielsweise die benötigten Teile des .NET-Frameworks – installieren, Deinstallationsoptionen bereitstellen und manchmal auch Einträge für Anwendungseinstellungen in die Registrierungsdatenbank einfügen.

Dazu öffnen Sie das gewünschte Projekt und fügen der Projektmappe ein **Bereitstellungsprojekt** hinzu. Dazu benutzen Sie DATEI/ PROJEKT HINZUFÜGEN/NEUES PROJEKT und wählen die Vorlage **Setup-Assistent** unter dem Projekttyp **Setup- und Weitergabeprojekte** (→ Abbildung 4.28). Nach dieser Wahl und der Bestätigung über **OK** wird der Assistent automatisch gestartet.

■ Nach der Anzeige einer einführenden Seite **1** müssen Sie festlegen, welchen Typ von Installationsprogramm Sie erstellen möchten (→ Abbildung 4.29). Dieser Assistent merkt, dass er zu einer Projektmappe gehört, und seine Optionen basieren auf den in dieser Mappe vorhandenen Projekten. Die Standardeinstellung für den Installertyp erstellt ein Installationsprogramm für eine Windows-Anwendung.

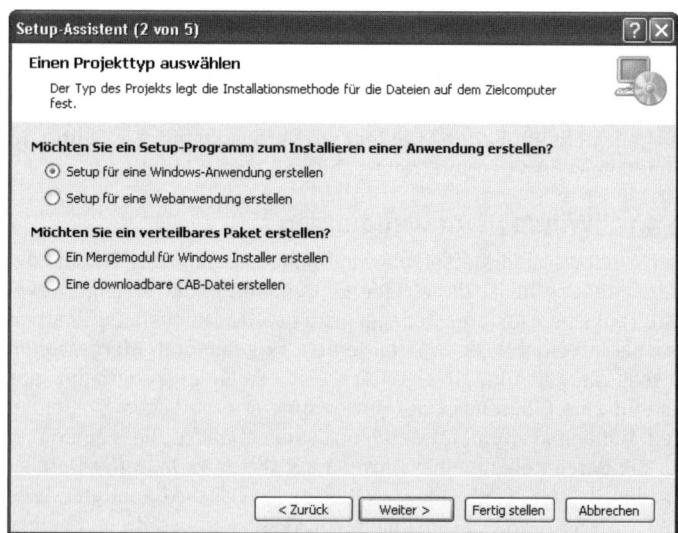

Abbildung 4.29: Wählen Sie die Art des Setup-Programms

4.5

Weitergabe

- Auf der folgenden Seite **3** können Sie wählen, was Ihr Setup-Programm bereitstellen soll (→ Abbildung 4.30). Die hier angebotenen Wahlmöglichkeiten spiegeln die verschiedenen Teile wider, die in den anderen Projekten in dieser Mappe zur Verfügung stehen. Sie können eine oder mehrere Ausgaben aus der Liste auswählen, die in der Projektmappe verfügbar sind. Wenn eine Ausgabe markiert ist, wird im Feld **Beschreibung** diese skizziert. Im Allgemeinen wollen Sie für eine einfache Windows-Anwendung eine **.exe**-Datei bereitstellen. Dafür verwenden Sie allein die Option **Primäre Ausgabe aus ...** Wenn Ihre Lösung abgesehen vom Setup-Projekt noch mehr als ein Projekt enthält, dann werden alle diese Projekte in die Ausgabenliste aufgenommen. Sie könnten also das Installationsprogramm auch dazu verwenden, unseren Quellcode bereitzustellen, Dateien von Fehlern zu bereinigen und andere Aufgaben durchzuführen.

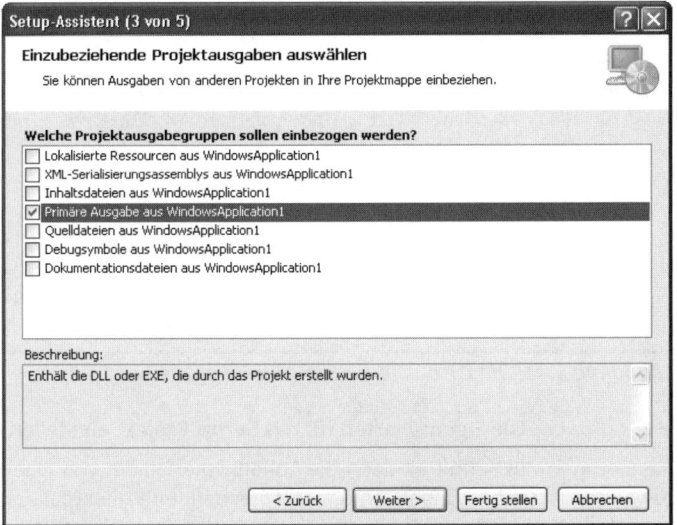

Abbildung 4.30: Bestimmen Sie die Projektausgaben

- Auf der darauf folgenden Seite **4** können Sie zusätzliche Dateien – wie eine zusätzliche Infodatei, Grafiken oder eine Datenbank – in das Installationspaket mit einbeziehen. Mit der Schaltfläche **Hinzufügen** können Sie nach zusätzlichen Dateien suchen, mit der Schaltfläche **Entfernen** werden Dateien aus der Liste gelöscht.
- Auf einer abschließenden Seite **5** wird eine Zusammenfassung der Forderungen an das Setup-Projekt angezeigt (→ Abbildung 4.31). Nachdem Sie hier auf **Fertig stellen** geklickt haben, wird der Assistent beendet.

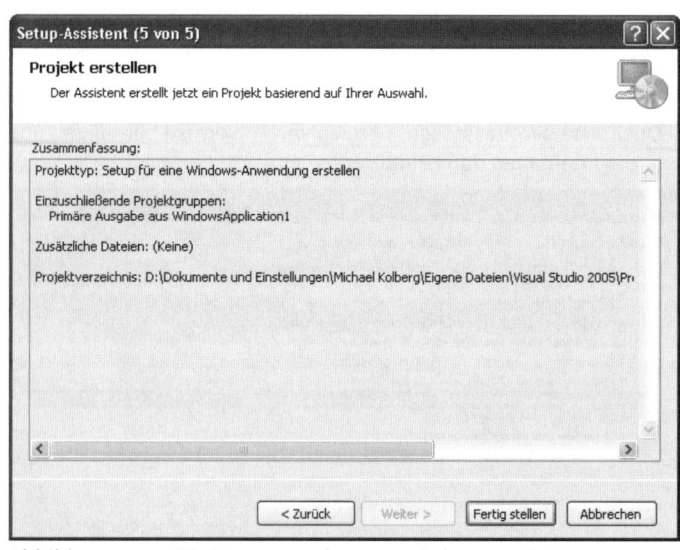

Abbildung 4.31: Die Zusammenfassung wird angezeigt

▶ ▶ **Aufgabe: Die Eigenschaften für das Setup-Projekt einstellen**

Das Setup-Projekt ermittelt dann die Abhängigkeiten der von Ihnen gewählten Ausgaben, indem es die entsprechenden Projektdateien untersucht. Wenn dieser Vorgang abgeschlossen ist, sehen Sie im **Projektmappen-Explorer** das Setup-Projekt und im Unterordner

Gefundene Abhängigkeiten die Abhängigkeiten, die das Setup-Projekt gefunden hat (→ Abbildung 4.32). Den Großteil dieser Abhängigkeiten finden Sie zu den Dateien des .NET-Frameworks.

Abbildung 4.32: Abhängigkeiten werden angezeigt

Mit dem Eigenschaftenfenster für das Projekt und dessen Dateien können Sie die Art ändern, wie das Setup-Programm erstellt wird (→ Abbildung 4.33). Bevor Sie ein Setup-Programm für Ihre eigenen Zweck erstellen, sollten Sie beispielsweise sicherstellen, dass Sie die Eigenschaften **Autor**, **Description**, **Title** und **Version** auf den aktuellen Stand bringen.

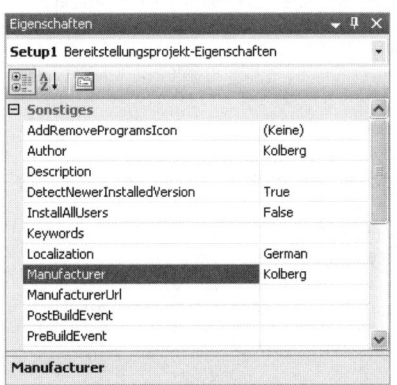

Abbildung 4.33: Die Eigenschaften des Setup-Projekts

▶▶ Schnell**übersicht** Visual Basic 2005 **273**

Diverse Eigenschaften stehen allgemein zur Verfügung, wenn ein Weitergabeprojekt im Projektmappen-Explorer ausgewählt wird. Die tatsächlich zu einem bestimmten Zeitpunkt zur Verfügung stehenden Eigenschaften hängen vom Projekttyp ab.

Eigenschaft	Beschreibung
AddRemove ProgramsIcon	Gibt ein Symbol für die Anzeige im Dialogfeld *Software* auf dem Zielcomputer an.
Author	Gibt den Namen des Autors einer Anwendung oder Komponente an.
Description	Gibt eine formlose Beschreibung für ein Installationsprogramm an.
DetectNewerInstalled Version	Gibt an, ob der Zielcomputer während der Installation auf neuere Versionen einer Anwendung überprüft werden soll.
FriendlyName	Gibt den öffentlichen Namen einer CAB-Datei in einem CAB-Projekt an.
Keywords	Gibt die Schlüsselwörter an, die für die Suche nach einem Installationsprogramm verwendet werden.
Localization	Gibt das Gebietsschema für Zeichenfolgenressourcen und die Laufzeit-Benutzerschnittstelle an.
Manufacturer	Gibt den Namen des Herstellers einer Anwendung oder Komponente an.
ManufacturerUrl	Gibt einen URL für eine Website an, die Informationen über den Hersteller einer Anwendung oder Komponente enthält.
ModuleSignature	Gibt einen eindeutigen Bezeichner für ein Mergemodul an.
PackageCode	Gibt einen eindeutigen Bezeichner für ein Installationsprogramm an.
ProductCode	Gibt einen eindeutigen Bezeichner für eine Anwendung an.
ProductName	Gibt einen öffentlichen Namen an, der eine Anwendung oder Komponente beschreibt.
RemovePreviousVersions	Gibt an, ob ein Installationsprogramm während der Installation frühere Versionen einer Anwendung entfernt.

Tabelle 4.4: Einige Weitergabeeigenschaften

Eigenschaft	Beschreibung
RestartWWWService	Gibt an, ob die Internet-Informationsdienste während der Installation beendet und dann neu gestartet werden.
SearchPath	Gibt den Pfad an, der für die Suche nach Assemblies, Dateien oder Mergemodulen auf dem Entwicklungscomputer verwendet wird.
Subject	Gibt zusätzliche Informationen an, die eine Anwendung oder Komponente beschreiben.
SupportPhone	Gibt eine Telefonnummer für Supportinformationen zu einer Anwendung oder Komponente an.
SupportUrl	Gibt einen URL für eine Website an, die Supportinformationen zu einer Anwendung oder Komponente enthält.
Title	Gibt den Titel eines Installationsprogramms an.
UpgradeCode	Gibt einen gemeinsamen Bezeichner an, der für mehrere Versionen einer Anwendung steht.
Version	Gibt die Versionsnummer eines Installationsprogramms, eines Mergemoduls oder einer CAB-Datei an.
WebDependencies	Gibt Abhängigkeiten für ein ausgewähltes CAB-Projekt an.

4.5

Weitergabe

Tabelle 4.4: Einige Weitergabeeigenschaften (Forts.)

Weitere Eigenschaften können Sie über dieses Fenster regeln, nachdem Sie einen der Unterordner **Anwendungsordner**, **Desktop des Benutzers** oder **Programmmenü des Benutzers** markiert haben (→ Abbildung 4.34).

Abbildung 4.34: Wählen Sie einen Unterordner

Beispielsweise können Sie hier einstellen, ob bei der Installation automatisch ein Eintrag im START-Menü vorgenommen oder ob ein Symbol auf dem Desktop eingerichtet werden soll. Beachten Sie, dass in die Eigenschaft **AlwaysCreate** für die einzelnen Elemente des Dateisystems auf dem Zielcomputer standardmäßig auf **false** gesetzt ist. In Konsequenz heißt das, wenn der vom Anwender gewünschte Installationsordner nicht existiert, er durch das Setup-Programm auch nicht angelegt wird. Der Anwender sucht dann vergeblich nach dem installierten Programm, da keine Meldung ausgegeben wird, dass es eigentlich nichts installiert hat, obwohl es den Anschein hatte. Setzen Sie darum diese Eigenschaft auf **true**.

Weitere wichtige Einstellungen, die das Einfügen dieser Installationsdateien steuern, finden Sie, indem Sie das Setup-Projekt markieren und dann im Menü PROJEKT den Befehl EIGENSCHAFTEN wählen (→ Abbildung 4.35). Alternativ können Sie diesen Befehl auch aus dem Kontextmenü zum markierten Projekt auswählen.

4.5

Weitergabe

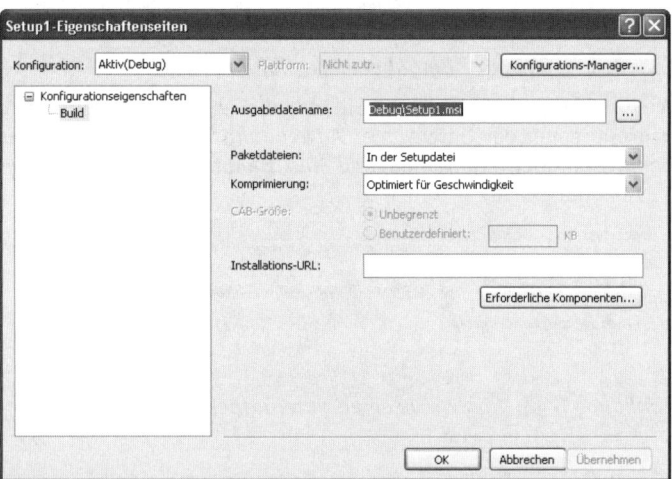

Abbildung 4.35: Eigenschaften für das Setup-Projekt können Sie einstellen

- Der Begriff *Plattform* bezieht sich normalerweise auf den Rechner, der die Anwendung ausführen wird und auf dem die Anwendungsdateien installiert werden müssen. Wenn wir von Windows-Anwendungen sprechen, ist das Ziel eigentlich klar: die Rechner aller Anwender. Denken Sie aber daran, dass der Zielrechner bei Web-Anwendungen der Webserver ist, nicht der Rechner des Endanwenders.

- Über das Listenfeld *Paketdateien* können Sie angeben, in welcher Form das Setup-Paket erstellt werden soll.

Der Konfigurations-Manager

Über einen Klick auf die Schaltfläche *Konfigurations-Manager* lassen Sie ein Dialogfeld anzeigen, über das Sie Buildkonfigurationen auswählen und bearbeiten sowie einzelne Projektkonfigurationen erstellen, umbenennen oder entfernen.

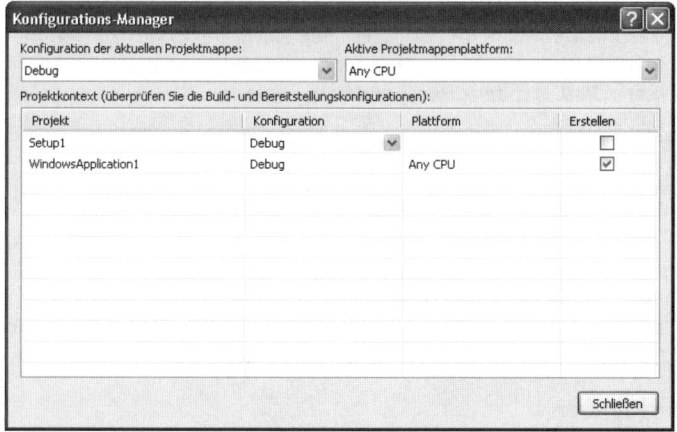

Abbildung 4.36: Sie können verschiedene Konfigurationen erstellen

- Im Listenfeld **Konfiguration der aktuellen Projektmappe** werden die verfügbaren Projektmappen-Buildkonfigurationen aufgelistet. Arbeiten Sie entweder über diese Dropdown-Liste oder über die Dropdown-Liste **Konfiguration** in der **Standard**-Symbolleiste, um die Konfiguration der aktuellen Projektmappe zu ändern. Zum Erstellen von neuen Projektmappenkonfigurationen oder zum Ändern von vorhandenen Konfigurationen wählen Sie **Neu** oder **Bearbeiten** aus dieser Dropdown-Liste.
- Die Einträge unter **Projektkontext ...** umfassen den Projektnamen, Dropdown-Listen für die Konfigurationstypen und die Plattformen sowie das Kontrollkästchen **Erstellen.** Die Kombination aus dem gewählten Typ und der Plattform bestimmt die zu verwendende Projektkonfiguration. Sie können auf die Spaltenköpfe klicken, um die Spalten der Tabelle zu sortieren. Die Inhalte entsprechen denen in der Tabelle auf der eben beschriebenen Seite **Konfigurationseigenschaften/Konfiguration**. Sie können aber hier zum Erstellen eines neuen Buildtyps für ein Projekt oder zum Umbenennen eines vorhandenen aus den Dropdown-Listen die Optionen <**Neu...**> oder <**Bearbeiten...**> wählen.

4.5

Weitergabe

▶ ▶ Aufgabe: Das Setup-Programm erstellen

Ebenso wie bei allen anderen Projekten gilt auch bei einem Setup-Projekt, dass Sie das Projekt zuerst kompilieren müssen, um dessen Ausgabe zu erzeugen. Wählen Sie ERSTELLEN/PROJEKTMAPPE ERSTELLEN, um alle Projekte in der Lösung einschließlich des neuen Setup-Projekts zu kompilieren. Das Kompilieren dauert einige Zeit, was vor allem am Setup-Projekt liegt, das alle erforderlichen übertragbaren .NET-Dateien zu einer einzigen **.msi**-Datei komprimiert.

Installieren

Wenn Sie das im vorherigen Schritt erstellte Setup-Programm prüfen wollen, benötigen Sie einen weiteren Rechner, auf dem **Visual Basic .NET** nicht installiert ist. Stellen Sie die **.msi**-Datei auf diesem Zielrechner bereit. Mit den Standardeinstellungen befindet sie sich im Verzeichnis **Debug** unterhalb des Ordners mit dem **Setup**-Projekt.

Kopieren Sie dazu die Datei über das Netzwerk oder eine CD auf den Zielrechner. Auf dem Zielrechner müssen Sie zuerst die oben erwähnte Datei ausführen. Klicken Sie dann die *.msi*-Datei mit der rechten Maustaste an und wählen Sie INSTALLIEREN aus dem Kontextmenü. Wenn auf dem Zielrechner nicht die jüngste Windows Installer-Version installiert ist, erhalten Sie jetzt eine Fehlermeldung. Ansonsten sollte die Installation normal ablaufen.

Bereitstellung mehrerer Projekte

Bei der eben beschriebenen Vorgehensweise war Ihre Lösung vollständig in einem einzigen Projekt enthalten. Häufiger kommen jedoch die Systeme vor, bei denen ein Teil der Funktionsmerkmale der Anwendung in einer oder mehreren Komponenten platziert wurde. Wenn Sie in Visual Studio .NET ein derartiges System erstellen, sind normalerweise alle zugehörigen Projekte Teil einer einzigen Projektmappe. In einer solchen Situation finden Sie diese im Schritt *Einzubeziehende Projektausgaben auswählen* auf der Seite *3* des *Setup-Assistenten* alle vermerkt.

Wenn Sie in diesem Fall mit einer Hauptanwendung arbeiten, die auf die entsprechenden Dateien anderer Projekte in der Mappe verweist, sollten Sie trotz der vielen Optionen, die nun in diesem Schritt zu sehen sind, nur die Primärausgabe der Hauptanwendung auswählen. Der Setup-Assistent ermittelt dann die Abhängigkeiten der gewählten Ausgabe(n). Wenn Sie auch die Ausgabe weiterer Elemente gewählt hätten, würde die Installation zwar nicht scheitern, aber während der Kompilierung der Setup-Datei würden Sie den Hinweis *Warnung: Zwei oder mehr Objekte verwenden dasselbe Ziel ...* erhalten. Für den Endanwender sieht die Installation dieses Projekts nicht anders aus als die des vorherigen, obwohl eine zusätzliche Bibliothek installiert wird, und alles wird immer noch auf demselben Zielrechner installiert.

4.5.2 Web-Anwendungen

Auch im Fall von Web-Anwendungen ist es von Vorteil, Dateien auf einem Webserver durch Weitergabe zu installieren, da alle Vorgänge in Zusammenhang mit der Registrierung und der Konfiguration automatisch durch die Weitergabe gehandhabt werden. Dabei erstellen Sie zunächst ein Websetup-Projekt und kopieren dieses auf den Webserver (→ Kapitel 9). Danach starten Sie das Installationsprogramm, um die Anwendung auf dem Server zu installieren. Dabei verwenden Sie die im Websetup-Projekt definierten Einstellungen. In den meisten Fällen gewährleisten die eben beschriebenen Werkzeuge zur Weitergabe von Software auch bei Webprojekten eine sichere Installation.

▶ ▶ **Aufgabe: Eine Web-Anwendung auf einen Server kopieren**

Die einfachste Möglichkeit, den Inhalt eines Webprojekts auf einem Zielserver verfügbar zu machen, besteht im Kopieren – und nicht in der Weitergabe des Projekts. Dafür ist im Menü PROJEKT der Befehl PROJEKT KOPIEREN verfügbar. Dieser Befehl erstellt standardmäßig eine neue Web-Anwendung auf dem Zielserver und kopiert nur die Dateien, die zum Ausführen der Anwendung erforderlich sind. Beachten Sie, dass die FrontPage-Servererweiterungen auf dem Server installiert sein müssen, um den Befehl PROJEKT KOPIEREN verwenden zu können.

■ Wählen Sie WEBSITE/PROJEKT KOPIEREN. Im dann angezeigten Dialogfeld müssen Sie nach einem Klick auf die Schaltfläche **Verbinden** den URL der **Remotewebsite** angeben (→ Abbildung 4.37). Dieser kann sich auf dem gleichen oder einem anderen Server befinden.

■ Wählen Sie anschließend die zu kopierenden Dateien. Benutzen Sie danach die Befehle des Kontextmenüs zu den Dateien der **Quellwebsite** – um beispielsweise WEBSITE IN REMOTEWEBSITE KOPIEREN oder AUSGEWÄHLTE DATEIEN KOPIEREN zu wählen. Sie können für diese Aufgaben auch die Schaltflächen mit den Pfeilen in der Mitte des Fensters benutzen.

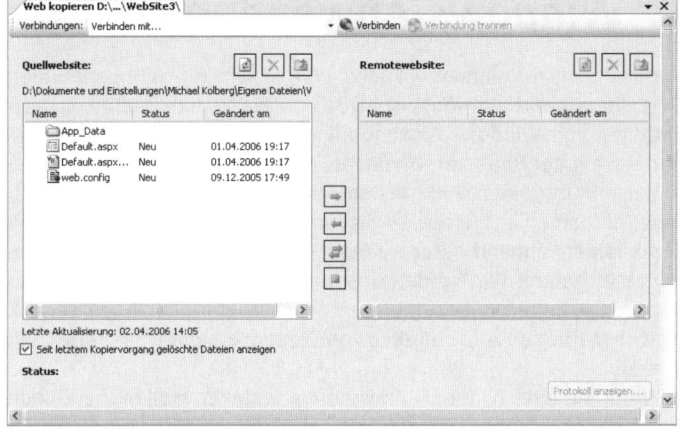

Abbildung 4.37: Webprojekte können Sie über **Projekt kopieren** *bereitstellen*

Der Kopiervorgang konfiguriert aber nicht automatisch die Verzeichniseinstellungen der Internet-Informationsdienste. Wenn die Tätigkeit noch vorgenommen werden muss, sollten Sie die oben beschriebene Methode der Weitergabe des Projekts verwenden, da Sie dann Verwaltungsfunktionen wie Registrierung und IIS-Konfiguration nutzen können.

5 Windows-Anwendungen

Wahrscheinlich kommen wir jetzt erst zu den für Sie spannenden Bereichen innerhalb von Visual Basic .NET – den Techniken zum Erstellen von Windows-Anwendungen. Damit erstellt man Anwendungen mit der Benutzeroberfläche, die allen Windows-Betriebssystemen – mit kleinen äußerlichen Abweichungen – gemeinsam ist. Beim Aufbau einer Windows-Anwendung sollten Sie einer gewissen Logik folgen, anhand derer wir auch den Inhalt dieses Kapitels ausgerichtet haben: Wir werden uns mit den Techniken zum Erstellen von und Arbeiten mit Formularen beschäftigen und Ihnen zeigen, welche Methoden zum Einfügen von Steuerelementen zur Verfügung stehen.

- Wenn Sie eine Windows-Anwendung erstellen wollen, benötigen Sie ein so genanntes **Formular** als Grundlage dafür (→ Abschnitt 5.1). Im Prinzip ist ein Formular das, was Sie unter dem Begriff **Fenster** aus vielen anderen Windows-Anwendungen her kennen.

- Durch Festlegen der **Eigenschaften** können Sie das Formular an die spezifischen Anforderungen anpassen (→ Abschnitt 5.2). Sie können dafür beispielsweise das Erscheinungsbild festlegen, indem Sie die Form der Darstellung, den Fensterstil oder das Layout bestimmen.

- Mit einem Formular als Grundlage können Sie der Anwendung **Steuerelemente** hinzufügen, über die der Anwender zur Laufzeit Aktionen durchführen, Eingaben vornehmen oder Optionen einstellen kann. Die allgemeinen Vorgehensweisen zur Arbeit mit diesen Elementen werden wir Ihnen in diesem Kapitel vorstellen (→ Abschnitt 5.3). Details zu den einzelnen Steuerelementen liefert Kapitel 6.

- Auch diese Steuerelemente verfügen über verschiedene **Eigenschaften**. Sie beschreiben beispielsweise Elemente der optischen Darstellung oder auch andere Verhaltensweisen. Auf die allgemeinen und die wichtigsten davon werden wir in diesem Kapitel eingehen (→ Abschnitt 5.4).

- Sowohl Formulare als auch die darin angesiedelten Steuerelemente verfügen über *Ereignisse*. Sie können darüber steuern, wie das Element reagieren soll, wenn bestimmte Dinge passieren – beispielsweise wenn ein Formular geöffnet wird oder wenn der Benutzer auf eine Schaltfläche klickt (→ Abschnitt 5.5).

Auch in Kapitel 8 werden wir uns weiter mit Steuerelementen beschäftigen, diesmal allerdings mit solchen, mit denen Sie die Optik und Verhaltensweisen ganzer Programmoberflächen bestimmen können. Alle diese Komponenten sind unsichtbare Steuerelemente, sie werden also nach dem Einfügen in einen separaten Bereich unter dem Entwurfsbereich des Formulars angezeigt.

5.1 Formulare

Ein *Formular* bildet die Grundlage einer jeden Windows-Anwendung. Es ist ein Objekt mit spezifischen Eigenschaften und wird als eine Instanz einer Klasse definiert. In der Grundeinstellung wird die Klasse *System.Windows.Forms* als Vorlage für die Erstellung des Formulars verwendet.

5.1.1 Arbeiten mit einzelnen Formularen

Eine Anwendung kann über mehr als ein Formular verfügen, aber ein Formular gehört immer nur zu genau einer Anwendung.

▶ ▶ Aufgabe: **Ein Formular erstellen**

Zum Erstellen einer Windows-Anwendung wählen Sie im Dialogfeld *Neues Projekt* den Projekttyp *Windows-Anwendung* (→Abbildung 5.1). Nach der Bestätigung wird der *Windows Forms-Designer* geöffnet und zeigt ein neues Projekt an, das ein einzelnes Formularobjekt enthält.

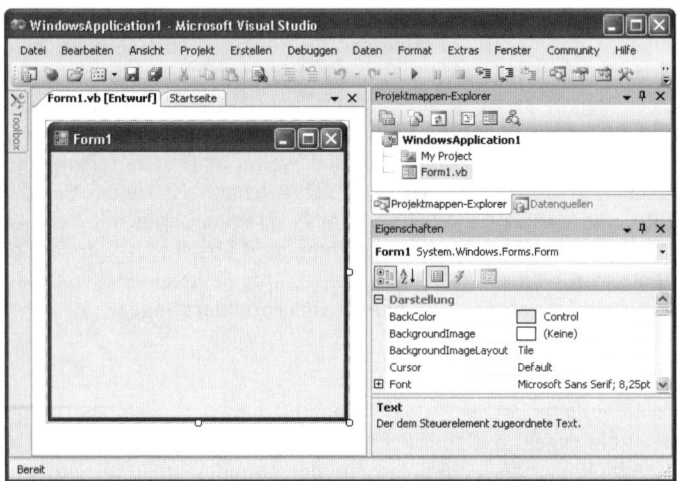

Abbildung 5.1: Ein Formular wird automatisch erstellt

Dieses neue Formular wird standardmäßig **Form1** genannt. Wenn Sie gleich oder später wissen wollen, wie das Formular später in der Anwendung aussehen würde, starten Sie den Debugger, indem Sie DEBUGGEN/STARTEN wählen oder auf die gleichbedeutende Schaltfläche in der **Standard**-Symbolleiste klicken. Das leere Formular wird dann in der Laufzeitumgebung angezeigt. Sie können die so erstellte Windows-Anwendung beenden, indem Sie auf die **Schließen**-Schaltfläche des Formulars klicken.

Die Entwurfsansicht

Das Fenster, in dem das Formular nach dem Erstellen des Projekts in der **IDE** angezeigt wird, trägt den Namen **Form1.vb [Entwurf]**. In dieser Form der Ansicht können Sie bestimmte Eigenschaften des Formulars auf der grafischen Benutzeroberfläche festlegen. Beispielsweise können Sie das Formular über die Maus skalieren, über das Fenster **Eigenschaften** seine Verhaltenweisen bestimmen oder mit den Elementen der **Toolbox** Steuerelemente in das Formular einfügen. Die vielen kleinen Punkte auf dem Formular dienen als Raster für die spätere Eingabe von Steuerelementen. Darauf werden wir weiter unten eingehen.

Ein Sternchen hinter dem Namen in einer der Registerlaschen im Hauptfenster ist – wie üblich – ein Zeichen dafür, dass Änderungen in der entsprechenden Datei durchgeführt wurden, die noch nicht gespeichert wurden.

▶▶ Aufgabe: Die Codeansicht anzeigen

Daneben verfügt der Designer noch über die **Codeansicht**. Diese benutzen Sie, wenn Sie dem Formular oder einzelnen Elementen darin Programmcode hinzufügen wollen. Zur Anzeige markieren Sie – wenn notwendig – das Formular im **Projektmappen-Explorer** und wählen CODE ANZEIGEN aus dem dazugehörenden Kontextmenü oder den Befehl CODE im Menü ANSICHT. In allen Fällen wird im Hauptbereich der **IDE** die Codeansicht für das Formular als neues Fenster angezeigt (→ Abbildung 5.2). Das Fenster wird standardmäßig mit dem Namen des Formulars – beispielsweise **Form1.vb** – benannt. Zwischen Codeansicht und Entwurfsansicht können Sie über die Registerlaschen – **Form1.vb [Entwurf]** und **Form1.vb** – am oberen Fensterrand wechseln.

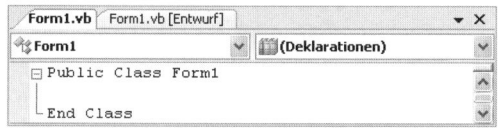

Abbildung 5.2: Die Codeansicht zeigt einen Rahmen an

▶▶ Aufgabe: Die Codeansicht erweitern

Was Sie hier sehen, ist nur eine verkürzte Darstellung. Sie können mehr vom Code sichtbar machen, indem Sie im Listenfeld **Methodenname** statt **(Deklarationen)** den Eintrag **Initialize Component** einstellen. Sie öffnen damit ein weiteres Fenster mit einem Namen wie **Form1Designer.vb**. Sie erkennen darin, dass eine öffentliche Klasse mit dem Namen **Form1** definiert wird, die ihre Eigenschaften von **System.Windows.Forms.Form** – sozusagen dem Standardformular – erbt (→ Abbildung 5.3).

5.1

Formulare

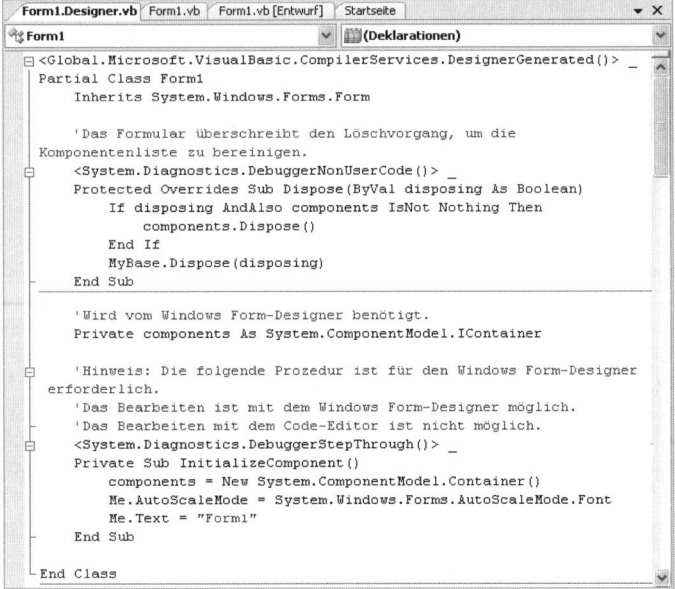

Abbildung 5.3: **Initialize Component** *zeigt den vollständigen Code*

Interessant ist auch der Teil im unteren Bereich des Codes: Die Anweisung **Me.Text = »Form1«** sorgt beispielsweise dafür, dass das Formular mit dem Namen **Form1** benannt wird. Wenn Sie später im **Windows Form-Designer** Änderungen zu diesen Eigenschaften des Formulars durchführen, werden diese Änderungen in diesem Bereich des Codes automatisch vermerkt. Wenn Sie bestimmte Eigenschaften später auch zur Laufzeit des Programms ändern lassen wollen, können Sie hier einige Tricks zur Syntax dafür abschauen. Theoretisch könnten Sie aber auch das ganze Formular selbst innerhalb dieses Codes erstellen oder ändern. Microsoft empfiehlt zwar, die dort gezeigten Einstellungen nicht über den Code-Editor, sondern über den **Windows Form-Designer** zu ändern. In fast allen Fällen ist aber eine Bearbeitung ohne nachfolgende Komplikationen möglich.

5.1.2 Arbeiten mit mehreren Formularen

Viele Windows-Anwendungen behandeln Fälle, in denen nur ein einziges Formular verwendet wird. In manchen Fällen – gerade bei aufwendigen Anwendungen – werden Sie zwei oder mehr Formulare benötigen. Sie können entweder ein neues leeres Formular verwenden oder eines, das Sie schon in einer anderen Windows-Anwendung erzeugt haben. In beiden Fällen wählen Sie bei der Arbeit in der Visual Studio-**IDE** im Kontextmenü zum Projekt das Untermenü HINZUFÜGEN und darin den Befehl WINDOWS FORM HINZUFÜGEN aus.

▶▶ **Aufgabe: Ein neues Formular hinzufügen**

Wenn Sie ein leeres Formular oder ein anderes leeres Element benötigen, wählen Sie den Befehl NEUES ELEMENT HINZUFÜGEN. Im anschließend angezeigten Dialogfeld können Sie den Typ des Elements wählen und ihm einen Namen geben. Als Standardeinstellung finden Sie hier die Option **Windows-Formular** mit dem Namen **Form2** markiert, wenn Sie bisher nur mit einem einzigen Formular **Form1** gearbeitet haben. Bestätigen Sie, um dieses neue Formular zum aktuellen Projekt hinzuzufügen.

▶▶ **Aufgabe: Ein vorhandenes Formular hinzufügen**

Wenn Sie ein schon vorhandenes Formular aus einer gespeicherten Anwendung übernehmen wollen, benutzen Sie den Befehl VORHANDENES ELEMENT HINZUFÜGEN. Navigieren Sie im Dialogfeld zu dem gewünschten Projektmappenordner, wählen Sie darin das Formular und öffnen Sie es.

Wenn Sie Projekte mit mehreren Formularen erstellen, müssen Sie darauf achten, dass das jeweils gewünschte Formular beim Starten des Projekts angezeigt wird. Um dieses auszuwählen, wählen Sie den Befehl EIGENSCHAFTEN aus dem Kontextmenü zum Projekt im *Projektmappen-Explorer*. Dadurch erscheint ein Dialogfenster, das viele Optionen und Einstellungen enthält. Der Wert, den Sie verändern müssen, befindet sich auf der Seite *Allgemeine Eigenschaften/ Allgemein* und heißt *Startobjekt*. Die Einstellung bestimmt, welches Formular – oder welcher andere Code – ausgeführt wird, wenn das Projekt gestartet wird.

5.1

Formulare

▶ ▶ Aufgabe: **Ein Basisformular benutzen**

Wenn Sie mit mehreren Formularen arbeiten wollen, die alle dasselbe oder zumindest ein ähnliches Erscheinungsbild haben sollen, können Sie mit der Methode der visuellen Vererbung arbeiten – Sie können die Eigenschaften in einem Basisformular festlegen und diese an andere Formulare vererben.

■ Für die Klassenbibliothek müssen Sie zunächst ein Basisformular erstellen. Wählen Sie DATEI/NEUES PROJEKT, um das Dialogfeld *Neues Projekt* zu öffnen. Benennen Sie es beispielsweise mit *Basis Formular1*. Legen Sie im Formular *Form1* die gewünschten Eigenschaften fest, die später vererbt werden sollen. Ändern Sie den *Ausgabetyp* auf der Seite *Anwendung* im Fenster *My Project* der Windows-Anwendung in *Klassenbibliothek*. Wählen Sie im Menü DATEI/ALLE SPEICHERN, um das Projekt und die Dateien im Standardverzeichnis zu speichern. Wählen Sie anschließend ERSTELLEN/ ... ERSTELLEN, um die Klassenbibliothek zu erstellen.

■ Nachdem die Bibliothek erstellt wurde, können Sie ein neues Projekt erstellen, das von dem soeben erstellten Formular erbt. Wählen Sie dazu DATEI/HINZUFÜGEN/NEUES PROJEKT, um das Dialogfeld *Neues Projekt* zu öffnen. Erstellen Sie eine Windows-Anwendung. Verwenden Sie beispielsweise den Namen *Erbe*. Das automatisch in dieser Anwendung erstellte Formular *Form1* können Sie löschen, da Sie es für diese Aufgabe nicht benötigen werden. Markieren Sie es dazu im **Projektmappen-Explorer** und wählen Sie LÖSCHEN aus dem Kontextmenü dazu.

- Klicken Sie dann mit der rechten Maustaste im Projektmappen-Explorer auf das Projekt **Erbe** und wählen Sie HINZUFÜGEN/GEERBTES FORMULAR aus dem Kontextmenü. Stellen Sie im Dialogfeld **Neues Element hinzufügen** sicher, dass **Geerbtes Formular** ausgewählt ist, und klicken Sie auf **OK**.

Das Formular, von dem geerbt werden soll, geben Sie im Dialogfeld **Vererbungsauswahl** mit **Form1** aus dem **BasisFormular1**-Projekt an und klicken auf **OK**. Dadurch wird ein Formular im **Erbe**-Projekt erstellt, das von dem Formular in **BasisFormular1** abgeleitet wird. Öffnen Sie das geerbte Formular im Windows Forms-Designer, indem Sie darauf doppelklicken – sofern es noch nicht geöffnet ist. Die geerbten Eigenschaften werden im Windows Form-Designer angezeigt.

5.2 Formulareigenschaften

Durch Festlegen der **Eigenschaften** können Sie das Formular an die spezifischen Anforderungen anpassen. Bei diesen Eigenschaften dreht es sich sowohl um solche, die das optische Erscheinungsbild betreffen – wie den Namen in der Titelleiste, die Maße, die Lage auf dem Bildschirm und Ähnliches –, als auch um Eigenschaften von etwas komplexerer Natur – beispielsweise die Wahl von Standardschaltflächen für die Bestätigung von Einstellungen oder die Zuordnung von unter- und übergeordneten **MDI**-Formularen (→ Kapitel 8). Welche Eigenschaften jeweils wichtig sind, muss individuell entschieden werden. Einige werden Sie häufig variieren wollen, andere werden Sie vielleicht nie benutzen.

Wir wollen Ihnen zunächst einen Überblick über die wichtigsten Eigenschaften liefern, die Sie für ein Formular festlegen können (→ Tabelle 5.1). Ausgewählte und für den typischen Anwender interessante Eigenschaften werden wir in den nachfolgenden Abschnitten etwas detaillierter behandeln. Diese betreffen zum großen Teil die Bereiche **Darstellung**, **Fensterstil** und **Layout**. Hinweise zu weiteren wichtigen Eigenschaften finden Sie in den nächsten Kapiteln an den Stellen, an denen diese für bestimmte Aufgaben benötigt werden.

5.2

Formulareigenschaften

Name	Bedeutung
AcceptButton	Ruft die Schaltfläche im Formular ab, die beim Drücken der Taste ⏎ betätigt wird, oder legt diese fest.
ActiveForm	Ruft das momentan aktive Formular für diese Anwendung ab.
ActiveMdiChild	Ruft das momentan aktive untergeordnete *MDI*-Fenster – für *Multiple Document Interface* – ab.
Anchor	Ruft ab oder legt fest, welche Ränder des Steuerelements an den Rändern des zugehörigen Containers verankert sind.
AutoScale	Ruft einen Wert ab, der angibt, ob die Größe des Formulars der Höhe der im Formular verwendeten Schriftart angepasst wird und die Steuerelemente des Formulars skaliert werden, oder legt diesen fest.
AutoScale BaseSize	Ruft die Grundgröße ab, die für die automatische Skalierung des Formulars verwendet wird, oder legt diese fest.
Background Image	Ruft das im Formular angezeigte Hintergrundbild ab oder legt dieses fest.
Bottom	Ruft den Abstand zwischen dem unteren Rand des Steuerelements und dem oberen Rand des Clientbereichs des zugehörigen Containers ab.
Bounds	Ruft die Größe und Position des Formulars ab oder legt diese fest.
CancelButton	Ruft das *Button*-Steuerelement ab, das beim Drücken von ⎋Esc betätigt wird, oder legt dieses fest.
ControlBox	Ruft einen Wert ab, der angibt, ob auf der Beschriftungsleiste des Formulars ein Systemmenüfeld angezeigt wird, oder legt diesen fest.
Controls	Ruft die im Formular enthaltene Auflistung von Steuerelementen ab.
Cursor	Ruft den Cursor ab, der angezeigt wird, wenn sich der Mauszeiger über dem Steuerelement befindet, oder legt diesen fest.
Desktop-Bounds	Ruft die Größe und Position des Formulars auf dem Windows-Desktop ab oder legt diese fest.
Desktop Location	Ruft die Position des Formulars auf dem Windows-Desktop ab oder legt diese fest.

Tabelle 5.1: Ein Formular verfügt über viele Eigenschaften

Name	Bedeutung
Font	Ruft die Schriftart für die Anzeige von Text im Steuerelement ab oder legt diese fest.
ForeColor	Ruft die Vordergrundfarbe des Formulars ab oder legt diese fest.
FormBorder Style	Ruft die Rahmenart des Formulars ab oder legt diese fest.
Height	Ruft die Höhe des Steuerelements ab oder legt diese fest.
HelpButton	Ruft einen Wert ab, der angibt, ob auf der Titelleiste des Formulars die Hilfeschaltfläche angezeigt werden soll, oder legt diesen fest.
Icon	Ruft das Symbol für das Formular ab oder legt dieses fest.
ImeMode	Ruft den IME-Modus (Eingabemethoden-Editor) des Steuerelements ab oder legt diesen fest.
IsMdiChild	Ruft einen Wert ab, der angibt, ob das Formular ein untergeordnetes *MDI*-Formular ist.
IsMdiContainer	Ruft einen Wert ab, der angibt, ob das Formular ein Container für untergeordnete *MDI*-Formulare ist, oder legt diesen fest.
Left	Ruft die x-Koordinate des linken Randes eines Formulars in Pixel ab oder legt diese fest.
Location	Ruft die Koordinaten der linken oberen Ecke des Steuerelements relativ zur linken oberen Ecke des Containers ab oder legt diese fest.
MaximizeBox	Ruft einen Wert ab, der angibt, ob auf der Titelleiste des Formulars die Schaltfläche *Maximieren* angezeigt wird, oder legt diesen fest.
MaximumSize	Ruft die maximale Größe für die Vergrößerung des Formulars ab.
MdiChildren	Ruft ein Array von Formularen ab, das die untergeordneten *MDI*-Formulare darstellt, deren übergeordnetes Formular dieses Formular ist.
MdiParent	Ruft das aktuelle übergeordnete *MDI*-Formular für dieses Formular ab oder legt dieses fest.
MinimizeBox	Ruft einen Wert ab, der angibt, ob auf der Titelleiste des Formulars die Schaltfläche *Minimieren* angezeigt wird, oder legt diesen fest.
MinimumSize	Ruft die minimale Größe des Formulars ab oder legt diese fest.
Modal	Ruft einen Wert ab, der angibt, ob dieses Formular modal angezeigt wird.
Name	Ruft den Namen des Formulars ab oder legt diesen fest.
Opacity	Ruft die Durchlässigkeit des Formulars ab oder legt diese fest.
Parent	Ruft den übergeordneten Container ab oder legt diesen fest.

Tabelle 5.1: Ein Formular verfügt über viele Eigenschaften (Forts.)

Formulareigenschaften

Name	Bedeutung
Right	Ruft den Abstand zwischen dem rechten Rand des Steuerelements und dem linken Rand des zugehörigen Containers ab.
RightToLeft	Ruft einen Wert ab, der angibt, ob Elemente des Formulars für die Unterstützung von Gebietsschemas ausgerichtet sind, die von rechts nach links geschriebene Schriftarten verwenden, oder legt diesen fest.
ShowInTaskbar	Ruft einen Wert ab, der angibt, ob das Formular auf der Windows-Taskleiste angezeigt wird, oder legt diesen fest.
Size	Ruft die Größe des Formulars ab oder legt diese fest.
SizeGripStyle	Ruft die Art des Größenziehpunkts in der linken unteren Ecke des Formulars ab oder legt diese fest.
StartPosition	Ruft die Anfangsposition des Formulars zur Laufzeit ab oder legt diese fest.
Text	Ruft den diesem Formular zugeordneten Text ab oder legt diesen fest.
Top	Ruft die y-Koordinate des oberen Randes des Steuerelements in Pixel ab oder legt diese fest.
Transparency Key	Ruft die Farbe ab, die transparente Bereiche des Formulars darstellt, oder legt diese fest.
Visible	Gibt an, ob das Steuerelement angezeigt wird oder nicht.
Width	Ruft die Breite des Steuerelements ab oder legt diese fest.

Tabelle 5.1: Ein Formular verfügt über viele Eigenschaften (Forts.)

5.2.1 Das Fenster Eigenschaften

Eine Möglichkeit zur Anzeige und zum Ändern von Eigenschaften bietet das Fenster **Eigenschaften**. In einer Windows-Anwendung werden immer, wenn ein Element – das Formular oder ein darin enthaltenes Steuerelement – in der **IDE** ausgewählt ist, die Attribute dieses Objekts in diesem Werkzeugfenster angezeigt. Sie können die Auswahl über die Maus vornehmen, indem Sie auf das Element klicken oder die Dropdown-Liste oben im Fenster **Eigenschaften** verwenden. Anschließend können Sie die Eigenschaften des Formulars im Fenster **Eigenschaften** einsehen und bearbeiten. In dem in seiner Größe veränderbaren Bereich am unteren Rand des Fensters **Eigenschaften** wird eine Kurzbeschreibung der gerade ausgewählten Eigenschaft angezeigt.

Abbildung 5.4: Formulare verfügen über eine Vielzahl von Eigenschaften

Wenn das Eigenschaftenfenster nicht angezeigt wird, wählen Sie den Befehl ANSICHT/EIGENSCHAFTENFENSTER oder klicken auf die gleichbedeutende Schaltfläche in der **Standard**-Symbolleiste oder drücken F4.

Anzeigeformen

Im Fenster werden meist sehr viele iEigenschaften angezeigt. Das Fenster verfügt darum über mehrere Möglichkeiten zur Auflistung. Zum Ändern der Form der Anzeige benutzen Sie die Schaltflächen im oberen Bereich des Fensters **Eigenschaften**.

Symbol	Name und Beschreibung
	Nach Kategorien – listet alle Eigenschaften und deren Werte für das ausgewählte Element nach Kategorie sortiert auf. Kategorien können reduziert werden, um die Anzahl der sichtbaren Eigenschaften zu verringern. Die Kategorien werden in alphabetischer Reihenfolge aufgeführt.
	Alphabetisch – sortiert alle Entwurfszeit-Eigenschaften und -Ereignisse ausgewählter Objekte in alphabetischer Reihenfolge. Zum Bearbeiten einer nicht abgeblendeten Eigenschaft klicken Sie auf die Zelle rechts neben der Eigenschaft und nehmen die Änderungen vor.
	Eigenschaften – zeigt die Eigenschaften eines Objekts an. Viele Objekte verfügen außerdem über Ereignisse, die im Eigenschaftenfenster angezeigt werden können.
	Ereignisse – zeigt die für das Objekt verfügbaren Ereignisse an.

*Tabelle 5.2: Die Anzeige im Fenster **Eigenschaften** kann geändert werden*

▶▶ **Aufgabe: Eine Formulareigenschaft ändern**

Wenn Sie eine Eigenschaft ändern wollen, klicken Sie zunächst auf die Zeile mit dem Namen der Eigenschaft. Legen Sie dann einen Wert für die Eigenschaft fest. Hierbei gibt es einige Besonderheiten.

■ Je nach den Erfordernissen der einzelnen Eigenschaften werden im Eigenschaftenfenster verschiedene Arten von Bearbeitungsfeldern angezeigt. Diese Bearbeitungsfelder bestehen beispielsweise aus Eingabefeldern, Dropdown-Listen und Verknüpfungen mit benutzerdefinierten Editor-Dialogfeldern. In Grau angezeigte Eigenschaften sind schreibgeschützt.

■ Abhängig von der Eigenschaft werden Sie gegebenenfalls aufgefordert, Text oder einen numerischen Wert einzugeben, einen Wert aus der Liste der Eigenschaftenwerte auszuwählen oder den Wert in einem benutzerdefinierten Editor festzulegen. Das Vorhandensein eines solchen Editors erkennen Sie daran, dass nach dem Auswählen einer Eigenschaft im rechten Bereich der Felder für den Wert der Eigenschaft eine Schaltfläche mit drei Punkten angezeigt wird. Klicken Sie darauf, um den Editor zu öffnen.

- Eine Eigenschaft kann auch ein Objekt zurückgeben, das dann selbst wieder Eigenschaften aufweisen kann. Beispielsweise finden Sie im Fenster **Eigenschaften** eine Eigenschaft namens **Location**, über die Sie beispielsweise die Standardposition des Formulars angeben. **Location** ist ein Objekt, das aus zwei Elementen besteht – dem **X**- und **Y**-Wert der Position. Sie können diese separat anzeigen lassen, indem Sie den Knoten von **Location** öffnen.
- Für einige Steuerelemente, Dokumente und Formulare sind komplexe Einstellungen erforderlich bzw. solche, die im Eigenschaftenfenster nicht direkt festgelegt werden können. Für diese Steuerelemente gibt es ein benutzerdefiniertes Dialogfeld **Eigenschaftsseiten**, in dem diese komplexen Einstellungen festgelegt werden können.

Eine Anzeige in fetter Schrift weist darauf hin, dass die Standardeinstellung für das aktuelle Element geändert wurde. Über das Kontextmenü zu einer Eigenschaft können Sie in den meisten Fällen eine einmal vorgenommene Änderung wieder rückgängig machen. Beachten Sie, dass diese Felder über zwei Kontextmenüs verfügen, die angezeigt werden, wenn Sie rechts oder links im Feld klicken.

Über die Codeansicht ändern

Die im Fenster **Eigenschaften** angezeigten Daten reflektieren nur den im Code der Windows-Anwendung vorgenommenen Einstellungen. Dieser verbirgt sich in dem Bereich, den Sie über das Listenfeld **Methodenname** unter dem Eintrag **Initialize Component** einsehen können. Sie finden hier auch Einstellungen zu den Eigenschaften. Beachten Sie aber, dass jeweils immer nur die Eigenschaften angezeigt werden, bei denen der Wert von dem für das jeweilige Element geerbten Standard abweicht – beispielsweise der Name sowie Größe und Lage.

5.2.2 Eigenschaften der Gruppe Darstellung

Eine Vielzahl von Eigenschaften legt das optische Erscheinungsbild des Formulars fest. Im Fenster *Eigenschaften* sind diese unter der Überschrift *Darstellung* zusammengefasst.

▶▶ **Aufgabe: Den Namen des Formulars festlegen**

Standardmäßig hat das Formular den Namen *Form* zusammen mit einer angehängten Zahl – beispielsweise *Form1*. Bei einer eigenen Anwendung werden Sie diesen durch eine aussagekräftige Beschreibung des Formularinhalts ersetzen. Sie benutzen dazu die Eigenschaft *Text* – im Fenster *Eigenschaften* finden Sie sie im Bereich *Darstellung*. Die *Text*-Eigenschaft eines Formulars wird in der Titelleiste am oberen Rand des Formulars angezeigt. Verwechseln Sie die Eigenschaft *Text* nicht mit der Eigenschaft *(Name)*, unter der das Element im Programm verwaltet wird und angesprochen werden muss. Beachten Sie bei einer Änderung der Eigenschaft *(Name)*, dass Sie gegebenenfalls auch den Namen des Startobjekts auf der Seite *Allgemeine Eigenschaften/Allgemein* im Dialogfeld zu den Projekteigenschaften ändern müssen, damit das Formular als Startobjekt erkannt werden kann.

▶▶ **Aufgabe: Das Schriftformat des Formulars bestimmen**

Das Format der im Formular benutzten Schrift regeln Sie über die Eigenschaften, die nach dem Öffnen des Knotens vor der Gruppe *Font* angezeigt werden. Um die Schriftart zu ändern, klicken Sie auf die Schaltfläche mit den Auslassungspunkten neben der *Font*-Eigenschaft. Das Standarddialogfeld für Schriftarten wird angezeigt, in dem Sie Schriftart, Schriftstil, Schriftgröße, Effekte – wie *Durchstreichen* und *Unterstreichen* – sowie das Skript auswählen können. Die Ergebnisse Ihrer Einstellungen werden auch in der Eigenschaft *Font* zusammenfassend dargestellt. Abweichungen vom Standard werden – wie üblich – im Code vermerkt (→ Listing 5.1).

```
...
Form1.Font = New Font("Arial", 10, ...)
...
```

▶▶ Aufgabe: Die Farben im Formular regeln

Über **BackColor** regeln Sie die Hintergrundfarbe des Formulars, **Fore-Color** bestimmt die Standardfarbe für die darin gezeigten Steuerelemente. Sie können hier zur Einstellung über ein Fenster arbeiten, das die Wahl zwischen den durch die Systemsteuerung des Anwenders festgelegten Systemfarben, Webfarben und festen benutzerdefinierten Farben ermöglicht (→ Abbildung 5.5). Über **Benutzerdefiniert** festgelegte Farben bleiben konstant. Bei Wahl einer Farbe aus dem Bereich **System** ändert sich diese, wenn die Anwendung später auf einem Rechner mit anderen Einstellungen läuft. Verwenden Sie diese Methode, um zu verhindern, dass andere Anwender sich durch die von Ihnen getroffene Farbwahl gestört fühlen könnten.

Abbildung 5.5: Farben können festgelegt werden

Natürlich können Sie diese Eigenschaft auch programmgesteuert festlegen. Farben sind überall in Windows präsent und daher ist es wichtig zu wissen, wie Sie Farben erzeugen. Jede Farbe in Visual Basic .NET kann auf der Basis ihres Rot-, Grün- und Blauanteils beschrieben werden. In Visual Basic .NET variiert der Wert für jede der drei Farben zwischen **0** und **255**, was zu insgesamt 16 581 375 verfügbaren Farben führt. Eine Farbe, die aus jeder dieser drei Farben mit jeweils 50 Prozent Sättigung besteht – also den Wert **128** benutzt –, wäre ein helles Grau.

Der Namensraum *System.Drawing*

Die benannten Farben und die Fähigkeit, neue Farben zu erzeugen, finden Sie im Namensraum **System.Drawing**. Innerhalb dieses Namensraums gibt es zwei Farbgruppen: die Struktur **Color** und die Klasse **SystemColors**. Die Struktur **Color** hat zwei Hauptzwecke. Sie können durch zwei Methoden eine Farbe erzeugen oder ihren numerischen Wert herausfinden (→ Tabelle 5.3).

Methode	Beschreibung
FromARGB	Erzeugt basierend auf den Rot-, Grün- und Blauwerten (jeder zwischen 0 und 255) eine neue Farbe. Eine weitere Variante nimmt zusätzlich zu den Werten für Rot, Grün und Blau einen Alpha-Wert entgegen; mit einer anderen wird der Alpha-Wert zu einer bestehenden Farbe hinzugefügt. Der Alpha-Wert stellt den Grad der Transparenz der Farbe dar. Wie die anderen Werte variiert auch Alpha zwischen 0 und 255, wobei 255 vollständig undurchsichtig ist. Die letzte Variante von *FromARGB* nimmt den ganzzahligen Wert der Farbe entgegen und gibt die Farbe zurück.
ToARGB	Gibt die ganze Zahl zurück, die die Zusammensetzung einer Farbe aus Alpha, Rot, Grün und Blau darstellt.

Tabelle 5.3: Sie können Farben definieren oder ihre Daten zurückgeben

Zusätzlich zu der Fähigkeit, Farben zu erzeugen und umzuwandeln, enthält die Struktur **Color** eine Reihe von benannten Farben. Diese stellen eine große Vielfalt unterschiedlicher Farben dar, viele mit nicht sehr hilfreichen Namen wie **PapayaWhip**, **Gainsboro** und **BurlyWood**. Wichtig ist hier die Tatsache, dass Sie keine neue Instanz der Struktur **Color** erzeugen müssen, ehe Sie diese Farben verwenden.

Beispiel: Sie können sie also in einem Programm mit Code wie **Form1.BackColor = Color.SeaShell** verwenden.

Die Systemfarben stehen in der Klasse **SystemColors** zur Verfügung.

Die Verwendung der Klasse **SystemColors** ähnelt der Verwendung der Struktur **Color**. Auch hier müssen Sie keine neue Instanz der Klasse erzeugen, ehe Sie die Werte nutzen.

Beispiel: Sie können mit dem Code **Form1.BackColor = SystemColors.Desktop** den Hintergrund eines Formulars mit der definierten Farbe **Desktop** färben.

▶▶ Aufgabe: Die Transparenz des Formulars festlegen

Sie können die Durchlässigkeit von angezeigten Fenstern steuern. Mit Hilfe der Eigenschaft **Opacity** eines Formulars können Sie die Transparenz erhöhen. Der Wert *0,0* steht für völlig durchsichtig, der Wert *1,0* für völlig undurchsichtig. Über die Eigenschaft **Transparity-Key** können Sie eine Farbe festlegen, die transparent ist, wenn Sie auf dem Formular verwendet wird.

Transparente Formulare werden nur von Windows 2000 und höher unterstützt. Wenn solche Anwendungen auf älteren Betriebssystemen – beispielsweise Windows 98 – ausgeführt werden, werden sie unabhängig vom festgelegten Wert der **Opacity**-Eigenschaft nicht als transparent angezeigt.

▶▶ Aufgabe: Das Hintergrundbild auswählen

Sie können über **BackgroundImage** ein Hintergrundbild für das Formular festlegen. Dazu klicken Sie auf die Schaltfläche mit den drei Punkten und navigieren zum Speicherort der Datei. Sie öffnen damit das Dialogfeld **Ressource auswählen**, in dem Sie den Dateinamen durch Auswahl der gewünschten Datei festlegen können (→ Kapitel 6). Bilder mit durchscheinenden oder transparenten Farben werden nicht als Hintergrundbilder unterstützt.

▶▶ Aufgabe: Die Form des Cursors bestimmen

Auch die Form, die der Mauszeiger annehmen soll, wenn er in dem oder auf das Formular bewegt wird, können Sie ändern. Dazu verwenden Sie die Eigenschaft **Cursor** im Bereich **Darstellung** des Fensters **Eigenschaften**.

Formulareigenschaften

Die Eigenschaft **FormBorderStyle** bestimmt die Darstellung des Formularrandes. Diese beeinflusst die Darstellung der Titelleiste und legt fest, welche Schaltflächen darin angezeigt werden (→ Tabelle 5.4). Zusätzlich zur Änderung der Rahmendarstellung für ein Formular verhindern bestimmte Rahmenarten die Änderung der Größe des Formulars zur Laufzeit. Alle oben genannten Rahmenstile, mit Ausnahme der Einstellung **None**, bieten auf der rechten Seite der Titelleiste ein Schließfeld. Je nachdem, welchen Rahmenstil Sie auswählen, verfügt die Titelleiste über die Felder **Minimieren** und **Maximieren**.

Einstellung	Beschreibung
None	Keine Rahmen oder rahmenspezifischen Elemente. Wird meist für Startformulare verwendet.
Fixed 3D	Wird zur Darstellung eines dreidimensionalen Rahmeneffekts verwendet. Die Größe ist nicht veränderbar. Dieser Stil umfasst beispielsweise ein Systemmenüfeld, eine Titelleiste sowie die Schaltflächen **Maximieren** und **Minimieren** auf der Titelleiste und erzeugt relativ zum Formularkörper eine erhöhte Rahmenlinie.
Fixed Dialog	Wird für Dialogfelder verwendet. Die Größe ist nicht veränderbar. Dieser Stil umfasst beispielsweise ein Systemmenüfeld, eine Titelleiste sowie die Schaltflächen **Maximieren** und **Minimieren** auf der Titelleiste und erstellt relativ zum Formularkörper eine vertiefte Rahmenlinie.
Fixed Single	Die Größe ist nicht veränderbar. Dieser Stil umfasst beispielsweise ein Systemmenüfeld, eine Titelleiste sowie die Schaltflächen **Maximieren** und **Minimieren**. Die Größe kann nur über die Schaltflächen **Maximieren** und **Minimieren** geändert werden. Erzeugt eine einzelne Rahmenlinie.
Fixed Tool Window	Wird für Tool-Fenster verwendet. Zeigt ein nicht veränderbares Fenster mit einer Schaltfläche **Schließen** sowie Titelleistentext in einem verkleinerten Schriftgrad an. Das Formular wird nicht in der Windows-Taskleiste angezeigt.

Tabelle 5.4: Unterschiedliche Rahmentypen beeinflussen auch die Anzeige von Kontrollelementen

Einstellung	Beschreibung
Sizable (Standard)	Wird häufig als Hauptfenster verwendet. Die Größe ist veränderbar. Dieser Stil umfasst beispielsweise ein Systemmenüfeld, eine Titelleiste und die Schaltflächen **Maximieren** und **Minimieren**. Die Größe kann mit Hilfe eines Systemmenüfelds, der Schaltflächen **Maximieren** und **Minimieren** auf der Titelleiste oder durch Ansetzen des Mauszeigers an einem beliebigen Rand geändert werden.
Sizable Tool Window	Wird für Tool-Fenster verwendet. Zeigt ein veränderbares Fenster mit einer Schaltfläche **Schließen** sowie Titelleistentext in einem verkleinerten Schriftgrad an. Das Formular wird nicht in der Windows-Taskleiste angezeigt.

Tabelle 5.4: Unterschiedliche Rahmentypen beeinflussen auch die Anzeige von Kontrollelementen (Forts.)

5.2.3 Eigenschaften der Gruppe Fensterstil

Über die im Bereich **Fensterstil** des Fensters **Eigenschaften** aufgeführten Elemente können Sie wichtige Dinge festlegen, die die Funktionalität des Formulars betreffen.

▶ ▶ **Aufgabe:** Kontrollelemente in der Titelleiste an- und abschalten

Nachdem Sie einen Rahmenstil ausgewählt haben, der für das Formular die Schaltflächen **Minimieren** und **Maximieren** vorsieht, können Sie darüber hinaus festlegen, ob nur eine oder beide Schaltflächen aktiviert sein sollen. Setzen Sie dazu die Eigenschaften **MinimizeBox** und/oder **MaximizeBox** entweder auf **true** oder **false**. Abhängig von der festgelegten Eigenschaft wird die entsprechende Schaltfläche jetzt zwar angezeigt, ist aber nicht aktiviert. Dies empfiehlt sich, wenn Sie den Umfang der Benutzeraktionen genau umreißen möchten. Die Schaltflächen **Minimieren** und **Maximieren** sind standardmäßig aktiviert.

Außerdem können Sie in diesem Bereich mit der Eigenschaft **ControlBox** festlegen, ob das Formular ein **System**-Menüfeld haben soll. Die Eigenschaft **Icon** legt das Symbol für ein Formular fest. Dies wird auch im Systemmenükästchen angezeigt, wenn das Formular minimiert wird.

Formulareigenschaften

Wenn das Formular zur Laufzeit in der Taskleiste des Betriebssystems als eigenständiges Element angezeigt werden soll, sorgen Sie dafür, dass die Eigenschaft ***ShowInTaskbar*** auf ***true*** gesetzt ist.

▶ ▶ **Aufgabe:** Formulare unsichtbar machen

Die Sichtbarkeit eines Formulars wird in der Regel durch die Eigenschaft ***Visible*** gesteuert. Wenn Sie diese auf ***false*** setzen, ist das Formular nicht sichtbar. Das gilt jedoch nicht für das Hauptformular einer Windows-Anwendung nach dem Starten der Anwendung. Das Formular wird dennoch angezeigt. Die Lebensdauer des Startformulars bestimmt in der Regel die Lebensdauer der Anwendung.

Es ist jedoch möglich, die Startlogik der Anwendung in ein Modul zu setzen. Damit trennen Sie die Lebensdauer der Anwendung von der Lebensdauer des Formulars. Danach können Sie die Formulare beliebig sichtbar und unsichtbar machen, denn die Anwendung wird erst beendet, wenn Sie das Modul beenden. Fügen Sie dazu der Windows-Anwendung ein Modul hinzu, indem Sie mit der rechten Maustaste auf das Projekt klicken und MODUL HINZUFÜGEN wählen. Erstellen Sie im hinzugefügten Modul eine Unterroutine, die als Startobjekt für das Projekt fungieren kann.

Listing 5.2: Der Code sorgt für eine versteckte Ausführung eines Formulars

```
...
Sub Main()
    Dim Form as New Form1()
...
End Sub
```

Legen Sie anschließend das Modul anstelle von ***Form1*** als Startobjekt für das Projekt fest. Bei der Ausführung wird nach dem Starten der Anwendung zuerst der Code in ***Main()*** ausgeführt, während die Instanz von ***Form1*** so lange unsichtbar bleibt, bis der entsprechende Code für die Anzeige ausgeführt wird. So können Sie in der Instanz

5.2

Formulareigenschaften

von **Form1** im Hintergrund beliebige Aktionen ausführen, ohne dass Benutzer dies zur Kenntnis nehmen.

5.2.4 Eigenschaften der Gruppe Layout

Im Bereich **Layout** des Fensters **Eigenschaften** finden Sie diverse Elemente, die sich zum großen Teil auf die anfängliche Lage und Größe des Formulars zur Laufzeit beziehen.

▶▶ **Aufgabe: Die Größe des Formulars bestimmen**

Zum Festlegen der Größe eines Formulars können Sie – neben der im vorherigen Kapitel angesprochenen Methode der direkten Skalierung über die Maus – die Eigenschaft **Size** verwenden. Geben Sie dort durch ein Komma getrennte Werte für die Höhe und Breite ein. Nach dem Erweitern der **Size**-Eigenschaft können Sie die Werte für **Width** und **Height** auch einzeln festlegen. Auch zur Laufzeit definieren Sie die Formulargröße damit – beispielsweise mit **Form1.Size = New System. Drawing.Size(100, 100)**. Sie können auch hier die **Width**-Eigenschaft oder die **Height**-Eigenschaft separat ändern – beispielsweise mit **Form1.Width = 300** oder mit **Form1.Width += 500**. Oder Sie kombinieren diese beiden Formen – etwa mit **Form1.Size = New Size(300, Form1.Size.Height)**.

Über die Eigenschaften **MaximumSize** und **MiniimumSize** legen Sie die maximale und minimale Größe eines Formulars zur Laufzeit fest.

▶▶ **Aufgabe: Die Position auf dem Bildschirm festlegen**

Durch Angeben von Werten für die Eigenschaft **Location** können Sie die Position festlegen, an der das Formular auf dem Computerbildschirm angezeigt wird. Hiermit wird die Position der oberen linken Formularecke in Pixel festgelegt. Beachten Sie aber, dass Bildschirmgröße und Bildschirmauflösung je nach dem System des Benutzers häufig Unterschiede aufweisen können. Darüber hinaus können Systeme mit mehreren angeschlossenen Monitoren Schwierigkeiten haben, die Grenzen des Anzeigebereichs zu erkennen. Aufgrund dieser beiden Umstände ist die Position eines Formulars häufig nicht vorhersehbar, obwohl die **Location**-Eigenschaft eingestellt wurde.

Formulareigenschaften

Sie können außerdem die **StartPosition**-Eigenschaft festlegen, die bestimmt, wo das Formular beim Aufruf auf dem Bildschirm erscheinen soll:

- Die Standardeinstellung für eine Windows-Anwendung lautet **WindowsDefaultLocation**. Das Betriebssystem erhält dadurch die Anweisung, die beste Position des Formulars unter Berücksichtigung der Hardwareausstattung beim Start zu berechnen.
- Eine andere Möglichkeit besteht darin, die **StartPosition**-Eigenschaft auf **Center** zu setzen und die Position des Formulars im Code zu ändern.
- Wenn Sie ein Formular gezielt positionieren wollen, legen Sie die **StartPosition**-Eigenschaft des Formulars auf **Manual** fest. Geben Sie dann für die **Location**-Eigenschaft durch ein Komma getrennte Werte ein, um das Formular zu positionieren. Der **X**-Wert entspricht dabei dem Abstand vom linken und der **Y**-Wert dem Abstand vom oberen Rand des Anzeigebereichs. Sie können die **Location**-Eigenschaft auch erweitern, um die Werte der untergeordneten **X**-Eigenschaft und **Y**-Eigenschaft einzeln einzugeben.
- Um die Position eines Formulars zur Laufzeit zu definieren, legen Sie die **Location**-Eigenschaft auf einen **Point** fest – beispielsweise mit **Form1.Location = New Point (100, 100)**. Sie können die **X**- und die **Y**-Koordinate der Formularposition auch separat ändern. Für die **X**-Koordinate benutzen Sie die untergeordnete **Left**-Eigenschaft – beispielsweise in der Form **Form1.Left = 300**. Für die **Y**-Koordinaten verwenden Sie entsprechend die **Top**-Eigenschaft. Zum Erweitern könnten Sie beispielsweise auch **Form1.Left += 200** benutzen.

Anstelle der **Location**-Eigenschaft können Sie auch die **DesktopLocation**-Eigenschaft benutzen, um die Formularposition festzulegen. Durch diese Eigenschaft wird die Position des Formulars relativ zur Taskleiste festgelegt. Die Eigenschaft ist hilfreich, falls die Taskleiste am oberen oder linken Rand des Benutzermonitors angedockt wurde. Wenn die Taskleiste in dieser Weise angedockt wird, werden die Desktop-Koordinaten **(0,0)** verdeckt. Ein Formular, dessen **DesktopLocation**-Eigenschaft auf **(0, 0)** festgelegt ist, wird immer in der linken

Formulareigenschaften

oberen Ecke des primären Monitors angezeigt, nicht jedoch hinter der Taskleiste.

5.3 Steuerelemente

Indem Sie verschiedene Gruppen von Steuerelementen in das Formular einfügen und mit Code versehen, ermöglichen Sie dem Benutzer zur Laufzeit, Aktionen durchzuführen, Eingaben vorzunehmen oder Optionen einzustellen. Mit den Details der Aufgaben einzelner Steuerelemente werden wir uns in den folgenden Kapiteln beschäftigen. Zunächst geht es nur darum, die Techniken zum Einfügen von Steuerelementen kennen zu lernen und uns mit der Bearbeitung der Steuerelemente zu beschäftigen.

5.3.1 Steuerelemente einfügen

Alle eingebauten Steuerelemente stehen über das Fenster **Toolbox** zur Verfügung und können von dort aus dem Formular im Entwurfsmodus hinzugefügt werden. Die Toolbox ist in mehrere Bereiche organisiert. Wenn die einzelnen Bereichsknoten der Toolbox noch geschlossen sind, öffnen Sie den gewünschten, indem Sie auf das Pluszeichen klicken. Der ausgewählte Bereich wird dann geöffnet und seine Inhalte werden angezeigt. Wenn Sie gerade nur Steuerelemente aus einem bestimmten Bereich bearbeiten, können Sie die Anzeige der sonstigen ausblenden, um die Übersicht in der **Toolbox** zu erhöhen.

▶ ▶ Aufgabe: **Methoden zum Einfügen verstehen**

Jedes Element in dieser Liste kann über die üblichen Methoden in das aktuelle Formular eingefügt werden:

- Entweder klicken Sie das Element an und ziehen es im Bearbeitungsfenster auf das Formular. Sie sehen den tatsächlichen Umriss des Elements, während Sie die Maus über das Dokument bewegen. Lassen Sie die Maustaste los, wenn Sie den Mauszeiger an die gewünschte Position bewegt haben.

- Oder Sie klicken das Element doppelt an. Dadurch wird das Element in der oberen linken Ecke des Formulars hinzugefügt. Anschließend können Sie das Element zum gewünschten Ort verschieben.
- Die dritte Option besteht darin, das Element durch einmaliges Anklicken auszuwählen, wodurch es in der Toolbox hervorgehoben wird. Anschließend können Sie das Steuerelement über die Maus in der Toolbox zeichnen und so neben der Lage gleich auch die gewünschte Größe festlegen.

Visuelle und nicht visuelle Steuerelemente

Der Großteil dieser Steuerelemente ist auf dem Formular sichtbar, wenn Sie Ihr Projekt später ausführen. Darin liegt ja meist auch der Sinn dieser Elemente (→ Abbildung 5.6 oben). Beispiele dafür sind die meisten Elemente in der Gruppe *Allgemeine Steuerelemente* der Toolbox – wie *Label*, *LinkLabel*, *Button*, *TextBox*, *CheckBox*, *RadioButton*, *GroupBox*, *PictureBox*, *ListBox*, *CheckedListBox*, *ComboBox* oder *TabControl* (→ Kapitel 6).

Außerdem gibt es auch noch andere Steuerelemente, die in mancher Hinsicht den regulären Steuerelementen gleichen, außer dass sie zur Laufzeit keine sichtbare Schnittstelle auf dem Formular anzeigen. Nicht visuelle Komponenten, die zum *Windows Form-Designer* hinzugefügt werden, werden in einen darunter liegenden neuen Abschnitt – das so genannte *Komponentenfach* – in der Entwicklungsumgebung eingefügt, sodass Sie schnell darauf zugreifen können, ohne dass der visuelle Entwurfsbereich überladen wirkt (→ Abbildung 5.6 unten). Diese Steuerelemente sollen eine einfache modulare Möglichkeit bieten, besondere Funktionalität zu einem Formular hinzuzufügen. Dazu gehören beispielsweise die Elemente in den Gruppen *Menüs & Symbolleisten*, *Drucken*, *Komponenten* oder *Dialogfelder* und weitere andere in der Toolbox (→ Kapitel 8).

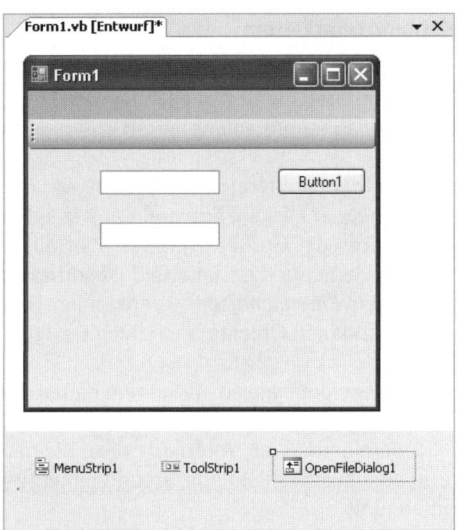

Abbildung 5.6: Steuerelemente werden entweder im Formular oder einem separaten Bereich angezeigt

Alle so eingefügten Steuerelemente finden Sie auch im Code zum Formular vermerkt, den Sie durch einen Doppelklick auf eine leere Stelle im Formular oder über den Befehl CODE ANZEIGEN aus dem zum Formular gehörenden Kontextmenü im *Projektmappen-Explorer* anzeigen lassen können. Beachten Sie, dass zu allen Steuerelementen bereits bestimmte Standardeigenschaften gesetzt wurden.

5.3.2 Steuerelemente bearbeiten

Ein einmal erstelltes Steuerelement können Sie auf die unterschiedlichsten Weisen bearbeiten. Um sicherzustellen, welches Steuerelement bearbeitet werden soll, müssen Sie dieses zuerst markieren. Sie können ein einzelnes, aber auch mehrere Steuerelemente gemeinsam markieren und damit auch gemeinsam bearbeiten.

Bearbeitet werden kann immer nur das oder die ausgewählte(n) Steuerelement(e). Welches Steuerelement gerade ausgewählt ist, erkennen Sie an den acht um das Steuerelement herum gruppierten Ziehpunkten.

■ Zum Markieren eines einzelnen Steuerelements reicht es aus, wenn Sie es mit der Maustaste anklicken. Die dann angezeigten Ziehpunkte dienen zum Ändern der Größe. Oft ist es aber einfacher, zum Auswählen eines Elements das Listenfeld *Objektname* im oberen Bereich des Fensters *Eigenschaften* zu verwenden. Hier werden die momentan vorhandenen Objekte im aktiven Designer angezeigt.

■ Um mehrere Steuerelemente gemeinsam zu markieren, halten Sie eine der Tasten ⎡Strg⎤ oder ⎡⇧⎤ gedrückt und klicken nacheinander alle auszuwählenden Steuerelemente an. Alternativ dazu können Sie ein oder mehrere nebeneinander liegende Steuerelement(e) auch mit der Maus »einfangen«.

■ Um sämtliche Steuerelemente auf der Arbeitsfläche auszuwählen, benutzen Sie den Befehl Alle auswählen im Menü Bearbeiten.

Wenn Sie mehrere oder alle Steuerelemente ausgewählt haben, ist von diesen immer eines aktiv. Dieses ist mit schwarzen Ziehpunkten versehen, während die restlichen weiße Ziehpunkte besitzen. Was es damit auf sich hat, erfahren Sie auf den folgenden Seiten. Sie können ein anderes der gemeinsam markierten Elemente aktiv machen, indem Sie es bei einer bestehenden gemeinsamen Markierung anklicken.

▶ ▶ Aufgabe: **Größe und Position von Steuerelementen festlegen**

Ein Großteil der Arbeiten beim Erstellen eines Formulars besteht im Ändern von Größe und Lage der Steuerelemente. In der Praxis werden Sie diese beiden Parameter abwechselnd ändern, bis Sie ein Ihren Wünschen entsprechendes Layout erhalten haben. In allen Fällen müssen Sie das Steuerelement zuerst markieren. Im Allgemeinen werden Sie Größe und Lage eines Steuerelements direkt über die

Maus ändern. Außerdem können Sie im Bereich **Layout** unter den **Eigenschaften** des gerade markierten Steuerelements über die Unterpunkte **Location** und **Size** die Lage und die Größe festlegen.

Raster

In der Standardeinstellung lassen sich Steuerelemente nicht an jede beliebige Stelle im Formular bewegen, sondern nur in bestimmten Abständen platzieren. Verantwortlich dafür ist die Eigenschaft **Draw-Grid** des Formulars, die Sie im Eigenschaftenfenster (siehe unten) im Bereich **Entwurf** finden. Ist diese auf **true** gesetzt, wird auf dem Formular zur Entwurfszeit ein Raster angezeigt.

DrawGrid bewirkt zunächst nur, dass das Raster zur Entwurfszeit angezeigt wird. Über **GridSize** können Sie die Abstände der Rasterlinien einstellen. Wenn **SnapToGrid** eingeschaltet ist, können Sie die Größe und Lage von Steuerelementen nur so wählen, dass ihre Ränder auf einer Rasterlinie liegen. Die Eigenschaft **Locked** legt fest, dass Größe und Lage des markierten Elements nicht geändert werden können.

Die Standardeinstellungen für das Raster in neuen Formularen können Sie auf der Seite **Windows Forms-Designer/Allgemein** auf der Registerkarte zum Menübefehl Extras/Optionen festlegen (→ Abschnitt 5.6).

───────────────────────────────

▶ ▶ **Aufgabe: Ausschneiden, Kopieren, Löschen von Steuerelementen**

Einige Befehle zum Bearbeiten eines Steuerelements als Ganzes sind im Menü Bearbeiten zusammengefasst. Die wichtigsten davon können Sie auch über die Schaltflächen der **Standard**-Symbolleiste anwählen. Sie können darüber das Element Ausschneiden, Kopieren, Einfügen oder Löschen. Um ein Steuerelement per Mausaktion zu kopieren, markieren Sie es und ziehen es, während Sie die Taste ⌈Strg⌋ und die linke Maustaste gedrückt halten. Ein zusätzliches Pluszeichen wird angezeigt.

Damit die Fenster Ihrer Windows-Anwendung auch wirklich schön aussehen, werden Sie wahrscheinlich einen größeren Arbeitsaufwand in das Ausrichten der Steuerelemente auf der Formularfläche investieren müssen. Dabei können Ihnen einige Hilfswerkzeuge der **IDE** von Nutzen sein.

Beachten Sie zunächst, dass beim Einfügen eines Steuerelements Hilfsstriche auf dem Formular angezeigt werden. Diese helfen Ihnen bei der Positionierung:

- Beim ersten Einfügen eines Elements werden Ihnen zwei kleine Striche angezeigt, mit deren Hilfe Sie das erste Steuerelement in der oberen linken Ecke so anbringen können, dass es der Optik einer typischen Microsoft Windows-Anwendung entspricht.

- Wenn Sie nach dem Einfügen eines ersten Elements zusätzliche Steuerelemente hinzufügen, helfen diese Striche Ihnen auch, das neue einzufügende Steuerelement bündig zu den bereits vorhandenen zu positionieren.

- Einmal eingefügte Elemente können Sie natürlich später auch verschieben. Auch hierbei werden Hilfsstriche – teilweise in unterschiedlicher Farbe – angezeigt. Sie sollten damit etwas experimentieren, um die Bedeutung dieses Werkzeugs besser kennen zu lernen.

Zum gemeinsamen Anordnen von mehreren Steuerelementen verwenden Sie die Befehle des Menüs FORMAT oder die gleichbedeutenden Schaltflächen der Symbolleiste **Layout**. Vor dem Einsatz der meisten Befehle oder Schaltflächen müssen Sie – wie oben beschrieben – vorher mehrere Steuerelemente gemeinsam markieren. Halten Sie dazu die Taste ⎡Strg⎤ gedrückt, während Sie alle auszuwählenden Elemente einzeln anklicken, oder ziehen Sie über die Maus um die gewünschten Elemente einen Rahmen. Dieser Rahmen muss die Elemente nur berühren. Beachten Sie, dass nach der gemeinsamen Auswahl immer eines der Elemente aktiv ist. Das aktive Element erkennen Sie an den schwarzen Punkten in der Umrandung.

5.3

Steuerelemente

- Einzelne markierte Steuerelemente können Sie über die Befehle des Untermenüs FORMAT/AUF FORMULAR ZENTRIEREN vertikal oder horizontal in der Mitte des Formulars anordnen.
- Bei der praktischen Arbeit mit mehreren Steuerelementen auf dem Formular erleichtern Sie sich die Arbeit, wenn Sie das Raster einschalten. Außerdem können Sie über die Befehle im Untermenü FORMAT/AUSRICHTEN arbeiten. Markieren Sie die Steuerelemente, die Sie ausrichten wollen, und wählen Sie einen der Befehle in diesem Untermenü. Diese Optionen können nur angewählt werden, wenn Sie mehr als ein Steuerelement markiert haben. Beispielsweise bewirkt die Option LINKS, dass alle markierten Steuerelemente am linken Rand des gerade aktiven Elements ausgerichtet werden.
- Entsprechend können Sie über die Befehle im Untermenü FORMAT/GRÖSSE ANGLEICHEN bewirken, dass alle markierten Steuerelemente dieselbe Höhe und/oder Breite erhalten wie das gerade aktive.
- Über die Befehle in den Untermenüs FORMAT/HORIZONTALER ABSTAND und FORMAT/VERTIKALER ABSTAND können Sie den Abstand zwischen mehreren markierten Elementen ändern.
- Beim Erstellen von sich überlappenden Steuerelementen überlagert ein später erstelltes Steuerelement ein vorher erstelltes. Sie können also die Steuerelemente nacheinander vom Hintergrund in den Vordergrund aufbauen. Verwenden Sie die Befehle im Untermenü zu FORMAT/REIHENFOLGE, um die Lage eines vorher markierten Steuerelements zu regeln.

5.3

Steuerelemente

5.4 Eigenschaften von Steuerelementen

Die Klasse **System.Windows.Forms.Control** fungiert als die Basisklasse für visuelle Steuerelemente, also diejenigen, die auf dem Formular sichtbar sind. Wenn man also etwas über die Hintergründe von visuellen Steuerelementen erfahren möchte, lohnt es sich, sich mit diesen Klassen etwas zu beschäftigen. Wie oben für das Formular beschrieben, verfügen auch diese Steuerelemente über **Eigenschaften**. Wie dort handelt es sich auch hier um Informationen, die das Element beschreiben, wie beispielsweise den Namen eines Formulars, dessen Größe, Position, Schriftart oder wie Vorder- und Hintergrundfarbe. Unter den Eigenschaften der Klasse **Control** finden Sie eine Reihe von Elementen, mit denen Sie bestimmte Merkmale für fast alle Steuerelemente festlegen können (→ Tabelle 5.5). Sie können sie über das schon angesprochene Fenster **Eigenschaften** ändern (→ Abschnitt 5.2). Die allgemein wichtigen davon werden wir gleich besprechen. Weitere spezielle Eigenschaften einzelner Steuerelemente werden in den nachfolgenden Kapiteln diskutiert.

Eigenschaft	Beschreibung
AllowDrop	Ruft einen Wert ab, der angibt, ob das Steuerelement Daten annehmen kann, die vom Benutzer mit der Maus darauf gezogen wurden, oder legt diesen fest.
Anchor	Ruft ab oder legt fest, welche Ränder des Steuerelements an den Rändern des zugehörigen Containers verankert sind.
BackColor	Ruft die Hintergrundfarbe für das Steuerelement ab oder legt diese fest.
Background Image	Ruft das im Steuerelement angezeigte Hintergrundbild ab oder legt dieses fest.
Bottom	Ruft den Abstand zwischen dem unteren Rand des Steuerelements und dem oberen Rand des Clientbereichs des zugehörigen Containers ab.
Bounds	Ruft die Größe und Position des Steuerelements ab oder legt diese fest.
CanFocus	Ruft einen Wert ab, der angibt, ob das Steuerelement den Fokus erhalten kann.

*Tabelle 5.5: Wichtige Eigenschaften der Klasse **Control***

Eigenschaft	Beschreibung
CanSelect	Ruft einen Wert ab, der angibt, ob das Steuerelement ausgewählt werden kann.
ContainsFocus	Ruft einen Wert ab, der angibt, ob das Steuerelement oder eines der untergeordneten Steuerelemente den Eingabefokus besitzt.
ContextMenu	Ruft das dem Steuerelement zugeordnete Kontextmenü ab oder legt dieses fest.
Cursor	Ruft den Cursor ab, der angezeigt wird, wenn sich der Mauszeiger über dem Steuerelement befindet, oder legt diesen fest.
DataBindings	Ruft die Datenbindungen für das Steuerelement ab.
DefaultBackColor	Ruft die Standardhintergrundfarbe des Steuerelements ab.
DefaultFont	Ruft die Standardschriftart des Steuerelements ab.
DefaultForeColor	Ruft die Standardvordergrundfarbe des Steuerelements ab.
Dock	Ruft ab oder legt fest, an welchen Rand des übergeordneten Containers ein Steuerelement angedockt wird.
Enabled	Ruft einen Wert ab, der angibt, ob das Steuerelement auf Benutzerinteraktionen reagieren kann, oder legt diesen fest.
Focused	Ruft einen Wert ab, der angibt, ob das Steuerelement den Eingabefokus besitzt.
Font	Ruft die Schriftart für die Anzeige von Text im Steuerelement ab oder legt diese fest.
ForeColor	Ruft die Vordergrundfarbe des Steuerelements ab oder legt diese fest.
Height	Ruft die Höhe des Steuerelements ab oder legt diese fest.
Left	Ruft die x-Koordinate des linken Rands eines Steuerelements in Pixel ab oder legt diese fest.
Location	Ruft die Koordinaten der linken oberen Ecke des Steuerelements relativ zur linken oberen Ecke des Containers ab oder legt diese fest.
ModifierKeys	Ruft einen Wert ab, der angibt, welche der Modifizierertasten ⇧, Strg oder Alt gerade gedrückt wird.
MouseButtons	Ruft einen Wert ab, der angibt, welche Maustaste gerade gedrückt wird.
MousePosition	Ruft die Position des Mauszeigers in Bildschirmkoordinaten ab.
Name	Ruft den Namen des Steuerelements ab oder legt diesen fest.

*Tabelle 5.5: Wichtige Eigenschaften der Klasse **Control** (Forts.)*

5.4

Eigenschaften von Steuerelementen

Eigenschaft	Beschreibung
Right	Ruft den Abstand zwischen dem rechten Rand des Steuerelements und dem linken Rand des zugehörigen Containers ab.
RightToLeft	Ruft einen Wert ab, der angibt, ob Elemente des Steuerelements für die Unterstützung von Gebietsschemas ausgerichtet sind, die von rechts nach links geschriebene Schriftarten verwenden, oder legt diesen fest.
Size	Ruft die Höhe und Breite des Steuerelements ab oder legt diese fest.
TabIndex	Ruft die Aktivierreihenfolge des Steuerelements in dessen Container ab oder legt diese fest.
TabStop	Ruft einen Wert ab, der angibt, ob Benutzer den Fokus mit der Taste [⇥] auf dieses Steuerelement setzen können, oder legt diesen fest.
Text	Ruft den diesem Steuerelement zugeordneten Text ab oder legt diesen fest.
Top	Ruft die y-Koordinate des oberen Rands des Steuerelements in Pixel ab oder legt diese fest.
Visible	Ruft einen Wert ab, der angibt, ob das Steuerelement angezeigt wird, oder legt diesen fest.
Width	Ruft die Breite des Steuerelements ab oder legt diese fest.

*Tabelle 5.5: Wichtige Eigenschaften der Klasse **Control** (Forts.)*

Auch hier reflektieren die im Fenster **Eigenschaften** angezeigten Daten nur die im Code der Windows-Anwendung vorgenommenen Einstellungen. Dieser verbirgt sich in dem Bereich, den Sie über das Listenfeld **Methodenname** unter dem Eintrag **Initialize Component** einsehen können (→ Listing 5.3).

Listing 5.3: Zwei Steuerelemente wurden in das Formular eingefügt

```
...
Private Sub InitializeComponent()
  Me.Button1 = New System.Windows.Forms.Button
  Me.TextBox1 = New System.Windows.Forms.TextBox
    Me.SuspendLayout()
    '
    'Button1
    '
```

```
Me.Button1.Location = _
   New System.Drawing.Point(172, 13)
Me.Button1.Name = "Button1"
Me.Button1.Size = _
   New System.Drawing.Size(75, 23)
Me.Button1.TabIndex = 0
Me.Button1.Text = "Button1"
Me.Button1.UseVisualStyleBackColor = True
'
'TextBox1
'
Me.TextBox1.Location = _
   New System.Drawing.Point(31, 15)
Me.TextBox1.Name = "TextBox1"
Me.TextBox1.Size = _
   New System.Drawing.Size(100, 20)
Me.TextBox1.TabIndex = 1
```

...

5.4

5.4.1 Name und Text

Da Sie beim Schreiben von Code auf die Steuerelemente und ihre Attribute mit den Steuerelementnamen zugreifen, sollten Sie sicherstellen, dass jedes Steuerelement einen aussagekräftigen Namen hat. Das ist besonders dann notwendig, wenn Sie es in einem Formular mit mehreren Steuerelementen desselben Typs zu tun haben. Wie beim Ändern des Namens eines Formulars müssen Sie darauf achten, dass es zwei Eigenschaften gibt, die mit dem Namen etwas zu tun haben.

▶ ▶ **Aufgabe: Den Namen festlegen**

Die Eigenschaft **Name** im Bereich **Entwurf** betrifft den Namen, unter dem das Element im Programm verwaltet wird und angesprochen werden muss. Beispielsweise hat die erste in ein Formular eingefügte Schaltfläche den Name **Bottom1**. Wenn Sie diese ändern wollen, sollten Sie das gleich nach dem Einfügen des Steuerelements tun. Bei einer späteren Änderung müssen Sie gegebenenfalls auch alle Verweise auf dieses Element im Code ändern.

Die Eigenschaft **Text** im Bereich **Darstellung** betrifft nur den auf der Schaltfläche angezeigten Namen (→ Listing 5.4). Beispielsweise verfügt ein Button-Steuerelement üblicherweise über eine Beschriftung, die auf die beim Klicken der Schaltfläche ausgeführte Aktion hinweist. Der Text aller Steuerelemente kann mit Hilfe dieser Eigenschaft festgelegt oder zurückgegeben werden.

Listing 5.4: Der angezeigte Name kann über den Code zugewiesen werden

```
...
Bottom1.Text = "Drucken"
...
Inhalt = Bottom1.Text
...
```

▶ ▶ **Aufgabe: Den Einsatz von Zugriffstasten ermöglichen**

Eine **Zugriffstaste** ist ein unterstrichenes Zeichen im Text der Bezeichnung eines Steuerelements. Benutzer können durch gleichzeitiges Drücken der Alt-Taste und der vordefinierten Taste einen Zugriff auf ein Steuerelement bewirken. Wenn Sie eine unterstrichene Zugriffstaste erstellen möchten, setzen Sie ein kaufmännisches **Und**-Zeichen **&** vor den Buchstaben der Zugriffstaste in der **Text**-Eigenschaft. Soll beispielsweise bei einer Schaltfläche **Drucken** der Buchstabe **D** als Zugriffstaste definiert und zur Laufzeit im Schaltflächentext unterstrichen angezeigt werden, geben Sie **&Drucken** ein. Der Benutzer kann den der Schaltfläche zugeordneten Befehl durch Drücken von Alt + D ausführen. Zugriffstasten für Steuerelemente, die den Fokus nicht erhalten können, sind nicht zulässig.

Auch für ein programmgesteuertes Erstellen einer Zugriffstaste für ein Steuerelement legen Sie für die Text-**Eigenschaft** eine Zeichenfolge fest, die ein kaufmännisches **Und**-Zeichen vor dem Buchstaben der Tastenkombination enthält – beispielsweise **Button1.Text = »&Drucken«**.

Wenn Sie in einer Beschriftung ein kaufmännisches **Und**-Zeichen einfügen möchten, ohne eine Zugriffstaste zu erstellen, verwenden Sie zwei kaufmännische **Und**-Zeichen (**&&**). Als Ergebnis wird nur ein einzelnes kaufmännisches **Und**-Zeichen in der Beschriftung angezeigt, und es werden keine Zeichen zur Laufzeit unterstrichen.

5.4.2 Eigenschaften der Gruppe Darstellung

Eine Vielzahl von Eigenschaften legt das optische Erscheinungsbild eines Steuerelements fest. Im Fenster **Eigenschaften** sind diese unter der Überschrift **Darstellung** zusammengefasst.

▶▶ Aufgabe: Position und Größe regeln

Position und Größe eines Steuerelements werden mit denselben Eigenschaften geregelt, die Sie schon von den Einstellungen für ein Formular her kennen. Dasselbe trifft auch auf die Farbgebung zu. In der Grundeinstellung werden die Werte dieser Eigenschaften – also im Wesentlichen die Eigenschaften in der Gruppe **Darstellung** mit Ausnahme von **BackgroundImage** – von den für das Formular vorgenommenen Einstellungen übernommen. Sie können also diese Eigenschaften für alle Steuerelemente im Formular gemeinsam ändern, nachdem Sie vorher das Formular als Ganzes markiert haben und die Änderungen dafür durchführen. Das gilt allerdings nur für Steuerelemente, deren Eigenschaft Sie nicht schon individuell geändert haben.

▶▶ Aufgabe: Hintergrundbilder hinzufügen

Einige Steuerelemente können Bilder anzeigen. Bei diesem Bild kann es sich um ein Symbol handeln, das den Zweck eines Steuerelements verdeutlicht, so, wie ein Diskettensymbol auf einer Schaltfläche in der Regel auf eine Speicherfunktion hinweist. Das Symbol kann jedoch auch ein Hintergrundbild sein, das dem Steuerelement ein ansprechendes Aussehen verleiht. Die Bilder für Steuerelement-Symbole können mit Hilfe der **BackgroundImage**-Eigenschaft festgelegt werden.

Eigenschaften von Steuerelementen

- Bei der Arbeit im **Windows Forms**-Editor wählen Sie im Fenster **Eigenschaften** die gewünschte Eigenschaft aus und klicken dann auf die Schaltfläche mit den Auslassungspunkten, um das Dialogfeld **Ressource auswählen** anzuzeigen (→ Kapitel 6). Wählen Sie darin die anzuzeigende Datei aus.
- Beim programmgesteuerten Zuweisen können Sie die **Background Image**-Eigenschaft auf ein Objekt vom Typ **System.Drawing.Image** festlegen. Im Allgemeinen wird das Bild mit der **FromFile**-Methode der **Image**-Klasse aus einer Datei geladen (→ Listing 5.5).

Listing 5.5: Steuerelementen kann ein Bild zugewiesen werden

```
...
Dim Datei As String = "C:\Windows\Logo.gif"
Button1.BackgroundImage = Image.FromFile(Datei)
...
```

▶▶ Aufgabe: Die Form des Cursors festlegen

Auch die Form, die der Mauszeiger annimmt, wenn er in oder auf das Steuerelement bewegt wird, können Sie ändern. Dazu verwenden Sie die Eigenschaft **Cursor** im Bereich **Darstellung** des Fensters **Eigenschaften**.

5.4.3 Weitere interessante Eigenschaften

Weitere interessante Eigenschaften finden Sie in den Gruppen **Layout** und **Verhalten** des Fensters **Eigenschaften**.

▶▶ Aufgabe: Die Form der Verankerung bestimmen

Ein Steuerelement kann an einem oder mehreren Rändern des übergeordneten Formulars verankert sein. Damit wird sichergestellt, dass bei einer Änderung der Größe des Formulars die verankerten Ränder des Steuerelements relativ zu den Rändern des Formulars in derselben Position bleiben. Im **Windows Forms**-Editor nehmen Sie die Einstellung über **Anchor** im Bereich **Layout** des Fensters **Eigenschaften** vor. In dem nach dem Anklicken angezeigten Feld können Sie die Form der Verankerung wählen, indem Sie die Bindungen zu den Rändern durch einen Klick mit der Maus an- oder abschalten. Wenn Sie beispielsweise diese Eigenschaft auf **DockStyle.Left** festlegen, wird der linke Rand des Steuerelements an den linken Rand des übergeordneten Steuerelements angedockt.

▶ ▶ **Aufgabe: Den Fokus setzen**

Bei Windows-Anwendungen ist meist eine Schaltfläche – oder manchmal auch ein anderes Steuerelement – stärker umrandet. Das ist das Element, dessen Funktion bei Drücken der Taste ⏎ ausgeführt wird. In der Praxis ist das meist die Schaltfläche **OK**. Diese Funktionalität können Sie auch bei den von Ihnen selbst erstellten Formularen erreichen, indem Sie die Eigenschaft **TabIndex** im Bereich **Verhalten** der gewünschten Schaltfläche auf den Wert **0** setzen. Automatisch wird der Wert dieser Eigenschaft beim Einfügen eines neuen Steuerelements um den Wert 1 erhöht. Die Reihenfolge, in der die einzelnen Steuerelemente zur Laufzeit durch mehrfaches Ansprechen der Taste ⇆ markiert werden, können Sie für alle Steuerelemente ebenfalls festlegen, indem Sie eine Reihe von aufsteigenden ganzen Zahlen dafür festlegen.

5.5 Ereignisse

Für Formulare oder Steuerelemente ist eine Reihe von Ereignissen definiert, die es diesem Objekt ermöglichen, anderen Elementen mitzuteilen, dass etwas geschehen ist. Ein typisches Beispiel dafür wäre der Fall, in dem der Anwender zur Laufzeit auf eine Schaltfläche klickt, oder auch nur die Situation, in der ein Formular geöffnet wird. Wenn Sie möchten, dass ein bestimmter Code ausgeführt wird, sobald ein solches Ereignis eintritt, müssen Sie für dieses Ereignis einen **Ereignisbehandler** erstellen.

5.5.1 Formularereignisse

Beschäftigen wir uns zunächst mit Formularereignissen. Solche Ereignisse treten ein, wenn etwas mit dem Formular als Ganzem geschieht – beispielsweise wenn es geöffnet, geschlossen oder in seine Größe oder Position geändert wird.

▶▶ Aufgabe: Ereignisse beim Öffnen des Formulars definieren

Einen einfachen Einstieg in die Techniken der Ereignisbehandlung bei einem Formular erhalten Sie, indem Sie sich zunächst mit dem Ereignis beschäftigen, das beim Öffnen des Formulars eintritt.

■ Doppelklicken Sie in der Entwurfsansicht auf eine freie Stelle im Formular. Wenn Sie später Elemente in das Formular eingefügt haben, müssen Sie besonders darauf achten, dass Sie eine freie Stelle erwischen. Daraufhin wird das Codefenster für die Ereignisse des Formulars geöffnet.

■ Automatisch wird darin der Rahmen für eine Subroutine erstellt, deren noch einzugebender Inhalt ausgeführt werden würde, wenn das Formular zur Laufzeit geöffnet wird (→ Listing 5.6). Beispielsweise zeigt ein Doppelklick auf das Formular **Form1** die Routine **Private Sub Form1_Load** an. Der Name der Routine ist nicht so wichtig; wenn Sie das Formular umbenannt hätten, würde die Routine jetzt den neuen Namen tragen. Der wichtige Teil dieses Ereignisbehandlers ist der Abschnitt **Handles MyBase.Load**, der an das Ende der Deklaration eingefügt wurde. Diese Anweisung sagt Visual Basic .NET, dass diese Routine der Behandler für das Ereignis des Öffnens dieses Formulars ist.

■ Sie können innerhalb dieses Rahmens einen Code eingeben, der beim Öffnen des Formulars automatisch ausgeführt wird. Beispielsweise könnten Sie weitere Steuerelemente programmgesteuert einfügen oder spezifizieren lassen (→ Listing 5.6).

Listing 5.6: Der Code wird beim Öffnen des Formulars ausgeführt

```
...
Private Sub Form1_Load _
(ByVal sender As System.Object, _
ByVal e As System.EventArgs) Handles MyBase.Load
  Me.Button1.Name = "OK.Button"
  Me.Button1.TabIndex = 0
  Me.Button1.Text = "OK"
End Sub
...
```

Das Öffnen eines Formulars ist aber nicht das einzige Ereignis, das Ihnen zur Automatisierung zur Verfügung steht. Die für ein Formular auslösbaren Ereignisse beziehen sich einerseits auf Aktionen des Benutzers mit der Maus oder der Tastatur. Sie reagieren damit auf Aktionen, die von Ihnen ausgeführt wurden, beispielsweise ein Klick, Doppelklick, eine Auswahl und die Aufhebung einer Auswahl. Andererseits finden Sie hier eine Vielzahl von Ereignissen, die gesendet werden, wenn sich bestimmte Eigenschaften des Formulars ändern.

■ Eine Liste aller einsetzbaren Ereignisse steht Ihnen im Codefenster zur Verfügung. Öffnen Sie zur Einsicht das Listenfeld **Methodenname**, das rechts oben im Codefenster angezeigt wird (→ Abbildung 5.7).

Abbildung 5.7: Über das Listenfeld wählen Sie das Ereignis aus

- Wählen Sie eines der Ereignisse in dieser Liste aus. Wenn Sie beispielsweise **MouseClick** verwenden, erzeugen Sie im Codefenster den Rahmen für eine Subroutine, dessen Inhalt zur Laufzeit ausgeführt wird, wenn das Ereignis eintritt (→ Listing 5.7).

Listing 5.7: Der Rahmen für das Ereignis **MouseClick**

```
...
Private Sub Form1_MouseClick _
(ByVal sender As Object, _
ByVal e As System.Windows.Forms.MouseEventArgs) _
Handles Me.MouseClick
   ...
End Sub
...
```

5.5.2 Ereignisse für Steuerelemente

Eine ähnliche Verfahrensweise wenden Sie an, wenn Sie Ereignisbehandler für Steuerelemente schreiben wollen, die Sie auf dem Formular angesiedelt haben. Alle Steuerelemente verfügen über ein Standardereignis und dieses kann je nach dem Typ des Steuerelements unterschiedlich sein (→ Kapitel 6). Bei einer Schaltfläche – also einem Steuerelement vom Typ **Button** – ist das beispielsweise das Ereignis **Click**. Es tritt ein, wenn der Benutzer zur Laufzeit auf die Schaltfläche klickt.

▶▶ Aufgabe: Das Ereignis beim Klick auf eine Schaltfläche

Einen Coderahmen für das jeweilige Standardereignis eines Steuerelements erzeugen Sie, indem Sie im Entwurf auf das Steuerelement doppelklicken. Beispielsweise erstellt ein Doppelklick auf ein Steuerelement vom Typ **Button** einen Rahmen für das Ereignis **Click** zu diesem Element (→ Listing 5.8). Der Abschnitt **Handles Button1.Click**, der an das Ende der Deklaration eingefügt wurde, sagt, dass diese Routine der Ereignisbehandler für das Ereignis ist. Auch hier können Sie die gewünschte Logik innerhalb des vorgegebenen Rahmens eingeben.

```
Private Sub Button1_Click(ByVal sender As _
System.Object, ByVal e As System.EventArgs) _
Handles Button1.Click
    ...
End Sub
```

▶ ▶ **Aufgabe: Weitere Ereignisse definieren**

Weitere Ereignisse zum aktuellen Steuerelement finden Sie wiederum im Listenfeld *Methodenname*, das rechts oben im Codefenster angezeigt wird.

5.5.3 Typen von Ereignissen

Die für ein Formular oder ein Steuerelement auslösbaren Ereignisse beziehen sich einerseits auf Aktionen des Benutzers mit der Maus oder der Tastatur. Sie reagieren damit auf Aktionen, die auf ihnen ausgeführt wurden, beispielsweise ein Klick, Doppelklick, eine Auswahl und die Aufhebung einer Auswahl. Andererseits finden Sie hier eine Vielzahl von Ereignissen, die gesendet werden, wenn sich bestimmte Eigenschaften des Steuerelements ändern.

Mausereignisse

Eine Reihe von Ereignissen ist mit der Verwendung der Maus verbunden. Jedes dieser Ereignisse verfügt über einen eigenen Ereignisbehandler, für den Sie in den Windows-Anwendungen Code schreiben können (→ Tabelle 5.6). Die Kernereignisse sind – wie nicht anders zu erwarten – *Click* und *DoubleClick*. Hier spielt es keine Rolle, welche Maustaste gedrückt wird. Im Gegensatz zu den Ereignissen *Click* und *DoubleClick* können Sie mit den Ereignissen *MouseDown* und *MouseUp* zwischen den verschiedenen Maustasten unterscheiden. Sie können auch Code für Maustasten-/Tastenkombinationen schreiben, die die Modifizierertasten ⟨⇧⟩, ⟨Strg⟩ und ⟨Alt⟩ verwenden.

5.5

Ereignisse

Ereignis	Beschreibung
Click	Tritt beim Klicken auf das Formular oder ein anderes Steuerelement ein.
DoubleClick	Tritt beim Doppelklicken auf das Steuerelement ein.
Enter	Tritt beim Eintreten in den Bereich des Steuerelements ein.
GiveFeedback	Tritt während eines Ziehvorgangs ein.
MouseDown	Tritt ein, wenn sich der Mauszeiger über dem Steuerelement befindet und eine Maustaste gedrückt wird.
MouseEnter	Tritt ein, wenn der Mauszeiger in den Bereich des Steuerelements eintritt.
MouseHover	Tritt ein, wenn mit dem Mauszeiger auf das Steuerelement gezeigt wird.
MouseLeave	Tritt ein, wenn der Mauszeiger den Bereich des Steuerelements verlässt.
MouseMove	Tritt ein, wenn der Mauszeiger über dem Steuerelement bewegt wird.
MouseUp	Tritt ein, wenn sich der Mauszeiger über dem Steuerelement befindet und eine Maustaste losgelassen wird.
MouseWheel	Tritt ein, wenn das Mausrad bewegt wird, während das Steuerelement den Fokus besitzt.

*Tabelle 5.6: Wichtige Mausereignisse der Klasse **Control***

Mausereignisse treten in einer bestimmten Reihenfolge ein: Wenn Sie den Mauszeiger auf eine Stelle im Formular bewegen, eine Maustaste drücken und wieder loslassen, werden damit nacheinander die Ereignisse **MouseMove**, **MouseDown**, **MouseClick** und **MouseUp** ausgelöst. Bei einem Doppelklick mit der Maustaste werden die Ereignisse in der Reihenfolge **MouseMove**, **MouseDown**, **Click**, **DoubleClick** und **MouseUp** ausgelöst.

Beachten Sie außerdem, dass die Form des Mauszeigers verändert werden kann, während Operationen stattfinden. Diese Fähigkeit kann mit dem **MouseEnter**-Ereignis und dem **MouseLeave**-Ereignis verbunden werden, um Benutzern Rückmeldungen darüber zu liefern, dass Berechnungen stattfinden, sowie die Benutzerinteraktion auf bestimmte Zeiträume zu beschränken. Wenn Sie beispielsweise ein Dialogfeld verwenden, das anzeigt, dass Dateien kopiert werden, können Sie dafür den Cursor in eine Sanduhr ändern lassen.

Änderungsereignisse

Wenn eine Eigenschaft eines Steuerelements geändert wird, können Sie das mit der Auslösung eines Ereignisses verknüpfen. Es spielt dabei keine Rolle, ob diese Änderung als Folge einer Benutzeraktion oder aus anderen Gründen bewirkt wird (→ Tabelle 5.7).

Ereignis	Beschreibung
FontChanged	Tritt ein, wenn sich der *Font*-Eigenschaftenwert ändert.
SizeChanged	Tritt ein, wenn sich der *Size*-Eigenschaftenwert ändert.
StyleChanged	Tritt ein, wenn sich das Format des Steuerelements ändert.

Tabelle 5.7: Beispiele für Änderungsereignisse der Klasse **Control**

Tastaturereignisse

Die tastaturbezogenen Ereignisbehandler erhalten Argumente des Typs **KeyEventArgs** mit auf die entsprechenden Ereignisse bezogenen Daten (→ Tabelle 5.8). Diese Ereignisse werden wie alle anderen Ereignisse behandelt, die auf **Windows Forms** auftreten.

Ereignis	Beschreibung
KeyDown	Tritt ein, wenn eine Taste gedrückt wird, während das Steuerelement den Fokus hat.
KeyPress	Tritt ein, wenn eine Taste gedrückt wird, während das Steuerelement den Fokus hat.
KeyUp	Tritt ein, wenn eine Taste losgelassen wird, während das Steuerelement den Fokus hat.

Tabelle 5.8: Wichtige Tastaturereignisse der Klasse **Control**

▶ ▶ Aufgabe: Mehrere Ereignisbehandler benutzen

Im Gegensatz zu früheren Versionen von Visual Basic ist es möglich, eine einzelne Prozedur mehrere Ereignisse behandeln zu lassen oder ein einzelnes Ereignis mit mehreren Ereignisbehandlern zu versehen.

■ Bei mehreren Ereignisbehandlern werden z.B. beim Klicken auf eine Schaltfläche nacheinander alle Ereignisbehandler aufgerufen (→ Listing 5.9). Dazu muss die Parameterliste der Routinen genau übereinstimmen, aber der Code kann alles Mögliche beinhalten.

```
...
Private Sub Button11_Click _
(ByVal sender As System.Object, _
ByVal e As System.EventArgs) Handles Button1.Click
   ...
End Sub

Private Sub Button12_Click _
(ByVal sender As System.Object, _
ByVal e As System.EventArgs) Handles Button1.Click
   ...
End Sub
...
```

- Sie können alternativ auch mehrere Ereignisse mit nur einer Prozedur behandeln. Die einzige Beschränkung für die Anzahl von Ereignissen, die Sie mit einer einzelnen Routine behandeln können,
  besteht darin, dass die Ereignisse alle die gleiche Parameter-
  gruppe verwenden müssen.

5.6 Optionen zum Forms-Designer

Der in diesem Kapitel angesprochene Windows Forms-Designer verfügt über Optionen, von denen Sie einige kennen sollten. Wie üblich
können Sie sie über den Befehl EXTRAS/OPTIONEN anzeigen lassen.

Die Seite **Windows Forms-Designer/Allgemein** ermöglicht das
Ändern der Standardeinstellungen für die Raster und andere Optionen (→ Abbildung 5.8).

- Über **GridSize** legen Sie den Abstand in Pixel zwischen den horizontalen und vertikalen Rasterlinien im Designer fest. Die Stan-
  dardgröße liegt bei **8; 8**.
- **LayoutMode** gibt das Ausrichtungssystem an, das für das Layout
  verwendet werden soll. Sie haben die Wahl zwischen **SnapToGrid**
  und **Snaplines**.

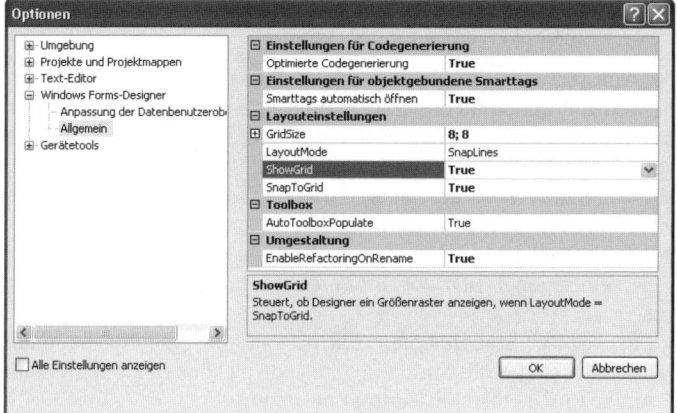

Abbildung 5.8: Die allgemeinen Optionen zum
Windows Forms-Designer

- **ShowGrid** gibt an, ob in den Designern ein Größenraster angezeigt wird. Das Raster ist standardmäßig aktiviert.
- **SnapToGrid** legt fest, ob in den Designern Objekte und Steuerelemente am Raster ausgerichtet werden. Wenn diese Option aktiviert ist, sind das Verschieben von Elementen und das Ändern ihrer Größe im Designer auf das **GridSize-Inkrement** beschränkt. Damit lassen sich die verschiedenen Elemente der Benutzeroberfläche leichter präzise ausrichten, die Positionierungsmöglichkeiten für die Steuerelemente sind jedoch eingeschränkt. Standardmäßig ist **SnapToGrid** aktiviert.

Über die Seite **Windows Forms-Designer/Anpassung der Datenbenutzeroberfläche** wird definiert, welche Steuerelemente in der Liste der verfügbaren Steuerelemente für Elemente auf der Registerkarte **Datenquellen** im Fenster **Projektmappen-Explorer** angezeigt werden (→ Kapitel 7).

Optionen zum Forms-Designer

6 Allgemeine Steuerelemente

Der Großteil der in **Windows Forms** verfügbaren Steuerelemente ist zur Laufzeit auf dem Formular sichtbar. Diese Steuerelemente werden vom Anwender dazu benutzt, direkt auf dem Formular Aktionen durchzuführen, Eingaben vorzunehmen oder Optionen einzustellen. Mit dieser Art von Steuerelementen wollen wir uns in diesem Kapitel im Detail beschäftigen.

- Zunächst wollen wir Ihnen einen Überblick über Sinn und Zweck der einzelnen Typen von Steuerelementen liefern (→ Abschnitt 6.1).
- Das wichtige Steuerelement **Button** fügt eine Schaltfläche in das Formular ein (→ Abschnitt 6.2). Zur Laufzeit können Sie später eine Aktion durch einen Klick darauf bewirken.
- Über mehrere Typen von Steuerelementen können Sie Eingaben über die Tastatur vornehmen oder Ergebnisse anzeigen lassen (→ Abschnitt 6.3). Angezeigt werden können Texte in formatierter oder nicht formatierter Form und grafische Elemente.
- Mit Optionsschaltern und Kontrollkästchen werden Einstellungen dargestellt, die entweder ein- oder ausgeschaltet sein können (→ Abschnitt 6.4): Beispielsweise können **Optionsschalter** verwendet werden, um eine von mehreren Alternativen auszuwählen, **Kontrollkästchen** können durch Anklicken ein- und ausgeschaltet werden.
- Mit Hilfe von mehreren Steuerelementen können Sie auf das Systemdatum und die Systemzeit zugreifen und die dort aktuellen Werte verarbeiten (→ Abschnitt 6.5).
- Eine bestimmte Gruppe von Steuerelementen wird als Container – als Behälter – für andere Steuerelemente eingesetzt (→ Abschnitt 6.6). Sie können darüber beispielsweise mehrere Registerkarten auf dem Formular erzeugen.

Auch in Kapitel 8 werden wir uns weiter mit Steuerelementen beschäftigen, diesmal allerdings mit solchen, mit denen Sie die Optik und Verhaltensweisen ganzer Programmoberflächen bestimmen können. Alle diese Komponenten sind unsichtbare Steuerelemente, sie werden also nach dem Einfügen in einem separaten Bereich unter dem Entwurfsbereich des Formulars angezeigt.

6.1 Überblick

Welche Steuerelemente Sie wie verwenden, hängt einerseits von den Aufgaben der speziellen Anwendung ab, die Sie erstellen möchten. Beachten Sie andererseits auch, dass mehrere der verfügbaren Steuerelemente manchmal auch über eine (fast) identische Funktion verfügen. In diesen Fällen ist es oft eine Frage des persönlichen Geschmacks, welches Steuerelement man für eine bestimmte Aufgabe benutzt.

Die wichtigsten Steuerelemente für grundsätzliche Aufgaben finden Sie im Bereich **Allgemeine Steuerelemente** der Toolbox (→ Tabelle 6.1).

Steuerelement	Bewirkt
Button	Stellt eine Standardschaltfläche zur Verfügung, auf die der Benutzer zum Ausführen von Aktionen klicken kann.
CheckBox	Gibt an, ob eine Bedingung aktiviert oder deaktiviert ist.
CheckedListBox	Zeigt eine Liste von Elementen mit einem zugehörigen Kontrollkästchen an.
ComboBox	Zeigt Daten in einem Dropdown-Kombinationsfeld an.
DateTimePicker	Ermöglicht es Benutzern, ein einzelnes Element aus einer Liste mit Datums- und Zeitangaben auszuwählen.
Label	Zeigt für Benutzer nicht zu bearbeitenden Text an.
LinkLabel	Ermöglicht das Hinzufügen von Hyperlinks zu Windows-Anwendungen.
ListBox	Ermöglicht den Benutzern, ein oder mehrere Elemente aus einer vordefinierten Liste auszuwählen.
ListView	Erstellt eine Liste von Elementen mit Symbolen, damit kann eine Benutzeroberfläche angezeigt werden, die dem rechten Bereich des Windows-Explorers ähnelt.

Tabelle 6.1: Visuelle Steuerelemente werden für unterschiedliche Aufgaben verwendet

Steuerelement	Bewirkt
MaskedTextBox	Ist ein erweitertes *TextBox*-Steuerelement, das eine bestimmte Syntax zum Akzeptieren oder Ablehnen von Benutzereingaben unterstützt.
MonthCalendar	Bietet eine intuitive grafische Oberfläche, mit der Benutzer Datumsinformationen anzeigen und festlegen können.
NotifyIcon	Zeigt in der Taskleiste Symbole für Prozesse an, die im Hintergrund ausgeführt werden und über keine andere Benutzeroberfläche verfügen.
NumericUpDown	Sieht wie eine Kombination aus einem Textfeld und einem Paar Pfeilen aus, auf die der Benutzer klicken kann, um einen Wert anzupassen. Das Steuerelement zeigt einen einzelnen numerischen Wert aus einer Liste mit Auswahlmöglichkeiten an und legt ihn fest.
PictureBox	Zeigt Grafiken im Bitmap-, GIF-, JPEG-, Metafile- oder Symbolformat an.
ProgressBar	Gibt den Fortschritt einer Aktion an. Er wird durch eine entsprechende Anzahl von Rechtecken auf einer horizontalen Leiste angezeigt. Wenn die Aktion beendet ist, ist die Leiste vollständig mit Rechtecken gefüllt.
RadioButton	Bietet den Benutzern zwei oder mehr Optionen, die sich gegenseitig ausschließen.
RichTextBox	Ermöglicht den Benutzern die Eingabe, Anzeige und Bearbeitung von formatiertem Text.
TextBox	Ermöglicht eine editierbare, ein- oder mehrzeilige Eingabe durch die Benutzer.
ToolTip	Stellt ein kleines rechteckiges Popup-Fenster dar, das eine kurze Beschreibung des Zwecks eines Steuerelements anzeigt, wenn sich der Zeiger auf dem Steuerelement befindet.
TreeView	Erstellt eine Hierarchie von Knoten, die vergleichbar mit den Dateien und Ordnern im linken Bereich des Windows-Explorer ist.
WebBrowser	Hier handelt es sich um ein ActiveX-Steuerelement, mit dem Sie den *Internet Explorer* innerhalb Ihrer Anwendung einfügen können.

Tabelle 6.1: Visuelle Steuerelemente werden für unterschiedliche Aufgaben verwendet (Forts.)

Die Steuerelemente im Bereich **Container** der Toolbox dienen im Prinzip dazu, eine Grundlage zur Aufnahme weiterer Steuerelemente zu bilden (→ Tabelle 6.2).

Steuerelement	Bewirkt
GroupBox	Wird dazu verwendet, weitere Steuerelemente in identifizierbaren Gruppen zusammenzufassen. Normalerweise wird damit ein größeres Formular mit Hilfe von Gruppenfeldern nach Funktionsbereichen unterteilt.
Panel	Wird meist dazu verwendet, andere Steuerelemente darauf anzusiedeln. Durch einfache Befehle im Code kann zur Laufzeit eine solche Gruppe – also das Panel mit den darauf vorhandenen Steuerfunktionen – ein- oder ausgeblendet werden.
SplitContainer	Damit teilen Sie die Fläche des Formulars standardmäßig in zwei Bereiche, deren Größe Sie anschließend im Entwurfsmodus über die Maus ändern können. Sie erzeugen damit ein Formular in der Form des bekannten Windows-Explorers.
TabControl	Damit werden mehrere Registerkarten wie Karteireiter in einem Notizbuch oder Reiter in einem Satz von Ordnern einer Ablageregistratur angezeigt.

Tabelle 6.2: Container bilden die Basis für weitere Steuerelemente

6.2 Schaltflächen mit *Button*

Das wichtige Steuerelement **Button** fügt eine Schaltfläche in das Formular ein. Zur Laufzeit können Sie später eine Aktion durch einen Klick darauf bewirken (→ Abbildung 6.1). Beim Klicken auf eine Schaltfläche wird der **Click**-Ereignisbehandler aktiviert.

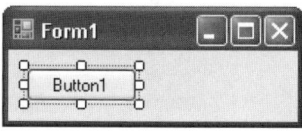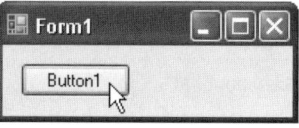

Abbildung 6.1: Eine Schaltfläche im Formular

6.2.1 Eigenschaften

Bei Visual Basic .NET verfügt diese Schaltfläche über einen wesentlich größeren Funktionsumfang als in früheren Versionen von Visual Basic. Mit den Eigenschaften können Sie ein Bild hinzufügen, das Layout des Textes und Bildes ändern, die Überschrift setzen und noch vieles mehr. Die wesentlichsten Eigenschaften für den alltäglichen Gebrauch dieser Schaltfläche finden Sie im Bereich **Darstellung** des Fensters **Eigenschaften**.

- Die Eigenschaft **Text** beinhaltet den auf der Schaltfläche angezeigten Text. Wenn dieser zu lang für die Schaltfläche ist, wird er standardmäßig automatisch in die nächste Zeile umbrochen. Sie müssen dann meist die Höhe des Elements ändern, um ihn voll anzeigen zu lassen. Der Text kann eine Zugriffstaste enthalten.
- Die Darstellung des Textes wird durch die Eigenschaften **Font** und **TextAlign** gesteuert.

Das **Button**-Steuerelement kann außerdem dazu verwendet werden, Bilder mit Hilfe der Eigenschaft **Image** anzuzeigen. Hinweise dazu finden Sie weiter unten (→ Abschnitt 6.3.9).

6.2.2 Ereignisse

Beim Klicken auf eine Schaltfläche zur Laufzeit wird der **Click**-Ereignisbehandler aktiviert. Einen Coderahmen für dieses Ereignis erstellen Sie, indem Sie zur Entwurfszeit auf die Schaltfläche doppelklicken (→ Listing 6.1). Fügen Sie den gewünschten Code vor die Zeile **End Sub** ein.

Listing 6.1: Der Rahmen des Behandlers zum Ereignis **Click** *einer Schaltfläche*

```
Private Sub Button1_Click(ByVal sender As _
System.Object, ByVal e As System.EventArgs) _
Handles Button1.Click
    ...
End Sub
```

Wenn der Benutzer auf das **Button**-Steuerelement doppelt klickt, wird jedes Klicken einzeln verarbeitet, das Doppelklickereignis wird also vom Steuerelement nicht unterstützt.

6.2.3 Standardschaltflächen

Formulare verfügen meist über eine oder zwei Standardschaltflächen – eine zum Akzeptieren der Eingaben im Formular und eine zum Verwerfen der Eingaben und Schließen des Formulars. Nachdem Sie Schaltflächen mit den entsprechenden Ereignisbehandlern in das Formular eingefügt haben, können Sie solche für diese Standardaufgaben wählen.

▶ ▶ **Aufgabe: Die *Annehmen*-Schaltfläche definieren**

Sie können in einem Formular ein **Button**-Steuerelement als **Annehmen**-Schaltfläche definieren. Den mit dem **Click**-Ereignis dieser Schaltfläche verbundenen Behandler können Sie dann durch Drücken der Taste ⏎ aktivieren, und zwar selbst dann, wenn sich der Fokus auf einem anderen Steuerelement befindet. Dies ist jedoch nicht möglich, wenn der Fokus auf einem mehrzeiligen Textfeld oder einem benutzerdefinierten Steuerelement liegt, das die Eingabetaste auffängt.

- Zum Definieren einer **Annehmen**-Schaltfläche im Designer wählen Sie zunächst das Formular aus, in dem sich die Schaltfläche befindet. Legen Sie dann im Eigenschaftenfenster den Namen des **Button**-Steuerelements als **AcceptButton**-Eigenschaft des Formulars fest.
- Zum programmgesteuerten Definieren legen Sie das entsprechende **Button**-Steuerelement als **AcceptButton**-Eigenschaft des Formulars fest – beispielsweise mit **Me.AcceptButton = Bottom1**.

Entsprechend können Sie in einem Formular ein **Button**-Steuerelement als **Abbrechen**-Schaltfläche definieren. Eine solche Schaltfläche ermöglicht es dem Benutzer normalerweise, eine Operation schnell zu beenden, ohne eine Aktion auszuführen. Sobald er die Taste Esc drückt, hat das dasselbe Wirkung, als würde er direkt auf diese **Abbrechen**-Schaltfläche klicken. Dies geschieht unabhängig davon, auf welchem anderen Steuerelement im Formular sich der Fokus befindet.

- In Designer definieren Sie eine solche **Abbrechen**-Schaltfläche, indem Sie im Eigenschaftenfenster den Namen des **Button**-Steuerelements als **CancelButton**-Eigenschaft festlegen.
- Zum programmgesteuerten Definieren einer **Abbrechen**-Schaltfläche legen Sie das entsprechende Button-Steuerelement als **CancelButton**-Eigenschaft des Formulars fest – beispielsweise mit *Me.CancelButton = Bottom1*.

6.3 Felder zur Eingabe und Anzeige

Über mehrere Typen von Steuerelementen können Sie Eingaben über die Tastatur vornehmen oder Ergebnisse anzeigen lassen.

6.3.1 Textfelder mit TextBox

Das Steuerelement **TextBox** wird meist zur Eingabe von Informationen durch den Benutzer oder die Anzeige solcher Informationen verwendet (→ Abbildung 6.2). In der Regel wird es für editierbaren Text verwendet, es unterstützt jedoch auch schreibgeschützten Text. Das Steuerelement kann ein- oder mehrzeilig sein und Bildlaufleisten beinhalten.

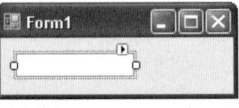 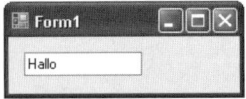

Abbildung 6.2: In einer TextBox können Daten angezeigt oder eingegeben werden

Zur Laufzeit bietet eine **TextBox** automatisch ein einfaches Kontext-menü, über das der Anwender Funktionen wie AUSSCHNEIDEN, KOPIE-REN oder EINFÜGEN nutzen kann.

▶ ▶ **Aufgabe:** Den Inhalt eines Textfelds festlegen

Der vom Steuerelement zu Beginn der Laufzeit angezeigte Text ist in der Eigenschaft **Text** im Bereich **Darstellung** enthalten und kann in der Grundeinstellung – als einzeiliges Feld – bis zu **2048** Zeichen auf-nehmen.

- Standardmäßig finden Sie hier den Eintrag **TextBox** zusammen mit einer Zahl – beispielsweise **TextBox1**. Wollen Sie erreichen, dass das Steuerelement anfangs leer angezeigt wird, löschen Sie diese Voreintragung. Wünschen Sie eine andere Anzeige, geben Sie diese hier ein.

- Diese Eigenschaft kann zur Laufzeit über einen Code in einer ent-sprechenden Subroutine – beispielsweise mit **TextBox1.Text = »Hallo!«** – definiert werden. In vielen Fällen werden Sie in einer **TextBox** aber kompliziertere Ergebnisse anzeigen lassen.

- Den aktuellen Inhalt eines Textfelds können Sie zur Laufzeit durch Auslesen der **Text**-Eigenschaft über eine Zeile wie **Inhalt = TextBox1.Text** abrufen und einer Variablen zuweisen.

Wenn Sie in einem Formular beispielsweise Zahlenwerte eingeben, können Sie mit diesen Berechnungen durchführen lassen. Eine in ein Textfeld eingetragene Zeichenkette wird aber grundsätzlich als Datentyp **String** interpretiert. Wenn Sie mit solchen Eingaben rech-nen wollen, müssen Sie erst eine entsprechende Konvertierung vor-nehmen.

Beispiel: Drei Steuerelemente vom Typ **TextBox** wurden in das For-mular eingefügt. Der Code in der Subroutine addiert die in den Text-feldern **TextBox1** und **TextBox2** eingegebenen Werte und schreibt das Ergebnis in die **TextBox3** (→ Listing 6.2).

6.3

Felder zur Eingabe und Anzeige

```
Private Sub Addieren()
  Dim Wert1 As Double
  Dim Wert2 As Double
  Dim Wert3 As Double
  Wert1 = CDbl(TextBox1.Text)
  Wert2 = CDbl(TextBox2.Text)
  Wert3 = Wert1 + Wert2
  TextBox3.Text = CStr(Wert3)
End Sub
```

▶▶ Aufgabe: Das Verhalten der Einfügemarke steuern

Wenn der Fokus auf einem **TextBox**-Steuerelement liegt, erfolgt die Einfügung im Textfeld standardmäßig zunächst links von bereits vorhandenem Text. Die Einfügemarke kann vom Benutzer mit Hilfe der Tastatur oder der Maus verschoben werden. Wenn das Textfeld den Fokus verliert und anschließend wieder erhält, befindet sich die Einfügemarke an der Stelle, an der sie zuletzt vom Benutzer positioniert wurde. Gelegentlich wirkt dieses Verhalten irritierend auf Benutzer. Dieses Standardverhalten kann an individuelle Anforderungen angepasst werden (→ Listing 6.3):

Listing 6.3: Durch den Code wird die Einfügemarke immer wieder auf 0 gesetzt

```
...
Private Sub TextBox1_Enter(ByVal sender As Object,
          ByVal e As System.EventArgs) Handles TextBox1.Enter
    TextBox1.SelectionStart = 0
    TextBox1.SelectionLength = 0
End Sub
...
```

■ Mit der **SelectionStart**-Eigenschaft legen Sie die Position der Einfügemarke fest. Diese Eigenschaft gibt die Position der Einfügemarke innerhalb der Textzeichenfolge an, wobei **0** die äußerst linke Position bezeichnet. Wenn die **SelectionStart**-Eigenschaft auf einen Wert gesetzt wird, der größer oder gleich der Anzahl der im Textfeld enthaltenen Zeichen ist, wird die Einfügemarke hinter dem letzten Zeichen platziert.

- Optional können Sie die **SelectionLength**-Eigenschaft auf die Länge des zu markierenden Textes setzen. Diese Eigenschaft ist ein numerischer Wert, der die Breite der Markierung festlegt. Wird für **SelectionLength** ein Wert über *0* festgelegt, wird die entsprechende Anzahl von Zeichen, beginnend an der aktuellen Position der Einfügemarke, markiert.

Sie haben die Möglichkeit, Text programmgesteuert zu markieren. Angenommen, Sie erstellen eine Funktion, mit der Text nach einer bestimmten Zeichenfolge durchsucht wird. In diesem Fall kann der Text markiert werden, um dem Leser einen visuellen Hinweis auf die Textposition der gefundenen Zeichenfolge zu geben. Dazu setzen Sie die **SelectionStart**-Eigenschaft auf den Wert, der dem Anfang des zu markierenden Textes entspricht und die **SelectionLength**-Eigenschaft auf die Länge des zu markierenden Textes (→ Listing 6.4).

Listing 6.4: Der Text wird automatisch markiert

```
...
Private Sub TextBox1_Enter(ByVal sender As Object,
    ByVal e As System.EventArgs) Handles TextBox1.Enter
    TextBox1.SelectionStart = 0
    TextBox1.SelectionLength = TextBox1.Text.Length
End Sub
...
```

▶▶▶ **Aufgabe: Ein Textfeld für ein Kennwort erstellen**

Bei einem Kennwortfeld handelt es sich um ein Textfeld, in dem Platzhalterzeichen angezeigt werden, während der Benutzer eine Zeichenfolge eingibt. Dazu legen Sie für die **PasswordChar**-Eigenschaft des Steuerelements ein bestimmtes Zeichen – beispielsweise Sternchen – fest.

Optional können Sie über die **MaxLength**-Eigenschaft festlegen, wie viele Zeichen in das Textfeld eingegeben werden können. Sobald die maximale Länge überschritten wird, gibt das System einen Signalton aus und das Textfeld nimmt keine weiteren Zeichen mehr auf. Beachten Sie, dass durch die Kenntnis der maximalen Länge möglicherweise erleichtert wird, das Kennwort zu erraten.

Beispiel: Eine TextBox wurde in das Formular eingefügt. Die Subroutine sorgt dafür, dass ein Sternchen zur Anzeige benutzt und die Anzahl der Zeichen auf **9** begrenzt wird (→ Listing 6.5).

Listing 6.5: Maximal 9 Zeichen werden durch ein Sternchen angezeigt

```
Private Sub Kennwort()
  TextBox1.Text = ""
  TextBox1.PasswordChar = "*"
  TextBox1.MaxLength = 9
End Sub
```

▶ ▶ **Aufgabe: Ein schreibgeschütztes Textfeld erstellen**

Um ein editierbares Textfeld in ein schreibgeschütztes Steuerelement umzuwandeln, setzen Sie die **ReadOnly**-Eigenschaft des Steuerelements auf **true**. Dann kann der Benutzer weiterhin einen Bildlauf durchführen und Text in einem Textfeld markieren, es sind jedoch keine Änderungen möglich. Das Textfeld unterstützt weiterhin den Kopierbefehl; die Befehle zum Ausschneiden und Einfügen sind nicht verfügbar.

Die **ReadOnly**-Eigenschaft wirkt sich ausschließlich auf Benutzerinteraktionen aus, die zur Laufzeit erfolgen. Sie können den Inhalt des Textfelds weiterhin programmgesteuert zur Laufzeit ändern, indem Sie die **Text**-Eigenschaft des Textfelds ändern.

Das **TextBox**-Steuerelement enthält standardmäßig eine einzelne Textzeile, und es werden keine Bildlaufleisten angezeigt. Wenn der Text zu lang ist, wird er nur teilweise angezeigt. Dieses standardmäßige Verhalten ändern Sie, indem Sie für die Eigenschaften **Multi-Line**, **WordWrap** und **ScrollBars** entsprechende Werte festlegen.

- Wenn Sie mehrere Zeilen im Steuerelement anzeigen lassen wollen, setzen Sie die **MultiLine**-Eigenschaft auf **true.** Mehrzeilige Textfelder können bis zu 32 Kbyte Text aufnehmen. Standardmäßig wird dann der im Steuerelement enthaltene Text in einem oder mehreren Absätzen dargestellt.
- Die Anzeigen von Bildlaufleisten regeln Sie über den für die **Scroll-Bars**-Eigenschaft gesetzten Wert.
- Über die **WordWrap**-Eigenschaft legen Sie fest, wie der Text im Steuerelement umbrochen werden soll (→ Tabelle 6.3).

Wert	Beschreibung
False	Der Text im Steuerelement wird nicht automatisch umbrochen und bis zum Erreichen des Zeilenumbruchs nach rechts fortgesetzt. Verwenden Sie diesen Wert, wenn Sie oben den Wert **Horizontal** oder **Both** für Bildlaufleisten festgelegt haben.
true (Standard)	Es wird keine horizontale Bildlaufleiste angezeigt. Verwenden Sie diesen Wert, wenn Sie oben zur Anzeige eines oder mehrerer Absätze den Wert **Vertical** oder **None** für Bildlaufleisten festgelegt haben.

*Tabelle 6.3: Die **WordWrap**-Eigenschaft regelt die Form des Umbruchs*

6.3

Felder zur Eingabe und Anzeige

6.3.2 Ereignisse

Das Standardereignis für das Textfeld-Steuerelement ist das **Change**-Ereignis. Es tritt ein, wenn Sie den in einem Textfeld angezeigten Text ändern. Für dieses erstellen Sie automatisch den Rahmen für eine Ereignisbehandlungs-Routine, indem Sie einen Doppelklick auf das Textfeld ausführen.

6.3.3 Eingabeformat erzwingen mit MaskedTextBox

Wenn Sie vom Benutzer fordern wollen, dass er bei der Eingabe in ein Steuerelement vom Typ **TextBox** ein bestimmtes Eingabeformat einhält – beispielsweise eine Datumsangabe mit einem bestimmten Format wie **17.10.1956** benutzt – können Sie das durch eine nachträgliche Überprüfung über den Code erreichen. In vielen Fällen ist es aber für solche Fälle einfacher, eine **MaskedTextBox** zu verwenden, bei der diese Überprüfung gleich im Steuerelement eingebaut ist (→ Abbildung 6.3).

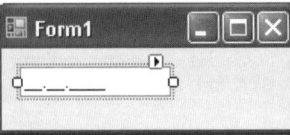 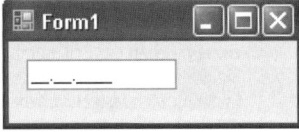

*Abbildung 6.3: Eine **MaskedTextBox** verlangt ein Eingabeformat*

Hinsichtlich der Eigenschaften unterscheidet sich eine solche **MaskedTextBox** praktisch nicht von einer normalen **TextBox**. Die Art der Maske regeln Sie über die Eigenschaft **Mask** im Bereich **Verhalten**. Nach einem Klick auf die Schaltfläche mit den drei Auslassungspunkten wird das Dialogfeld **Eingabeformat** angezeigt, über das Sie die Formatbeschränkungen regeln können (→ Abbildung 6.4). Wählen Sie im oberen Bereich eine Voreinstellung, die Ihren Vorstellungen nahe kommt. Unter **Maske** im unteren Bereich können Sie das Format über eine symbolische Eingabe regeln. Die Eingabe im Feld **Vorschau** wird angezeigt, bevor der Benutzer zur Laufzeit eine Eingabe vornimmt.

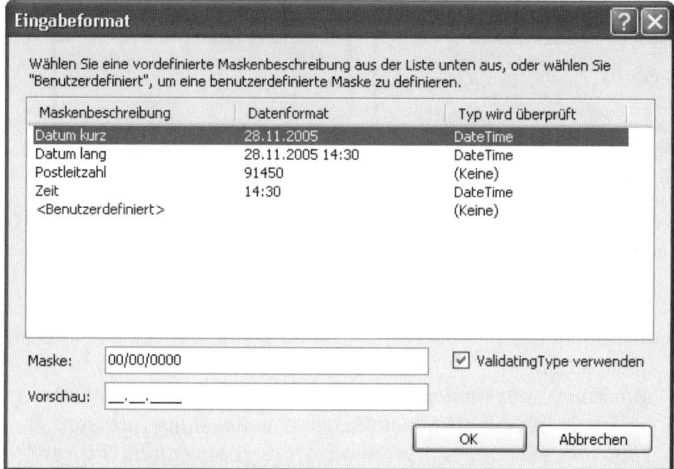

Abbildung 6.4: Legen Sie das Eingabeformat fest

Wichtig sind noch einige weitere Eigenschaften im Bereich **Verhalten**:

- **BeepOnError** sorgt dafür, dass ein Warnsignal erzeugt wird, wenn der Benutzer ein ungültiges Zeichen eingibt.
- Über **Culture** können Sie die typischen Formate für einen Sprachraum regeln und ändern.
- Ist die Eigenschaft **RejectInputOnFirstFailure** auf **true** gesetzt, wird die Eingabe abgelehnt, sobald der Benutzer einen Fehler macht.

6.3.4 Zahlenwerte einstellen mit NumericUpDown

Wenn Sie eine **TextBox** zur Eingabe von numerischen Werten verwenden, können Sie dafür auch das Steuerelement **NumericUpDown** einsetzen. Zur Laufzeit wird bereits ein Zahlenwert im Feld angezeigt, der über die beiden Schaltflächen am rechten Rand verändert werden kann (→ Abbildung 6.5).

Abbildung 6.5: Über **NumericUpDown** *können Sie Zahlenwerte einstellen*

Den am Anfang angezeigten Wert stellen Sie über *Value* im Bereich **Darstellung** ein. Die wichtigen Einstellungen für die Wirkung der Schaltflächen finden Sie unter *(DataBindings)* im Bereich **Daten**:

- *DecimalPlaces* gibt die Anzahl der *Dezimalstellen* an.
- *Increment* bestimmt den Sprung, den ein Klick auf eine der Schaltflächen bewirkt.
- *Minimum* und *Maximum* geben die *Grenzen* des Bereichs an, innerhalb dessen die Schaltflächen eine Regelung zulassen.
- *ThousandsSeparator* bestimmt, ab *gegebenenfalls* Tausendertrennzeichen angezeigt werden sollen.

▶ ▶ **Aufgabe: Den eingestellten Wert nutzen**

Den aktuell eingestellten Wert können Sie über die Eigenschaft *Value* abfragen.

Beispiel: Einem Formular wurde ein Steuerelement vom Typ **NumericUpDown** hinzugefügt. Der folgende Code sorgt dafür, dass die Variable *Einstellung* den aktuellen Wert im Steuerelement übernimmt (→ Listing 6.6).

Listing 6.6: Der Wert des Steuerelements wird ausgelesen

```
Sub Auslesen()
  Dim Einstellung As Double
  Einstellung = NumericUpDown1.Value
End Sub
```

Beispiel: Einem Formular wurden zwei Steuerelemente vom Typ **NumericUpDown** und eine **TextBox** hinzugefügt. Der folgende Code sorgt dafür, dass die in den Steuerelementen eingestellten Werte

addiert werden und das Ergebnis in der **TextBox** angezeigt wird
(→ Listing 6.7). Beachten Sie, dass keine Konvertierung notwendig
ist.

Listing 6.7: Die eingestellten Werte werden addiert

```
Sub Addieren()
  TextBox1.Text = _
  NumericUpDown1.Value + NumericUpDown2.Value
End Sub
```

Das Ereignis *ValueChanged*

Das Standardereignis zu diesem Steuerelement ist **ValueChanged**.
Es tritt ein, wenn der Wert im Steuerelement geändert wird.

Weitere Einstellungen

Der Benutzer kann zur Laufzeit im Steuerelement auch Werte direkt
über die Tastatur eingeben. Allerdings gelten dafür die unter der
Eigenschaft *(DataBindings)* im Bereich **Daten** gesetzten Randbedin-
gungen. Texteingaben werden abgelehnt.

6.3.5 Statusanzeige mit ProgressBar

Wenn Arbeitsprozesse etwas länger dauern, wird man dem Benutzer
eine Art von Vorschrittsmeldung liefern wollen, damit er nicht beun-
ruhigt wird. Wenn der Grad des Fortschritts der Arbeit numerisch
abgefragt werden kann – und das ist meist der Fall – können Sie dafür
das Steuerelement **ProgressBar** verwenden (→ Abbildung 6.6).

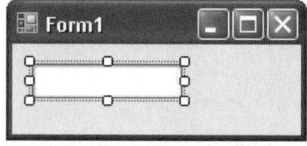 

*Abbildung 6.6: Die **ProgressBar** liefert Fortschrittsinformationen*

Den Status der Anzeige regeln Sie über die Eigenschaft **Value** des
Steuerelements.

Beispiel: Einem Formular wurde ein Steuerelement vom Typ *ProgressBar* hinzugefügt. Der folgende Code durchläuft eine *For ... Next*-Schleife und zeigt den Fortschritt des Durchlaufs in der *ProgressBar* an (→ Listing 6.8).

Listing 6.8: Der Wert wird in einer Schleife erhöht

```
Sub Fortschritt1()
  Dim I As Integer
  For I = 0 To 10000000
    ProgressBar1.Value = I / 100000
  Next
End Sub
```

Sie können zur Steigerung auch die Methode *PerformStep* des Steuerelements benutzen:

Beispiel: Einem Formular wurde ein Steuerelement vom Typ *ProgressBar* hinzugefügt. Der folgende Code durchläuft eine *For ... Next*-Schleife und steigert den Wert im Steuerelement bei jedem Durchlauf (→ Listing 6.9). Beachten Sie, dass dabei der für das Steuerelement zulässige maximale Wert nicht überschritten wird.

Listing 6.9: Der Wert wird in einer Schleife erhöht

```
Sub Fortschritt2()
  Dim Max As Integer = 1000
  ProgressBar1.Maximum = Max
  ProgressBar1.Step = 1
  Dim I As Integer
  For I = 0 To 1000
    ProgressBar1.PerformStep()
  Next
End Sub
```

Weitere Eigenschaften

Weitere wichtige Eigenschaften finden Sie im Bereich *Verhalten*:

■ Über *Style* können Sie angeben, wie die Anzeige erfolgen soll. Der Standard ist *Blocks*, was den Fortschritt durch die Anzeige weiterer kleiner Blöcke anzeigt.

- **Minimum** und **Maximum** geben die Werte an, bei denen die **ProgressBar** leer sein bzw. gefüllt sein soll.

6.3.6 Info in der Taskleiste mit NotifyIcon

Das Steuerelement **NotifyIcon** zeigt während der Laufzeit ein Symbol im Infobereich rechts in der Windows-**Taskleiste** an (→ Abbildung 6.7).

Abbildung 6.7: In der Taskleiste wird ein Symbol angezeigt

Das Steuerelement wird nach dem Einfügen nicht im Formular selbst, sondern im Komponentenfach angezeigt. Das Symbol bestimmen Sie über die Eigenschaft **Icon** im Bereich **Darstellung**. Nach einem Klick auf die Schaltfläche mit den drei Auslassungspunkten können Sie im Dialogfeld eine **.ico**-Datei auswählen.

6.3.7 Informationen mit ToolTip

Wenn Sie dem Benutzer zur Laufzeit zusätzliche Informationen über den Zweck eines beliebigen Steuerelements anzeigen lassen wollen, benutzen Sie das zusätzliche Element **ToolTip**. Das Steuerelement wird nach dem Einfügen im **Komponentenfach** angezeigt. Wenn der Benutzer zur Laufzeit den Mauszeiger auf das damit verbundene Steuerelement bewegt, wird ein Hinweis angezeigt (→ Abbildung 6.8).

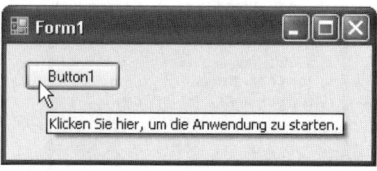

*Abbildung 6.8: Ein **ToolTip** zeig zusätzliche Informationen an*

Sobald Sie ein Steuerelement vom Typ **ToolTip** dem Formular zugeordnet haben, finden Sie bei jedem anderen vorhandenen Steuerelement im Fenster **Eigenschaften** im Bereich **Sonstiges** die zusätzliche Zeile **ToolTip auf ToolTip1**. In Textfeld dazu können Sie den anzuzeigenden Text eingeben.

Das Erscheinungsbild der Information regeln Sie zentral über die Eigenschaften des Steuerelements **ToolTip**. Sie können beispielsweise über **IsBalloon** regeln, dass die Anzeige in Form einer Sprechblase erfolgen soll. Sie können hier regeln, wie lange die Information sichtbar bleiben soll, wenn der Mauzeiger nicht bewegt wird. **ToolTipIcon** legt ein zusätzliches Symbol zur Anzeige fest. Auch die Farben können Sie regeln. Wenn Sie in einer Anwendung mehrere verschiedene Formen von solchen Informationsfeldern wünschen, fügen Sie weitere Steuerelemente vom Typ **ToolTip** ein. Ordnen Sie dann den restlichen Steuerelementen eines davon zu und legen Sie den anzuzeigenden Text fest.

6.3.8 Formatierbarer Text mit RichTextBox

Mit dem Steuerelement **RichTextBox** wird formatierbarer Text angezeigt, eingegeben oder bearbeitet (→ Abbildung 6.9). Dieses Steuerelement verfügt über dieselben Funktionen wie das **TextBox**-Steuerelement. Zusätzlich können Sie damit Schriftarten, Farben und Links anzeigen, Text und eingebettete Bilder aus einer Datei laden, Bearbeitungsvorgänge rückgängig machen und wiederholen sowie nach bestimmten Zeichen suchen.

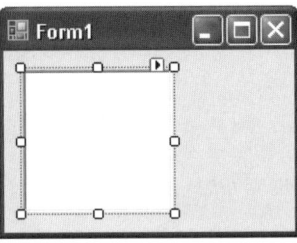 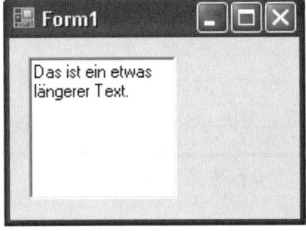

*Abbildung 6.9: Eine **RichTextBox** zeigt ein größeres Textfeld an*

Im Unterschied zum **TextBox**-Steuerelement werden in der Standard-einstellung horizontale und vertikale Bildlaufleisten automatisch angezeigt. Außerdem stehen zusätzliche Einstellungen für die Bild-laufleisten zur Verfügung.

▶▶ Aufgabe: Text in der *RichTextBox* anzeigen

Der standardmäßig angezeigte Text wird – wie üblich – mit der **Text**-Eigenschaft festgelegt. Den Zeilenumbruch können Sie über die Eigenschaft **WordWrap** steuern. Wenn Sie diese auf **true** setzen – das ist auch die Standardeinstellung –, erreichen Sie, dass die Breite des Textes automatisch der Breite des Steuerelements angepasst wird. Es wird keine horizontale Bildlaufleiste angezeigt.

▶▶ Aufgabe: Bildlaufleisten benutzen

In der Standardeinstellung werden horizontale und vertikale Bild-laufleisten angezeigt, wenn der Inhalt es erfordert. Dazu muss die Eigenschaft **Multiline** auf **true** festgelegt werden. Wenn **Multiline** auf **false** festgelegt ist, werden keine Bildlaufleisten angezeigt.

Die Bildlaufleisten können über den für die Eigenschaft **ScrollBars** eingestellten Wert weiter konfiguriert werden (→ Tabelle 6.4).

Wert	Beschreibung
Both (Standard)	Zeigt horizontale oder vertikale bzw. horizontale und vertikale Bildlaufleisten nur dann an, wenn der Text über die Breite bzw. Höhe des Steuerelements hinausgeht.
None	Zeigt niemals Bildlaufleisten an, unabhängig von der Art der Bildlaufleiste.
Horizontal	Zeigt nur dann eine horizontale Bildlaufleiste an, wenn der Text über die Breite des Steuerelements hinausgeht. Hierzu muss die **WordWrap**-Eigenschaft auf **false** festgelegt sein.
Vertical	Zeigt nur dann eine vertikale Bildlaufleiste an, wenn der Text über die Höhe des Steuerelements hinausgeht.

Tabelle 6.4: Bildlaufleisten können konfiguriert werden

Felder zur Eingabe und Anzeige

Wert	Beschreibung
ForcedHorizontal	Zeigt eine horizontale Bildlaufleiste an, wenn die **WordWrap**-Eigenschaft auf **false** festgelegt ist. Wenn der Text nicht über die Breite des Steuerelements hinausgeht, wird die Bildlaufleiste abgeblendet angezeigt.
ForcedVertical	Zeigt immer eine vertikale Bildlaufleiste an. Wenn der Text nicht über die Höhe des Steuerelements hinausgeht, wird die Bildlaufleiste abgeblendet angezeigt.
ForcedBoth	Zeigt immer eine vertikale Bildlaufleiste an. Zeigt eine horizontale Bildlaufleiste an, wenn die **WordWrap**-Eigenschaft auf **false** festgelegt ist. Wenn der Text nicht über die Breite bzw. Höhe des Steuerelements hinausgeht, werden die Bildlaufleisten abgeblendet angezeigt.

Tabelle 6.4: Bildlaufleisten können konfiguriert werden (Forts.)

▶ ▶ Aufgabe: Formatieren in der *RichTextBox*

Den Inhalt einer **RichTextBox** können Sie über die oben schon beschriebenen Eigenschaften zur Laufzeit oder bereits im Entwurf formatieren lassen. Wenn Sie zur Laufzeit nur einen vorher markierten Teilbereich formatieren lassen wollen, verwenden Sie die Eigenschaft **SelectionFont** des Elements und geben für diese ein Format an.

Beispiel: Eine **RichTextBox** wurde in das Formular eingefügt. Der Code setzt den gesamten Inhalt des Steuerelements auf die Schriftart **Arial** in der Größe **12** mit dem Schriftschnitt **Bold**. Die Farbe wird auf **Red** gesetzt (→ Listing 6.10).

Listing 6.10: Die Routine ändert die Schriftparameter im gesamten Steuerelement

```
Private Sub Schrift()
  RichTextBox1. Font = _
    New Font("Arial", 12, FontStyle.Bold)
  RichTextBox1.ForeColor = _
    System.Drawing.Color.Red
End Sub
```

Beispiel: Der folgende Code setzt den vorher im Steuerelement ausgewählten Bereich auf dieselben Werte (→ Listing 6.11).

Felder zur Eingabe und Anzeige

Listing 6.11: Die Routine ändert die Schriftart und Farbe der Auswahl

```
Private Sub Schriftart()
  RichTextBox1.SelectionFont = _
    New Font("Arial", 12, FontStyle.Bold)
  RichTextBox1.SelectionColor = _
    System.Drawing.Color.Red
End Sub
```

▶ ▶ **Aufgabe: Drag&Drop in der *RichTextBox* benutzen**

Drag&Drop*-**Operationen mit dem ***RichTextBox*-**Steuerelement erfolgen durch Behandlung des ***DragEnter*-**Ereignisses. Solche Operationen sind mit dem ***RichTextBox*-**Steuerelement äußerst einfach durchzuführen, und es muss kein Ereignisbehandler für das ***Drag&Drop*-**Ereignis geschrieben werden. Um diese Operation zu aktivieren, legen Sie aber die Eigenschaft ***AllowDrop des Steuerelements auf ***true*** fest.

▶ ▶ **Aufgabe: Öffnen und Speichern über die *RichTextBox***

Im ***RichTextBox*-**Steuerelement können ***Nur-Text*-**, ***Unicode-Nur-Text*-** oder ***RTF*(*Rich Text Format*)-**Dateien angezeigt werden. Hierzu rufen Sie die ***LoadFile*-**Methode auf und geben optional einen Dateityp an. Wenn Sie die Methode mit einem Dateinamen als einziges Argument aufrufen, wird von einer ***RTF*-**Datei ausgegangen. Über die ***SaveFile*-**Methode können Sie entsprechend in unterschiedlichen Dateiformaten schreiben.

Beispiel: Die Routine sorgt dafür, dass der Inhalt einer vorhandenen Datei ***C:\Text.txt*** im Steuerelement angezeigt wird (→ Listing 6.12).

Listing 6.12: Die Routine sorgt für das Öffnen einer Datei

```
Private Sub Oeffnen()
  RichTextBox1.LoadFile("C:\Text.txt", _
    RichTextBoxStreamType.PlainText)
End Sub
```

Felder zur Eingabe und Anzeige

Beispiel: Die folgende Routine bewirkt, dass die Eingaben in der *RichTextBox* in der *C:\Text.txt* im Format *PlainText* gespeichert werden (→ Listing 6.13).

Listing 6.13: Ein Ereignisbehandler sorgt für das Öffnen einer Datei

```
Private Sub Speichern()
  RichTextBox1.SaveFile("C:\Text.txt", _
    RichTextBoxStreamType.PlainText)
End Sub
```

Weitere Hinweise zum Öffnen und Speichern von Dateien finden Sie im nachfolgenden Kapitel. In einer professionellen Anwendung wird man zum Öffnen einer Datei im Allgemeinen die *OpenFileDialog*-Komponente verwenden. Diese wird in Kapitel 8 behandelt.

▶ ▶ Aufgabe: Rückgängigmachen und Wiederherstellen ermöglichen

Sie können die meisten Bearbeitungsvorgänge in einem *RichText-Box*-Steuerelement rückgängig machen oder wiederherstellen, indem Sie eine der Methoden *Undo* und *Redo* aufrufen. Mit der *CanRedo*-Methode ermitteln Sie, ob der letzte rückgängig gemachte Vorgang für das Steuerelement wiederhergestellt werden kann.

Das *TextChanged*-Ereignis

Das Standardereignis für das Textfeld-Steuerelement ist das *TextChanged*-Ereignis. Es tritt ein, wenn Sie den im Steuerelement angezeigten Text ändern. Für dieses erstellen Sie automatisch den Rahmen für eine Ereignisbehandlungs-Routine, indem Sie zur Entwurfszeit einen Doppelklick auf das Steuerelement ausführen (→ Listing 6.14).

*Listing 6.14: Der Rahmen für das Ereignis **TextChanged***

```
Private Sub RichTextBox1_TextChanged(ByVal sender _
As System.Object, ByVal e As System.EventArgs)_
Handles RichTextBox1.TextChanged

...
End Sub
```

6.3.9 Bilder mit PictureBox

Ein Steuerelement vom Typ **PictureBox** stellt Ihnen einen Ort zur Verfügung, an dem Sie entweder eine bestehende Grafik anzeigen oder mit der Grafikbibliothek eine Grafik zeichnen können (→ Abbildung 6.10). Angezeigt werden können Bilddateien im **Bitmap**-, **GIF**-, **JPEG**-, **Metadatei**- oder **Symbolformat**.

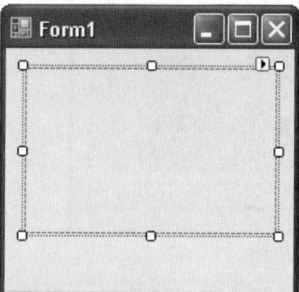 

*Abbildung 6.10: Mit **PictureBox** können Sie Bilddateien anzeigen lassen*

▶▶ **Aufgabe: Ein Bild in der** *PictureBox* **anzeigen**

Nach dem Erstellen eines solchen Steuerelements ist es zunächst noch leer. Sie können das anzuzeigende Bild zur Entwurfszeit oder zur Laufzeit festlegen:

Wenn Sie diese Eigenschaft bereits zur Entwurfszeit festlegen möchten, klicken Sie auf die Schaltfläche mit den drei Auslassungspunkten neben der Eigenschaft **Image**. Sie können dann im Dialogfeld **Ressource auswählen** über **Lokale Ressource** oder **Importieren** eine Bilddatei öffnen (→ Abbildung 6.11).

Felder zur Eingabe und Anzeige

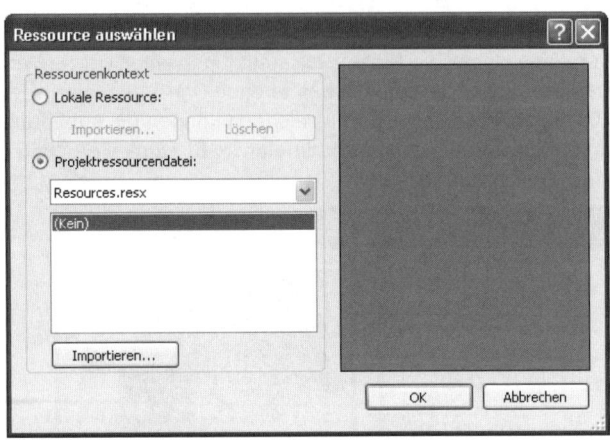

Abbildung 6.11: Eine Ressource auswählen

Beachten Sie die wichtigen Unterschiede zwischen diesen beiden Verfahrensweisen:

- Wenn Sie die Anwendung später auf einem anderen Rechner ausführen lassen wollen, sollten Sie die Bilddatei über die Option *Projektressourcendatei* in das Projekt importieren.
- *Lokale Ressource* empfiehlt sich beispielsweise dann, wenn die Anwendung auf dem Originalrechner bleibt und sich Pfade und Dateinamen ändern werden.

In beiden Fällen können Sie durch einen Klick auf die Schaltfläche *Importieren* das Dialogfeld *Öffnen* anzeigen lassen, dort zum entsprechenden Speicherort navigieren und die gewünschte Bilddatei öffnen. Das Bild wird in der Vorschau auf der rechten Seite des Dialogfelds in voller Größe wiedergegeben.

Wenn Sie die Option unter *Projektressourcendatei* verwenden, können Sie auch gleich mehrere Bilddateien dem Projekt hinzufügen. Sie finden sie anschließend auch im *Projektmappen-Explorer* angezeigt. Ein Doppelklick darauf öffnet diese standardmäßig in *Microsoft Paint*. Wollen Sie bei mehreren eingefügten Bilddateien die in

der **PictureBox** anzuzeigende wechseln, verwenden Sie wieder die
Eigenschaft **Image**.

Sie können ein Bild auch während der Laufzeit des Programms festlegen. Dazu benutzen Sie beispielsweise die Eigenschaft **FromFile**
der Klasse **Image**.

Beispiel: Ein Steuerelement vom Typ **PictureBox** wurde dem Formular hinzugefügt. Die Routine zeigt den Inhalt der Bilddatei
C:\Bild.bmp in der **PictureBox** an (→ Listing 6.15).

Listing 6.15: Ein Bild wird zur Laufzeit hinzugefügt

```
Public Sub Bild()
   PictureBox1.Image = Image.FromFile("C:\Bild.bmp")
End Sub
```

▶ ▶ Aufgabe: Ein Bild aus der *PictureBox* entfernen

Wenn Sie ein Bild, das einer **PictureBox** zugewiesen ist, entfernen
möchten, klicken Sie auf den Wert der Eigenschaft **Image** in der
Eigenschaftenseite und drücken dann [Entf], oder Sie benutzen wieder das Dialogfeld **Ressource auswählen** und stellen darin die Option
(Kein) ein. Wenn Sie die Grafik zur Laufzeit löschen wollen, legen Sie
die **Image**-Eigenschaft fest, ohne einen Dateinamen anzugeben.

Beispiel: Ein Steuerelement vom Typ **PictureBox** wurde dem Formular hinzugefügt. In diesem wird eine Grafikdatei angezeigt. Der folgende Code entfernt die Anzeige (→ Listing 6.16).

Listing 6.16: Ein Bild wird zur Laufzeit entfernt

```
Public Sub BildEntfernen()
   PictureBox1.Image = Nothing
End Sub
```

6.3

Felder zur Eingabe und Anzeige

Die Eigenschaft **SizeMode** im Bereich **Verhalten** legt fest, auf welche Weise die Größe von Bild und Steuerelement aufeinander abgestimmt wird. Diese Eigenschaft kann auf **Normal** (Standard), **AutoSize**, **CenterImage** oder **StretchImage** gesetzt werden.

- **Normal** bedeutet, dass das Bild in der oberen linken Ecke des Steuerelements platziert wird. Falls das Bild größer als das Steuerelement ist, werden der untere und der rechte Rand abgeschnitten.
- **CenterImage** bedeutet, dass das Bild innerhalb des Steuerelements zentriert wird. Falls das Bild größer als das Steuerelement ist, werden die überstehenden Ränder des Bilds abgeschnitten.
- **AutoSize** bedeutet, dass die Größe des Steuerelements an die Bildgröße angepasst wird.
- **StretchImage** funktioniert entgegengesetzt, die Bildgröße wird an die Größe des Steuerelements angepasst.
- **Zoom** ist meist die beste Alternative und vorzuziehen, wenn die Bilddateien verschiedene Größen haben und vollständig und unverzerrt im Steuerelement angezeigt werden sollen.

Natürlich können Sie diese Parameter auch zur Laufzeit einstellen.

Beispiel: Dem Formular wurde eine PictureBox mit einem Bild hinzugefügt. Der folgende Code sorgt dafür, dass die Darstellung auf **Zoom** gesetzt wird (→ Listing 6.17).

*Listing 6.17: Die Darstellung **Zoom** wird gewählt*

```
Public Sub Entfernen()
   PictureBox1.SizeMode = PictureBoxSizeMode.Zoom
End Sub
```

Durch das Dehnen von Bildern kann die Bildqualität – besonders bei Verwendung des **Bitmap**-Formats – gemindert werden. Metadateien sind besser für das Dehnen von Bildern geeignet, da sie aus einer Auflistung von Grafikanweisungen bestehen, die das Bild während der Laufzeit aufbauen.

6.3.10 Listen mit ListBox

Mit dem Steuerelement **ListBox** können Sie eine Liste von Elementen anzeigen, aus denen der Benutzer eines oder mehrere Elemente durch Klicken auswählen kann (→ Abbildung 6.12). Nachdem Sie das Steuerelement in das Formular eingefügt haben, verfügt es noch über keinerlei Inhalte. Es gibt verschiedene Möglichkeiten, einer **ListBox** – wie auch Kombinationsfeldern –Elemente hinzuzufügen, da diese Steuerelemente auch an verschiedene Datenquellen gebunden werden können. Bei den angezeigten Elementen handelt es sich normalerweise um Zeichenfolgen, es können jedoch beliebige Objekte verwendet werden.

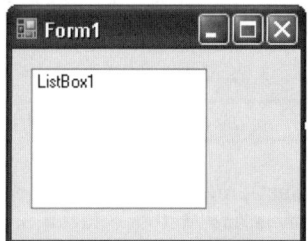 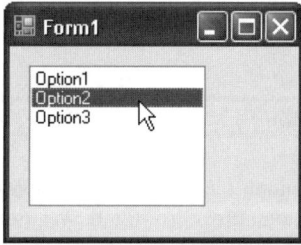

Abbildung 6.12: Eine **ListBox** *zeigt mehrere Optionen in einer Liste an*

▶ ▶ Aufgabe: Die Elemente der Liste festlegen

Zur Entwurfszeit können Sie die Optionen in der Liste festlegen, nachdem Sie die Eigenschaft **Items** im Bereich **Daten** markiert und auf die Schaltfläche mit den drei Auslassungspunkten geklickt haben. Das öffnet den **Zeichenfolgen-Editor** (→Abbildung 6.13). Hier geben Sie die Namen der gewünschten Optionen ein. Benutzen Sie eine Zeile pro Option. Um die Reihenfolge in der Liste zu ändern, arbeiten Sie wie in einem normalen Text-Editor.

Felder zur Eingabe und Anzeige

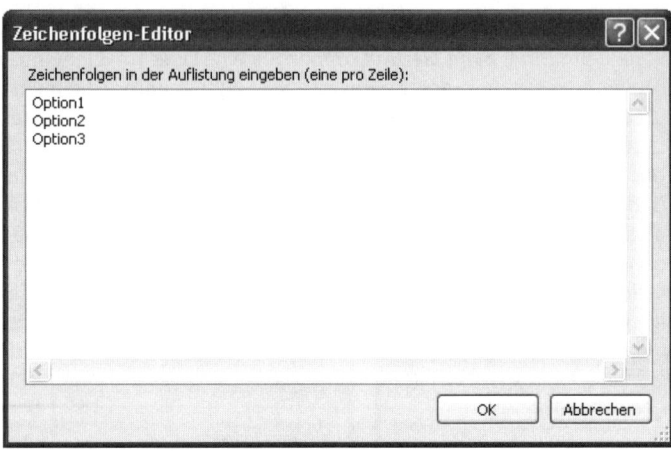

Abbildung 6.13: Über den Editor können Sie die Optionen in der Liste festlegen

Sie können einem **ListBox**-Steuerelement programmgesteuert weitere Elemente hinzufügen. Mit der **Items.Add**-Methode fügen Sie eine Zeichenfolge oder ein Objekt an das Ende der Liste hinzu. Mit der **Items.Insert**-Methode können Sie das Element an die gewünschte Stelle in der Liste einfügen.

Beispiel: Eine **ListBox** wurde dem Formular hinzugefügt. Der Code der folgenden Subroutine fügt dem Steuerelement eine weitere Option **Option4** an das Ende der Liste hinzu (→ Listing 6.18).

Listing 6.18: Ein Element wird an das Ende hinzugefügt

```
Public Sub Hinzufügen1()
  ListBoxBox1.Items.Add ("Option4")
End Sub
```

Beispiel: Eine **ListBox** wurde dem Formular hinzugefügt. Der Code der folgenden Routine fügt eine weitere Option **Option5** als drittes Element der Liste ein (→ Listing 6.19). Der Zähler beginnt übrigens mit **0**.

Felder zur Eingabe und Anzeige

6.3

Listing 6.19: Ein Element wird zwischendurch eingefügt

```
Public Sub Hinzufügen2()
  ListBox1.Items.Insert (2, "Option5")
End Sub
```

▶ ▶ Aufgabe: Einzelne Elemente entfernen

Zum Löschen von Elementen benutzen Sie die Methoden **Items.Remove** oder **Items.RemoveAt**. **Items.Remove** verfügt über ein Argument, das das zu entfernende Element angibt. **Items.RemoveAt** entfernt das Element mit der angegebenen Indexnummer.

Beispiel: Eine **ListBox** wurde dem Formular hinzugefügt. Der Code der folgenden Subroutine entfernt die erste vorhandene Option (→ Listing 6.20).

Listing 6.20: Das erste Element wird entfernt

```
Public Sub Entfernen1()
  ListBox1.Items.RemoveAt(0)
End Sub
```

Beispiel: Eine **ListBox** wurde dem Formular hinzugefügt. Der Code der folgenden Routine entfernt die aktuell markierte Option (→ Listing 6.21).

Listing 6.21: Das aktuelle Element wird entfernt

```
Public Sub Entfernen2()
  ListBox1.Items.Remove (ListBox1.SelectedItem)
End Sub
```

Beispiel: Der folgende Code entfernt die mit **Option3** bezeichnete Option aus der Liste (→ Listing 6.22).

Listing 6.22: Ein bestimmtes Element wird entfernt

```
Public Sub Entfernen3()
  ListBox1.Items.Remove ("Option3")
End Sub
```

Beispiel: Eine **ListBox** mit Optionen wurde dem Formular hinzugefügt. Der Code entfernt alle vorhandenen Optionen (→ Listing 6.23).

Felder zur Eingabe und Anzeige

```
Public Sub Entfernen3()
  in ListBox1.Items.Clear()
End Sub
```

Bei Objekten ist der im Steuerelement angezeigte Text der Wert, der von der **ToString**-Methode des Objekts zurückgegeben wird.

▶▶ Aufgabe: Elemente in der *ListBox* auswählen

Zwei Eigenschaften zum Steuerelement steuern die Auswahl in der Liste. Sie können darüber einerseits festlegen, welches Element anfänglich markiert ist und andererseits feststellen, welches Element der Benutzer zur Laufzeit ausgewählt hat.

- Die **SelectedIndex**-Eigenschaft bezieht sich auf einen vom Programm verwalteten Index für die Elemente der Liste. Dieser Index ist nullbasiert. Wenn das erste Listenelement ausgewählt ist, lautet der **SelectedIndex**-Wert *0*, beim zweiten Element *1* usw. Wenn kein Element ausgewählt sein soll, lautet der **SelectedIndex**-Wert *-1*.
- Die **SelectedItem**-Eigenschaft ist vergleichbar mit **SelectedIndex**, allerdings gibt sie das Element selbst zurück, also normalerweise die als Name für die Option benutzte Zeichenfolge.
- Die **Items.Count**-Eigenschaft gibt die Anzahl der Listenelemente wieder. Dieser Wert ist immer um 1 höher als der größtmögliche **SelectedIndex**-Wert, da **SelectedIndex** nullbasiert ist.

Beispiel: Eine **ListBox** wurde dem Formular hinzugefügt. Der nachfolgende Code markiert die mit **Option2** benannte Option im Steuerelement (→ Listing 6.24).

Listing 6.24: Eine Option wird markiert

```
Public Sub Markieren1()
  ListBox1.SelectedItem("Option2")
End Sub
```

Eine **ListBox** wurde dem Formular hinzugefügt. Der nachfolgende Code markiert die letzte vorhandene Option im Steuerelement, unabhängig von der gerade vorhandenen Anzahl (→ Listing 6.25).

Listing 6.25: Die letzte vorhandene Option wird markiert

```
Public Sub Markieren2()
  ListBox1.SelectedIndex(ListBox1.Items.Count - 1)
End Sub
```

Beispiel: Eine **ListBox** und zwei Steuerelemente vom Typ **TextBox** wurden dem Formular hinzugefügt. Der folgende Code schreibt den Index der gerade gewählten Option in die **TextBox1**, den Namen der gewählten Option in die **TextBox2** (→ Listing 6.26).

Listing 6.26: Index und Name der gewählten Option werden notiert

```
Public Sub Notieren()
  TextBox1.Text = ListBox1.SelectedIndex
  TextBox2.Text = ListBox1.SelectedItem
End Sub
```

Das *SelectedIndexChanged*-Ereignis

Sobald der Benutzer eine Auswahl vornimmt, löst das Steuerelement das **SelectedIndexChanged**-Ereignis aus. Ein Ereignisbehandler dafür wird erstellt, wenn Sie zur Entwurfszeit auf das **ListBox**-Steuerelement doppelklicken.

Beispiel: Wiederum wurden eine **ListBox** und zwei Steuerelemente vom Typ **TextBox** dem Formular hinzugefügt. Der Ereignisbehandler zu **SelectedIndexChanged** der **ListBox** sorgt dafür, dass bei jedem Wechsel der Markierung der Index der aktuell gewählten Option in die **TextBox1** und deren Namen in die **TextBox2** geschrieben wird (→ Listing 6.27).

Listing 6.27: Index und Name der gewählten Option werden notiert

```
Private Sub ListBox1_SelectedIndexChanged _
(ByVal sender As System.Object, _
ByVal e As System.EventArgs) _
Handles ListBox1.SelectedIndexChanged
  TextBox1.Text = ListBox1.SelectedIndex
  TextBox2.Text = ListBox1.SelectedItem
End Sub
```

6.3

Felder zur Eingabe und Anzeige

Zusätzliche Hinweise

Wenn nicht alle Elemente gleichzeitig angezeigt werden können, wird dem Steuerelement automatisch eine Bildlaufleiste hinzugefügt. Sie können die Elemente im Listenfeld in mehreren Spalten und eine horizontale Bildlaufleiste anzeigen lassen.

- Wenn nicht alle Elemente gleichzeitig angezeigt werden können, wird dem Steuerelement automatisch eine Bildlaufleiste hinzugefügt. Wenn **ScrollAlwaysVisible** auf **true** gesetzt ist, wird die Bildlaufleiste unabhängig von der Anzahl der Elemente immer angezeigt.
- Lautet die **MultiColumn**-Eigenschaft **true**, werden die Elemente im Listenfeld in mehreren Spalten angezeigt und eine horizontale Bildlaufleiste wird angezeigt. Lautet die **MultiColumn**-Eigenschaft **false**, werden die Elemente im Listenfeld in einer einzelnen Spalte aufgeführt und eine vertikale Bildlaufleiste wird angezeigt.
- Die **SelectionMode**-Eigenschaft legt fest, wie viele Listenelemente gleichzeitig ausgewählt werden können, solange der Benutzer die Taste ⎡Strg⎤ gedrückt hält.

6.3.11 Beschriftungen mit Label

Label-Steuerelemente werden zum Anzeigen von Text oder Bildern verwendet, der bzw. die vom Benutzer nicht bearbeitet werden können. Im Allgemeinen werden sie dazu benutzt, andere Steuerelemente oder Aktionen zu beschreiben, die nach dem Klicken auf ein bestimmtes Steuerelement erfolgen (→ Abbildung 6.14).

Abbildung 6.14: **Label** *dient meist zur Beschriftung anderer Elemente*

▶ ▶ Aufgabe: Den Text festlegen

Einen festen Text für dieses Steuerelement formulieren Sie wie üblich über seine Eigenschaft **Text**.

▶ ▶ Aufgabe: Variable Bezeichnungsfelder erstellen

Sie können auch Code programmieren, durch den der in einem Bezeichnungsfeld angezeigte Text zur Laufzeit als Reaktion auf ein bestimmtes Ereignis geändert wird. Mit dieser Technik können Sie Beschriftungen in Ihr Formular einspielen, deren Inhalt von der aktuellen Situation abhängt. Seien Sie aber vorsichtig damit. Die Anzeige eines neuen Textes wird vom Anwender oft nicht bemerkt. Für wichtige Hinweise verwenden Sie besser ein separates Dialogfeld (→ Kapitel 8).

Beispiel: Ein Steuerelement vom Typ **Label** wurde dem Formular hinzugefügt. Der folgende Code schreibt einen Text in das Steuerelement, der anschließend wieder ausgeblendet wird (→ Listing 6.28).

*Listing 6.28: Der Code füllt **Label1** nach dem Aufruf mit einem Text*

```
Sub Anzeige()
  Label1.Text = "Berechnung läuft!"
  ...
  Label1.Text = ""
End Sub
```

▶ ▶ Aufgabe: Die Größe bestimmen

Das **Label**-Steuerelement kann eine oder mehrere Zeilen umfassen. Wenn sich der Inhalt der Beschriftung zur Laufzeit ändern soll, können Sie die **AutoSize**-Eigenschaft des Steuerelements auf **true** setzen. Damit wird die Größe automatisch an die Länge der Beschriftung angepasst. Wenn **AutoSize** die Einstellung **false** hat, werden die durch die **Text**-Eigenschaft festgelegten Wörter in die nächste Zeile (falls vorhanden) umbrochen. Die Größe des Steuerelements wird dabei nicht angepasst.

6.3

Felder zur Eingabe und Anzeige

Da das **Label**-Steuerelement keinen Fokus erhalten kann, können mit diesem Steuerelement auch Zugriffstasten für andere Steuerelemente erstellt werden, die den Einsatz solcher Tasten nicht ermöglichen – wie dazugehörende Steuerelemente vom Typ **TextBox**, **RichTextBox**, **PictureBox** usw. Zur Laufzeit wird bei Wahl der Zugriffstaste der Fokus automatisch zum nächsten Steuerelement in der Aktivierreihenfolge verschoben. Dabei müssen Sie also auf eine richtige Aktivierreihenfolge achten:

- Entweder erstellen Sie das Steuerelement, auf das sich die Zugriffstaste beziehen soll, direkt nachdem Sie das Bezeichnungsfeld erstellt haben.
- Oder Sie fügen die Steuerelemente in beliebiger Reihenfolge in das Formular ein und setzen die **TabIndex**-Eigenschaft des Bezeichnungsfelds auf einen Wert, der um **1** niedriger ist als der des anzusteuernden Elements. Setzen Sie außerdem die **UseMnemonic**-Eigenschaft des Bezeichnungsfelds auf **true**.

Ereignisse

Im Allgemeinen wird man einem solchen **Label**-Steuerelement kein Ereignis zuweisen. Das Standardereignis in der **IDE** ist aber das **Click**-Ereignis.

6.3.12 Hyperlinks mit LinkLabel

Mit dem **LinkLabel**-Steuerelement können Sie in einem Formular ein Bezeichnungsfeld erstellen, das das Aussehen eines Webhyperlinks hat (→ Abbildung 6.15). Grundsätzlich hat dieses Steuerelement dieselben Funktionsmerkmale wie das **Label**-Steuerelement. Zusätzlich kann der Anwender aber durch Klicken auf ein solches Element eine Aktion bewirken. Hinsichtlich seiner Funktion steht **LinkLabel** also zwischen **Button** und **Label**.

Abbildung 6.15: **LinkLabel** *enthält einen Hyperlink*

Das *LinkClicked*-Ereignis

Das **LinkClicked**-Ereignis legt fest, welche Aktion erfolgt, nachdem der Hyperlinktext ausgewählt wurde. Die Logik dafür müssen Sie in jedem Fall noch selbst schreiben. Sie erstellen eine Subroutine dafür, indem Sie zur Entwurfszeit auf den Hyperlink doppelklicken. Üblicherweise nutzt man solch ein Steuerelement dafür, eine Verbindung zu einer Webseite herzustellen und diese im Standardbrowser anzeigen zu lassen. Dazu starten Sie den Standardbrowser über die **Process.Start**-Methode unter Angabe eines URLs. Um die **Process.Start**-Methode zu verwenden, müssen Sie einen Verweis auf den **System.Diagnostics**-Namensraum hinzufügen.

Beispiel: Ein **LinkLabel**-Steuerelement wurde dem Formular hinzugefügt. Der Ereignisbehandler sorgt für eine Verbindung zu http:// www.Microsoft.com (→ Listing 6.29).

Listing 6.29: Die Verbindung zu einer Website herstellen

```
Private Sub LinkLabel1_LinkClicked(ByVal sender As _
System.Object, ByVal e As _
System.Windows.Forms.LinkLabelLinkClickedEventArgs)_
Handles LinkLabel1.LinkClicked
    System.Diagnostics.Process.Start _
    ("http://www.Microsoft.com")
End Sub
```

Sie können aber den Behandler zum Ereignis **LinkClicked** des **Link-Label**-Steuerelements auch für jede andere Aktion benutzen. Üblicherweise wird man ihn aber vordringlich für Navigationszwecke einsetzen.

Beispiel: Ein **LinkLabel**-Steuerelement wurde dem Formular hinzugefügt. Der Ereignisbehandler sorgt dafür, dass ein Klick auf das Steuerelement das bereits vorhandene Formular **Form2** anzeigt (→ Listing 6.30). Abschließend wird die **LinkVisited**-Eigenschaft auf *true* gesetzt, um anzuzeigen, dass der Link benutzt wurde.

Listing 6.30: Der Hyperlink kann ein anderes Formular anzeigen

```
Private Sub LinkLabel1_LinkClicked(ByVal sender As _
System.Object, ByVal e As _
System.Windows.Forms.LinkLabelLinkClickedEventArgs)_
Handles LinkLabel1.LinkClicked
    Form2.Show
    LinkLabel1.LinkVisited = True
End Sub
```

Weitere Eigenschaften

Zusätzlich zu den Eigenschaften, Methoden und Ereignissen des **Label**-Steuerelements verfügt das **LinkLabel**-Steuerelement über einige spezielle Eigenschaften. Den Großteil davon finden Sie im Bereich **Verhalten**.

- Mit der Eigenschaft **LinkArea** im Bereich **Verhalten** definieren Sie den Bereich im Text, über den der Hyperlink aktiviert werden kann. Es muss nämlich nicht der gesamte Text unterstrichen dargestellt werden. Über das Dialogfeld zu dieser Eigenschaft können Sie den Text eingeben oder ändern und einen Bereich markieren, der nach der Bestätigung als Hyperlink angezeigt wird (→ Abbildung 6.16).

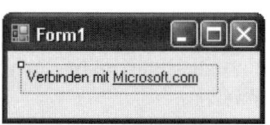

Abbildung 6.16: Auch Bereiche können als Hyperlink markiert werden

- Um darauf hinzuweisen, dass auf den Text geklickt werden kann, ist es üblich, ihn mit einer bestimmten Farbe und einer Unterstreichung zu versehen. Nachdem auf den Text geklickt wurde, nimmt er eine andere Farbe an. Mit den Eigenschaften **LinkColor**, **Visited-LinkColor** und **ActiveLinkColor** regeln Sie die Farben für den Hyperlink. Diesen Schritt können Sie auch programmgesteuert ausführen.
- Über die Eigenschaft **LinkBehavior** können Sie regeln, welche Form der Unterstreichung verwendet werden soll. Sie haben hier die Wahl zwischen **AlwaysUnderline**, **HoverUnderline** oder **Never-Underline**. Lautet die Einstellung **HoverUnderline**, ist der durch **LinkArea** definierte Teil der Beschriftung nur unterstrichen, wenn der Mauszeiger darauf positioniert wird.

6.4 Optionen einstellen

Zur Einstellung von Benutzeroptionen können Sie Optionsfelder, Kontrollkästchen oder Optionslisten verwenden. Die ersten beiden Typen können Sie zu Gruppen zusammenfassen.

6.4.1 Optionsfelder mit RadioButton

Optionsfelder bieten dem Benutzer die Wahl zwischen zwei oder mehr Optionen. Um solche Optionsschalter zu erzeugen, fügen Sie dem Formular das Steuerelement **RadioButton** hinzu (→ Abbildung 6.17). Im Allgemeinen sollen diese Optionen sich gegenseitig ausschließen – das Aktivieren einer Option soll automatisch die anderen deaktivieren. Damit diese Besonderheit gleich beim Erstellen einer solchen Gruppe eingestellt wird, müssen Sie in diese ein **GroupBox**-Steuerelement einfügen. Sollten Sie Optionsfelder außerhalb einer **GroupBox** in ein Formular einfügen, müssen Sie ein entsprechendes Verhalten erst manuell herstellen. Der Text innerhalb des Steuerelements wird mit Hilfe der Eigenschaft **Text** festgelegt, die zusätzlich Tastenkombinationen für Zugriffstasten enthalten kann.

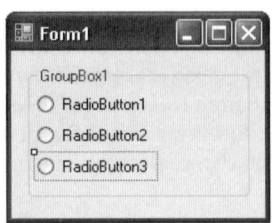 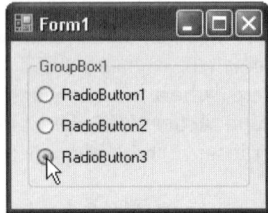

Abbildung 6.17: **RadioButtons** *können in einer* **GroupBox** *platziert werden*

Die *Checked*-Eigenschaft

Welches Element innerhalb einer solchen Gruppe zu Beginn der Laufzeit aktiviert sein soll, regeln Sie über die Eigenschaft **Checked** im Bereich **Darstellung**. Wenn Sie für keines der Elemente in der **GroupBox** die Eigenschaft **Checked** auf *true* stellen, wird automatisch das erste in der Gruppe aktiviert.

Beim Klicken auf ein **RadioButton**-Steuerelement zur Laufzeit wird dessen **Checked**-Eigenschaft auf *true* gesetzt. Wenn die **AutoCheck**-Eigenschaft im Bereich **Verhalten** auf *true* (Standard) gesetzt ist, werden alle übrigen Optionsfelder in der Gruppe automatisch deaktiviert. Diese Eigenschaft wird in der Regel nur auf *false* gesetzt, wenn eine Gültigkeitsüberprüfung mittels Code durchgeführt wird, um sicherzustellen, dass das aktivierte Optionsfeld eine zulässige Option darstellt.

Außerdem wird der **Click**-Ereignishandler für das jeweilige **RadioButton**-Steuerelement aufgerufen, den Sie für separate Aktionen benutzen können.

Beispiel: Es wurden mehrere **RadioButton**-Steuerelemente in ein Formular eingefügt. Der nachfolgende Code aktiviert das Element **RadioButton2** und deaktiviert die anderen (→ Listing 6.31).

```
Sub Aktivieren1()
  RadioButton2.Checked = true
End Sub
```

Das *CheckedChanged*-Ereignis

Sobald sich der Wert der **Checked**-Eigenschaft ändert, wird das **CheckedChanged**-Ereignis ausgelöst. Über einen Behandler zu diesem Ereignis können Sie Code schreiben, der in Abhängigkeit von der aktuellen Auswahl zur Wirkung kommt.

Beispiel: Es wurden mehrere **RadioButton**-Steuerelemente in ein Formular eingefügt. Der nachfolgende Code aktiviert das Element **RadioButton2** und deaktiviert die anderen (→ Listing 6.32).

Listing 6.32: **RadioButton2** *wird aktiviert*

```
Sub Aktivieren1()
  RadioButton2.Checked = true
End Sub
```

Weitere Eigenschaften

Viele wichtige Eigenschaften können Sie über den Bereich **Darstellung** regeln. Wenn die **Appearance**-Eigenschaft auf **Button** gesetzt ist, kann das **RadioButton**-Steuerelement als gedrückte Befehlsschaltfläche dargestellt werden. Mit Hilfe der Eigenschaft **Image** können Optionsfelder mit einem Bild versehen werden.

6.4.2 Kontrollkästchen mit CheckBox

Über das Steuerelement **CheckBox** können Sie Kontrollkästchen in das Formular einfügen (→ Abbildung 6.18). Wenn das Steuerelement zur Laufzeit aktiviert ist, wird ein Häkchen darin angezeigt. Solche Kontrollkästchen reagieren unabhängig voneinander, ein Aktivieren eines Kästchens hat also keinen Einfluss auf den Status der anderen. Das gilt auch, wenn Sie die Kontrollkästchen der besseren Übersicht halber innerhalb einer **GroupBox** angesiedelt haben. Verwenden Sie das Steuerelement **CheckBox** also für optionale Einträge.

6.4

Optionen einstellen

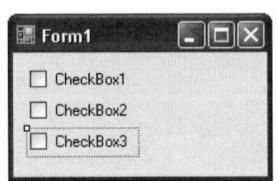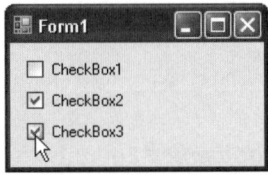

Abbildung 6.18: Kontrollkästchen werden über das Steuerelement **CheckBox** *erzeugt*

Das anfängliche Erscheinungsbild eines Kontrollkästchens können Sie über die **CheckState**-Eigenschaft im Bereich **Darstellung** festlegen. In der Standardeinstellung wird diese Eigenschaft auf **Unchecked** gesetzt – das Kontrollkästchen ist deaktiviert. **Checked** sorgt für eine anfänglich aktivierte Anzeige. Daneben gibt es noch die Einstellung **Indeterminate**, die dafür sorgt, dass das Kontrollkästchen farbig unterlegt angezeigt wird. Das weist den Benutzer darauf hin, dass hier noch eine Auswahl getroffen werden muss.

Die *Checked*-Eigenschaft

Die **Checked**-Eigenschaft für ein Steuerelement vom Typ **CheckBox** ruft einen Wert ab, der angibt, ob das Steuerelement aktiviert ist, oder legt diesen fest. Sie gibt *true* oder *false* zurück. Stellen Sie den Zustand der **Checked**-Eigenschaft fest, indem Sie ihren Wert prüfen, oder legen Sie mit Hilfe dieses Werts eine Option fest.

Beispiel: Es wurden zwei **CheckBox**-Steuerelemente in ein Formular eingefügt. Der nachfolgende Code aktiviert das erste und deaktiviert das zweite (→ Listing 6.33).

Listing 6.33: Die Kontrollkästchen werden eingestellt

```
Sub Einstellen()
  CheckBox1.Checked = true
  CheckBox2.Checked = false
End Sub
```

Beispiel: Ein Steuerelement vom Typ **CheckBox** wurde dem Formular hinzugefügt. Der nachfolgende Code prüft, ob das Kontrollkästchen aktiviert ist (→ Listing 6.34).

Listing 6.34: Der Zustand von **CheckBox1** *wird geprüft*

```
Sub Pruefung()
  If CheckBox1.Checked = true Then
    ...
  End If
End Sub
```

Das *CheckedChanged*-Ereignis

Das Standardereignis dieses Steuerelements ist das **CheckedChanged**-Ereignis. Es wird ausgelöst, wenn der Benutzer den Zustand eines Kontrollkästchens ändert.

6.4.3 Optionslisten mit CheckedListBox

Das **CheckedListBox**-Steuerelement stellt eine Erweiterung des **ListBox**-Steuerelements dar und kombiniert damit einige Elemente von **CheckBox**. Zusätzlich können die darin enthaltenen Listenelemente mit einem Häkchen versehen werden (→ Abbildung 6.19). Beachten Sie, dass ein ausgewähltes Element im Formular hervorgehoben ist, was jedoch nicht bedeutet, dass das Element aktiviert ist.

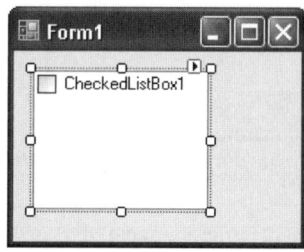 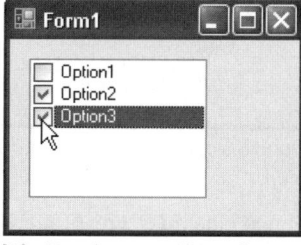

Abbildung 6.19: In einer **CheckedListBox** *können Sie mehrere Optionen auswählen*

Die Verfahrensweise zum Hinzufügen und Entfernen von Elementen entsprechen in etwa denen, die Sie schon vom Steuerelement *List-Box* her kennen. Auch die Möglichkeiten zum Einstellen des Status entsprechen diesem Listenelement.

Zur Entwurfszeit können Sie die Optionen in der Liste festlegen, nachdem Sie die Eigenschaft *Items* im Bereich *Daten* markiert und auf die Schaltfläche mit den drei Auslassungspunkten geklickt haben. Das öffnet den *Zeichenfolgen-Editor* (→ Abbildung 6.20). Hier geben Sie die Namen der gewünschten Optionen ein. Benutzen Sie eine Zeile pro Option. Um die Reihenfolge in der Liste zu ändern, arbeiten Sie wie in einem normalen Text-Editor.

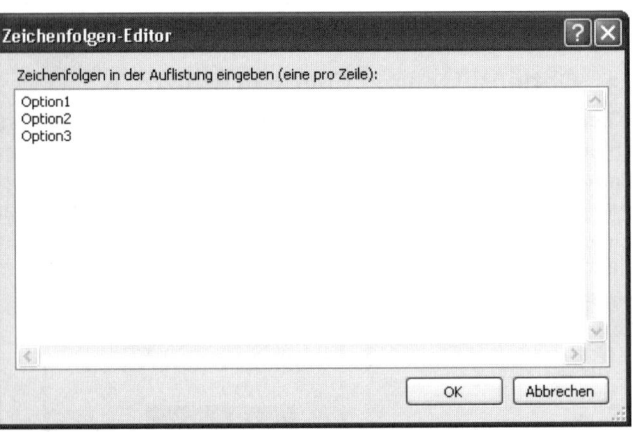

Abbildung 6.20: Über den Editor können Sie die Optionen in der Liste festlegen

Sie können einem *ListBox*-Steuerelement programmgesteuert weitere Elemente hinzufügen. Mit der *Items.Add*-Methode fügen Sie eine Zeichenfolge oder ein Objekt an das Ende der Liste hinzu. Mit der *Items.Insert*-Methode können Sie das Element an die gewünschte Stelle in der Liste einfügen.

6.4

Optionen einstellen

Beispiel: Eine **CheckedListBox** wurde dem Formular hinzugefügt. Der Code der folgenden Subroutine fügt dem Steuerelement eine weitere Option **Option4** an das Ende der Liste hinzu (→ Listing 6.35).

Listing 6.35: Ein Element wird an das Ende hinzugefügt

```
Public Sub Hinzufügen1()
  CheckedListBoxBox1.Items.Add ("Option4")
End Sub
```

Beispiel: Eine **CheckedListBox** wurde dem Formular hinzugefügt. Der Code der folgenden Routine fügt eine weitere Option **Option5** als drittes Element der Liste ein (→ Listing 6.36). Der Zähler beginnt wiederum mit **0**.

Listing 6.36: Ein Element wird zwischendurch eingefügt

```
Public Sub Hinzufügen2()
  CheckedListBox1.Items.Insert (2, "Option5")
End Sub
```

Das Ereignis *SelectedIndexChanged*

Das Standardereignis für ein Steuerelement vom Typ **CheckedListBox** ist das Ereignis **SelectedIndexChanged**. Es entsteht, wenn der Benutzer zur Laufzeit Änderungen in der **CheckedListBox** vornimmt. Es reicht aus, wenn er dabei eine andere Markierung wählt. Wollen Sie nur dann ein Ereignis auslösen, wenn der Benutzer den Status eines Kontrollkästchens zu einem Listenelement ändert, benutzen Sie **SelectedValueChanged**.

▶ ▶ Aufgabe: Feststellen des Status

Zusätzlich zu den bei **ListBox** gebräuchlichen Methoden müssen Sie aber in einer **CheckedListBox** den Status der Aktivierung der Elemente feststellen können. Diesen können Sie mittels eines Durchlaufs durch die Elemente auf mehrere Weisen prüfen. In den meisten Fällen beginnen Sie dabei mit **0**, da die Auflistung nullbasiert ist. Sie können beispielsweise die gesamte Liste schrittweise mit der **GetItemChecked**-Methode durchlaufen, um zu bestimmen, welche die-

ser Elemente aktiviert sind. Diese Methode übernimmt die
Indexnummer eines Elements als Argument und gibt **true** oder **false**
zurück.

Beispiel: Einem Formular wurde eine **CheckedListBox** mit mehreren
Elementen und eine **RichTextBox** hinzugefügt. Der Code der folgenden Routine sorgt dafür, dass die Indizes der in der **CheckedListBox**
aktivierten Elemente in der **RichTextBox** aufgelistet werden (→ Listing 6.37).

Listing 6.37: Die aktivierten Elemente werden angezeigt

```
Sub Auflisten()
  Dim I As Integer
    Dim Ausgabe As String = ""
    RichTextBox1.Text = ""
    For I = 0 To CheckedListBox1.Items.Count - 1)
      Ausgabe = Ausgabe & I + 1 & ": " _
      & CheckedListBox1.GetItemChecked(I) _
      & ControlChars.CrLf
    Next
  RichTextBox1.Text = Ausgabe
End Sub
```

Anders als der Name vermuten lässt, bestimmen die Eigenschaften
SelectedItems und **SelectedIndices** nicht die Elemente, die aktiviert
werden, sondern die Elemente, die gerade markiert sind.

6.4.4 Kombinationsfelder mit ComboBox

In der Standardeinstellung wird das **ComboBox**-Steuerelement in
zwei Teilen angezeigt: Der obere Bereich ist ein Textfeld, in das der
Benutzer ein Listenelement eingeben kann. Der zweite Bereich ist
ein Listenfeld mit einer Liste von Elementen, aus denen der Benutzer
eines auswählen kann (→ Abbildung 6.21). Die Liste in einem Kombinationsfeld-Steuerelement besteht aus mehreren Zeilen mit Daten.
Da die Liste nur vollständig angezeigt wird, wenn der Benutzer auf
den Abwärtspfeil klickt, findet ein Kombinationsfeld auch dort Platz,
wo ein Listenfeld nicht mehr angezeigt werden kann.

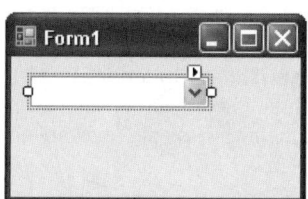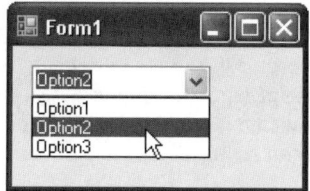

Abbildung 6.21: In einer **ComboBox** *kann der Anwender Optionen auswählen*

Die Steuerelemente **ComboBox** und **ListBox** weisen ähnliche Verhaltensweisen auf und sind in einigen Fällen austauschbar. Auch hinsichtlich der allgemeinen Eigenschaften besteht weitgehende Identität: Die Optionen in der Dropdown-Liste können Sie wieder über die Eigenschaft **Items** in der Gruppe **Daten** festlegen, über **SelectedIndex** können Sie einen ganzzahligen Wert eingeben, der dem zur Beginn der Laufzeit ausgewählten Listenelement entspricht.

▶ ▶ **Aufgabe: Elemente einfügen oder entfernen**

Auch die Verfahrensweisen zum Hinzufügen und Entfernen von Elementen entsprechen in etwa denen, die Sie schon vom Steuerelement **ListBox** her kennen. Zusätzlich kann der Anwender über den Textfeldbereich des Kombinationsfelds Auswahloptionen eingeben, die nicht in der Liste enthalten sind. Wenn Sie dies vermeiden wollen, legen Sie die Eigenschaft **DropDownStyle** auf **ComboBoxStyle.DropDownList** fest. Wenn der Anwender zur Laufzeit dann eine Eingabe im Textfeldbereich vornimmt, wird im Steuerelement ein Element ausgewählt, dessen Anfangsbuchstabe diesem Wert entspricht.

Das *SelectedIndexChanged*-Ereignis

Das Standardereignis für das Kombinationsfeld-Steuerelement ist das **SelectedIndexChanged**-Ereignis. Es wird ausgelöst, wenn Sie die Auswahl im Steuerelement ändern.

Beispiel: Einem Formular wurde eine **ComboBox** mit mehreren Elementen und eine **TextBox** hinzugefügt. Der Code der folgenden Routine sorgt dafür, dass der Name der gewählten Option im Textfeld angezeigt wird (→ Listing 6.38). In Ihrer Praxis werden Sie wahrscheinlich mit den Ergebnissen etwas mehr tun, als die Auswahl nur anzeigen zu lassen.

Listing 6.38: Das Standardereignis ist **SelectedIndexChanged**

```
Private Sub ComboBox1_SelectedIndexChanged_
(ByVal sender As System.Object, _
ByVal e As System.EventArgs) _
Handles ComboBox1.SelectedIndexChanged
   TextBox1.Text = ComboBox1.SelectedItem
End Sub
```

Weitere Anzeigeoptionen

Zusätzliche Optionen zur Anzeige finden Sie im Bereich **Verhalten** im Fenster **Eigenschaften**.

- Die maximal angezeigte Anzahl der Zeilen in der Liste können Sie über die Eigenschaft **MaxDropDownItems** bestimmen. Ist die Liste länger, wird automatisch eine Bildlaufleiste in der Kiste mit angezeigt.
- Die Eigenschaft **Sorted** gibt an, ob die Einträge in der Liste sortiert angezeigt werden sollen. Beachten Sie, dass sich damit auch der Index der Einträge ändert.

6.4.5 Laufwerke und Ordner anzeigen mit TreeView

Die Wirkung des Steuerelements **TreeView** sollte allen bekannt sein, die schon länger mit Windows arbeiten. Dieses Steuerelement erscheint auf der linken Seite des Explorer-Fensters sowie auch an allen anderen Stellen, an denen etwas in hierarchischer Form angezeigt wird. Mit **TreeView** können Sie dem Anwender eine Liste von Elementen und deren Beziehungen zeigen (→ Abbildung 6.22). Das Bild, das für die einzelnen Elemente in der Liste angezeigt wird, kann geändert oder ganz weggelassen werden.

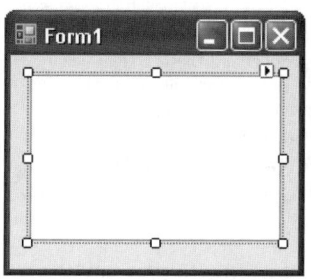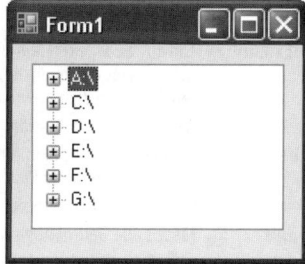

*Abbildung 6.22: Mit **TreeView** können Sie beispielsweise Laufwerke anzeigen lassen*

Auch die Zeilen, die die einzelnen Elemente miteinander verbinden, können angepasst oder gelöscht werden. **TreeView** ist überall dort sinnvoll, wo Sie viele verwandte Elemente und ihre Beziehungen anzeigen müssen, z.B. damit der Anwender Verzeichnisse oder E-Mail-Ordner durchsuchen oder die Gliederung für einen Artikel anlegen kann.

Das Steuerelement **TreeView** hat viele Eigenschaften, Methoden und Ereignisse und wir können nur einige davon kurz beschreiben (→ Tabelle 6.5).

Element	Beschreibung
AfterCollapse	Tritt auf, nachdem ein Teilbaum geschlossen wurde. Diese Stelle eignet sich gut, um vom Teilbaum verwendete Ressourcen freizugeben, also z.B. eine Datenbankverbindung zu schließen.
AfterExpand	Tritt auf, nachdem ein Teilbaum geöffnet wurde. Damit kann man andere Steuerelemente mit den neu angezeigten Baumknoten aktualisieren.
AfterSelect	Tritt auf, nachdem ein Baumknoten ausgewählt wurde. Damit kann man andere Steuerelemente auf der Grundlage des gewählten Knotens aktualisieren.
BeforeCollapse	Tritt auf, bevor ein Teilbaum geschlossen wird. Es kann dafür verwendet werden, das Ereignis abzubrechen oder andere Steuerelemente zu aktualisieren.

*Tabelle 6.5: Einige wichtige Member von **TreeView***

Element	Beschreibung
BeforeExpand	Tritt auf, bevor ein Teilbaum geöffnet wird. Dieser Ereignisbehandler ist hervorragend geeignet, die Elemente im Teilbaum zu aktualisieren, bevor sie dem Anwender angezeigt werden.
BeforeSelect	Tritt auf, bevor ein Knoten ausgewählt wird.
Checkboxes	Fügt neben jedes Element in *TreeView* ein Kontrollkästchen ein. Dies vereinfacht die Erstellung von Listen mit Mehrfachauswahl.
CollapseAll	Schließt alle Baumknoten.
ExpandAll	Klappt alle Baumknoten auf.
FullRowSelect	Falls diese Eigenschaft *true* ist, wird die ganze Zeile gewählt, wenn ein Element ausgewählt wird. Alternativ wird nur der Text für das gewählte Element ausgewählt.
Nodes	Dies ist die wichtigste Eigenschaft von *TreeView*. Sie enthält die Liste aller Toplevel-Elemente in *TreeView*.
PathSeparator	Wird verwendet, wenn der Pfad zu einem Knoten in *TreeView* abgerufen wird. Dieses Zeichen wird zwischen alle Knoten eingefügt. Das Standardzeichen ist der Backslash (\).
SelectedNode	Der derzeit ausgewählte Knoten in *TreeView*.
ShowLines	Ermittelt, ob zwischen den Knoten in *TreeView* Linien gezeichnet werden sollen.
ShowPlusMinus	Ermittelt, ob neben den Knoten in *TreeView* die Zeichen + und – angezeigt werden.
ShowRootLines	Ermittelt, ob die Toplevel-Knoten in *TreeView* durch Linien verbunden werden.
Sorted	Ermittelt, ob zu *TreeView* hinzugefügte Elemente sortiert werden sollen.

*Tabelle 6.5: Einige wichtige Member von **TreeView** (Forts.)*

Nodes ist eine der wichtigsten Eigenschaften von **TreeView**. Jedes Element in dieser Sammlung ist ein **TreeNode**-Objekt und dieses Objekt steht bei der meisten Arbeit mit **TreeView** im Mittelpunkt (→ Tabelle 6.6).

Element	Beschreibung
Checked	Wird zusammen mit der Eigenschaft *Checkboxes* von *TreeView* verwendet. Diese Eigenschaft ist *true*, wenn *TreeNode* markiert ist.
Collapse	Schließt den Baum, beginnt dabei beim aktuellen Knoten.

*Tabelle 6.6: Eigenschaften und Methoden von **TreeNode***

Element	Beschreibung
Expand	Öffnet den Baum, beginnt dabei beim ausgewählten Knoten.
FullPath	Gibt eine Zeichenkette zurück, die alle Knoten bis hinunter zum gewählten Knoten enthält, wobei alle Knoten durch die Eigenschaft **PathSeparator** von **TreeView** voneinander getrennt sind. Normalerweise erzeugt diese Eigenschaft eine pfadähnliche Zeichenkette.
Nodes	Die Sammlung von **TreeNodes** dieses **TreeNode**.
Text	Der Text dieses **TreeNode**.
Toggle	Schließt einen geöffneten oder öffnet einen geschlossenen Baum, beginnt dabei beim ausgewählten Knoten.

*Tabelle 6.6: Eigenschaften und Methoden von **TreeNode** (Forts.)*

Beim Steuerelement **TreeView** sind nicht nur **TreeView** selbst und die einzelnen **TreeNode**-Objekte wichtig, sondern auch die Objekte von **TreeNodeCollection**, d.h. der Sammlung, die von den **Nodes**-Eigenschaften repräsentiert wird. Eine dieser Sammlungen befindet sich auf der obersten Ebene der **TreeView** und wird von der Eigenschaft **Nodes** von **TreeView** widergespiegelt. Außerdem hat jeder **TreeNode** in dieser Sammlung eine eigene **Nodes**-Sammlung, die alle Kindknoten dieses **TreeNode** darstellt (→ Tabelle 6.7).

Optionen einstellen

Element	Beschreibung
Add	Fügt an das Ende der aktuellen Sammlung einen neuen Knoten ein. Dies kann entweder ein tatsächliches **TreeNode**-Objekt oder einfach der Text sein, der für den neuen Knoten angezeigt werden soll.
Clear	Löscht alle Knoten aus der ausgewählten Sammlung.
Count	Ermittelt, wie viele Elemente sich in der Sammlung befinden.
IndexOf	Gibt die Positionsnummer des ausgewählten Knotens in der Sammlung zurück.
Insert	Fügt an einer definierten Position einen neuen **TreeNode** in die Liste der Knoten ein.
Item	Gibt einen der **TreeNodes** aus der Sammlung zurück und kann geschachtelt sein.
Remove	Löscht einen angefragten Knoten aus der Sammlung.
RemoveAt	Löscht einen Knoten nach dem Index aus der Sammlung.

*Tabelle 6.7: Methoden und Eigenschaften von **TreeNodeCollection***

Beispiel: Dem Formular wurde ein Steuerelement vom Typ **TreeView** hinzugefügt. Der folgende Code sorgt dafür, dass darin zur Laufzeit die aktuell vorhandenen Laufwerke angezeigt werden (→ Listing 6.39).

Listing 6.39: Der Code sorgt für die Anzeige der Laufwerke im Steuerelement

```
Sub Laufwerke()
  Dim Laufwerke() As String = _
  Directory.GetLogicalDrives()
  Dim Laufwerk As String
  Dim Knoten As TreeNode
  For Each Laufwerk In Laufwerke
    Knoten = TreeView1.Nodes.Add(Laufwerk)
    Knoten.Nodes.Add("")
  Next
End Sub
```

6.4.6 Inhalte auflisten mit ListView

Auch das Steuerelement **ListView** kennen Sie zumindest von seiner Wirkung her als die linke Seite des **Explorer**-Fensters. Es hat insofern Ähnlichkeit mit dem Steuerelement **ListBox**, als es mehrere Elemente speichern kann (→ Abbildung 6.23). Es bietet jedoch mehr Funktionalität, da die Elemente auf verschiedene Art angezeigt werden können. Die Elemente in der Liste können als Liste, mit großen oder kleinen Symbolen dargestellt werden. Außerdem kann eine Liste mit zusätzlichen Einzelheiten zu den Elementen angezeigt werden.

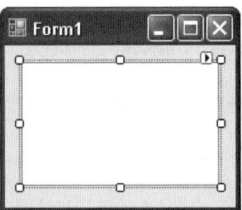

*Abbildung 6.23: Ein **ListView**-Steuerelement zeigt mehr Elemente an*

Es hat insofern Ähnlichkeit mit dem Steuerelement **ListBox**, als es mehrere Elemente speichern kann. Es bietet jedoch mehr Funktionalität, da die Elemente auf verschiedene Art angezeigt werden können. Die Elemente in der Liste können als Liste, mit großen oder kleinen Symbolen dargestellt werden. Außerdem kann eine Liste mit zusätzlichen Einzelheiten zu den Elementen angezeigt werden. Schließlich können Sie **ListView** auch anstelle des Steuerelements **Grid** verwenden, da es ebenfalls Rasterlinien anzeigen kann. Einige Eigenschaften, Methoden und Ereignisse des Steuerelements **List-View** sind besonders hervorzuheben (→ Tabelle 6.8).

Element	Beschreibung
Checkboxes	Ermittelt, ob bei den einzelnen Elementen in der Liste Kontrollkästchen angezeigt werden. Dies ist eine hervorragende Art, eine Liste mit Mehrfachauswahl zu erstellen.
CheckIndices	Gibt die Indexwerte aller ausgewählter Elemente in **ListView** zurück. Dadurch wissen Sie, welche Elemente ausgewählt sind, wenn Sie **ListView** für Listen mit Mehrfachauswahl verwenden.
Clear	Löscht alle Elemente aus **ListView**.
Columns	In der Detailansicht von **ListView** kann die Liste in Spalten angeordnet werden.
ColumnClick	Tritt auf, wenn der Anwender auf einen Spaltenkopf klickt. Damit kann man die Sortierreihenfolge der Spalte ändern.
FullRowSelect	Ermittelt, ob die ganze Zeile oder nur der Text des Elements markiert wird, wenn ein Element ausgewählt wird.
GridLines	Ermittelt, ob in der Detailansicht von **ListView** Gitterlinien angezeigt werden. Dadurch können Sie dafür sorgen, dass **ListView** wie ein einfaches **Grid**-Steuerelement aussieht.
Items	Repräsentiert die Sammlung aller Elemente in **ListView**.
View	Ermittelt, wie **ListView** angezeigt wird: Große Symbole, Kleine Symbole, Liste oder Details.
SelectedIndexChanged	Tritt auf, wenn der Anwender ein neues Element in **List-View** auswählt. Damit können Sie andere Steuerelemente auf der Grundlage dieser Auswahl aktualisieren.

Tabelle 6.8: Wichtige Eigenschaften, Methoden und Ereignisse von **ListView**

6.4

Optionen einstellen

Ebenso wie die Sammlung **Nodes** die wichtigste Eigenschaft des Steuerelements **TreeView** ist, ist die Sammlung **Items** die wichtigste Eigenschaft des Steuerelements **ListView**. Alle einzelnen Elemente in der Sammlung **Items** sind **ListViewItems**. Diese Objekte haben wiederum Methoden und Eigenschaften, die das darstellen, was bei den einzelnen Elementen in **ListView** möglich ist (→ Tabelle 6.9).

Element	Beschreibung
Checked	Wird zusammen mit der Eigenschaft **Checkboxes** von **ListView** verwendet. Diese Eigenschaft ist **true**, wenn das Kontrollkästchen des jeweiligen Elements markiert ist.
Index	Gibt die Position des Elements in **ListView** zurück.
Selected	Ermittelt, ob das **ListViewItem** ausgewählt ist.
SubItems	Wird zusammen mit der Detailansicht und **Columns** verwendet. Diese Eigenschaft enthält die Informationen, die in den zusätzlichen Spalten angezeigt werden sollen.

*Tabelle 6.9: Eigenschaften von **ListViewItem***

Ebenso wie **TreeView** **TreeNodeCollection**-Objekte hat, die die Sammlungen von **TreeNode**-Objekten widerspiegeln, hat **ListView** **ListViewItemCollection**-Objekte. Diese Sammlung ist allerdings weniger wichtig als die entsprechende Eigenschaft von **TreeView**, da **ListView** nicht dieselbe Hierarchie hat wie die Knoten. Stattdessen gibt es nur eine wesentliche **ListViewItemCollection** (→ Tabelle 6.10).

Element	Beschreibung
Add	Fügt der Sammlung an das Ende ein neues **ListViewItem** hinzu. Das neue Element kann entweder ein **ListViewItem**-Objekt oder der Text sein, der für das Element angezeigt werden soll.
Clear	Löscht alle Elemente aus der Sammlung.
Count	Die Anzahl der Elemente in **ListViewCollection**.
IndexOf	Gibt den Index oder die Position des angefragten **ListViewItem** zurück.
Insert	Fügt der Sammlung an der angefragten Position ein neues **ListViewItem** hinzu.

*Tabelle 6.10: Eigenschaften und Methoden von **ListViewItemCollection***

Element	Beschreibung
Item	Gibt das *ListViewItem* an der angefragten Position zurück.
Remove	Löscht ein *ListViewItem* aus der Sammlung.
RemoveAt	Löscht ein Element anhand seiner Position aus der Sammlung.

Tabelle 6.10: Eigenschaften und Methoden von
ListViewItemCollection (Forts.)

Beispiel: Einem Formular wurde ein Steuerelement vom Typ *ListView* hinzugefügt. Der folgende Code sorgt dafür, dass darin die Dateien im Verzeichnis *C:* angezeigt werden (→ Listing 6.40).

Listing 6.40: Der Code zeigt die Dateien an

```
Sub Dateien()
  Dim Dateien() As String
  Dateien = Directory.GetFiles("C:\")
  Dim Datei As String
  Dim Item As ListViewItem
  ListView1.Items.Clear()
  For Each Datei In Dateien
    Item = ListView1.Items.Add(NurName(Datei))
  Next
End Sub
```

6.5 Datums- und Zeitangaben

Mit Hilfe von mehreren Steuerelementen können Sie auf das Systemdatum und die Systemzeit zugreifen und die dort aktuellen Werte verarbeiten.

6.5.1 Datum und Zeit auswählen mit DateTimePicker

Das Steuerelement *DateTimePicker* ermöglicht es Benutzern, ein einzelnes Element aus einer Liste mit Datums- und Zeitangaben auszuwählen. Für die Datumsdarstellung besteht es zur Laufzeit aus zwei Teilen: einer Datumsangabe, die als Text dargestellt wird, und einem Datenblatt, das angezeigt wird, wenn Sie auf den Abwärtspfeil neben der Liste klicken (→ Abbildung 6.24). Das Raster sieht wie das **MonthCalendar**-Steuerelement (siehe unten) aus, das zur Auswahl mehrerer Datumsangaben verwendet werden kann.

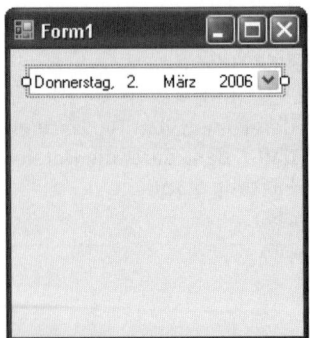

Abbildung 6.24: Der **DateTimePicker** *dient zur Eingabe von Datumsangaben*

In diesem Kalender können Sie einen anderen Tag, Monat oder ein anderes Jahr durch Auswahl über die Maus auswählen. Standardmäßig wird zur Laufzeit automatisch zunächst das aktuelle Systemdatum im Textfeld des Steuerelements angezeigt. Wenn Sie ein anderes Datum wünschen, können Sie es über die Eigenschaft **Value** im Bereich **Verhalten** ändern.

▶ ▶ Aufgabe: Das Anzeigeformat einstellen

Das Anzeigeformat können Sie über die Eigenschaft **Format** im Bereich **Darstellung** ändern. Die Werte können in vier Formaten angezeigt werden: **Long**, **Short**, **Time** oder **Custom**. Wenn ein benutzerdefiniertes Format ausgewählt wird, müssen Sie die **CustomFormat**-Eigenschaft auf eine geeignete Zeichenfolge setzen.

Das Ereignis *ValueChanged*

Das Standardereignis zu diesem Steuerelement ist *ValueChanged*. Es tritt ein, wenn der Anwender zur Laufzeit eine Änderung im Steuerelement vornimmt.

Beispiel: Einem Formular wurde ein *DateTimePicker*-Steuerelement und eine *TextBox* hinzugefügt. Wenn der Anwender das Datum im *DateTimePicker* ändert, sorgt der Behandler zum Ereignis *ValueChanged* dafür, dass die Differenz zwischen dem eingestellten und dem aktuellen Datum in der *TextBox* angezeigt wird (→ Listing 6.41). Wenn der Anwender beispielsweise sein Geburtsdatum im *DateTimePicker* eingibt, kann er so sein Alter in Tagen ermitteln.

Listing 6.41: Der Code ermittelt die Differenz in Tagen

```
Private Sub DateTimePicker1_ValueChanged _
(ByVal sender As System.Object, _
ByVal e As System.EventArgs) _
Handles DateTimePicker1.ValueChanged
  Dim Alter As TimeSpan
  Alter = Now() - DateTimePicker1.Value
  TextBox1.Text = Alter.TotalDays
End Sub
```

Sonstige Eigenschaften

Die Eigenschaften *MaxDate* und *MinDate* des Steuerelements bestimmen den Bereich für Datum und Uhrzeit. Die *Value*-Eigenschaft enthält das aktuelle Datum und die aktuelle Uhrzeit, auf das bzw. die das Steuerelement eingestellt ist.

Wenn die *ShowCheckBox*-Eigenschaft auf *true* gesetzt ist, wird im Steuerelement neben dem ausgewählten Datum ein Kontrollkästchen angezeigt. Wenn das Kontrollkästchen aktiviert ist, kann der ausgewählte Wert für Datum/Uhrzeit aktualisiert werden. Wenn das Kontrollkästchen leer ist, ist der Wert nicht verfügbar.

Datums- und Zeitangaben

Eine Alternative zum Datenblatt in Form eines Kalenders, das bei der Bearbeitung von Zeitangaben anstelle von Datumsangaben nützlich ist, sind die **Auf**- und die **Ab**-Schaltfläche. Diese Schaltflächen werden angezeigt, wenn die **ShowUpDown**-Eigenschaft auf **true** gesetzt wurde. Bei dieser Darstellungsform markieren Sie zur Laufzeit zunächst ein Element in der Datumsangabe – beispielsweise den Tag – und benutzen dann die Schaltflächen zur Änderung.

6.5.2 Bereiche wählen mit MonthCalendar

Das Steuerelement **MonthCalendar** zeigt einen Monatskalender an. Auch mit diesem Steuerelement kann der Anwender Daten leichter betrachten und auswählen als beispielsweise mit einer **TextBox** und Sie reduzieren mit dieser Form das Risiko, dass der Anwender ein Datum in einem ungültigen Format eingibt. Der Benutzer kann einen anderen Monat auswählen, indem er auf die Pfeilschaltflächen links und rechts von der Monatsbeschriftung klickt (→ Abbildung 6.25). Im Gegensatz zum ähnlichen **DateTimePicker**-Steuerelement können Sie mit diesem Steuerelement mehrere Daten auswählen. Der ausgewählte Datumsbereich wird hervorgehoben.

Abbildung 6.25: Über **MonthCalendar** *können Sie ein Datum wählen*

Das Ereignis **DateChanged** tritt ein, wenn der Anwender zur Laufzeit die Auswahl ändert.

Die Eigenschaft *SelectionRange*

Zu den wichtigsten Ergebnissen, die der Kalender liefert, gehören *SelectedDate* – mit dem das ausgewählte Datum diesem Steuerelement zurückgegeben wird – und *VisibleDate* – das Datum, das in dem Steuerelement angezeigt wird. Obwohl es sich hierbei meistens um das gleiche wie *SelectedDate* handelt, kann es unterschiedlich sein, besonders wenn Sie versuchen, das Datum über Code zu definieren. Die Schlüsseleigenschaft des Steuerelements ist aber eigentlich **SelectionRange**, die den im Steuerelement ausgewählten Datumsbereich angibt. Ist nur ein Tag markiert, liefert diese Eigenschaft das Datum dieses Tages. Hat der Anwender einen Zeitbereich markiert, wird dieser Bereich wiedergegeben.

Beispiel: Ein Formular beinhaltet ein Steuerelement vom Typ **Month-Calendar** und zwei vom Typ **TextBox**. Wenn der Anwender im Kalender einen Datumsbereich markiert, werden Anfang und Ende dieses Bereichs in den beiden Textfeldern angezeigt (→ Listing 6.42).

Listing 6.42: Anfang und Ende des Datumsbereichs werden angezeigt

```
Private Sub MonthCalendar1_DateChanged _
(ByVal sender As System.Object, ByVal e As _
System.Windows.Forms.DateRangeEventArgs) _
Handles MonthCalendar1.DateChanged
 TextBox1.Text = MonthCalendar1.SelectionRange.Start
 TextBox2.Text = MonthCalendar1.SelectionRange.End
End Sub
```

Weitere Optionen zur Darstellung

Das Steuerelement hat eine große Anzahl von Eigenschaften, die meisten wirken sich aber darauf aus, wie das Steuerelement angezeigt wird. Fast alles, was in dem Steuerelement sichtbar ist, kann angepasst werden – die Farben, ob die Wochentags- oder Monatsnamen abgekürzt werden usw.

- Über die Eigenschaft *CalendarDimensions* im Bereich *Darstellung* können Sie festlegen, dass mehrere Monate horizontal und vertikal angezeigt werden sollen.
- Das aktuelle Datum wird am unteren Ende des Datenblatts angezeigt. Standardmäßig ist es auch mit einem roten Rechteck markiert. Sie können beides ändern, indem Sie die Eigenschaften *ShowToday* und *ShowTodayCircle* auf *false* setzen.
- Sie können auch Wochenzahlen zum Kalender hinzufügen, indem Sie die *ShowWeekNumbers*-Eigenschaft auf *true* setzen.
- Standardmäßig wird der Sonntag als erster Tag der Woche angezeigt. Mit der *FirstDayOfWeek*-Eigenschaft kann aber auch jeder andere Tag als erster Tag festgelegt werden.
- Das früheste und das späteste Datum, das vom Benutzer ausgewählt werden kann, wird mit den Eigenschaften *MaxDate* und *MinDate* bestimmt.
- Der *SelectionRange*-Wert darf die Höchstzahl der auswählbaren Tage nicht überschreiten, die in der *MaxSelectionCount*-Eigenschaft festgelegt ist.
- Sie können auch das Farbschema des Monatskalenders ändern. Legen Sie Eigenschaften wie *TitleBackColor*, *TitleForeColor* und *TrailingForeColor* fest. Mit der *TitleBackColor*-Eigenschaft legen Sie auch die Schriftfarbe für die Wochentage fest. Die *TrailingForeColor*-Eigenschaft bestimmt die Farbe für die Datumsangaben, die dem bzw. den angezeigten Monaten vorangehen oder folgen.

6.5.3 Zeitgebundene Ereignisse mit Timer

Da wir uns gerade mit Zeit und Datumsangaben beschäftigen, können wir gleich noch einige Worte über das Steuerelement *Timer* verlieren. Sie finden es in der Gruppe *Komponenten* der Toolbox und es gehört nicht zu den visuellen Steuerelementen. Dieses Steuerelement kann es Ihnen ermöglichen, Code in bestimmten Zeitintervallen auszuführen. Wenn dieses Steuerelement aktiviert ist, löst es einfach in regelmäßigen Intervallen sein eigenes *Tick*-Ereignis aus. Indem Sie Code in einen Behandler für dieses *Tick*-Ereignis setzen, können Sie jede beliebige Aufgabe regelmäßig ausführen.

Das *Tick*-Ereignis

Durch einen Doppelklick auf das Steuerelement erstellen Sie den Rahmen eines Behandlers für das *Tick*-Ereignis. Innerhalb dieses Coderahmens geben Sie den auszuführenden Code ein. Dieser Code wird standardmäßig alle 100 Millisekunden einmal ausgeführt. Damit das passiert, muss aber die standardmäßig deaktivierte Eigenschaft **Enabled** aktiviert sein. Über die Eigenschaft **Interval** können Sie aber regeln, wie oft das *Tick*-Ereignis eintritt.

Beispiel: Ein Formular enthält einen **Timer** und eine **TextBox**. Der Code zeigt die aktuelle Uhrzeit im Textfeld an, wenn **Enabled** aktiviert ist (→ Listing 6.43).

Listing 6.43: Der Code zeigt die Uhrzeit in der TextBox an

```
Private Sub Timer1_Tick(ByVal sender As _
System.Object, ByVal e As System.EventArgs) _
Handles Timer1.Tick
  TextBox1.Text = DateTime.Now.ToLongTimeString()
End Sub
...
```

Beispiel: Oder Sie lassen die Uhrzeit in der Titelleiste des Formulars anzeigen (→ Listing 6.44).

Listing 6.44: Die Überschrift des Formulars verhält sich wie eine Uhr

```
Private Sub Timer1_Tick(ByVal sender As _
System.Object, ByVal e As System.EventArgs) _
Handles Timer1.Tick
  Me.Text = DateTime.Now.ToLongTimeString()
End Sub
```

Die Methoden *Start* und *Stop*

Zwei weitere Schlüsselmethoden der **Timer**-Komponente sind **Start** und **Stop**, die den Zeitgeber aktivieren bzw. deaktivieren. Wenn der Zeitgeber deaktiviert ist, wird er zurückgesetzt. Es gibt keine Möglichkeit, eine **Timer**-Komponente vorübergehend anzuhalten und dann – von diesem Zeitpunkt an – wieder weiterlaufen zu lassen.

6.6 Container

Die Steuerelemente im Bereich **Container** der Toolbox dienen im Prinzip dazu, eine Grundlage zur Aufnahme weiterer Steuerelemente zu bilden. Über diverse Methoden können Sie die in einem solchen Container angesiedelten Steuerelemente gemeinsam ein- und ausblenden.

6.6.1 Panel als Arbeitsfläche

Das Steuerelement **Panel** ist ein recht einfaches Element. Es wird meist dazu verwendet, andere Steuerelemente darauf anzusiedeln. Durch einfache Befehle im Code kann zur Laufzeit eine solche Gruppe – also das Panel mit den darauf vorhandenen Steuerfunktionen – ein- oder ausgeblendet werden. Das Steuerelement ist standardmäßig nur zur Entwurfszeit sichtbar (→ Abbildung 6.26). Zur Laufzeit wird es nur dann abgegrenzt angezeigt, wenn es mit einem Rahmen oder einer anderen Hintergrundfarbe versehen wurde.

6.6

Container

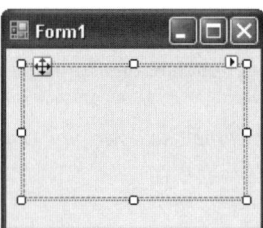

*Abbildung 6.26: Ein **Panel** dient als Grundlage für weitere Steuerelemente*

Beispiel: Fügen Sie ein Steuerelement dieses Typs dem Formular hinzu und platzieren Sie darin die gewünschten Steuerelemente. Zur Laufzeit können Sie das Panel und die darauf vorhandenen Elemente ein- und ausblenden lassen (→ Listing 6.45).

```
Sub Anzeigen()
  Panel1.Visible = True
End Sub

Sub Ausblenden()
  Panel1.Visible = True
End Sub
```

Sie können mehrere Steuerelemente vom Typ *Panel* übereinander anordnen und wahlweise anzeigen lassen. Auf diese Weise können Sie Bereiche im Formular für unterschiedliche Zwecke nutzen.

■ Das Steuerelement *SplitContainer* ist im Windows-Explorer verantwortlich dafür, die Elemente vom Typ *TreeView* und *ListView* zu einer gemeinsamen Oberfläche zusammenzufassen. Wenn Sie z.B. im Explorer die Maus über die graue Linie bewegen, die *TreeView* und *ListView* voneinander trennt, können Sie dieses Trennelement horizontal verschieben und damit die relative Größe der beiden Steuerelemente verwenden. Und dies ist auch der einzige Zweck dieses Steuerelements.

6.6.2 GroupBox zur Orientierungshilfe

GroupBox-Steuerelemente werden dazu verwendet, weitere Steuerelemente in identifizierbaren Gruppen zusammenzufassen. Normalerweise wird damit ein größeres Formular mit Hilfe von Gruppenfeldern nach Funktionsbereichen unterteilt. Durch das Gruppieren aller Optionen in einem Gruppenfeld erhält der Benutzer eine logische visuelle Orientierungshilfe (→ Abbildung 6.27). Wie ein *Panel* können Sie eine *GroupBox* ein- und ausblenden.

Die Beschriftung des Gruppenfelds wird durch die Eigenschaft *Text* definiert. Zusätzliche Eigenschaften zur Formatierung finden Sie im Bereich *Darstellung*.

6.6

Container

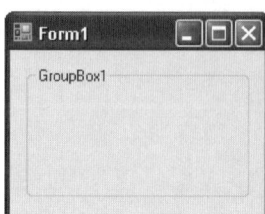

Abbildung 6.27: Eine GroupBox verfügt über einen Titel

6.6.3 Registerkarten mit TabControl

Mit dem Steuerelement **TabControl** im Bereich **Container** der Toolbox werden mehrere Registerkarten wie Karteireiter in einem Notizbuch oder Reiter in einem Satz von Ordnern einer Ablageregistratur angezeigt. Mit diesem Registerkarten-Steuerelement kann ein mehrseitiges Formular erzeugt werden, wie es an vielen Stellen im Windows-Betriebssystem eingesetzt wird (→ Abbildung 6.28). Jede Registerkarte kann natürlich weitere Steuerelemente enthalten. Dazu müssen Sie die entsprechende Karte im Entwurfsmodus zuerst anzeigen, indem Sie auf das entsprechende Register klicken.

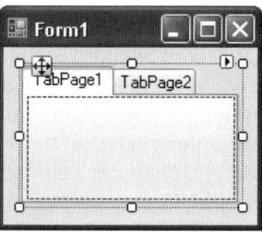 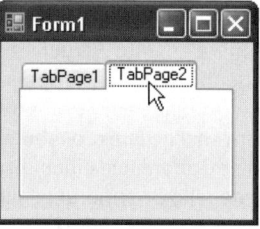

*Abbildung 6.28: **TabControl** erzeugt Registerkarten*

▶ ▶ **Aufgabe: Anzahl und Reihenfolge der Register regeln**

Beachten Sie, dass das Fenster **Eigenschaften** nach dem Einfügen von **TabControl** die Eigenschaften des Steuerelements als Ganzes – nicht einer einzelnen Registerkarte – zeigt. Die wichtigste Eigenschaft darin ist **TabPages** im Bereich **Verhalten**. Darüber legen Sie die Anzahl, die Namen und sonstigen Eigenschaften der einzelnen Registerkarten fest: Nachdem Sie diese Zeile markiert haben, können Sie durch einen Klick auf die Schaltfläche mit den drei Punkten das Dialogfeld **TabPage-Auflistungs-Editor** anzeigen lassen (→ Abbildung 6.29).

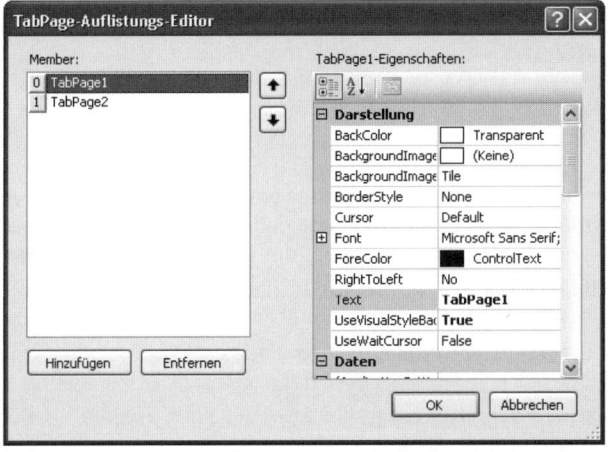

Abbildung 6.29: Der Editor regelt auch die Anzahl der Register

- Im linken Bereich werden unter **Member** die bereits definierten Registerkarten aufgelistet. Über **Hinzufügen** können Sie eine weitere Registerkarte erstellen, **Entfernen** löscht die aktuell markierte.
- Über die beiden Schaltflächen mit den Pfeilen können Sie die Reihenfolge der definierten Registerkarten ändern. Markieren Sie vorher zuerst die zu verschiebende Registerkarte.
- Die Liste der Eigenschaften im rechten Bereich bezieht sich auf die im linken Bereich aktuell gewählte Registerkarte. Über **Text** im Bereich **Darstellung** geben Sie beispielsweise den Text ein, der in der Registerlasche erscheinen soll.

Sie können weitere Registerkarten auch programmgesteuert hinzufügen oder entfernen.

Beispiel: Dem Formular wurde ein Steuerelement vom Typ **TabControl** hinzugefügt. Zum Hinzufügen verwenden Sie die **Add**-Methode der **TabPages**-Eigenschaft (→ Listing 6.46).

Listing 6.46: Neue Register können programmgesteuert hinzugefügt werden

```
Sub NeueKarte()
  Dim NeuesRegister As New TabPage()
  NeuesRegister.Text = "Überschrift")
  TabControl1.TabPages.Add(NeuesRegister)
EndSub
```

Beispiel: Dem Formular wurde wieder ein Steuerelement vom Typ **TabControl** hinzugefügt. Der folgende Code verwendet die **Remove**-Methode der **TabPages**-Eigenschaft, um ausgewählte Registerkarten zu entfernen (→ Listing 6.47). Setzen Sie die **Clear**-Methode der **TabPages**-Eigenschaft ein, um alle Registerkarten zu entfernen.

Listing 6.47: Register werden über den Code entfernt

```
Sub KarteEntfernen()
  TabControl1.TabPages.Remove _
  (TabControl1.SelectedTab)
End Sub

Sub AlleKartenEntfernen()
  TabControl1.TabPages.Clear()
End Sub
```

Weitere Eigenschaften

Sie finden im Fenster **Eigenschaften** zu einem **TabControl**-Steuerelement aber noch andere interessante Eigenschaften:

■ Wenn Sie wünschen, dass die Registerkarten die gesamte Fläche des Formulars einnehmen sollen, setzen Sie die Eigenschaft **Dock** im Bereich **Layout** auf **Fill**. Das erreichen Sie, indem Sie nach dem Öffnen des Listenfelds zu dieser Eigenschaft auf die Schaltfläche im Zentrum klicken. Die anderen Optionen in dieser Liste setzen die Registerkarten an die einzelnen Ränder des Formulars.

- Wenn Sie Registerkarten an der Seite des Formulars anordnen wollen, legen Sie die **Alignment**-Eigenschaft im Bereich **Verhalten** auf **Left** oder **Right** fest. Sie können sie auch durch Wahl von **Bottom** unten anzeigen lassen.
- Wenn Sie Registerkarten als Schaltflächen anzeigen lassen wollen, legen Sie die **Appearance**-Eigenschaft im Bereich **Verhalten** auf **Buttons** oder **FlatButtons** fest.
- Standardmäßig werden Navigationsschaltflächen links neben die Registerlaschen eingefügt, wenn die zur Verfügung stehende Breite nicht zur Darstellung aller Laschen ausreicht. Um mehrere Reihen von Registerkarten zu erzeugen, fügen Sie zunächst die gewünschte Anzahl von Registerkarten dem Formular hinzu. Legen Sie die **MultiLine**-Eigenschaft der **TabControl** auf **true** fest. Wenn die Registerkarten noch nicht in mehreren Zeilen angezeigt werden, setzen Sie die **Width**-Eigenschaft der **TabControl** auf einen Wert, der kleiner als die gesamte Breite aller Registerkarten ist.

Jede einzelne Registerkarte stellt ein **TabPage**-Objekt dar. Wenn zur Laufzeit auf eine Registerkarte geklickt wird, wird deren Inhalt automatisch angezeigt. Sie können aber für jede einzelne Registerlasche einen eigenen Ereignisbehandler schreiben, der sonstige Aktionen auslöst. Dazu doppelklicken Sie im Entwurf nach Wahl einer Registers auf die darunter liegende Fläche und fügen den gewünschten Code in den angezeigten Rahmen für das **Click**-Ereignis ein (→ Listing 6.48).

Listing 6.48: Ein Behandler steht für die Wahl eines Registers zur Verfügung

```
Private Sub TabPage1_Click(ByVal sender As System.Object,
ByVal e As System.EventArgs) _
Handles TabPage1.Click
...
End Sub
```

6.6.4 Teilfenster mit SplitContainer

Wenn Sie ein Formular in der Form des bekannten Windows-Explorers erstellen möchten, verwenden Sie das Steuerelement **SplitContainer** dafür als Grundlage. Damit teilen Sie die Fläche des Formulars standardmäßig in zwei Bereiche, deren Größe Sie anschließend im Entwurfsmodus über die Maus ändern können (→ Abbildung 6.30). Die Möglichkeit dieser Größenänderung ist beim Ausführen der Anwendung automatisch verfügbar. Diesen Bereichen können Sie dann weitere Steuerelemente hinzufügen.

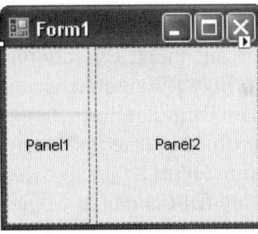 

*Abbildung 6.30: Ein **SplitContainer** erzeugt zwei variable Bereiche*

Sie können dem Formular auch mehrere **SplitContainer**-Steuerelemente hinzufügen. Auf diese Weise erhalten Sie größenveränderbare Bereiche innerhalb von Bereichen, wodurch Sie eine Anwendung erstellen können, die ähnlich wie Microsoft Outlook aussieht.

Weitere Eigenschaften

Die meisten Eigenschaften des Steuerelements **SplitContainer** werden Sie nur selten benötigen. Allerdings gibt es einige darunter, mit denen Sie das Verhalten des Steuerelements an Ihre Bedürfnisse anpassen können.

■ **BackColor** definiert bei **SplitContainer** ebenso wie bei anderen Steuerelementen die Hintergrundfarbe. Diese Eigenschaft ist nützlich, da das Steuerelement **SplitContainer** es dem Anwender damit erleichtert, das Vorhandensein des Fensterteilers zu erkennen.

- **Dock** setzt die Richtung des **SplitContainer**. Wenn die Eigenschaft auf den rechten oder linken Rand gesetzt ist, ändert es die Höhe der beiden Steuerelemente. Wenn der **SplitContainer** am oberen oder unteren Rand des Formulars angedockt ist, ändert es die Breite der beiden Steuerelemente.
- **MinSize** setzt eine Minimalgröße für das **Steuerelement**, das nicht auf **Fill** gesetzt ist. Dies ist nützlich, falls Sie verhindern möchten, dass die Informationen auf einer Seite nicht mehr zu erkennen sind.

6.6.5 Bildlaufleisten mit HScrollBar und VScrollBar

Zum Einfügen von Bildlaufleisten dienen die **ScrollBar**-Steuerelemente (→ Abbildung 6.31). Sie finden diese nur im Bereich **Alle Windows Forms** der Toolbox. Das **HScrollBar**-Steuerelement für den horizontalen Bildlauf und das **VScrollBar**-Steuerelement für den vertikalen Bildlauf arbeiten unabhängig von anderen Steuerelementen und sind nicht mit den integrierten Bildlaufleisten identisch, die an Textfeldern, Listenfeldern, Kombinationsfeldern oder anderen Elementen angefügt sind.

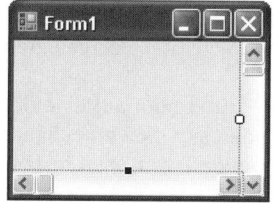 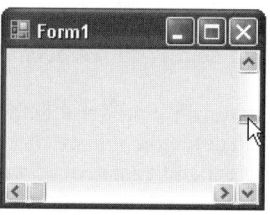

Abbildung 6.31: Sie können einem Formular Bildlaufleisten zuordnen

Die Position der Bildlaufleisten regeln Sie am besten über ihre Eigenschaft **Dock** im Bereich **Layout**. Für den üblichen Standard setzen Sie diese für die **VScrollBar** auf **Right** und für die **HScrollBar** auf **Bottom**.

Eigenschaften

Beide Steuerelemente verfügen über eine eigene Reihe von Ereignissen, Eigenschaften und Methoden. Beispielsweise überwachen sie mit Hilfe des **Scroll**-Ereignisses die Bewegungen des Bildlauffelds auf der Bildlaufleiste. Die Verwendung dieses **Scroll**-Ereignisses ermöglicht den Zugriff auf die Position des Bildlauffelds während des Ziehvorgangs.

- Über die Eigenschaft **Value** eines solchen Steuerelements legen Sie die Anfangsposition des Bildlauffelds fest. Wenn diese Eigenschaft den kleinsten Wert aufweist, wird das Bildlauffeld bei horizontalen Bildlaufleisten an die äußerste linke Position bzw. bei vertikalen Bildlaufleisten an die oberste Position gesetzt.

- Wenn der Benutzer die Tasten ⌁Bild ↑⌁ oder ⌁Bild ↓⌁ drückt oder auf den Symbolleistenbereich neben bzw. oberhalb oder unterhalb des Bildlauffelds klickt, ändert sich die **Value**-Eigenschaft entsprechend dem in der **LargeChange**-Eigenschaft festgelegten Wert.

- Wenn der Benutzer eine der Pfeiltasten drückt oder auf eine der Schaltflächen der Bildlaufleiste klickt, ändert sich die **Value**-Eigenschaft entsprechend dem in der **SmallChange**-Eigenschaft festgelegten Wert.

6.6.6 Webseiten anzeigen mit WebBrowser

Über das Steuerelement **WebBrowser** können Sie Webseiten im Formular anzeigen lassen (→ Abbildung 6.32). Sie können so die Webbrowserfunktionalität vom Internet Explorer in der Anwendung duplizieren oder die Standardfunktionalität vom Internet Explorer deaktivieren und so das Steuerelement als einfachen Viewer für HTML-Dokumente verwenden. Die Microsoft-Internet-Steuerelemente in Visual Basic 6.0 bestehen aus zwei Komponenten, nämlich dem **WebBrowser**-Steuerelement und einem Internet Explorer-Objekt, mit dem Sie eine Instanz vom Internet Explorer durch OLE-Automatisierung steuern können.

Abbildung 6.32: Der Webbrowser ermöglicht den Kontakt zu Webseiten

6.6

Container

7 Bindung an Dateien und Datenbanken

Sie haben im vorherigen Kapitel wichtige Steuerelemente zur Eingabe und Anzeige von Daten in Formularen kennen gelernt. Der Nachteil in den bisher gezeigten Beispielen lag darin, dass die in den Steuerelementen eingegebenen Daten verloren gehen, sobald das Programm beendet ist. Das ist in manchen Fällen sinnvoll, in vielen anderen aber nicht. Ein wichtiger Aspekt besteht also darin, die in einem Formular angezeigten Daten so aufzubewahren, dass sie später noch verfügbar sind.

Es kann sinnvoll sein, die Inhalte bestimmter Steuerelemente in separaten Dateien anzulegen. Dafür können Ihnen mehrere Klassen des Namensraums **System.IO** hilfreich sein, in dem – unter anderen – alle Datei- und Verzeichnisklassen zusammengefasst sind. Mit den wichtigsten Techniken dafür werden wir uns in den ersten Abschnitten dieses Kapitels beschäftigen:

- Zunächst wollen wir zeigen, wie man Verzeichnisse und Dateien erstellt, findet oder löscht. Dafür stellen die Klassen **Directory**, **DirectoryInfo**, **File** und **FileInfo** die notwendigen Methoden bereit (→ Abschnitt 7.1).
- Nachdem Sie eine Datei angelegt haben, müssen Sie aus ihr lesen und in sie schreiben können. Dabei wird immer irgendein **Stream** übergeben. Ein **Stream** ist ein Informationsfluss, der sequenziell verläuft. Wie man mit diesen Streams umgeht, wird im folgenden Abschnitt dieses Kapitels beschrieben (→ Abschnitt 7.2).

Eine weitere Möglichkeit zum Aufbewahren besteht in der Verwendung einer Datenbank im Projekt. Die Inhalte der Felder in einem Formular können dann in diesem Behälter gespeichert und bei Bedarf wieder angezeigt werden. Mit diesem Aspekt werden wir uns in den restlichen Abschnitten dieses Kapitels beschäftigen:

- Über das Fenster **Server-Explorer** können Sie von Visual Basic .NET aus Verbindungen zu Datenbanken herstellen und diese betrachten und verwalten (→ Abschnitt 7.3).
- Anschließend kommen wir zum eigentlichen Zweck der bisherigen Überlegungen – der **Anzeige** von Daten in **Steuerelementen** (→ Abschnitt 7.4). Sobald ein Steuerelement an eine Datenquelle gebunden ist, werden Änderungen dieser Datenquelle in der Benutzeroberfläche widergespiegelt und Änderungen, die über die Benutzeroberfläche an den Daten vorgenommen wurden, werden an die Datenquelle weitergeleitet.

7.1 Dateien und Verzeichnisse

Zum Speichern können Ihnen mehrere Klassen des Namensraums **System.IO** hilfreich sein, in dem – unter anderen – alle Datei- und Verzeichnisklassen zusammengefasst sind (→ Tabelle 7.1). Diese Klassen ermöglichen synchrones sowie asynchrones Lesen und Schreiben auf Datenstreams und Dateien sowie damit zusammenhängende Aufgaben.

Klasse	Beschreibung
BinaryReader	Liest primitive Datentypen als Binärwerte in einer spezifischen Codierung.
BinaryWriter	Schreibt primitive Typen binär in einen Stream und unterstützt das Schreiben von Zeichenfolgen in einer bestimmten Codierung.
BufferedStream	Liest und schreibt in einem anderen Stream. Diese Klasse kann nicht vererbt werden.
Directory	Legt statische Methoden zum Erstellen, Verschieben und Auflisten in Verzeichnissen und Unterverzeichnissen offen.
DirectoryInfo	Legt Instanzmethoden zum Erstellen, Verschieben und Auflisten in Verzeichnissen und Unterverzeichnissen offen.
DirectoryNotFound Exception	Die Ausnahme, die ausgelöst wird, wenn ein Teil einer Datei oder eines Verzeichnisses nicht gefunden wurde.
EndOfStreamException	Die Ausnahme, die ausgelöst wird, wenn hinter dem Ende eines Streams ein Leseversuch erfolgt.

*Tabelle 7.1: Wichtige Klassen des Namensraums **System.IO***

Klasse	Beschreibung
ErrorEventArgs	Stellt Daten für das *Error*-Ereignis bereit.
File	Stellt statische Methoden zum Erstellen, Kopieren, Löschen, Verschieben und Öffnen von Dateien bereit und unterstützt das Erstellen von *FileStream*-Objekten.
FileInfo	Stellt Instanzmethoden zum Erstellen, Kopieren, Löschen, Verschieben und Öffnen von Dateien bereit und unterstützt das Erstellen von *FileStream*-Objekten.
FileLoadException	Die Ausnahme, die ausgelöst wird, wenn ein Feld gefunden wird, aber nicht geladen werden kann.
FileNotFoundException	Die Ausnahme, die ausgelöst wird, wenn auf eine Datei zugegriffen wird, die auf dem Datenträger nicht vorhanden ist.
FileStream	Macht einen Stream um eine Datei zugänglich, wobei synchrone und asynchrone Lese- und Schreibvorgänge unterstützt werden.
FileSystemEventArgs	Stellt Daten für die folgenden Verzeichnisereignisse bereit: *Changed*, *Created* und *Deleted*.
FileSystemInfo	Stellt die Basisklasse sowohl für *FileInfo*-Objekte als auch für *DirectoryInfo*-Objekte bereit.
FileSystemWatcher	Überwacht die Benachrichtigungen über Änderungen im Dateisystem und löst Ereignisse aus, wenn ein Verzeichnis oder eine Datei in einem Verzeichnis geändert werden.
IOException	Die Ausnahme, die ausgelöst wird, wenn ein E/A-Fehler auftritt.
MemoryStream	Erstellt einen Stream, der den Arbeitsspeicher als Sicherungsspeicher verwendet.
Path	Führt Operationen für String-Instanzen aus, die Datei- oder Verzeichnispfadinformationen enthalten. Diese Operationen werden plattformübergreifend durchgeführt.
PathTooLongException	Die Ausnahme, die ausgelöst wird, wenn ein Pfad- oder Dateiname länger als die vom System festgelegte maximale Länge ist.
RenamedEventArgs	Stellt Daten für das *Renamed*-Ereignis bereit.
Stream	Stellt eine allgemeine Ansicht einer Folge von Bytes bereit.

*Tabelle 7.1: Wichtige Klassen des Namensraums **System.IO** (Forts.)*

Klasse	Beschreibung
StreamReader	Implementiert einen *TextReader*, der Zeichen aus einem *Bytestream* in einer bestimmten Codierung liest.
StreamWriter	Implementiert einen *TextWriter* zum Schreiben von Zeichen in einen Stream in einer bestimmten Codierung.
StringReader	Implementiert einen *TextReader*, der aus einer Zeichenfolge liest.
StringWriter	Schreibt Informationen in eine Zeichenfolge. Die Informationen werden in einem zugrunde liegenden *StringBuilder* gespeichert.
TextReader	Stellt ein Leseprogramm dar, das eine sequenzielle Serie von Zeichenfolgen lesen kann.
TextWriter	Stellt einen Schreiber dar, der eine sequenzielle Serie von Zeichen schreiben kann. Diese Klasse ist abstrakt.

Tabelle 7.1: Wichtige Klassen des Namensraums **System.IO** *(Forts.)*

Wir werden in diesem Abschnitt einige wichtige Klassen aus diesem Namensraum behandeln. Bevor wir uns mit dem wichtigsten Aspekt dieses Themas – dem Lesen aus und dem Schreiben in Dateien – beschäftigen, sollten wir uns zuerst einmal damit befassen, wie man Verzeichnisse und Dateien erstellt, findet oder löscht. Dafür benutzen Sie die Klassen **Directory**, **DirectoryInfo**, **File** und **FileInfo**. **File** und **Directory** sind versiegelte Klassen. Sie können neue Instanzen dieser Klassen erstellen, jedoch keine Klassen davon ableiten.

Viele der Member dieser Klassen akzeptieren einen Pfad als Parameter. Achten Sie darauf, dass bei einigen Membern dieser Pfad nur auf ein Verzeichnis verweisen darf – beispielsweise in der Form »*c:\verzeichnis*« – bei anderen Membern kann der Pfad sowohl nur auf ein Verzeichnis als auch auf eine Datei verweisen – also beispielsweise bei »*c:\verzeichnis\datei.txt*«. Es kann sich auch um einen relativen Pfad handeln, beispielsweise »*verzeichnis\unterverzeichnis*«. Außerdem kann auf einen **UNC**-Pfad (für **Universal Naming Convention**) für einen Server- und Freigabenamen verwiesen werden, beispielsweise mit »*\\Server\Bereich*«.

Die Klasse **Directory** verfügt über Methoden, um Unterverzeichnisse abzurufen, solche zu erstellen, zu bearbeiten und zu löschen, Laufwerke im System zu verwalten, die Liste der Dateien im Verzeichnis zu holen und mehr (→ Tabelle 7.2).

Methode	Beschreibung
CreateDirectory	Erstellt alle Verzeichnisse und Unterverzeichnisse entsprechend der Angabe in **path**.
Delete	Löscht ein Verzeichnis und dessen Inhalt.
Exists	Bestimmt, ob der angegebene Pfad auf ein vorhandenes Verzeichnis auf einem Datenträger verweist.
GetCreationTime	Ruft Datum und Zeit der Erstellung eines Verzeichnisses ab.
GetCurrentDirectory	Ruft das aktuelle Arbeitsverzeichnis der Anwendung ab.
GetDirectories	Ruft die Namen der Unterverzeichnisse im angegebenen Verzeichnis ab.
GetDirectoryRoot	Gibt für den angegebenen Pfad die Informationen über Datenträger, Stammverzeichnis oder beides zurück.
GetFiles	Gibt die Namen der Dateien im angegebenen Verzeichnis zurück.
GetFileSystemEntries	Gibt die Namen aller Dateien und Unterverzeichnisse im angegebenen Verzeichnis zurück.
GetLastAccessTime	Gibt das Datum und die Uhrzeit des letzten Zugriffs auf die angegebene Datei bzw. das angegebene Verzeichnis zurück.
GetLastWriteTime	Gibt das Datum und die Uhrzeit des letzten Schreibvorgangs in die angegebene Datei bzw. das angegebene Verzeichnis zurück.
GetLogicalDrives	Ruft die Namen der logischen Laufwerke auf diesem Computer im Format *»<Laufwerkbuchstabe>:|«* ab.
GetParent	Ruft das übergeordnete Verzeichnis des angegebenen Pfads ab, sowohl für absolute als auch für relative Pfade.
Move	Verschiebt eine Datei oder ein Verzeichnis und dessen Inhalt an einen neuen Speicherort.
SetCreationTime	Legt das Erstellungsdatum und den Erstellungszeitpunkt für die angegebene Datei bzw. das angegebene Verzeichnis fest.
SetCurrentDirectory	Legt das aktuelle Arbeitsverzeichnis der Anwendung auf das angegebene Verzeichnis fest.

*Tabelle 7.2: Öffentliche Methoden der Klasse **Directory***

Methode	Beschreibung
SetLastAccessTime	Legt das Datum und die Uhrzeit des letzten Zugriffs auf die angegebene Datei bzw. das angegebene Verzeichnis fest.
SetLastWriteTime	Legt Datum und Zeit des letzten Schreibvorgangs in einem Verzeichnis fest.

*Tabelle 7.2: Öffentliche Methoden der Klasse **Directory** (Forts.)*

▶ ▶ Aufgabe: Ein Verzeichnis erstellen

Um Verzeichnisse und/oder Unterverzeichnisse zu erstellen, verwenden Sie *Directory.CreateDirectory(»Pfad«)*. Alle in *Pfad* angegebenen Verzeichnisse werden erstellt, es sei denn, sie sind bereits vorhanden oder *Pfad* ist teilweise ungültig. Der *Pfad*-Parameter akzeptiert hier einen Verzeichnispfad, keinen Dateipfad. Pfadnamen sind auf die von der Plattform erlaubte Länge beschränkt.

Beispiel: Die folgenden Codezeilen erstellen Verzeichnisse. Achten Sie darauf, dass vom aktuellen Verzeichnis ausgegangen wird. Wenn Sie eine Dateiliste in einem anderen Verzeichnis, beispielsweise im Stammverzeichnis *c:*, ablegen wollen, verwenden Sie den umgekehrten Schrägstrich (\) als Escapezeichen wie in *c:*. Sie können auch die bei Unix üblichen Schrägstriche verwenden, beispielsweise mit *c:/*. Wenn Sie sich beispielsweise in *C:\Verzeichnis* befinden und darin das Verzeichnis *Sub* erstellen möchten, können Sie das über mehrere Methoden erreichen (→ Listing 7.1).

Listing 7.1: Ein Verzeichnis kann auf mehrere Arten erstellt werden

```
...
Verzeichnis.CreateDirectory("Sub")
...
Verzeichnis.CreateDirectory("\Verzeichnis\Sub")
...
Verzeichnis.CreateDirectory("C:\Verzeichnis\Sub")
...
```

In der Standardeinstellung wird allen Benutzern voller Lese- und Schreibzugriff für alle neuen Verzeichnisse gewährt.

Die Klasse **DirectoryInfo** stellt Methoden zum Erstellen, Verschieben und Auflisten in Verzeichnissen und Unterverzeichnissen bereit. Nochmals: Diese Klasse enthält nur Instanzmethoden. Die Methoden führen keine Sicherheitsüberprüfung durch. Benutzen Sie die Klasse also, wenn Sie ein Objekt erneut wieder verwenden.

Initialisieren

Der **DirectoryInfo**–Konstruktor initialisiert eine neue Instanz der **DirectoryInfo**-Klasse auf dem angegebenen Pfad (→ Listing 7.2).

*Listing 7.2: Der **DirectoryInfo**-Konstruktor initialisiert eine neue Instanz*

```
...
Dim Name As New DirectoryInfo("Pfad")
...
Public Sub New(ByVal path As String)
...
```

Eigenschaften

Über die öffentlichen Eigenschaften dieser Klasse können Sie die Existenz von Verzeichnissen ermitteln und diverse Informationen dazu zurückgeben (→ Tabelle 7.3).

Eigenschaft	Beschreibung
Attributes	Ruft die Attribute des aktuellen Objekts ab oder legt diese fest.
CreationTime	Ruft den Erstellungszeitpunkt des aktuellen Objekts ab oder legt diesen fest.
Exists	Ruft einen Wert ab, der angibt, ob das Verzeichnis vorhanden ist.
Extension	Ruft die Zeichenfolge ab, die den Erweiterungsteil der Datei darstellt.
FullName	Ruft den vollständigen Pfad des Verzeichnisses oder der Datei ab.
LastAccessTime	Ruft den Zeitpunkt des letzten Zugriffs auf die aktuelle Datei oder das aktuelle Verzeichnis ab oder legt diesen fest.
LastWriteTime	Ruft den Zeitpunkt des letzten Schreibzugriffs auf die aktuelle Datei oder das aktuelle Verzeichnis ab oder legt diesen fest.

*Tabelle 7.3: Öffentliche Eigenschaften der Klasse **DirectoryInfo***

Eigenschaft	Beschreibung
Name	Ruft den Namen der Instanz ab.
Parent	Ruft das übergeordnete Verzeichnis eines angegebenen Unterverzeichnisses ab.
Root	Ruft den Teil mit dem Stammverzeichnis eines Pfads ab.

*Tabelle 7.3: Öffentliche Eigenschaften der Klasse **DirectoryInfo** (Forts.)*

Methoden

Die Methoden der Klasse ermöglichen es beispielsweise, Verzeichnisse und Unterverzeichnisse zu erstellen oder zu löschen sowie Informationen darüber abzurufen (→ Tabelle 7.4).

Methode	Beschreibung
Create	Erstellt ein Verzeichnis.
CreateSubdirectory	Erstellt ein oder mehrere Unterverzeichnisse im angegebenen Pfad. Der angegebene Pfad kann zu dieser Instanz der **DirectoryInfo**-Klasse relativ sein.
Delete	Löscht ein **DirectoryInfo** und dessen Inhalt aus einem Pfad.
GetDirectories	Gibt die Unterverzeichnisse des aktuellen Verzeichnisses zurück.
GetFiles	Gibt eine Dateiliste des aktuellen Verzeichnisses zurück.
GetLifetimeService	Ruft das aktuelle Lebensdauerdienstobjekt ab, das die Lebensdauerrichtlinien für diese Instanz steuert.
MoveTo	Verschiebt die Instanz und deren Inhalt in einen neuen Pfad.
Refresh	Aktualisiert den Zustand des Objekts.
ToString	Gibt den ursprünglichen Pfad zurück, der vom Benutzer übergeben wurde.

*Tabelle 7.4: Öffentliche Methoden der Klasse **DirectoryInfo***

▶ ▶ **Aufgabe: Eine Verzeichnisliste erstellen**

Eine typische Verwendungsmöglichkeit dieser Klasse ist die Erstellung eines vollständigen Verzeichnisbaums mit allen gewünschten Zusatzinformationen.

Beispiel: Im folgenden Code werden alle Dateien des aktuellen Verzeichnisses mit der Erweiterung *.txt* unter Angabe der zugehörigen Dateigröße, der Erstellungszeit und des Dateinamens aufgelistet.

```
...
Dim Verzeichnis As New DirectoryInfo(".")
Dim Liste As FileInfo
For Each Liste In Verzeichnis.GetFiles("*.txt")
  Dim Name As String = Liste.FullName
  Dim Grösse As Long = Liste.Length
  Dim Zeitpunkt As DateTime = Liste.CreationTime
  WriteLine("{0,-12:NO} {1,-20:g} {2}", _
  Grösse, Zeitpunkt, Name)
Next Liste
...
```

7.1.3 Die Klasse File

Die Klasse **File** stellt Methoden zum Erstellen, Kopieren, Löschen, Verschieben und Öffnen von Dateien bereit und unterstützt das Erstellen von **FileStream**-Objekten (siehe unten). Alle Methoden der **File**-Klasse sind statisch und können daher aufgerufen werden, ohne dass sie über die Instanz einer Datei verfügen (→ Tabelle 7.5). Diese statischen Methoden der **File**-Klasse führen auch Sicherheitsüberprüfungen durch.

Methoden	Beschreibung
AppendText	Erstellt einen **StreamWriter**, der UTF-8-codierten Text an eine vorhandene Datei anfügt.
Copy	Kopiert eine vorhandene Datei in eine neue Datei.
Create	Erstellt eine Datei im angegebenen voll gekennzeichneten Pfad.
CreateText	Erstellt oder öffnet eine neue Datei zum Schreiben von UTF-8-codiertem Text.
Delete	Löscht die durch den voll gekennzeichneten Pfad angegebene Datei. Wenn die angegebene Datei nicht vorhanden ist, wird keine Ausnahme ausgelöst.
Exists	Bestimmt, ob die angegebene Datei vorhanden ist.
GetAttributes	Ruft die Attribute der Datei im voll gekennzeichneten Pfad ab.
GetCreationTime	Gibt das Erstellungsdatum und den Erstellungszeitpunkt für die angegebene Datei bzw. das angegebene Verzeichnis zurück.

*Tabelle 7.5: Wichtige Methoden der Klasse **File***

Methoden	Beschreibung
GetLastAccessTime	Gibt das Datum und die Uhrzeit des letzten Zugriffs auf die angegebene Datei bzw. das angegebene Verzeichnis zurück.
GetLastWriteTime	Gibt das Datum und die Uhrzeit des letzten Schreibvorgangs in die angegebene Datei bzw. das angegebene Verzeichnis zurück.
Move	Verschiebt eine angegebene Datei an einen neuen Speicherort und ermöglicht das Angeben eines neuen Dateinamens.
Open	Öffnet einen **FileStream** für den angegebenen Pfad.
OpenRead	Öffnet eine vorhandene Datei zum Lesen.
OpenText	Öffnet eine vorhandene UTF-8-codierte Textdatei zum Lesen.
OpenWrite	Öffnet eine vorhandene Datei zum Schreiben.
SetAttributes	Legt die angegebenen Attribute der Datei im angegebenen Pfad fest.
SetCreationTime	Legt das Datum und die Uhrzeit fest, zu der die Datei erstellt wurde.
SetLastAccessTime	Legt das Datum und die Uhrzeit des letzten Zugriffs auf die angegebene Datei fest.
SetLastWriteTime	Legt das Datum und die Uhrzeit des letzten Schreibvorgangs in die angegebene Datei fest.

*Tabelle 7.5: Wichtige Methoden der Klasse **File** (Forts.)*

▶ ▶ **Aufgabe: Die Existenz von Dateien ermitteln**

Die Methode **Exists** der Klasse **File** ist beispielsweise eine gemeinsam genutzte Methode. Um zu ermitteln, ob eine Datei **Datei.txt** existiert, brauchen Sie keine Instanz von **File** zu erzeugen, sondern verwenden einfach die Klasse **File** selbst.

Beispiel: Der folgende Code meldet über die Konsole, wenn eine Datei **Textdatei.txt** nicht existiert (→ Listing 7.4).

*Listing 7.4: Über **Exists** können Sie die Existenz von Dateien ermitteln*

```
...
Const Dateiname As String = "Textdatei.txt"
If Not File.Exists(Dateiname) Then
  WriteLine("{0} existiert nicht!", Dateiname)
End If
...
```

Die Methode **File.Create** erstellt eine Datei im angegebenen voll gekennzeichneten Pfad. Im **Pfad**-Parameter dürfen relative oder absolute Pfadinformationen angegeben werden. Relative Pfadinformationen werden relativ zum aktuellen Arbeitsverzeichnis interpretiert. Wenn die angegebene Datei nicht vorhanden ist, wird sie erstellt. Wenn sie vorhanden und nicht schreibgeschützt ist, wird der Inhalt überschrieben. Gegebenenfalls sollten Sie also vorher auf die Existenz hin abfragen.

Beispiel: Zwei Formen der Überschreibung sind möglich: Einerseits können Sie nur die Datei erstellen (→ Listing 7.5).

Listing 7.5: Über **Create** *können Sie neue Dateien erstellen*

```
...
Const Dateiname As String = "C:\Textdatei.txt"
If File.Exists(Dateiname) Then
  WriteLine("{0} existiert!", Dateiname)
  Else
File.Create(Dateiname)
End If
...
```

Beispiel: Andererseits können Sie in einer anderen Überschreibung die Anzahl der für Lese- und Schreibvorgänge in die Datei gepufferten Bytes angeben (→ Listing 7.6).

Listing 7.6: Über **Create** *können Sie neue Dateien erstellen*

```
...
Const Dateiname As String = "C:\Textdatei.txt"
Const Buffers As Integer = 500
If File.Exists(Dateiname) Then
  Console.WriteLine("{0} existiert!", Dateiname)
  Else
File.Create(Dateiname, Buffers)
End If
...
```

7.1

Beispiel: Stattdessen können Sie auch die Methode *Create* der Klasse *FileInfo* verwenden (→ Listing 7.7).

Listing 7.7: Über **Create** *können Sie neue Dateien erstellen*

```
Const Dateiname As String = "C:\Textdatei.txt"
Dim Datei As New FileInfo(Dateiname)
If Datei.Exists Then
  WriteLine("{0} existiert!", Dateiname)
Else
  Datei.Create()
End If
```

In der Standardeinstellung wird allen Benutzern voller Lese- und Schreibzugriff für alle neuen Dateien gewährt. Die Datei wird mit Lese- und Schreibzugriff geöffnet und muss geschlossen werden, bevor sie von einer anderen Anwendung geöffnet werden kann. Diese Zugriffsformen können Sie durch Angabe von zusätzlichen Parametern variieren (siehe unten).

▶▶ Aufgabe: Eine Datei öffnen

Über die Methode *Open* der Klasse *File* öffnen Sie eine vorhandene Datei.

Beispiel: Der folgende Code prüft, ob *C:\Textdatei.txt* existiert. Wenn das zutrifft, wird die Datei geöffnet (→ Listing 7.8).

Listing 7.8: Über **Open** *können Sie neue Dateien erstellen*

```
...
Const Dateiname As String = "C:\Textdatei.txt"
If Not File.Exists(Dateiname) Then
  Console.WriteLine("{0} existiert nicht!", Dateiname)
Else
  File.Open(Dateiname, FileMode.Open)
End If
...
```

Dateien und Verzeichnisse

7.1

Über die Methode **Copy** kopieren Sie eine vorhandene Datei in eine neue Datei. Gegebenenfalls sollten Sie testen, ob die Zieldatei schon existiert.

Beispiel: Hat im folgenden Code **Überschreiben** den Wert **true**, darf eine schon existierende Zieldatei überschrieben werden, bei **false** ist das nicht möglich. Dieses Argument können Sie auch weglassen, in diesem Fall wird **false** angenommen. Das Überschreiben einer gleichnamigen Datei ist aber generell nicht zulässig.

Listing 7.9: Über die Methode **Copy** *kopieren Sie Dateien*

```
...
Const Quelldatei As String = "C:\Text1.txt"
Const Zieldatei As String = "C:\Text2.txt"
Const Überschreiben As Boolean = True
If Not File.Exists(Quelldatei) Then
  WriteLine("{0} existiert nicht!", Quelldatei)
Else
  File.Copy(Quelldatei, Zieldatei, Überschreiben)
End If
...
```

Über die nachfolgend angesprochene Klasse **FileInfo** verwenden Sie zum Kopieren die Methode **CopyTo**.

▶ ▶ **Aufgabe:** Eine Datei verlagern

Entsprechend funktioniert das Verlagern von Dateien mit den Methoden **Move** und **MoveTo**.

Beispiel: Der nachfolgende Code prüft zunächst, ob **Quelldatei** existiert. Ist das der Fall, wird sie zu **Zieldatei** verlagert (→ Listing 7.10).

Listing 7.10: Über die Methode **Move** *kopieren Sie Dateien*

```
...
Const Quelldatei As String = "C:\Text.txt"
Const Zieldatei As String = "D:\Text.txt"
If Not File.Exists(Quelldatei) Then
```

```
    WriteLine("{0} existiert nicht!", Quelldatei)
Else
  File.Move(Quelldatei, Zieldatei)
End If
...
```

▶ ▶ Aufgabe: Eine Datei löschen

Mit der Methode **Delete** löschen Sie eine vorhandene Datei. Wenn die angegebene Datei nicht vorhanden ist, wird keine Ausnahme ausgelöst. Prüfen Sie also gegebenenfalls auf die Existenz.
Beispiel: Der folgende Code prüft, ob die Datei **C:\Text.txt** existiert. Falls sie existiert, wird sie anschließend mit der Methode **Delete** der Klasse **File** gelöscht (→ Listing 7.11).

*Listing 7.11: Über die Methode **Delete** löschen Sie Dateien*

```
...
Const Datei As String = "C:\Text.txt"
If Not File.Exists(Datei) Then
  WriteLine("{0} existiert nicht!", Datei)
Else
  File.Delete(Datei)
End If
...
```

Bei Verwendung der Klasse **FileInfo** verwenden Sie ebenfalls eine Methode namens **Delete**.

7.1.4   Die Klasse FileInfo

Die Klasse **FileInfo** stellt Methoden zum Erstellen, Kopieren, Löschen, Verschieben und Öffnen von Dateien bereit und unterstützt das Erstellen von **FileStream**-Objekten (siehe unten). Auch hier gilt: Diese Klasse enthält nur Instanzmethoden. Die Methoden führen aber keine Sicherheitsüberprüfung durch.

Initialisieren

Der **FileInfo**-Konstruktor initialisiert eine neue Instanz der **FileInfo**-Klasse (→ Listing 7.12).

*Listing 7.12: Der **FileInfo**-Konstruktor initialisiert eine neue Instanz der Klasse*

```
...
Dim Name As New FileInfo("Dateiname")
...
```

Eigenschaften

Über die Eigenschaften dieser Klasse können Sie Daten über die aktuelle Datei – wie den vollständigen Pfad, den Namen der Datei, den Erweiterungsteil der Datei, den Erstellungszeitpunkt, den Zeitpunkt des letzten Zugriffs und mehr – abrufen.

Eigenschaft	Beschreibung
Attributes	Ruft die Attribute der Datei der aktuellen *FileSystemInfo* ab oder legt diese fest.
CreationTime	Ruft den Erstellungszeitpunkt des aktuellen *FileSystemInfo*-Objekts ab oder legt diesen fest.
Directory	Ruft eine Instanz des übergeordneten Verzeichnisses ab.
DirectoryName	Ruft eine Zeichenfolge ab, die den vollständigen Pfad des Verzeichnisses darstellt.
Exists	Ruft einen Wert ab, der angibt, ob eine Datei vorhanden ist.
Extension	Ruft die Zeichenfolge ab, die den Erweiterungsteil der Datei darstellt.
FullName	Ruft den vollständigen Pfad des Verzeichnisses oder der Datei ab.
LastAccessTime	Ruft den Zeitpunkt des letzten Zugriffs auf die Datei oder das aktuelle Verzeichnis ab oder legt diesen fest.
LastWriteTime	Ruft den Zeitpunkt des letzten Schreibzugriffs auf die Datei oder das aktuelle Verzeichnis ab oder legt diesen fest.
Length	Ruft die Größe der aktuellen Datei oder des aktuellen Verzeichnisses ab.
Name	Ruft den Namen der Datei ab.

*Tabelle 7.6: Wichtige Eigenschaften der Klasse **FileInfo***

▶ ▶ **Aufgabe: Die Existenz von Dateien ermitteln**

Statt – wie oben beschrieben – die Klasse *File* zu verwenden, können Sie auch die Eigenschaft *Exists* der Klasse *FileInfo* benutzen, um die Existenz einer Datei zu bestimmen.

Beispiel: Der folgende Code meldet über die Konsole, wenn eine Datei **Textdatei.txt** nicht existiert (→ Listing 7.13).

Listing 7.13: Über **Exists** *können Sie die Existenz von Dateien ermitteln*

```
...
Const Dateiname As String = "Textdatei.txt"
Dim Datei As New FileInfo(Dateiname)
If Not Datei.Exists Then
  WriteLine("{0} existiert nicht!", Dateiname)
End If
...
```

Methoden

Die Methoden der Klasse liefern beispielsweise Möglichkeiten zum Erstellen, Öffnen, Kopieren, Verschieben oder Löschen einer Datei (→ Tabelle 7.7).

Methode	Beschreibung
AppendText	Erstellt einen **StreamWriter**, der der Datei Text hinzufügt, die von dieser Instanz von **FileInfo** dargestellt wird.
CopyTo	Kopiert eine vorhandene Datei in eine neue Datei.
Create	Erstellt eine Datei.
CreateText	Erstellt einen **StreamWriter**, der eine neue Textdatei erstellt und in diese schreibt.
Delete	Löscht eine Datei unwiderruflich.
GetLifetimeService	Ruft das aktuelle Lebensdauerdienstobjekt ab, das die Lebensdauerrichtlinien für diese Instanz steuert.
InitializeLifetime Service	Ruft ein Lebensdauerdienstobjekt ab, mit dem die Lebensdauerrichtlinien für diese Instanz gesteuert werden können.
MoveTo	Verschiebt eine angegebene Datei an einen neuen Speicherort und ermöglicht das Angeben eines neuen Dateinamens.
Open	Öffnet eine Datei mit verschiedenen Lese-/Schreibzugriffs- und Freigabeberechten.
OpenRead	Erstellt einen schreibgeschützten **FileStream**.
OpenText	Erstellt einen **StreamReader** mit UTF8-Codierung, der aus einer vorhandenen Textdatei liest.

Tabelle 7.7: Wichtige Methoden der Klasse **FileInfo**

Methode	Beschreibung
OpenWrite	Erstellt einen ***FileStream***, der nur über Schreibzugriff verfügt.
ToString	Gibt den voll gekennzeichneten Pfad als Zeichenfolge zurück.

*Tabelle 7.7: Wichtige Methoden der Klasse **FileInfo** (Forts.)*

Beispiel: Auch mit der Methode ***Create*** der Klasse ***FileInfo*** öffnen Sie eine Datei über eine Instanz (→ Listing 7.14).

*Listing 7.14: Über **Open** können Sie neue Dateien öffnen*

```
...
Const Dateiname As String = "C:\Textdatei.txt"
Dim Datei As New FileInfo(Dateiname)
If Not File.Exists(Dateiname) Then
  WriteLine("{0} existiert nicht!", Dateiname)
Else
  Datei.Open(FileMode.Open)
End If
...
```

7.1

▶▶ Aufgabe: Den Zugriff auf eine Datei anpassen

In der Standardeinstellung wird allen Benutzern voller Lese- und Schreibzugriff für alle neuen Dateien gewährt. Zur Anpassung dieses Verhaltens können verschiedene Methoden der Form der Überladung verwendet werden: Einerseits können Sie sie nur für den angegebenen Pfad mit einem bestimmten – anzugebenden – Lese- und Schreibzugriff öffnen. Außerdem können Sie wahlweise einen Modus angeben. Wenn Sie einen Modus angeben, können Sie auch eine Form des Zugriffs festlegen. Außerdem können Sie wahlweise einen Modus angeben. Wenn Sie einen Modus angeben, können Sie auch eine Form des Zugriffs festlegen.

Beispiel: Sie können mit dem Parameter ***Filemode.Open*** dafür sorgen, dass das Betriebssystem eine vorhandene Datei öffnen soll. Wenn die Datei nicht vorhanden ist, wird eine Ausnahme ausgelöst. ***FileAccess.Read*** erlaubt den schreibgeschützten Lesezugriff auf die Datei. Der Parameter ***FileShare.Read*** erlaubt es, eine vorhandene

Datei zu öffnen und weiteren Benutzern einen schreibgeschützten Zugriff darauf zu gewähren (→ Listing 7.15).

Listing 7.15: **FileAccess.Read** *ermöglicht einen schreibgeschützten Zugriff*

```
...
Dim Datei As New FileStream (Name, _
    FileMode.Open, _
    FileAccess.Read, _
    FileShare.Read)
...
```

Die dabei verwendeten Konstanten beeinflussen die Art der Erstellung, des Öffnens und der gemeinsamen Nutzung der zugrunde liegenden Datei.

- **FileMode** gibt an, wie das Betriebssystem eine Datei öffnen soll (→ Tabelle 7.8). Sie können mit diesem Parameter wählen, ob eine Datei überschrieben, erstellt oder geöffnet wird, oder ob mehrere dieser Aktionen erfolgen. Verwenden Sie **Open**, um eine vorhandene Datei zu öffnen, verwenden Sie **Append**, um Daten an eine Datei anzufügen, verwenden Sie **Create**, um eine Datei abzuschneiden oder, falls diese nicht vorhanden ist, neu zu erstellen.

Parameter	Beschreibung
Append	Öffnet die Datei, sofern vorhanden, und sucht bis zum Ende der Datei oder erstellt eine neue Datei.
Create	Gibt an, dass das Betriebssystem eine neue Datei erstellen soll. Wenn die Datei bereits vorhanden ist, wird diese überschrieben.
CreateNew	Gibt an, dass das Betriebssystem eine neue Datei erstellen soll. Wenn die Datei bereits vorhanden ist, wird eine Ausnahme ausgelöst.
Open	Gibt an, dass das Betriebssystem eine vorhandene Datei öffnen soll. Wenn die Datei nicht vorhanden ist, wird eine Ausnahme ausgelöst.
OpenOrCreate	Gibt an, dass das Betriebssystem eine Datei öffnen soll, sofern diese vorhanden ist, oder andernfalls eine neue Datei erstellen soll.
Truncate	Gibt an, dass das Betriebssystem eine vorhandene Datei öffnen soll. Nachdem die Datei geöffnet wurde, sollte diese abgeschnitten werden, sodass ihre Größe *0* Bytes beträgt.

Tabelle 7.8: Member von **FileMode**

Dateien und Verzeichnisse

- Über **FileAccess** definieren Sie Konstanten für den Lesezugriff, den Schreibzugriff oder den Lese-/Schreibzugriff auf eine Datei (→ Tabelle 7.9).

Parameter	Beschreibung
Read	Erlaubt den Lesezugriff auf die Datei. Aus der Datei können Daten gelesen werden. In Kombination mit **Write** ist Lese-/Schreibzugriff möglich.
ReadWrite	Ermöglicht den Lese- und Schreibzugriff auf die Datei. Daten können aus der Datei gelesen und in diese geschrieben werden.
Write	Erlaubt den Schreibzugriff auf die Datei. In die Datei können Daten geschrieben werden. In Kombination mit **Read** ist Lese-/Schreibzugriff möglich.

Tabelle 7.9: Member von **FileAccess**

- **FileShare** wird benutzt, um zu steuern, wie eine Datei geöffnet wird (→ Tabelle 7.10). Sie wird häufig verwendet, um zu definieren, dass mehrere Prozesse gleichzeitig aus der gleichen Datei lesen können.

Parameter	Beschreibung
None	Verhindert die gemeinsame Nutzung der aktuellen Datei. Alle Anforderungen zum Öffnen der Datei durch diesen oder einen anderen Prozess schlagen fehl, bis die Datei geschlossen wird.
Read	Ermöglicht das nachfolgende Öffnen der Datei zum Lesen.
ReadWrite	Ermöglicht das nachfolgende Öffnen der Datei zum Lesen oder Schreiben.
Write	Ermöglicht das nachfolgende Öffnen der Datei zum Schreiben.

Tabelle 7.10: Der **FileShare**-Parameter steuert, wie eine Datei geöffnet wird

7.1.5 Visual Basic-Funktionen zur Dateiverwaltung

Auch die in **Microsoft.VisualBasic.FileSystem** enthaltenen Funktionen können Sie zur Dateiverwaltung nutzen (→ Tabelle 7.11).

Eigenschaft/ Methode	Beschreibung
ChDir	Wechselt das aktuelle Verzeichnis oder den aktuellen Ordner. Die **ChDir**-Funktion wechselt das Standardverzeichnis, jedoch nicht das Standardlaufwerk.
ChDrive	Wechselt das aktuelle Laufwerk.
CurDir	Gibt eine Zeichenfolge mit dem aktuellen Pfad zurück.
Dir	Gibt eine Zeichenfolge zurück, die den Namen einer Datei, eines Verzeichnisses oder eines Ordners darstellt, der einem bestimmten Muster oder Dateiattribut oder der Datenträgerbezeichnung eines Laufwerks entspricht.
EOF	Gibt **True** zurück, wenn das Ende einer Datei erreicht ist, die im Zugriffsmodus **Random** oder sequenzieller **Input** geöffnet wurde. Damit vermeiden Sie den Fehler, der ausgelöst wird, wenn Sie versuchen, die Eingabe über das Dateiende hinaus fortzusetzen.
FileAttr	Gibt eine Enumeration zurück, die den Dateimodus der mit der **FileOpen**-Funktion geöffneten Dateien darstellt.
FileClose	Beendet die Eingabe/Ausgabe in eine Datei, die mit der **FileOpen**-Funktion geöffnet wurde.
FileCopy	Kopiert eine Datei. Wenn Sie versuchen, die Funktion auf eine aktuell geöffnete Datei anzuwenden, wird ein Fehler ausgelöst.
FileDateTime	Gibt einen **Date**-Wert zurück, der Datum und Zeitpunkt der Erstellung oder letzten Änderung der Datei angibt.
FileGet	Liest Daten aus einer geöffneten Datei in eine Variable ein.
FileLen	Gibt den Umfang einer Datei in Bytes als einen **Long**-Wert zurück.
FileOpen	Öffnet eine Datei für Eingabe oder Ausgabe. Wenn die Datei nicht vorhanden ist, wird sie angelegt, sobald eine Datei im Modus **Append**, **Binary**, **Output** oder **Random** geöffnet wird.
GetAttr	Gibt die Attribute einer Datei, eines Verzeichnisses oder eines Ordners zurück.

*Tabelle 7.11: Einige Member von **Microsoft.VisualBasic.FileSystem***

Eigenschaft/ Methode	Beschreibung
Input	Liest Daten aus einer geöffneten sequenziellen Datei und weist sie Variablen zu. Daten, die mit *Input* gelesen werden, sind normalerweise mit *Write* geschrieben worden. Verwenden Sie diese Funktion nur für Dateien, die im Modus *Input* oder *Binary* geöffnet wurden.
InputString	Gibt einen *String*-Wert zurück, der Zeichen aus einer im Modus *Input* oder *Binary* geöffneten Datei enthält. Verwenden Sie diese Funktion nur für Dateien, die im Modus *Input* oder *Binary* geöffnet wurden. Mit der *InputString*-Funktion gelesene Daten werden normalerweise mit *Print* oder *FilePut* in eine Datei geschrieben.
Kill	Löscht Dateien von einem Datenträger. *Kill* unterstützt die Angabe mehrerer Dateien mit Platzhaltern.
LineInput	Liest eine einzelne Zeile aus einer geöffneten sequenziellen Datei und weist sie einer *String*-Variablen zu. Daten, die mit *LineInput* gelesen werden, werden normalerweise mit *Print* in eine Datei geschrieben.
LOF	Gibt einen *Long*-Wert zurück, der den Umfang einer mit der *FileOpen*-Funktion geöffneten Datei in Bytes wiedergibt.
MkDir	Erstellt ein neues Verzeichnis oder einen neuen Ordner.
Print	Schreibt Daten, die für die Ausgabe formatiert sind, in eine sequenzielle Datei. *Print* schließt im Gegensatz zu *PrintLine* keinen Zeilenvorschub am Zeilenende ein.
PrintLine	Schreibt Daten, die für die Ausgabe formatiert sind, in eine sequenzielle Datei.
Rename	Benennt eine Datei, ein Verzeichnis oder einen Ordner auf einem Datenträger um oder verschiebt sie in ein anderes Verzeichnis. Dateien können zwischen verschiedenen Laufwerken verschoben werden, das Umbenennen eines Verzeichnisses ist jedoch nur innerhalb desselben Laufwerks möglich. Schließen Sie eine geöffnete Datei vor dem Umbenennen. Platzhalter dürfen nicht verwendet werden.
Reset	Schließt alle Datenträgerdateien, die mit der *FileOpen*-Funktion geöffnet wurden.
RmDir	Entfernt vorhandene Verzeichnisse oder Ordner. Bei Anwendung auf ein Verzeichnis mit Dateien wird ein Fehler ausgelöst.

Tabelle 7.11: Einige Member von **Microsoft.VisualBasic.FileSystem**

Eigenschaft/ Methode	Beschreibung
SetAttr	Legt die Attributinformation für eine Datei fest. Wenn die Datei geöffnet ist, wird ein Laufzeitfehler ausgelöst.
Write	Schreibt Daten in eine sequenzielle Datei. Daten, die mit **Write** geschrieben worden sind, werden normalerweise mit **Input** aus einer Datei gelesen.
WriteLine	Schreibt Daten in eine sequenzielle Datei.

*Tabelle 7.11: Einige Member von **Microsoft.VisualBasic.FileSystem***

Als ein einfaches Beispiel kann die **Dir**-Funktion dienen. Sie gibt die Namen von Dateien oder Verzeichnissen als Zeichenfolge zurück, die einem bestimmten Muster oder Dateiattribut oder der Datenträgerbezeichnung eines Laufwerks entsprechen. Die **Dir**-Funktion unterstützt die Angabe mehrerer Dateien mit Platzhaltern.

7.2 Lesen und Schreiben in Dateien

Nachdem Sie eine Datei angelegt und geöffnet haben, müssen Sie aus ihr lesen und in sie schreiben können. Dabei wird immer irgendein **Stream** übergeben. Ein **Stream** ist ein Informationsfluss, der sequenziell verläuft. Wenn Sie die Dateien abstrakt als einen **Stream** behandeln, wird es einfacher, mit Dateien und den darin vorhandenen Daten zu arbeiten, da Sie alle Dateien auf dieselbe Art behandeln können, gleichgültig, ob sie nun binär sind oder Text enthalten. Mehrere grundlegende Operationen – wie Lesen, Schreiben und Suchen – können mit **Streams** ausgeführt werden und diese verwenden im Prinzip immer dieselben Methoden. Abhängig von der zugrunde liegenden Datenquelle unterstützen Streams aber möglicherweise nur einige dieser Funktionen.

Zwischen einer Datei und einem Stream bestehen aber einige Unterschiede: Eine Datei ist eine geordnete, mit einem Namen versehene Sammlung einer bestimmten Sequenz von dauerhaft gespeicherten Bytes. Daher sind mit einer Datei immer Begriffe wie Verzeichnispfad, Datenträger oder Datei- und Verzeichnisnamen verbunden. Im

Gegensatz dazu können mit **Streams** Bytes in einen Sicherungsspeicher übertragen oder von dort gelesen werden, wobei verschiedene Arten von Speichermedien in Frage kommen. Dank dieser isolierten Speicherung benötigt Ihr Code keine eindeutigen Pfade zur Festlegung sicherer Speicherplätze im Dateisystem. Außerdem werden die Daten vor anderen Anwendungen geschützt, die nur über Zugriff auf isolierte Speicherplätze verfügen. Fest codierte Daten, die den Speicherbereich einer Anwendung angeben, sind nicht erforderlich.

7.2.1   Die Klasse FileStream

Die abstrakte **Stream**-Basisklasse unterstützt das Lesen und Schreiben von Bytes. **Stream** integriert asynchrone Unterstützung. Die Standardimplementierungen definieren synchrones Schreiben und Lesen in Bezug auf die entsprechenden asynchronen Methoden und umgekehrt. **Synchrone E/A** bedeutet, dass die Methode so lange blockiert ist, bis der E/A-Vorgang vollständig durchgeführt worden ist. Danach kehrt die Methode zu den entsprechenden Daten zurück. Bei Verwendung von **asynchroner E/A** kann der Benutzer die Daten aufrufen lassen und dabei mit der Bewältigung anderer Aufgaben fortfahren. Anschließend kann der Benutzer die Daten weiterverarbeiten. Verschiedene E/A-Anforderungen können auch gleichzeitig bearbeitet werden. Alle Klassen, die Streams darstellen, lassen sich auf diese **Stream**-Klasse zurückführen. Die **Stream**-Klasse und die davon abgeleiteten Klassen stellen damit eine allgemeine Technik für den Umgang mit Datenquellen bereit, sodass Sie sich mit den Einzelheiten des Betriebssystems und der zugrunde liegenden Geräte nicht befassen müssen.

Eigenschaften

Die in dieser Klasse verfügbaren Eigenschaften erlauben es Ihnen, bestimmte Charakteristika des aktuellen Streams zu ermitteln (→ Tabelle 7.12).

Eigenschaft	Beschreibung
CanRead	Ruft einen Wert ab, der angibt, ob der aktuelle Stream Lesevorgänge unterstützt. Ist *true*, falls Sie aus der Datei lesen können. Diese Eigenschaft ist gut für Prüfungen geeignet, um eine Ausnahme zu vermeiden, die auftreten kann, falls die Datei gesperrt oder nur zum Schreiben geöffnet ist.
CanSeek	Ruft einen Wert ab, der angibt, ob der aktuelle Stream Suchvorgänge unterstützt. Ist *true*, falls Sie die Datei durchsuchen können (d.h., falls Sie sich in ihr vorwärts und rückwärts bewegen können). Diese Eigenschaft ist gut für Prüfungen geeignet, um eine Ausnahme zu vermeiden, die ausgelöst wird, wenn Sie eine Datei lesen, in der Sie sich nicht vor- und zurückbewegen können. Bei Dateien ist dies nur selten der Fall, bei einigen anderen Streamtypen kommt es hingegen regelmäßig vor.
CanWrite	Ruft einen Wert ab, der angibt, ob der aktuelle Stream Schreibvorgänge unterstützt. Ist *true*, falls Sie in die Datei schreiben können. Diese Eigenschaft ist gut für Prüfungen geeignet, um eine Ausnahme zu vermeiden, die auftreten kann, falls die Datei gesperrt oder schreibgeschützt geöffnet ist.
Handle	Ruft das Dateihandle des Betriebssystems für die Datei ab, die durch das aktuelle *FileStream*-Objekt gekapselt wird.
Length	Ruft die Länge des Streams in Bytes ab.
Name	Ruft den Namen des *FileStream* ab, der an den Konstruktor übergeben wurde.
Position	Ruft die aktuelle Position dieses Streams ab oder legt diese fest.

Tabelle 7.12: Einige öffentliche Eigenschaften von **FileStream**

▶ ▶ **Aufgabe: Testen, ob gelesen und geschrieben werden kann**

Beispielsweise können Sie über die Klasse **FileStream** ermitteln lassen, ob in eine Datei geschrieben oder ob daraus gelesen werden kann.

Beispiel: Der folgende Code initialisiert der **StreamWriter**-Konstruktor eine neue Instanz der **StreamWriter**-Klasse. Die Variablen **Schreiben** und **Lesen** informieren Sie darüber, ob geschrieben und gelesen werden kann (→ Listing 7.16).

Listing 7.16: Sie können prüfen, ob gelesen und geschrieben werden kann

```
...
Dim Daten As FileStream
Dim Ausgabe As StreamWriter
Dim Dateiname As String = "Text.txt"
Dim Schreiben, Lesen As String
Daten = New FileStream(Dateiname, _
  FileMode.OpenOrCreate, _
  FileAccess.Read)
Schreiben = Daten.CanWrite
Lesen = Daten.CanRead
...
Daten.Close
...
```

Methoden

7.2

Die Klasse verfügt über eine Reihe von Methoden, mit denen Sie aus der Datei lesen und in diese schreiben können (→ Tabelle 7.13). Das Problem besteht bei den Methoden der Klasse **FileStream** darin, dass sie meist nicht sonderlich komfortabel sind, da sie alle mit Bytes zu tun haben. Anstelle dieser Methoden können Sie auch die anschließend beschriebenen Klassen **StreamReader** und **FileReader** auf **FileStream** anwenden, um die Informationen auf bequemere Art zu lesen.

Methode	Beschreibung
Begin-Read	Beginnt einen asynchronen Lesevorgang.
Begin-Write	Beginnt einen asynchronen Schreibvorgang.
Close	Schließt die Datei und gibt alle Ressourcen frei, die dem aktuellen Dateistream zugeordnet sind. Schließen Sie **FileStream** (und jeden anderen Strom) immer, wenn Sie ihn nicht mehr benötigen.
EndRead	Wartet, bis der ausstehende asynchrone Lesevorgang abgeschlossen ist.

*Tabelle 7.13: Einige öffentliche Methoden von **FileStream***

Methode	Beschreibung
EndWrite	Beendet einen asynchronen Lesevorgang und blockiert, bis die E/A-Operation abgeschlossen wurde.
Lock	Verhindert den Zugriff anderer Prozesse auf eine vollständige Datei oder einen Teil einer Datei.
Read	Liest einen Byteblock aus dem Stream und schreibt die Daten in einen angegebenen Puffer.
ReadByte	Liest ein Byte aus der Datei und erhöht die Leseposition um ein Byte.
Seek	Legt die aktuelle Position dieses Streams auf den angegebenen Wert fest.
SetLength	Legt die Länge dieses Streams auf den angegebenen Wert fest.
Unlock	Ermöglicht anderen Prozessen den Zugriff auf die gesamte Datei oder einen Teil der Datei, die zuvor gesperrt war.
Write	Schreibt einen Block von Bytes unter Verwendung von gepufferten Daten in diesen Stream.
WriteByte	Schreibt ein Byte an die aktuelle Position im Dateistream.

*Tabelle 7.13: Einige öffentliche Methoden von **FileStream** (Forts.)*

7.2.2 Die Klasse StreamReader

Verwenden Sie die Klasse **StreamReader** zum Lesen von Zeilen mit Informationen aus einer Standardtextdatei. Damit werden Zeichen in einer bestimmten Codierung eingegeben: Standardmäßig wird die **UTF-8**-Codierung verwendet, soweit dies nicht anders festgelegt wird.

Eigenschaften

Über die Eigenschaften der Klasse können Sie den Inhalt und die Form der Zeichencodierung abrufen (→ Tabelle 7.14).

Eigenschaft	Beschreibung
BaseStream	Gibt den zugrunde liegenden Stream zurück.
CurrentEncoding	Ruft die aktuelle Zeichencodierung ab, die der aktuelle **StreamReader** verwendet.

*Tabelle 7.14: Wichtige Eigenschaften von **StreamReader***

Methoden

Einige der Methoden von **StreamReader** sollten Ihnen bekannt vorkommen (→ Tabelle 7.15): Es sind dieselben Methoden wie bei der Klasse **Console**. Die Klasse **Console** ist also ein **StreamWriterReader**, der dafür entworfen wurde, in die Konsole zu schreiben.

Methode	Beschreibung
Close	Schließt den **StreamReader** und gibt alle dem Leseprogramm zugeordneten Systemressourcen frei. Schließen Sie **StreamReader**-Objekte immer, wenn Sie sie nicht mehr benötigen.
Peek	Gibt das nächste verfügbare Zeichen zurück, ohne es zu verarbeiten.
Read	Liest das nächste Zeichen oder die nächste Gruppe von Zeichen aus dem Eingabestream. Dies ist nützlich, wenn Sie die Informationen zeichenweise lesen.
ReadBlock	Liest maximal **count** Zeichen aus dem aktuellen Stream und schreibt die Daten beginnend bei **index** in **buffer**. Dies kann eine schnelle Art sein, Informationen aus einem **Stream** zu lesen.
ReadLine	Liest eine Zeile von Zeichen aus dem aktuellen Stream und gibt die Daten als Zeichenfolge zurück. Dies ist eine komfortable Art, mit Dateien umzugehen, die zeilenweise angeordnete Informationen enthalten.
ReadTo-End	Liest den Stream von der aktuellen Position bis zum Ende des Streams. Dies ist die schnellste Möglichkeit, alle Informationen aus **Stream** zu holen und in eine Variable zu setzen.

Tabelle 7.15: Einige Methoden von StreamReader

▶ ▶ **Aufgabe: Lesen aus einer Textdatei**

Mit Hilfe eines **StreamReader** können Sie aus einer Textdatei lesen. *Beispiel:* Im folgenden Codebeispiel wird ein **FileStream**-Objekt anhand einer vorhandenen Datei **Textdatei.txt** erstellt, um die Datei zu puffern. Anschließend wird ein **StreamReader** erstellt. Dieser liest Zeichen aus dem **FileStream**, der wiederum dem **StreamReader** als dessen Argument übergeben wird. **ReadLine** setzt den Lesevorgang so lange fort, bis **Peek** keine weiteren Zeichen mehr findet (→ Listing 7.17).

```
...
Const Dateiname As String = "Textdatei.txt"
Dim Datei As New FileStream( _
  Dateiname, _
  FileMode.Open, _
  FileAccess.Read, _
  FileShare.Read)
Dim Leser As New StreamReader(Datei)
While Leser.Peek() > -1
  Dim input As String = Leser.ReadLine()
  Console.WriteLine(input)
End While
Leser.Close()
...
```

▶▶ Aufgabe: Lesen in Zeilen einer Textdatei

Etwas komplizierter wird es, wenn aus einer Textdatei jede Zeile der Datei zeilenweise lesen wird, bis man zum Ende der Datei gelangt. *Beispiel:* Das Objekt **StreamReader** wird mit der Methode **OpenFile** des Objekts **Dateiname** erzeugt, wobei Sie den Pfad und Dateinamen der zu öffnenden Datei angeben (→ Listing 7.18). Mit diesem **Stream-Reader**-Objekt können Sie die einzelnen Zeilen der Datei lesen, indem Sie seine **ReadLine**-Methode verwenden, bis Sie zum Ende der Datei gelangen. Um zu überprüfen, dass Sie das Ende der Datei erreicht haben, vergleichen Sie den letzten eingelesenen Wert mit der Konstanten **Nothing**. Diese erlaubt es Ihnen, zwischen einer leeren Zeile in einer Datei und dem tatsächlichen Ende der Datei zu unterscheiden. Danach können Sie mit einer **Do While**-Schleife die Datei einlesen, immer eine Zeile nach der anderen. Sie können auch jede Zeile ausgeben, während Sie sie einlesen, damit Sie wissen, was das Programm tut.

Lesen und Schreiben in Dateien

```
...
Dim Dateiname As String
Dim Leser As System.IO.StreamReader
Dim Eingabezeile As String

    Dateiname = "Textdatei.txt"
    Leser = System.IO.File.OpenText(Dateiname)
...
Eingabezeile = "Something"
Do Until Eingabezeile is Nothing
    Eingabezeile = Leser.ReadLine()
    If Not Eingabezeile is Nothing Then
        System.Console.WriteLine(Eingabezeile)
    End If
Loop
Leser.Close
...
```

7.2

Beispiel: Alternativ können Sie eine leicht veränderte Schleifenme-
thode verwenden und sicherstellen, dass Sie nicht versuchen, noch
etwas auszugeben, nachdem das Ende der Datei bereits erreicht
wurde (→ Listing 7.19). Diese zweite Anwendung hat den einfachsten
(und daher auch besten) Code innerhalb der Schleife.

Listing 7.19: Eine bessere Schleife

```
...
Dim Dateiname As String
Dim Leser As System.IO.StreamReader
Dim Eingabezeile As String

Dateiname = "Textdatei.txt"
Leser = System.IO.File.OpenText(Dateiname)
Eingabezeile = Leser.ReadLine()
Do Until Eingabezeile Is Nothing
  System.Console.WriteLine(Eingabezeile)
  Eingabezeile = Leser.ReadLine()
Loop
Leser.Close
...
```

▶ ▶ **Aufgabe: Alle Zeichen einer Datei lesen**

Mit **ReadToEnd** können Sie alle Zeichen aus einer vorhandenen Datei lesen.

Beispiel: Beispielsweise wird dazu eine Textdatei **Text.txt** geöffnet und ihr Inhalt in eine Zeichenkettenvariable **Inhalt** eingelesen (→ Listing 7.20).

Listing 7.20: Eine gesamte Datei wird gelesen

```
...
Dim Datei As FileStream
Dim Leser As StreamReader
Dim Inhalt As String
Datei = New FileStream("Text.txt", _
  FileMode.OpenOrCreate, _
  FileAccess.Read)
Leser = New StreamReader(Datei)
Inhalt = Lesen.ReadToEnd()
Leser.Close()
Leser = Nothing
Datei = Nothing
Console.WriteLine(Inhalt)
Console.ReadLine()
...
```

▶ ▶ **Aufgabe: Lesen von Zeichen aus einer Zeichenfolge**

Verwenden Sie **StringReader.Read**, wenn eine bestimmte Anzahl von Zeichen aus einer vorhandenen Zeichenfolge, beginnend von einer festgelegten Position, gelesen werden soll.

Beispiel: Beispielsweise definieren Sie eine Zeichenfolge und konvertieren sie in ein Array von Zeichen, die dann mit der entsprechenden **StringReader.Read**-Methode gelesen werden können (→ Listing 7.21).

*Listing 7.21: Mit **StringReader.Read** können Sie Ketten von Zeichen lesen*

```
...
Dim Text As String = "ABCDEFGHIJKLMNOPQRSTUVWXYZ"
Dim Zeichen(24) As Char
Dim Leser As New StringReader(Text)
Text.Read(Zeichen, 3, 8)
Console.WriteLine(Zeichen)
Text.Close()
...
```

7.2.3 Die Klasse StreamWriter

Ebenso wie beim Lesen können Sie auch beim Schreiben das **Stream**-Objekt dafür verwenden, in sich selbst zu schreiben. Einfacher ist es jedoch, hierfür ein **StreamWriter**-Objekt zu verwenden. Ebenso wie **StreamReader** wenden Sie auch **StreamWriter** auf einen vorhandenen **Stream** an und fügen mit Hilfe der Methoden **Write** und **WriteLine** Informationen hinzu. Mit **StreamWriter** werden Zeichen in einer bestimmten Codierung ausgegeben, wohingegen von **Stream** abgeleitete Klassen für die Byteeingabe und -ausgabe verwendet werden. Auch **StreamWriter** verwendet als Standard eine Instanz von **UTF8**-Encoding, soweit dies nicht anders angegeben wird.

Methoden

Auch die Methoden von **StreamWriter** sollten Ihnen von der Klasse **Console** her bekannt vorkommen: Die Klasse **Console** ist nämlich ein **StreamWriter**, der dafür entworfen wurde, in die Konsole zu schreiben (→ Tabelle 7.16).

Methode	Beschreibung
Close	Schließt den aktuellen **StreamWriter** und den zugrunde liegenden Stream. Schließen Sie **StreamWriter**-Objekte, die Sie erzeugen, immer. Anderenfalls verlieren Sie möglicherweise Änderungen, die Sie an der Datei vorgenommen haben.
Write	Schreibt in den Stream.
WriteLine	Schreibt einige Daten, die durch die überladenen Parameter angegeben werden, gefolgt von einem Zeichen für den Zeilenabschluss.

*Tabelle 7.16: Einige öffentliche Methoden von **StreamWriter***

▶▶ Aufgabe: Schreiben in eine Textdatei

Das Schreiben in eine Textdatei ist eine recht einfache Angelegenheit.

Beispiel: Zum Schreiben definieren Sie Variablen als **FileStream** und als **StreamWriter**. Nach der Initialisierung werden die ganze Zahl **1234** und die Zeichenkette **ABCD** und – in einer neuen Zeile – die Zeichenfolge **EFGH** in die Datei geschrieben (→ Listing 7.22).

Listing 7.22: In eine Textdatei schreiben

```
...
Dim Datei As FileStream
Dim Schreiber As StreamWriter
Datei = New FileStream("Textdatei.txt", _
  FileMode.OpenOrCreate, FileAccess.Write)
Schreiber = New StreamWriter(Datei)
Schreiber.Write(1234)
Schreiber.WriteLine("ABCD")
Schreiber.Write("EFGH")
Schreiber.Close()
Schreiber = Nothing
Datei = Nothing
Schreiber.Close
...
```

▶▶ Aufgabe: Schreiben von Zeichen in eine Zeichenfolge

Sie können auch einzelne Elemente an eine bestimmte Position innerhalb einer vorhandenen Datei schreiben.

Beispiel: Im folgenden Codebeispiel wird eine bestimmte Anzahl von Zeichen aus einem Zeichenarray in eine vorhandene Zeichenfolge geschrieben (→ Listing 7.23). Der Schreibvorgang wird an einer festgelegten Position im Array gestartet.

Listing 7.23: Eine Zeichenfolge wird in die Datei geschrieben

```
...
Dim Text As String = "ABCDEFGHIJKLMNOPQRSTUVWXYZ"
Dim Schreiber As New StringWriter(Text)
Schreiber.Write(Text, 0, 3)
WriteLine(Schreiber)
Schreiber.Close()
...
```

7.3 Arbeiten im Fenster Server-Explorer

Eine weitere Möglichkeit zum Ablegen der Inhalte von Steuerelementen besteht in der Verwendung einer Datenbank im Projekt. Die Inhalte der Felder in einem Formular können dann in diesem Behälter aufbewahrt und bei Bedarf wieder angezeigt werden.

Interessant hinsichtlich der Verknüpfung zu Datenbanken ist zunächst das Fenster **Server-Explorer**, das Sie durch den gleichnamigen Befehl im Menü ANSICHT auf den Bildschirm bringen. Darin werden die beiden Hauptgruppen von externen Ressourcen angezeigt – **Datenverbindungen** und **Server**. Hier werden die verschiedenen Server in Ihrem Netzwerk und Dienste aufgelistet, die auf diesen Servern laufen (→ Abbildung 7.1). Bei einigen Diensten können Sie zudem den Dienst steuern oder Code schreiben, um diesen Dienst zu verwenden.

Abbildung 7.1: Im **Server-Explorer** *finden Sie Verknüpfungen zu externen Ressourcen*

In der Standardeinstellung zeigt der **Server-Explorer** unter **Server** alle Rechner an, mit denen Sie sich verbinden können und die ein visuelles Interface zu den Ressourcen bieten, die Sie Ihrem Programm zur Verfügung stellen können. Zu diesen Ressourcen gehören Leistungsindikatoren, Ereignisprotokolle, Meldungswarteschlangen und anderes, das mit diesem Tool-Fenster ganz einfach gefunden werden kann. Standardmäßig werden nur die Dienste auf dem Entwicklungsrechner angezeigt, aber bei Bedarf können Sie weitere hinzufügen. Für diese und andere Aufgaben können Sie die Schaltflächen der kleinen Symbolleiste im Fenster nutzen (→ Tabelle 7.17).

Symbol	Name und Beschreibung
	Aktualisieren – aktualisiert die Inhalte des Server-Explorers bzw. der darin markierten Ebene.
	Aktualisierung anhalten – stoppt den Versuch einer weiteren Aktualisierung.
	Mit Datenbank verbinden – startet den Prozess der Verbindung zu einer Datenbank.
	Aktualisieren – zeigt das Dialogfeld **Server hinzufügen** an, in dem Sie die Adresse eines weiteren Servers eingeben können.

Tabelle 7.17: Die Schaltflächen in der Symbolleiste des Fensters

7.3.1 Verbindung zu einer Datenbank herstellen

Sie können eine Verbindung zu einer Datenbank herstellen, unabhängig davon, ob Sie ein Projekt in der *IDE* geöffnet haben. Eine solche Verbindung ist Bestandteil des Server-Explorers in der *IDE* und beeinflusst geöffnete Projekte zunächst in keiner Weise. Sie bleibt so lange im Server-Explorer angezeigt, bis Sie sie löschen.

Zum Herstellen einer neuen Verbindung klicken Sie auf die Schaltfläche *Mit Datenbank verbinden* in der Symbolleiste des Fensters *Server-Explorer*. Damit starten Sie einen Prozess, der Sie durch mehrere Registerkarten führt und in den nachfolgend beschriebenen Aufgaben erläutert wird.

▶▶ **Aufgabe: Eine Datenquelle auswählen**

Nach einem Klick auf *Mit Datenbank verbinden* in der Symbolleiste des Fensters *Server-Explorer* wählen Sie im Dialogfeld *Datenquelle auswählen* die Datenquelle aus, mit der Sie eine Verbindung zur Datenbank herstellen möchten (→ Abbildung 7.2).

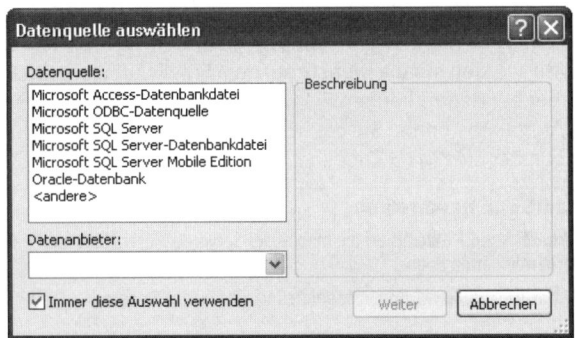

Abbildung 7.2: Installierte Datenzugriffsprovider

■ Mit *Microsoft Access-Datenbankdatei* können Sie auf Microsoft Access-Datenbanken – also *.mdb*-Dateien – zugreifen.

- Mit **Microsoft ODBC-Datenquelle** können Sie auf alle Datenbanken zugreifen, für die ein ODBC-Treiber installiert ist. Da viele ODBC-Treiber zur Verfügung stehen, sollten Sie mit diesem Provider auf praktisch alle Datenbanken zugreifen können. Allerdings sollten Sie ihn nur im Notfall verwenden, da er so auf Informationen zugreift, dass mehrere Ebenen zwischen Ihrem Programm und der Datenbank liegen – weswegen dieser Provider im Allgemeinen der langsamste ist.
- Wenn Sie einen SQL-Server auf Ihrem System installiert haben, dürfte auch die Option **Microsoft SQL Server** für Sie interessant sein.

▶▶ **Aufgabe: Die Verbindung hinzufügen**

Nach der Bestätigung über **Weiter** wird das Dialogfeld **Verbindung hinzufügen** angezeigt. Darin können Sie eine neue Datenverbindung konfigurieren. Je nachdem, welchen Typ von Datenquelle Sie gewählt haben, stehen Ihnen in diesem Dialogfeld unterschiedliche Optionen zur Verfügung (→ Abbildung 7.3).

- Für eine Microsoft Access-Datenbank brauchen Sie im Feld **Name der Datenbankdatei** nur den Pfad zu der Datei einzugeben, zu der eine Verbindung hergestellt werden soll. Sie können auch die Schaltfläche **Durchsuchen** verwenden. Zur Anmeldung müssen Sie gegebenenfalls im Feld **Benutzername** das Benutzerkonto für die Verbindung zur Datenbank und im Feld **Kennwort** das Passwort für die Verbindung zur Datenbank eingeben.
- Für die Verbindung zu einer SQL-Datenbank benennen Sie im Feld **Servernamen** den Server, zu dem eine Verbindung hergestellt werden soll. Da ein einzelner SQL-Server mehrere Datenbanken enthalten kann, müssen Sie im Feld **Wählen Sie einen Datenbanknamen aus, oder geben Sie ihn ein** die Datenbank auf dem Server benennen, zu der eine Verbindung hergestellt werden soll.

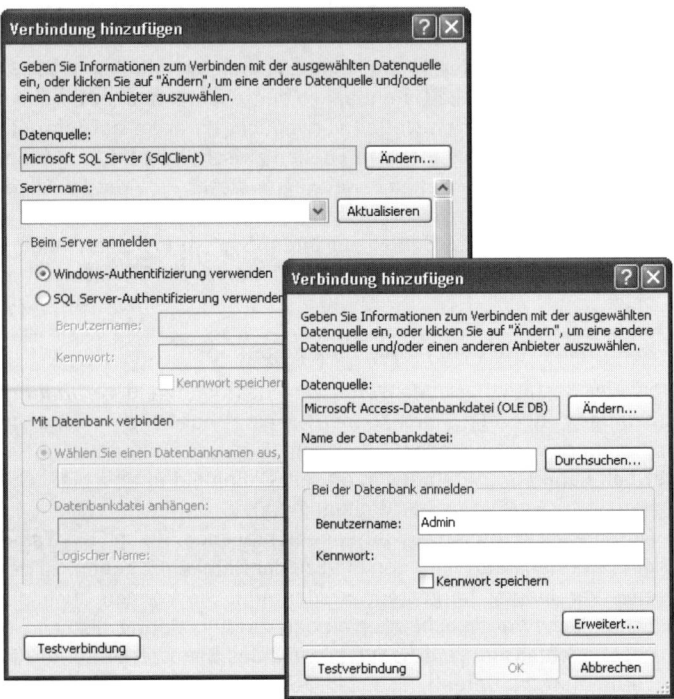

Abbildung 7.3: Die Einstellungen unterscheiden sich je nach Typ

▶▶ Aufgabe: Die Verbindung testen

Nachdem Sie alle Informationen eingegeben haben, die Sie für den Datenbankzugriff benötigen, klicken Sie die Schaltfläche **Testverbindung** an, um die Einstellungen zu bestätigen. Wenn nun ein Dialogfeld angezeigt wird, das besagt, dass die Verbindung erfolgreich getestet wurde, können Sie **OK** anklicken, den Dialog schließen und weiterarbeiten. Anderenfalls sollte Ihnen das Dialogfeld eine Möglichkeit vorschlagen, wie Sie den Fehler beheben können. Normalerweise besteht die Fehlerursache darin, dass Sie eine Einstellung vergessen haben. Beheben Sie in diesem Fall den Fehler und prüfen Sie die Verbindung noch einmal.

7.3.2 Eine SQL-Datenbank benutzen

Wenn Sie *Microsoft SQL Server 2005* auf Ihrem Rechner installiert haben, können Sie fast dieselben Techniken zum Einbinden einer bereits vorhandenen SQL-Datenbank benutzen. Das Erstellen einer SQL-Datenbank über die *IDE* ist eine allgemein nutzbare Aufgabe. Das empfiehlt sich beispielsweise dann, wenn Sie die im Formular eingegebenen Feldinhalte später nur in Ihrer Anwendung verfügbar haben möchten.

▶▶ Aufgabe: Eine SQL-Datenbank anlegen

Sie können eine solche SQL-Datenbank direkt aus der IDE heraus erstellen. Dazu führen Sie die folgenden Schritte durch:

■ Wählen Sie über das Menü PROJEKT den Befehl NEUES ELEMENT HINZUFÜGEN und im gleichnamigen Dialogfeld die Option *SQL-Datenbank* (→ Abbildung 7.4).

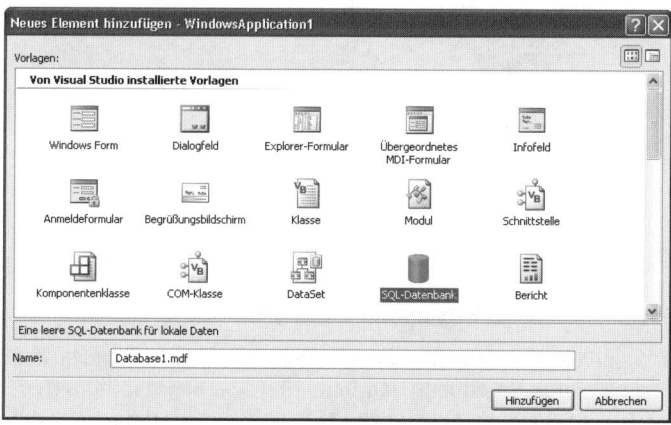

Abbildung 7.4: Wählen Sie ein neues Element aus

- Der **Assistent zum Konfigurieren von Datenbanken** wird gestartet. Da Sie hier aber eine neue SQL-Datenbank erst erstellen wollen, benötigen Sie die weiteren Schritte des Assistenten nicht – Sie können ihn durch einen Klick auf **Abbrechen** beenden.
- Als Ergebnis wird der Eintrag für eine noch zu spezifizierende Datenbank – standardmäßig mit **Database1.mdf** bezeichnet – im **Projektmappen-Explorer** angezeigt. Zu diesem Zeitpunkt beinhaltet diese Datenbank aber noch keinerlei Inhalte.

▶▶Aufgabe: Eine Tabelle in einer SQL-Datenbank anlegen

Wenn Sie die Datenbank benutzen wollen, müssen Sie darin zumindest erst eine Tabelle erzeugen, die Inhalte – beispielsweise Adressdaten – aufnehmen kann. Dazu führen Sie die nachfolgenden Schritte aus:

- Wählen Sie im Menü ANSICHT den Befehl SERVER-EXPLORER. In diesem Fenster werden die Datenbanken aufgelistet. Auch die von Ihnen angelegte SQL-Datenbank sollte hier erscheinen. Öffnen Sie den Knoten dazu.

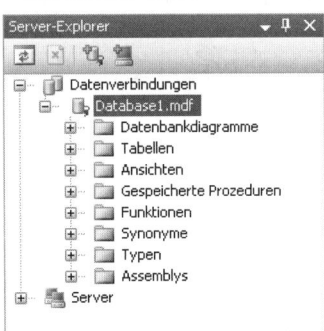

*Abbildung 7.5: Der **Server-Explorer** zeigt die SQL-Datenbank an*

- Wählen Sie im Menü DATEN den Befehl NEU HINZUFÜGEN und im dann angezeigten Untermenü den Befehl TABELLE. Im Hauptbereich der **IDE** wird ein neues Fenster geöffnet, über das Sie die Tabelle definieren können (→ Abbildung 7.6).

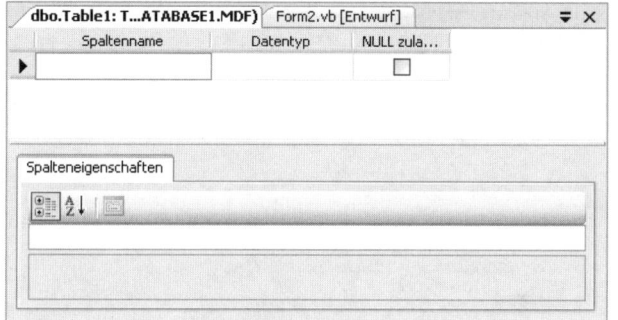

Abbildung 7.6: Die Tabelle kann definiert werden

- Geben Sie der Tabelle einen Namen, unter dem die neue Tabelle verwaltet werden soll. Dazu können Sie in der *IDE* das Feld *Name* im Bereich *Identität* im Fenster *Eigenschaften* benutzen. Falls Sie eine Adressdatenbank aufbauen möchten, könnte dieser Name *Kontakte* lauten.
- Definieren Sie dann die Feldnamen der Tabelle. Wählen Sie das Feld *Spaltenname* oben links im Fenster und geben Sie den gewünschten Namen dort ein.
- Für jedes Feld können Sie einen *Datentyp* festlegen. Über dieses Listenfeld steht Ihnen eine Vielzahl von Optionen zur Verfügung, mit denen Sie die Felder an die Art der aufzunehmenden Inhalte anpassen können. Die bei einigen Optionen angezeigte Zahl beschreibt immer die Länge des Felds. Wählen Sie beispielsweise *nvarchar(50)* aus der Liste. Damit legen Sie die Feldlänge auf *50* Zeichen fest.
- Wiederholen Sie diese Schritte für die weiteren Felder der Tabelle (→ Abbildung 7.7). Diese Eigenschaften können Sie auch im unteren Bereich des Fensters weiter konfigurieren und korrigieren.
- Speichern Sie die Eingaben über das Menü *Datei* mit dem Befehl *Kontakte speichern*. Wenn Sie Ihre Tabelle anders benannt haben, lautet der Name dieses Befehls entsprechend.

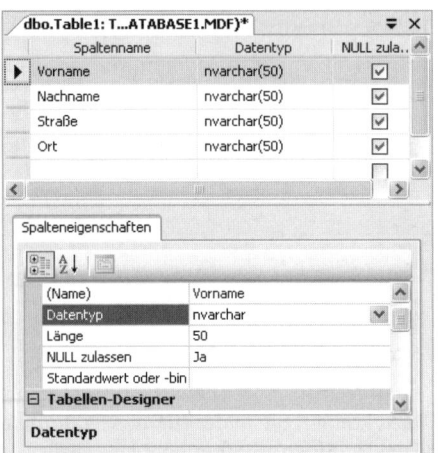

dbo.Table1: T...ATABASE1.MDF)*		⬚ ×
Spaltenname	Datentyp	NULL zula.. ⌃
▶ Vorname	nvarchar(50)	☑
Nachname	nvarchar(50)	☑
Straße	nvarchar(50)	☑
Ort	nvarchar(50)	☑
		☐ ⌄

Spalteneigenschaften

(Name)	Vorname	⌃
Datentyp	nvarchar	⌄
Länge	50	
NULL zulassen	Ja	
Standardwert oder -bin		
⊟ **Tabellen-Designer**		⌄

Datentyp

Abbildung 7.7: Die Feldnamen sind definiert

Ihre Datenbank verfügt jetzt über eine Tabelle. Sie können das kontrollieren, indem Sie im **Datenbank-Explorer** den Knoten für die Datenbank und darin den Knoten für die **Tabellen** öffnen. Sie finden darunter die eben angelegte Tabelle unter dem von Ihnen vergebenen Namen. Die Tabelle enthält aber noch keinerlei Daten, was oft sinnvoll ist, wenn nur Daten aus einem Formular darin aufgenommen werden sollen.

Vermeiden von Duplikaten

Wenn Sie vermeiden wollen, dass später Duplikate in der Datenbank auftauchen, sollten Sie noch einen Schlüssel definieren. Als Schlüsselfelder könnten Sie beispielsweise die Felder **Vorname** und **Nachname** gemeinsam benutzen. Dazu deaktivieren Sie im **Tabellendesigner** die Kontrollkästchen **NULL zulassen** für die Felder **Vorname** und **Nachname**. Schlüsselfelder dürfen nämlich nicht leer sein. Markieren Sie dann die beiden Felder gemeinsam mit gedrückt gehaltener [Strg]-Taste und wählen Sie im Menü **Tabellen-Designer** den

Arbeiten im Fenster
Server-Explorer

7.3

Befehl **Primärschlüssel festlegen**. Für beide Felder wird ein kleines Schlüsselsymbol angezeigt. Speichern Sie die Änderungen über das Menü **Datei** mit dem Befehl **Kontakte speichern**.

7.3.3 Die Ansicht von Tabellen im Server-Explorer

Nachdem Sie eine Verbindung zur Datenbank hergestellt haben, sollte diese im Abschnitt **Datenverbindungen** des **Server-Explorers** erscheinen (→ Abbildung 7.8).

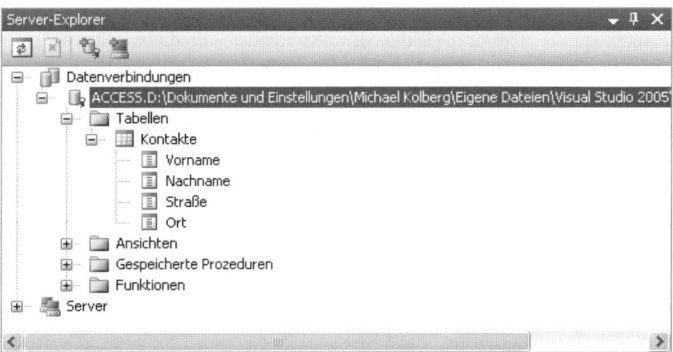

Abbildung 7.8: Der Server-Explorer zeigt die Verbindung zur Datenbank an

Je nach dem Typ der Datenbank hat der Eintrag mehrere Abschnitte (→ Tabelle 7.18): **Tabellen** sind der wichtigste Abschnitt der **Datenverbindungen**, denn sie beinhalten die Informationen, die in der Datenbank gespeichert sind. Nach einem Zugriff auf eine solche Tabelle können Sie die Daten in der Datenbank einsehen, die Tabellen ändern usw.

Objekt	Beschreibung
Tabellen	Enthält eine Liste aller Tabellen, die in der Datenbank gespeichert sind. Eine Tabelle fasst Informationen zu Gruppen zusammen.

Tabelle 7.18: Die Verbindung enthält mehrere Unterpunkte

Objekt	Beschreibung
Ansichten	Enthält eine Liste der Ansichten der Daten in der Datenbank. Eine Ansicht ist eine Möglichkeit, die Informationen zu betrachten. Sie kann beispielsweise alle Felder anzeigen, Informationen auf andere Art sortieren oder Informationen aus mehreren Tabellen zusammenstellen.
Gespeicherte Prozeduren	Enthält eine Liste der Programme, die in der Datenbank gespeichert sind. Dazu gehören Anfragen, die Informationen zurückgeben können, sowie Programme, die Informationen löschen, aktualisieren oder einfügen.
Funktionen	Funktionen gleichen den gespeicherten Prozeduren, gelten aber nur für einige Datenbanken. Normalerweise gibt man damit kleine Informationsmengen zurück.

Tabelle 7.18: Die Verbindung enthält mehrere Unterpunkte (Forts.)

▶ ▶ Aufgabe: Eine Tabelle anzeigen

Sie können die Daten in der Datenbank in der **IDE** anzeigen lassen, indem Sie den Ordner **Tabellen** öffnen und den Befehl TABELLENDATEN ANZEIGEN aus dem Kontextmenü dazu wählen. Es öffnet sich ein neues Fenster, das den Inhalt der Tabelle zeigt (→ Abbildung 7.9).

*Abbildung 7.9: Die Daten können innerhalb der **IDE** angezeigt werden*

7.4 Verknüpfen mit dem Projekt

Die im vorherigen Abschnitt demonstrierte Verbindung zu einer Datenbank über den **Server-Explorer** ist zwar Bestandteil der **IDE**, aber beeinflusst geöffnete Projekte zunächst in keiner Weise. Genauer gesagt ist diese Verbindung auch eigentlich nicht notwendig, die Kenntnis über die Vorgehensweise vereinfacht aber das weitere Vorgehen.

7.4.1 Datenbank hinzufügen

Der wesentliche Schritt besteht darin, eine Verbindung zwischen einer Datenbank und dem aktuellen Projekt – genauer gesagt einem Formular – zu schaffen. Wenn Sie eine Datenverbindung im **Server-Explorer** geschaffen haben, können Sie diese zum Aufbau der Verbindung nutzen. Zum Herstellen einer solchen Verknüpfung gibt es mehrere Methoden.

▶ ▶ **Aufgabe:** Ein Projekt mir einer Datenbank verbinden

Zum Zuordnen einer Datenbank zu einem **Visual Basic**-Projekt führen Sie die folgenden Schritte durch:

- Aktivieren Sie das Element Ihres Projekts, zu dem Sie die Datenbankverbindung herstellen möchten – beispielsweise das Formular einer Windows-Anwendung.
- Wählen Sie im Menü **Daten** den Befehl **Neue Datenquelle hinzufügen**. Damit wird der **Assistent zum Konfigurieren von Datenquellen** gestartet (→ Abbildung 7.10).
- Wählen Sie auf der ersten Seite die Option **Datenbank** und klicken Sie auf **Weiter**. Auf der zweiten Seite müssen Sie die Datenverbindung festlegen (→ Abbildung 7.11). Wenn Sie die im vorherigen Abschnitt beschriebene Verbindung zu einer Datenbank über den **Server-Explorer** bereits eingerichtet haben, wird diese Verbindung automatisch gewählt. Haben Sie bereits mehrere Verbindungen zu Datenbanken im **Server-Explorer** formuliert, können Sie die gewünschte über das Listenfeld auswählen.

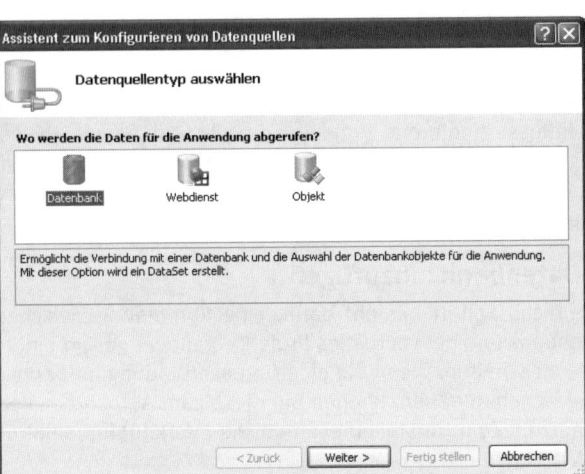

*Abbildung 7.10: Der **Assistent** wird gestartet*

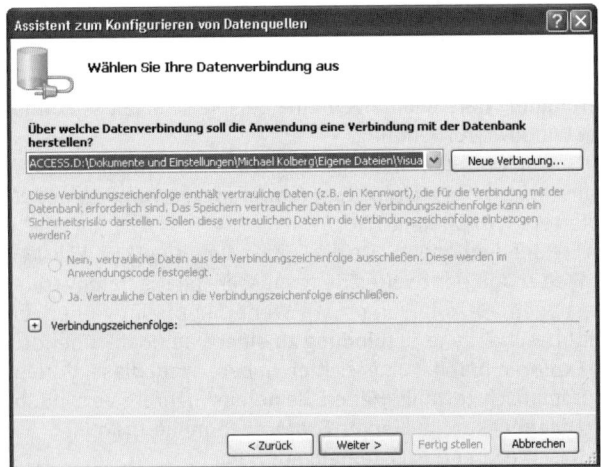

Abbildung 7.11: Legen Sie die Datenverbindung fest

- Hatten Sie noch keine Verbindung über den Server-Explorer definiert, müssen Sie diesen Prozess jetzt nachholen. Klicken Sie dazu auf die Schaltfläche **Neue Verbindung**. Die anschließende Vorgehensweise unterscheidet sich nicht von der Arbeit im **Server-Explorer** (→ Abschnitt 7.3). Das Dialogfeld **Datenquelle auswählen** wird angezeigt (→ Abbildung 7.2). Hierin müssen Sie zunächst angeben, welche Art von Datenbank Sie benutzen wollen. Bestätigen Sie Ihre Wahl durch einen Klick auf **OK**. Das Dialogfeld **Verbindung hinzufügen** wird angezeigt (→ Abbildung 7.3). Wählen Sie hier die Datenbank aus. Durch einen Klick auf **Testverbindung** können Sie die Funktionsfähigkeit der Verbindung wieder testen.
- Wechseln Sie dann zur nächsten Seite des Assistenten. Sie können jetzt auswählen, ob Sie in Ihrem Projekt eine Kopie der Datenbank erstellen oder eine Verbindung zur Datenbankdatei an deren aktuellen Speicherort herstellen möchten (→ Abbildung 7.12). Ein Kopieren in das Projekt hat den Vorteil, dass sie später im Zusammenhang mit Ihrer Visual Basic-Anwendung zur Verfügung steht. Im Allgemeinen sollten Sie also über **Ja** bestätigen.

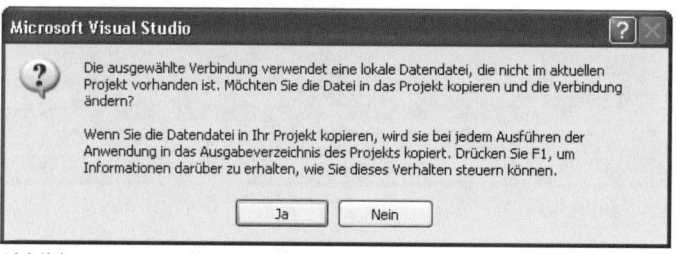

Abbildung 7.12: Soll eine Kopie der Datenbank erstellt werden?

- Auf der nächsten Seite des Assistenten können Sie festlegen, ob die mit dem vorherigen Schritt festgelegte Verbindungszeichenfolge im Projekt gespeichert werden soll. Ein solches Speichern hat diverse Vorteile und Sie sollten die Voreinstellung **Ja, Verbindung speichern unter** nicht deaktivieren. Wechseln Sie dann zur nächsten Seite des Assistenten.

- Die letzte Seite zeigt dann die Objekte innerhalb der Datenbank an. Wenn die Datenbank Tabellen enthält, können sie hier angezeigt werden, indem Sie die entsprechenden Knoten öffnen. Aktivieren Sie das Kontrollkästchen vor der Tabelle, die Sie anbinden möchten. Sie können auch einzelne Felder in einer Tabelle auswählen (→ Abbildung 7.13).

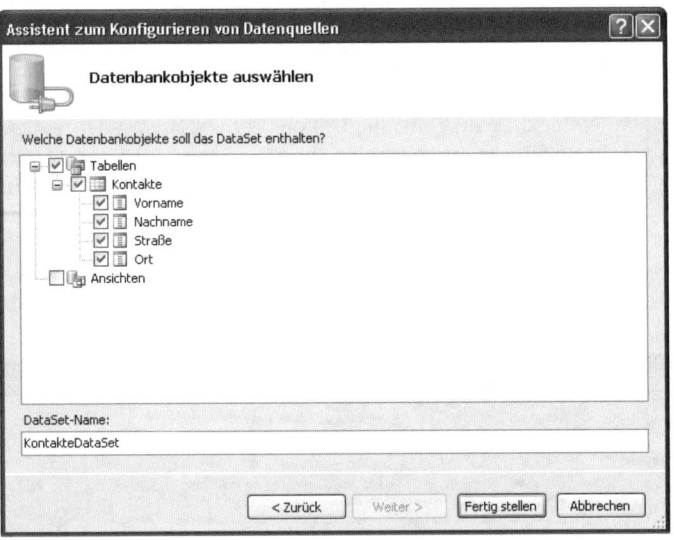

Abbildung 7.13: Wählen Sie die gewünschten Objekte aus

- Klicken Sie abschließend auf **Fertig stellen**, um den Assistenten zu beenden.

Mit der eben beschriebenen Arbeit im Assistenten haben Sie den Verweis auf eine lokale Datenbankdatei zu Ihrem Projekt hinzugefügt. Beachten Sie, dass im Fenster **Projektmappen-Explorer** jetzt zusätzliche Einträge angezeigt werden: Sie finden hier zumindest eine **DataSet**-Datei, die diesen Verweis beinhaltet und das Projekt über die Struktur der Datenbank informiert (→ Abbildung 7.14).

Wenn Sie vorher angegeben hatten, dass im Projekt eine Kopie der Datenbank erstellt werden soll, finden Sie auch diese im ***Projektmappen-Explorer*** wieder. Auf der Registerkarte ***Datenquellen*** dieses Fensters finden Sie die Elemente der verknüpften Datenbank vermerkt.

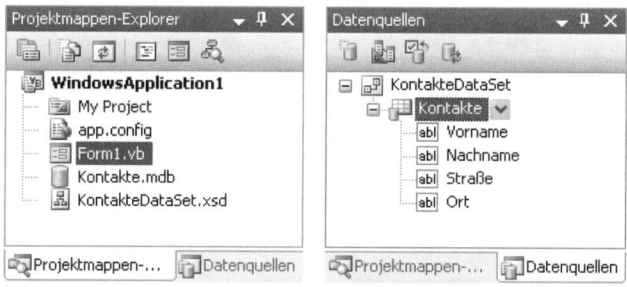

Abbildung 7.14: Neue Elemente werden im **Projektmappen-Explorer** *angezeigt*

Anpassung der Datenbenutzeroberfläche

Über die Seite ***Windows Forms-Designer/Anpassung der Datenbenutzeroberfläche*** wird definiert, welche Steuerelemente in der Liste der verfügbaren Steuerelemente für Elemente auf der Registerkarte ***Datenquellen*** im Fenster ***Projektmappen-Explorer*** angezeigt werden. Jedes Element in diesem Fenster verfügt über eine Liste von Steuerelementen, die Sie auswählen und anschließend auf das Formular in der Windows-Anwendung ziehen können. Die für jedes Element verfügbaren Steuerelemente werden vom Datentyp des Elements bestimmt. Jedem Datentyp ist eine Liste gültiger Steuerelemente zugeordnet, die in diesem Dialogfeld definiert werden, einschließlich eines Standardsteuerelements. Wenn Sie ein Element aus dem Datenquellenfenster auf ein Formular ziehen, ohne ein Steuerelement auszuwählen, wird dem Formular das Standardsteuerelement für den Datentyp des ausgewählten Elements hinzugefügt.

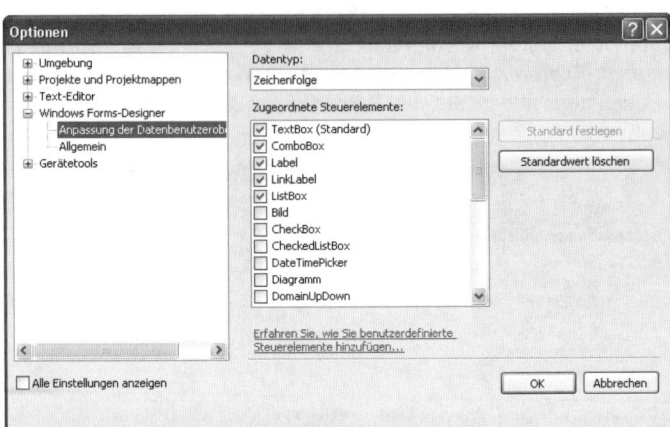

Abbildung 7.15: Sie können die Einstellungen im Fenster anpassen

7.4

Mit diesem Dialogfeld können Sie die Liste von Steuerelementen anpassen, die für Elemente im Datenquellenfenster angezeigt werden.

▶▶ **Aufgabe: Ein DataSet zur Kontrolle benutzen**

Ein *DataSet* speichert die Daten einer Datenbank in einem separaten Cache. Die Struktur eines *DataSet* kann mit der einer relationalen Datenbank verglichen werden: Damit wird ein hierarchisches Objektmodell von Tabellen, Zeilen und Spalten zur Verfügung gestellt. Über den Befehl DATENVORSCHAU im Menü DATEN können Sie die Funktionstüchtigkeit des *DataSet* überprüfen (→ Abbildung 7.16). Wenn Sie in dem dann angezeigten Dialogfeld *Datenvorschau* auf *Vorschau* klicken, sollten die Daten aus Ihrer Tabelle angezeigt werden.

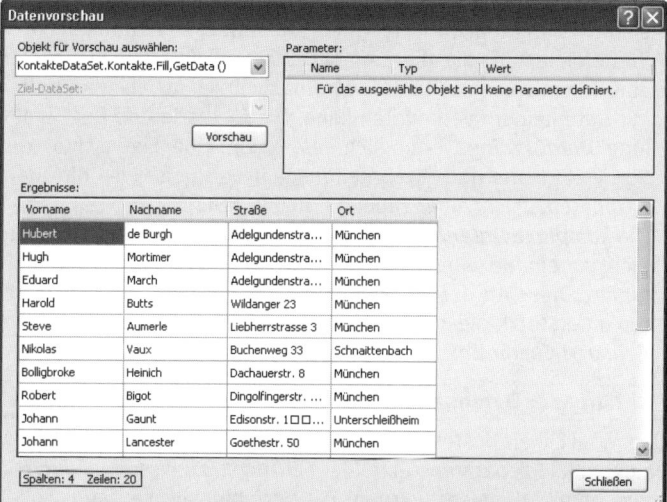

Abbildung 7.16: Die Funktionsfähigkeit kann geprüft werden

7.4.2 Daten in Steuerelementen anzeigen

Schließlich kommen wir zum eigentlichen Zweck der bisherigen Ausführungen – der Anzeige von Daten in Steuerelementen. Sobald ein Steuerelement an eine Datenquelle gebunden ist, werden Änderungen dieser Datenquelle in der Benutzeroberfläche widergespiegelt und Änderungen, die über die Benutzeroberfläche an den Daten vorgenommen wurden, werden an die Datenquelle weitergeleitet.

Zum Binden der Inhalte einer Datenbank an die Steuerelemente eines Formulars gibt es mehrere Möglichkeiten. Alle Windows Forms-Steuerelemente, die die Datenbindung unterstützen, haben zwei Versionen: eine, die die einfache Bindung unterstützt, und eine, die die komplexe Bindung behandeln kann.

- *Einfache Bindung* bedeutet, dass eine Eigenschaft eines Steuerelements mit einem Feld einer Datenquelle verbunden wird. Steuerelemente, die die einfache Bindung unterstützen, bieten eine Sammlung namens *DataBindings*, mit der man Eigenschaften mit Datenfeldern verknüpfen kann. Die Methode *Add* der Sammlung *DataBindings* ermöglicht es Ihnen, eine Eigenschaft des Steuerelements und die Datenquelle – beispielsweise die Standarddatenansicht einer Tabelle – anzugeben.
- Die *komplexe Datenbindung* bedeutet, dass man Steuerelemente nicht an ein einzelnes Feld, sondern an eine ganze Datenquelle bindet. Diese Art der Datenbindung wird von zwei Steuerelementen unterstützt, die mit Visual Studio .NET geliefert werden: *DataGrid* und *ComboBox*.

▶ ▶ Aufgabe: Datenbankinhalte in Textfeldern anzeigen lassen

Eine Möglichkeit besteht darin, die Inhalte der einzelnen Felder der Datenbank in separaten Textfeldern anzeigen zu lassen, die im Formular bereits angelegt wurden. Die Verfahrensweise dafür wollen wir Ihnen zuerst vorführen. Es ist wohl überflüssig, zu bemerken, dass die Inhalte des Formulars denen der Datenbank entsprechen sollten: Die Datenbank sollte also eine Tabelle enthalten, die geeignet ist, die entsprechenden Daten aus dem Formular aufzunehmen. Wenn Sie beispielsweise die Inhalte von vier Textfeldern in einem Formular in einer Datenbank ablegen wollen, muss die Tabelle auch über vier Felder verfügen, die diese Texteingaben speichern können.

- Öffnen Sie dann für ein vorhandenes Textfeld im Fenster *Eigenschaften* den Knoten *(DataBindings)* im Bereich *Daten*. Sie finden darin mehrere Unterpunkte. Markieren Sie darin die Eigenschaft *Text*. Öffnen Sie das zu dieser Eigenschaft gehörende Listenfeld.
- Navigieren Sie in der dann angezeigten Struktur über *Weitere Datenquellen*, *Projektdatenquellen*, *das DataSet* usw. bis zum Namen des Datenfelds, das in der gewählten *TextBox* angezeigt werden soll – beispielsweise *Vorname*, wenn Sie das Textfeld mit diesem Datenbankfeld verbinden möchten (→ Abbildung 7.17).

Doppelklicken Sie auf diese Feldbezeichnung. Der gewählte Name wird anschließend in der Eigenschaft **Text** vermerkt.

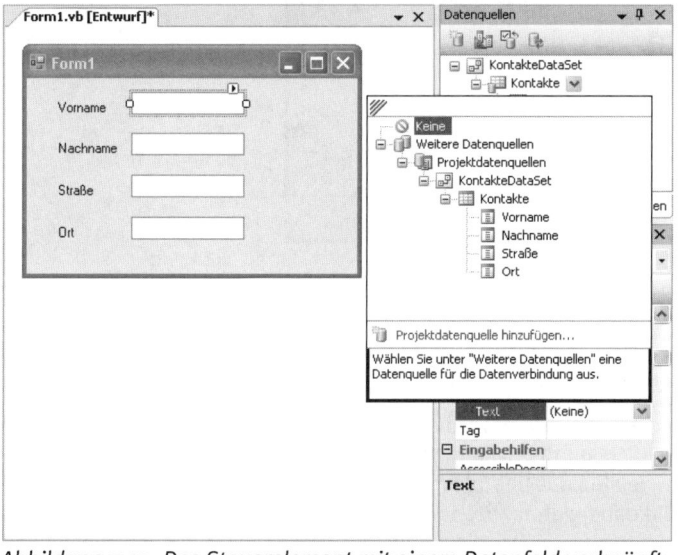

Abbildung 7.17: Das Steuerelement mit einem Datenfeld verknüpft

- Nach dieser Wahl werden automatisch drei Steuerelemente im Komponentenfach angesiedelt – **DataSet**, **BindingSource** und **TableAdapter**. Diese dienen zur Steuerung der Verbindung (→ Abbildung 7.18).
- Zur Bindung der weiteren Datenfelder an die Felder der Datenbank gehen Sie ähnlich vor, nur wählen Sie hier den Feldnamen unterhalb von **BindingSource**. Wenn Sie – wie eben beschrieben – über **Weitere Datenquellen**, **Projektdatenquellen**, das **DataSet** usw. zu einem solchen Feld navigieren, würden weitere Steuerelemente vom Typ **DataSet**, **BindingSource** und **TableAdapter** im Komponentenfach angesiedelt werden.

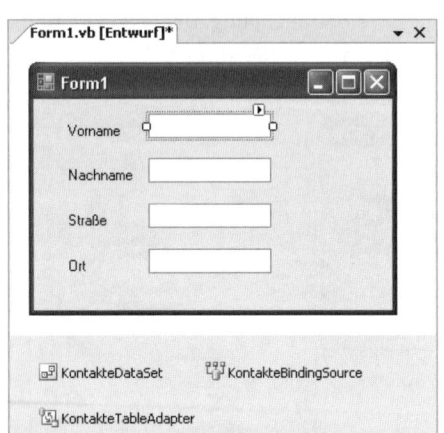

Abbildung 7.18: Weitere Steuerelemente werden eingefügt

- Beenden Sie nach dieser Kontrolle die Anwendung durch einen Klick auf die Schaltfläche **Schließen** in der Titelleiste oder beenden Sie das Debugging über die **IDE**.

Ein dabei automatisch eingefügter Code sorgt dafür, dass beim Öffnen des Formulars die Inhalte der Datenbank in das **DataSet** kopiert und im Formular wiedergegeben werden (→ Abbildung 7.19). Sie können die Daten dann editieren oder erweitern. Speichern können Sie diese Änderungen noch nicht; darauf werden wir noch eingehen.

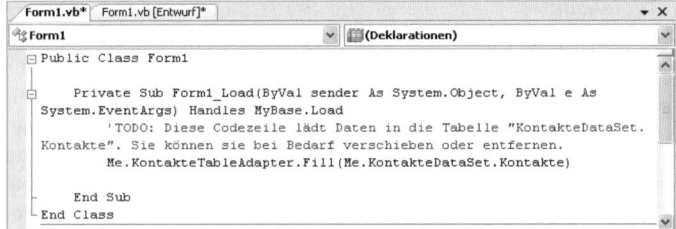

Abbildung 7.19: Ein automatisch eingefügter Code sorgt für die Koppelung

Eine schnellere Variante

Schneller funktioniert die Koppelung zwischen den Steuerelementen in einem Formular und den Feldern in der Tabelle einer Datenbank durch eine andere Technik, die aber dieselben Ergebnisse erzeugt:

- Lassen Sie die Registerkarte **Datenquellen** im Fenster **Projektmappen-Explorer** anzeigen und öffnen Sie die Konten so weit, dass die Feldnamen in der Datenbank angezeigt werden.
- Markieren Sie ein Datenbankfeld und ziehen Sie es mit der Maus auf das gewünschte Steuerelement im Formular.

▶ ▶ Aufgabe: Textfelder für die Datenbankfelder neu erstellen

Auch wenn Sie in Ihrem Formular noch keine Textfelder angesiedelt hatten, können Sie ein schnelleres Verfahren benutzen, das gleichzeitig Textfelder im Formular erstellt und diese an Datenbankfelder koppelt.

- Lassen Sie wieder die Registerkarte **Datenquellen** im Fenster **Projektmappen-Explorer** anzeigen und öffnen Sie die Konten so weit, dass die Feldnamen in der Datenbank angezeigt werden.
- Sie können einzelne Elemente aus diesem Fenster direkt auf ein Formular im Entwurfsmodus ziehen. Wenn Sie beispielsweise einen Feldnamen auf das Formular ziehen, wird damit automatisch ein Steuerelement vom Typ **TextBox** mit einer dazugehörenden Beschriftung erstellt, das direkt mit dem Datenbankfeld verknüpft ist. Automatisch werden auch die Steuerelemente vom Typ **DataSet**, **TableAdapter** und **BindingSource** hinzugefügt. Das zusätzliche Steuerelement **BindingNavigator** dient zur Navigation in der Datenbank (→ unten).

▶ ▶ Aufgabe: Eine Navigationsleiste benutzen

Wenn Sie andere Datensätze aus der Datenbank einsehen oder auch um neue anlegen zu können, benötigen Sie ein Werkzeug, das diese Aufgaben für Sie durchführt.

Verknüpfen mit dem Projekt

7.4

- Fügen Sie aus dem Bereich **Daten** der Toolbox ein Steuerelement vom Typ **BindingNavigator** dem Formular hinzu, indem Sie es darauf ziehen. Es wird wieder automatisch im Komponentenfach abgelegt. Außerdem wird oben im Formular eine Navigationsleiste angezeigt. Unter Umständen müssen Sie einige Korrekturen hinsichtlich der Lage der vorher im Formular vorhandenen Steuerelemente vornehmen.
- Für diese Navigationsleiste müssen Sie noch festlegen, welche Daten Sie damit steuern wollen. Das erreichen Sie im Fenster **Eigenschaften** über **BindingSource** unter **(DataBindings)** im Bereich **Daten**. Geben Sie hier die **BindingSource** an, die die Verbindung zur Datenbank beschreibt. Sie können sie über das dazugehörige Listenfeld auswählen.

Nachdem Sie diese Eigenschaft festgelegt haben, können Sie zur Laufzeit zwischen den einzelnen Sätzen der Datenbank navigieren (→ Abbildung 7.20).

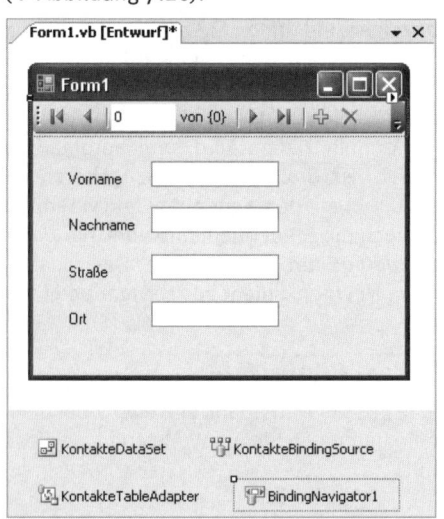

Abbildung 7.20: Eine Steuerleiste ermöglicht die Navigation

Statt für jedes Datenfeld ein separates Steuerelement vom Typ **Text-Box** zu verwenden, können Sie die Feldspalten und -zeilen im Formular auch in einem Raster anzeigen lassen.

■ Lassen Sie das gewünschte Formular im Entwurf anzeigen und fügen Sie ihm ein Steuerelement vom Typ **DataGridView** aus dem Bereich **Daten** der **Toolbox** hinzu. Positionieren Sie das Steuerelement nach Ihren Wünschen auf dem Formular, am besten in der Mitte. Wenn Sie die Eigenschaft **Dock** im Bereich **Layout** auf **Fill** festlegen, sorgen Sie dafür, dass das Steuerelement das Formular vollständig ausfüllt.

■ Auch hier müssen Sie angeben, welche Daten angezeigt werden sollen. Öffnen Sie im Fenster **Eigenschaften** für das Steuerelement das Listenfeld zur Eigenschaft **DataSource**. In der dann angezeigten Struktur navigieren Sie über **Weitere Datenquellen**, **Projektdatenquellen** usw. bis zum Namen der Tabelle, deren Daten angezeigt werden sollen. Doppelklicken Sie auf diesen Eintrag. Nach dieser Wahl werden wieder automatisch die drei Steuerelemente **DataSet**, **BindingSource** und **TableAdapter** im Komponentenfach angesiedelt (→ Abbildung 7.21).

Zur Laufzeit werden in dieser Anwendung die Daten aus der Tabelle angezeigt, mit der das Steuerelement verknüpft ist. Sie können darüber die Inhalte der Datensätze ändern, neue Datensätze hinzufügen oder vorhandene löschen. Wenn Sie auf den rechten Rand einer Spalte doppelklicken, wird die Größe der Spalte geändert, damit die Beschriftung und der längste Eintrag voll angezeigt werden.

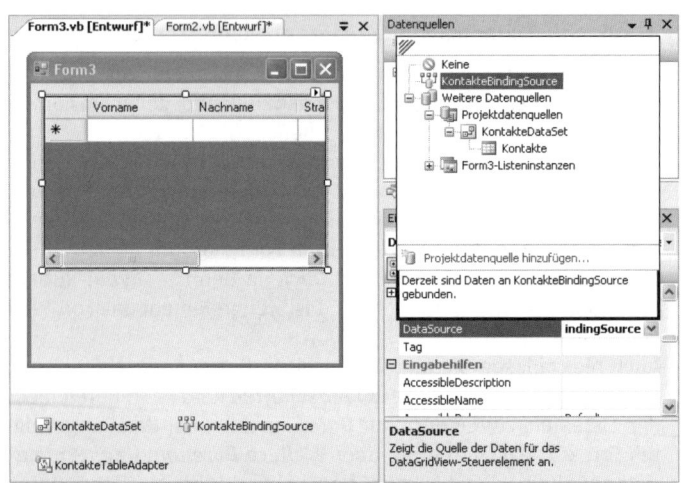

Abbildung 7.21: **DataSet** *und* **DataGrid** *werden verbunden*

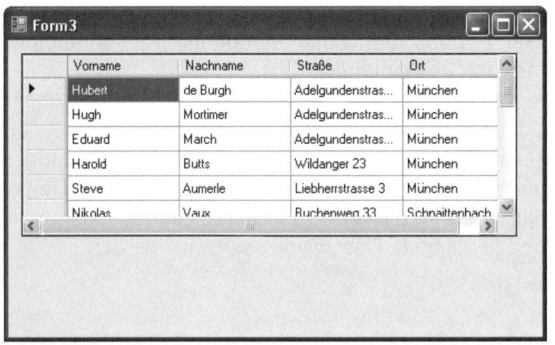

Abbildung 7.22: Die Daten werden im Raster angezeigt

Zu den Formatierungen, die dem **DataGrid**-Steuerelement zugewiesen werden können, gehören die Rahmenart, der Rasterlinienstil, die Schriftart, die Beschriftungseigenschaft, die Datenausrichtung sowie alternative Hintergrundfarben zwischen Zeilen.

Eine schnellere Variante für das Raster

Wenn Sie von einem leeren Formular ausgehen und darin die Inhalte der Datenbank in einem Tabellenraster anzeigen lassen wollen, können Sie sich wieder einer schnelleren Technik dazu bedienen:

■ Lassen Sie die Registerkarte **Datenquellen** im Fenster **Projektmappen-Explorer** anzeigen und öffnen Sie die Konten so weit, dass die Feldnamen in der Datenbank angezeigt werden.

■ Wenn Sie die gesamte Tabelle mit allen darin enthaltenen Feldern auf das Formular ziehen, wird darin automatisch ein Steuerelement vom Typ **DataGrid** erstellt, in dem die Inhalte im Raster angezeigt werden.

▶▶ Aufgabe: Neue Daten speichern

Bei den im Formular angezeigten Daten handelt es sich genau genommen nur um eine Kopie der Datenbankdaten, die in einem lokalen **DataSet** gespeichert wurde. Bei jedem Programmstart werden die Daten dieses **DataSet** aus der Datenbank abgerufen. Änderungen, die im **DataSet** vorgenommen werden, haben keine Auswirkungen auf die Datenbank.

Wenn Sie erreichen wollen, dass alle im **DataSet** vorgenommenen Änderungen in die Datenbank zurückgespeichert werden sollen, benötigen Sie noch eine Ergänzung. Dazu doppelklicken Sie auf das Formular, um den Code-Editor dafür zu öffnen. Wählen Sie dann über die Dropdown-Liste **Methodenname** das Ereignis **FormClosing** und geben Sie im Ereignisbehandler zwei weitere Codezeilen ein.

Listing 7.24: Der Code sorgt für das Speichern der Änderungen

```
...
Me.AdressenBindingSource.EndEdit()
Me.AdressenTableAdapter.Update(Me.Database1DataSet.Adressen)
...
```

Durch den Code wird veranlasst, dass der **AdressenTableAdapter** alle an dem Datensatz vorgenommenen Änderungen zurück in die lokale Datenbank speichert.

Besonderheiten bei der *ComboBox*

Um das Listenfeld einer *ComboBox* mit Daten aus einer Datenquelle zu füllen, setzen Sie einfach deren Eigenschaft *DataSource* auf eine Tabelle im *DataSet* und deren Eigenschaft *DisplayMember* auf eine Spalte der Tabelle.

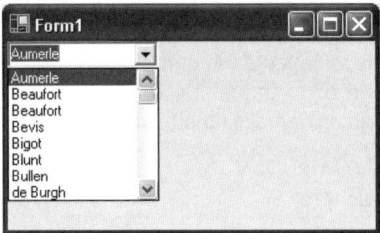

Abbildung 7.23: Zur Laufzeit zeigt die **ComboBox** *die Daten des* **DataSet** *an*

Ein interessanter Aspekt bei der Verwendung von *ComboBox* tritt auf, wenn Sie dieses Steuerelement mehrfach auf dem Formular verwenden und es an unterschiedliche Spalten der Tabelle binden. Wenn Sie dabei für die Eigenschaft *DataSource* dieselbe Bindung vornehmen, verhalten sich die Inhalte der Steuerelemente zur Laufzeit synchron zueinander.

Wenn Sie nur eines dieser Felder als *ComboBox* und die sonstigen Daten in Form von Textfeldern anzeigen lassen wollen, haben Sie mehrere Möglichkeiten dazu. Beispielsweise können Sie zusätzlich Textfelder in das Formular einfügen und denen die Inhalte der jeweiligen Steuerelemente vom Typ *ComboBox* zuweisen. Beachten Sie, dass diese Zuweisung über einen Ereignisbehandler der jeweiligen *ComboBox* geschehen muss.

7.4

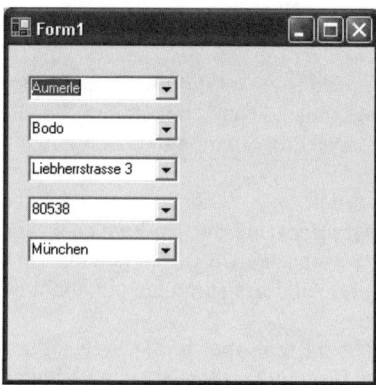

Abbildung 7.24: Mehrere Steuerelemente sind synchronisiert

Listing 7.25: Textfeldern werden die Inhalte der **ComboBox**-*Felder zugewiesen*

```
...
Private Sub ComboBox2_SelectedIndexChanged _
(ByVal sender As System.Object, _
ByVal e As System.EventArgs) _
Handles ComboBox2.SelectedIndexChanged
  TextBox1.Text = ComboBox2.Text
End Sub
....
```

8 Programmoberflächen

Auch in diesem Kapitel werden wir uns weiter mit Steuerelementen beschäftigen, diesmal allerdings mit solchen, mit denen Sie die Optik und Verhaltensweisen ganzer Programmoberflächen bestimmen können.

- Ein wichtiger Aspekt der Arbeit mit Windows-Anwendungen besteht im Einsatz von *Dialogfeldern* und diesem Bereich wollen wir uns zunächst zuwenden (→ Abschnitt 8.1). Sie können auch Dialogfelder wie jedes andere Windows-Formular auf mehrere Weisen erstellen.

- Die einfachste Form der Arbeit besteht aber in der Verwendung von *Dialog-Steuerelementen*. Diese Auswahl reicht von Dialogfeldern zum Öffnen und Speichern von Dateien bis zu solchen für die Auswahl von Schriftarten oder zum Drucken (→ Abschnitt 8.2). Wenn Sie diese Standarddialogfelder benutzen, erstellen Sie Anwendungen, mit deren Basisfunktionen Benutzer sofort vertraut sind.

- Für Windows-Anwendungen typisch ist deren Steuerung über Menüs, Kontextmenüs und Symbolleisten. Mit Hilfe von Steuerelementen wie *MenuStrip*, *ContextMenu* oder *ToolStrip* können Sie derartige Werkzeuge in Ihren Anwendungen erstellen lassen (→ Abschnitt 8.3).

- Eine der wichtigsten Zusatzfunktionen, die Sie als Entwickler den Benutzern zur Verfügung stellen können, ist ein angemessenes Hilfesystem. Dieses wird von den Benutzern bei Zweifeln oder Unklarheiten konsultiert. Windows Form stellt Ihnen dafür mehrere Steuerelemente zur Verfügung – beispielsweise *HelpProvider* und *ToolTip* (→ Abschnitt 8.4).

- Sie haben sicherlich festgestellt, dass nicht alle Benutzeroberflächen von Windows-Programmen dasselbe Erscheinungsbild oder Verhalten aufweisen. Einige Programme erlauben es beispielsweise, gleichzeitig mehrere ähnliche Fester geöffnet zu halten, andere nicht. Wie man diese verschiedenen Oberflächenstile – beispielsweise **Single Document-** oder **Multiple Document-Interfaces** – erzeugt und damit arbeitet, werden wir anschließend ansprechen (→ Abschnitt 8.5).

Bei der Mehrzahl der in diesem Kapitel angesprochenen Komponenten der Toolbox handelt es sich um unsichtbare Steuerelemente, sie werden also nach dem Einfügen in einen separaten Bereich unter dem Entwurfsbereich des Formulars angezeigt (→ Tabelle 8.1). Einige werden wir hier intensiver behandeln.

Steuerelement	Bewirkt
ColorDialog	Ermöglicht den Benutzern die Auswahl einer Farbe aus einer Palette in einem vordefinierten Dialogfeld und das Hinzufügen von benutzerdefinierten Farben zu dieser Palette.
ContextMenu	Stellt Benutzern ein leicht zugängliches Menü der häufig verwendeten Befehle zur Verfügung, die zum ausgewählten Objekt gehören.
ErrorProvider	Zeigt den Benutzern auf diskrete Weise Fehlerinformationen an.
FontDialog	Zeigt die momentan auf dem System installierten Schriftarten an.
HelpProvider	Verbindet eine HTML-Hilfedatei mit einer Windows-Anwendung.
ImageList	Zeigt Bilder für andere Steuerelemente an.
MenuStrip	Zeigt ein Menü zur Laufzeit an.
OpenFileDialog	Ermöglicht Benutzern das Öffnen von Dateien mit Hilfe eines vordefinierten Dialogfelds.
PageSetupDialog	Legt Seitendetails für das Drucken mit Hilfe eines vordefinierten Dialogfelds fest.
PrintDialog	Wählt einen Drucker und die zu druckenden Seiten aus und legt weitere druckrelevante Einstellungen fest.
PrintDocument	Legt die Druckeigenschaften fest und druckt das Dokument in der Windows-Anwendung.
PrintPreviewControl	Ermöglicht Ihnen die Erstellung einer eigenen **PrintPreview**-Komponente oder eines Dialogfelds anstelle der vordefinierten Version.

Tabelle 8.1: Die Steuerelemente werden für unterschiedliche Aufgaben verwendet

▶▶Schnell**übersicht** Visual Basic 2005

Steuerelement	Bewirkt
PrintPreviewDialog	Zeigt ein Dokument in der Druckvorschau an.
ProgressBar	Zeigt den Fortschritt einer Aktion bis zu ihrem Abschluss grafisch an.
SaveFileDialog	Wählt Dateien für das Speichern aus und gibt den Speicherort an.
StatusBar	Zeigt Statusinformationen zum ausgewählten Steuerelement an.
ToolStrip	Zeigt Menüs und bebilderte Schaltflächen zum Aktivieren von Befehlen an.
ToolTip	Zeigt Text an, wenn der Benutzer auf andere Steuerelemente zeigt.

Tabelle 8.1: Die Steuerelemente werden für unterschiedliche Aufgaben verwendet (Forts.)

8.1 Dialogfelder

Ein wichtiger Aspekt der Arbeit mit Windows-Anwendungen besteht im Einsatz von Dialogfeldern und diesem Bereich wollen wir uns in diesem Abschnitt zuwenden. Sie können für einfache Aufgaben solche Dialogfelder selbst erstellen.

■ Eine schnelle Methode zur Anzeige eines einfachen Dialogfelds besteht in der Verwendung der Klasse *MessageBox*. Dabei handelt es sich um ein nützliches Werkzeug, das eine Nachricht zusammen mit bestimmten Schaltflächenkombinationen – beispielsweise *Ja/Nein*, *OK/Abbrechen*, *Abbrechen/Wiederholen/Ignorieren* – anzeigen kann.

■ Sie können aber auch Dialogfelder wie jedes andere Windows-Formular selbst erstellen. Meistens benötigen Sie aber gar nichts Komplexes. Sie möchten nur eine einfache Frage stellen, die der Anwender beispielsweise mit der Antwort *Ja/Nein* oder *OK/Abbrechen* beantworten kann, oder dem Anwender eine Nachricht anzeigen.

8.1.1 Die MessageBox

Eine Methode zur Anzeige eines Dialogfelds besteht in der Verwendung der Klasse **MessageBox**. Dabei handelt es sich um ein nützliches Werkzeug, das eine Nachricht zusammen mit unterschiedlichen Schaltflächenkombinationen – beispielsweise **Ja/Nein**, **OK/Abbrechen**, **Abbrechen/Wiederholen/Ignorieren** – anzeigen kann. Diese Klasse enthält eine einzelne statische Methode namens **Show**, über die Sie das Dialogfeld mit einem einzigen Aufruf wie gewünscht konfigurieren und anzeigen können. In Allgemeinen werden Sie dieser Methode zumindest den im Dialogfeld anzuzeigenden Text übergeben.

▶▶ Aufgabe: Eine Meldung anzeigen

Das Anzeigen einer Meldung ist eine einfache Angelegenheit. Sie müssen nur eine **MessageBox** anzeigen lassen.

Beispiel: Der Code in der Subroutine sorgt dafür, dass ein Dialogfeld mit dem Text **Das ist eine Meldung!** angezeigt wird (→ Listing 8.1).

Listing 8.1: Der Code zeigt eine **MessageBox** *an*

```
...
Private Sub Anzeige()
  MessageBox.Show("Das ist eine Meldung!")
End Sub
...
```

Wenn Sie keine weiteren Einstellungen hinsichtlich der zu benutzenden Schaltflächen gewählt haben, wird im Dialogfeld immer die Schaltfläche **OK** angezeigt (→ Abbildung 8.1). Ein Klick darauf zur Laufzeit blendet das Dialogfeld aus.

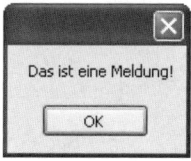

Abbildung 8.1: Ein Dialogfeld mit einer Schaltfläche wird angezeigt

Die Methode **Show** kann bis zu weitere sieben verschiedene Parameter entgegennehmen, über die Sie das Verhalten der **MessageBox** verfeinern können (→ Tabelle 8.2). Die Parameter müssen in der nachfolgend gezeigten Reihenfolge eingegeben werden, können aber auch ausgelassen werden.

Parameter	Wirkung
Text	Stellt die Nachricht dar, die von der **MessageBox** angezeigt wird, und ist nicht optional.
Caption	Bestimmt, welcher Titel in der **MessageBox** angezeigt wird.
Buttons	Steuert die Schaltflächen, die auf der **MessageBox** gezeigt werden, und nimmt einen der möglichen aufgezählten Werte an. **AbortRetryIgnore** lässt das Dialogfeld mit **Abbrechen**-, **Wiederholen**- und **Ignorieren**-Schaltflächen anzeigen, **YesNo** zeigt **Ja**- und **Nein**-Schaltflächen an usw.
Icon	Steuert, welche Grafik zusammen mit der Nachricht angezeigt wird, wenn es überhaupt eine gibt. Manche Betriebssysteme bieten nur Grafiken für vier dieser Werte an. Dann sind alle neun Optionen einer dieser vier Grafiken zugeordnet.
DefaultButton	Wenn sich in dem Dialogfeld mehr als eine Schaltfläche befindet, kann nur eine davon die Voreinstellung sein. Diese wird ausgeführt, wenn der Anwender auf ⏎ drückt. Dieser Parameter kann auf **Button1**, **Button2** oder **Button3** gesetzt werden, die jeweils einer der entsprechenden Schaltflächen zugeordnet sind.
Options	Steuert das Aussehen der **MessageBox** und ist besonders nützlich, wenn Ihre Anwendung für ein anderes Land lokalisiert wird.
OwnerWindow	Gibt ein Fenster innerhalb Ihrer Anwendung an, vor dem die **MessageBox** erscheinen soll. Im Allgemeinen wird diese Funktionalität nicht benötigt, aber sie steht zur Verfügung.

*Tabelle 8.2: Die **Show**-Methode nimmt mehrere Parameter entgegen*

Auf welche Schaltfläche nach der Anzeige der **MessageBox** der Anwender zur Laufzeit klickt, wird von der Methode **Show** als *Dialog-Result*-Wert zurückgegeben. Sie können diesen in einer Variablen speichern. Sie können den Methodenaufruf aber auch direkt in einem Ausdruck oder einer Bedingung verwenden.

Beispiel: In vielen Fällen empfiehlt es sich, die unterschiedlichen Ergebnisse gleich direkt innerhalb einer **Select Case**-Anweisung abzuarbeiten (→ Listing 8.2).

Listing 8.2: Mit der **MessageBox** *auf die Antwort reagieren*

```
Sub Abfrage()
  Select Case (MessageBox.Show _
    ("Was wollen Sie tun?", "Frage", _
    MessageBoxButtons.AbortRetryIgnore))
      Case DialogResult.Abort
        MessageBox.Show("Sie wollen abbrechen")
      Case DialogResult.Retry
        MessageBox.Show("Sie wollen wiederholen")
      Case DialogResult.Ignore
        MessageBox.Show("Sie wollen ignorieren")
    End Select
End Sub
```

8.1.2 Formulare als Dialogfelder

Es kommt vor, dass Sie ein Dialogfeld mit komplexeren Fähigkeiten benötigen, als Ihnen **MessageBox** bietet. Sie können dazu jedes Windows-Formular in ein Dialogfeld verwandeln und es in Ihrem Programm verwenden.

Modale und nicht modale Formulare

Bevor wir hier konkreter werden, sollten wir uns etwas mit dem Unterschied zwischen **modalen** oder **nicht modalen** Formularen oder Fenstern beschäftigen.

■ Bei einem *modalen* Fenster muss der Anwender zuerst etwas tun und anschließend das Fenster explizit wieder verlassen, bevor er mit einem anderen Teil der Anwendung weitermachen kann. Ein Beispiel hierfür ist ein Fenster, das fragt, ob Sie die Änderungen an einem Dokument speichern möchten. Der Anwender muss diese Frage auf die eine oder andere Weise beantworten. *Modale* Formulare müssen geschlossen werden, bevor Sie die Arbeit in der Anwendung fortsetzen können. Ein Formular ist beispielsweise modal, wenn Sie erst auf die Schaltfläche *OK* oder *Abbrechen* klikken müssen, um zu einem anderen Formular oder zu einem anderen Dialogfeld zu wechseln. Modale Fenster werden auch als *Dialogfelder* bezeichnet. Anders herum gesagt: Fenster, die wichtige Meldungen anzeigen, sollten immer modal sein. In *Visual Studio .NET* haben sie besondere Eigenschaften, die es erleichtern, Informationen vom Anwender zu bekommen.

■ *Nicht modale* Fenster ermöglichen dem Anwender eine weniger strukturierte Interaktion: Er kann hier den Fokus zwischen dem Formular bzw. Dialogfeld und einem anderen Formular verschieben, ohne das erste Formular bzw. Dialogfeld schließen zu müssen. Der Benutzer kann die Arbeit an einer beliebigen Stelle in der Anwendung fortsetzen, während das Formular oder das Dialogfeld geöffnet bleibt. Er kann auch in einer anderen Anwendung arbeiten. Das Dialogfeld *Suchen*, auf das in *Visual Studio .NET* über das Menü Bearbeiten zugegriffen wird, ist ein Beispiel für ein nicht modales Dialogfeld. Verwenden Sie nicht modale Formulare und Dialogfelder, um häufig verwendete Befehle oder Informationen anzuzeigen. Nicht modale Formulare sind schwerer zu programmieren, da sie vom Benutzer in nicht vorhersehbarer Reihenfolge aufgerufen werden können. Der Zustand einer Anwendung muss aber bei allen Aktionen des Benutzers konsistent bleiben.

▶ ▶ **Aufgabe: Formulare modal oder nicht modal anzeigen**

Zur Anzeige eines Dialogfelds als nicht modales Dialogfeld benutzen Sie – wie oben für *MessageBox* demonstriert – die Methode *Show*.

Wenn Sie ein Formular als modales Dialogfeld anzeigen lassen wollen, rufen Sie die **ShowDialog**-Methode auf. Der Code, der der **ShowDialog**-Methode folgt, wird erst nach dem Schließen des Dialogfelds ausgeführt. Die **ShowDialog**-Methode verfügt über das optionale Argument **owner**, mit dem eine Beziehung zwischen übergeordneten und untergeordneten Daten für ein Formular angegeben werden kann.

Beispiel: Wenn ein Dialogfeld im Hauptformular beispielsweise codegesteuert angezeigt wird, können Sie damit das Hauptformular als Besitzer festlegen (→ Listing 8.3).

Listing 8.3: Der Besitzer kann festgelegt werden

```
...
  Dim Formular1 As New Form()
  Formular1.ShowDialog(Me)
...
```

Beispiel: Wenn Sie ein Formular als nicht modales Dialogfeld anzeigen wollen, rufen Sie die **Show**-Methode auf (→ Listing 8.4). Der auf die **Show**-Methode folgende Code wird gleichzeitig mit der Anzeige des Formulars ausgeführt.

Listing 8.4: Zur nicht modalen Anzeige benutzen Sie **Show**

```
...
Dim Formular As New Form()
Formular.Show()
...
```

▶ ▶ Aufgabe: Das Aussehen eines Dialogfelds einstellen

Ein Dialogfeld verhält sich aber nicht nur anders als ein reguläres Windows-Formular, es soll auch meist anders aussehen. Beispielsweise kann es im Allgemeinen zur Laufzeit nicht skaliert werden. Das erreichen Sie über die Eigenschaft **FormBorderStyle** im Bereich **Darstellung**, die Sie auf **FixedDialog** setzen. Da es auch keine Notwendigkeit gibt, ein Dialogfeld zu minimieren oder zu maximieren, setzen Sie die Eigenschaften **MaximizeBox** und **MinimizeBox** im

Dialogfelder

8.1

Bereich **Fensterstil** beide auf **False**. Die Überschrift das Dialogfelds in der Titelleiste stellen Sie mit **Text** im Bereich **Darstellung** ein. Anschließend bauen Sie das Dialogfeld wie ein normales Formular auf. Setzen Sie beispielsweise Steuerelemente wie **TextBox** und/ oder **Button** ein.

▶ ▶ ▶ Aufgabe: **Die Ergebnisse im Dialogfeld auswerten**

Die Antwort auf die Frage, welche Schaltfläche gedrückt wurde, kann ähnlich behandelt werden wie bei einem Aufruf an **Message-Box.Show()**. Ein selbst erstelltes Dialogfeld gibt eine Formulareigenschaft **DialogResult** zurück. Diese können Sie mit einer einzelnen Codezeile wie **Me.DialogResult = DialogResult.Cancel** definieren.

Es gibt aber noch eine andere Methode, diesen Ergebniswert zu definieren, und zwar indem man die Eigenschaft **DialogResult** der vorhandenen Schaltflächen – beispielsweise **OK** und **Abbrechen** – definiert. Wenn diese Werte gesetzt sind, wird das Dialogfeld automatisch geschlossen, wenn der Anwender die eine oder andere Schaltfläche anklickt, und das Ergebnis des Dialogfelds wird auf den Dialogergebniswert der Schaltfläche gesetzt.

8.2 Dialog-Steuerelemente

Je komplexer die Aufgaben werden, die über ein Dialogfeld abgewickelt werden müssen, desto umfangreicher wird der Code, den Sie dafür schreiben müssen. Für viele Aufgaben hält darum **Visual Basic .NET** Standarddialogfelder in Form von Steuerelementen bereit und das vereinfacht das Arbeiten erheblich. Sie finden diese in der **Tool-Box** in den Bereichen **Dialogfelder** und **Drucken**. Diese Auswahl reicht von Dialogfeldern zum Öffnen und Speichern von Dateien bis zu solchen für die Auswahl von Schriftarten oder zum Drucken. Wenn Sie diese Standarddialogfelder verwenden, haben Sie den zusätzlichen Vorteil, dass die Basisfunktionen dem Benutzer sofort vertraut sind. Nach dem Einfügen eines dieser Steuerelemente wird es im Komponentenfach unterhalb des Formulars angezeigt.

Alle diese Komponenten bewirken die Darstellung von modalen Dialogfeldern. Bei deren Anzeige werden alle anderen Bereiche der Anwendung blockiert, bis der Benutzer seine Angaben im Dialogfeld abgeschlossen hat. Dieser Abschluss erfolgt im Allgemeinen durch eine Klick auf eine Schaltfläche. Wenn ein Dialogfeld modal angezeigt wird, können Eingaben (über die Tastatur oder per Mausklick) also ausschließlich für die im Dialogfeld enthaltenen Objekte erfolgen. Ein modales Dialogfeld muss durch das Programm ausgeblendet oder geschlossen werden (üblicherweise als Reaktion auf eine Benutzeraktion), bevor eine Eingabe im aufrufenden Programm vorgenommen werden kann.

8.2.1 Das Dialogfeld Öffnen mit OpenFileDialog

Durch die Verwendung der Komponente **OpenFileDialog** können Sie den Prozess des Öffnens einer Datei über das bekannte **Öffnen**-Dialogfeld leicht in Ihre Anwendung integrieren (→ Abbildung 8.2).

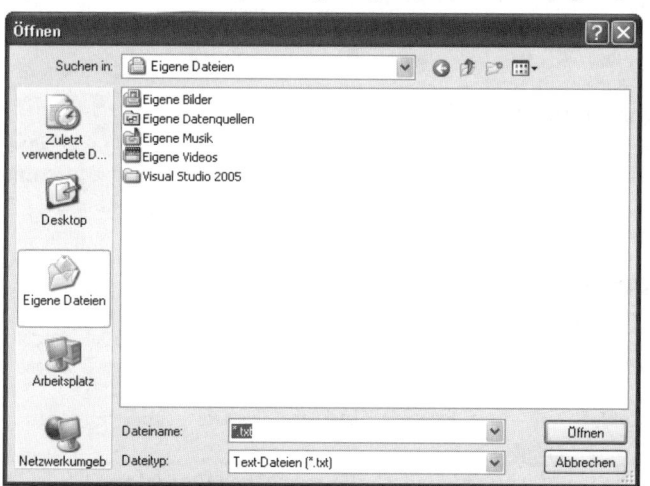

Abbildung 8.2: **Öffnen** handhabt die Kommunikation mit dem Betriebssystem

Zur Anzeige benutzen Sie die Methode **ShowDialog** des Steuerelements. Anschließend müssen Sie Ihre eigene Logik für den Prozess des Öffnens schreiben. Dafür gibt es unterschiedliche Techniken.

Beispiel: Die Subroutine zeigt das Dialogfeld über die Methode **ShowDialog** an (→ Listing 8.5). Nach Wahl einer Grafikdatei durch den Benutzer und der nachfolgenden Bestätigung wird deren Inhalt einer **PictureBox1** zugewiesen.

Listing 8.5: Die Routine öffnet das Dialogfeld

```
...
Sub Oeffnen
  If OpenFileDialog1.ShowDialog = _
    Windows.Forms.DialogResult.OK Then
      PictureBox1.Image = _
        Image.FromFile(OpenFileDialog1.FileName)
  End If
End Sub
...
```

Eigenschaften

Das Steuerelement **OpenFileDialog** verfügt über eine Reihe von interessanten Eigenschaften, über die Sie Einstellungen zur Optik und zum Verhalten des Dialogfelds *Öffnen* vornehmen können (→ Tabelle 8.3).

Eigenschaft	Beschreibung
CheckFileExists	Gibt an, ob im Dialogfeld eine Warnung angezeigt wird, wenn der Benutzer den Namen einer nicht vorhandenen Datei eingibt.
CheckPathExists	Gibt ab, ob im Dialogfeld eine Warnung angezeigt wird, wenn der Benutzer einen nicht vorhandenen Pfad wählt.
DefaultExt	Ruft die Standarddateinamenerweiterung ab oder legt diese fest.

*Tabelle 8.3: Wichtige Eigenschaften von **OpenFileDialog***

Eigenschaft	Beschreibung
DereferenceLinks	Gibt an, ob das Dialogfeld den Speicherort der Datei, auf die die Verknüpfung verweist, oder den Speicherort der Verknüpfung zurückgibt.
FileName	Ruft eine Zeichenfolge ab, die den im Dateidialogfeld ausgewählten Dateinamen enthält, oder legt diese fest.
FileNames	Ruft die Dateinamen aller im Dialogfeld ausgewählten Dateien ab.
Filter	Ruft die aktuelle Filterzeichenfolge für Dateinamen ab, die die im Dialogfeld im Feld *Speichern unter* oder *Dateityp* angezeigte Auswahl bestimmt, oder legt diese fest.
FilterIndex	Ruft den Index des derzeit im Dateidialogfeld ausgewählten Filters ab oder legt diesen fest.
InitialDirectory	Ruft das Ausgangsverzeichnis ab, das im Dateidialogfeld angezeigt wird, oder legt dieses fest.
Multiselect	Ruft einen Wert ab, der angibt, ob im Dialogfeld mehrere Dateien ausgewählt werden können, oder legt diesen fest.
ReadOnlyChecked	Ruft einen Wert ab, der angibt, ob das schreibgeschützte Kontrollkästchen aktiviert ist, oder legt diesen fest.
RestoreDirectory	Ruft einen Wert ab, der angibt, ob das Dialogfeld das vor dem Schließen aktuelle Verzeichnis wiederherstellt, oder legt diesen fest.
ShowHelp	Ruft einen Wert ab, der angibt, ob im Dateidialogfeld die Hilfeschaltfläche angezeigt wird, oder legt diesen fest.
ShowReadOnly	Ruft einen Wert ab, der angibt, ob das Dialogfeld ein schreibgeschütztes Kontrollkästchen enthält, oder legt diesen fest.
Title	Ist verantwortlich für den Titel des Dialogfelds. Standardmäßig ist diese Eigenschaft auf *Öffnen* eingestellt. Sie können aber auch andere Titel wählen.

*Tabelle 8.3: Wichtige Eigenschaften von **OpenFileDialog** (Forts.)*

Beispiel: Über den Code wird ein Filter gesetzt, der die Anzeige auf Dateien vom Typ **.txt* beschränkt (→ Listing 8.6). Es wird geprüft, ob der Anwender einen ungültigen Namen für eine Datei oder einen Pfad benutzt. Als Ausgangsverzeichnis wird *Eigene Dateien* benutzt. Nach der Bestätigung wird die gewählte Datei über einen *StreamReader* in eine *RichTextBox* übernommen (siehe unten).

Dialog-Steuerelemente

8.2

```
...
Sub Oeffnen()
  Dim Inhalt As IO.StreamReader
  With OpenFileDialog1
    .Filter() = "Text-Dateien (*.txt)|*.txt"
    .AddExtension = True
    .CheckFileExists = True
    .CheckPathExists = True
    .InitialDirectory = _
      IO.Path.GetDirectoryName("Eigene Dateien")
    If .ShowDialog = _
      Windows.Forms.DialogResult.OK Then
      Inhalt = New IO.StreamReader(.FileName)
      RichTextBox1.Text = Inhalt.ReadToEnd()
      Dateiname = .FileName
      Me.Text = Dateiname
      Pfad = .InitialDirectory
      Inhalt.Close()
    End If
  End With
End Sub
...
```

8.2.2 Speichern unter mit SaveFileDialog

Wenn der Anwender eine Datei unter einem bestimmten Zieldateinamen speichern muss, können Sie das Dialogfeld **Speichern unter** verwenden (→ Abbildung 8.3). Auch dieses ist Teil des Betriebssystems und kann durch die Verwendung des Steuerelements **SaveFileDialog** angesprochen werden.

▶ ▶ **Aufgabe: Das Dialogfeld *Speichern unter* anzeigen**

Die Techniken bei der Arbeit mit diesem Steuerelement entsprechen im Prinzip denen, die Sie gerade für das Steuerelement **OpenFileDialog** kennen gelernt haben.

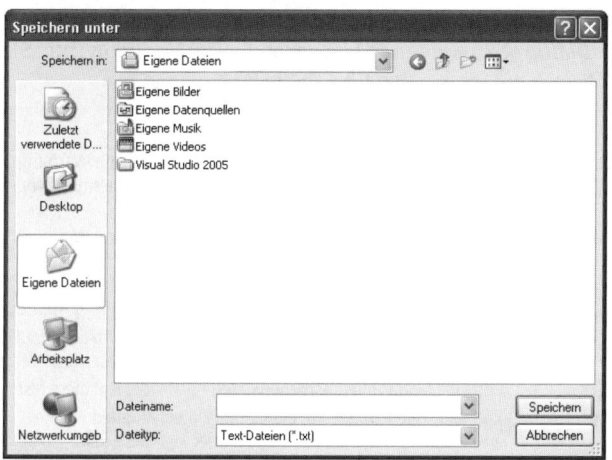

Abbildung 8.3: Auch **Speichern unter** *benutzt das Betriebssystem*

Beispiel: Die Subroutine zeigt das Dialogfeld über die Methode **ShowDialog** an (→ Listing 8.7). Nach Eingabe eines Dateinamens durch den Benutzer und der nachfolgenden Bestätigung wird der Inhalt einer **RichTextBox1** gespeichert. Auch hier müssen Sie die Logik zum eigentlichen Speichern selbst verfassen.

Listing 8.7: Die Routine öffnet das Dialogfeld

```
...
Sub Speichern()
Dim Inhalt As IO.StreamWriter
  With SaveFileDialog1
    If.ShowDialog = _
      Windows.Forms.DialogResult.OK Then
        Inhalt = New IO.StreamWriter(.FileName)
        Inhalt.Write(RichTextBox1.Text)
        Inhalt.Close()
    End If
  End With
End Sub
...
```

Eigenschaften

SaveFileDialog stellt wiederum Eigenschaften zur Verfügung, die Sie beispielsweise nutzen können (→ Tabelle 8.4).

8.2 Dialog-Steuerelemente

Eigenschaft	Beschreibung
CheckFileExists	Ruft einen Wert ab, der angibt, ob im Dialogfeld eine Warnung angezeigt wird, wenn der Benutzer den Namen einer nicht vorhandenen Datei angibt, oder legt diesen fest.
CheckPathExists	Ruft einen Wert ab, der angibt, ob im Dialogfeld eine Warnung angezeigt wird, wenn der Benutzer einen nicht vorhandenen Pfad angibt, oder legt diesen fest.
CreatePrompt	Ruft einen Wert ab, der angibt, ob im Dialogfeld eine Berechtigung zum Erstellen einer Datei angefordert wird, wenn der Benutzer eine nicht vorhandene Datei angibt, oder legt diesen fest.
DefaultExt	Ruft die Standarddateinamenerweiterung ab oder legt diese fest.
FileName	Ruft eine Zeichenfolge ab, die den im Dateidialogfeld ausgewählten Dateinamen enthält, oder legt diese fest.
FileNames	Ruft die Dateinamen aller im Dialogfeld ausgewählten Dateien ab.
Filter	Ruft die aktuelle Filterzeichenfolge für Dateinamen ab, die die im Dialogfeld im Feld **Speichern unter** oder **Dateityp** angezeigte Auswahl bestimmt, oder legt diese fest.
FilterIndex	Ruft den Index des derzeit im Dateidialogfeld ausgewählten Filters ab oder legt diese fest.
InitialDirectory	Ruft das Ausgangsverzeichnis ab, das im Dateidialogfeld angezeigt wird, oder legt dieses fest.
Overwrite-Prompt	Ruft einen Wert ab, der angibt, ob im Dialogfeld **Speichern unter** eine Warnung angezeigt wird, wenn der Benutzer einen bereits vorhandenen Dateinamen angibt, oder legt diesen fest.
RestoreDirectory	Ruft einen Wert ab, der angibt, ob das Dialogfeld das vor dem Schließen aktuelle Verzeichnis wiederherstellt, oder legt diesen fest.
ShowHelp	Ruft einen Wert ab, der angibt, ob im Dateidialogfeld die Hilfeschaltfläche angezeigt wird, oder legt diesen fest.
Title	Ruft den Titel des Dateidialogfelds ab oder legt diesen fest.

*Tabelle 8.4: Einige wichtige Eigenschaften von **SaveFile***

Beispiel: Sie können diese Eigenschaften im Code verwenden, um bestimmte Filterbedingungen für das Dialogfeld einzustellen. Beispielsweise können Sie mit **.Filter() = »Text-Dateien (*.txt)l*.txt«** Textdateien fordern oder mit **.InitialDirectory** das Anfangsverzeichnis einstellen (→ Listing 8.8).

Listing 8.8: Das Dialogfeld wird eingestellt

```
Sub Speichern()
  Dim Inhalt As IO.StreamWriter
  With SaveFileDialog1
    .Filter() = "Text-Dateien (*.txt)|*.txt"
    .AddExtension = True
    .CheckPathExists = True
    .InitialDirectory = _
       IO.Path.GetDirectoryName("Eigene Dateien")
    .FileName = Dateiname
    If .ShowDialog = _
      Windows.Forms.DialogResult.OK Then
      Inhalt = New IO.StreamWriter(.FileName)
      Inhalt.Write(RichTextBox1.Text)
      Inhalt.Close()
    End If
  End With
End Sub
End Class
```

8.2.3 Ordner einstellen mit FolderBrowserDialog

Etwas verwandt mit den eben beschriebenen Dialogfeldern **Öffnen** und **Speichern unter** ist das Dialogfeld **Ordner suchen**, das Sie mit Hilfe des Steuerelements **FolderBrowserDialog** in Ihre Anwendung integrieren können. Zur Laufzeit wird ein Fenster angezeigt, innerhalb dessen der Benutzer zu beliebigen Ordnern im Verzeichnis navigieren kann (→ Abbildung 8.4). Ein vergleichbarer Vorgang findet statt, wenn Sie aufgefordert werden, einen Ordner zum Speichern auszuwählen.

Abbildung 8.4: Einen Ordner einstellen

▶▶ Aufgabe: Das Dialogfeld *Ordner suchen* anzeigen

Zur Anzeige des Dialogfelds benutzen Sie die **Show**-Methode des Steuerelements **FolderBrowserDialog**.

Beispiel: Der Code bewirkt, dass nach der Bestätigung der gewählte Pfad in einem **TextBox**-Steuerelement im Formular notiert wird (→ Listing 8.9).

Listing 8.9: Der Pfad wird in eine TextBox geschrieben

```
...
Public Sub Ordnerwahl()
  If FolderBrowserDialog1.ShowDialog() = _
    DialogResult.OK Then
    TextBox1.Text = _
      FolderBrowserDialog1.SelectedPath
  End If
End Sub
...
```

Eigenschaften

Auch diese Komponente verfügt über eine Reihe von Eigenschaften zum Festlegen von Feinheiten. Einige davon sind besonders interessant (→ Tabelle 8.5):

Eigenschaft	Beschreibung
SelectedPath	Gibt als Ergebnis den ausgewählten Ordner zurück. Sie können damit aber auch eine Voreinstellung angeben, von der beim Aufruf ausgegangen wird.
RootFolder	Wenn Sie den obersten Ordner festlegen müssen, der in der Strukturansicht des Dialogfelds angezeigt wird, legen Sie ihn über diese Eigenschaft fest.
Description	Diese Eigenschaft gibt an, welcher Text oben im Dialogfeld angezeigt werden soll.
ShowNewFolder-Button	Zeigt die Schaltfläche zum Erstellen eines neuen Ordners an.

*Tabelle 8.5: Einige Member von **FolderBrowserDialog***

- Beim Erstellen eines neuen **FolderBrowserDialog** wird die **RootFolder**-Eigenschaft auf **Environment.SpecialFolder.Desktop**, die **Description**-Eigenschaft auf eine leere Zeichenfolge und die **SelectedPath**-Eigenschaft ebenfalls auf eine leere Zeichenfolge festgelegt.

- Normalerweise wird nach dem Erstellen eines neuen **FolderBrowserDialog** die Position, an der die Suche begonnen werden soll, für den **RootFolder** festgelegt. Wahlweise können Sie **SelectedPath** auf den Pfad eines Unterordners von **RootFolder** festlegen, der anfangs ausgewählt wird.

Rufen Sie schließlich die **ShowDialog**-Methode auf, um dem Benutzer das Dialogfeld anzuzeigen. Wenn das Dialogfeld geschlossen wird und das Dialogergebnis **ShowDialogDialogResult.OK** lautet, ist **SelectedPath** eine Zeichenfolge, die den Pfad zum ausgewählten Ordner enthält.

8.2.4 Schriftarten mit FontDialog

Die Namen, die verfügbaren Größen und der Schnitt der Schriften auf dem Rechner eines Anwenders können eine recht große Informationsmenge bilden. Um aus diesen Elementen ein Schriftformat zu wählen, sollten Sie sich darum des Steuerelements **FontDialog** bedienen. Damit erzeugen Sie das wohl allgemein bekannte Windows-Standarddialogfeld **Schriftart**, in dem die auf dem System installierten Schriftarten angezeigt werden (→ Abbildung 8.5). Dieses Dialogfeld erledigt die gewünschten Formatierungsaufgaben für Sie.

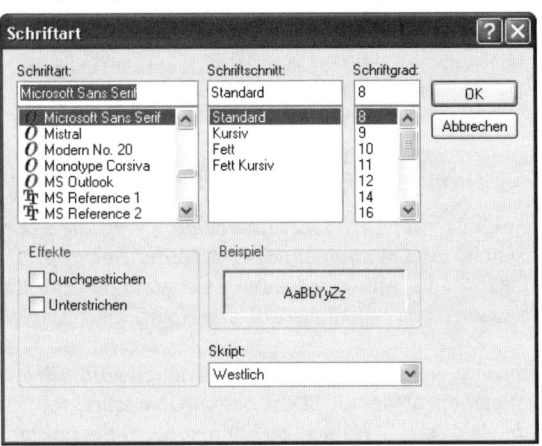

Abbildung 8.5: Zur Laufzeit können Sie eine Schriftart auswählen

Standardmäßig zeigt das Dialogfeld Listenfelder für **Schriftart**, **Schriftschnitt** und **Schriftgrad**, Kontrollkästchen für Effekte wie **Durchgestrichen** und **Unterstrichen**, eine Dropdown-Liste für Skripts sowie ein **Beispiel** dafür, wie die Schriftart aussehen wird.

Eigenschaften

Die Komponente besitzt eine Reihe von Eigenschaften, über die sich deren Voreinstellung konfigurieren lässt (→ Tabelle 8.6). Die Eigenschaften, die die Auswahlmöglichkeiten im Dialogfeld festlegen, sind **Font** und **Color**. Die **Font**-Eigenschaft legt Schriftart, Schrift-schnitt, Schriftgrad, Skript und Effekte fest – beispielsweise mit **Arial, 10pt, style = Italic, Strikeout**.

Eigenschaft	Beschreibung
AllowScriptChange	Ruft einen Wert ab, der angibt, ob der Benutzer den im Kombinationsfeld **Skript** angegebenen Zeichensatz ändern kann, sodass anstelle des aktuellen ein anderer Zeichensatz angezeigt wird, oder legt diesen fest.
AllowVectorFonts	Ruft einen Wert ab, der angibt, ob Vektorschriftarten im Dialogfeld ausgewählt werden können, oder legt diesen fest.
AllowVerticalFonts	Ruft einen Wert ab, der angibt, ob im Dialogfeld vertikale und horizontale Schriftarten oder nur horizontale Schriftarten angezeigt werden, oder legt diesen fest.
Color	Ruft die ausgewählte Schriftfarbe ab oder legt diese fest.
FixedPitchOnly	Ruft einen Wert ab, der angibt, ob im Dialogfeld nur Schriftarten mit fester Schriftbreite ausgewählt werden können, oder legt diesen fest.
Font	Ruft die ausgewählte Schriftart ab oder legt diese fest.
FontMustExist	Ruft einen Wert ab, der angibt, ob im Dialogfeld eine Fehlerbedingung angegeben wird, wenn der Benutzer eine nicht vorhandene Schriftart oder ein nicht vorhandenes Format auswählt, oder legt diesen fest.
MaxSize	Ruft den größten Schriftgrad ab, den der Benutzer auswählen kann, oder legt diesen fest.
MinSize	Ruft den kleinsten Schriftgrad ab, den der Benutzer auswählen kann, oder legt diesen fest.
ShowApply	Ruft einen Wert ab, der angibt, ob das Dialogfeld die Schaltfläche **Übernehmen** enthält, oder legt diesen fest.
ShowColor	Ruft einen Wert ab, der angibt, ob im Dialogfeld die Farbauswahl angezeigt wird, oder legt diesen fest.
ShowEffects	Ruft einen Wert ab, der angibt, ob das Dialogfeld Steuerelemente enthält, mit denen der Benutzer Optionen zum Durchstreichen, Unterstreichen und für die Textfarbe angeben kann, oder legt diesen fest.
ShowHelp	Ruft einen Wert ab, der angibt, ob im Dialogfeld die Hilfeschaltfläche angezeigt wird, oder legt diesen fest.

*Tabelle 8.6: Wichtige Eigenschaften von **FontDialog***

Beispiel: Der Code setzt den vorher in einer **RichTextBox** markierten Textbereich auf die Schrifteinstellungen, die der Anwender im Dialogfeld **Schriftart** gewählt hat (→ Listing 8.10).

Listing 8.10: Der Code sorgt für eine Formatierung

```
...
Private Sub Schriftart()
  With FontDialog1
    If .ShowDialog = _
      Windows.Forms.DialogResult.OK Then
        RichTextBox1.SelectionFont = _
          FontDialog1.Font
    End If
  End With
End Sub
...
```

8.2.5   Farben mit ColorDialog

Wenn Sie nicht gerade eine fortgeschrittene Funktionalität benötigen, ist das Steuerelement **ColorDialog** genau das, was Sie brauchen, damit der Anwender eine Farbe auswählen kann. Der Anwender kann mit dieser Komponente eine Farbe aus einer Palette auswählen und dieser Palette benutzerdefinierte Farben hinzufügen. Es ist mit dem Dialogfeld identisch, das in anderen Windows-Anwendungen zum Auswählen von Farben angezeigt wird (→ Abbildung 8.6). Außerdem können Sie in diesem Dialogfeld eine vordefinierte Standardfarbe auswählen oder eine eigene Farbe mischen. Um das Dialogfeld anzuzeigen, müssen Sie seine **ShowDialog**-Methode aufrufen. Die im Dialogfeld ausgewählte Farbe wird durch die **Color**-Eigenschaft zurückgegeben.

Abbildung 8.6: Zur Laufzeit können Sie eine Farbe auswählen

Eigenschaften

Auch dieses Dialogfeld verfügt über eine Reihe von vielleicht interessanten Eigenschaften (→ Tabelle 8.7). Wenn die **AllowFullOpen**-Eigenschaft auf **false** festgelegt wird, wird die Schaltfläche **Benutzerdefinierte Farben** deaktiviert, und es stehen nur die vordefinierten Farben in der Palette zur Verfügung. Wenn die **SolidColorOnly**-Eigenschaft auf **true** festgelegt wird, können keine Mischfarben ausgewählt werden.

Eigenschaft	Beschreibung
AllowFullOpen	Ruft einen Wert ab, der angibt, ob im Dialogfeld benutzerdefinierte Farben definiert werden können, oder legt diesen fest.
AnyColor	Ruft einen Wert ab, der angibt, ob im Dialogfeld bei den Grundfarben alle verfügbaren Farben angezeigt werden, oder legt diesen fest.
Color	Ruft die von den Benutzern ausgewählte Farbe ab oder legt diese fest.
CustomColors	Ruft den im Dialogfeld angezeigten Satz benutzerdefinierter Farben ab oder legt diesen fest.

*Tabelle 8.7: Wichtige Eigenschaften von **ColorDialog***

Eigenschaft	Beschreibung
FullOpen	Ruft einen Wert ab, der angibt, ob die Steuerelemente für das Erstellen benutzerdefinierter Farben beim Öffnen des Dialogfelds angezeigt werden, oder legt diesen fest.
ShowHelp	Ruft einen Wert ab, der angibt, ob im Dialogfeld **Farbe** die Hilfeschaltfläche angezeigt wird, oder legt diesen fest.
SolidColorOnly	Ruft einen Wert ab, der angibt, ob Benutzer im Dialogfeld ausschließlich Volltonfarben auswählen können, oder legt diesen fest.

*Tabelle 8.7: Wichtige Eigenschaften von **ColorDialog** (Forts.)*

Beispiel: Der Code sorgt dafür, dass ein in einer **RichTextBox** vorher markierter Textbereich nach der Bestätigung mit der im Dialogfeld ausgewählten Farbe versehen wird (→ Listing 8.11).

Listing 8.11: Der Code stellt eine Farbe ein

```
...
Private Sub Farbe()
  With ColorDialog1
    If .ShowDialog = _
      Windows.Forms.DialogResult.OK Then
      RichTextBox1.SelectionColor = _
        ColorDialog1.Color
    End If
  End With
End Sub
...
```

8.2.6 Druckinhalte mit PrintDocument

Die **PrintDocument**-Komponente zeigt kein Dialogfeld an, ist aber absolut notwendig, wenn Sie drucken wollen. Sie wird verwendet, um die Eigenschaften der zu druckenden Elemente einzustellen und das Dokument damit anschließend innerhalb von Windows-Anwendungen drucken zu können. Sie müssen den Code für Ihre eigene Drucklogik erstellen, in dem Sie angeben, was gedruckt werden soll und wie der Druck zu erfolgen hat. In einem solchen Fall würden Sie die **PrintDocument**-Komponente in das Formular einfügen und dann eine Logik im **PrintPage**-Ereignisbehandler hinzufügen, dessen Rahmen Sie durch einen Doppelklick auf das Steuerelement erstellen. Diese Logik muss zum Drucken mit der **Print**-Methode zusammenwirken. Diese Methode sendet ein **Graphics**-Objekt an den Drucker, das in der **Graphics**-Eigenschaft der **PrintPageEventArgs**-Klasse enthalten ist.

▶▶ Aufgabe: Texte zum Druck bereitstellen

Um Texte zum Drucken bereitzustellen, verwenden Sie die **Graphics**-Eigenschaft der **PrintPageEventArgs**-Klasse.

Beispiel: Zum Drucken eines im Code vermerkten Textes verwenden Sie **e.Graphics.DrawString** (→ Listing 8.12).

Listing 8.12: Ein Text wird gedruckt

```
...
Private Sub PrintDocument1_PrintPage_
  (ByVal sender As Object, ByVal e As _
  System.Drawing.Printing.PrintPageEventArgs) _
  Handles PrintDocument1.PrintPage
    e.Graphics.DrawString("Text", _
      New Font("Arial", 80, FontStyle.Bold), _
      Brushes.Black, 150, 125)
End Sub
...
```

Beispiel: Der folgende Code druckt den Inhalt einer **RichTextBox1** mit bestimmten Formatangaben (→ Listing 8.13).

Listing 8.13: Der Inhalt einer RichTextBox wird gedruckt

```
...
Private Sub PrintDocument1_PrintPage _
(ByVal sender As System.Object, ByVal e As _
System.Drawing.Printing.PrintPageEventArgs) _
Handles PrintDocument1.PrintPage
  e.Graphics.DrawString(RichTextBox1.Text, _
    New Font("Arial", 12, FontStyle.Bold), _
    Brushes.Black, 150, 125)
End Sub
...
```

Der Ausdruck von grafischen Elementen funktioniert ähnlich.

Beispiel: Der folgende Code sorgt dafür, können Sie ein rotes Rechteck als Grafik ausdrucken lassen (→ Listing 8.14).

Listing 8.14: Ein Rechteck wird gedruckt

```
...
Private Sub PrintDocument1_PrintPage _
(ByVal sender As Object, ByVal e As System.Drawing.Prin-
ting.PrintPageEventArgs) _
Handles PrintDocument1.PrintPage
  e.Graphics.FillRectangle(Brushes.Red,
    New Rectangle(500, 500, 500, 500))
End Sub
...
```

Beispiel: Sie können beispielsweise auch eine in eine **PictureBox** eingefügte Grafik ausdrucken lassen (→ Listing 8.15). Die beiden numerischen Parameter geben die Koordinaten der linken oberen Ecke der Grafik auf der Seite an.

Listing 8.15: Eine Grafik wird gedruckt

```
...
Private Sub PrintDocument1_PrintPage _
(ByVal sender As System.Object, ByVal e As _
System.Drawing.Printing.PrintPageEventArgs) _
Handles PrintDocument1.PrintPage
  e.Graphics.DrawImage(PictureBox1.Image, 0, 0)
End Sub
...
```

Eigenschaften

Die Komponente verfügt über einige Eigenschaften, die interessant sein könnten (→ Tabelle 8.8).

Eigenschaft	Beschreibung
DefaultPageSettings	Ruft die Seiteneinstellungen ab, die als Standard für alle zu druckenden Seiten verwendet werden, oder legt diese fest.
DocumentName	Ruft den Dokumentnamen ab, der beim Drucken des Dokuments angezeigt wird, oder legt diesen fest (z.B. in einem Dialogfeld für den Druckstatus oder in einer Druckwarteschlange).
PrintController	Ruft den Druckercontroller ab, der den Druckvorgang steuert, oder legt diesen fest.
PrinterSettings	Ruft den Drucker ab, auf dem das Dokument gedruckt wird, oder legt diesen fest.

*Tabelle 8.8: Einige Eigenschaften von **PrintDocument***

8.2.7 Druckerwahl mit PrintDialog

Über das Steuerelement ***PrintDialog*** können Sie einen Drucker und die zu druckenden Seiten über ein vorgefertigtes Dialogfeld auswählen (→ Abbildung 8.7).

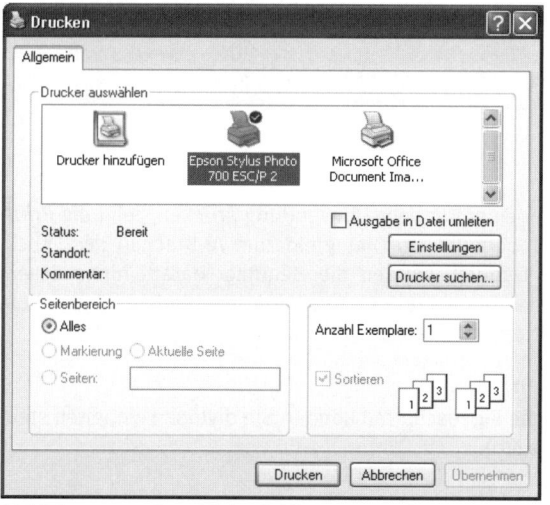

Abbildung 8.7: Das Dialogfeld zur Auswahl des Druckers

Diese Komponente besitzt Eigenschaften, die sich entweder auf einen einzelnen Druckauftrag aus der **PrintDocument**-Klasse oder die Einstellungen eines einzelnen Druckers aus der **PrinterSettings**-Klasse beziehen. Durch Festlegen der **Document**-Eigenschaft der **PrintDialog**-Komponente können Sie Eigenschaften festlegen, die mit dem Druckdokument auf dem Formular verbunden sind.

▶▶ Aufgabe: Das Dialogfeld *Drucken* anzeigen

Sie können das Dialogfeld **Drucken** beispielsweise über eine Schaltfläche oder einen Menübefehl anzeigen lassen.

Beispiel: Meist werden zum Ausdruck die Einstellungen der **PrintDocument**-Komponente erfasst und für die Auswahl verwendet (→ Listing 8.16).

*Listing 8.16: Die Einstellungen von **PrintDocument** werden gedruckt*

```
Private Sub Drucken()
  With PrintDialog1
    .Document = PrintDocument1
    If .ShowDialog = _
      Windows.Forms.DialogResult.OK Then
        PrintDocument1.Print()
    End If
  End With
End Sub
```

Während Sie in einer Windows-Anwendung drucken, zeigt die **PrintDocument**-Komponente ein Dialogfeld zum Abbrechen des Druckvorgangs an. Dadurch werden die Benutzer darauf hingewiesen, dass der Druckvorgang läuft, und es wird die Möglichkeit gegeben, den Druckauftrag abzubrechen.

Eigenschaften

Über zusätzliche Eigenschaften können Sie diverse Feinheiten steuern (→ Tabelle 8.9).

Eigenschaft	Beschreibung
AllowPrintToFile	Ruft einen Wert ab, der angibt, ob das Kontrollkästchen *Ausgabe in Datei umleiten* aktiviert ist, oder legt diesen fest.
AllowSelection	Ruft einen Wert ab, der angibt, ob das Optionsfeld *Seiten von ... bis ...* aktiviert ist, oder legt diesen fest.
AllowSomePages	Ruft einen Wert ab, der angibt, ob das Optionsfeld *Seiten* aktiviert ist, oder legt diesen fest.
Document	Ruft einen Wert ab, der das *PrintDocument* angibt, aus dem die PrinterSettings abgerufen werden, oder legt diesen fest.
PrinterSettings	Ruft die PrinterSettings ab, die das Dialogfeld ändert, oder legt diese fest.
ShowHelp	Ruft einen Wert ab, der angibt, ob die Hilfeschaltfläche angezeigt wird, oder legt diesen fest.

Tabelle 8.9: Wichtige Eigenschaften von PrintDialog

8.2.8 Seite einrichten mit PageSetupDialog

Über die *PageSetupDialog*-Komponente können die Seiten für das Drucken unter Windows-Anwendungen eingerichtet werden. Auch dabei handelt es sich um ein vorkonfiguriertes Dialogfeld, mit dem der Benutzer Seiten einrichten kann – also Rahmen und Ränder sowie Kopf- und Fußzeilen festlegen und zwischen Hoch- und Querformat auswählen (→ Abbildung 8.8). Verwenden Sie die *Show-Dialog*-Methode, um das Dialogfeld zur Laufzeit anzuzeigen.

▶ ▶ **Aufgabe: Das Dialogfeld *Seite einrichten* anzeigen**

Sie können des Dialogfeld *Seite einrichten* beispielsweise über eine Schaltfläche oder einen Menübefehl anzeigen lassen.

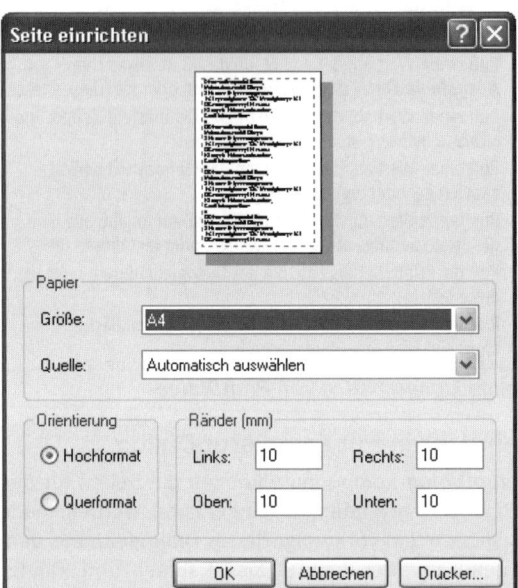

Abbildung 8.8: Die Seite einrichten

8.2.9 Seitenansicht mit PrintPreviewDialog

Eine Seitenansicht ist über das **PrintPreviewDialog**-Steuerelement verfügbar. Sie können darüber ein Dokument so anzeigen lassen, wie es gedruckt wird. Dieses Steuerelement enthält Schaltflächen zum Drucken, Vergrößern, Anzeigen einer oder mehrerer Seiten sowie zum Schließen des Dialogfelds (→ Abbildung 8.9).

Abbildung 8.9: Die Seitenansicht ermöglicht die Kontrolle des Ausdrucks

▶▶ Aufgabe: Das Dialogfeld *Seitenansicht* anzeigen

Sie können die Seitenansicht beispielsweise über eine Schaltfläche oder einen Menübefehl anzeigen lassen.

Beispiel: Zur Anzeige benutzen Sie die **ShowDialog**-Methode. Die Schlüsseleigenschaft dieses Steuerelements ist **Document**, mit der das Dokument für die Seitenansicht festgelegt wird. Das Dokument muss ein **PrintDocument**-Objekt sein (→ Listing 8.17).

Listing 8.17: Die Seitenansicht wird angezeigt

```
...
Sub Seitenansicht
   PrintPreviewDialog1.Document = PrintDocument1
   PrintPreviewDialog1.ShowDialog()
End Sub
...
```

Eigenschaften

Andere Beispiele für Eigenschaften sind die **Columns**-Eigenschaft und die **Rows**-Eigenschaft, mit denen die Anzahl der Seiten festgelegt wird, die horizontal oder vertikal auf dem Steuerelement angezeigt wird. Mit der Bildkantenglättung über die Eigenschaft **UseAntiAlias** können Sie den Text glatter erscheinen lassen, unter Umständen wird die Anzeige dadurch allerdings verlangsamt.

8.3 Menüs und Symbolleisten

Für Windows-Anwendungen typisch ist beispielsweise deren Steuerung über Menüs und Kontextmenüs und Symbolleisten. Mit Hilfe von Steuerelementen wie **MenuStrip** oder **ContextMenu** können Sie derartige Werkzeuge in Ihren Anwendungen erstellen lassen.

8.3.1 Menüleisten mit MenuStrip

Um einer Windows-Anwendung ein Menü hinzuzufügen, verwenden Sie das Steuerelement **MenuStrip**. Es wird im Komponentenfach angesiedelt.

▶ ▶ **Aufgabe: Eine Menüleiste erstellen**

Nachdem Sie die Komponente in das Formular übernommen haben, können Sie die Struktur des Hauptmenüs im Menü-Designer visuell anpassen.

- Nach dem Einfügen wird in der oberen linken Ecke des Formulars ein Bereich mit dem Text **Hier eingeben** eingeblendet (→ Abbildung 8.10). Setzen Sie den Cursor in diesen Bereich und geben Sie den gewünschten Namen ein, den das erste Menü der Anwendung tragen soll – beispielsweise DATEI.
- Während der Eingabe wird die Struktur erweitert. Unterhalb und rechts vom bisherigen Eingabefeld tauchen zwei weitere Eingabefelder auf. Geben Sie im unteren Eingabefeld den ersten Menübefehl des Menüs ein – beispielsweise NEU.

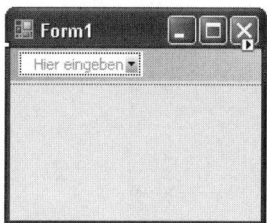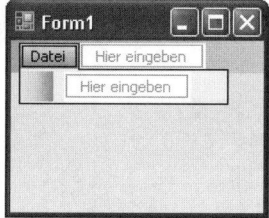

Abbildung 8.10: Das Steuerelement erscheint in einem speziellen Bereich

- Wiederum wird die Struktur erweitert (→ Abbildung 8.11). Unterhalb finden Sie ein Eingabefeld für den zweiten Befehl des Menüs, rechts das Eingabefeld für den Fall, dass der Menübefehl über ein Untermenü verfügen soll.

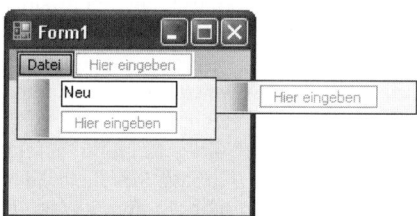

Abbildung 8.11: Die Struktur wird schrittweise erweitert

Während Sie an einem Menü arbeiten, sind die anderen geschlossen. Falls Sie weitere Elemente darin hinzufügen möchten, können Sie darauf klicken, um es wieder zu öffnen.

▶▶ Aufgabe: Typen von Menüelementen auswählen

Über das Listenfeld zur Eingabe eines Menüelements können Sie vor der eigentlichen Eingabe zwischen mehreren verschiedenen Typen wählen (→ Abbildung 8.12): Benutzen Sie **MenuItem**, wenn Sie einen normalen Menübefehl einsetzen möchten. **ComboBox** ermöglicht das Einfügen einer aufklappbaren Liste. Über **TextBox** können Sie auch ein normales Textfeld in der Menüzeile unterbringen.

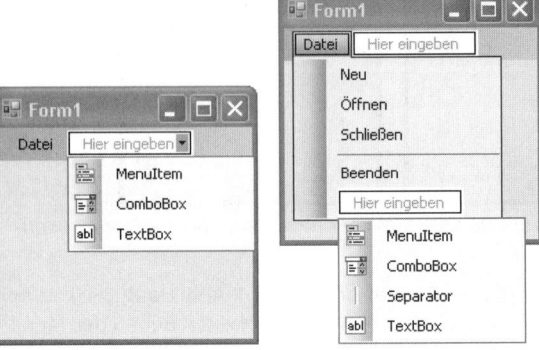

Abbildung 8.12: Mehrere Typen von Elementen stehen zur Verfügung

Nach einer Reihe von einzelnen zusammengehörenden Menübefehlen – wie etwa NEU, ÖFFNEN und SCHLIESSEN – können Sie eine horizontale Linie im Menü setzen, um diese Befehle optisch von anderen im selben Menü abzusetzen. Auch diese als **Separatoren** bezeichneten Linien können Sie über das Listenfeld einsetzen. Sie können dafür auch im Textfeld für den Menübefehl statt eines Namens einfach einen waagerechten Trennstrich eingeben. Sobald Sie diese Zeile wieder verlassen, wird dieser in eine Linie mit der Breite des Menüs umgewandelt.

▶▶ Aufgabe: Zugriffstasten und Tastenkombinationen vergeben

Sie können jedem Menüelement **Zugriffstasten** hinzufügen. Dazu setzen Sie – wie auch bei anderen Steuerelementen üblich – das Zeichen **&** vor den entsprechenden Buchstaben (→ Abbildung 8.13). Diese Änderung können Sie nach Eingabe der Namen entweder im Formular selbst durchführen, nachdem Sie das Menüelement zweimal (langsam) angeklickt haben. Auch im Fenster **Eigenschaften** können Sie unter **Text** diese Ergänzung durchführen.

Abbildung 8.13: Tastenkürzel und Kombinationen können benutzt werden

Sie können auch eine Tastaturunterstützung durch Verwendung von **Tastenkombinationen** hinzufügen. Dazu benutzen Sie die Eigenschaft **ShortcutKeys** im Bereich **Sonstiges**. Die gewählten Tastenkombinationen erscheinen nicht zur Entwurfszeit in den Menüelementen, sondern erst dann, wenn die Anwendung ausgeführt wird. Wenn Sie die Eigenschaft **ShowShortcutKeys** auf **False** setzen, bleiben die definierten Tastenkombinationen zwar weiterhin wirksam, werden aber im Menü zur Laufzeit nicht angezeigt.

Ein schneller Weg zum Erstellen von Menüstrukturen

Wenn Sie sich die Arbeit des Eingebens der einzelnen Menüpositionen ersparen möchten, können Sie nach dem Einfügen des Steuerelements den Befehl **Standardelemente einfügen** aus dem Kontextmenü dazu wählen. Damit werden die für ein Windows-Programm typischen Menüs **Datei**, **Bearbeiten**, **Extras** und **Hilfe** inklusive der dafür üblichen Befehle – zusammen mit Zugriffstasten und Tastenkombinationen – in das Formular eingefügt (→ Abbildung 8.14).

Sie können die nicht benötigten Elemente nach dem Erstellen einer solchen Leiste löschen. Markieren Sie den Namen und drücken Sie `Entf`.

Menüs und Symbolleisten

8.3

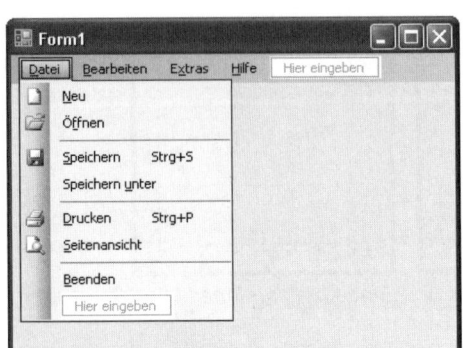

Abbildung 8.14: Benutzen Sie die Standardelemente

▶ ▶ Aufgabe: Die Ereignisbehandlung für Menüelemente festlegen

Sowohl die Elemente der Menüleiste als auch die jeweils darunter liegenden Menübefehle unterstützen eine Reihe von Ereignissen. Normalerweise verwenden Sie davon aber nur das Ereignis *Click*. Zur Eingabe dieses Codes klicken Sie ein Menüelement doppelt an. Im Codefenster wird das Fragment einer neuen Routine angezeigt. Geben Sie im Bereich vor *End Sub* den gewünschten Code ein. Wenn Sie auf die Funktionalität eines Menübefehls in Ihrer Anwendung auch über andere Elemente – wie die Schaltflächen einer Symbolleiste oder die Befehle eines Kontextmenüs – zugreifen wollen, sollten Sie diese innerhalb von separaten Subroutinen ablegen.

Beispiel: Einem Formular wurde ein *MenuStrip* mit entsprechenden Inhalten hinzugefügt. Der Ereignisbehandler zum Befehl NEU im Menü DATEI startet die Subroutine *Neu()* (→ Listing 8.18). Den Code für diese Routine müssen Sie individuell eingeben.

Listing 8.18: Ein Doppelklick zeigt das Gerüst eines Behandlers an

```
Private Sub NeuToolStripMenuItem_Click _
(ByVal sender As System.Object, _
ByVal e As System.EventArgs) _
```

```
Handles NeuToolStripMenuItem.Click
  Neu()
End Sub

Sub Neu()
...
End Sub
```

Menüs editieren

Es wird sicherlich Fälle geben, in denen Sie eine vorher als fertig
angesehene Menüstruktur erweitern oder korrigieren wollen. Sie
können diese Arbeiten direkt im Entwurfsfenster erledigen, ein anderes Vorgehen ist aber bequemer.

- Markieren Sie das für die Anzeige des Menüs verantwortliche
  Steuerelement – also beispielsweise **MenuStrip1**. Klicken Sie dann
  im Fenster **Eigenschaften** auf die kleine Schaltfläche mit den drei
  Auslassungspunkten in der Zeile **Items** im Bereich **Daten**. Das Dialogfeld **Elementauflistungs-Editor** wird angezeigt, über das alle
  Elemente der Menüstruktur bearbeitet werden können (→ Abbildung 8.15).

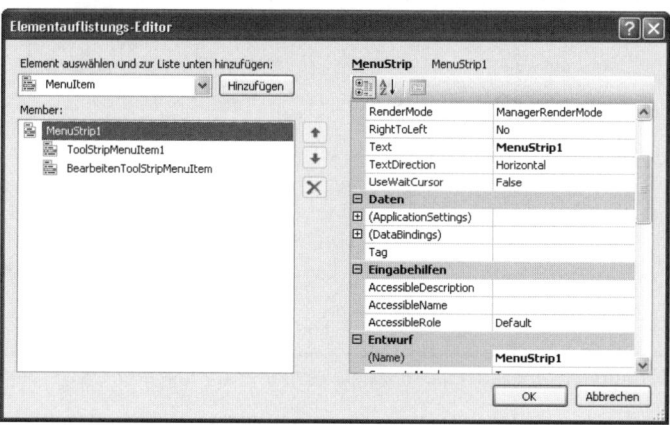

Abbildung 8.15: Der Editor zeigt die Menüs an

- Um ein neues Menü hinzuzufügen, klicken Sie auf **Hinzufügen**. Das neue Menü wird der Liste auf der linken Seite hinzugefügt.
- Wenn Sie als neues Element kein normales **MenuItem,** sondern eine **ComboBox** oder eine **TextBox** wünschen, wählen Sie den gewünschten Typ vorher aus der Liste aus.
- Um die Reihenfolge der Anzeige der Menüs zu ändern, markieren Sie das zu verschiebende Menü in der Liste links und benutzen zum Verschieben die Schaltflächen mit den Pfeilen.
- Um ein Menü zu entfernen, markieren Sie es in der Liste links und klicken auf die Schaltfläche mit dem Kreuz.
- Wenn Sie die Befehle zu einem Menü bearbeiten wollen, markieren Sie zuerst in der Liste links das Menü und klicken dann auf die kleine Schaltfläche mit den drei Auslassungspunkten in der Zeile **DropDownItems** im Bereich **Daten**. Das Dialogfeld **Elementauflistungs-Editor** zeigt dann die Elemente des vorher gewählten Menüs an (→ Abbildung 8.16). Sie können sie auf die gleiche Weise bearbeiten wie die einzelnen Menüs.

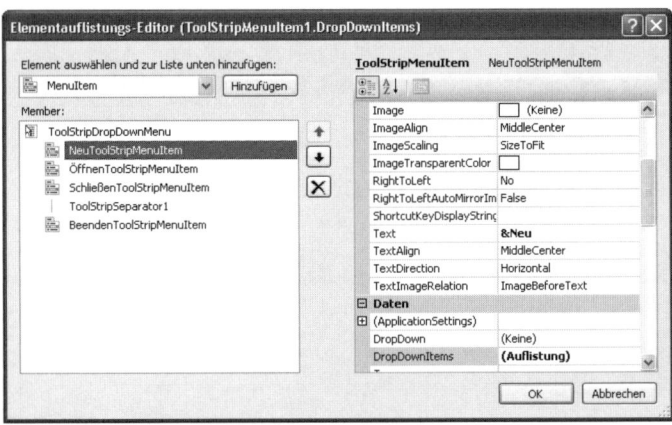

Abbildung 8.16: Auch die einzelnen Befehle können editiert werden

Normalerweise fügen Sie das Steuerelement **MenuStrip** einem Formular nur einmal hinzu, da Sie darüber eine ganze Menüzeile mit
entsprechenden Befehlen aufbauen können. Sie können in einem
Formular zwar mehrere Menüsätze verwenden, aber es kann immer
nur eines aktiv sein.

Beispiel: Wenn Sie mehrere **MenuStrip**-Steuerelemente benutzen –
beispielsweise zwei mit den Namen **MenuStrip1** und **MenuStrip2** –,
können Sie zwischen beiden wechseln, indem Sie im Code das
gewünschte Element aktivieren (→ Listing 8.19).

Listing 8.19: Sie können zwischen mehreren Menüsätzen wählen

```
...
Sub Menu1
   Me.Menu = MenuStrip1
End Sub
...
Sub Menu2
   Me.Menu = MenuStrip2
End Sub
...
```

8.3.2 Kontextmenüs mit ContextMenuStrip

Mit dem Steuerelement **ContextMenuStrip** kann dem Benutzer ein
leicht zugängliches Menü der häufig verwendeten Befehle bereitgestellt werden, die zum markierten Objekt gehören. Kontextmenüs zu
einem Element werden zur Laufzeit aufgerufen, indem Sie mit der
rechten Maustaste auf ein Element klicken. Sie sind also mit Steuerelementen verknüpft. Bei den Optionen eines Kontextmenüs handelt
es sich oftmals um einen Teil der Optionen aus Hauptmenüs, die an
einer anderen Stelle der Anwendung zu finden sind.

▶ ▶ Aufgabe: Ein Kontextmenü erstellen

Definieren Sie die einzelnen Positionen des Kontextmenüs wie oben für die normalen Menübefehle beschrieben (→ Abbildung 8.17). Der einzige Unterschied besteht darin, dass ein Kontextmenü nur eine einzige Befehlsliste und keine Überschrift besitzt. Auch hier können Sie mit Untermenüs arbeiten. Geben Sie den einzelnen Elementen – auch dem Kontextmenü als Ganzem – einen individuellen Namen. Setzen Sie dann den über die einzelnen Positionen anzusprechenden Code ein.

Abbildung 8.17: Sie definieren Kontextmenüs wie normale Menüs

Diese Anzeige für die Eingabe der Befehle des Kontextmenüs verschwindet, wenn Sie im Entwurf ein anderes Steuerelement markieren. Sie können sie wieder anzeigen lassen, indem Sie das Steuerelement im Komponentenfach markieren.

▶ ▶ Aufgabe: Das Kontextmenü einem Steuerelement zuweisen

Nachdem Sie mit dieser Arbeit fertig sind, können Sie das Kontextmenü zu einem Steuerelement das Formulars zuweisen. Das erreichen Sie über die Eigenschaft **ContextMenuStrip** in der Gruppe **Verhalten** des vorher markierten Steuerelements. Denken Sie daran, dass Sie bei Formularen mit vielen gleichartigen Steuerelementen dasselbe Kontextmenü oft für mehrere Steuerelemente einsetzen können. Ein einzelnes Kontextmenü kann also mit mehreren Steuerelementen verknüpft werden, jedes Steuerelement kann jedoch nur ein Kontextmenü besitzen.

8.3.3   Symbolleisten mit ToolStrip

In der Regel enthält eine Symbolleiste Schaltflächen und Menüs, die den Optionen in der Menüstruktur einer Anwendung entsprechen und einen schnellen Zugriff auf die am häufigsten verwendeten Funktionen und Befehle einer Anwendung ermöglichen. In Schaltflächen einer solchen Leiste können zur leichteren Identifizierung durch Benutzer grafische Symbole angezeigt werden.

▶ ▶ Aufgabe: Eine Symbolleiste erstellen

Zum Aufbau einer solchen Struktur wird das **ToolStrip**-Steuerelement verwendet. Nach dem Einfügen des Steuerelements wird es im Komponentenfach abgelegt. Außerdem erscheint oben im Formular ein Balken mit einer symbolischen Schaltfläche (→ Abbildung 8.18). Ein Klick auf das darin angezeigte Symbol öffnet ein Listenfeld, über das Sie aus unterschiedlichen Typen von Schaltflächen den gewünschten auswählen können. Beispielsweise liefert der Typ **Button** eine ganz normale Schaltfläche, **DropDownButton** erzeugt eine Schaltfläche, über die Sie zur Laufzeit ein Menü öffnen können. In der Mehrzahl der Fälle werden Sie hier wahrscheinlich die Option **Button** verwenden.

Abbildung 8.18: Verschiedene Typen von Schaltflächen stehen zur Verfügung

Nachdem Sie den Typ der Schaltfläche festgelegt haben, wird eine symbolische Schaltfläche dieses Typs erstellt. Auf dieselbe Weise können Sie anschließend weitere symbolische Schaltflächen festlegen. Die eingefügten Schaltflächen zeigen anfangs immer dasselbe Symbol, was natürlich nicht Sinn einer Symbolleiste ist.

▶▶**Aufgabe: Die Symbole durch eigene Grafiken ersetzen**

Zum Ersetzen des Standards durch andere Symbole bedienen Sie sich am besten der Eigenschaft *Image* im Bereich *Darstellung*, nachdem Sie die zu bearbeitende Schaltfläche markiert haben. Über die Schaltfläche mit den drei Punkten zu dieser Eigenschaft öffnen Sie ein Dialogfeld, über das Sie der Schaltfläche eine Grafik zuweisen können (→ Kapitel 6). Besonders dann, wenn Sie dieses Bild mehrfach im Projekt verwenden wollen, empfiehlt sich aber die Verwendung der zweiten Option – *Projektressourcendatei*. Im Gegensatz zur Option *Lokale Ressource* steht das Bild dann auch für andere Symbolleisten des Projekts in einer *Projektressourcendatei* zur Verfügung, die im Fenster mit Ihren Elementen im *Projektmappen-Explorer* angezeigt wird. Dasselbe Bild kann also mit mehreren Steuerelementen verbunden werden und Sie können Bilder zentral austauschen.

Ein schneller Weg zum Erstellen von Symbolleisten

Ähnlich wie beim Erstellen eines Menüs können Sie sich auch hier die Arbeit vereinfachen: Wählen Sie nach dem Einfügen des Steuerelements *ToolStrip* den Befehl *Standardelemente einfügen* aus dem Kontextmenü dazu. Damit werden die für ein Windows-Programm typischen Schaltflächen in das Formular eingefügt (→)Abbildung 8.19. Diese werden bereits mit den bei Windows üblicherweise verwendeten Symbolen versehen. Entfernen Sie wieder die nicht benötigten und fügen Sie weitere hinzu.

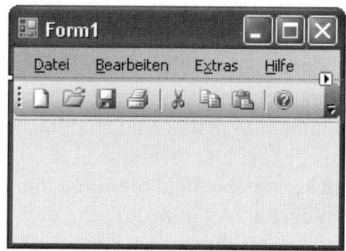

Abbildung 8.19: Nutzen Sie die Standardelemente

Symbolleisten bearbeiten

Symbolleisten können Sie ähnlich bearbeiten wie Menüs: Markieren Sie das für die Anzeige der Symbolleiste verantwortliche Steuerelement. Klicken Sie im Fenster **Eigenschaften** für das Steuerelement **ToolStrip** auf **Items** im Bereich **Daten** und anschließend auf die Schaltfläche mit den Auslassungspunkten, um den **Elementauflistungs-Editor** zu öffnen (→ Abbildung 8.20).

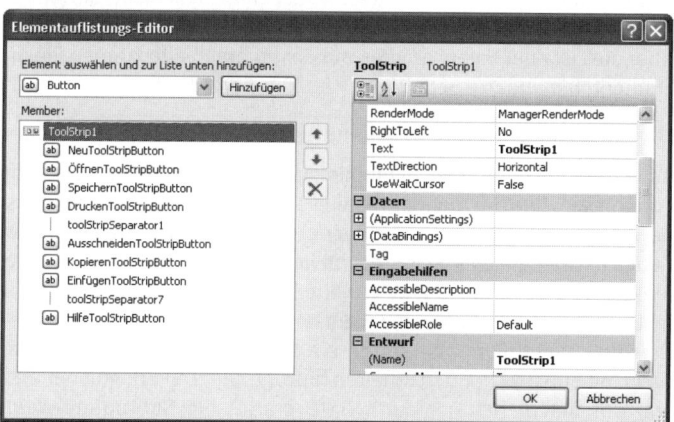

Abbildung 8.20: Die Elemente werden aufgelistet

- In der Liste **Member** finden Sie als ersten Eintrag das für die Leiste als Ganzes verantwortliche Steuerelement **ToolStrip**, darunter die Steuerelemente für die bereits eingefügten Schaltflächen. Über die Liste der Eigenschaften auf der rechten Seite können Sie die gesamte Symbolleiste oder die momentan markierte Schaltfläche konfigurieren.
- Über die Schaltfläche **Hinzufügen** können Sie dem Steuerelement weitere Schaltflächen unterschiedlicher Art hinzufügen, deren Form Sie über die Liste links davor wählen können. Die ausgewählten Schaltflächen werden zur Liste **Members** hinzugefügt.
- Sie können auch vor dem Hinzufügen den Typ der Schaltfläche auswählen. Öffnen Sie dazu die Liste links neben der Schaltfläche **Hinzufügen** und wählen Sie den gewünschten Typ aus.
- Die Reihenfolge der Schaltflächen in der Leiste können Sie ändern, indem Sie die zu verschiebende Schaltfläche markieren und dann auf eines der Symbole mit den nach unten oder nach oben zeigenden Pfeilen klicken.
- Unterhalb dieser Pfeile finden Sie auch die Möglichkeit, die aktuell markierte Schaltfläche aus der Liste zu entfernen.

Über die Liste der Eigenschaften auf der rechten Seite können Sie die momentan markierte Schaltfläche konfigurieren.

8.3

▶▶ Aufgabe: **Die Ereignisbehandler für Symbolleisten schreiben**

Auch die Elemente einer Symbolleiste unterstützen eine Reihe von Ereignissen. Wie bei Menübefehlen verwenden Sie davon aber meist nur eines und das heißt hier wiederum **Click**. Zur Eingabe dieses Codes klicken Sie eine Schaltfläche im Entwurf doppelt an. Im Codefenster wird das Fragment einer neuen Routine angezeigt. Geben Sie im Bereich vor **End Sub** den gewünschten Code ein.

Beispiel: Einem Formular wurde ein Steuerelement vom Typ **ToolStrip** mit entsprechenden Inhalten hinzugefügt. Der Ereignisbehandler zum Befehl NEU im Menü DATEI startet die Subroutine **Neu()** (→ Listing 8.20).

```
Private Sub NeuToolStripButton_Click _
(ByVal sender As System.Object, _
ByVal e As System.EventArgs) _
Handles NeuToolStripButton.Click
  Neu()
End Sub
...
Sub Neu()
  ...
End Sub
```

8.4 Hilfefunktionen

Eine der wichtigsten Zusatzfunktionen, die Sie als Entwickler den
Benutzern zur Verfügung stellen können, ist ein angemessenes Hilfesystem. Dieses wird von den Benutzern bei Zweifeln oder Unklarheiten konsultiert. Windows Form stellt Ihnen dafür zwei
Steuerelemente zur Verfügung – **HelpProvider** und **ToolTip**.

8.4.1 Programmhilfen mit HelpProvider

Die **HelpProvider**-Komponente kann verwendet werden, um kontext-
bezogene Hilfe für Steuerelemente in **Windows Forms** oder für
bestimmte Steuerelemente zur Verfügung zu stellen. Damit wird
Ihrer Windows-Anwendung eine HTML-Hilfedatei zugeordnet. Darüber hinaus kann durch die **HelpProvider**-Komponente eine Hilfedatei
zu bestimmten Bereichen, beispielsweise die Hauptseite des Inhaltsverzeichnisses, ein Index oder eine Suchfunktion, aktiviert werden.
Setzen Sie die **HelpNamespace**-Eigenschaft im **Eigenschaftenfenster** auf die gewünschte Hilfedatei. Wechseln Sie dann zu dem Steuerelement im Formular, zu dem die Hilfe angezeigt werden soll, und
richten Sie die Eigenschaft **HelpKeyword** im Eigenschaftenfenster
ein. Dabei handelt es sich um die Zeichenfolge, die durch die **Help-
Provider**-Komponente an die Hilfedatei übergeben wird, um das entsprechende Hilfethema aufzurufen.

Wenn Sie zur Laufzeit [F1] drücken, während das Steuerelement ausgewählt ist, wird die Hilfedatei aufgerufen, die mit der **HelpProvider**-Komponente verknüpft wurde.

8.4.2 QuickInfos mit ToolTip

Jedem beliebigen Steuerelement kann eine **QuickInfo** zugeordnet werden. Diese wird angezeigt, wenn ein Benutzer mit der Maus auf das Steuerelement zeigt. Dazu verwenden Sie die **ToolTip**-Komponente. Eine solche Komponente stellt mehreren Steuerelementen oder anderen Containern eine **ToolTip**-Eigenschaft zur Verfügung. Wählen Sie dann das Steuerelement aus, das die QuickInfo anzeigen soll. Im Eigenschaftenfenster zu diesem Steuerelement legen Sie den Wert **ToolTip auf ToolTip1** auf den gewünschten Text fest.

Die Schlüsseleigenschaften für die Anzeige sind **Active**, für die **true** festgelegt werden muss, damit die **QuickInfo** angezeigt wird, und **AutomaticDelay**, die festlegt, wie lange der Benutzer auf das Steuerelement zeigen muss, damit die QuickInfo angezeigt wird. Beachten Sie auch die weiteren Eigenschaften (→ Tabelle 8.10).

Eigenschaft	Beschreibung
Active	Ruft einen Wert ab, der angibt, ob die **QuickInfo** gerade aktiv ist, oder legt diesen fest.
AutomaticDelay	Ruft die automatische Verzögerung für die **QuickInfo** ab oder legt diese fest.
AutoPopDelay	Ruft die Zeitspanne ab, während der die **QuickInfo** sichtbar bleibt, wenn der Mauszeiger in einem Steuerelement mit angegebenem **QuickInfo**-Text nicht bewegt wird, oder legt diese fest.
InitialDelay	Ruft die bis zum Anzeigen der **QuickInfo** verstreichende Zeit ab oder legt diese fest.
ReshowDelay	Ruft die Zeitspanne für das Anzeigen weiterer **QuickInfo**-Fenster ab, wenn der Mauszeiger von einem Steuerelement zu einem anderen bewegt wird, oder legt diese fest.
ShowAlways	Ruft einen Wert ab, der angibt, ob ein **QuickInfo**-Fenster auch dann angezeigt wird, wenn das übergeordnete Steuerelement nicht aktiv ist, oder legt diesen fest.

*Tabelle 8.10: Wichtige Eigenschaften von **ToolTip***

8.4.3 Informationen mit StatusStrip

Ein Steuerelement vom Typ **StatusStrip** zeigt dem Benutzer Informationen zum angezeigten Objekt an. Es entspricht in seiner Wirkungsweise der allgemein bekannten Statuszeile am unteren Rand eines Anwendungsfensters (→ Abbildung 8.21).

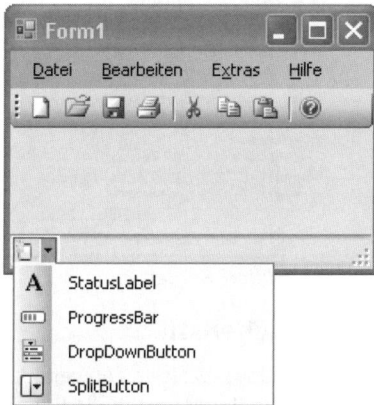

Abbildung 8.21: Mit **StatusStrip** *erzeugen Sie eine Statusleiste*

Standardmäßig wird nach dem Einfügen zunächst eine kleine Schaltfläche in der Statusleiste angezeigt, über deren Listenfeld Sie einen Anzeigetyp wählen können. **StatusLabel** erzeugt beispielsweise einen Text. Die Eigenschaften der so für die Statusleiste vorgesehenen Elemente können Sie einstellen, indem Sie im Fenster **Eigenschaften** für das Steuerelement **StatusStrip** auf **Items** im Bereich **Daten** und anschließend auf die Schaltfläche mit den Auslassungspunkten klicken, um den **Elementauflistungs-Editor** zu öffnen (→ Abbildung 8.22).

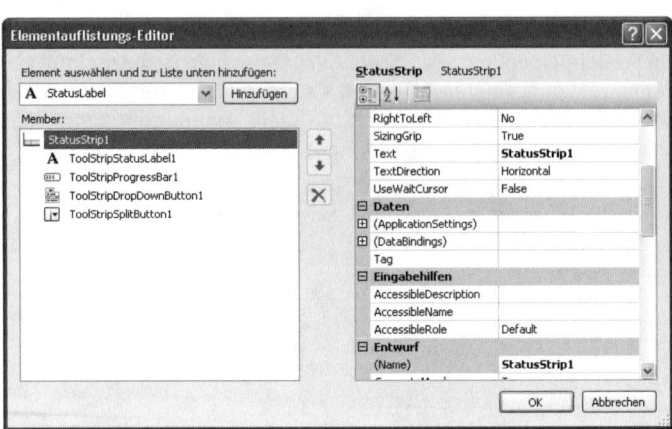

Abbildung 8.22: Die Elemente können editiert werden

8.5 Optionen für den Oberflächenstil

Nachdem Sie eine Weile mit anderen Windows-basierten Anwendungen gearbeitet haben, haben Sie festgestellt, dass nicht alle Benutzeroberflächen dasselbe Erscheinungsbild oder Verhalten aufweisen. Beispielsweise gibt es häufig Unterschiede bezüglich der Frage, wie eine Anwendung ihre Inhalte handhabt. Einige Programme erlauben es, gleichzeitig mehrere ähnliche Formulare geöffnet zu halten. Dies könnte beispielsweise ein Text- oder ein Bildeditor sein, in dem mehrere Dateien gleichzeitig angezeigt werden sollen. Andere ermöglichen nur die Anzeige von jeweils einer Datei. Generell gibt es dafür drei Hauptkategorien:

■ Wenn jeweils nur ein einzelnes Dokument geöffnet sein kann, spricht man von einem so genannten *Single-Document Interface* – abgekürzt mit *SDI*. Ein Beispiel für die *SDI*-Oberfläche ist die in Microsoft Windows enthaltene Anwendung *WordPad*. In *WordPad* kann nur ein einzelnes Dokument geöffnet werden. Sie müssen ein Dokument erst schließen, bevor Sie ein anderes öffnen können.

Der **SDI**-Stil ist die gebräuchlichere Layoutoption für Windows-Anwendungen.

- Können mehrere Dokumente in einer Anwendung gleichzeitig geöffnet sein, bezeichnet man das als **Multiple-Document Interface** – abgekürzt mit **MDI**. **Microsoft Excel** ist ein Beispiel für eine **MDI**-Oberfläche. In Excel haben Sie beispielsweise die Möglichkeit, mehrere Dokumente gleichzeitig anzuzeigen, wobei jedes Dokument in einem eigenen Fenster erscheint. Eine **MDI**-Anwendung erkennen Sie im Allgemeinen an dem Menü FENSTER, das Befehle zum Wechseln zwischen Fenstern oder Dokumenten enthält.

- Zusätzlich zu den beiden am häufigsten verwendeten Oberflächenstilen **SDI** und **MDI** setzt sich ein dritter Oberflächenstil immer mehr durch: die **Explorer**-Oberfläche. Die Explorer-Oberfläche besteht aus einem einzelnen Fenster, das in zwei Bereiche oder Ausschnitte unterteilt ist. Auf der linken Seite befindet sich in der Regel eine Baumstruktur oder hierarchische Übersicht und auf der rechten Seite ein Anzeigebereich, wie dies beispielsweise im **Windows-Explorer** der Fall ist. Dieser Oberflächentyp eignet sich besonders, um zu zahlreichen Dokumenten, Bildern oder Dateien zu navigieren bzw. diese zu durchsuchen.

Um zu bestimmen, welcher Oberflächenstil am besten geeignet ist, richten Sie sich nach dem Zweck der Anwendung. Für eine Anwendung zur Bearbeitung von Schriftstücken eignet sich am besten der **MDI**-Stil, da fleißige Angestellte wahrscheinlich mehr als ein Schriftstück gleichzeitig bearbeiten und Texte möglicherweise vergleichen müssen. Dagegen eignet sich für eine Kalenderanwendung am besten der **SDI**-Stil, da in der Regel nicht mehrere Kalender gleichzeitig geöffnet werden müssen. Sollte dies doch einmal der Fall sein, könnten Sie eine zweite Instanz der **SDI**-Anwendung öffnen.

8.5.1 SDI-Anwendungen

Standardmäßig gehen die Eigenschaften der von Ihnen erstellten Formulare davon aus, dass Sie eine SDI-Anwendung erstellen wollen. Sie müssen im Prinzip dem Formular nur noch ein zentrales Steuerelement hinzufügen, in dem Sie die in der Anwendung zu bearbeitenden Daten anzeigen können. Benutzen Sie beispielsweise eine **RichTextBox**, wenn Sie Texte bearbeiten wollen, oder eine **PictureBox**, wenn Sie Grafiken erstellen oder anzeigen lassen wollen. Wenn Sie – wie oft üblich – die gesamte Fläche des Formulars für die Anwendung nutzen wollen, sollten Sie die Eigenschaft **Dock** dafür auf **Fill** stellen, nachdem Sie die gewünschte Menü- und Symbolleiste erstellt haben (→ Abbildung 8.23).

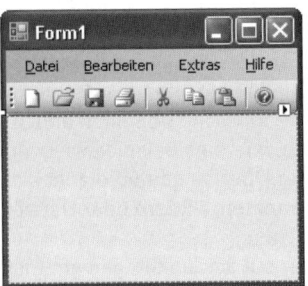 

Abbildung 8.23: Das zentrale Steuerelement füllt das Formular aus

> ▶ ▶ **Aufgabe: Den Befehl *Neu* für SDI-Anwendungen einrichten**

Über den Befehl NEU im Menü DATEI oder die gleichbedeutende Schaltfläche Ihrer Anwendung werden Sie im Allgemeinen dafür sorgen wollen, dass das zentrale Steuerelement ohne jeden Inhalt angezeigt wird.

Beispiel: Der folgende Code sorgt dafür, dass das zentrale Steuerelement – also die **RichTextBox** oder die **PictureBox** – ohne Inhalt angezeigt wird (→ Listing 8.21).

```
Sub Neu1()
  RichTextBox1.Text = ""
End Sub
...
Sub Neu2()
  PictureBox1.Image = Nothing
End Sub
...
```

▶ ▶ **Aufgabe: Den Befehl** *Öffnen* **für SDI-Anwendungen einsetzen**

Über **Öffnen** werden Sie eine Datei von einem Speicherort her öffnen wollen.

Beispiel: Dem Formular wurde eine **RichTextBox** hinzugefügt, die dessen Fläche vollständig ausfüllt. Die folgende Routine lässt das Dialogfeld **Öffnen** anzeigen, über das der Anwender zur Laufzeit eine Textdatei öffnen kann (→ Listing 8.22). Um das zu ermöglichen, wurde dem Formular ein Steuerelement **OpenFileDialog** hinzugefügt.

Listing 8.22: Eine Textdatei wird geöffnet

```
...
Sub Oeffnen1()
  Dim Inhalt As IO.StreamReader
  With OpenFileDialog1
    If .ShowDialog = _
      Windows.Forms.DialogResult.OK Then
      Inhalt = New IO.StreamReader(.FileName)
      RichTextBox1.Text = Inhalt.ReadToEnd()
      Inhalt.Close()
    End If
  End With
End Sub
...
```

Optionen für den Oberflächenstil

8.5

Beispiel: Dem Formular wurde eine **PictureBox** hinzugefügt, die dessen Fläche vollständig ausfüllt. Die folgende Routine lässt das Dialogfeld **Öffnen** anzeigen, über das der Anwender zur Laufzeit eine Grafikdatei öffnen kann (→ Listing 8.23). Dafür wurde dem Formular ein Steuerelement **OpenFileDialog** hinzugefügt.

Listing 8.23: Der Code erlaubt das Öffnen von Grafikdateien vom Typ ***.jpg**

```
...
Sub Oeffnen2()
  With OpenFileDialog1
    .Filter() = "*.jpg-Dateien|*.jpg"
    .AddExtension = True
    .CheckFileExists = True
    .CheckPathExists = True
    .InitialDirectory = _
    IO.Path.GetDirectoryName("Eigene Dateien")
    .FileName = ""
  End With
  If OpenFileDialog1.ShowDialog = _
   Windows.Forms.DialogResult.OK Then
     PictureBox1.Image = _
     Image.FromFile(OpenFileDialog1.FileName)
  End If
End Sub
...
```

Sie können diese Routine über den Menübefehl ÖFFNEN oder eine gleichbedeutende Schaltfläche ansprechen. Die Grafikdatei wird in der **PictureBox** angezeigt (→ Abbildung 8.24).

▶ ▶ Aufgabe: Den Befehl *Speichern unter* benutzen

Der Befehl **Speichern unter** funktioniert ähnlich.
Beispiel: Die folgende Subroutine zeigt das Dialogfeld **SaveFileDialog** über die Methode **ShowDialog** an (→ Listing 8.7). Nach Eingabe eines Dateinamens durch den Benutzer und der nachfolgenden Bestätigung wird der Inhalt einer **RichTextBox1** gespeichert.

Abbildung 8.24: Eine Grafik wurde auf der Oberfläche angezeigt

Listing 8.24: Die Routine öffnet das Dialogfeld **SaveFileDialog**

```
...
Sub Speichern()
Dim Inhalt As IO.StreamWriter
  With SaveFileDialog1
    If.ShowDialog = _
      Windows.Forms.DialogResult.OK Then
        Inhalt = New IO.StreamWriter(.FileName)
        Inhalt.Write(RichTextBox1.Text)
        Inhalt.Close()
    End If
  End With
End Sub
...
```

▶▶ Aufgabe: Ein BEARBEITEN-Menü aufbauen

Allgemein interessant sind in diesem Zusammenhang wahrscheinlich die typischen Befehle des Menüs BEARBEITEN und dabei das Arbeiten mit der Zwischenablage. Diese kann – wie ja allgemein bekannt – zum Speichern von Daten wie Text und Bildern verwendet werden.

■ Erstellen Sie ein Menü BEARBEITEN mit den Befehlen AUSSCHNEIDEN, KOPIEREN und EINFÜGEN. Sorgen Sie auch dafür, dass in der Symbolleiste die Schaltflächen *Ausschneiden*, *Kopieren* und *Einfügen* angezeigt werden. Am einfachsten geht das, indem Sie den Befehl *Standardelemente einfügen* aus dem Kontextmenü zum Steuerelement *ToolStrip* wählen und die nicht benötigten Schaltflächen löschen.

Abbildung 8.25: Ein BEARBEITEN-Menü

■ Schreiben Sie dann die Ereignisbehandler zu diesen Schaltflächen. Wenn Sie die jeweilige Funktion anschließend auch über die Befehle eines BEARBEITEN-Menüs steuern möchten, empfiehlt es sich wieder, den Code in separaten Routinen abzulegen.

Beispiel: Für die wichtigsten Befehle des Menüs können Sie mit dem Objekt *My.Computer.Clipboard* ohne Probleme auf die Zwischenablage zugreifen. Zum *Kopieren* können Sie die Methode *SetText* des Objekts *My.Computer.Clipboard* benutzen. Sorgen Sie dafür, dass der vorher markierte Text verwendet wird. Zum *Ausschneiden* benutzen Sie dieselbe Verfahrensweise, sorgen aber anschließend dafür, dass die Auswahl gelöscht wird. Für das *Einfügen* benutzen Sie die Methode *SetText* (→ Listing 8.25).

```
...
Sub Kopieren()
  My.Computer.Clipboard.SetText _
  (RichTextBox1.SelectedText)
End Sub
...
Sub Ausschneiden()
  My.Computer.Clipboard.SetText _
  (RichTextBox1.SelectedText)
  RichTextBox1.SelectedText = ""
End Sub

Sub Einfügen()
  RichTextBox1.SelectedText = _
  My.Computer.Clipboard.GetText()
End Sub
...
```

Das eben gezeigte Beispiel zeigt nur das Prinzip der Arbeit mit der Zwischenablage. Wenn Sie beispielsweise in dieser Ablage eine Grafik abgelegt haben, können Sie die mit der vorhandenen Logik nicht einfügen. Für eine vollständig funktionsfähige Ablage ist eine etwas umfangreichere Logik erforderlich. Vielleicht helfen Ihnen die folgenden Punkte zu einem erweiterten Verständnis:

- Mit Methoden wie **SetText**, **SetImage**, **SetData**, **SetAudioStream** und **SetFileDropDownList** können Sie angeben, welchen Datentyp Sie in die Zwischenablage schreiben wollen.

- Mit den Methoden **GetText**, **GetImage**, **GetData**, **GetAudioStream** und **GetFileDropDownList** können Sie angeben, welchen Datentyp Sie aus der Zwischenablage lesen möchten.

- Mit mehreren Methoden können Sie feststellen, welche Art von Objekt sich in der Zwischenablage befindet. Verwenden Sie beispielsweise **ContainsImage**, um festzustellen, ob es sich bei den in der Zwischenablage enthaltenen Daten um ein Bild handelt.

Optionen für den Oberflächenstil

8.5

Wenn Sie beispielsweise eine Anwendung zum Bearbeiten von Text mit einer **RichTextBox** ausstatten, können Sie ein FORMAT-Menü hinzufügen, über dessen Befehle – beispielsweise SCHRIFTART und FARBE – Sie den gerade markierten Text ohne Schwierigkeiten formatieren können.

Beispiel: Zum Einstellen der Schriftart verwenden Sie das Steuerelement **FontDialog.** Sie laden lediglich die aktuellen Schrifteinstellungen und zeigen dann das Dialogfeld an. Wenn Sie als Anwender auf **OK** klicken, übernehmen Sie die neuen Schrifteinstellungen und setzen diese zurück in das Ziel (→ Listing 8.26) Der Anwender kann dann die Eigenschaften der Schrift in der **RichTextBox** auswählen.

Listing 8.26: Die Einstellung der Schrift wird dem Inhalt der **RichTextBox** *zugewiesen*

```
...
Sub Schriftart()
  FontDialog1.Font = RichTextBox1.Font
  If FontDialog1.ShowDialog() = DialogResult.OK Then
    RichTextBox1.Font = FontDialog1.Font
  End If
End Sub
...
```

Beispiel: Zum Einstellen der Farben benutzen Sie das Steuerelement **ColorDialog**: Sie laden einfach die aktuellen Farbwerte, zeigen das Dialogfeld an und weisen das Ziel an, die im Dialogfeld ausgewählten Werte zu verwenden, sobald der Anwender auf **OK** geklickt hat (→Listing 8.27).

```
...
Private Sub FormatFarbe_Click(ByVal sender As System.Object, _
  ByVal e As System.EventArgs) Handles FormatFarbe.Click
    ColorDialog1.Color = RichTextBox1.ForeColor

    If ColorDialog1.ShowDialog() = DialogResult.OK Then
        RichTextBox1.ForeColor = ColorDialog1.Color
    End If
End Sub
...
```

8.5.2 MDI-Anwendungen

Bei einer *MDI*-Anwendung können Sie innerhalb eines Elternformulars mehrere Instanzen eines Kindformulars öffnen. Das Elternformular ist also ein Behälter für die Kindformulare – ein *MDI-Container*. Kindformulare können nicht aus dem Elternformular hinaus an eine andere Stelle verschoben werden.

▶▶ Aufgabe: Das Elternformular erstellen

Sie erstellen ein Elternformular, indem Sie für ein Formular die Eigenschaft *IsMdiContainer* in der Gruppe *Fensterstil* auf *true* setzen. Damit fügen Sie dem Formular ein *MdiClient*-Steuerelement hinzu, das das gesamte Formular ausfüllt und standardmäßig grau eingefärbt ist (→ Abbildung 8.26).

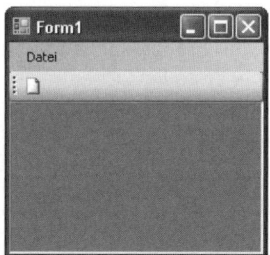

Abbildung 8.26: Ein Elternformular

Optionen für den Oberflächenstil

8.5

Innerhalb eines Elternformulars können nun Kindformulare angezeigt werden. Da es sich dabei wohl immer um Formulare mit denselben Eigenschaften handeln soll, sollten Sie dem Projekt ein weiteres
Formular hinzufügen, dieses nach Ihren Wünschen konfigurieren
und die Kindformulare daraus durch Vererbung erstellen.

Beispiel: Ein bereits vorhandenes Formular **Form1** wurde als Elternformular definiert. Außerdem wurde dem Projekt ein weiteres Formular **Form2** hinzugefügt. Die folgende Routine sorgt dafür, dass aus
Form2 ein oder mehrere Kindformulare innerhalb von **Form1** erzeugt
werden. Bevor Sie ein solches Kindformular anzeigen lassen, müssen Sie die Eigenschaft **MdiParent** so setzen, dass sie auf das Elternformular verweist. Um diese Instanzen des definierten Kindformulars
innerhalb des Containers anzuzeigen, können Sie sich beispielsweise eines Steuerelements vom Typ **MenuStrip** oder **ToolStrip**
bedienen (→ Listing 8.28 und Abbildung 8.27).

*Listing 8.28: Kindformulare können über eine Routine erzeugt
werden*

```
...
Sub Neu()
    Dim Neu As New Form2()
    Neu.MdiParent = Me
    Neu.Show()
End Sub
...
```

Zur Laufzeit könnten Sie dann durch Wahl der Ergebnisbehandlung
ein oder mehrere Kindformulare im Container erstellen lassen. Diese
Kinder können nicht aus dem Rahmen des Elternformulars herausge-
nommen werden.

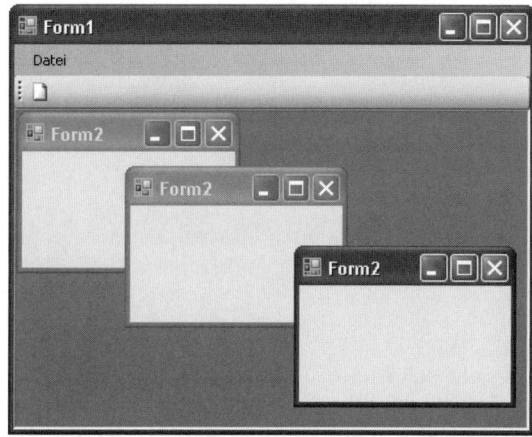

Abbildung 8.27: Kindformulare werden im Elternformular angezeigt

---

▶▶ Aufgabe: Den Befehl *Öffnen* für MDI-Anwendungen bearbeiten

---

Im Allgemeinen werden Sie in einer MDI-Anwendung wünschen, dass auch beim Öffnen einer Datei deren Inhalt in einem separaten Fenster angezeigt wird. Das können Sie auf dieselbe Weise erreichen.

Beispiel: Wie im vorherigen Beispiel erzeugt der Code eine neue Instanz eines Formulars mit dem Namen *Form2* und setzt dessen Eigenschaft *MdiParent* auf das aktuelle Formular. Anschließend setzt er die Formulareigenschaft *Bild* auf die Bilddatei und zeigt das neue Formular an. Abschließend rufen wir mit der Methode *FromFile* der Klasse *Image* das in einer Datei gespeicherte Bild ab (→ Listing 8.29).

Listing 8.29: Die Routine zum Öffnen einer Bilddatei

Optionen für den Oberflächenstil

8.5

```
...
Sub Oeffnen()
  If OpenFileDialog1.ShowDialog() = _
  DialogResult.OK Then
    Dim Neu As New Form2()
    Neu.MdiParent = Me
    Neu.Bild = _
      Image.FromFile(OpenFileDialog1.FileName)
    Neu.Show()
    End If
End Sub
...
```

Allein mit diesem Code sollten Sie in der Lage sein, mehrere Bilddateien zu öffnen (→ Abbildung 8.28).

Abbildung 8.28: Mehrere Bilddateien können geöffnet werden

Wenn ein einzelnes Formular mehrere unterschiedliche Kindfenster-
formulare enthalten kann, benötigen Sie meistens spezielle Menü-
befehle, mit denen diese Kinder angeordnet oder ausgewählt
werden können. In diesem Fall würden Sie der Anwendung ein Menü
FENSTER mit entsprechenden Befehlen hinzufügen (→ Abbildung
8.29). Das Standardmenü FENSTER – wie Sie es bei kommerziellen
Windows-Anwendungen finden – enthält mindestens vier Befehle –
UNTEREINANDER, NEBENEINANDER, ÜBERLAPPEND und SYMBOLE ANORDNEN.
Zusätzlich zu den gebräuchlichen Elementen enthält das Menü FENS-
TER normalerweise noch eine Liste aller Kindfenster, die so genannte
Fensterliste. Sie führt alle geöffneten Kindfenster auf und kenn-
zeichnet das aktive Kindfenster durch ein Häkchen.

Optionen für den Oberflächenstil

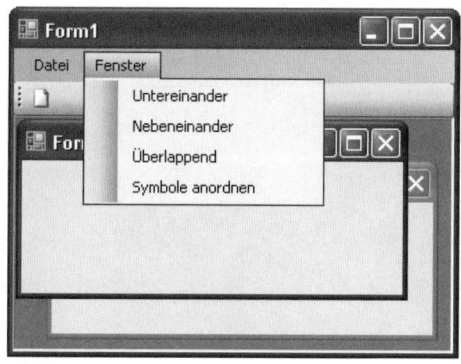

8.5

Abbildung 8.29: Ein FENSTER-*Menü erlaubt die Wahl zwischen
Anordnungen*

Die Routinen zur Behandlung der Befehle eines typischen FENSTER-
Menüs erfordern nur wenig Code. Alle vier Befehle des Menüs FENS-
TER führen einfach die Methode **LayoutMdi** des **MDI**-Elternformulars
aus, die die gewünschte Anordnung der Kindformulare setzt (→ Listing 8.30).

```
...
Sub Untereinander()
  Me.LayoutMdi(MdiLayout.TileHorizontal)
End Sub
...
Sub Nebeneinander()
  Me.LayoutMdi(MdiLayout.TileVertical)
End Sub
...
Sub Überlappend()
  Me.LayoutMdi(MdiLayout.Cascade)
End Sub
...
Sub SymboleAnordnen()
  Me.LayoutMdi(MdiLayout.ArrangeIcons)
End Sub
...
```

9 Web-Anwendungen

Mit Visual Studio .NET können Sie Anwendungen erstellen, die auf das Leistungsspektrum des World Wide Web zugreifen, und mit diesen wollen wir uns in diesem Kapitel beschäftigen. Dazu gehören traditionelle Websites, die HTML-Seiten bedienen, vollwertige Unternehmensanwendungen in einem Intranet oder im Internet sowie ausgeklügelte **Business-to-Business-Anwendungen** mit webbasierten Komponenten, die Daten mit Hilfe von XML austauschen können.

Zunächst wollen wir uns den **Standardwebanwendungen** zuwenden. Die über Visual Studio .NET zur Verfügung stehenden Werkzeuge ermöglichen es Ihnen, mit den gleichen Techniken wie bei einer Desktop-Anwendung auch eine Web-Anwendung zu erstellen, die in (fast) jedem Webbrowser funktioniert.

- Machen Sie sich zunächst mit den wichtigen Elementen der **IDE** beim Arbeiten mit Web-Anwendungen vertraut (→ Abschnitt 9.1).
- Bevor Sie sich der Arbeit des Einfügens von Steuerelementen auf der Webseite zuwenden, sollten Sie sich zunächst mit den grundsätzlichen Möglichkeiten der Eingabe von **statischen Daten** auf einer Webseite vertraut machen (→ Abschnitt 9.2).
- Sie können dann den Seiten mit Hilfe von **Steuerelementen** bestimmte Funktionalitäten zuweisen (→ Abschnitt 9.3). Dieser Aspekt des Entwerfens einer Webseite mit Visual Basic .NET hat Ähnlichkeit mit dem Entwerfen einer normalen **Visual Basic .NET**-Anwendung. Das ermöglicht es Ihnen, mit den gleichen Techniken wie bei einer Desktop-Anwendung auch eine Web-Anwendung zu erstellen, die in (fast) jedem Webbrowser funktioniert. Der einzige Unterschied liegt darin, was hinter den Kulissen geschieht.

Der letzte Teil dieses Kapitels beschäftigt sich mit **Webdiensten** (→ Abschnitt 9.4). Diese Webdienste sind eine relativ neue Art, in einem Netzwerk oder im Internet auf Programme und Komponenten zuzugreifen. Beispielsweise stehen im **World Wide Web** sehr viele Dienste zur Verfügung und man verwendet sie fast überall: Dazu gehören Suchmaschinen, Informationsdienste und mehr. Ein Webdienst ist also eine Einheit der Anwendungslogik, die Daten und Funktionalität für andere Anwendungen bereitstellt.

9.1 Die Arbeitsoberfläche

Im Prinzip arbeiten Sie bei Web-Anwendungen mit derselben Oberfläche der *IDE*, die Sie schon aus anderen Projekttypen her kennen.

9.1.1 Dateiverwaltung

Gegenüber den in den vorherigen Teilen beschriebenen Windows- oder Konsolenanwendungen ergeben sich aber in der Dateiverwaltung – speziell beim Erstellen und beim Öffnen der Dateien – einige Unterschiede, die Sie beachten sollten.

▶▶ Aufgabe: Eine Web-Anwendung erstellen

Wählen Sie DATEI/NEUE WEBSITE aus, um das gleichnamige Dialogfeld zu öffnen (→ Abbildung 9.1).

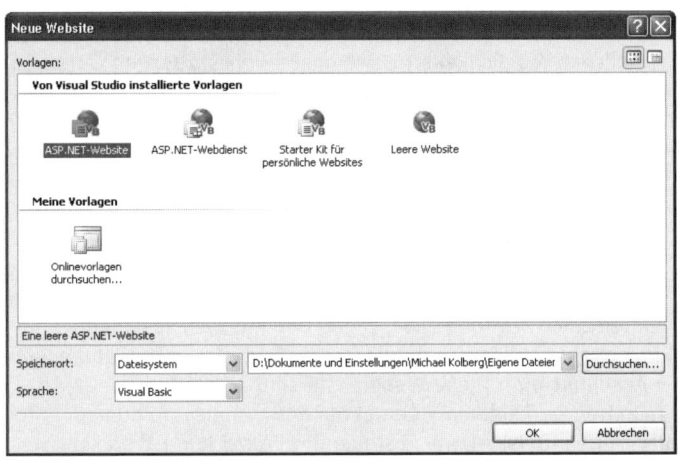

Abbildung 9.1: Eine neue Web-Anwendung erstellen

Sie finden in diesem Dialogfeld mehrere Vorlagen (→ Tabelle 9.1).
Zum Erstellen einer Standardwebanwendung wählen Sie die Vorlage
ASP.NET-Website aus.

Vorlage	Beschreibung
ASP.NET-Website	Erzeugt ein Projekt zum Erstellen einer Anwendung mit einer Webschnittstelle auf einem Computer, auf dem die Internet-Informationsdienste der Version 5.0 oder höher installiert sind. Die Vorlage erstellt die grundlegenden Dateien, die auf dem Server erforderlich sind, um den Beginn der Anwendung zu ermöglichen.
ASP.NET-Webdienst	Liefert ein Projekt zum Erstellen von Webdiensten, die von anderen Anwendungen (Webdiensten oder Web-Anwendungen) in einem Netzwerk benutzt werden können.
Leere Website	Ist für erfahrene Benutzer gedacht, die mit einem leeren Projekt starten möchten.

Tabelle 9.1: Mehrere Vorlagen stehen zur Verfügung

- Beachten Sie besonders die Angaben im Feld **Speicherort**. Standardmäßig wird angenommen, dass Sie das Projekt zunächst auf dem lokalen System erstellen möchten. Das wird durch die Option **Dateisystem** in diesem Feld angezeigt. Im Feld daneben finden Sie hier den Speicherort und den Namen des neu zu erstellenden Projekts – beim ersten Webprojekt finden Sie hier beispielsweise den Eintrag **Eigene Dateien\Visual Studio 2005\WebSites\WebSite1**. Sie können sowohl den Speicherort als auch den Namen des Projekts hier ändern.
- Wenn Sie einen aktuellen Zugriff auf einen Server haben, können Sie das Projekt auch gleich an einem der vorhandenen Speicherorte erstellen. Wählen Sie dazu im Feld **Speicherort** den Typ des Servers aus und geben Sie im Feld daneben den URL sowie die gegebenenfalls notwendigen Zusätze ein (→ Abbildung 9.2). Stellen Sie dann – wenn notwendig – die Verbindung her. Bestimmte Sicherheitseinstellungen Ihres Systems können die Verbindung erschweren.

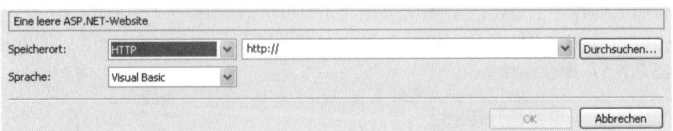

Eine leere ASP.NET-Website			
Speicherort:	HTTP ⌄	http:// ⌄	Durchsuchen...
Sprache:	Visual Basic ⌄		
		OK	Abbrechen

Abbildung 9.2: Sie können das Projekt direkt auf einem Server erstellen

■ Wenn Sie einen anderen Server auswählen möchten, klicken Sie auf die Schaltfläche **Durchsuchen**, um die anderen Server im Netzwerk anzeigen zu lassen. Sie können aber auch einfach den URL eines Servers eingeben und die Taste ⏎ drücken. Visual Studio stellt eine Verbindung zum Server her und fügt die entsprechenden Projektelemente dem **Projektmappen-Explorer** im Projektknoten hinzu.

Beachten Sie, dass hier – im Gegensatz zu dem in diesem Buch beschriebenen anderen Anwendungen – nach einem Klick auf **OK** das Webprojekt sofort erstellt wird. Ein anfängliches Speichern des Projekts ist also nicht notwendig, Erweiterungen oder Änderungen müssen aber gespeichert werden.

▶ ▶ Aufgabe: Ein vorhandenes Webprojekt öffnen

Beim Öffnen eines Webprojekts wählen Sie DATEI/WEBSITE ÖFFNEN. Im gleichnamigen Dialogfeld finden Sie auf der linken Seite eine Umgebungsleiste, über die Sie den Speicherot des zu öffnenden Projekts wählen können. Navigieren Sie dann über den Hauptbereich des Dialogfelds zum gewünschten Projekt (→ Abbildung 9.3).

Beispielsweise navigieren Sie zum Öffnen eines Projekts vom lokalen Dateisystem her über **Eigene Dateien** zum Ordner **Visual Studio 2005** und dort zu **Projects**. Sie finden in diesem Ordner die von Ihnen erstellten Web-Anwendungen zusammen mit anderen Projekten.

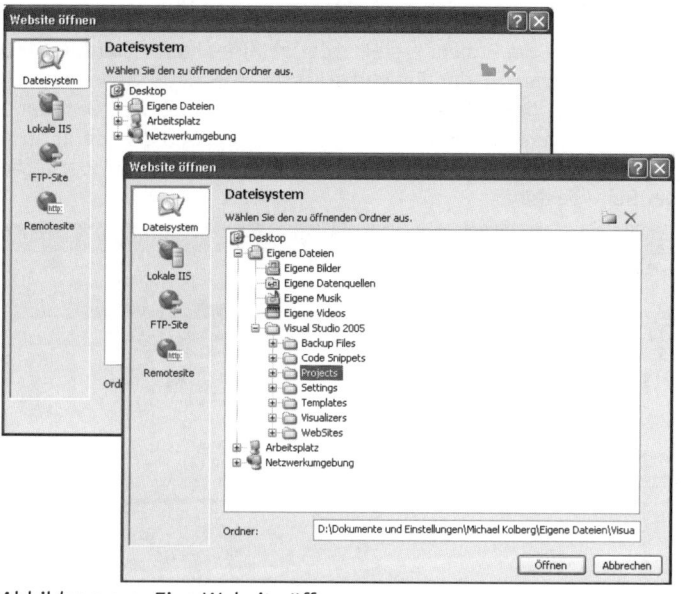

Abbildung 9.3: Eine Website öffnen

Achten Sie darauf, dass Webprojektdateien, die auf einem Server gespeichert sind, von mehreren Benutzern gleichzeitig geöffnet werden können. Wenn das Projekt geöffnet wird, werden Kopien der Projektdateien auf dem lokalen Computer gespeichert. Wenn ein Buildbefehl – direkt oder beim Debuggen des Projekts – ausgeführt wird, ersetzt Visual Studio .NET die auf dem Server gespeicherten Projektdateien durch die bearbeiteten Dateien, die sich im lokalen Verzeichnis befinden. Wenn mehrere Benutzer an einem Projekt arbeiten, überschreiben Sie damit alle Projektdateien, die von einem anderen Entwickler gespeichert wurden.

Die Arbeitsoberfläche

9.1

9.1.2   Die Fenster in der IDE

Nachdem Sie ein Projekt erstellt oder geöffnet haben, wird im **Web Forms-Designer** in der Entwurfsansicht eine neue Seite mit der Bezeichnung **Default.aspx** angezeigt (→ Abbildung 9.4). Diese enthält – zunächst nicht sichtbar – den HTML-Text und die später noch einzufügenden Steuerelemente, aus denen die Benutzeroberfläche der Seite besteht.

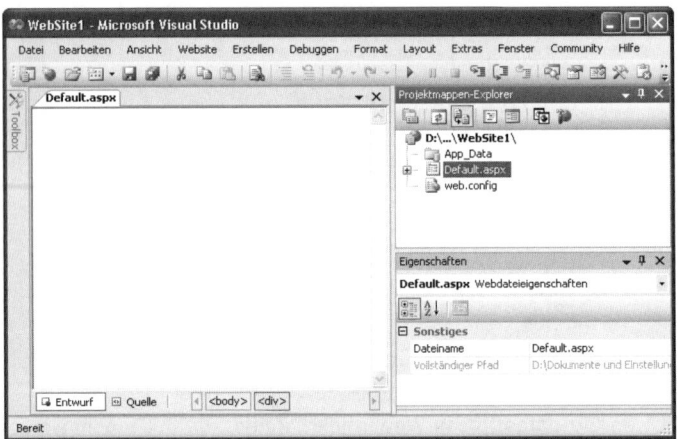

Abbildung 9.4: Ein neues Webprojekt in der Entwurfsansicht

▶ ▶ Aufgabe: Die Ansicht einstellen

Am unteren Rand des Designers befinden sich mehrere Schaltflächen, die zur Anzeige verschiedener Ansichten der **.aspx**-Datei dienen. Sie können in beiden Ansichten arbeiten. Bei einem Wechsel zwischen diesen Ansichten wird jede Ansicht mit den Änderungen aktualisiert, die Sie in der anderen Ansicht vorgenommen haben.

- In der standardmäßig zuerst angezeigten Ansicht **Entwurf** können Sie Daten auf der Seite eingeben – beispielsweise Text oder Grafiken einfügen oder wie bei einer Windows-Anwendung Steuerelemente aus der Toolbox auf die Seite ziehen – und im Fenster **Eigenschaften** konfigurieren. Sie können die Elemente positionieren und die Auswirkungen der Einstellungen von Schriftart und Format anzeigen lassen.
- Die **Quelle**-Ansicht zeigt dieselben Informationen im reinen HTML-Format an. Sie können hier sofort mit dem Bearbeiten des Markups beginnen (→ Abbildung 9.5).

Abbildung 9.5: Die Ansicht **Quelle** *zeigt den Code an*

Für diese beiden Ansichten gibt es im Dialogfeld zum Befehl EXTRAS/ OPTIONEN Voreinstellungen: Beispielsweise haben Sie auf der Seite **HTML-Designer/Allgemein** die Möglichkeit, die Standardansicht anzupassen, in der Seiten geöffnet werden. Sie können hier festlegen, ob diese beim Starten in der Ansicht **Quelle** oder in der Ansicht **Entwurf** angezeigt werden sollen.

Eine separate Datei mit dem Namen **Default.aspx.vb** enthält den Seitencode und ist daher die Seitenklassendatei. Gelegentlich wird diese Datei auch als **CodeBehind**-Datei bezeichnet. Im **Projektmappen-Explorer** wird die Seitenklassendatei in der Standardeinstellung unterhalb des Knotens **Default.aspx** angezeigt. Diese Datei benutzen Sie meist, wenn Sie der Seite oder einzelnen Elementen darin Programmcode hinzufügen. Um ihren Inhalt anzuzeigen, können Sie einen Doppelklick auf den Namen der Datei im **Projektmappen-Explorer** ausführen. Wie schon von einem Windows-Formular her bekannt, beginnt dieser Code damit, dass eine öffentliche Klasse – diesmal mit dem Namen **Default** – definiert wird, die ihre Eigenschaften von **System.Web.UI.Page** – sozusagen der Standardseite – erbt (→ Abbildung 9.6).

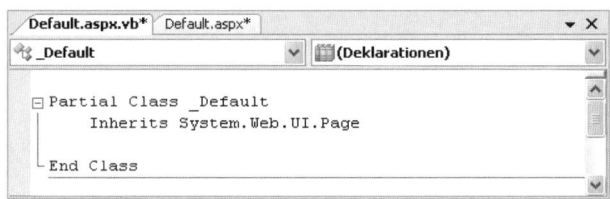

*Abbildung 9.6: Die fast leere Datei **Default.aspx.vb***

9.1.4 Das Eigenschaftenfenster

Die Eigenschaften eines **HTML**-Dokuments können einerseits direkt im Eigenschaftenfenster bearbeitet werden. Um dieses Fenster anzuzeigen, wählen Sie ANSICHT/EIGENSCHAFTENFENSTER und dann aus der Dropdown-Liste am oberen Rand des Fensters die Option **DOCUMENT** aus. Eine solche Auswahl ist hier aber erst dann notwendig, wenn Sie bereits zusätzliche Elemente auf der Seite eingefügt haben. Auch viele der Eigenschaften einer Webseite entsprechen denen eines Formulars in einer Windows-Anwendung, teilweise werden hier aber andere Namen dafür verwendet (→ Tabelle 9.2).

Die Arbeitsoberfläche

9.1

Eigenschaft	Beschreibung
ALink	Legt die Farbe von Hyperlinks fest, wenn darauf geklickt wird.
Background	Gibt den Pfad zu einem Hintergrundbild für die Seite an.
BgColor	Legt die Hintergrundfarbe für die Seite fest.
Dir	Legt die Leserichtung für Seitenobjekte fest.
Link	Legt die Standardfarbe von Hyperlinks fest, bevor darauf geklickt wird.
Text	Legt die Standardfarbe für den Text im Vordergrund der Seite fest.
Title	Gibt die Textzeichenfolge an, die im *HEAD*-Abschnitt der Seite zwischen den Tags *<TITLE>* und *</TITLE>* eingefügt wird.
VLink	Legt die Standardfarbe von Hyperlinks fest, auf die bereits geklickt wurde.

Tabelle 9.2: Einige Eigenschaften des Dokuments

▶▶ Aufgabe: Den Seitentitel einstellen

Der **Seitentitel** bestimmt die Textzeichenfolge, die im *<HEAD>*-Abschnitt der Webseite zwischen den Tags *<TITLE>* und *</TITLE>* eingefügt wird. Wenn die Seite auf der obersten Ebene des Browsers geöffnet ist, wird der Titel in der Titelleiste des Browserfensters angezeigt. Sie können ihn direkt über die Eigenschaft *Title* im Fenster *Eigenschaften* eingeben. In der Ansicht *Quelle* wird er vermerkt (→ Listing 9.1).

Listing 9.1: Der Seitentitel wird im HTML-Code wiedergegeben

```
...
<HTML ...>
  <HEAD ...>
    <title>Seitentitel</title>
...
```

Das **Hintergrundbild** bezeichnet eine Bilddatei, die als Hintergrund der Seite angezeigt werden soll. Über die Eigenschaft **Background** können Sie entweder den Pfad des Bildes eingeben oder auf die Schaltfläche mit den drei Punkten klicken und zum Speicherort der Datei navigieren. Damit wird der vollständige Pfad des Bildes als Wert der **Background**-Eigenschaft in das HTML-Markup für das **BODY**-Element eingefügt (→ Listing 9.2).

Listing 9.2: Der URL des Bildes wird im HTML-Code wiedergegeben

```
...
</head>
<body background="E:\Eigene Dateien\Bild.jpg">
...
```

▶ ▶ Aufgabe: Farben einstellen

Sie können über mehrere Eigenschaften die wesentlichsten Farbeinstellungen für das Dokument festlegen: **BgColor** bestimmt die Farbe für den Hintergrund des aktuellen Dokuments. **Text** legt die Farbe für den Text im aktuellen Dokument fest. **Link** bestimmt die Textfarbe für noch nicht besuchte Hyperlinks im aktuellen Dokument, **ALink** bezieht sich auf den gerade aktiven Hyperlink, **VLink** meint die bereits besuchten Hyperlinks. Klicken Sie zum Einstellen der Farbe auf die Schaltfläche mit den drei Punkten im Fenster **Eigenschaften** und wählen Sie eine Farbe aus dem Dialogfeld **Farbauswahl** aus (→ Abbildung 9.7). Wenn Sie ein Farbfeld auswählen, wird im Feld **Farbe** der zugehörige hexadezimale RGB-Code angezeigt. Die auf der Registerkarte **Webpalette** angezeigten Farben werden in allen Webbrowsern gleich dargestellt.

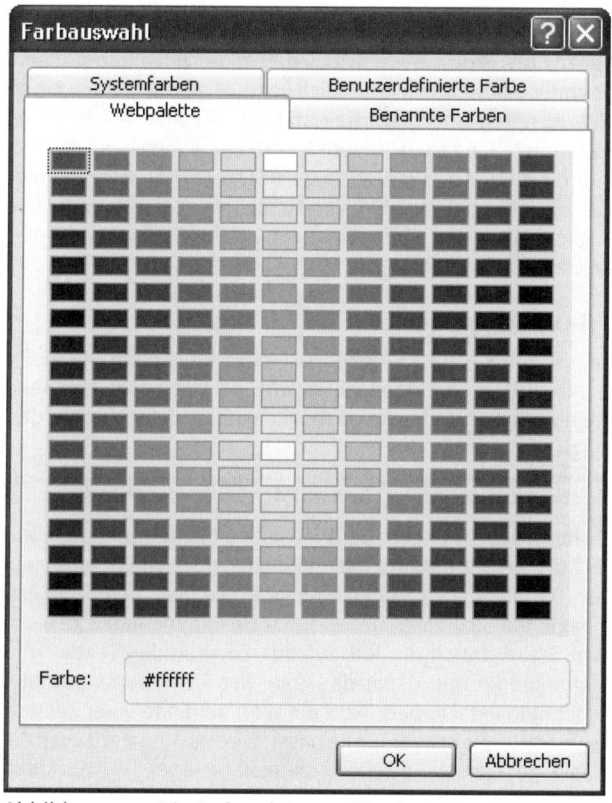

Abbildung 9.7: Die Farben können Sie einstellen

9.2 Statische Eingaben

In der Frühzeit des **World Wide Web** waren reine Webseiten statisch. Das bedeutet, dass sie sich nie wirklich verändert haben. Auch heute verfügen Webseiten über derartige statische Elemente – seien es Texte oder andere Eingaben. Bevor Sie sich der wahrscheinlich interessanteren Arbeit des Einfügens von Steuerelementen auf der Webseite zuwenden, sollten Sie sich zunächst mit den grundsätzlichen Möglichkeiten der Eingabe von statischen Daten auf einer Webseite vertraut machen.

9.2.1 Texte eingeben

Solche statischen Textdaten eignen sich besonders dann, wenn Sie einfache oder auch umfangreiche Inhalte an den Leser der Seite übermitteln wollen, ihm aber keine Möglichkeiten bieten wollen, darauf zu reagieren.

▶ ▶ **Aufgabe: Statische Eingaben auf der Seite vornehmen**

Wenn Sie Ihre Texte direkt auf der Webseite eingeben wollen, arbeiten Sie auf der Seite **Default.aspx** im Prinzip wie in einem normalen Texteditor. Dabei müssen Sie nur wenige Dinge beachten: Die Texteingabe beginnen Sie immer an der durch die Einfügemarke gekennzeichneten Stelle. Durch die fortlaufende Eingabe des Textes wird diese Schreibmarke und damit das Ende des Dokuments automatisch nach hinten verschoben. Wird ein Wort am Ende einer Zeile so lang, dass es nicht mehr in die Zeile passt, wird es automatisch in die nächste Zeile gesetzt. Neue Zeilen erzeugen Sie über ⏎ (→ Abbildung 9.8).

Die eingegebenen Texte können Sie anschließend nach einem Wechsel zur Ansicht **Quelle** im Code kontrollieren (→ Listing 9.3). Gerade für einen Anfänger in Sachen HTML empfiehlt es sich, häufig zwischen der Entwurfsansicht und der HTML-Ansicht zu wechseln, da Sie auf diese Weise schnell und einfach mit der Bedeutung der einzelnen Tags vertraut gemacht werden.

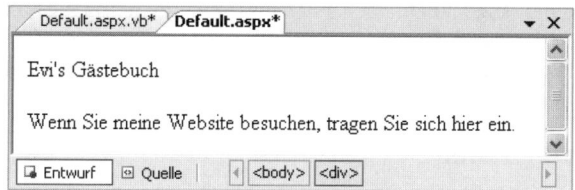

Abbildung 9.8: Statische Eingaben werden wie in einem Texteditor eingefügt

Listing 9.3: Die Eingaben werden auch in der Ansicht **HTML** *angezeigt*

```
...
<body>
  <form id="form1" runat="server">
    <div>
      Evi's Gästebuch<br />
      <br />
      Wenn Sie meine Website besuchen, _
      tragen Sie sich hier ein.</div>
  </form>
...
```

▶▶ Aufgabe: Texteingaben bearbeiten

Auch das Bearbeiten von auf der Webseite eingegebenen Texten passiert wie in einem normalen Texteditor. Hier können Sie wieder dieselben Techniken einsetzen, die im ersten Teil dieses Buches für die Bearbeitung von Code in der **IDE** beschrieben wurden:

- Wenn Sie größere Textteile bearbeiten möchten, müssen Sie den entsprechenden Text markieren. Alle Aktionen, die Sie dann ausführen, beziehen sich ausschließlich auf den markierten Text. Eine Markierung erkennen Sie an der unterlegten Darstellung auf dem Bildschirm. Markieren können Sie mit der Tastatur oder per Maus.
- Zum Verschieben oder Kopieren von Textelementen an andere Stellen können Sie direkt mit der Maus, über die Windows-Zwischenablage oder die Toolbox arbeiten.

- Sie haben die Möglichkeit, nach einem bestimmten Begriff suchen zu lassen oder einen Begriff automatisch durch einen anderen zu ersetzen. Das Suchen und/oder Ersetzen beginnt an der aktuellen Position der Schreibmarke.

9.2.2 Formatieren

Sie können Seiten, Absätze und Zeichen ähnlich wie in einem Textverarbeitungssystem formatieren, um eine visuelle Organisation, Hervorhebung und Struktur hinzuzufügen. Sie können Schriftart, Schriftgröße, Schriftschnitt, Farbe, Zeilenabstände und die vertikale Textposition ändern und Effekte wie Unterstreichungen hinzufügen. Sie können außerdem horizontale Abstände und den Einzug von Absätzen steuern, Aufzählungszeichen und -nummern hinzufügen sowie die Ausrichtung festlegen. Markieren Sie vorher den zu formatierenden Text.

Menü FORMAT

Über die Befehle das Menüs FORMAT können Sie beispielsweise VORDERGRUNDFARBE und HINTERGRUNDFARBE einstellen oder SCHRIFTART und BLOCKSATZ (gemeint ist die Ausrichtung) wählen. Weitere Befehle des Menüs werden Sie später zum Ausrichten von Steuerelementen auf der Seite verwenden.

Symbolleiste *Formatieren*

Die Symbolleiste **_Formatieren_** ermöglicht den Einsatz der wichtigsten Befehle des Menüs FORMAT. Markieren Sie wieder vorher den zu formatierenden Bereich.

Abbildung 9.9: Das Menü **Format**

Abbildung 9.10: Die Symbolleiste **Formatieren**

Der Stil-Generator

Über den Befehl FORMAT/STIL öffnen Sie das Dialogfeld *Stil-Generator*. Sie können darüber Formatattribute für *Cascading Stylesheets* – abgekürzt mit *CSS* – definieren. Eine *CSS*-Formatvorlage führt einzelne Formatierungs- und Positionierungsattribute in einer Attributgruppe zusammen, sodass sie gleichzeitig zugewiesen werden können.

Das Dialogfeld ist in zwei Bereiche unterteilt (→ Abbildung 9.11). Im linken Bereich sind acht allgemeine Kategorien aufgelistet: *Schriftart*, *Hintergrund*, *Text*, *Position*, *Layout*, *Konturen*, *Listen* und *Andere*. Wenn Sie eine Kategorie auswählen, werden im rechten Bereich die zugehörigen Optionen für die Kategorie angezeigt. Nehmen Sie hier die gewünschten Einstellungen zur gewählten Kategorie vor. Bestätigen Sie aber erst, nachdem Sie auch die gewünschten Einstellungen in den anderen Kategorien vorgenommen haben.

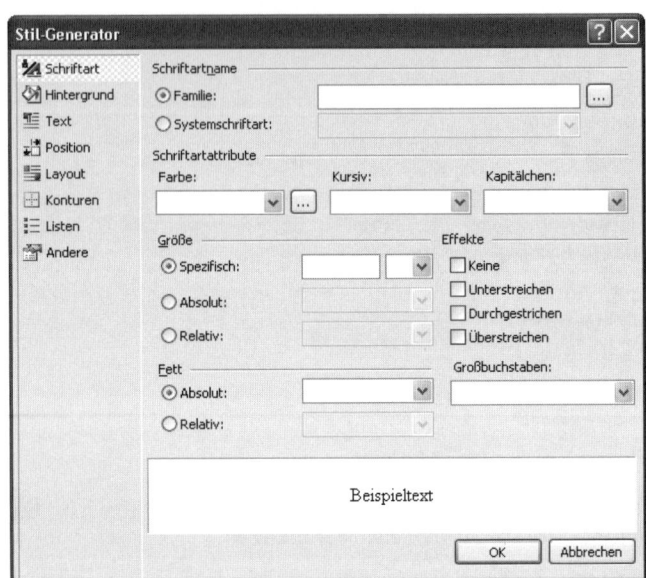

Abbildung 9.11: Über den **Stil-Generator** *können Sie das Format über mehrere Kategorien festlegen*

9.2

▶▶ Aufgabe: Eine Schriftart einstellen

Als Beispiel wollen wir die Optionen der Kategorie **Schriftart** etwas näher behandeln:

■ Wenn Sie Dokumente für das Internet entwerfen, wählen Sie weit verbreitete Schriftarten aus. Das Internet erreicht ein großes Publikum, und es ist nicht immer sicher, dass alle Benutzer eine Vielzahl von Schriftarten installiert haben. Die Schriftart können Sie unter **Schriftartname** mit zwei Möglichkeiten einstellen. Sie können eine feste Schriftart verwenden, indem Sie die Option **Familie** aktivieren und durch Klicken auf die Schaltfläche mit den drei Auslassungspunkten das Dialogfeld **Schriftauswahl** öffnen und dort Schriftarten auswählen.

- Unter der Überschrift **Schriftartattribute** legen Sie zusätzliche Attribute wie die Farbe oder andere Parameter für die Schrift fest.
- Unter **Größe** können Sie den Schriftgrad mit einem der drei Attribute **Spezifisch**, **Absolut** oder **Relativ** festlegen.
- Alternativ dazu können Sie die Option **Systemschriftart** verwenden. Damit wird die Formatvorlage einer bestimmten Systemschriftart übernommen, die von den Benutzern für den Computer definiert wurde, von dem die Seite aufgerufen wird. Wenn Sie beispielsweise **Fensterbeschriftung** auswählen, verwenden Webbrowser zum Anzeigen von Text, der in dieser Formatvorlage formatiert ist, die Schriftart, die für die Fensterbeschriftung auf dem betreffenden Computer festgelegt ist.

▶ ▶ Aufgabe: Hyperlinks einfügen

Wenn Sie einen bestimmten Textabschnitt mit Hyperlinkeigenschaften ausstatten wollen, markieren Sie ihn und wählen IN HYPERLINK KONVERTIEREN im Menü FORMAT. Legen Sie dann im Dialogfeld den Typ und den URL für den aktuellen Link fest (→ Abbildung 9.12).

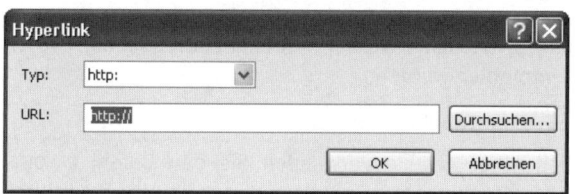

Abbildung 9.12: Texte können als Hyperlink gesetzt werden

Wenn Sie Stellen auf der aktuellen Seite als mögliche Ziele für einen Hyperlink definieren wollen, müssen Sie sie vorher mit einem Lesezeichen markieren. Setzen Sie die Schreibmarke an die gewünschte Stelle im Text. Sie können auch einen Bereich markieren, wenn die Marke diesen enthalten soll. Wählen Sie dann LESEZEICHEN EINFÜGEN im Menü FORMAT. Im Feld **Name** geben Sie einen Namen für das Lesezeichen ein (→ Abbildung 9.13).

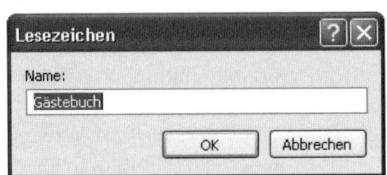

Abbildung 9.13: Definieren Sie ein Lesezeichen

9.2.3 Tabellen

Eine Eingabe von Text direkt auf der Webseite eignet sich eigentlich nur für die Fälle, in denen Sie neben einem Fließtext – gegebenenfalls mit den diesen unterbrechenden und gliedernden Überschriften – keine oder wenige weitere Elemente einfügen wollen. Bei mehreren unterschiedlichen Elementen auf einer Seite ist es immer sinnvoll, wenn Sie die Seite mit Hilfe einer Tabelle vorstrukturieren und dann bestimmten Bereichen textliche oder andere Inhalte zuweisen. Das Positionieren von Elementen direkt auf der Webseite kann ohne den Einsatz von Tabellen Schwierigkeiten bereiten, wenn Sie mit HTML noch nicht vertraut sind. Auch wenn sie einen höheren Aufwand bedeutet, kann speziell dem wenig erfahrenen Anwender diese Alternative sehr empfohlen werden.

▶▶ Aufgabe: Eine Tabelle einfügen

Zum Erstellen einer Tabelle verwenden Sie den Befehl LAYOUT/ TABELLE EINFÜGEN. Im Dialogfeld *Tabelle einfügen* können Sie zahlreiche Optionen für deren Größe und Darstellung festlegen (→ Abbildung 9.14).

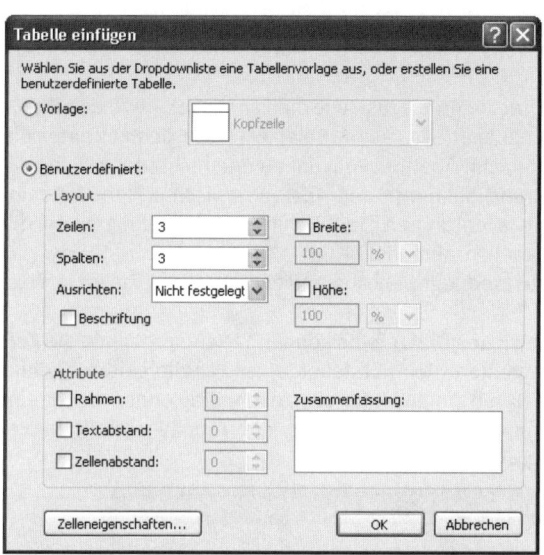

Abbildung 9.14: Eine Tabelle als Hintergrundelement hilft beim Positionieren

Unter **Zeilen** und **Spalten** legen Sie die Anzahl der Zeilen und der Spalten in der Tabelle fest. Die restlichen Optionen regeln die Einstellungen für die gesamte Tabelle:

- **Breite** gibt die Gesamtbreite der Tabelle an. Wählen Sie in der Liste neben diesem Feld die Einheit – entweder Pixel oder Prozent – aus. Wenn Sie Pixel auswählen, ist die Breite der Tabelle und ihrer Spalten unabhängig von der Bildschirmauflösung. Wenn Sie Prozent auswählen, wird die Breite der Tabelle entsprechend der jeweiligen Bildschirmauflösung angepasst. Wenn Sie dieses Feld leer lassen, richtet sich die Breite der Tabelle nach ihrem Inhalt.

- **_Höhe_** gibt die Gesamthöhe der Tabelle in Pixel an. Wenn Sie dieses Feld leer lassen, richtet sich die Höhe der Tabelle nach ihrem Inhalt.
- Mit **_Ausrichtung_** legen Sie fest, wie die Tabelle relativ zu den Dokumenträndern ausgerichtet wird. Beispielsweise richtet **_center_** die Tabelle in gleichem Abstand vom linken und rechten Rand aus.
- Der **_Textabstand_** bestimmt den Abstand zwischen dem Zelleninhalt und dem Zellenrahmen. Über Rahmenstärke definieren Sie die Breite des Tabellenrahmens.
- Der **_Zellenabstand_** legt den Abstand zwischen den Zellen in Pixel fest.

In unteren Bereich des Dialogfelds können Sie entsprechend die **_Zellenattribute_** festlegen. Beim Erstellen einer Tabelle gelten die hier eingegebenen Daten zunächst für alle Zellen. Sie können sie für einzelne Zellen anpassen, nachdem Sie die Tabelle erstellt haben (→ Abbildung 9.15).

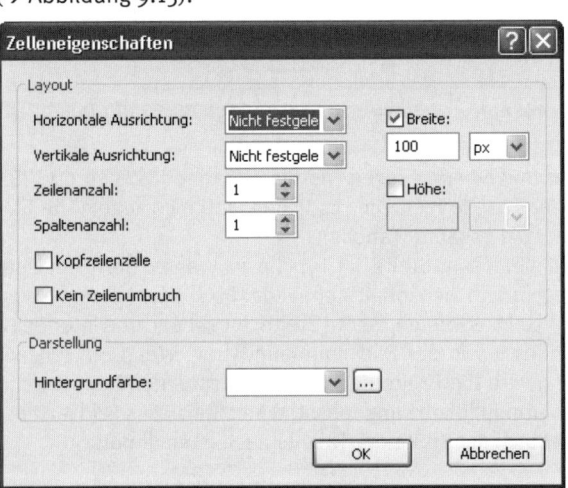

Abbildung 9.15: Die Zelleneigenschaften können Sie separat festlegen

- Die beiden Listenfelder **Horizontale Ausrichtung** und **Vertikale Ausrichtung** legen fest, wie der Text in einer Zelle relativ zum Zellenrahmen ausgerichtet wird. Die Standardausrichtung ist nicht festgelegt.
- **Kein Zeilenumbruch** bestimmt, ob Text in Zellen innerhalb des Zellenrahmens umbrochen wird. Wenn dieses Kontrollkästchen aktiviert ist, wird in allen Zellen der gesamte Text in einer einzigen Zeile angezeigt.
- Mit **Hintergrundfarbe** legen Sie diese für die Tabelle fest. Benutzen Sie am besten die Schaltfläche mit den drei Auslassungspunkten, um das Dialogfeld **Farbauswahl** zu öffnen.

Nach der Bestätigung wird die Tabelle in das Dokument eingefügt (→ Abbildung 9.16).

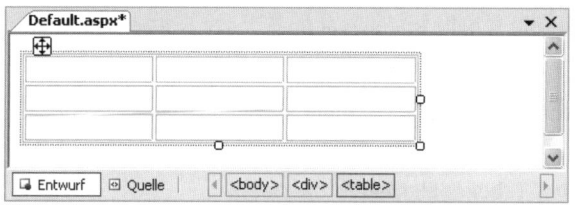

Abbildung 9.16: Eine Tabelle wurde eingefügt

Sie können den Effekt kontrollieren, indem Sie zur Ansicht **Quelle** wechseln (→ Listing 9.4). Die erstellte Tabelle enthält keine zusätzliche Zeile für Spaltenüberschriften. Mit jedem <**TR**>-Tag wird eine einzelne Tabellenzeile und mit jedem <**TD**>-Tag eine einzelne Zelle in der Zeile erstellt.

Listing 9.4: Die Tabelle kann über den HTML-Code bearbeitet werden

```
...
<table style="z-index: 100; left: 0px; position: _
absolute; top: 0px">
  <tr>
    <td style="width: 100px">
    </td>
    <td style="width: 100px">
    </td>
    <td style="width: 100px">
    </td>
  </tr>
...
```

Statische Eingaben

Nachdem Sie die Tabelle erstellt haben, können Sie sie nachträglich bearbeiten. So lassen sich beispielsweise Elemente wie Zeilen, Spalten oder einzelne Zellen zusätzlich einfügen oder löschen, Zellen teilen oder benachbarte Zellen zu einer einzigen verbinden. Auch die Spaltenbreite und Zeilenhöhe können Sie verändern.

▶▶ Aufgabe: **Tabellenelemente markieren**

Die aktuell markierten Elemente der Tabelle werden invers angezeigt. Sie können zum Markieren auch die Maus verwenden. Wenn Sie beim Klicken die Taste `Strg` gedrückt halten, können Sie nacheinander mehrere – auch nicht benachbarte – Bereiche der Tabelle gemeinsam markieren (→ Tabelle 9.3).

9.2

Markierung	Beschreibung
	Klicken Sie auf den linken Rand der Zelle, um eine Zelle zu markieren.
	Um mehrere Zellen zu markieren, halten Sie die Taste `Strg` gedrückt und verfahren wie beim Markieren einer einzelnen Zelle.

Tabelle 9.3: Techniken zum Markieren von Tabellen

Markierung	Beschreibung
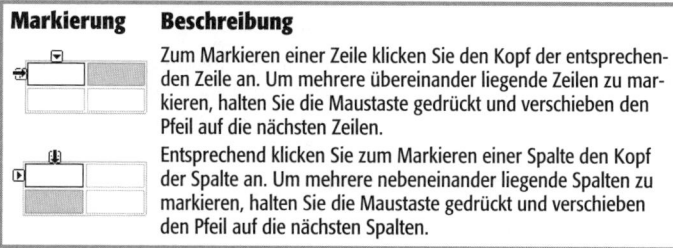	Zum Markieren einer Zeile klicken Sie den Kopf der entsprechenden Zeile an. Um mehrere übereinander liegende Zeilen zu markieren, halten Sie die Maustaste gedrückt und verschieben den Pfeil auf die nächsten Zeilen.
	Entsprechend klicken Sie zum Markieren einer Spalte den Kopf der Spalte an. Um mehrere nebeneinander liegende Spalten zu markieren, halten Sie die Maustaste gedrückt und verschieben den Pfeil auf die nächsten Spalten.

Tabelle 9.3: Techniken zum Markieren von Tabellen (Forts.)

▶▶ Aufgabe: Zelleneigenschaften einstellen

Beim Erstellen einer Tabelle gelten die eingegebenen Daten für die Größen zunächst für alle Zellen. Um später die Einstellungen einer einzelnen Zelle zu ändern oder zu entfernen, setzen Sie in der Entwurfsansicht die Einfügemarke in die betreffende Zelle und wählen GRÖSSE ÄNDERN im Menü LAYOUT. Im Untermenü können Sie dann zwischen ZEILENGRÖSSE ÄNDERN und SPALTENGRÖSSE ÄNDERN wählen. Nehmen Sie die Änderungen in den dann angezeigten Dialogfeldern vor (→ Abbildung 9.17).

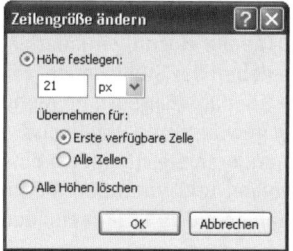
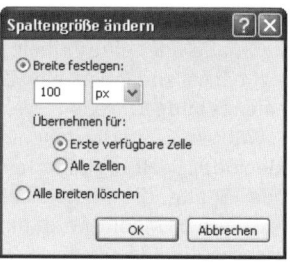

Abbildung 9.17: Größen können Sie für einzelne Elemente ändern

▶ ▶ Aufgabe: Breite oder Höhe manuell ändern

Zur Einstellung von Höhe und Breite können Sie direkt die Maus einsetzen. Setzen Sie dazu den Mauszeiger auf eine Trennlinie zwischen zwei Zellen. Der Zeiger ändert sein Aussehen in einen Doppelpfeil (→ Tabelle 9.4). Die neue Lage der Trennlinie zwischen den Zellen wird durch eine gestrichelte Linie angezeigt.

Markierung	Beschreibung
	Zum Ändern der Höhe einer Zeile mit der Maus setzen Sie den Mauszeiger auf die Linie unterhalb der Zeile an und verändern die Höhe durch Ziehen mit gedrückt gehaltener Maustaste.
	Entsprechend setzen Sie zum Ändern der Breite einer Spalte den Mauszeiger auf die Linie hinter der Spalte, die Sie ändern wollen. Verändern Sie die Breite mit gedrückt gehaltener Maustaste.

Tabelle 9.4: Breite und Höhe können über die Maus geändert werden

▶ ▶ Aufgabe: Anzahl der Zeilen und Spalten ändern

Zum Editieren der Anzahl der Zellen haben Sie weitere Möglichkeiten:

■ Um eine Spalte oder eine Zeile in die Tabelle einzufügen, markieren Sie zunächst zumindest eine Zelle neben der Stelle, an der Sie ein Element einfügen wollen. Wählen Sie dann EINFÜGEN im Menü LAYOUT. Wählen Sie im Untermenü den gewünschten Befehl aus.

■ Um Zeilen oder Spalten zu löschen, markieren Sie zumindest eine Zeile oder Spalte, die Sie löschen wollen, und rufen den Menübefehl LÖSCHEN im Menü LAYOUT auf. Wählen Sie im Untermenü den gewünschten Befehl.

■ Sie können auch zwei oder mehr benachbarte Zellen zu einer einzigen verbinden. Markieren Sie dazu die Zellen, die Sie miteinander verbinden wollen, und wählen Sie den Menübefehl ZELLEN ZUSAMMENFÜHREN im Menü LAYOUT.

Texte und andere Elemente können im Prinzip in Tabellen wie auch außerhalb einer Tabelle eingegeben beziehungsweise eingefügt werden. Markieren Sie dazu durch Klicken die gewünschte Zelle – in die Sie beispielsweise einen Text eingeben wollen – oder wählen Sie sie über die Pfeiltasten auf der Tastatur aus. Nachdem Sie die entsprechende Zelle markiert haben, geben Sie den Text ein. Ein Zeilenumbruch wird automatisch erzeugt, sobald Sie das Zellenende erreicht haben. Über die Taste ⏎ erzeugen Sie innerhalb einer Zelle einen neuen Absatz. Mittels der Taste ⇆ springen Sie zur nächsten Zelle. Mit ⇧ + ⇆ springen Sie zurück. Ansonsten gelten dieselben Regeln wie bei der normalen Texteingabe.

► ► Aufgabe: **Tabellenelemente formatieren**

Zum Formatieren der Eingaben in einer Tabelle gehen Sie mit den oben für die direkte Eingabe beschriebenen Werkzeugen – also den Befehlen des Menüs FORMAT und der Symbolleiste *Formatieren* – vor.

9.3 Steuerelemente

Nachdem wir jetzt mit den Techniken des Entwerfens der statischen Elemente einer Webseite vertraut sind, können wir der Seite mit Hilfe von Steuerelementen bestimmte Funktionalitäten zuweisen. Dieser Aspekt des Entwerfens einer Webseite mit *Visual Basic .NET* hat Ähnlichkeit mit dem Entwerfen einer normalen *Visual Basic .NET*-Anwendung. Der einzige Unterschied liegt darin, was hinter den Kulissen geschieht. Anstatt dass Code hinzugefügt wird, um die Steuerelemente auf dem Formular zu erzeugen und ihre Eigenschaften zu definieren, werden der Seite HTML-Tags hinzugefügt und es wird Code zu einer *Visual Basic .NET*-Datei hinzugefügt, die im Hintergrund arbeitet.

Beim Erstellen von *Web Forms*-Seiten werden Sie vorwiegend Webserversteuerelemente und Überprüfungssteuerelemente verwenden. Aber auch Steuerelemente für die Datenbindung oder die Navigation stehen zur Verfügung (→ Abbildung 9.18).

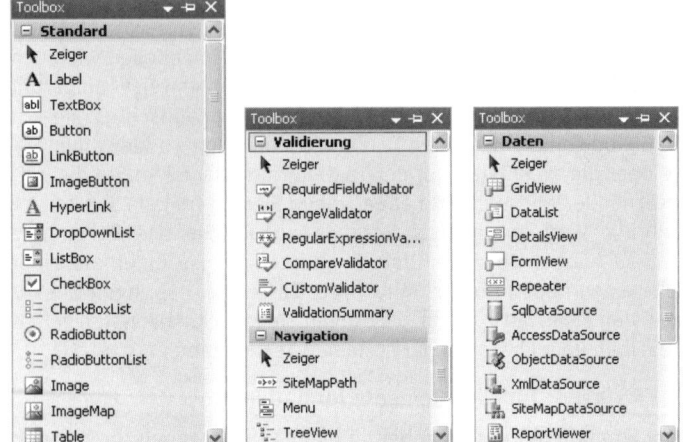

Abbildung 9.18: Die Toolbox stellt die Steuerelemente zur Verfügung

9.3.1 Webserversteuerelemente

Webserversteuerelemente enthalten herkömmliche Formularsteuerelemente wie Schaltflächen und Textfelder sowie komplexe Steuerelemente, wie beispielsweise Tabellen. Sie verfügen außerdem über Steuerelemente, die häufig verwendete Formularfunktionen bereitstellen, wie beispielsweise Anzeigen von Daten in einem Datenblatt, Auswählen von Datumsausgaben usw. Alle diese Elemente ähneln denen, die in Windows-Anwendungen zur Verfügung stehen. Die meisten der verwendeten Eigenschaften sollten keiner darüber hinausgehenden Erklärung bedürfen (→ Tabelle 9.5).

Steuerelemente

9.3

Steuerelement	Beschreibung
AdRotator	Mit dem **AdRotator**-Webserversteuerelement wird eine Reihe von Werbebannern mit integrierten Hyperlinks durchlaufen. Anzeigen können durch eine XML-Datei, die ein vordefiniertes Schema enthält, mit dem Steuerelement verknüpft werden. Wahlweise kann auch eine benutzerdefinierte Logik erstellt werden.
Button, **LinkButton** und **ImageButton**	Über einen **Button**, einen **LinkButton** oder einen **ImageButton** erhalten Benutzer die Möglichkeit, Befehle zu senden. Sie schicken das Formular an den Server, von dem es zusammen mit anstehenden Ereignissen verarbeitet wird. Alle drei stellen bei unterschiedlichem Aussehen ähnliche Eigenschaften bereit.
Calendar	Mit dem **Calendar**-Webserversteuerelement wird ein herkömmlicher Einmonatskalender auf **Web Forms**-Seiten angezeigt. Benutzer können mit dem Kalender Datumsangaben anzeigen und auswählen.
CheckBox und **CheckBoxList**	**CheckBox** und **CheckBoxList** ermöglichen es dem Benutzer, zwischen eindeutigen Optionen (**true/false**, **yes/no** oder **on/off**) umzuschalten. Da es um zwei Steuerelemente mit teilweise unterschiedlichen Funktionen geht, ist es wichtig, sich den Verwendungszweck des jeweiligen Steuerelements zu vergegenwärtigen.
DataGrid	**DataGrid** ist ein mehrspaltiges datengebundenes Datenblatt. Mit Hilfe des **Eigenschaftengenerators** steht eine umfassende Anpassung zur Entwurfszeit zur Verfügung. Sie können darüber Spalten erstellen, die Daten, Spalten mit Schaltflächen zum Bearbeiten, Aktualisieren, Abbrechen und Auswählen, Spalten mit benutzerdefinierten Schaltflächen und Vorlagenspalten anzeigen und bearbeiten.
DataList	**DataList** zeigt Zeilen von Datenbankinformationen in benutzerdefinierbarem Format an. Das Format, in dem die Daten angezeigt werden, wird in Vorlagen für Elemente, jedes zweite Element, ausgewählte Elemente und Bearbeitungselemente definiert. Durch das Einfügen von **Button**-Webserversteuerelementen in die Vorlagen können Sie die Listenelemente mit Code verbinden, der es den Benutzern ermöglicht, zwischen Ansichts-, Auswahl- und Bearbeitungsmodi zu wechseln.

Tabelle 9.5: Wichtige Steuerelemente ähneln denen bei Windows-Anwendungen

Steuerelemente

9.3

Steuerelement	Beschreibung
DropDownList	Das *DropDownList*-Webserversteuerelement ermöglicht es dem Benutzer, eine Einzelauswahl aus einem Dropdown-Listenfeld vorzunehmen. Es hat große Ähnlichkeit mit dem *ListBox*-Webserversteuerelement. Der Unterschied besteht darin, dass durch dieses Steuerelement nur das in einem Feld ausgewählte Element zusammen mit einer *Dropdown*-Schaltfläche angezeigt wird. Sobald der Benutzer auf die Schaltfläche klickt, wird die Liste der Elemente eingeblendet.
HyperLink	Das *HyperLink*-Webserversteuerelement unterstützt Sie dabei, Links auf einer Webseite über den Servercode zu erstellen und zu bearbeiten.
Image	Das *Image*-Webserversteuerelement ermöglicht es Ihnen, Bilder auf einer *Web Forms*-Seite anzuzeigen und diese Bilder in Ihrem eigenen Code zu verwalten.
Label	Mit dem *Label*-Webserversteuerelement kann Text programmgesteuert auf einer *Web Forms*-Seite angezeigt werden. Zur Anzeige von statischem Text ist das Label-Steuerelement aber nicht erforderlich; hierzu verwenden Sie – wie oben beschrieben – einfach HTML. Label-Steuerelemente sollten nur verwendet werden, falls der Inhalt oder andere Texteigenschaften im Servercode geändert werden müssen.
Literal	Das *Literal*-Steuerelement gibt statischen Text in einer Webseite wieder, ohne dass HTML-Elemente hinzugefügt werden. Sie können den Text programmgesteuert mit Servercode bearbeiten.
ListBox	Über das *ListBox*-Webserversteuerelement können Benutzer ein oder mehrere Elemente aus einer vordefinierten Liste auswählen.
Panel	Mit dem *Panel*-Webserversteuerelement erstellen Sie einen Container für andere Steuerelemente in der Seite. Wenn Sie Steuerelemente in ein Panel-Steuerelement einfügen, können diese als eine Einheit verwaltet werden.
PlaceHolder	Mit dem *PlaceHolder*-Steuerelement können Sie ein leeres Containersteuerelement auf der Seite platzieren und zur Laufzeit untergeordnete Elemente dynamisch hinzufügen.

Tabelle 9.5: Wichtige Steuerelemente ähneln denen bei Windows-Anwendungen (Forts.)

Steuerelement	Beschreibung
RadioButton und **RadioButtonList**	Die Webserversteuerelemente **RadioButton** und **RadioButton List** bieten Benutzern die Möglichkeit, ein Element aus einer kurzen vordefinierten Liste auszuwählen.
Repeater	Das **Repeater**-Webserversteuerelement ist ein datengebundenes Containersteuerelement, das eine Liste einzelner Elemente erzeugt. Sie definieren das Layout einzelner Elemente mit Hilfe von Vorlagen auf einer Webseite. Bei der Ausführung der Seite wiederholt das Steuerelement das Layout für jedes Element in der Datenquelle.
Table, TableRow und **TableCell**	Das **Table**-Webserversteuerelement erzeugt eine universell einsetzbare Tabelle in einer Webseite. Die Zeilen der Tabelle werden in Form von **TableRow**-Webserversteuerelementen und die Zellen innerhalb der einzelnen Zeilen in Form von **TableCell**-Webserversteuerelementen erstellt.
TextBox	Über das **TextBox**-Webserversteuerelement kann der Benutzer Informationen in eine **Web Forms**-Seite eingeben, beispielsweise Text, Zahlen und Daten.
XML	Ein **XML**-Webserversteuerelement liest XML-Daten und schreibt sie an der Position des Steuerelements in eine **Web Forms**-Seite. Wenn XSL-Transformationen (XSLT) auf XML-Daten angewendet werden, wird die daraus resultierende umgewandelte Ausgabe auf der **Web Forms**-Seite wiedergegeben.

Tabelle 9.5: Wichtige Steuerelemente ähneln denen bei Windows-Anwendungen (Forts.)

Eigenschaften und Ereignisse

Auch hinsichtlich der Eigenschaften oder Ereignisse der einzelnen Steuerelemente bestehen Ähnlichkeiten zu ihren Entsprechungen bei **Windows Forms**. Allerdings sind auch zusätzliche – dem hiesigen Zweck entsprechende – Member vorhanden (→ Tabellen 9.6 und 9.7).

Eigenschaft	Beschreibung
AccessKey	Ruft die Zugriffstaste (unterstrichener Buchstabe) ab, mit der Sie schnell zum Webserversteuerelement navigieren können, oder legt diese fest.
BackColor	Ruft die Hintergrundfarbe des Webserversteuerelements ab oder legt diese fest.
BorderStyle	Ruft die Rahmenart des Webserversteuerelements ab oder legt diese fest.
CausesValidation	Ruft einen Wert ab, der angibt, ob beim Klicken auf das Button-Steuerelement eine Gültigkeitsprüfung durchgeführt wird, oder legt diesen fest.
CssClass	Ruft die vom Webserversteuerelement auf dem Client dargestellte **CSS**-Klasse (Cascading Style Sheet) ab oder legt diese fest.
Enabled	Ruft einen Wert ab, der angibt, ob das Webserversteuerelement aktiviert ist, oder legt diesen fest.
Font	Ruft die Schriftarteigenschaften ab, die dem Webserversteuerelement zugeordnet sind.
ForeColor	Ruft die Vordergrundfarbe – die Textfarbe – für das Webserversteuerelement ab oder legt diese fest.
ID	Ruft den programmatischen Bezeichner ab, der dem Serversteuerelement zugewiesen ist, oder legt diesen fest.
Page	Ruft einen Verweis auf die **Page**-Instanz ab, die das Serversteuerelement enthält.
Parent	Ruft einen Verweis auf das übergeordnete Steuerelement des Serversteuerelements in der Steuerelementhierarchie der Seite ab.
Site	Ruft Informationen über die Website ab, zu der das Serversteuerelement gehört.
Style	Ruft eine Auflistung der Textattribute ab, die im äußeren Tag des Webserversteuerelements als Formatvorlagenattribut dargestellt werden.
TabIndex	Ruft den Index der Aktivierreihenfolge des Webserversteuerelements ab oder legt diesen fest.
Text	Ruft den im Button-Steuerelement angezeigten Beschriftungstext ab oder legt diesen fest.
ToolTip	Ruft den Text ab, der angezeigt wird, wenn mit dem Mauszeiger auf das Webserversteuerelement gezeigt wird, oder legt diesen fest.

*Tabelle 9.6: Einige wichtige Eigenschaften von **Button***

Eigenschaft	Beschreibung
Visible	Ruft einen Wert ab, der angibt, ob ein Serversteuerelement als Benutzeroberfläche auf der Seite dargestellt wird, oder legt diesen fest.
Width	Ruft die Breite des Webserversteuerelements ab oder legt diese fest.

*Tabelle 9.6: Einige wichtige Eigenschaften von **Button** (Forts.)*

Ereignis	Beschreibung
Click	Tritt beim Klicken auf das **Button**-Steuerelement ein.
Command	Tritt beim Klicken auf das **Button**-Steuerelement ein.
DataBinding	Tritt ein, wenn das Serversteuerelement eine Bindung an eine Datenquelle durchführt.
Disposed	Tritt ein, wenn ein Serversteuerelement im Speicher freigegeben wird. Dies ist die letzte Stufe des Lebenszyklus des Serversteuerelements bei der Anforderung einer ASP.NET-Seite.
Init	Tritt bei der Initialisierung des Serversteuerelements ein. Dies ist der erste Schritt in dessen Lebenszyklus.
Load	Tritt ein, wenn das Serversteuerelement in das **Page**-Objekt geladen wird.
PreRender	Tritt ein, wenn das Serversteuerelement eine Wiedergabe für das enthaltene **Page**-Objekt durchführt.
Unload	Tritt ein, wenn das Serversteuerelement aus dem Speicher entladen wird.

*Tabelle 9.7: Ereignisse von **Button***

9.3.2 Steuerelemente zur Eingabekontrolle

Wenn Sie Dateneingabeformulare für das Web schreiben, müssen Sie häufig sicherstellen, dass das Formular korrekt ausgefüllt wird. Dies kann bedeuten, dass bestimmte Felder ausgefüllt oder Felder mit Werten aus speziellen Intervallen gefüllt sind. Mit speziellen Gruppen von Steuerelementen überprüfen Sie die Benutzereingabe in Web- oder HTML-Steuerelementen (→ Tabelle 9.8). Sie prüfen damit die Eingabe auf ein erforderliches Feld, einen bestimmten Wert, ein bestimmtes Zeichenmuster, einen bestimmten Wertebereich etc. Die Steuerelemente erledigen die Validierung entweder auf dem Server oder auf dem Client, falls das Steuerelement feststellt, dass der Browser dazu fähig ist. In **Visual Basic .NET** stehen zunächst einmal fünf Steuerelemente zur Kontrolle von Benutzereingaben zur Verfügung:

Steuerelement	Kommentar
RequiredFieldValidator	Stellt sicher, dass ein Feld ausgefüllt wurde. Sie können es jederzeit verwenden, wenn Sie sicherstellen möchten, dass der Anwender ein Formular ausfüllt, ehe er es übermittelt.
CompareValidator	Stellt entweder sicher, dass zwei Felder übereinstimmen, oder, dass ein Feld mit einem Wert verglichen wird. Die Übereinstimmung der Felder ist nützlich, wenn Sie möchten, dass der Anwender sein Passwort zweimal eingibt. Das Vergleichen des Felds mit einem Wert ist nützlich, wenn Sie möchten, dass der Anwender beispielsweise eine positive Zahl eingibt oder wenn die Eingabe ein bestimmter Informationstyp sein muss.
RangeValidator	Stellt sicher, dass der Wert, der in ein Feld eingegeben wurde, sich in einem bestimmten Bereich befindet. Der Bereich kann zwischen zwei Werten liegen oder zwischen zwei Steuerelementen. Sie können beispielsweise ein Steuerelement verwenden, bei dem der Anwender einen Minimalwert eingibt, und ein zweites für den Maximalwert. Der Validator würde dann sicherstellen, dass der Wert, der in ein drittes Steuerelement eingegeben wurde, zwischen diesen beiden Werten liegt.
RegularExpressionValidator	Stellt sicher, dass der eingegebene Wert so aussieht, wie er sollte. Der Wert wird mit einem regulären Ausdruck verglichen. Wenn beide übereinstimmen, wird der Wert als gültig angesehen. Das kann bei Werten nützlich sein, die eine bestimmte Struktur haben müssen, beispielsweise Telefonnummern.
CustomValidator	Mit diesem Validator können Sie Ihren eigenen Code verwenden, um das Feld zu validieren. Dies ist der flexibelste der Validierungselemente. Er ist nützlich, wenn keine der anderen Varianten für Ihren Zweck geeignet ist.

*Tabelle 9.8: Fünf **Validator**-Steuerelemente stehen zur Verfügung*

Außer diesen fünf Steuerelementen gibt es noch das Steuerelement **ValidationSummary**, das alle Fehlermeldungen von allen **Validator**-Steuerelementen auf der gleichen Seite anzeigt. Damit können Sie alle diese Informationen an einem Ort zusammenfassen.

Eigenschaften

Diese fünf Steuerelemente haben eine Reihe wichtiger Eigenschaften gemeinsam (→ Tabelle 9.9). Dazu gehören die Namen der Steuerelemente, die überwacht werden sollen, und die entsprechenden Fehlermeldungen.

Eigenschaft	Beschreibung
ControlToValidate	Hierbei handelt es sich um die wichtigste Eigenschaft aller Validierungssteuerelemente. Sie sollte auf den Namen eines anderen Steuerelements im gleichen Formular verweisen. Das ist das Steuerelement, das vom Validator überwacht wird. Mit dem Dropdown-Menü im Fenster **Eigenschaften** wählen Sie das zu überwachende Steuerelement aus.
ErrorMessage	Dies ist die Nachricht, die angezeigt wird, wenn beim Validator ein Fehler auftritt, beispielsweise wenn das Feld frei gelassen wurde. Die Eigenschaft sollte genug Informationen für den Anwender enthalten, damit er weiß, was falsch ist und wie er den Fehler beheben kann.
Display	Diese Eigenschaft definiert, wie das Steuerelement **Validator** auf der Webseite erscheint. Wenn der Wert **Static** ist, dann wird der Raum, der von der **ErrorMessage** ausgefüllt wird, immer ausgefüllt, auch wenn die **ErrorMessage** nicht angezeigt wird. **Dynamic** bedeutet, dass das Steuerelement keinen Platz in Anspruch nimmt, bis die Eigenschaft **ErrorMessage** gezeigt wird. Wenn die Eigenschaft auf **None** gesetzt ist, wird die **ErrorMessage** nie angezeigt.

Tabelle 9.9: Alle Steuerelemente verfügen über dieselben Eigenschaften

Über die Eigenschaft *Type* des Steuerelements *RangeValidator* kann eine Reihe von unterschiedlichen Wertarten getestet werden, beispielsweise ganze Zahlen, Geldwerte oder Daten. Sie kann einen der folgenden Werte annehmen (→ Tabelle 9.10):

Wert	Kommentar
String	Der Standard, durch den das Steuerelement testet, ob der Wert alphabetisch zwischen zwei Extremwerten liegt.
Integer	Vergleicht den Wert mit den beiden Extremen, um sicherzustellen, dass er passt. Es werden nur Integer-Werte verwendet.
Double	Das Gleiche wie *Integer*, umfasst aber auch die Dezimalstellen eines Werts und der Extremwerte.
Currency	Das Gleiche wie *Integer*, enthält aber die ersten vier Dezimalstellen des Werts.
Date	Vergleicht die Werte, als wären es Daten. Der Wert 27. August 1964 läge in einem Zeitraum zwischen dem 23. November 1963 und dem 1. April 1986, wäre also zulässig.

*Tabelle 9.10: Über **Type** können Sie den Typ der Eingabe testen*

9.3.3 Einfügen

Genau wie Windows-Steuerelemente nutzen Sie die **Web Forms**-Steuerelemente, indem Sie sie in der Toolbox doppelt anklicken oder indem Sie sie auf Ihr Formular ziehen (→ Kapitel 5). In diesem Fall ist das Formular aber eine Webseite.

▶ ▶ **Aufgabe: Die Positionierungsoptionen wählen**

Genau wie bei Windows-Anwendungen müssen Sie zunächst die Steuerelemente, die Sie verwenden wollen, auf der Seite anordnen. Dafür sollten Sie die verschiedenen Positionierungsoptionen des Programms beachten. Wählen Sie dazu POSITION im Menü LAYOUT und im Untermenü den Befehl OPTIONEN FÜR AUTOMATISCHE POSITIONIERUNG. Das öffnet die Seite **HTML-Designer/CSS-Positionierung** im Dialogfeld **Optionen** (→ Abbildung 9.19).

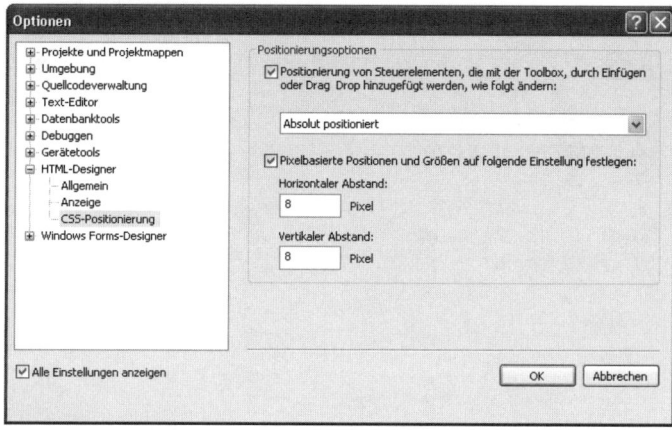

Abbildung 9.19: Mehrere Optionen zur Positionierung sind vorhanden

Wenn Sie oben in diesem Dialogfeld die Option **Positionierung von Steuerelementen ...** aktivieren, können Sie im Listenfeld darunter zwischen mehreren Varianten für die Positionierung von Steuerelementen auf der Seite wählen:

- Im Modus **Statisch positioniert** werden die eingefügten Objekte wie in einem Textverarbeitungsprogramm nebeneinander bzw. von oben nach unten angeordnet. Sie können die Taste [Leer] dazu benutzen, Abstände zwischen den einzelnen Steuerelementen zu setzen (→ Abbildung 9.20). [↵] bewirkt einen Zeilenwechsel. Ein individuelles Verschieben einzelner Steuerelemente an andere Stellen ist in diesem Modus nicht möglich. Dieser Modus hat aber seine Vorteile, wenn man größere Mengen von Steuerelementen in Listenform erstellen will.

Abbildung 9.20: **Statisch** *ist geeignet für eine tabellenartige Darstellung*

- Wenn Sie eine der Optionen **Absolut positioniert** oder **Relativ positioniert** wählen, können Sie Steuerelemente auf dem Webformular genauso platzieren, wie Sie es auf einem Windows-Formular können (→ Abbildung 9.21). Wenn außerdem **Am Raster ausrichten** aktiviert ist, wird die Position eines Elements, nachdem Sie es in die gewünschten Bereiche der Webseite gezogen haben und die Maustaste nicht mehr gedrückt halten, automatisch an den nächstliegenden horizontalen und vertikalen Rasterlinien ausgerichtet. Die Positionierungsattribute für dieses Element werden entsprechend angepasst.

- Bei der Option **Absolut positioniert** wird die Position **0,0** basierend auf dem übergeordneten Element des aktuellen Elements definiert. Das übergeordnete Element ist das erste Containerelement, das über Positionierungsinformationen verfügt.

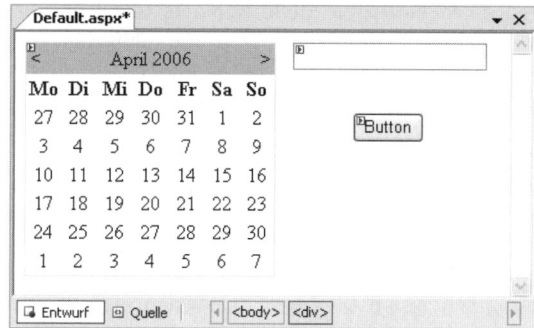

Abbildung 9.21: Sie können die Steuerelemente individuell verschieben

- Die Option **Relativ positioniert** unterscheidet sich dadurch von **Absolut positioniert**, dass die Position *0,0* unter Beachtung der Position des Elements im Seitenfluss definiert wird.

Unabhängig von diesen allgemeinen Angaben über das Dialogfeld **Optionen** können Sie aber nach dem Einfügen eines Steuerelements seine Position noch ändern: Dazu markieren Sie das Steuerelement und wählen einen der Befehle ABSOLUT, RELATIV oder STATISCH im Untermenü zu LAYOUT/POSITION.

9.3.4 Steuerelemente bearbeiten

Ein einmal erstelltes Steuerelement können Sie auf die unterschiedlichsten Weisen bearbeiten. Um sicherzustellen, welches Steuerelement bearbeitet werden soll, müssen Sie dieses zuerst markieren. Sie können ein einzelnes, aber auch mehrere Steuerelemente gemeinsam markieren und damit auch gemeinsam bearbeiten.

▶ ▶ **Aufgabe: Steuerelemente markieren**

Bearbeitet werden kann immer nur das oder die ausgewählte(n) Steuerelement(e). Stellen Sie also immer zuerst sicher, dass Sie das gewünschte Element ausgewählt haben.

- Zum Markieren eines einzelnen Steuerelements reicht es aus, wenn Sie es mit der Maustaste anklicken. Oft ist es einfacher, zum Auswählen eines Elements das Listenfeld **Objektname** im oberen Bereich des Fensters **Eigenschaften** zu verwenden. Welches Steuerelement gerade angewählt ist, erkennen Sie an den acht um das Steuerelement herum gruppierten Ziehpunkten.

- Um mehrere Steuerelemente gemeinsam zu markieren, halten Sie eine der Tasten Strg oder ⇧ gedrückt und klicken nacheinander alle auszuwählenden Steuerelemente an. Dass mehrere Steuerelemente markiert sind, erkennen Sie daran, dass alle mit einem Rahmen versehen sind. Die Ziehpunkte wirken in dieser Einstellung auf alle markierten Elemente. Um eine bestehende Markierung aufzuheben, klicken Sie auf eine beliebige Stelle außerhalb der markierten Steuerelemente.

- Um alle Elemente auf der Seite auszuwählen, benutzen Sie den Befehl ALLE AUSWÄHLEN im Menü BEARBEITEN. Wollen Sie, nachdem Sie mehrere Steuerelemente ausgewählt haben, eines wieder aus dieser Auswahl entfernen, halten Sie eine der Tasten Strg oder ⇧ gedrückt und klicken das Steuerelement an.

▶ ▶ Aufgabe: Die Größe von Steuerelementen ändern

Zum Ändern der Größe setzen Sie den Mauszeiger auf einen der acht Ziehpunkte. Der Mauszeiger ändert sich in einen Zweifachpfeil. Sie ändern die Größe, indem Sie die linke Maustaste drücken und die Maus verschieben, bis die gewünschte Größe erreicht ist (→ Abbildung 9.22).

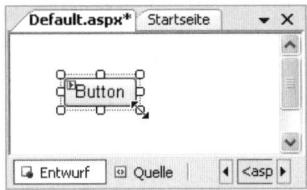

Abbildung 9.22: Ändern Sie die Größe über die Maus

Wenn Sie die Steuerelemente direkt auf die Seite – also ohne die Verwendung einer Tabelle – eingefügt haben, können Sie deren Lage – ähnlich wie in einem Windows-Formular – in den Positionierungsmodi **Absolut positioniert** oder **Relativ positioniert** über die Maus frei ändern. Um ein Steuerelement zu verschieben, bewegen Sie den Mauszeiger auf das Steuerelement, bis ein Vierfachpfeil angezeigt wird (→ Abbildung 9.23). Verschieben Sie dann das Steuerelement bei gedrückt gehaltener Maustaste. Lassen Sie an der Zielstelle die Maustaste wieder los. Im Modus **Statisch positioniert** hingegen können Sie die Position von Steuerelementen nur ändern, indem Sie sie – wie ein Textelement – mit den üblichen Methoden verlagern. Benutzen Sie dazu die Befehle Ausschneiden und Einfügen im Menü Bearbeiten oder arbeiten Sie direkt über die Maus.

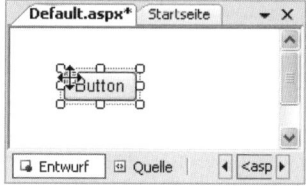

Abbildung 9.23: Verschieben Sie ein Steuerelement

▶ ▶ **Aufgabe:** Steuerelemente gemeinsam anordnen

Bei der praktischen Arbeit mit mehreren Steuerelementen auf dem Formular werden Sie merken, dass es manchmal etwas mühsam ist, diese genau auszurichten. Sie erleichtern sich die Arbeit, indem Sie dafür sorgen, dass das Raster eingeschaltet ist. Außerdem können Sie über die Befehle im Untermenü Ausrichten im Menü Format arbeiten. Sie finden darin zusätzliche Befehle, die die gemeinsame Anordnung von mehreren Steuerelementen erleichtern. Auch hier ist **Absolut positioniert** oder **Relativ positioniert** Voraussetzung. Vor dem Einsatz der meisten Befehle müssen Sie – wie oben beschrieben – vorher mehrere Steuerelemente gemeinsam markieren. Wenn Sie

Steuerelemente

9.3

mehrere oder alle Steuerelemente ausgewählt haben, ist von diesen immer eines aktiv. Dieses ist mit weißen Ziehpunkten versehen, während die restlichen schwarze Ziehpunkte besitzen (→ Abbildung 9.24). Sie können ein anderes der gemeinsam markierten Elemente aktiv machen, indem Sie es bei einer bestehenden gemeinsamen Markierung anklicken.

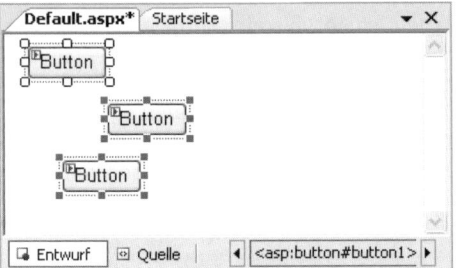

Abbildung 9.24: Mehrere Steuerelemente wurden markiert

▶▶ Aufgabe: Größe von Steuerelementen angleichen

Außerdem können Sie über die Befehle im Untermenü zu GRÖSSE ANGLEICHEN im Menü FORMAT bewirken, dass alle markierten Steuerelemente dieselbe Höhe und/oder Breite erhalten wie das gerade aktive. Über die Befehle in den Untermenüs zu HORIZONTALER ABSTAND und VERTIKALER ABSTAND im Menü FORMAT können Sie den Abstand zwischen mehreren markierten Elementen ändern.

▶▶ Aufgabe: Steuerelemente formatieren

Zum Formatieren von eingefügten Steuerelementen benutzen Sie – wie bei Windows-Anwendungen – die Einstellungen im Fenster **Eigenschaften**. Markieren Sie vorher das zu formatierende Element. Es spielt keine Rolle, welche Einstellung Sie für die Positionierung verwenden.

9.3.5　Ereignisbehandler

Auch Serversteuerelemente in **Web Forms**-Seiten können verschiedene Ereignisse auslösen. Viele Ereignisse werden durch eine Aktion des Benutzers im Browser ausgelöst. Beispielsweise kann ein **Button**-Webserversteuerelement ein **Click**-Ereignis auslösen, wenn ein Benutzer auf eine Schaltfläche auf der Seite klickt. Der Code, der das ausgelöste Ereignis verarbeitet, wird auf dem Server ausgeführt. Wenn der Benutzer auf eine Schaltfläche klickt, wird die Seite an den Server zurückgesendet. Wenn ein Ereignisbehandler auf das Ereignis reagiert, wird der Code automatisch aufgerufen. Nachdem der Code ausgeführt wurde, wird die Seite mit allen Änderungen an den Browser zurückgesendet.

▶▶ **Aufgabe: Ereignisbehandler schreiben**

Zum Erstellen von Ereignisbehandlern gehen Sie wie bei Windows-Formularen vor (→ Kapitel 5). Um beispielsweise einen Behandler für das **Click**-Ereignis einer Schaltfläche zu erstellen, doppelklicken Sie auf das **Button**-Webserversteuerelement. Der Designer öffnet die Klassendatei für das aktuelle Formular und erstellt ein Gerüst für den Ereignisbehandler (→ Listing 9.5).

Listing 9.5: Ein Doppelklick erstellt einen Rahmen für einen Behandler

```
...
Protected Sub Button1_Click _
(ByVal sender As Object,  ByVal e As _
System.EventArgs) Handles Button1.Click
...
End Sub
...
```

9.4 Webdienste

Webdienste sind eine neue Art, in einem Netzwerk oder im Internet auf Programme und Komponenten zuzugreifen. Beispielsweise stehen im World Wide Web sehr viele Dienste zur Verfügung und man verwendet sie fast überall: Dazu gehören Suchmaschinen, Informationsdienste und mehr. Ein Webdienst ist also eine Einheit einer Anwendungslogik, die Daten und Funktionalität für andere Anwendungen bereitstellt. Webdienste sind so entworfen, dass nicht Menschen mit ihnen arbeiten, sondern andere Programme mit ihnen kommunizieren. Sie können Webdienste so gestalten, dass ein Programm Informationen aus mehreren anderen Diensten in einer einzigen Anwendung kombiniert und damit den Wert der Daten erhöht. Wenn Sie beispielsweise einen Webdienst erstellen, der Aktienkurse abruft, könnte dieser die Daten aus mehreren Börsenwebsites extrahierten, die aktuellen Notierungen verschiedener Aktien an diesen Plätzen anzeigen, zusätzlich die neuesten Empfehlungen von Analysten aus anderen Adressen im Netz hinzufügen und Ihnen diese Informationssammlung zurückgeben.

Eine angenehme Eigenschaft der Webdienste besteht darin, dass man sie auf jedem Betriebssystem und in jeder beliebigen Programmiersprache schreiben kann. Man kann also sicher sein, dass die Webdienste umso bedeutender werden, je mehr das Word Wide Web und andere Netzwerke genutzt werden. Webdienste verwenden ein Nachrichtenformat, das leicht zu lesen und zu schreiben ist. Anwendungen greifen dann über Internetstandardprotokolle auf diese Webdienste zu, unabhängig davon, wie der Webdienst implementiert ist.

9.4.1 Webdienst erstellen

Ein Webdienst wird immer auf dieselbe Art erstellt und die dafür mit Visual Basic .NET nötige Vorgehensweise ist nicht komplizierter als das Erstellen jeder anderen Anwendung. Um die wenigen Unterschiede in der Vorgehensweise zu demonstrieren, reicht es aus, einen ganz einfachen Dienst zu erstellen, der Ihnen das Problem des

Addierens zweier Zahlen abnimmt. Alle zusätzlichen Funktionsmerkmale professioneller Webdienste unterscheiden sich nicht wesentlich von denen, die wir hier zeigen. Visual Basic .NET selbst verbirgt die Einzelheiten des Schreibens und Lesens einer Nachricht. Auch die Verwendung der Webdienste ist mit Visual Basic .NET genauso einfach wie das Aufrufen jedes anderen Objekts, obwohl sie sich vielleicht an einer ganz anderen Stelle im Internet befinden und sogar in einer anderen Programmiersprache geschrieben sind oder unter einem anderen Betriebssystem ausgeführt werden.

▶ ▶ **Aufgabe: Ein Projekt für einen Webdienst erstellen**

Wählen Sie den Befehl DATEI/NEUE WEBSEITE und im Dialogfeld die Vorlage **ASP.NET Webdienst**. Wenn Sie wollen, können Sie dem Dienst einen individuellen Namen geben – beispielsweise **Web-Dienst1**. Sobald Sie das Projekt erstellt haben, enthält es eine Reihe von Dateien, die im **Projektmappen-Explorer** angezeigt werden (→ Abbildung 9.25).

Abbildung 9.25: Ein Webdienst benutzt mehrere Dateien

- **Web.Config** ist eine XML-Datei, die ASP.NET für seine Konfiguration verwendet (→ Abbildung 9.26). Mit dieser Datei können Sie beispielsweise die Einstellungen für das virtuelle Verzeichnis ändern, das Sie für diesen Webdienst verwenden.
- Die Datei **Service1.asmx** ist die eigentliche Dienstdatei. Hierin werden die Funktionsmerkmale des Webdienstes eingerichtet (→ Abbildung 9.27).

Webdienste

9.4

```
web.config                                                        ▾ ✕
  <?xml version="1.0"?>
  <!--
      Note: As an alternative to hand editing this file you can use the
      web admin tool to configure settings for your application. Use
      the Website->Asp.Net Configuration option in Visual Studio.
      A full list of settings and comments can be found in
      machine.config.comments usually located in
      \Windows\Microsoft.Net\Framework\v2.x\Config
  -->
  <configuration>
      <appSettings/>
      <connectionStrings/>
      <system.web>
          <!--
              Set compilation debug="true" to insert debugging
              symbols into the compiled page. Because this
              affects performance, set this value to true only
              during development.

              Visual Basic options:
              Set strict="true" to disallow all data type conversions
              where data loss can occur.
              Set explicit="true" to force declaration of all variables.
          -->
          <compilation debug="false" strict="false" explicit="true" />
          <pages>
              <namespaces>
                  <clear />
                  <add namespace="System" />
                  <add namespace="System.Collections" />
                  <add namespace="System.Collections.Specialized" />
                  <add namespace="System.Configuration" />
                  <add namespace="System.Text" />
                  <add namespace="System.Text.RegularExpressions" />
                  <add namespace="System.Web" />
                  <add namespace="System.Web.Caching" />
                  <add namespace="System.Web.SessionState" />
                  <add namespace="System.Web.Security" />
                  <add namespace="System.Web.Profile" />
                  <add namespace="System.Web.UI" />
                  <add namespace="System.Web.UI.WebControls" />
                  <add namespace="System.Web.UI.WebControls.WebParts" />
                  <add namespace="System.Web.UI.HtmlControls" />
              </namespaces>
          </pages>
          <!--
              The <authentication> section enables configuration
              of the security authentication mode used by
              ASP.NET to identify an incoming user.
```

*Abbildung 9.26: **Web.Config** wird zur Konfiguration verwendet*

9.4.2 Code hinzufügen

Die Datei **Service.vb** beinhaltet standardmäßig bereits ein Beispiel. Dieser Beispieldienst **HelloWorld()** gibt die Zeichenfolge **Hello World** zurück (→ Abbildung 9.27).

Abbildung 9.27: Der Dienst enthält ein Beispiel

▶▶ Aufgabe: Das Beispiel testen

Um das bereits vorhandene Beispiel zu testen, debuggen Sie die Anwendung. Einen Webdienst kompilieren Sie genauso wie alle anderen Projekte. Wählen Sie DEBUGGEN STARTEN im Menü DEBUGGEN oder drücken Sie einfach [F5]. Allerdings müssen Sie in der Grundeinstellung noch über ein Dialogfeld die **Web.config**-Datei zum Kompilieren freigeben. Gegebenenfalls müssen Sie im Internet Explorer unter **Internetoptionen** auf der Seite **Erweitert** die Option **Skriptdebuggen deaktivieren** abschalten.

Durch das Kompilieren wird eine **DLL** – die den Code für den Webdienst enthält – erzeugt und in das Verzeichnis **bin** unter dem Wurzelverzeichnis des Web Service platziert. Als Erfolg sehen Sie einen Bildschirm, der eine Beschreibung des Webdienstes sowie den Namen der Methode – **Hello World** – anzeigt (→ Abbildung 9.28), Bei

Problemen sollten Sie sicherstellen, dass die **.asmx**-Datei die Startseite ist.

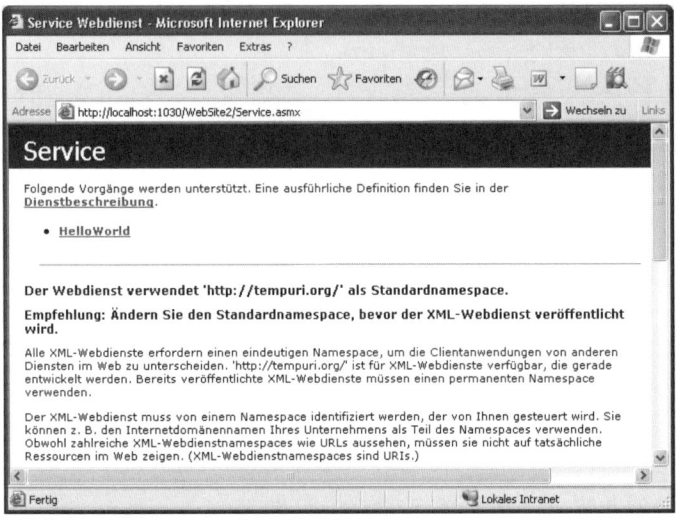

Abbildung 9.28: Das Beispiel im Test

▶▶ Aufgabe: Einen eigenen Dienst erstellen

An diesem Beispiel erkennen Sie auch die Syntax für Webdienst-Methoden. Sie ist recht einfach: Sie geben der Methode einen Namen der Methode, **Parameter** ist die Liste der Parameter für die Methode, **Typ** ist der Typ eines Parameters und **Datentyp** ist der von der Webmethode zurückgegebene Typ (→ Listing 9.6).

Listing 9.6: Die Syntax für den Rahmen eines Dienstes ist einfach

```
<WebMethod()> _
Public Function Name(ByVal Parameter As Typ) _
As Datentyp
    'Code für die Methode
End Function
```

Wenn Sie dem Dienst mit einer eigenen Methode versehen wollen, entfernen Sie die vorhandenen Beispielzeilen. Fügen Sie dann der Klasse **Web Service** eine neue öffentliche Methode hinzu. Sie können dafür auch das ursprünglich angezeigte Beispiel als Rahmen verwenden und durch Ihre Eingaben ersetzen. Um das an einem einfachen Beispiel zu testen, können Sie eine Methode **Addieren** benutzen, die einfach Zahlen addiert und deren Summe zurückgibt (→ Listing 9.7). Sie können weitere oder komplexere Methoden einfügen, das Prinzip bleibt aber dasselbe.

Listing 9.7: Der Webdienst soll zwei Zahlen addieren

```
<WebMethod()> Public Function Addieren _
(ByVal X As Integer, ByVal Y As Integer) As Integer
    Return X + Y
End Function
```

▶ ▶ **Aufgabe: Den eigenen Dienst testen**

Beim Austesten sehen Sie einen Bildschirm, der eine Beschreibung des Webdienstes sowie den Namen der Methode – **Addieren** – anzeigt, die im vorherigen Schritt erstellt wurde. Wenn Sie die gerade erstellte Methode **Addieren** markieren, erscheint eine weitere Testseite mit einem Formular. Eine solche Testseite wird automatisch generiert, wenn Sie eine **.asmx**-Datei zum Betrachten öffnen. Sie liefert Informationen über die vom Webdienst bereitgestellte Methode. Außerdem erzeugt sie für jede Methode ein Testformular, das es Ihnen ermöglicht, Werte einzugeben und die Funktion des Webdienstes auszuführen (→ Abbildung 9.29).

Geben Sie in die Textfelder im Abschnitt für die Methode **Addieren** einige Werte ein – beispielsweise *17* für **X** und *4* für **Y** – und klicken Sie die Schaltfläche **Aufrufen** an. Nun öffnet sich ein weiteres Fenster, das die Summe der eingegebenen Werte anzeigt (→ Abbildung 9.30).

Webdienste

9.4

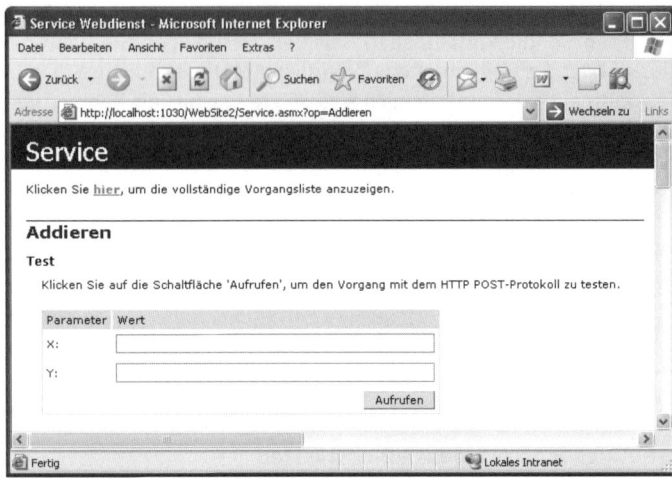

Abbildung 9.29: Auf der Testseite können Sie Werte eingeben

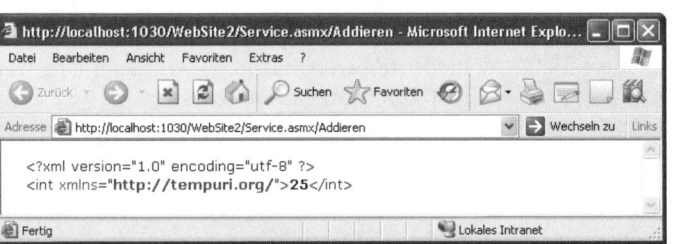

Abbildung 9.30: Der Webdienst addiert die Werte

Diese Form der Seite ist zwar für Testzwecke geeignet, aber Sie sollten nicht von den Anwendern erwarten, dass sie das Ergebnis als Folge der Addition der eingegebenen Werte identifizieren können.

9.4.3 Einen Webclient erstellen

Stattdessen sollten Sie für den unbedarften Anwender einen Client – also ein Windows- oder ein Webformular – erstellen, über das er mit dem Webdienst kommunizieren kann. Die Kommunikation zwischen diesem Client und dem Webdienst wird mit Hilfe einer Zwischenklasse, des so genannten *Proxy*, durchgeführt. Bei Webdiensten ist ein *Proxy* eine kleine clientseitige Komponente, die für das Clientprogramm wie der Webdienst aussieht. Wenn das Clientprogramm einen Aufruf an den *Proxy* absetzt, generiert dieser die passende Anfrage für den Webdienst und gibt sie weiter. Wenn der Webdienst mit einer Antwort darauf reagiert, wandelt der *Proxy* diese wieder in den erwarteten Ergebniswert für die Funktion um und gibt diesen an den Client zurück.

▶ ▶ **Aufgabe: Das Projekt für einen Webclient erstellen**

Für einen solchen Client können Sie beispielsweise ein Windows- oder ein Webformular verwenden. Da wir uns seit mehreren Seiten damit nicht mehr beschäftigt haben, wollen wir für diese Aufgabe ein Windows-Formular einsetzen. Die Erstellung eines Clients mit Webformularen funktioniert ähnlich.

Erstellen Sie eine neue Windows-Anwendung, die Sie dem vorhandenen Webprojekt hinzufügen. Benutzen Sie also den Befehl – wählen Sie DATEI/HINZUFÜGEN/NEUES PROJEKT. Klicken Sie das neu erstellte Projekt im *Projektmappen-Explorer* mit der rechten Maustaste an und wählen Sie ALS STARTOBJEKT FESTLEGEN aus dem Kontextmenü. Dadurch stellen Sie sicher, dass zuerst dieses Projekt ausgeführt wird, wenn Sie die Lösung starten.

▶ ▶ **Aufgabe: Den Code für einen Webclient hinzufügen**

Wenn Sie in Visual Basic .NET von einem Objekt her ein anderes Objekt aufrufen, müssen Sie normalerweise erst eine Referenz zu diesem zweiten Objekt erstellen. Dadurch erfährt die *IDE*, welche Eigenschaften und Methoden in dem Objekt vorhanden sind. Mit einem Webdienst können Sie dies jedoch nicht machen, da der Webdienst im Allgemeinen auf dem lokalen Rechner nicht vorhanden ist und so nicht einfach auf die von ihm bereitgestellten Informationen zugegriffen werden kann. Stattdessen müssen Sie eine Webreferenz laden, also einen Zeiger zum Dienst. Das geht aber sehr einfach:

- Klicken Sie das neue hinzugefügte Windows-Projekt mit der rechten Maustaste im **Projektmappen-Explorer** an und wählen Sie WEBVERWEIS HINZUFÜGEN. Anschließend sollte das Dialogfeld **Webverweis hinzufügen** erscheinen.
- Navigieren Sie in diesem Dialogfeld zu dem Webdienst, mit dem Sie die Windows-Anwendung verbinden möchten. Benutzen Sie beispielsweise den Link **Webdienste in dieser Projektmappe**. Markieren Sie den dann angezeigten Dienst. Die Adresse wird im Feld **URL** gemeldet. Sie können die Adresse aber auch direkt – beispielsweise **http://localhost:1030/WebSite2/Service.asmx** – eingeben. Im Idealfall wird nun nach einer kurzen Pause der Webdienst angezeigt (→ Abbildung 9.31).

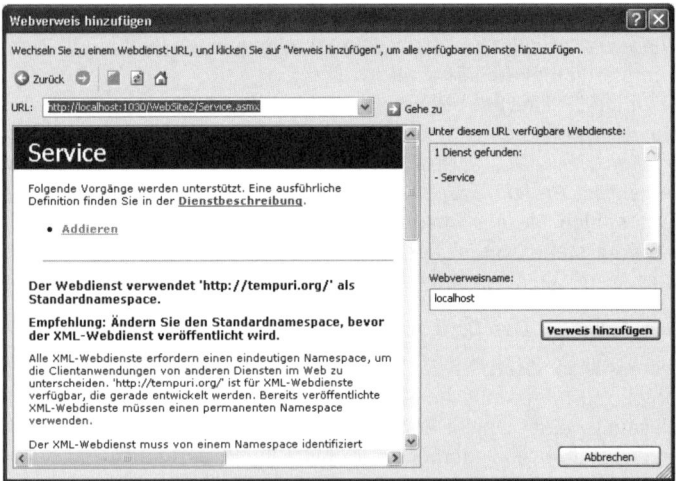

Abbildung 9.31: Die Webreferenz wurde gefunden

- Nachdem die Webreferenz gefunden wurde, klicken Sie die Schaltfläche **Verweis hinzufügen** an. Dadurch wird ein neuer Abschnitt in das Projekt eingefügt. Mit Hilfe dieser Dienstdateien fügt der Compiler dem Clientprogramm zur Laufzeit automatisch einen **Proxy** hinzu, der weiß, wie er mit dem Webdienst kommunizieren muss.

Da das Clientprogramm nun weiß, wie es mit dem Webdienst kommunizieren soll, können Sie dem Formular eine Oberfläche geben und den Code hinzufügen, der den Dienst aufruft. Wir haben dazu zunächst drei Textfelder, eine Schaltfläche und eine Beschriftung in das Formular eingefügt (→ Abbildung 9.32).

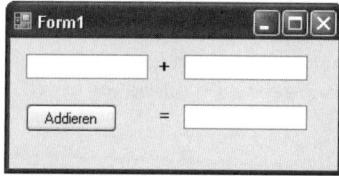

Abbildung 9.32: Der Client wurde mit Steuerelementen versehen

Abschließend haben wir einen Ereignisbehandler zur Schaltfläche formuliert, der den Webdienst aufruft. Klicken Sie zur Eingabe die Schaltfläche doppelt an (→ Listing 9.8).

Listing 9.8: Der Ereignisbehandler ruft den Webdienst auf

```
Private Sub Button1_Click _
(ByVal sender As System.Object, _
ByVal e As System.EventArgs) Handles Button1.Click
  Dim Addierer As New localhost.Service()
  TextBox3.Text = Addierer.Addieren(CInt(TextBox1.Text), _
    CInt(TextBox2.Text))
End Sub
```

Webdienste

9.4

Dieser Code besitzt große Ähnlichkeit mit dem für einen normalen Objektzugriff – beispielsweise auf ein Steuerelement. Der einzige Unterschied besteht darin, dass – im Gegensatz zum Zugriff auf ein lokales Objekt – der vollständige Name des Objekts auf dem Server, der den Webdienst bereitstellt, verwendet wird. In unserem Fall lautet dieser **localhost.Service**. Denken Sie also daran, diesen Namen zu ändern, wenn Sie den Server wechseln.

▶▶ Aufgabe: Den Webdienst aufrufen

Das Programm sollte nun in der Lage sein, den Webdienst aufzurufen, und zwar unabhängig davon, ob sich dieser – wie in unserem Beispiel – auf demselben Rechner oder irgendwo im Internet befindet. Geben Sie zur Laufzeit zwei Zahlenwerte ein, klicken Sie auf die Schaltfläche und warten Sie auf das Ergebnis (→ Abbildung 9.33).

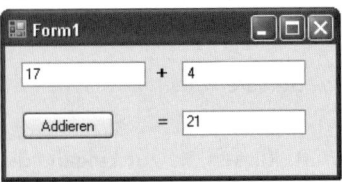

Abbildung 9.33: Der Client ruft den Webdienst auf

Dieser Dienst erscheint zwar sehr einfach, wir haben aber bei seiner Erstellung und Verwendung alles gemacht, was bei einem echten Webdienst notwendig ist. Sie sollten damit in der Lage sein, selbst Dienste für Ihre Bedürfnisse zu erstellen.

10 Visual Basic .NET-Funktionen

Die in den vorigen Kapiteln beschriebenen Prinzipien – also beispielsweise das Konzept von Klassen, Instanzen, Eigenschaften, Methoden, Vererbung usw. – bilden auch die Grundlage für das *.NET Framework*. Eine dessen Hauptaufgaben besteht darin, Ihnen vordefinierte Klassen zur Verfügung zu stellen, mit denen Sie arbeiten können. Dieses Framework beinhaltet mehr als 6 000 Klassen und Sie brauchen in den meisten Fällen keine eigenen Klassen zu erzeugen, sondern benutzen einfach die Funktionalität der bereits vorhandenen. Zum schwierigsten Teil bei der Benutzung des Frameworks gehört aber das Auffinden der richtigen Klasse für einen bestimmten Zweck und darum wollen wir uns in diesem abschließenden Kapitel mit einigen wichtigen Elementen dieser Klassen beschäftigen. Dabei werden wir uns auf drei Bereiche konzentrieren:

- Zunächst wollen wir Ihnen einen Überblick über die Techniken liefern, die Ihnen zum Auffinden der richtigen Stellen im *.NET Framework* zur Verfügung stehen (→ Abschnitt 10.1).
- Der Namensraum *System* wird anschließend angesprochen (→ Abschnitt 10.2). Er enthält grundlegende Klassen und Basisklassen, mit denen häufig verwendete Wert- und Verweisdatentypen, Ereignisse und Ereignisbehandler, Schnittstellen, Attribute und Ausnahmen bei der Verarbeitung definiert werden. Neben den Basisdatentypen umfasst dieser Namensraum ungefähr 100 Klassen, die von Klassen für die Behandlung von Ausnahmen bis zu Klassen reichen, die für wesentliche Konzepte der Laufzeit vorgesehen sind.
- Es ist wichtig, zwischen den Werkzeugen zu unterscheiden, die vom *.NET Framework* geboten werden, und denen, die von der Sprache selbst – hier Visual Basic – geliefert werden. *Visual Basic* und *C++* nutzen beide alle Funktionen des Frameworks, aber als unterschiedliche Sprachen haben sie auch ihre eigenen Funktionen und ihre eigene Syntax. Auf die wesentlichsten Visual Basic-Funktionen werden wir im Anschluss eingehen (→ Abschnitt

10.3). Sie finden darunter Werkzeuge für ähnliche Aufgaben, die Sie auch über die Klassen des *.NET Frameworks* lösen können, allerdings wird oft eine andere Syntax verwendet.

10.1 Übersicht

Anfangs wurde es schon angesprochen: Zum schwierigsten Teil bei der Benutzung des Frameworks gehört das Auffinden der richtigen Klasse für einen bestimmten Zweck. Das *.NET Framework* ist hierarchisch in geschachtelten Namensräumen organisiert und es wird ein Benennungsschema mit Punktsyntax verwendet, das der hierarchischen Struktur entspricht.

■ Der Name jedes Namensraums setzt sich aus mehreren Teilen zusammen, dabei wird jeder Teil von den anderen durch einen Punkt abgetrennt. Niedrigere Namensräume sind nicht in höheren Namensräumen enthalten, aber damit verwandt. Zum Beispiel ist der Namensraum *System.Data.SqlClient* mit *System.Data* verwandt, aber nicht darin enthalten, weil *System.Data.SqlClient* auf einer niedrigeren Ebene als der Namensraum *System.Data* existiert.

■ Es gibt zwei Namen der obersten Ebene: *System* und *Microsoft*. Die *System*-Namensräume sind diejenigen, die Teil des *.NET Frameworks* sind und den Benutzern von Visual Basic .NET ebenso wie den Benutzern der anderen Sprachen zur Verfügung stehen, die das Framework einsetzen. Die *Microsoft*-Klassen sind im Allgemeinen spezifisch für Visual Studio und auf eine oder mehrere Umgebungen ausgerichtet. Es gibt beispielsweise den Namensraum *Microsoft.VisualBasic*, der viele der Funktionen enthält, die in Visual Basic vor dieser Version existierten.

■ Der erste Teil des vollständigen Namens – bis zum letzten Punkt – gibt den Namen des Namensraums wieder. Der letzte Teil ist der Name des Typs. *System.Collections.ArrayList* stellt beispielsweise den Typ *ArrayList* dar, der im Namensraum *System.Collections* enthalten ist. Die Typen in *System.Collections* werden zum Bearbeiten und Ändern von Objektauflistungen verwendet.

Der **Objektbrowser** soll Ihnen bei der Arbeit mit all diesen Objekten dadurch helfen, dass Sie einen Katalog verfügbarer Objekte durchblättern oder durchsuchen können. Sie können ihn durch einen Befehl im Menü ANSICHT oder durch die gleichbedeutende Schaltfläche in der Symbolleiste **Standard** anzeigen lassen (→ Abbildung 10.1).

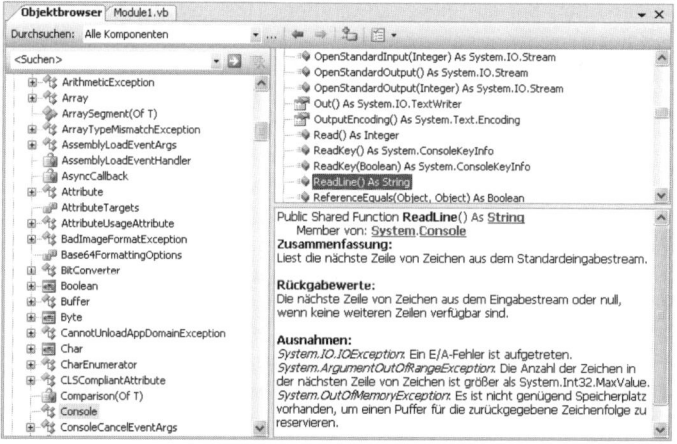

Abbildung 10.1: Der Objektbrowser liefert Informationen zu Klassen

Dieser Katalog enthält die Namensräume und Klassen, die vom **.NET Framework** bereitgestellt werden, sowie die Klassen, die in Ihrem eigenen Projekt enthalten sind. Der Objektbrowser ist zwar in gewisser Weise der oben erwähnten **Klassenansicht** ähnlich, geht aber über ihre Funktionalität hinaus, indem er auch Objekte außerhalb Ihres Projekts einschließt. Dieses Fenster ist besonders als eine Art der Dokumentation oder Referenz nützlich, in der Sie Klassen innerhalb des **.NET Frameworks** oder andere Klassenbibliotheken finden und die Einzelheiten dieser Klassen, wie z.B. ihre Eigenschaften und Methoden, betrachten können.

Übersicht

10.1

- Wählen Sie im linken Fensterbereich zunächst den Namensraum, der Sie interessiert. Wenn Sie sich für die Inhalte des Namensraums **Systems** interessieren, markieren Sie diesen.
- Durch Öffnen eines Knotens können Sie die dazugehörenden Elemente anzeigen lassen. Beispielsweise können Sie durch Öffnen des Knotens **System** die Inhalte dieses Namensraums einblenden.
- Markieren Sie auf dieser Unterebene das gewünschte Element. Beispielsweise können Sie innerhalb des Namensraums **System** die Klasse **Console** markieren. Die Member dieses Elements werden dann im rechten Fensterbereich angezeigt.
- Markieren Sie in diesem Bereich den Member, zu dem Sie Informationen wünschen. Beispielsweise könnten Sie innerhalb von **System.Console** die Methode **ReadLine()** markieren. Der untere Bereich liefert dann Informationen zum gewählten Member.

Mit Hilfe eines Eintrags im **Suchen**-Feld oben im linken Fensterbereich und einer anschließenden Bestätigung können Sie auch nach bestimmten Namen suchen lassen. Die Elemente in diesem Fensterbereich werden dann gefiltert und die Stellen werden vermerkt, an denen der Suchbegriff auftaucht. Das nützt Ihnen aber nur etwas, wenn Sie den Namen des Suchbegriffs bereits kennen. Klicken Sie auf die Schaltfläche **Suche löschen**, um den Filter wieder zu entfernen.

10.2 Der Namensraum System

Der Namensraum **System** enthält grundlegende Klassen und Basisklassen, mit denen häufig verwendete Wert- und Verweisdatentypen, Ereignisse und Ereignisbehandler, Schnittstellen und anderes bei der Verarbeitung definiert werden. Neben den Basisdatentypen umfasst dieser Namensraum ungefähr 100 Klassen, die von Klassen für die Behandlung von Ausnahmen bis zu Klassen reichen, die für wesentliche Konzepte der Laufzeit vorgesehen sind.

In diesem Kapitel widmen wir uns einigen der wichtigsten Klassen und Strukturen dieses Namensraums.

- **Basisklassen** bilden eine Alternative für die Verwendung bei der Deklaration elementarer Datentypen.
- Die **Console**-Klasse stellt grundlegende Funktionen zur Unterstützung von Anwendungen bereit, die Zeichen von der Konsole lesen und auf die Konsole schreiben.
- Über die Klasse **Environment** können Sie für den Anwender Einstellungen abfragen, beispielsweise den Speicherort seines Verzeichnisses für temporäre Dateien, den Inhalt seines Suchpfads oder andere Elemente auf der Befehlszeile.
- Die **String**-Klasse enthält zahlreiche Optionen für die Bearbeitung und Veränderung sowie für die Erstellung von neuen Zeichenfolgen aus alten Zeichenfolgen. Außerdem bietet sie zahlreiche integrierte Methoden, um das Vergleichen und Ändern von Zeichenfolgen zu erleichtern.
- Die Klasse **Math** enthält viele wichtige mathematische Konstanten und Funktionen und erlaubt eine Reihe von Berechnungen unterschiedlichster Natur.
- Die Klasse **Random** ermöglicht die Generierung von Zufallszahlen.
- Die Klasse **Array** stellt Methoden zum Erstellen, Bearbeiten, Durchsuchen und Sortieren von Arrays bereit und ist damit Basisklasse für alle Arrays in der Common Language Runtime.
- Über die beiden Strukturen **DateTime** und **TimeSpan** können Sie mit diversen Zeit- und Datumsangaben arbeiten.

Beachten Sie auch, dass Ihnen neben den Methoden und Eigenschaften, die die Klassen der Namensräume des **.NET Framework** bieten, in der Common Language Runtime der Sprache Visual Basic eine Reihe von Funktionen zur Verfügung steht, die ähnliche oder identische Aufgaben lösen können.

10.2.1 Die Klasse String

Die **String**-Klasse enthält zahlreiche Optionen für die Bearbeitung und Veränderung sowie für die Erstellung von neuen Zeichenfolgen aus alten Zeichenfolgen. Außerdem bietet sie zahlreiche integrierte Methoden, um das Vergleichen und Ändern von Zeichenfolgen zu erleichtern. Es ist mittlerweile sehr einfach, Daten zu einer Zeichenfolge zu erhalten oder durch das Ändern von Zeichenfolgen neue Zeichenfolgen zu erstellen. Wenn Sie Zeichenfolgen verwenden, können Sie diese ändern und neue Zeichenfolgen erstellen. Die gesamte Zeichenfolge kann beispielsweise problemlos in Großbuchstaben konvertiert werden, und nachstehende Leerzeichen können ganz einfach gelöscht werden. Komplexere Operationen sind ebenfalls möglich, beispielsweise kann eine untergeordnete Zeichenfolge aus einer Zeichenfolge extrahiert werden.

Eigenschaften und Methoden

Drei Eigenschaften rufen einzelne Zeichen oder die Anzahl von Zeichen ab bzw. erstellen eine leere Zeichenfolge (→ Tabelle 10.1).

Eigenschaft	Beschreibung
Chars	Ruft das Zeichen an einer angegebenen Zeichenposition innerhalb dieser Instanz ab.
Length	Ruft die Anzahl der Zeichen in dieser Instanz ab.
Empty	Stellt die leere Zeichenfolge dar.

*Tabelle 10.1: Einige Eigenschaften der Klasse **String***

Verschiedene Methoden ermöglichen das Ändern von Zeichenfolgen. Diese Methoden werden als inhärente Funktionen der Sprache verwendet (→ Tabelle 10.2). Sie können im Code ohne Qualifizierung verwendet werden.

Methode	Beschreibung
Clone	Gibt einen Verweis auf diese Instanz von **String** zurück.
Compare	Vergleicht zwei angegebene **String**-Objekte.

*Tabelle 10.2: Einige Methoden der Klasse **String***

Methode	Beschreibung
CompareTo	Vergleicht diese Instanz mit einem angegebenen Objekt.
Concat	Verkettet eine oder mehrere Instanzen von **String** oder die **String**-Darstellungen der Werte einer oder mehrerer Instanzen von **Object**.
Copy	Erstellt eine neue Instanz von **String** mit demselben Wert wie eine angegebene Instanz von **String**.
CopyTo	Kopiert eine angegebene Anzahl von Zeichen von einer angegebenen Position in dieser Instanz an eine angegebene Position in einem Array von Unicode-Zeichen.
EndsWith	Bestimmt, ob das Ende dieser Instanz mit dem angegebenen **String** übereinstimmt.
Equals	Bestimmt, ob zwei **String**-Objekte denselben Wert haben.
Format	Ersetzt jede Formatangabe in einem angegebenen **String** durch Text, der dem Wert eines entsprechenden Objekts entspricht.
GetEnumerator	Ruft ein Objekt ab, das die einzelnen Zeichen dieser Instanz durchlaufen kann.
IndexOf	Gibt den Index des ersten Vorkommens eines **String** oder einer Folge von einem oder mehr Zeichen innerhalb dieser Instanz an.
IndexOfAny	Gibt den Index des ersten Vorkommens eines beliebigen Zeichens aus einem angegebenen Array von Unicode-Zeichen in dieser Instanz an.
Insert	Fügt eine angegebene Instanz von **String** an einer angegebenen Indexposition in diese Instanz ein.
Join	Fügt zwischen je zwei Elemente eines **String**-Arrays einen angegebenen trennenden **String** ein und liefert eine einzige verkettete Zeichenfolge.
LastIndexOf	Gibt die Indexposition des letzten Vorkommens eines angegebenen Unicode-Zeichens oder Strings in dieser Instanz an.
LastIndex OfAny	Gibt die Indexposition des letzten Vorkommens eines oder mehrerer angegebener Zeichen eines Unicode-Arrays in dieser Instanz an.
PadLeft	Richtet die Zeichen dieser Instanz rechtsbündig aus und füllt die linke Seite mit Leerzeichen oder einem angegebenen Unicode-Zeichen aus, um eine angegebene Gesamtlänge zu erreichen.
PadRight	Richtet die Zeichen dieser Zeichenfolge linksbündig aus und füllt die rechte Seite mit Leerzeichen oder einem angegebenen Unicode-Zeichen aus, um eine angegebene Gesamtlänge zu erreichen.

*Tabelle 10.2: Einige Methoden der Klasse **String** (Forts.)*

Methode	Beschreibung
Remove	Löscht die angegebene Anzahl von Zeichen ab der angegebenen Position aus dieser Instanz.
Replace	Ersetzt in dieser Instanz jedes Vorkommen eines angegebenen Unicode-Zeichens oder eines Strings durch ein anderes angegebenes Unicode-Zeichen oder durch einen *String*.
Split	Ermittelt die Teilzeichenfolgen in dieser Instanz, die durch ein oder mehrere in einem Array angegebene Zeichen getrennt sind, und legt die Teilzeichenfolgen anschließend in einem *String*-Array ab.
StartsWith	Bestimmt, ob der Anfang dieser Instanz mit dem angegebenen String übereinstimmt.
Substring	Ruft eine Teilzeichenfolge dieser Instanz ab.
ToLower	Gibt eine Kopie dieses Strings in Kleinbuchstaben zurück.
ToString	Konvertiert den Wert dieser Instanz in einen *String*.
ToUpper	Gibt eine Kopie dieses *String* in Großbuchstaben zurück.
Trim	Entfernt sämtliche Zeichen aus einer angegebenen Menge von Zeichen am Anfang und am Ende dieser Instanz.
TrimEnd	Entfernt sämtliche Zeichen aus einer in einem Array von Unicode-Zeichen angegebenen Menge von Zeichen vom Ende dieser Instanz.
TrimStart	Entfernt sämtliche Zeichen aus einer in einem Array von Unicode-Zeichen angegebenen Menge von Zeichen am Anfang dieser Instanz.

*Tabelle 10.2: Einige Methoden der Klasse **String** (Forts.)*

▶ ▶ Aufgabe: Zeichenfolgen miteinander vergleichen

Sie können zwei Zeichenfolgen mit Hilfe der **String.Compare**-Methode miteinander vergleichen. In ihrer gebräuchlichsten Form kann diese Methode für den direkten Vergleich zweier Zeichenfolgen basierend auf deren alphabetischer Sortierreihenfolge verwendet werden. Diese Methode gibt eine Ganzzahl zurück. Ein positiver Ergebniswert weist darauf hin, dass die erste Zeichenfolge größer als die zweite ist. Ein negatives Ergebnis zeigt an, dass die erste Zeichenfolge kleiner ist. *0* bedeutet, dass beide Zeichenfolgen übereinstimmen. Jede Zeichenfolge, einschließlich einer leeren, ergibt einen Verweis größer als ein Nullverweis.

Beispiel: Der folgende Codeabschnitt vergleicht die Inhalte der Variablen **Text1** und **Text2** miteinander (→ Listing 10.1).

```
...
Dim Text1 As String = "Kurzer Text"
Dim Text2 As String = "Ein längerer Text"
Dim Ergebnis As Integer
Ergebnis = String.Compare (Text1, Text2)
...
```

▶▶ Aufgabe: Suchen nach Zeichenfolgen

Es gibt Situationen, in denen es nützlich ist, Daten über die Zeichen in der Zeichenfolge und über deren Position in der Zeichenfolge zu erlangen. Sie können ein bestimmtes Zeichen abrufen, indem Sie mit Hilfe der **Chars**-Eigenschaft auf den Index des Zeichens verweisen.

Beispiel: Der folgende Code ermittelt das dritte Zeichen aus der Variablen **Text** (→ Listing 10.2).

Listing 10.2: Mit der **Chars**-*Eigenschaft können Sie einzelne Zeichen abrufen*

```
...
Dim Text As String = "ABCDE"
Dim Buchstabe As Char
Buchstabe = Text.Chars(3)
...
```

▶▶ Aufgabe: Suchen nach der Position

Bei Umkehrung dieser Aufgabenstellung verwenden Sie die **String.IndexOf**-Methode. Damit geben Sie den Index zurück, in dem ein bestimmtes Zeichen vorkommt.

Beispiel: Wollen Sie den Index des Buchstabens **D** in einer Variablen **Text** bestimmen, verwenden Sie **Text.IndexOf(»D«)** (→ Listing 10.3) .

Listing 10.3: Der Code bestimmt den Index eines Zeichens

```
...
Dim Text As String = "ABCDE"
Dim Index As Integer
Index = Text.IndexOf("D")
...
```

Der Namensraum System

10.2

Zum Kombinieren mehrerer Zeichenfolgen verwenden Sie die Verkettungsoperatoren (**&** oder **+**). Die Verkettung einer Reihe von Zeichenfolgen oder von in Objekten enthaltenen Zeichenfolgen ist auch mit Hilfe der **String.Concat**-Methode möglich.

Beispiel: Der folgende Code fügt die Inhalte der Variablen **Text1** bis **Text3** zur Variablen **Text** zusammen (→ Listing 10.4).

Listing 10.4: Mit der **Concat**-*Methode können Sie Zeichenfolgen verknüpfen*

```
...
Dim Text1 As String = "A"
Dim Text2 As String = "B"
Dim Text3 As String = "C"
Dim Text As String
Text = String.Concat(Text1, Text2, Text3)
...
```

▶ ▶ **Aufgabe: Groß- und Kleinschreibung steuern**

Sie können die gesamte Zeichenfolge mit Hilfe der **String.ToUpper**-Methode und der **String.ToLower**-Methode in Groß- bzw. Kleinbuchstaben konvertieren.

Beispiel: Der folgende Code wandelt den Inhalt von Text in Groß- und in Kleinbuchstaben um (→ Listing 10.5).

Listing 10.5: Zwei Methoden steuern Groß- und Kleinschreibung

```
...
Dim Text As String = "GrOsS OdDeR KlEiN"
Dim TextGross, TextKlein As String
TextGross = Text1.ToUpper
TextKlein = Text1.ToLower
...
```

In einigen Situationen ist es notwendig, nachstehende oder führende Leerzeichen aus der Zeichenfolge zu entfernen. Diese Leerzeichen können Sie mit Hilfe der **String.Trim**-Methode entfernen. Wenn Sie nur die nachstehenden Leerzeichen entfernen möchten, können Sie die **String.TrimEnd**-Methode verwenden. Analog können Sie für führende Leerzeichen die **String.TrimStart**-Methode verwenden.

Beispiel: Der Code entfernt die Leerzeichen aus **Text** (→ Listing 10.6).

Listing 10.6: Leerzeichen können entfernt werden

```
...
Dim Text As String = "    ABCDE    "
Dim Text1 As String
Text1 = Text.Trim
...
```

►► Aufgabe: **Andere Zeichen entfernen**

Die **String.Trim**-Funktionen sowie die damit verwandten Funktionen ermöglichen darüber hinaus das Entfernen von Instanzen eines bestimmten Zeichens von den Enden der Zeichenfolge.

Beispiel: Im folgenden Beispiel werden alle Instanzen des Zeichens # entfernt (→ Listing 10.7).

Listing 10.7: Bestimmte Zeichen können entfernt werden

```
...
Dim Text As String = "#####ABCDE#####"
Dim Text1 As String
Text1 = Text.Trim("#")
...
```

Der Namensraum System

10.2

Mit Hilfe der **String.PadLeft**-Methode und der **String.PadRight**-Methode können Sie analog dazu auch führende oder nachstehende Zeichen hinzufügen. Darüber hinaus können Sie die **String.Insert**-Methode verwenden, um eine Zeichenfolge in eine andere Zeichenfolge einzufügen. Als ersten Parameter benötigt die **String.Insert**-Methode den Index des Zeichens, nach dem die Zeichenfolge eingefügt werden soll. Der zweite Parameter ist die einzufügende Zeichenfolge.

Beispiel: Der Code fügt Zeichen ein (→ Listing 10.8).

Listing 10.8: Zeichen können eingefügt werden

```
...
Dim Text As String = "AE"
Dim Erweitert As String
Erweitert = Text.Insert(1, "BCD")
...
```

▶ ▶ Aufgabe: **Zeichen ersetzen**

Wenn zu viele Zeichen innerhalb des Textes der Zeichenfolge vorhanden sind, können Sie sie mit der **String.Remove**-Methode entfernen oder mit der **String.Replace**-Methode durch ein anderes Zeichen ersetzen. Sie können mit der **String.Replace**-Methode sowohl einzelne Zeichen als auch Zeichenfolgen ersetzen.

Beispiel: Der folgende Code zeigt zwei Möglichkeiten, die Ziffern aus dem Text zu entfernen (→ Listing 10.9).

Listing 10.9: Zeichen können ersetzt werden

```
...
Dim Text As String = "ABC123DE"
Dim Text1 As String
Dim Text2 As String
Text1 = Text.Remove(4, 3)
Text2 = Text1.Replace("123", "")
...
```

►► Aufgabe: Zeicheninhalte eines Arrays verketten

Sie können ein Array von Zeichenfolgen mit einer aus Trennzeichen bestehenden Zeichenfolge verketten, indem Sie die ***String.Join***-Methode verwenden. Wenn das Array leere Member enthält, fügt die Methode ein Trennzeichen zwischen alle leere Instanzen im Array ein.

Beispiel: Der Code verbindet die Bestandteile von Elementen zu einer Zeichenfolge. Zwischen den Bestandteilen wird ein Komma als Trennzeichen gesetzt (→ Listing 10.10).

Listing 10.10: Zeichen können verkettet werden

```
...
Dim Element(2) As String
Dim Liste As String
Element(0) = "Teil1"
Element(1) = "Teil2"
Element(2) = "Teil3"
Liste = String.Join(",", Element)
...
```

►► Aufgabe: Verkettung aufteilen

Sie können die Aufgabenstellung auch umkehren und mit Hilfe der ***String.Split***-Methode aus einer einfachen Zeichenfolge ein Array von Zeichenfolgen erstellen.

Beispiel: Der Code teilt den Inhalt von ***Liste*** in seine Bestandteile auf. In diesem Fall ist das Trennzeichen eine Instanz des Datentyps ***Char***. Folglich wird das Literaltypzeichen ***c*** angehängt (→ Listing 10.11).

Listing 10.11: Verkettete Zeichen können aufgeteilt werden

```
...
Dim Liste As String = "Teil1,Teil2,Teil3"
Dim Element(2) As String
Element = Liste.Split(","c)
...
```

10.2.2 Die Klasse Math

Die Klasse **Math** enthält viele wichtige mathematische Konstanten und Funktionen. Diese mathematischen Methoden von .NET Framework sind funktionell identisch mit ihren Entsprechungen aus **Visual Basic 6**, verfügen jedoch teilweise über etwas andere Namen. Sie können diese Methoden ohne Qualifikation als Funktionen verwenden, nachdem Sie den Namensraum **System.Math** in das Projekt importiert haben. Die wichtigsten Methoden werden anschließend kurz beschrieben.

Wichtige Felder

Die beiden wichtigsten mathematischen Konstanten – π und **e** – stehen als Felder zur Verfügung (→ Tabelle 10.3).

Feld	Beschreibung
E	Stellt die Basis des natürlichen Logarithmus durch die Konstante **e** dar.
PI	Stellt das Verhältnis eines Kreisumfangs zum Kreisdurchmesser durch die Konstante π dar (3,1415926535897931...).

Tabelle 10.3: Zwei wichtige Felder stehen zur Verfügung

Wichtige Methoden

Außerdem enthält die mathematische Klasse von .NET Framework Methoden für trigonometrische, logarithmische und weitere häufig verwendete mathematische Funktionen (→ Tabelle 10.4). Mehrere Methoden ermöglichen diverse Formen der Berechnung.

Methode	Beschreibung
Abs	Gibt den Absolutbetrag einer angegebenen Zahl zurück.
Acos	Gibt einen Winkel zurück, dessen Kosinus die angegebene Zahl ist.
Asin	Gibt einen Winkel zurück, dessen Sinus die angegebene Zahl ist.
Atan	Gibt einen Winkel zurück, dessen Tangens die angegebene Zahl ist.
Atan2	Gibt einen Winkel zurück, dessen Tangens der Quotient zweier angegebener Zahlen ist.

Tabelle 10.4: Mathematische Funktionen finden Sie in der Klasse Math

10.2

Methode	Beschreibung
Ceiling	Gibt die kleinste ganze Zahl zurück, die größer oder gleich der angegebenen Zahl ist.
Cos	Gibt den Kosinus des angegebenen Winkels zurück.
Cosh	Gibt den Hyperbelkosinus des angegebenen Winkels zurück.
Exp	Gibt die angegebene Potenz von *e* zurück.
Floor	Gibt die größte ganze Zahl zurück, die kleiner oder gleich der angegebenen Zahl ist.
IEEERemainder	Gibt den Rest der Division zweier angegebener Zahlen zurück.
Log	Gibt den Logarithmus der angegebenen Zahl zurück.
Log10	Gibt den Logarithmus einer angegebenen Zahl zur Basis 10 zurück.
Max	Gibt die größere von zwei angegebenen Zahlen zurück.
Min	Gibt die kleinere von zwei Zahlen zurück.
Pow	Potenziert eine angegebene Zahl mit dem angegebenen Exponenten.
Round	Gibt die dem angegebenen Wert am nächsten liegende ganze Zahl zurück.
Sign	Gibt einen Wert zurück, der das Vorzeichen einer Zahl angibt.
Sin	Gibt den Sinus des angegebenen Winkels zurück.
Sinh	Gibt den Hyperbelsinus des angegebenen Winkels zurück.
Sqrt	Gibt die Quadratwurzel einer angegebenen Zahl zurück.
Tan	Gibt den Tangens des angegebenen Winkels zurück.
Tanh	Gibt den Hyperbeltangens des angegebenen Winkels zurück.

Tabelle 10.4: Mathematische Funktionen finden Sie in der Klasse **Math** *(Forts.)*

▶ ▶ **Aufgabe: Absolutwert und Vorzeichen ermitteln**

Mit der Methode *Abs* der *Math*-Klasse wird der absolute Wert einer Zahl – also der Wert ohne Vorzeichen – berechnet. Das Vorzeichen eines Zahlenwerts können Sie über *Sign* bestimmen. Der Rückgabewert ist entweder *+1* oder *–1*, standardmäßig vom Typ *Integer*. Auch hier können Sie den Wertetyp durch die Überladung festlegen.
Beispiel: Der Code bestimmt den Absolutwert und das Vorzeichen aus einem *Wert* (→ Listing 10.12).

```
...
Dim Wert As Double = -50.3
Sim Absolutwert As Double
Dim Vorzeichen As Integer
Absolutwert = Abs(Wert)
Vorzeichen = Sign(Wert)
...
```

▶ ▶ Aufgabe: Quadratwurzel bestimmen

Mit der **Sqrt**-Methode berechnen Sie die Quadratwurzel einer Zahl. Beachten Sie die durch die Mathematik bedingten Einschränkungen: Beispielsweise können keine Quadratwurzeln aus negativen Zahlen gezogen werden. Höhere Wurzeln können Sie auch über den Operator **^** bestimmen.

Beispiel: Der Code bestimmt die Quadratwurzel aus dem Argument (→ Listing 10.13).

Listing 10.13: Die **Sqrt**-*Methode berechnet die Quadratwurzel des Arguments*

```
...
Dim Argument As Double = 2
Dim Wurzel As Double
Wurzel = Sqrt(Argument)
...
```

▶ ▶ Aufgabe: Trigonometrische Berechnungen durchführen

Zur Berechnung von trigonometrischen Funktionen benutzen Sie die Methoden **Sin**, **Cos** und **Tan**. Den Kotangens können Sie als reziproken Wert des Tangens ermitteln. In allen Fällen müssen Sie den Radianten des Winkels benutzen. Wenn Sie also einen Winkel in **Grad** vorliegen haben, müssen Sie ihn erst in **Rad** umrechnen. Als Umkehrfunktionen – die den zu einem Wert gehörenden Winkel (wiederum in **Rad**) bestimmen – benutzen Sie die Methoden **ASin**, **ACos** und **Atan**.

Beispiel: Der folgende Code bestimmt den Sinus aus 45° (→ Listing 10.14).

586

Listing 10.14: Trigonometrische Methoden erwarten den Wert in **Rad**

```
...
Dim Rad, Grad, Sinus As Double
Grad = 45
Rad = 2 * PI *(Grad/360)
Sinus = Rad.Sin
...
```

▶ ▶ Aufgabe: **Exponentialfunktion und Logarithmus berechnen**

Mit **Exp** wird eine Potenz zur Basis **e** zurückgegeben. Die Umkehrung – den natürlichen Logarithmus – berechnen Sie über die Methode **Log**. Wenn Sie eine andere Basis wünschen, können Sie verschiedene Formen der Überladung verwenden. Auch die Methode **Log10** gibt den Logarithmus einer angegebenen Zahl zur Basis **10** zurück.
Beispiel: Der Code gibt die Exponentialfunktion und den Logarithmus eines Arguments zurück (→ Listing 10.15).

Listing 10.15: **Exp** *liefert eine Potenz zur Basis* **e**

```
...
Dim Argument As Double = 2.1
Dim Exponentialwert, Logarithmus As Double
Exponentialwert = Exp(Argument)
Logarithmus = Log(Argument)
...
```

▶ ▶ Aufgabe: **Zahlenwerte runden**

Zum Runden eines Zahlenwerts auf die nächste ganze Zahl benutzen Sie die Methode **Round**.
Beispiel: Der Code rundet den **Wert** (→ Listing 10.16).

Listing 10.16: Die Methode **Round** *rundet einen Zahlenwert*

```
...
Dim Wert As Double = 2.8
Dim Rundung As Double
Rundung =Round(Wert)
...
```

Der Namensraum System

10.2

10.2.3 Die Klasse Random

Random ist eine einfache Klasse, die Zufallszahlen erzeugen soll. Dies erfolgt im Allgemeinen entweder mit dem Typ *Integer* oder *Double*.

▶ ▶ Aufgabe: Eine Zufallszahl erzeugen

Um eine beliebige Zufallszahl zu erzeugen, benutzen Sie die Methode *Next* der Klasse. *Next* allein gibt eine Integer-Zahl zwischen **0** und dem höchsten möglichen Wert für einen Integer zurück.

▶ ▶ Aufgabe: Eine Zufallszahl in einem Bereich erzeugen

Oft werden Sie den Bereich der möglichen Werte der Zufallszahl eingrenzen wollen. Dafür benutzen Sie die unterschiedlichen Möglichkeiten der Überschreibung von *Next*. *Next(MaxValue)* gibt einen Integer zwischen **0** und dem Wert *MaxValue* (eine ganze Zahl) zurück. *Next(MinValue, MaxValue)* gibt einen Integer zwischen den Minimum- und Maximumwerten zurück.

Beispiel: Der folgende Code liefert eine Zufallszahl zwischen **1** und **100** (→ Listing 10.17).

Listing 10.17: Der Code erzeugt eine Zufallszahl zwischen 1 und 100

```
...
Dim Zufall As New Random()
Dim Zahl As Integer = Zufall.Next(1, 100)
...
```

10.2.4 Die Klasse Convert

Die *System.Convert*-Klasse enthält einen vollständigen Satz von Methoden zur Durchführung von unterstützten Konvertierungen. Sie können den zu konvertierenden Wert einer geeigneten Methode in der *Convert*-Klasse übergeben und den zurückgegebenen Wert mit einer neuen Variablen initialisieren.

Zwar gibt es für die verschiedenen Sprachen auch unterschiedliche Konvertierungstechniken, doch wird durch die **Convert**-Klasse sichergestellt, dass alle gebräuchlichen Konvertierungen in einem generischen Format verfügbar sind. Mit dieser Klasse können sowohl Eingrenzungskonvertierungen als auch Konvertierungen in nicht verwandte Datentypen vorgenommen werden. Die **Convert**-Klasse führt geprüfte Konvertierungen und löst im Fall einer nicht unterstützten Konvertierung eine Ausnahme aus.

Methoden

Beispielsweise werden folgende Konvertierungen unterstützt: **String**-Typen in numerische Typen, **DateTime**-Typen in **String**-Typen und **String**-Typen in **Boolean**-Typen (→ Tabelle 10.5).

Methode	Beschreibung
ToBoolean	Konvertiert einen angegebenen Wert in einen entsprechenden booleschen Wert.
ToByte	Konvertiert einen angegebenen Wert in eine 8-Bit-Ganzzahl ohne Vorzeichen.
ToChar	Konvertiert einen angegebenen Wert in ein Unicode-Zeichen.
ToDateTime	Konvertiert den angegebenen Wert in ein DateTime.
ToDecimal	Konvertiert den angegebenen Wert in eine Decimal-Zahl.
ToDouble	Konvertiert einen angegebenen Wert in eine Gleitkommazahl mit doppelter Genauigkeit.
ToInt16	Konvertiert einen angegebenen Wert in eine 16-Bit-Ganzzahl mit Vorzeichen.
ToInt32	Konvertiert einen angegebenen Wert in eine 32-Bit-Ganzzahl mit Vorzeichen.
ToInt64	Konvertiert einen angegebenen Wert in eine 64-Bit-Ganzzahl mit Vorzeichen.
ToSByte	Konvertiert einen angegebenen Wert in eine 8-Bit-Ganzzahl mit Vorzeichen.
ToSingle	Konvertiert einen angegebenen Wert in eine Gleitkommazahl mit einfacher Genauigkeit.
ToString	Konvertiert den angegebenen Wert in die entsprechende String-Darstellung.

*Tabelle 10.5: Einige öffentliche Methoden der Klasse **Convert***

Der Namensraum System

10.2

Beispielsweise können Sie einen **String**-Wert in einen **Boolean**-Wert umwandeln. Natürlich muss der Text einem gültigen **Boolean**-Wert entsprechen.

Beispiel: Der Code wandelt den Text **true** in einen Wahrheitswert um (→ Listing 10.18).

Listing 10.18: Ein Text wird in einen Wahrheitswert konvertiert

```
...
Dim Text As String = "true"
Dim Wahr As Boolean = Convert.ToBoolean(Text)
...
```

▶ ▶ **Aufgabe: Text in numerischen Typ umwandeln**

Die Verwendung der **Convert**-Klasse ist auch bei der Konvertierung eines **String**-Werts in einen numerischen Wert sinnvoll. Als Text sind natürlich nur Ziffernfolgen zugelassen.

Beispiel: Der folgende Code erzeugt aus einer Ziffernfolge einen **Integer**-Wert (→ Listing 10.19).

Listing 10.19: Ein Text wird in einen numerischen Typ konvertiert

```
...
Dim Text As String = "123456789"
Dim Zahl As Integer = Convert.ToInt32(Text)
...
```

10.2.5 Die Strukturen DateTime und TimeSpan

Über die beiden Strukturen **DateTime** und **TimeSpan** können Sie mit diversen Zeit- und Datumsangaben arbeiten. Die beiden Werttypen unterscheiden sich darin, dass **DateTime** einen Zeitpunkt und **TimeSpan** ein Zeitintervall darstellt. Dies bedeutet beispielsweise, dass eine **DateTime** von einer anderen subtrahiert und so das dazwischen liegende Zeitintervall abgerufen werden kann. Für die Berechnung eines Datums in der Zukunft kann auch eine positive **TimeSpan** zur aktuellen **DateTime** addiert werden.

Die Struktur *DateTime*

Ein *DateTime*-Wert stellt Angaben über Datum und Uhrzeit dar. Er bezieht sich immer auf den Kontext eines expliziten Kalenders oder eines Standardkalenders. Zeitwerte werden in Einheiten von 100 Nanosekunden gemessen, die als Ticks bezeichnet werden. Begonnen wird mit der Zählung am *1. Januar 0001, 00:00:00*, gezählt werden kann bis zum *31. Dezember 9999, 23:59:59*. Ein Tickwert von *31 241 376 000 000 000* stellt beispielsweise **Freitag**, den *1. Januar 0100, 00:00:00* dar.

Die Methoden und Eigenschaften dieses Werttyps berücksichtigen Einzelheiten wie Schaltjahre und die Anzahl der Tage eines Monats (→ Tabellen 10.6 und 10.7). Zeitwerte können zu Instanzen von *DateTime* addiert und von ihnen subtrahiert werden. Zeitwerte können negativ oder positiv sein und in Einheiten von Ticks oder Sekunden bzw. als Instanzen von *TimeSpan* ausgedrückt werden.

Berechnungen und Vergleiche von *DateTime*-Instanzen sind nur dann sinnvoll, wenn die Instanzen in derselben Zeitzone erstellt wurden. Aus diesem Grund wird davon ausgegangen, dass der Entwickler über einen externen Mechanismus verfügt, beispielsweise eine explizite Variable oder Richtlinie, aus der hervorgeht, in welcher Zeitzone eine *DateTime* erstellt wurde. Die Methoden und Eigenschaften dieser Klasse verwenden bei Berechnungen und Vergleichen immer die lokale Zeitzone.

Eigenschaft	Beschreibung
Date	Ruft die Datumskomponente dieser Instanz ab.
Day	Ruft den Tag des Monats ab, der durch diese Instanz dargestellt wird.
DayOfWeek	Ruft den Wochentag ab, der durch diese Instanz dargestellt wird.
DayOfYear	Ruft den Tag des Jahres ab, der durch diese Instanz dargestellt wird.
Hour	Ruft die Komponente für die Stunden des Datums ab, das durch diese Instanz dargestellt wird.
Millisecond	Ruft die Komponente für die Millisekunden des Datums ab, das durch diese Instanz dargestellt wird.

*Tabelle 10.6: Öffentliche Eigenschaften der Struktur **DateTime***

Eigenschaft	Beschreibung
Minute	Ruft die Komponente für die Minuten des Datums ab, das durch diese Instanz dargestellt wird.
Month	Ruft die Komponente für den Monat des Datums ab, das durch diese Instanz dargestellt wird.
Now	Ruft eine *DateTime* ab, das das aktuelle lokale Datum und die Uhrzeit auf diesem Computer darstellt.
Second	Ruft die Komponente für die Sekunden des Datums ab, das durch diese Instanz dargestellt wird.
Ticks	Ruft die Anzahl der Ticks ab, die Datum und Uhrzeit dieser Instanz darstellen.
TimeOfDay	Ruft die Uhrzeit für diese Instanz ab.
Today	Ruft das aktuelle Datum ab.
UtcNow	Ruft eine *DateTime* ab, die die aktuellen Werte für das lokale Datum und die Uhrzeit auf diesem Computer als UTC (Coordinated Universal Time) darstellt.
Year	Ruft die Komponente für das Jahr des Datums ab, das durch diese Instanz dargestellt wird.

Tabelle 10.6: Öffentliche Eigenschaften der Struktur **DateTime**

Bei einer Berechnung mit einer Instanz von **DateTime**, beispielsweise **Add** oder **Subtract**, wird der Wert der Instanz nicht geändert. Die Berechnung gibt hingegen eine neue Instanz von **DateTime** zurück, deren Wert das Ergebnis der Berechnung ist.

Methode	Beschreibung
Add	Addiert den Wert der angegebenen *TimeSpan* zum Wert dieser Instanz.
AddDays	Addiert die angegebene Anzahl von Tagen zum Wert dieser Instanz.
AddHours	Addiert die angegebene Anzahl von Stunden zum Wert dieser Instanz.
AddMilliseconds	Addiert die angegebene Anzahl von Millisekunden zum Wert dieser Instanz.
AddMinutes	Addiert die angegebene Anzahl von Minuten zum Wert dieser Instanz.

Tabelle 10.7: Einige öffentliche Methoden der Struktur **DateTime**

Methode	Beschreibung
AddMonths	Addiert die angegebene Anzahl von Monaten zum Wert dieser Instanz.
AddSeconds	Addiert die angegebene Anzahl von Sekunden zum Wert dieser Instanz.
AddTicks	Addiert die angegebene Anzahl von Ticks zum Wert dieser Instanz.
AddYears	Addiert die angegebene Anzahl von Jahren zum Wert dieser Instanz.
Compare	Vergleicht zwei Instanzen von *DateTime* und gibt eine Angabe über das Verhältnis der entsprechenden Werte zurück.
CompareTo	Vergleicht diese Instanz mit einem angegebenen Objekt und gibt eine Angabe über das Verhältnis der entsprechenden Werte zurück.
DaysInMonth	Gibt die Anzahl der Tage im angegebenen Monat des angegebenen Jahres zurück.
Equals	Gibt einen Wert zurück, der angibt, ob *DateTime* gleich einem angegebenen Objekt ist.
FromFileTime	Gibt eine *DateTime* zurück, die der angegebenen Zeit des Betriebssystems entspricht.
FromOADate	Gibt eine *DateTime* zurück, die dem angegebenen Datum für die OLE-Automatisierung entspricht.
GetDateTimeFormats	Konvertiert den Wert dieser Instanz in alle Zeichenfolgenentsprechungen, die von den Standard-*DateTime*-Formatbezeichnern unterstützt werden.
IsLeapYear	Gibt eine Angabe darüber zurück, ob das angegebene Jahr ein Schaltjahr ist.
Parse	Konvertiert die angegebene Zeichenfolgenentsprechung einer Datums- und Uhrzeitangabe in die entsprechende *DateTime*.
ParseExact	Konvertiert die angegebene Zeichenfolgenentsprechung einer Datums- und Uhrzeitangabe in die entsprechende *DateTime*. Das Format der Zeichenfolgenentsprechung muss einem angegebenen Format genau entsprechen.
Subtract	Subtrahiert die angegebene Zeit oder die angegebene Dauer von dieser Instanz.

Tabelle 10.7: Einige öffentliche Methoden der Struktur **DateTime**

Der Namensraum System

10.2

Methode	Beschreibung
ToFileTime	Konvertiert den Wert dieser Instanz in das Format der lokalen Systemdateizeit.
ToLocalTime	Konvertiert die aktuelle UTC-Zeit (Coordinated Universal Time) in die Ortszeit.
ToLongDateString	Konvertiert den Wert dieser Instanz in das entsprechende lange Datumsformat.
ToLongTimeString	Konvertiert den Wert dieser Instanz in das entsprechende lange Zeitformat.
ToShortDateString	Konvertiert den Wert dieser Instanz in das entsprechende kurze Datumsformat.
ToShortTimeString	Konvertiert den Wert dieser Instanz in das entsprechende kurze Zeitformat.
ToUniversalTime	Konvertiert die aktuelle Ortszeit in UTC-Zeit (Coordinated Universal Time).

*Tabelle 10.7: Einige öffentliche Methoden der Struktur **DateTime***

Auch mit öffentlichen Operatoren können Sie Berechnungen und Vergleiche durchführen: Beispielsweise addiert der Additionsoperator **+** ein angegebenes Zeitintervall zu einer Datums- und Uhrzeitangabe und gibt eine neue Datums- und Uhrzeitangabe zurück, der Operator ⋯⋗ bestimmt, ob eine angegebene **DateTime** größer als eine andere angegebene **DateTime** ist.

Die Struktur *TimeSpan*

Der Wert einer Instanz von **TimeSpan** stellt einen Zeitraum dar. Dieser Wert entspricht der in der Instanz enthaltenen Anzahl von Ticks. Die angegebene Anzahl von Ticks und damit der Wert von **TimeSpan** kann positiv oder negativ sein.

Die Felder der Struktur **TimeSpan** erlauben Änderungen in den Grundeinstellungen (→ Tabelle 10.8). Es handelt sich dabei entweder um konstante – manchmal auch schreibgeschützte – Daten.

Feld	Beschreibung
TicksPerDay	Stellt die Anzahl der Ticks pro Tag dar.
TicksPerHour	Stellt die Anzahl der Ticks pro Stunde dar.
TicksPerMillisecond	Stellt die Anzahl der Ticks pro Millisekunde dar.
TicksPerMinute	Stellt die Anzahl der Ticks pro Minute dar.
TicksPerSecond	Stellt die Anzahl der Ticks pro Sekunde dar.

*Tabelle 10.8: Einige öffentliche Felder der Struktur **TimeSpan***

Über die Eigenschaften der Struktur **TimeSpan** können Sie die Werte einer Instanz in unterschiedlicher Form abrufen (→ Tabelle 10.9). Wegen der unterschiedlichen Anzahl von Tagen pro Monat und pro Jahr ist der Tag die längste von **TimeSpan** verwendete Zeiteinheit.

Eigenschaft	Beschreibung
Days	Ruft die Anzahl der ganzen Tage ab, die durch diese Instanz dargestellt werden.
Hours	Ruft die Anzahl ganzer Stunden ab, die durch diese Instanz dargestellt werden.
Milliseconds	Ruft die Anzahl der ganzen Millisekunden ab, die durch diese Instanz dargestellt werden.
Minutes	Ruft die Anzahl der ganzen Minuten ab, die durch diese Instanz dargestellt werden.
Seconds	Ruft die Anzahl der ganzen Sekunden ab, die durch diese Instanz dargestellt werden.
Ticks	Ruft den Wert dieser Instanz in Ticks ab.
TotalDays	Ruft den Wert dieser Instanz in ganzen Tagen und Bruchteilen von Tagen ab.
TotalHours	Ruft den Wert dieser Instanz in ganzen Stunden und Bruchteilen von Stunden ab.
TotalMilliseconds	Ruft den Wert dieser Instanz in ganzen Millisekunden und Bruchteilen von Millisekunden ab.
TotalMinutes	Ruft den Wert dieser Instanz in ganzen Minuten und Bruchteilen von Minuten ab.
TotalSeconds	Ruft den Wert dieser Instanz in ganzen Sekunden und Bruchteilen von Sekunden ab.

*Tabelle 10.9: Öffentliche Eigenschaften der Struktur **TimeSpan***

Der Namensraum System

10.2

Die Methoden der Struktur erlauben ein Rechnen mit Zeitspannen (→ Tabelle 10.10). Mit der Methode **ToString** kann eine **TimeSpan** als Zeichenfolge im Format **t.hh:mm:ss.bb** dargestellt werden, wobei ein optionales Minuszeichen für negative Werte vorausgestellt werden kann. **t** steht für Tage, **hh** für Stunden, **mm** für Minuten, **ss** für Sekunden und **bb** für Bruchteile einer Sekunde.

Methode	Beschreibung
Add	Addiert die angegebene **TimeSpan** zu dieser Instanz.
Compare	Vergleicht zwei **TimeSpan**-Werte und gibt eine ganze Zahl zurück, die das Verhältnis zwischen ihnen angibt.
CompareTo	Vergleicht diese Instanz mit einem angegebenen Objekt und gibt eine Angabe über das Verhältnis der entsprechenden Werte zurück.
Duration	Gibt eine **TimeSpan** zurück, deren Wert der Absolutbetrag dieser Instanz ist.
Equals	Gibt einen Wert zurück, der angibt, ob zwei Instanzen von **TimeSpan** gleich sind.
FromDays	Gibt eine **TimeSpan** zurück, die eine angegebene Anzahl von Tagen darstellt. Die Angabe wird auf die nächste Millisekunde gerundet.
FromHours	Gibt eine **TimeSpan** zurück, die eine angegebene Anzahl von Stunden darstellt. Die Angabe wird auf die nächste Millisekunde gerundet.
FromMilliseconds	Gibt eine **TimeSpan** zurück, die eine angegebene Anzahl von Millisekunden darstellt.
FromMinutes	Gibt eine **TimeSpan** zurück, die eine angegebene Anzahl von Minuten darstellt. Die Angabe wird auf die nächste Millisekunde gerundet.
FromSeconds	Gibt eine **TimeSpan** zurück, die eine angegebene Anzahl von Sekunden darstellt. Die Angabe wird auf die nächste Millisekunde gerundet.
FromTicks	Gibt eine **TimeSpan** zurück, die einen angegebenen Zeitraum darstellt. Die Angabe erfolgt in der Einheit Ticks.
Negate	Gibt eine **TimeSpan** zurück, deren Wert der negierte Wert dieser Instanz ist.
Subtract	Subtrahiert die angegebene **TimeSpan** von dieser Instanz.

*Tabelle 10.10: Einige öffentliche Methoden der Struktur **TimeSpan***

Methode	Beschreibung
ToString	Gibt die Zeichenfolgenentsprechung des Werts dieser Instanz zurück

*Tabelle 10.10: Einige öffentliche Methoden der Struktur **TimeSpan***

Auch mit dieser Struktur können Sie die öffentlichen Operatoren verwenden, um Berechnungen und Vergleiche durchzuführen: Der Additionsoperator **+** addiert zwei angegebene **TimeSpan**-Instanzen, der Gleichheitsoperator **=** gibt an, ob zwei **TimeSpan**-Instanzen gleich sind.

10.2.6 Die Klasse ArrayList

Das **.NET Framework** umfasst eine Reihe von anderen Sammlungsklassen, die die Klasse **Array** um weitere Fähigkeiten erweitern. Diese Klassen erlauben es Ihnen, eine Liste von Informationen zu speichern, wie es die **Arrays** tun, und verfügen über zusätzliche Funktionen beispielsweise für das Sortieren von Listen und das vereinfachte Hinzufügen oder Abrufen von Listenelementen. Besonders interessant ist dabei **ArrayList**. Die Arbeit damit werden wir in diesem Abschnitt beschreiben. Die anderen verfügen teilweise über eine ähnliche Funktionalität, sind aber auf spezielle Zwecke ausgerichtet.

ArrayList ist die Sammlung, die dem **Array** am nächsten ist. Der Hauptunterschied liegt darin, dass die **ArrayList** ein einfaches Wachstum zulassen soll, wenn Sie mehr Elemente hinzufügen. Die **ArrayList** ist am besten als Ersatz für das Array geeignet, wenn Sie zwar wissen, dass sich die Größe verändern wird, aber nicht, wie sehr sie sich ändern wird. Im Gegensatz zu den anderen Klassen im Namensraum **System.Collections** kann **ArrayList** eine Sammlung von **Object**-Variablen speichern. Daher können Sie damit also jeden Datentyp speichern. **ArrayList** ist eine gute Wahl, wenn Sie eine sehr dynamische Sammlung haben, die im Verlauf der Zeit wachsen oder schrumpfen kann, und wenn Sie die Funktionen der anderen Sammlungen nicht benötigen.

Initialisieren

Sie können mit einem der verfügbaren Konstruktoren eine neue
Instanz von **ArrayList** erzeugen.

- Wenn Sie keine Größe explizit angeben, wird standardmäßig eine
  Anfangsgröße von **16** gewählt. Sie können diese anschließend
  aber explizit über das Schlüsselwort **Set** festsetzen.
- Sie können auch eine neue, leere Instanz der **ArrayList**-Klasse
  initialisieren, die über eine bestimmte angegebene Anfangskapa-
  zität verfügt. Sofern die Größe der Auflistung so geschätzt werden
  kann, entfallen durch die Angabe der anfänglichen Kapazität
  einige Operationen zum Ändern der Größe, die sonst beim Hinzufügen von Elementen zur **ArrayList** durchgeführt werden müssen.
- Außerdem können Sie eine neue Instanz der **ArrayList**-Klasse
  initialisieren, die die aus einer angegebenen Auflistung kopierten
  Elemente enthält und deren anfängliche Kapazität der Anzahl der
  kopierten Elemente entspricht. Die Elemente werden in derselben
  Reihenfolge nach **ArrayList** kopiert, in der sie vom **IEnumerator**
  aus **ICollection** gelesen werden.

Die anfänglich explizit oder implizit angegebene Kapazität ist die
Startkapazität für die neue **ArrayList**. Wenn die Anzahl der zur Liste
hinzugefügten Elemente die derzeitige Kapazität erreicht, wird diese
automatisch verdoppelt.

Eigenschaften und Methoden

Die anderen wichtigen Eigenschaften und Methoden von **ArrayList**
werden verwendet, um Elemente zur Sammlung hinzuzufügen, abzurufen oder zu löschen (→ Tabellen 10.11 und 10.12).

Eigenschaft	Beschreibung
Capacity	Ruft die Anzahl der Elemente ab, die die **ArrayList** enthalten kann, oder legt diese fest. Wird anfänglich gesetzt, wenn die **ArrayList** erzeugt wird (Standard ist 16), kann aber wachsen, wenn mehr Elemente hinzugefügt werden.

*Tabelle 10.11: Öffentliche Eigenschaften der Klasse **ArrayList***

10.2

Eigenschaft	Beschreibung
Count	Ruft die Anzahl der Elemente ab, die tatsächlich in der **ArrayList** enthalten sind.
IsFixedSize	Ruft einen Wert ab, der angibt, ob **ArrayList** eine feste Größe hat.
IsReadOnly	Ruft einen Wert ab, der angibt, ob **ArrayList** schreibgeschützt ist.
IsSynchronized	Ruft einen Wert ab, der angibt, ob der Zugriff auf **ArrayList** synchronisiert (threadsicher) ist.
Item	Ruft das Element am angegebenen Index ab oder legt dieses fest.
SyncRoot	Ruft ein Objekt ab, mit dem der Zugriff auf **ArrayList** synchronisiert werden kann.

*Tabelle 10.11: Öffentliche Eigenschaften der Klasse **ArrayList** (Forts.)*

Methode	Beschreibung
Add	Fügt an das Ende von **ArrayList** ein Objekt hinzu. Wenn dadurch **Count** über **Capacity** steigt, wird **Capacity** erhöht (um die Größe der anfänglichen **Capacity** – standardmäßig 16).
AddRange	Fügt die Elemente einer **ICollection** an das Ende der **ArrayList** hinzu.
BinarySearch	Verwendet einen binären Suchalgorithmus für die Suche nach einem bestimmten Element bzw. einem Teil dieses Elements in der sortierten **ArrayList**.
Clear	Entfernt alle Elemente aus der **ArrayList**. **Count** wird auf **0** gesetzt, aber **Capacity** verändert sich nicht.
Contains	Bestimmt, ob sich ein Element in **ArrayList** befindet.
CopyTo	Kopiert die **ArrayList** oder einen Teil davon in ein eindimensionales Array.
GetRange	Gibt eine **ArrayList** zurück, die eine Teilgruppe der Elemente aus der Quell-**ArrayList** darstellt.
IndexOf	Gibt den nullbasierten Index des ersten Vorkommens eines Werts in der **ArrayList** bzw. in einem Abschnitt davon zurück. Das ist nützlich, nachdem Sie einen **Sort** durchgeführt haben.
Insert	Fügt am angegebenen Index ein Element in die **ArrayList** ein.
InsertRange	Fügt die Elemente einer Auflistung am angegebenen Index in die **ArrayList** ein.
LastIndexOf	Gibt den nullbasierten Index des letzten Vorkommens eines Werts in der **ArrayList** bzw. in einem Abschnitt davon zurück.

*Tabelle 10.12: Einige Methoden der Klasse **ArrayList***

Methode	Beschreibung
Remove	Entfernt das erste Vorkommen eines bestimmten Objekts aus der **ArrayList**.
RemoveAt	Entfernt das Element am angegebenen Index aus der **ArrayList**.
RemoveRange	Entfernt einen Bereich von Elementen aus der **ArrayList**.
Repeat	Gibt eine **ArrayList** zurück, deren Elemente Kopien des angegebenen Werts sind.
Reverse	Kehrt die Reihenfolge der Elemente in der **ArrayList** bzw. in einem Teil davon um.
SetRange	Kopiert die Elemente einer Auflistung über einen Bereich von Elementen in der **ArrayList**.
Sort	Sortiert die Elemente in der **ArrayList** bzw. in einem Teil davon.
ToArray	Kopiert die Elemente der **ArrayList** in ein neues Array.
TrimToSize	Legt die Kapazität auf die Anzahl der tatsächlich in der **ArrayList** enthaltenen Elemente fest.

*Tabelle 10.12: Einige Methoden der Klasse **ArrayList** (Forts.)*

Kapazität

Bei der Kapazität von **ArrayList** handelt es sich um die Anzahl der Elemente, die die Liste enthalten kann. Beim Hinzufügen von Elementen zu **ArrayList** wird die Kapazität nach Bedarf automatisch durch Neureservierung erhöht. Die Kapazität kann über einen Aufruf von **Trim-ToSize** oder durch ein explizites Festlegen der **Capacity**-Eigenschaft verringert werden.

- Mit der Eigenschaft **Capacity** können Sie die Kapazität explizit festlegen – beispielsweise über **Liste1.Capacity = 23**.
- Über die Eigenschaft **Count** können Sie ermitteln, wie viele Elemente eine **ArrayList** enthält.
- Die Methode **TrimToSize** reduziert die Kapazität auf die Anzahl der tatsächlich in der **ArrayList** enthaltenen Elemente. Das entspricht einem gleichzeitigen Einsatz von **Capacity** und **Count** – beispielsweise mit **Liste1.Capacity = Liste1.Count**.

Mit der Methode Add fügen Sie ein Objekt an das Ende der Liste hinzu (‡ Listing 10.20). Wenn dadurch Count über Capacity steigt, wird Capacity um die Größe des anfänglichen Werts – standardmäßig 16 – erhöht.

*Listing 10.20: Mit **Add** fügen Sie Elemente an das Ende der Liste hinzu*

```
...
Dim Liste1 As New ArrayList()
Liste1.Add("Meier")
Liste1.Add("Müller")
Liste1.Add("Schmidt")
Liste1.Add("Maier")
...
```

Mit *Remove* entfernen Sie das erste Vorkommen eines bestimmten Objekts aus der *ArrayList* (→ Listing 10.21). Dazu wird *Object.Equals* für die Gleichheitsprüfung aufgerufen und eine lineare Suche ausgeführt. Die durchschnittliche Ausführungszeit ist somit proportional zu *Count*. In Auflistungen mit zusammenhängenden Elementen, beispielsweise Listen, wird die entstandene Lücke durch Verschieben aller nachfolgenden Elemente gefüllt. Wenn die Auflistung indiziert ist, werden auch die Indizes der verschobenen Elemente aktualisiert.

*Listing 10.21: Mit **Remove** entfernen Sie Elemente aus der Liste*

```
...
Liste1.Remove("Meier")
Liste1.Remove("Maier")
...
```

Mit *Insert* fügen Sie ein Element an einer bestimmten Stelle ein, mit *RemoveAt* entfernen Sie es. Außerdem können Sie über die Methoden *InsertRange* und *RemoveRange* mehrere Elemente an einer bestimmten Stelle in die Liste einfügen oder aus dieser entfernen.

Sortieren

Sort sortiert die Elemente in der **ArrayList** bzw. in einem Teil davon. Mehrere Überladungen stehen zur Verfügung (→ Listing 10.22):

- Ohne Parameter werden die Elemente in der gesamten **ArrayList** mit Hilfe der jeweiligen **IComparable**-Implementation der einzelnen Elemente sortiert.
- Sie können einen Comparer angeben, auf Basis dessen die Elemente in der gesamten **ArrayList** sortiert werden. Wenn Sie als Comparer das Schlüsselwort **Nothing** verwenden, wird wiederum die **IComparable**-Implementierung des jeweiligen Elements verwendet.
- Durch Angabe zweier **Integer**-Werte können Sie zusätzlich nur die Elemente mit Hilfe des angegebenen Comparers sortieren lassen, die sich in einem Abschnitt der **ArrayList** befinden.

*Listing 10.22: Mit **Sort** sortieren Sie Elemente in der Liste*

```
...
Liste1.Sort()
...
List1.Sort(1, 3, Nothing)
...
```

10.3 Der Namensraum Microsoft.VisualBasic

10.3

Der Namensraum **Microsoft.VisualBasic** beinhaltet die Laufzeitbibliothek von Visual Basic. Er enthält außerdem eine Klasse namens **VBCodeProvider**, die den Zugriff auf Instanzen des Visual Basic-Codegenerators und des Visual Basic-Codecompilers bereitstellt.

Da viele Elemente dieses Namensraums durch andere Bereiche des **.NET Frameworks** vervollständigt oder sogar ersetzt wurden, werden wir uns bei der Behandlung dieses Themas zum großen Teil mit tabellarischen Überblicken begnügen.

Für Berechnungen im Code können Sie – neben der Verwendung der in den vorherigen Kapiteln beschriebenen Methoden in den Klassen des Namensraums **System** – die in Visual Basic .NET eingebauten

Funktionen der Laufzeitbibliothek benutzen. Diese Funktionen bieten unterschiedliche Fähigkeiten an und sind in mehrere Gruppen eingeteilt: Arithmetik, Gruppenergebnisse, Finanzen, Zeichenfolgen, Datum/Zeit, Datumsbereiche, Arrays, Typenkonvertierung, Programmierhilfen, Auswertungszeitpunkte, Druckstatus, Dokumenteigenschaften und zusätzliche Funktionen. Es gibt auch einige Funktionen für konditionale Formatierungsformeln.

Wenn Sie in einer Formel eine Funktion verwenden, geben Sie den Namen der Funktion ein und übergeben die erforderlichen Argumente.

Beispiel: Die Funktion **Len** beispielsweise benötigt ein Zeichenfolgenargument und berechnet anschließend die Länge der übergebenen Zeichenfolge (→ Listing 10.23).

Listing 10.23: Die Mehrzahl der Visual Basic .NET-Funktionen benutzt Argumente

```
...
Dim Text As String
Dim Länge As Integer
Text = "Hallo"
Länge = Len (x)
...
```

Einige Funktionen können mehrere Argumente oder Argumente unterschiedlichen Typs akzeptieren. So akzeptiert beispielsweise die Funktion **CDate** zum Erstellen eines Datumswerts ein einzelnes Zeichenfolgenelement oder auch 3 Zahlenwerte mit der Jahres-, Monats- und Tagesangabe und kann diese Zahlenwerte in einen Datumswert umwandeln.

Viele dieser Funktionen können Sie ohne explizite Angabe dieses Namensraums benutzen. In einigen Fällen treten aber bei Verwendung dieser Funktionen Kollisionen mit gleichnamig benannten Methoden der Klassen des **.NET Frameworks** auf. Wenn Sie beispielsweise die **Day**-Funktion von Visual Basic verwenden, müssen Sie zusätzlich den Namensraum **Microsoft.VisualBasic** angeben, da der Namensraum **System** ebenfalls **Day** als Enumeration definiert.

10.3.1 Umwandlung

Mit den Funktionen im Bereich *Microsoft.VisualBasic.Conversion* können Sie Elemente umwandeln (→ Tabelle 10.13).

Eigenschaft/ Methode	Beschreibung
Fix	Gibt den ganzzahligen Anteil einer Zahl zurück.
Hex	Gibt eine Zeichenfolge zurück, die den Hexadezimalwert einer Zahl darstellt.
Int	Gibt den ganzzahligen Anteil einer Zahl zurück.
Oct	Gibt eine Zeichenfolge zurück, die den Oktalwert einer Zahl darstellt.
Str	Gibt eine *String*-Darstellung einer Zahl zurück.
Val	Gibt die in einer Zeichenfolge enthaltenen Zahlen als numerischen Wert eines geeigneten Typs zurück.

Tabelle 10.13: Eigenschaften und Methoden von Microsoft.VisualBasic.Conversion

10.3.2 Visual Basic .NET-Datumsfunktionen

Mit Hilfe der Member von *Microsoft.VisualBasic.DateAndTime* können Sie Berechnungen mit Datums- und Uhrzeitangaben vornehmen (→ Tabelle 10.14). Beispielsweise können zu einem Datumswert Werte addiert oder die Differenz zwischen zwei Datumswerten gebildet werden.

Eigenschaft/ Methode	Beschreibung
DateAdd	Die Funktion gibt einen *Date*-Wert zurück, der einen Datumswert und einen Zeitwert enthält, dem ein festgelegtes Zeitintervall hinzugefügt wird.
DateDiff	Gibt einen Wert vom Typ *Long* zurück, der die Anzahl der Zeitintervalle zwischen zwei *Date*-Werten angibt.
DatePart	Gibt einen Wert vom Typ *Integer* zurück, der eine bestimmte Komponente eines angegebenen *Date*-Werts enthält.

Tabelle 10.14: Eigenschaften und Methoden von VisualBasic.DateAndTime

Eigenschaft/ Methode	Beschreibung
DateSerial	Gibt einen *Date*-Wert zurück, der ein bestimmtes Jahr, einen bestimmten Monat und einen bestimmten Tag angibt und dessen Zeitangabe Mitternacht (**00:00:00**) lautet.
DateString	Gibt einen String-Wert zurück bzw. legt einen *String*-Wert fest, der das aktuelle Datum gemäß den Systemeinstellungen angibt.
DateValue	Gibt einen *Date*-Wert zurück, der die Datumsangabe als Zeichenfolge enthält und dessen Zeitangabe Mitternacht (**00:00:00**) lautet.
Day	Gibt einen *Integer*-Wert von *1* bis *31* für den Tag des Monats zurück.
Hour	Gibt einen *Integer*-Wert von *0* bis *23* für die Stunde des Tages zurück.
Minute	Gibt einen *Integer*-Wert von *0* bis *59* für die Minute in der Stunde zurück.
Month	Gibt einen *Integer*-Wert von *1* bis *12* für den Monat des Jahres zurück.
MonthName	Gibt einen *String*-Wert zurück, der den Namen des angegebenen Monats enthält. Welche Zeichenfolge von *MonthName* zurückgegeben wird, hängt nicht nur von den Eingabeargumenten ab, sondern auch von den Einstellungen, die in der Systemsteuerung von Windows im Dialogfeld *Ländereinstellungen* gewählt wurden.
Now	Gibt das aktuelle Datum und die Uhrzeit zurück.
Second	Gibt einen *Integer*-Wert von *0* bis *59* für die Sekunde in der Minute zurück.
TimeOfDay	Gibt einen *Date*-Wert zurück bzw. legt einen *Date*-Wert fest, der die aktuelle Uhrzeit gemäß der Systemeinstellung enthält. Der *Date*-Datentyp enthält Datumskomponenten. Diese werden bei der Rückgabe der Systemzeit von *TimeOfDay* alle auf *1* festgelegt, sodass der zurückgegebene Wert den ersten Tag des Jahres 1 darstellt. Beim Festlegen der Systemzeit ignoriert *TimeOfDay* die Datumskomponenten. Wenn Sie auf die aktuelle Systemzeit als String-Wert zugreifen möchten, verwenden Sie die *TimeString*-Eigenschaft. Um das aktuelle Systemdatum abzurufen oder einzustellen, verwenden Sie die *Today*-Eigenschaft.
Timer	Gibt einen Wert vom Typ *Double* zurück, der die Anzahl der seit Mitternacht vergangenen Sekunden angibt.

*Tabelle 10.14: Eigenschaften und Methoden von **VisualBasic.Date-AndTime** (Forts.)*

Eigenschaft/ Methode	Beschreibung
TimeSerial	Gibt einen *Date*-Wert zurück, der eine bestimmte Stunde, Minute und Sekunde angibt und dessen Datum der 1. Januar des Jahres 1 ist.
TimeString	Gibt einen *String*-Wert zurück bzw. legt einen *String*-Wert fest, der die aktuelle Uhrzeit gemäß der Systemeinstellung angibt.
TimeValue	Gibt einen *Date*-Wert zurück, der die Zeitangabe als Zeichenfolge enthält und dessen Datum der 1. Januar des Jahres 1 ist.
Today	Gibt das aktuelle Datum zurück, wobei die Zeit auf *0:00:00* (Mitternacht) gesetzt wird.
WeekDay	Gibt einen *Integer*-Wert mit einer Zahl zurück, die den Wochentag darstellt.
WeekDayName	Gibt einen *String*-Wert zurück, der den Namen des angegebenen Wochentages enthält. Welche Zeichenfolge von *WeekdayName* zurückgegeben wird, hängt nicht nur von den Eingabeargumenten ab, sondern auch von den Einstellungen, die in der Systemsteuerung von Windows im Dialogfeld *Ländereinstellungen* gewählt wurden.
Year	Gibt einen *Integer*-Wert von *1* bis *9999* für das Jahr zurück.

Tabelle 10.14: Eigenschaften und Methoden von **VisualBasic.Date-AndTime** *(Forts.)*

▶▶ **Aufgabe: Intervalle zu Datumsangaben hinzufügen**

Mit der Funktion **DateAdd»** können Sie Zeitintervalle zu einem Datum addieren. Die Syntax ist **DateAdd(«Intervall», Anzahl, Datum)**, wobei zu einem **Datum** eine bestimmte **Anzahl von Intervallen** – Jahren, Monaten, Tagen oder anderem – hinzugefügt wird (→ Tabelle 10.15). Ist die Anzahl negativ, so werden die Intervalle abgezogen. **Intervall** ist dabei ein Textausdruck, der in Anführungsstrichen gesetzt werden muss.

10.3

Intervall	bedeutet
»yyyy«	Jahr
»q«	Quartal
»m«	Monat
»y«	Tag im Jahr
»d«	Tag
»w«	Wochentag
»ww«	Woche
»h«	Stunde
»n«	Minute
»s«	Sekunde

Tabelle 10.15: Zur Angabe der Intervalle werden Codes verwendet

Beispiel: Beispielsweise können Sie auf diese Weise zu einer aus dem Betriebssystem übernommenen Zeitangabe verschiedene Intervalle hinzufügen oder davon abziehen. Der folgende Code sorgt dafür (→ Listing 10.24).

Listing 10.24: Werte können zu Datumsangaben addiert und davon subtrahiert werden

```
...
Heute = Today()
Gestern = DateAdd("d", -1, Heute)
Morgen = DateAdd("d", 1, Heute)
Übermorgen = DateAdd("d", 2, Heute)
NächsterMonat = DateAdd("m", 1, Heute)
...
```

▶▶ Aufgabe: Datumsdifferenzen bilden

Wenn Sie die Differenz zwischen zwei Datumsangaben berechnen wollen, benutzen Sie die Funktion *DateDiff*. Auch hier können Sie das Ergebnis als verschiedene Zeitintervalle ausgeben. Die Syntax lautet *DateDiff(»Intervall«, Datum1, Datum2)*. *Intervall* steht für den auch bei der Funktion *DateAdd* angewandten Code. *Datum2* wird damit von *Datum1* abgezogen (→ Listing 10.25).

*Listing 10.25: Mit **DateDiff** berechnen Sie die Differenz zwischen Datumswerten*

```
...
Dim Eingabe As String
Dim Geburtsdatum As Date
Dim Heute As Date = Today()
Dim Alter As Integer
Eingabe = ReadLine()
Geburtsdatum = CDate(¢)
Alter = DateDiff("D", Datum, Heute)
...
```

▶ ▶ **Aufgabe: Wochentage**

Der von der ***Weekday***-Funktion zurückgegebene Wert entspricht den Werten in der ***FirstDayOfWeek***-Enumeration. Das ***DayOfWeek***-Argument kann zwischen **0** und **7** eingestellt werden (→ Tabelle 10.16). Wenn ***DayOfWeek*** kleiner als **0** oder größer als **7** ist, tritt ein Fehler auf.

Enumerationswert	Wert	Beschreibung
FirstDayOfWeek.System	0	Erster Tag der Woche laut Systemeinstellungen
FirstDayOfWeek.Sunday	1	Sonntag (Standardwert)
FirstDayOfWeek.Monday	2	Montag (entspricht ISO-Norm 8601)
...	...	...
FirstDayOfWeek.Saturday	7	Samstag

Tabelle 10.16: Der Tag kann eingestellt werden

10.3

10.3.3 Funktionen der Finanzmathematik

Mit den in ***Microsoft.VisualBasic.Financial*** enthaltenen Funktionen können Sie finanzmathematische Berechnungen durchführen (→ Tabelle 10.17). Alle diese Funktionen benutzen unterschiedliche Argumente und geben einen Wert vom Typ ***Double*** zurück. Als Argumente werden Cashflows (regelmäßige Aus- und Einzahlungen) sowie andere Bestimmungswerte der Finanzmathematik – Zinssatz, Abschreibungswert und andere – verwendet.

Funktion	Beschreibung
DDB	Gibt die Abschreibung eines Vermögenswerts über einen bestimmten Zeitraum mit Hilfe der geometrisch-degressiven Abschreibungsmethode oder einer von Ihnen ausgewählten Methode an.
FV	Gibt den zukünftigen Wert einer Annuität bei regelmäßigen, konstanten Zahlungsausgängen und einem konstanten Zinssatz an.
IPmt	Gibt die Zinszahlung für einen bestimmten Zeitraum einer Annuität bei regelmäßigen, konstanten Zahlungen und einem konstanten Zinssatz an.
IRR	Gibt den internen Zinssatz für eine Folge regelmäßiger Cashflows an.
MIRR	Gibt den geänderten internen Ertragssatz für eine Folge regelmäßiger Cashflows an.
NPer	Gibt die Anzahl der Zeiträume für eine Annuität bei regelmäßigen, konstanten Zahlungen und einem konstanten Zinssatz an.
NPV	Gibt den Nettobarwert einer Investition bei regelmäßigen Cashflows und einem Diskontsatz an.
Pmt	Gibt die Auszahlung für eine Annuität bei regelmäßigen konstanten Zahlungsausgängen und konstantem Zinssatz an.
PPmt	Gibt die Tilgung für einen bestimmten Zeitraum einer Annuität bei regelmäßigen, konstanten Zahlungen und einem konstanten Zinssatz an.
PV	Gibt den Barwert einer Annuität bei zukünftig regelmäßig und konstant zu leistenden Zahlungsausgängen und einem konstanten Zinssatz an.
Rate	Gibt den Zinssatz einer Annuität pro Zeitraum an.
SLN	Gibt die arithmetische Abschreibung eines Vermögenswerts über einen bestimmten Zeitraum an.
SYD	Gibt die Jahresabschreibung eines Vermögenswerts über einen bestimmten Zeitraum an.

Tabelle 10.17: Eigenschaften und Methoden von
Microsoft.VisualBasic.Financial

Der Namensraum Microsoft.VisualBasic

10.3

10.3.4 Funktionen zur allgemeinen Information

Die Funktionen in der Gruppe *Microsoft.VisualBasic.Information* liefern eine Reihe von allgemeinen Informationen (→ Tabelle 10.18).

Eigenschaft/ Methode	Beschreibung
Err	Enthält Informationen über Laufzeitfehler. Tritt ein Laufzeitfehler auf, werden die Eigenschaften des *Err*-Objekts mit Informationen gefüllt, die den Fehler eindeutig identifizieren und zur Behandlung des Fehlers verwendet werden können. Mit der *Raise*-Methode können Sie einen eigenen Laufzeitfehler im Code auslösen.
IsArray	Gibt den Wert *True* zurück, wenn die Variable auf ein Array verweist, anderenfalls wird *False* zurückgegeben.
IsDate	Gibt einen *Boolean*-Wert zurück, der angibt, ob ein *Ausdruck* in ein Datum konvertiert werden kann.
IsError	Gibt einen *Boolean*-Wert zurück, der angibt, ob ein Ausdruck ein Ausnahmetyp ist.
IsNothing	Gibt einen *Boolean*-Wert zurück, der angibt, ob einem Ausdruck kein Objekt zugewiesen ist.
IsNumeric	Gibt *True* zurück, wenn der Datentyp *Short*, *Integer*, *Long*, *Decimal*, *Single* oder *Short* ist. Die Funktion gibt außerdem *True* zurück, wenn *Expression* ein *String*-Wert ist, der erfolgreich in einen *Double*-Wert konvertiert werden kann. Beim Datentyp *Date* wird *False* zurückgegeben.
IsReference	Gibt einen *Boolean*-Wert zurück, der angibt, ob ein Ausdruck einen Verweistyp ergibt.
LBound	Gibt den niedrigsten verfügbaren Feldindex für die angegebene Dimension eines Arrays zurück.
QBColor	Gibt eine ganze Zahl zurück, die den RGB-Farbcode darstellt, der der angegebenen Farbnummer entspricht (siehe unten).
RGB	Gibt eine ganze Zahl zurück, die einen RGB-Farbwert aus roten, grünen und blauen Farbanteilen darstellt (siehe unten).
SystemTypeName	Gibt einen *String*-Wert mit dem Systemnamen des *Datentyps* einer Variablen zurück.
TypeName	Gibt einen *String*-Wert mit Informationen zum Datentyp einer Variablen zurück.

*Tabelle 10.18: **Information** liefert allgemeine Informationen*

Eigenschaft/ Methode	Beschreibung
UBound	Gibt den höchsten verfügbaren Feldindex für die **angegebene** Dimension eines Arrays zurück.
VarType	Gibt einen **Integer**-Wert mit der Datentypklassifizierung einer Variablen zurück.

Tabelle 10.18: **Information** liefert allgemeine Informationen (Forts.)

10.3.5 Textfunktionen

Mit den Eigenschaften und Methoden von **Microsoft.Visual-Basic.Strings** können Sie Textwerte bearbeiten. Die meisten Visual Basic-Funktionen für Textverarbeitung wurden durch die eben beschriebene Funktionalität der Klasse **String** ersetzt. Sie werden aber möglicherweise einige Funktionen in älterem Code wiederfinden (→ Tabelle 10.19).

Eigenschaft/ Methode	Beschreibung
Asc	Gibt den ASCII- oder Unicode-Wert zurück.
AscW	Gibt einen **Integer**-Wert zurück, der den einem Zeichen entsprechenden Zeichencode darstellt.
Chr	Gibt das Zeichen basierend auf dem eingegebenen ASCII- oder Unicode-Wert zurück.
ChrW	Gibt das dem angegebenen Zeichencode zugeordnete Zeichen zurück.
Filter	Gibt ein **0**-basiertes Array zurück, das einen Teilbereich eines **String**-Arrays auf der Basis angegebener Filterkriterien enthält.
Format	Gibt eine Zeichenfolge zurück, die entsprechend den Anweisungen in einem **String**-Formatausdruck formatiert ist.
FormatCurrency	Gibt einen Ausdruck als Währungsbetrag zurück, der mit dem in der Systemsteuerung festgelegten Währungssymbol formatiert ist.
FormatDateTime	Gibt einen Ausdruck im Datums- oder Zeitformat zurück.
FormatNumber	Gibt einen als Zahl formatierten Ausdruck zurück.
FormatPercent	Gibt einen Ausdruck als Prozentangabe – also multipliziert mit 100 und einem abschließenden %-Zeichen – zurück.

Tabelle 10.19: Zeichenkettenfunktionen bearbeiten Textwerte

Eigenschaft/ Methode	Beschreibung
GetChar	Gibt einen **Char**-Wert zurück, der das Zeichen aus dem angegebenen Index in der vorliegenden Zeichenfolge darstellt.
InStr	Findet eine Zeichenkette in einer anderen. Das ist nützlich, wenn Sie in einer Datei nach einer Zeichenkette suchen. Die Syntax der Funktion ist **Wert = InStr(Start, Text, Suche, Vergleich)**. **Start** ist die Position innerhalb der Suchzeichenkette **Text**, an der das Programm mit der Suche anfängt (beginnend mit 1). **Text** ist die Zeichenkette, in der gesucht werden soll, und **Suche** ist die Zeichenkette, die gesucht wird. **Vergleich** bestimmt, ob die Suche auf Groß- und Kleinschreibung achtet. Wenn **Vergleich** auf 0 gesetzt ist, achtet die Suche auf Groß-/Kleinschreibung. Wenn es ignoriert oder auf 1 gesetzt wird, achtet die Suche nicht darauf.
InStrRev	Gibt die Position des ersten Vorkommens einer Zeichenfolge innerhalb einer anderen Zeichenfolge von rechts nach links gesehen zurück.
Join	Gibt eine Zeichenfolge zurück, die durch Verknüpfen mehrerer Teilzeichenfolgen aus einem Array erstellt wurde.
LCase	Wandelt eine Zeichenkette in Kleinbuchstaben um.
Left	Gibt Zeichen von einer Zeichenkette zurück, beginnend mit dem am weitesten links gelegenen Zeichen. Die Anzahl der zurückzugebenden Zeichen muss angegeben werden.
Len	Gibt die Länge einer Zeichenkette zurück.
LSet	Gibt eine links ausgerichtete Zeichenfolge zurück, die die angegebene Zeichenfolge in der vorgegebenen Länge enthält.
LTrim	Entfernt alle vorangestellten Leerstellen von einer Zeichenkette.
Mid	Gibt Zeichen zurück, die nicht an einem Ende der Zeichenkette stehen. Die Syntax ist **Mid(String, Start, Länge)**, wobei **Start** das Zeichen ist, von dem aus begonnen werden soll, und **Länge** die Anzahl der zurückzugebenden Zeichen (von **Start** an). Alle Zeichen ab **Start** werden zurückgegeben, wenn Sie **Length** auslassen.
Replace	Gibt eine Zeichenfolge zurück, in der eine bestimmte untergeordnete Zeichenfolge so oft wie angegeben durch eine andere Zeichenfolge ersetzt wurde.

Tabelle 10.19: Zeichenkettenfunktionen bearbeiten Textwerte

Eigenschaft/ Methode	Beschreibung
Right	Gibt Zeichen von einer Zeichenkette zurück, beginnend mit dem am weitesten rechts gelegenen Zeichen (das Gegenteil von *Left*). Die Anzahl der zurückzugebenden Zeichen muss angegeben werden.
RSet	Gibt eine rechts ausgerichtete Zeichenfolge zurück, die die angegebene Zeichenfolge in der vorgegebenen Länge enthält.
RTrim	Entfernt alle angehängten Leerstellen von einer Zeichenkette.
Space	Gibt eine Zeichenfolge mit der angegebenen Anzahl von Leerzeichen zurück.
Split	Gibt ein 0-basiertes, eindimensionales Array zurück, das eine angegebene Anzahl von Teilzeichenfolgen enthält.
StrComp	Gibt abhängig vom Ergebnis eines Zeichenfolgenvergleichs den Wert −1, 0 oder 1 zurück.
StrConv	Gibt eine wie angegeben konvertierte Zeichenfolge zurück.
StrDup	Gibt eine Zeichenfolge oder ein Objekt zurück, in der bzw. dem das angegebene Zeichen so häufig wie angegeben wiederholt wird.
StrReverse	Gibt eine Zeichenfolge zurück, in der die Reihenfolge der Zeichen in einer bestimmten Zeichenfolge umgekehrt wurde.
Trim	Entfernt alle vorangestellten und angehängten Leerstellen von einer Zeichenkette.
UCase	Wandelt eine Zeichenkette in Großbuchstaben um.

Tabelle 10.19: Zeichenkettenfunktionen bearbeiten Textwerte

▶▶ **Aufgabe: Eine Zeichenfolge aufteilen**

Die *Mid*-Funktion kann beispielsweise zur Generierung von untergeordneten Zeichenfolgen der Zeichenfolge verwendet werden. Die Funktion benötigt zwei Argumente: den Zeichenindex, an dem die untergeordnete Zeichenfolge beginnen soll, und die Länge der untergeordneten Zeichenfolge.

Beispiel: Der folgende Code teilt den in der Variablen *Liste* enthaltenen Text auf mehrere Variablen auf (→ Listing 10.26).

```
...
Dim Liste As String = "Teil1 Teil2 Teil3"
Dim Element1, Element2, Element3 As String
Element1 = Mid(Liste, 1, 5)
Element2 = Mid(Liste, 7, 11)
Element3 = Mid(Liste, 13)
...
```

10.3.6 Funktionen für Zufallszahlen

Über zwei Funktionen in der Gruppe *Microsoft.VisualBasic.VbMath* können Sie Zufallszahlen generieren (→ Tabelle 10.20).

Eigenschaft/ Methode	Beschreibung
Randomize	Initialisiert den Zufallszahlengenerator.
Rnd	Gibt eine Zufallszahl des Typs *Single* zurück. Zurückgegeben wird ein Wert, der kleiner als *1*, aber größer oder gleich *0* ist.

Tabelle 10.20: Einige Member von **Microsoft.VisualBasic.VbMath**

Randomize verwendet einen Parameter zum Initialisieren des Zufallszahlengenerators der *Rnd*-Funktion, indem er ihm einen neuen Startwert gibt. Dieser Parameter bestimmt, wie *Rnd* eine Zufallszahl generiert:

- Bevor Sie *Rnd* aufrufen, verwenden Sie die *Randomize*-Anweisung ohne Argument, um den Zufallszahlengenerator mit einem Startwert zu initialisieren, der auf dem Systemzeitgeber basiert. Wird *Randomize* nicht verwendet, verwendet die *Rnd*-Funktion, sofern keine Argumente angegeben sind, beim ersten Aufruf dieselbe Zahl als Startwert. Danach verwendet sie die zuletzt erzeugte Zahl als Startwert.
- Bei Verwendung von *Randomize* mit demselben Parameter wird die vorherige Sequenz aber nicht wiederholt. Wenn Sie Folgen von Zufallszahlen wiederholen möchten, rufen Sie, unmittelbar bevor Sie *Randomize* mit einem numerischen Argument verwenden, *Rnd* mit einem negativen Argument auf.

▶ ▶ Stichwortverzeichnis

.asmx, Dateierweiterung **561**
.msi, Dateierweiterung **278**
.NET-Framework **10**
<, Operator **133**
<=, Operator **134**
<>, Operator **134**
=, Operator **133**
>, Operator **133**
>=, Operator **134**

Abbrechen
  Schaltfläche **334**
Abfrage **140, 141**
Abhängigkeiten **264**
Abs, Methode **584**
Absolut positioniert **554**
Absolutwert **585**
AcceptButton, Eigenschaft **290**
Access-Datenbank **435**
AccessKey, Eigenschaft **548**
Acos, Methode **584**
Active, Eigenschaft **502**
ActiveForm, Eigenschaft **290**
ActiveLinkColor, Eigenschaft **365**
ActiveMdiChild, Eigenschaft **290**
Add, Methode **392, 592, 596, 599**
AddDays, Methode **592**
AddHandler, Anweisung **203**
AddHours, Methode **592**
AddMilliseconds, Methode **592**
AddMinutes, Methode **592**

AddMonths, Methode **593**
AddRange, Methode **599**
AddSeconds, Methode **593**
AddTicks, Methode **593**
AddYears, Methode **593**
AdRotator, Steuerelement für
  Web-Anwendung **545**
Aktuelle Instanz **180**
Alignment, Eigenschaft **393**
aLink, Eigenschaft eines
  HTML-Dokuments **527**
Alle Lesezeichen in allen Dateien löschen
  (Schaltfläche) **48**
Alle speichern, Befehl **22**
AllowDrop, Eigenschaft **312, 349**
AllowFullOpen, Eigenschaft **479**
AllowPrintToFile, Eigenschaft **485**
AllowScriptChange, Eigenschaft **477**
AllowSelection, Eigenschaft **485**
AllowSomePages, Eigenschaft **485**
AllowVectorFonts, Eigenschaft **477**
AllowVerticalFonts, Eigenschaft **477**
AlwaysUnderline, Eigenschaft **365**
Anchor, Eigenschaft **290, 312**
Andockbar, Fenster **28**
Andocken **28**
Annehmen-Schaltfläche **333**
Anweisung
  Bedingung **141, 142**
Anweisungen **98**
Anweisungsabschlussfunktion **49**
Anwendung
  Mergemodul **269**
  Modi **234**
  Unterbrechen-Modus **234**
AnyColor, Eigenschaft **479**
Appearance, Eigenschaft **367, 393**
AppendText, Methode **406, 413**
ArgumentException, Ausnahme **237**
ArgumentNullException, Ausnahme **237**

Stichwortverzeichnis

Index

ArgumentOutOfRangeException, Ausnahme **237**
Array **119**
  deklarieren **121**
  dynamische Größe **123**
  Werte zuweisen **122**
ArrayList, Klasse **597**
ArrayList, Sammlung **597**
As, Klausel **101**
Asin, Methode **584**
ASP.NET **561**
Atan, Methode **584**
Atan2, Methode **584**
Attributes, Eigenschaft **404, 412**
Aufgaben
  kommentarbasierende **247**
  Liste **247**
  Schlüsselwörter dafür **247**
  zusätzliche Typen **249**
Aufgabenliste **247**
Aufrufliste, Fenster **246**
Ausführen **234**
  starten **235**
Ausführen bis Rücksprung, Befehl **243**
Ausgabe **108, 109**
  Fenster **235**
Auskommentieren **54**
Ausnahme **236, 250**
  erstellen **254**
  Typen **237**
Ausnahmebehandlung **229, 250**
  Catch, Schlüsselwort **251**
  Try-Block **250**
Ausnahmetypen **236**
Ausschneiden (Schaltfläche) **47**
Auto, Fenster **244**
AutomaticDelay, Eigenschaft **502**
Automatisch im Hintergrund, Fenster **30**
AutoPopDelay, Eigenschaft **502**
AutoScale, Eigenschaft **290**
AutoScaleBaseSize, Eigenschaft **290**

B

BackColor, Eigenschaft **297, 312, 548**
background, Eigenschaft eines HTML-Dokuments **527**
BackgroundImage, Eigenschaft **290, 312, 317**
BaseStream, Eigenschaft **423**
Basisklasse **204**
Bedingung **140**
Beendigungsbedingung **149**
Befehlsfenster **44, 245**
BeginRead, Methode **422**
BeginWrite, Methode **422**
Benutzeroberfläche
  Element an Daten binden **399, 447**
Bereitstellung **230**
Bezeichnungsfelder
  variable **361**
bgcolor, Eigenschaft eines HTML-Dokuments **527**
Bildfeld, Steuerelement **351**
Bildlaufleiste **395**
  bei RichTextBox **347**
Bildschirmschoner **22**
BinaryReader, Klasse **399**
BinarySearch, Methode **599**
BinaryWriter, Klasse **399**
BindingSource **449, 453**
Block **99**
Boolean, Variablentyp **105**
BorderStyle, Eigenschaft **548**
Bottom, Eigenschaft **290, 312**
Bounds, Eigenschaft **290, 312**
BufferedStream, Klasse **399**
Build **229**
Button, Steuerelement **328, 329, 331**
Button, Steuerelement für Web-Anwendung **545**
Byte, Integer-Typ **103**

C

CAB-Projekt **269**
Calendar, Steuerelement für
  Web-Anwendung **545**
CalendarDimensions, Eigenschaft **386**
CancelButton, Eigenschaft **290**
CanFocus, Eigenschaft **312**
CanRead, Eigenschaft **421**
CanRedo, Methode **350**
CanSeek, Eigenschaft **421**
CanSelect, Eigenschaft **313**
CanWrite, Eigenschaft **421**
Capacity, Eigenschaft **598**
Catch, Schlüsselwort **251**
Catch-Abschnitt **252**
CausesValidation, Eigenschaft **548**
Ceiling, Methode **585**
Change, Ereignis **340**
Char, Zeichenkettenvariable **104**
Chars **576**
CheckBox, Steuerelement **329**
CheckBox, Steuerelement für
  Web-Anwendung **545**
CheckBoxList, Steuerelement für
  Web-Anwendung **545**
Checked (Eigenschaft) **366, 368**
CheckedChanged (Ereignis) **367, 369**
CheckedListBox **369**
  Elemente hinzufügen **370**
  Feststellen des Status **371**
CheckedListBox, Steuerelement **329**
CheckFileExists, Eigenschaft **468, 472**
CheckPathExists, Eigenschaft **468, 472**
Clear, Methode **599**
Click, Ereignis **324, 492, 500, 549, 559**
Client
  für Webdienst erstellen **567**
Clone, Methode **576**
Close, Methode **422, 424, 429**

Code
  Ansicht **285**
  Bereiche löschen **57**
  editieren **56**
  eingeben **46**
  ersetzen **62**
  hinzufügen **56**
  kopieren **57**
  markieren **56**
  navigieren darin **59**
  Schritt für Schritt prüfen **242**
  Step, Befehl **242**
  suchen **60**
  verschieben **57**
Codeansicht **285**
Color, Eigenschaft **477, 479**
Color, Struktur **298**
ColorDialog, Dialogsteuerelement **478**
ColorDialog, Steuerelement **459**
Columns, Eigenschaft **488**
ComboBox **456**
  Elemente einfügen **373**
ComboBox, Steuerelement **329, 372**
Command, Ereignis **549**
Compare, Methode **576, 593, 596**
CompareTo, Methode **577, 593, 596**
Concat, Methode **577**
Console, Klasse **108, 424, 428**
  Methoden **108**
Container **388**
Contains, Methode **599**
ContainsFocus, Eigenschaft **313**
ContextMenu, Eigenschaft **313, 496**
ContextMenu, Steuerelement **459, 495**
ControlBox, Eigenschaft **290**
Controls, Eigenschaft **290**
Convert, Klasse **588**
Copy, Methode **406, 577**
CopyTo, Methode **413, 577, 599**
Cos, Methode **585**
Cosh, Methode **585**
Count, Eigenschaft **599**
Create, Methode **405, 406, 413**
CreateDirectory, Methode **402**

Stichwortverzeichnis

Index

CreatePrompt, Eigenschaft 472
CreateSubdirectory, Methode 405
CreateText, Methode 406, 413
CreationTime, Eigenschaft 404, 412
CssClass, Eigenschaft 548
CType, Funktion 128
CurrentEncoding, Eigenschaft 423
Cursor, Eigenschaft 290, 299, 313, 318
Cursor, Form 299
CustomColors, Eigenschaft 479
CustomFormat, Eigenschaft 382

D

DataBinding, Ereignis 549
DataBindings, Eigenschaft 313
DataGrid, Steuerelement für
    Web-Anwendung 545
DataGridView 453, 455
DataList, Steuerelement für
    Web-Anwendung 545
DataSet 446, 448, 449, 450, 453
DataSource 453
Date, Eigenschaft 591
DateAdd XE 606
DateDiff, Funktion 607
Datei
    anlegen 408
    Existenz ermitteln 407, 412
    kopieren 410
    lesen 425
    lesen daraus 427
    löschen 411
    öffnen 26, 409
    Textdatei lesen 398, 419
    verlagern 410
    Zugriff darauf anpassen 414

Datenbank
    Access 432
    Ansicht 440
    auswählen 432
    Funktion 440
    gespeicherte Prozedur 440
    hinzufügen 441
    im Tabellenraster anzeigen 453
    in Textfeldern anzeigen 448
    Navigationsleiste 451
    ODBC 433
    SQL Server 433
    Tabelle 439
    Verbindung dazu herstellen 432
    Verbindung testen 434
Datenbankfelder
    neu erstellen 451
Datenbindung
    einfache 448
    komplexe 448
Datenlink, Dateityp im
    Server-Explorer 433
Datentypen 102
DateTime, Struktur 591
DateTimePicker,
    Steuerelement 329, 381, 384
Datumsfunktionen 604
Day, Eigenschaft 591
DayOfWeek, Eigenschaft 591
DayOfYear, Eigenschaft 591
Days, Eigenschaft 595
DaysInMonth, Methode 593
Debugging 229, 234
    Aufrufliste 246
    Befehlsfenster 245
    Lokal-Fenster 244
    Schnellüberwachung-Fenster 245
    Step, Befehl 242
    Variablen beobachten 243
Decimal, Dezimalvariablentyp 104
DefaultBackColor, Eigenschaft 313
DefaultExt, Eigenschaft 468, 472

DefaultFont, Eigenschaft 313
DefaultForeColor, Eigenschaft 313
DefaultPageSettings, Eigenschaft 483
Delete, Methode 402, 405, 406, 413
DereferenceLinks, Eigenschaft 469
DesktopLocation, Eigenschaft 290, 304
Dialogfeld 464
   Aussehen festlegen 465
   Drucken 483
   Ergebnisse auswerten 466
   Farbe 478
   Formular dafür 463
   Öffnen 467
   Ordner einstellen 473
   Schriftart 476
   Seite einrichten 485
   Seitenansicht 486
   Speichern unter 470
   Steuerelemente 466
Dialogfelder 458, 460
DialogResult, Eigenschaft 466
DialogResult, Wert 463
dir, Eigenschaft eines
   HTML-Dokuments 527
Directory, Eigenschaft 412
Directory, Klasse 399
   Methoden 402
DirectoryInfo, Klasse 399
DirectoryName, Eigenschaft 412
DirectoryNotFoundException, Klasse 399
Disposed, Ereignis 549
DivideByZeroException, Ausnahme 237
Dock, Eigenschaft 313
Document, Eigenschaft 485
DocumentName, Eigenschaft 483
Do-Schleife 149
Double, Dezimalvariablentyp 104
DoubleClick, Ereignis 324
Drag&Drop 349
DrawGrid, Eigenschaft 309
DropDownList, Steuerelement für
   Web-Anwendung 546
Duration, Methode 596

E

E, Methode 584
Editieren 56
Eigenschaft 41, 162, 576
   ändern 41, 294
   darauf zugreifen 192
   Daten validieren 195
   Definition 190
   deklarieren 190
   Lese-/Schreibzugriff 194
   Nur-Lesezugriff 194
   Nur-Schreibzugriff 194
   Steuerelemente 312
   Vergleich mit Methode 196
Eigenschaften, Fenster 27, 292
Einfügemarke zum nächsten Lesezeichen
   verschieben (Schaltfläche) 48
Einfügemarke zum vorherigen
   Lesezeichen verschieben
   (Schaltfläche) 48
Einfügen (Schaltfläche) 47
Eingabe 108, 109
   validieren 549
Eingrenzungskonvertierungen 126
Einrückung des Programmcodes 72
Einstellungen 64
   allgemeine Optionen 65
   IDE 64
   Weboptionen 79
   zur Hilfe 87
Einzelschritt, Befehl 243
Einzug 48
Else, Schlüsselwort 142
Empty, Feld 576
Enabled, Eigenschaft 313, 548
End Function, Schlüsselwort 159
End If, Schlüsselwort 142
End Sub, Schlüsselwort 154
End-Konstruktionen 72
EndOfStreamException, Klasse 399
EndRead, Methode 422

EndsWith, Methode **577**
EndWrite, Methode **423**
Enter, Ereignis **324**
Entwurfsansicht **284**
Equals, Methode **577**, **593**, **596**
Ereignisbehandler **319**, **332**
Ereignisse **200**
  Behandler **319**
  bei Änderungen **325**
  Formular **319**
  für die Maus **323**
  für die Tastatur **325**
  für Steuerelemente **322**
  Klick auf eine Schaltfläche **322**
ErrorEventArgs, Klasse **400**
ErrorProvider, Steuerelement **459**
Ersetzen
  Code **62**
Ersetzen, Befehl **62**
Erstellen **229**, **256**, **265**
Erstellung **230**
Erweiterungskonvertierung **125**
Event (Anweisung) **201**
Exists, Eigenschaft **404**
Exists, Methode **402**, **406**
Exit, Anweisung **151**
Exp, Methode **585**
Explorer-Oberfläche **505**
Exponentialfunktion **587**
Extension, Eigenschaft **404**, **412**

F

False, Wert **105**
Farbe **66**, **297**
Fehler
  beim Ausführen **229**
Fehleranzeige **51**
Fehlerbehandlung **229**
Feld **188**
  darauf zugreifen **189**
  deklarieren **188**

Fenster **26**
  an- und abdocken **28**
  Aufrufliste **246**
  Ausgabe **235**
  Auto **244**
  Dialogfeld **464**
  Eigenschaften **41**
  Hauptfenster **34**
  Lokal **244**
  modal/nichtmodal **464**
  Projektmappen-Explorer **31**
  Registerkarten **30**
  schließen und öffnen **28**
  Schnellüberwachung **245**
  skalieren **30**
  Toolbox **37**, **305**
  überwachen **244**
  verschieben **30**
  weitere **43**
Fensterlayout **65**
Fenstertechniken **28**
File, Klasse **400**, **406**
FileInfo, Klasse **400**
FileLoadException, Klasse **400**
FileName, Eigenschaft **469**, **472**
FileNames, Eigenschaft **469**, **472**
FileNotFoundException, Ausnahme **237**
FileNotFoundException, Klasse **400**
FileStream, Klasse **400**, **420**
FileSystemEventArgs, Klasse **400**
FileSystemInfo, Klasse **400**
FileSystemWatcher, Klasse **400**
Filmesammlung **22**
Filter, Eigenschaft **469**, **472**
FilterIndex, Eigenschaft **469**, **472**
Finally, Schlüsselwort **254**
Finally-Abschnitt **254**
FirstDayOfWeek, Eigenschaft **386**
FixedPitchOnly, Eigenschaft **477**
Floor, Methode **585**
Focused, Eigenschaft **313**
Fokus **319**
Font, Eigenschaft **291**, **296**, **313**, **332**,
  477, **548**
FontChanged, Ereignis **325**

FontDialog, Steuerelement **459**, **476**
FontMustExist, Eigenschaft **477**
For ... Next-Schleife **146**
For Each ... Next-Schleife **150**
ForeColor, Eigenschaft **291**, **313**, **548**
Form1 **284**
   Namen ändern **296**
Format
   einstellen **55**
Format, Methode **577**
FormBorderStyle,
   Eigenschaft **291**, **300**, **465**
Formular **282**, **283**
   Anzeigen in der Taskleiste **302**
   arbeiten mit mehreren **287**
   Eigenschaften **289**
   Ereignisse **319**
   Ereignisse beim Öffnen **320**
   erstellen **283**
   Farbe **297**
   Größe **303**
   Hintergrundbild **299**
   maximieren **301**
   minimieren **301**
   Namen festlegen **296**
   neues hinzufügen **287**
   Optionen für die Titelleiste **301**
   Position auf dem Bildschirm **303**
   Rahmen **300**
   Schriftformat **296**
   Transparenz **299**
   unsichtbar machen **302**
   vorhandenes hinzufügen **287**
   weitere Formularereignisse **321**
FromARGB, Methode **298**
FromDays, Methode **596**
FromFileTime, Methode **593**
FromHours, Methode **596**
FromMilliseconds, Methode **596**
FromMinutes, Methode **596**
FromOADate, Methode **593**
FromSeconds, Methode **596**
FromTicks, Methode **596**
FullName, Eigenschaft **404**, **412**
FullOpen, Eigenschaft **480**

Function **159**
Function, Schlüsselwort **159**
Funktionen
   für Datumsangaben **604**
   mathematische **584**
   trigonometrische **586**
   zur Umwandlung **127**

G

Ganzzahlen-Variablen **102**
GetAttributes, Methode **406**
GetCreationTime, Methode **402**, **406**
GetCurrentDirectory, Methode **402**
GetDateTimeFormats, Methode **593**
GetDirectories, Methode **402**, **405**
GetDirectoryRoot, Methode **402**
GetEnumerator, Methode **577**
GetFiles, Methode **402**, **405**
GetFileSystemEntries, Methode **402**
GetItemChecked, Methode **371**
GetLastAccessTime, Methode **402**, **407**
GetLastWriteTime, Methode **402**, **407**
GetLifetimeService, Methode **405**, **413**
GetLogicalDrives, Methode **402**
GetParent, Methode **402**
GetRange, Methode **599**
Gewusst wie (Hilfe) **82**
GiveFeedback, Ereignis **324**
Gleitkommazahlen-Variablen **103**
Gliedern **63**
Grafische Benutzeroberfläche
   Verhalten der IDE-Optionen **39**
GridSize, Eigenschaft **309**
Groß- und Kleinschreibung steuern **580**
Größe
   Formular **303**
GroupBox, Steuerelement **389**
Grundrechenarten **131**
Gültigkeitsbereich
   Ebenen **111**

Stichwortverzeichnis

Index

Friend **167**
Private **114, 153, 167**
Public **153, 164, 167**
von Klassen **167**

H

Haltepunkt
  erstellen **238**
  Fenster **240**
Handle, Eigenschaft **421**
Handles, Klausel **202**
Handles, Schlüsselwort **320, 322**
Hauptfenster **34**
  Ansichten **35**
Hebt die Auskommentierung der ausge-
  wählten Textzeilen auf (Schaltfläche)
  47
Height, Eigenschaft **291, 303, 313**
HelpButton, Eigenschaft **291**
HelpKeyword, Eigenschaft **501**
HelpNamespace, Eigenschaft **501**
HelpProvider, Steuerelement **459, 501**
Hilfe **81**
  dynamische **86**
  Einstellungen **86, 87**
  Gewusst wie **82**
  Inhalt **85**
  Quellen **81**
  Suchen **83**
Hintergrundbild **299**
Hour, Eigenschaft **591**
Hours, Eigenschaft **595**
HoverUnderline, Eigenschaft **365**
HscrollBar, Steuerelement **395**
Hyperlink **362, 535**
HyperLink, Steuerelement für Web-An-
  wendung **546**

I

Icon, Eigenschaft **291**
ID, Eigenschaft **548**
IDE **15**
  Aufgabenliste **247**
  Benutzeraufgabe **249**
  Code editieren **56**
  Code eingeben **46**
  Dateisymbol **259**
  Eigenschaften **41, 292**
  Eigenschaftenfenster **27**
  Einstellungen **64**
  Einzug **48**
  erstellen **256**
  Fehleranzeige **51**
  Fenster als Registerkarten **30**
  Fensterfunktionen **26**
  gliedern **63**
  Hauptfenster **34**
  Komponentenfach **306**
  Objektbrowser **44, 573**
  Programmhilfen **81**
  Projektmappen-Explorer **27, 31**
  Server-Explorer **44, 430**
  Steuerelemente verwenden **305**
  Tastaturbelegung **77**
  Toolbox **27, 37**
  und grafische Benutzeroberfläche **39**
  Werkzeuge verwenden **38**
  Werkzeugsammlung **37**
  Zeilennummern **52**
  Zeilenumbruch **53**
If-Anweisung
  einfache **141**
  eingebettete **143**
  erweiterte **142**
Image **546**
Image, Eigenschaft **332, 351, 367**
ImageButton, Steuerelement für
  Web-Anwendung **545**

ImageList, Steuerelement 459
ImeMode, Eigenschaft 291
Imports 96, 171
Index (Hilfe) 84
IndexOf, Methode 577, 599
IndexOfAny, Methode 577
IndexOutOfRangeException,
   Ausnahme 237
Info in der Taskleiste 345
Inhaltsverzeichnis (Hilfe) 85
Init, Ereignis 549
InitialDelay, Eigenschaft 502
InitialDirectory, Eigenschaft 469, 472
Initialisierung
   automatische 107
   bei der Deklaration 107
   explizite 106
InitializeLifetimeService, Methode 413
Insert, Methode 577, 599
InsertRange, Methode 599
Installieren 278
Integer, Integer-Typ 103
Integrated Development
   Ernvironment 15
IntelliSense-Funktionen 49
IOException, Klasse 400
IsFixedSize, Eigenschaft 599
IsLeapYear, Methode 593
IsMdiChild, Eigenschaft 291
IsMdiContainer, Eigenschaft 291
IsReadOnly, Eigenschaft 599
IsSynchronized, Eigenschaft 599
Item, Eigenschaft 599
Items, Eigenschaft 355, 370, 373

J

Join, Methode 577

K

KeyDown, Ereignis 325
KeyPress, Ereignis 325
KeyUp, Ereignis 325
Klasse 96, 97, 163
   abstrakte 207
   Basis- 205
   deklarieren 166
   erstellen 164
   erweitern 208
   Friend 167
   geschachtelt 167
   Gültigkeitsbereich 167
   im .NET Framework 170
   Methode 196
   Private 167
   Public 164, 167
   Sammlungsklasse 597
   Vererbung 205
   versiegelte 207
Klassenansicht 44, 175
Kommentar 54
Kommentiert die ausgewählten
   Textzeilen aus (Schaltfläche) 47
Komponentenfach 306
Konfigurations-Manager 277
Konsolenanwendung 20
Konstante 92, 100, 110
Konstruktor 183
   Definition 183
Kontextmenü 488, 495
   für Textfeld 335
Kontrollkästchen 328
Konvertierung 124
Kopieren
   Code 57
Kopieren (Schaltfläche) 47

Stichwortverzeichnis

Index

Stichwortverzeichnis

Index

L

Label
  Größe bestimmen 361
  Zugriffstasten 362
Label, Steuerelement 329
Label, Steuerelement für
  Web-Anwendung 546
LargeChange, Eigenschaft 396
LastAccessTime, Eigenschaft 404, 412
LastIndexOf, Methode 577, 599
LastIndexOfAny, Methode 577
LastWriteTime, Eigenschaft 404, 412
Laufzeitfehler 236
Lebensdauer
  Variable 115
Left, Eigenschaft 291, 304, 313
Length, Eigenschaft 412, 421, 576
Lesezeichen für die aktuelle Zeile
  umschalten (Schaltfläche) 48
Like 136
Like, Operator 136
link, Eigenschaft eines
  HTML-Dokuments 527
LinkArea, Eigenschaft 364
LinkBehavior, Eigenschaft 365
LinkClicked, Ereignis 363
LinkColor, Eigenschaft 365
LinkLabel, Steuerelement 329, 362
ListBox, Steuerelement 329, 355
  Elemente auswählen 358
  Elemente entfernen 357
  Elemente festlegen 355
ListBox, Steuerelement für
  Web-Anwendung 546
ListView, Steuerelement 329, 378
  Items, Sammlung 380
  ListViewItem 380
  ListViewItemCollection 380

Literal, Steuerelement für
  Web-Anwendung 546
Load, Ereignis 549
LoadFile, Methode 349
Location, Eigenschaft 291, 303, 313
Lock, Methode 423
Locked, Eigenschaft 309
Log, Methode 585
Log10, Methode 585
Logarithmus 587
Lokal, Fenster 244
Long, Integer-Typ 103

M

Main (Prozedur) 93
MainMenu, Steuerelement 459, 488
Markieren
  Code 56
MaskedTextBox, Steuerelement 330
Math, Klasse 584
Max, Methode 585
MaxDate, Eigenschaft 383
Maximieren 301
MaximizeBox, Eigenschaft 291, 301, 465
MaximumSize, Eigenschaft 291, 303
MaxSelectionCount, Eigenschaft 386
MaxSize, Eigenschaft 477
MDI 505, 513
MDI-Anwendung
  Elternformular 513
  MdiClient, Steuerelement 513
  MDI-Container 513
  Menü einfügen 517
MdiChildren, Eigenschaft 291
MdiParent, Eigenschaft 291
Me
  Schlüsselwort 181

Memberliste für Objekt anzeigen
  (Schaltfläche) 48, 50
MemoryStream, Klasse 400
Menü 488
  editieren 493
  Fenster 517
  Fensterliste 517
  in MDI-Anwendung 517
  MainMenu, Steuerelement 488
  Standardelemente 491
  Tastenkombination 491
  Zugriffstasten 490
Menüelemente 489
Mergemodul 269
Mergemodulprojekt 268
MessageBox, Klasse 461
  Parameter 462
  Parameter von Show 462
  Show, Methode 461
Methode 162, 589
  darauf zugreifen 197
  Definition 196
  deklarieren 196
  erstellen 196
  Shared 198
  überladen 185, 200
  überschreiben 209
  Vergleich mit Eigenschaft 196
Microsoft, Namensraum 572
Microsoft.VisualBasic, Namensraum 602
Millisecond, Eigenschaft 591
Milliseconds, Eigenschaft 595
Min, Methode 585
MinDate, Eigenschaft 383
Minimieren 301
MinimizeBox, Eigenschaft 291, 301, 465
MinimumSize, Eigenschaft 291, 303
MinSize, Eigenschaft 477
Minute, Eigenschaft 592
Minutes, Eigenschaft 595
Modal, Eigenschaft 291
ModifierKeys, Eigenschaft 313
Modul 96, 97, 222
Modulo 132
Modulvariablen 112

Modus 234
Month, Eigenschaft 592
MonthCalendar, Steuerelement 330, 384
MouseButtons, Eigenschaft 313
MouseDown, Ereignis 324
MouseEnter, Ereignis 324
MouseHover, Ereignis 324
MouseLeave, Ereignis 324
MouseMove, Ereignis 324
MousePosition, Eigenschaft 313
MouseUp, Ereignis 324
MouseWheel, Ereignis 324
Move, Methode 402, 407
MoveTo, Methode 405, 413
MultiColumn, Eigenschaft 360
Multiline, Eigenschaft 393
Multiple-Document Interface 505
Multiselect, Eigenschaft 469
MustInherit, Schlüsselwort 207
MustOverride, Schlüsselwort 211
My Projekt 32
MyBase, Schlüsselwort 212
MyClass, Schlüsselwort 214

N

Name, Eigenschaft 291, 313, 315,
  405, 412, 421
Namensraum 97, 168, 572
Navigationsleiste 451
Navigieren
  im Code 59
Negate, Methode 596
NeverUnderline, Eigenschaft 365
New, Schlüsselwort 180, 183
Next, Anweisung 147
NotifyIcon, Steuerelement 330, 345
NotInheritable, Schlüsselwort 207
NotOverridable, Schlüsselwort 210
Now, Eigenschaft 592
NumericUpDown, Steuerelement 330

O

o, Eigenschaft **469**
Oberflächenstil **504**
Objekt **171**
  Eigenschaft **190**
  Informationen darüber **181**
Objektbrowser **44**
Objektorientierten Programmierung **162**
Objektvariable
  deklarieren **178**
  ein Objekt zuweisen **179**
On Error, Anweisung **255**
Onlinehilfe **88**
Opacity, Eigenschaft **291, 299**
Open, Methode **407, 413**
OpenFileDialog, Steuerelement **459, 467**
OpenRead, Methode **407, 413**
OpenText, Methode **407**
OpenWrite, Methode **407, 414**
Operator **92, 130**
  arithmetisch **130**
  für Zuweisung **131**
  Kombination davon **139**
  logischer **138**
  zum Vergleich **141**
Option Explicit **102, 232**
Option Strict **129, 233**
Option-Anweisung **95, 232**
Optionen
  für Windows Forms **326**
  Text-Editor **71**
Optionsfelder
  in Formular einfügen **365**
Optionsschalter **328**
OutOfMemoryException, Ausnahme **237**
OverflowException, Ausnahme **237**
Overridable, Schlüsselwort **209**
Overrides, Schlüsselwort **209**
OverwritePrompt, Eigenschaft **472**
owner, Argument **465**

P

PadLeft, Methode **577**
PadRight, Methode **577**
Page, Eigenschaft **548**
PageSetupDialog, Steuerelement **459, 485**
Panel, Steuerelement **388**
Panel, Steuerelement für Web-Anwendung **546**
ParamArray, Schlüsselwort **158**
Parameterarray **158**
Parameterinfo anzeigen (Schaltfläche) **48, 50**
Parameterinformationen **76**
Parent, Eigenschaft **291, 405, 548**
Parse, Methode **593**
ParseExact, Methode **593**
Path, Klasse **400**
PathTooLongException, Klasse **400**
Peek, Methode **424**
PI, Methode **584**
PictureBox
  Bild anzeigen **351**
  Bild entfernen **353**
  Form der Anzeige regeln **354**
PictureBox, Steuerelement **330, 351**
PlaceHolder, Steuerelement für Web-Anwendung **546**
Position, Eigenschaft **421**
Pow, Methode **585**
PreRender, Ereignis **549**
PrintController, Eigenschaft **483**
PrintDialog, Steuerelement **459, 483**
PrintDocument, Steuerelement **459, 480**
PrinterSettings, Eigenschaft **483, 485**
PrintPreviewControl, Steuerelement **459**
PrintPreviewDialog, Steuerelement **460, 486**
Programmhilfen **81**
Programmoberflächen **458**

Programmstruktur 92
ProgressBar, Steuerelement 330, 343, 460
Projekt
    Bereitstellungsprojekt 270
    Definition 18
    erstellen 18
    Konfiguration 258
    öffnen 24
    speichern 22
    Speicherordner dafür 24
    Speicherort 23
    Starter Kits 21
    Typen 19
    Vorlagen 19
    Windows-Anwendung 283
Projektdatenquellen 448
Projektkonfiguration 258
Projektmappe 18
    Buildkonfigurationen 262
    Konfigurations-Manager 277
Projektmappen-Explorer 27, 31, 32
Projektmappenname 24
Projektmappenverzeichnis erstellen 24
Proxy 567
Prozedur
    Gültigkeitsbereich 153
Prozedurschritt, Befehl 243

Q

Quadratwurzel 586
QuickInfo anzeigen (Schaltfläche) 48
QuickInfo, Werkzeug 243

R

RadioButton, Steuerelement 330, 365
RadioButton, Steuerelement für
    Web-Anwendung 547
RadioButtonList, Steuerelement für
    Web-Anwendung 547
RaiseEvent, Anweisung 202
Random, Klasse 588
Randomize, Funktion 614
Raster 309
    Standardeinstellungen 309
Read, Methode 108, 109, 423, 424
ReadBlock, Methode 424
ReadByte, Methode 423
ReadLine, Methode 108, 109, 424
ReadOnlyChecked, Eigenschaft 469
ReadToEnd, Methode 424
ReDim, Schlüsselwort 123
Redo, Methode 350
Refresh, Methode 405
Registerkarten 390
Relativ positioniert 554
Remove, Methode 392, 578, 600
RemoveAt, Methode 600
RemoveRange, Methode 600
RenamedEventArgs, Klasse 400
Repeat, Methode 600
Repeater, Steuerelement für Web-An-
    wendung 547
Replace, Methode 578
ReshowDelay, Eigenschaft 502
RestoreDirectory, Eigenschaft 469, 472
Return, Schlüsselwort 160
Reverse, Methode 600

Stichwortverzeichnis

Index

RichTextBox
    Drag&Drop 349
    öffnen und speichern 349
    Text anzeigen 347
RichTextBox, Steuerelement 330, 346
Right, Eigenschaft 292, 314
RightToLeft, Eigenschaft 292, 314
Rnd, Funktion 614
Root, Eigenschaft 405
Round, Methode 585
Routine 93, 152
Rows, Eigenschaft 488
Rückgängig (Schaltfläche) 47
Rückgängig machen 350
Rückgängig-Liste 46
Runden 587

S

Sammlungsklassen 597
SaveFile, Methode 349
SaveFileDialog, Steuerelement 460, 470
Schaltfläche 328, 331
Schleife 140, 146
    Bedingungsanweisung 150
    Beendigungsbedingung 149
    Do-Schleife 149
    Exit, Anweisung 151
    For ... Next 146
    For Each ... Next-Schleife 150
    Until, Klausel 150
    While ... End While 148
    While-Schleife 148
    Zählervariable 146
Schlüsselwörter für Aufgaben 247
Schnellüberwachung, Fenster 245
Schnittstelle 222
Schreibmarke
    bewegen 46
Schriftart 66
ScrollAlwaysVisible, Eigenschaft 360
ScrollBar, Steuerelemente 395

ScrollBars, Eigenschaft 347
SDI 504, 506
Second, Eigenschaft 592
Seconds, Eigenschaft 595
Seek, Methode 423
Select Case, Anweisung 143
SelectedIndex, Eigenschaft 358, 373
SelectedIndexChanged, Ereignis 359,
    371, 373
SelectedIndices, Eigenschaft 372
SelectedItem, Eigenschaft 358
SelectedItems, Eigenschaft 372
SelectionMode, Eigenschaft 360
SelectionRange, Eigenschaft 385
Server-Explorer 44, 430
    Datenbanken verwalten 399
    Datenverbindungen 399
SetAttributes, Methode 407
SetCreationTime, Methode 402, 407
SetCurrentDirectory, Methode 402
SetError, Methode 108
SetIn, Methode 108
SetLastAccessTime, Methode 403, 407
SetLastWriteTime, Methode 403, 407
SetLength, Methode 423
SetOut, Methode 108
SetRange, Methode 600
Setup
    erstellen 270
    installieren 278
    mehrere Projekte 279
    Web-Anwendungen 280
Setup-Programm
    Abhängigkeiten 272
    Projekt kompilieren 278
    Setup-Assistent 270
    Windows-Anwendungen 269
Setup-Projekt 230, 267, 269
Shared, Methode 198
Shared, Schlüsselwort 199
Short, Integer-Typ 103
Shortcut, Eigenschaft 491
Show, Methode 463, 465

ShowAlways, Eigenschaft 502
ShowApply, Eigenschaft 477
ShowCheckBox, Eigenschaft 383
ShowColor, Eigenschaft 477
ShowDialog, Methode 465
ShowEffects, Eigenschaft 477
ShowHelp, Eigenschaft 472, 477, 480, 485
ShowInTaskbar, Eigenschaft 292, 302
ShowReadOnly, Eigenschaft 469
ShowToday, Eigenschaft 386
ShowTodayCircle, Eigenschaft 386
ShowUpDown, Eigenschaft 384
ShowWeekNumbers, Eigenschaft 386
Sign, Methode 585
Sin, Methode 585
Single, Dezimalvariablentyp 103
Sinh, Methode 585
Site, Eigenschaft 548
Size, Eigenschaft 292, 303, 314
SizeChanged, Ereignis 325
SizeGripStyle, Eigenschaft 292
SizeMode, Eigenschaft 354
SmallChange, Eigenschaft 396
SolidColorOnly, Eigenschaft 480
Sort, Methode 600
Speichern 455
Speichern unter,
    Dialogsteuerelement 470
Spiegelung
    durch Vererbung 215
Split, Methode 578
SplitContainer 394
SQL-Datenbank 435
    anlegen 435
    Tabelle 436
    Vermeiden von Duplikaten 438
Sqrt, Methode 585
Standardschaltflächen 333
Start, Methode 387
Starten
    Visual Studio 16
Starter Kits 21
Startobjekt 263, 288

StartPosition, Eigenschaft 292, 304
Startseite 17
StartsWith, Methode 578
Statusanzeige 343
StatusBar, Steuerelement 460
StatusStrip, Steuerelement 503
Step, Anweisung 148
Steueranweisungen 92, 140
Steuerelement 305, 328, 369
    ausschneiden 309
    bearbeiten 307
    Bild darin 317
    Eigenschaft Text 316
    Eigenschaften 312
    Ereignisbehandlung 319
    Fokus 319
    Größe 308
    hinzufügen 305
    kopieren 309
    löschen 309
    markieren 308
    Namen festlegen 315
    Position 308
    sichtbare und unsichtbare 306
    Überblick 329
    unsichtbares 306
    Verankerung 318
Stil-Generator 533
Stop, Methode 387
Stop, Schlüsselwort 238
Stream, Klasse 400
StreamReader, Klasse 401, 425
StreamWriter, Klasse 401, 428
String, Klasse 576
String, Zeichenkettenvariable 104
StringReader, Klasse 401
StringWriter, Klasse 401
Strom
    in Textdatei schreiben 428
    StreamReader, Klasse 423
    StreamWriter, Klasse 428
Struktur 97, 224
Style, Eigenschaft 548
StyleChanged, Ereignis 325
Sub, Schlüsselwort 154

Stichwortverzeichnis

Index

Sub-Prozedur **153**
Subroutine **153**
  aufrufen **154**
  erstellen **154**
Substring, Methode **578**
Subtract, Methode **593, 596**
Suchen
  Code **60**
  in der Hilfe **83**
Symbol
  auf dem Desktop **276**
Symbolleiste **488, 497**
  bearbeiten **499**
SyncRoot, Eigenschaft **599**
System, Namensraum **572, 574**
System.Drawing, Namensraum **298**
System.IO, Namensraum **399**
  Directory, Klasse **398, 401, 402**
  File, Klasse **398, 401**
SystemColors, Klasse **298**

T

TabControl, Steuerelement **390**
Tabelle
  Eingaben **543**
  Zeilen und Spalten löschen **542**
Tabellen **536**
  im Server-Explorer anzeigen **439**
TabIndex, Eigenschaft **314, 319, 362, 548**
Table, Steuerelement für
  Web-Anwendung **547**
TableAdapter **449, 453**
TableCell, Steuerelement für
  Web-Anwendung **547**
TableRow, Steuerelement für
  Web-Anwendung **547**
TabStop, Eigenschaft **314**
Tabstopps
  Einstellungen dazu **73**
Tan, Methode **585**
Tanh, Methode **585**

Taskleiste **302**
Tastaturbelegung **77**
Tastenkombination **491**
Text
  Eigenschaft **292, 296, 314, 316, 335, 347, 365, 389, 466, 548**
  Eigenschaft eines
    HTML-Dokuments **527**
  in numerischen Typ umwandeln **590**
  in Wahrheitswert umwandeln **590**
TextAlign, Eigenschaft **332**
TextBox
  für Kennwort **337**
  Inhalt festlegen **335**
  mehrere Zeilen **339**
  schreibgeschützte **338**
  Verhalten der Einfügemarke
    steuern **336**
TextBox, Steuerelement **330, 334**
TextBox, Steuerelement für
  Web-Anwendung **547**
TextChanged, Ereignis **350**
Textdatei
  lesen daraus **424**
  lesen von Zeichen aus einer
    Zeichenfolge **427**
  schreiben **428**
  schreiben darin **429**
  schreiben von Zeichen in eine
    Zeichenfolge **430**
  Zeilenweises lesen daraus **425**
Texteditor **45**
Textfeld, Steuerelement **334**
Textfelder **334**
  mehrzeilig **339**
TextReader, Klasse **401**
TextWriter, Klasse **401**
Tick **591**
Tick, Ereignis **387**
Ticks, Eigenschaft **592, 595**
TicksPerDay, Feld **595**
TicksPerHour, Feld **595**
TicksPerMillisecond, Feld **595**
TicksPerMinute, Feld **595**
TicksPerSecond, Feld **595**

TimeOfDay, Eigenschaft 592
Timer, Steuerelement 386
TimeSpan, Struktur 594
Title, Eigenschaft 469, 472
Title, Eigenschaft eines
    HTML-Dokuments 527
TitleBackColor, Eigenschaft 386
TitleForeColor, Eigenschaft 386
ToARGB, Methode 298
ToArray, Methode 600
ToBoolean 589
ToByte 589
ToChar 589
ToDateTime 589
Today, Eigenschaft 592
ToDecimal 589
ToDouble 589
ToFileTime, Methode 594
ToInt16 589
ToInt32 589
ToInt64 589
ToLocalTime, Methode 594
ToLongTimeString, Methode 594
ToLower, Methode 578
ToolBar, Steuerelement 460, 497
Toolbox 27, 37, 305, 552
    Element daraus einfügen 38
    Elemente 37
    Elemente verwenden 305
    Textelemente 58
    zusätzliche Aufgaben 39
ToolStrip, Steuerelement 497
ToolTip, Eigenschaft 502, 548
ToolTip, Steuerelement 330, 345,
    460, 502
Top, Eigenschaft 292, 314
ToSByte 589
ToShortDateString, Methode 594
ToShortTimeString, Methode 594
ToSingle 589
ToString 589
ToString, Methode 405, 414, 578, 597

TotalDays, Eigenschaft 595
TotalMilliseconds, Eigenschaft 595
TotalMinutes, Eigenschaft 595
TotalSeconds, Eigenschaft 595
ToUniversalTime, Methode 594
ToUpper, Methode 578
TrailingForeColor, Eigenschaft 386
TransparencyKey, Eigenschaft 292
Transparenz 299
TransparityKey, Eigenschaft 299
TreeView, Steuerelement 330, 374
    TreeNode, Klasse 376
    TreeNodeCollection 377
Trigonometrische Funktionen 586
Trim, Methode 578
TrimEnd, Methode 578
TrimStart, Methode 578
TrimToSize, Methode 600
True, Wert 105
Try ... Fnd Try (Block) 250
Try-Block 250
    Finally 254
    geschachtelter 253
Type, Validator-Eigenschaft 552
Typumwandlung 107, 233

U

Überladen
    Methode 200
Überschatten 215
    über Gültigkeitsbereich 118
Überschreiben 209
Überschreibmodus 56
Überwachen, Fenster 244
Umgebungsoptionen 65
Umwandlung
    von Variablentypen 127
Umwandlungsfunktionen 127
Undo, Methode 350
Unload, Ereignis 549

Stichwortverzeichnis

Index

Unlock, Methode **423**
Unterbrechen-Modus **242**
  Optionen **240**
Unterprozeduren **98**
Until, Klausel **150**
Unverankert, Fenster **29**
UseMnemonic, Eigenschaft **362**
UtcNow, Eigenschaft **592**

V

Validator, Steuerelement **549**
Value, Eigenschaft **383, 396**
ValueChanged (Ereignis) **383**
Variable **92, 100**
  Array **119**
  beobachten **243**
  boolesche **141**
  deklarieren **101**
  Inhalt betrachten **243**
  Initialisierung **106**
  Lebensdauer **115**
  mehrere deklarieren **101**
  Private **114**
  Public **113**
  weitere Merkmale **111**
  Wert ändern **132**
  Wertzuweisungen **106**
  Zählervariable **146**
  Zugriff **116**
Vererbung **204**
  Definition **204**
  visuelle **288**
Vererbung, Modifizierer dafür **207**
Vergleichsoperatoren **133, 141**
Verschieben
  Code **57**
Verweistyp **178**

Verzeichnis
  erstellen **403**
Verzeichnisliste
  erstellen **405**
Visible, Eigenschaft **292, 302, 314, 549**
VisitedLinkColor, Eigenschaft **365**
Visual Basic **572**
Visual Studio **15**
  Fenster **26**
  starten **16**
  Startseite **17**
VisualBasic, Namensraum **602**
vLink, Eigenschaft eines
  HTML-Dokuments **527**
Vorzeichen **585**
VscrollBar, Steuerelement **395**

W

Web-Anwendung
  erstellen **520**
  Setup-Programm dafür **280**
WebBrowser, Steuerelement **330, 397**
Webdienste **560**
  aufrufen **569**
  Client erstellen **567**
  erstellen **560**
  kompilieren **563**
  Methodensyntax **564**
  Proxy **567**
  prüfen **563**
Webprojekt
  Ansicht einstellen **524**
  Code **526**
  Eingaben **530**
  Farben einstellen **528**
  öffnen **522**
  Seitentitel einstellen **527**
  Steuerelemente **543**

Websetup-Projekt **269**
Weitergabe **230, 267**
Werkzeugsammlung **37**
  Elemente verwenden **38**
Werttyp **178**
While ... End While-Schleife **148**
While, Klausel **149**
While-Schleife **148**
Width, Eigenschaft **292, 303, 314, 393, 549**
Wiederherstellen **350**
Wiederholen (Schaltfläche) **47**
Windows Forms
  Entwurfsansicht **284**
  Form1 **284**
  hinzufügen **287**
  Startobjekt **288**
Windows-Anwendungen **282**
  Setup dafür **269**
WordWrap, Eigenschaft **347**
Wortvervollständigung anzeigen
  (Schaltfläche) **48**
Write, Methode **108, 423, 428, 429**
WriteByte, Methode **423**
WriteLine, Methode **108, 429**
Wurzel ziehen **132**

X

XML, Steuerelement für
  Web-Anwendung **547**

Y

Year, Eigenschaft **592**

Z

Zahl
  Random, Klasse **588**
  Single **103**
Zeichen
  einfügen **582**
  entfernen **581**
  ersetzen **582**
Zeichenfolgen
  kombinieren **580**
  miteinander vergleichen **578**
  suchen nach **579**
Zeilenfortsetzungszeichen **53**
Zeilennummern **52**
Zeilentrennzeichen **72**
Zeilenumbruch **53**
Zufallszahl **588**
Zugriff
  auf Variable **116**
Zugriffstasten **316, 490**
Zuweisung, Operator **131**
Zuweisungen **106**

Stichwortverzeichnis

Index